JN442800

행/정/법 STUDY BOOK

최신판례 | 기출문제 | 사례연습

김 기 홍

청암미디어

머 리 말

이 책의 특징은 다음과 같습니다.

이 책은 단원별로 최신판례 — 기출문제 — 종합사례연습 세 부분으로 구성되어 있습니다.

실제 시험에서는 모든 문제가 종합사례로 출제됩니다. 그런데 출제되는 종합사례의 모델은 최신판례와 최근의 기출문제입니다. 예를 들어 법규명령의 통제가 2006년 행정고시(일반행정), 2007년 행정고시(일반행정), 2010년 행정고시(재경등직렬)에, 조례의 적법요건이 2006년 행정고시(재경등직렬), 2006년 사법시험, 2007년 행정고시(일반행정), 2009년 입법고시, 2009년 행정고시(재경등직렬), 2010년 사법시험에, 판결의 기속력과 간접강제가 2007년 사법시험, 2007년 법원행정고시, 2009년 사법시험, 2010년 행정고시(일반행정), 2011년 행정고시(일반행정)에 출제되었습니다.

그리고 최근 판례인 양도소득세부과처분취소에 대한 대법원 판결(대판 1998. 3. 13, 96누6059)이 2011년 입법고시에, 보험료납부고지처분취소에 대한 대법원 판결(대판 2009. 4. 9, 2008두23153)이 2010년 입법고시에 그대로 출제되었습니다. 이처럼 앞으로 출제될 문제 또한 최신판례 및 기출문제와 밀접한 관련이 있을 것으로 보입니다. 따라서 이 세 부분을 결합하여 공부할 필요가 있습니다.

최신판례는 2006년부터 2011년 5월 사이의 중요 판례에 간단한 설명 · 평석[tip]을 덧붙였고, 그와 더불어 해당 판결과 직접 관련된 기출문제(해당 판결의 내용이 그대로 출제된 경우)를 함께 수록하였습니다.

기출문제는 2006년부터 2011년까지 입법고시, 행정고시, 사법시험, 법원행정고시의 주요사례문제를 실제 답안 분량에 가깝도록 해설하였습니다.

사례연습은 단원별 논점뿐 아니라 행정법 전반을 아우르는 종합사례로 구성하여 사례집을 미리 공부하는 효과가 있도록 하였습니다.

기출문제나 종합사례에는 교과서 뒷부분의 내용(행정쟁송이나 각론부분)이 앞부분에 나오는 경우가 종종 있습니다. 이 경우에는 체크만 해 두셨다가 교과서로 뒷부분을 공부하신 이후에 보신다면 공부시간을 절약하실 수 있습니다.

이 책은 교과서를 1-2회독 이상 한 분들을 위한 책입니다. 하지만 읽으실 때 꼭 교과서와 함께, 그리고 최신판례 — 기출문제 — 종합사례연습을 연결하여 공부하시기 바랍니다.

독자분들의 소망이 꼭 이루어지길 빌면서

2011. 7. 14.

김 기 홍

차 례

제1부 행정법총론

제1-3장 행정법의 관념, 행정법의 법원, 행정법관계 ······ 2
제4장 행정의 행위형식 ······ 28
제1절 행정입법 ······ 28
제2절 행정계획 ······ 54
제3절 행정행위 ······ 62
제1-5항 행정행위의 관념, 불확정개념 · 재량행위 · 기속행위, 내용, 적법요건, 효력 ······ 62
제6-10항 행정행위의 하자, 폐지(취소 · 철회), 실효, 부관, 확약 ······ 82
제4-8절 공법상 계약, 단순고권행정, 사실행위, 행정지도, 사법형식의 행정작용 ······ 110
제5장 행정절차, 행정정보 ······ 110
제6장 행정의 실효성 확보 ······ 138
제7장 국가책임법 ······ 150
제1절 손해배상제도 ······ 150
제2-3절 손실보상제도, 국가책임제도의 보완 ······ 176

제2부 행정쟁송법

제1편 행정심판법 제2편 행정소송법 ······ 200
제1-2장 행정소송의 관념 · 한계, 항고소송 ······ 200
제1절 취소소송 ······ 200
제1항 대상적격 ······ 200
제2항 당사자와 참가인 ······ 220
제3항 기타의 소송요건 ······ 244
제4항 소의 변경, 가구제, 소송의 심리, 판결 등 ······ 254
제2-4절 무효등확인소송, 부작위위법확인소송 ······ 278
제3-4장 당사자소송, 객관적 소송 ······ 278

제3부 행정법각론

제1편 행정조직법 제2편 지방자치법 ······ 294
제3편 공무원법 제4편 경찰법 제5편 공적시설법 제6편 기타 ······ 326

제1부 행정법총론

제2부 행정쟁송법

제3부 행정법각론

제1부 행정법총론

❙ 제1-3장 ❙ 행정법의 관념, 행정법의 법원, 행정법관계

판례 — 행정의 자기구속원칙

대법원 2009. 12. 24. 선고 2009두7967 판결
【신규건조저장시설사업자인정신청반려처분취소】

시장이 농림수산식품부에 의하여 공표된 '2008년도 농림사업시행지침서'에 명시되지 않은 '시·군별 건조저장시설 개소당 논 면적' 기준을 충족하지 못하였다는 이유로 신규 건조저장시설 사업자 인정신청을 반려한 사안에서, 위 지침이 되풀이 시행되어 행정관행이 이루어졌다거나 그 공표만으로 신청인이 보호가치 있는 신뢰를 갖게 되었다고 볼 수 없고, 쌀 시장 개방화에 대비한 경쟁력 강화 등 우월한 공익상 요청에 따라 위 지침상의 요건 외에 '시·군별 건조저장시설 개소당 논 면적 1,000ha 이상' 요건을 추가할 만한 특별한 사정을 인정할 수 있어, 그 처분이 행정의 자기구속의 원칙 및 행정규칙에 관련된 신뢰보호의 원칙에 위배되거나 재량권을 일탈·남용한 위법이 없다.

tip 지침의 법규성을 주장하다 부정되자 행정법의 일반원칙을 주장한 사안에서 대법원은 평등의 원칙이나 신뢰보호의 원칙을 근거로 자기구속원칙을 인정하였다.

판례 — 비례원칙

대법원 2007. 11. 15. 선고 2005다24646 판결
【부당이득금】

【사건개요】 원고는 공무원으로서 명예퇴직수당을 지급받고 명예퇴직하였으나 그 후 대전광역시장은 원고가 명예퇴직시 지급받았던 명예퇴직금 전액의 반환을 조건으로 다시 경력직 공무원으로 재임용 하였다. 원고는 명예퇴직금 전액을 반환한 후 명예퇴직금이 부당이득임을 이유로 반환을 청구하였다.

【판시사항】 피고의 이러한 조치는 기지급된 명예퇴직수당 중 명예퇴직시부터 재임용시까지의 퇴직기간에 상응한 부분이 제외된 적정한 환수비율을 초과한 부분까지 환수하도록 하는 것이어서 목적의 정당성이나 피해의 최소성, 법익균형성 등을 충족하지 못하므로 비례의 원칙에 어긋날 뿐 아니라, 퇴직기간이 서로 다른 재임용교사들에 대해 그에 따른 합리적 차등을 두지 않은 채 전액 환수하도록 함으로써 그들 사이에도 불평등을 초래하여 평등의 원칙에도 위배된다. 그리고 명예퇴직수당제도의 목적과 의미, 기능 등과 함께 피고의 이 사건 환수조치는 이미 적법하게 지급되었던 명예퇴직수당을 환수하는 것이라는 점, 위와 같은 하자의 존재는 구체적인 사실관계에 대한 조사 없이도 기지급된 명예퇴직수당을 환수하는 취지 그 자체에서 곧바로 확인될 수 있다는 점 등을 종합적으로 고려하여 보면, 그러한 하자는 중대하고 명백하다고 봄이 상당하다.

원심이 … 적정한 환수비율을 정하고 그 환수비율에 의해 산정되는 금액을 초과하는 부분은 무효라고 보아 피고에게 그 무효 부분에 해당하는 금액의 부당이득반환을 명한 것은 정당하다.

tip 명예퇴직 후 재임용되었다면 명예퇴직수당의 환수조치는 적법하지만, 개별적인 사정을 고려하지 않고 전액환수한 것은 비례원칙이나 평등원칙에 위반된다는 것이다.

판례 — 신뢰보호원칙

대법원 2006. 11. 16. 선고 2003두12899 전원합의체 판결 【불합격처분취소】

【판시사항】 제1차 시험을 '절대평가제'에서 '상대평가제'로 환원하는 내용의 2002. 3. 25. 대통령령 제17551호로 개정된 변리사법 시행령(이하 '개정 시행령'이라 한다)의 입법예고와 개정·공포 및 그에 따른 시험공고 등에 관한 일련의 사실관계에 비추어 보면, 합리적이고 정당한 신뢰에 기하여 절대평가제가 요구하는 합격기준에 맞추어 시험준비를 한 수험생들은 제1차 시험 실시를 불과 2개월밖에 남겨놓지 않은 시점에서 개정 시행령의 즉시 시행으로 합격기준이 변경됨으로 인하여 시험준비에 막대한 차질을 입게 되어 위 신뢰가 크게 손상되었고, 특히 절대평가제에 의한 합격기준인 매 과목 40점 및 전과목 평균 60점 이상을 득점하고도 불합격처분을 받은 수험생들의 신뢰이익은 그 침해된 정도가 극심하며, 그 반면 개정 시행령에 의하여 상대평가제를 도입함으로써 거둘 수 있는 공익적 목적은 개정 시행령을 즉시 시행하여 바로 임박해 있는 2002년의 변리사 제1차 시험에 적용하면서까지 이를 실현하여야 할 합리적인 이유가 있다고 보기 어려우므로, 결국 개정 시행령의 즉시 시행으로 인한 수험생들의 신뢰이익 침해는 개정 시행령의 즉시 시행에 의하여 달성하려는 공익적 목적을 고려하더라도 정당화될 수 없을 정도로 과도하다.… **변리사 제1차 시험의 상대평가제를 규정한 개정 시행령 제4조 제1항을 2002년의 제1차 시험에 시행하는 것은 헌법상 신뢰보호의 원칙에 비추어 허용될 수 없으므로**, 개정 시행령 부칙 중 제4조 제1항을 즉시 2002년의 변리사 제1차 시험에 대하여 시행하도록 그 시행시기를 정한 부분은 헌법에 위반되어 무효이다.

tip 상대평가제로의 전환을 규정한 개정 시행령 제4조 제1항 자체는 국가의 입법재량에 속하는 것으로서 위헌이 아니지만, 이러한 변경을 즉각 시행하기로 한 부칙 규정은 공익적 사정에 비해 수험생들의 신뢰이익 침해정도가 극심하기에 이 사건 시험에 관하여 개정 시행령을 원고들에게 적용할 수 없다는 판결이다.

판례 — 무자하재량행사청구권

대법원 1991. 2. 12. 선고 90누5825 판결
【검사임용거부처분취소】

【사건개요】 원고(K)는 1985년도에 시행된 제27회 사법시험에 합격한 후 방위소집근무를 하였던 관계로 같은 회의 사법시험합격자들이 1986. 3. 입소한 사법연수원 제17기로 입소하지 못하고 병역의무를 마친 다음 1986년도에 시행된 제28회 사법시험의 합격자들과 함께 1987. 3. 사법연수원 제18기로 입소하여 1989. 2. 28. 소정의 수습과정을 수료하였다.

그 수료 전인 1989. 1.경 피고에게 검사로서의 임용을 신청하였던바, 사법시험의 횟수를 달리하여 합격한 사람들 상호간의 성적을 서로 비교하여 임용순위를 정함에 있어서는 매회 시험문제의 난이도와 채점기준이 상이함에 따라 평균점수와 합격점수에 차이가 있으므로 당해 사법시험에서 얻은 점수 그 자체를 절대치로 하여 비교할 것이 아니라 합격자의 합격등수를 그 기준으로 삼아야 마땅한 것임에도, 피고(법무부장관)는 이러한 방법에 의하지 아니하고 사법시험합격횟수가 다른 경우에도 사법연수원을 수료할 때 얻은 점수에다가 당해 사법시험에 합격할 때 얻은 점수 그 자체를 일률적으로 단순 합산하여 검사임용을 위한 성적순위를 정하였다.

그 결과 그렇지 아니하였더라면 다른 지원자들과 함께 1989. 3. 2. 검사로 임용되었을 원고를 성적순위 미달로 임용하지 아니함으로써 원고에 대한 검사임용거부처분을 하였으나, 이는 병역의무의 이행을 이유로 불이익한 처우를 할 수 없도록 규정한 헌법 제39조 제2항 및 병역법 제64조 제3항에 위배될 뿐 아니라 인사행정에 있어 요구되는 형평의 원칙 및 신뢰보호의 원칙을 어김으로써 재량권을 남용한 위법이 있는 것이므로 그 취소를 청구하였다.

【판시사항】 [1] 검사지원자 중 한정된 수의 임용대상자에 대한 임용결정은 한편으로는 그 임용대상에서 제외한 자에 대한 임용거부결정이라는 양면성을 지니는 것이므로 임용대상자에 대한 임용의 의사표시는 동시에 임용대상에서 제외한 자에 대한 임용거부의 소극적 의사표시를 포함한 것으로 볼 수 있고, 이러한 임용거부의 의사표시는 본인에게 직접 고지되지 않았다고 하여도 본인이 이를 알았거나 알 수 있었을 때에 그 효력이 발생한 것으로 보아야 할 것이다.

[2] 이 사건과 같이 임용권자가 동일한 검사신규임용의 기회에 원고를 비롯한 다수의 검사지원자들로부터 임용신청을 받아 전형을 거쳐 자체에서 정한 임용기준에 따라 이들 중 일부만을 선정하여 검사로 임용하는 경우에 있어서, 법령상 검사임용신청 및 그 처리의 제도에 관한 명문규정이 없다고 하여도 조리상 임용권자는 임용신청자들에게 전형의 결과에 대한 응답, 즉 임용여부의 응답을 해줄 의무가 있다고 보아야하고 원고로서는 그 임용신청에 대하여 임용여부의 응답을 받을 권리가 있다고 할 것이다.

[3] 임용권자가 임용여부에 관하여 어떠한 내용의 응답을 할 것인지는 앞에서 본 바와 같이 임용권자의 자유재량에 속하…나, 다만 자유재량에 속하는 행위일지라도 재량권의 한계를 넘거나 남용이 있을 때에는 위법한 처분으로서 항고소송의 대상이 되는 것이므로(행정소송법 제27조), 적어도 이러한 재량권의 한계일탈이나 남용이 없는 위법하지 않은 응답을 할 의무가 임용권자에게 있고 이에 대응하여 원고로서도 재량권의 한계일탈이나 남용이 없는 적법한 응답을 요구할 권리가 있다고 할 것이며, 원고는 이러한 응답신청권에 기하여 재량권남용의 위법한 거부처분에 대하여는 항고소송으로서 그 취소를 구할 수 있다고 보아야 한다.

tip 판례가 설시한 '재량권의 한계일탈이나 남용이 없는 적법한 응답을 요구할 권리'를 무하자재량행사청구권을 인정한 것으로 보는 견해가 다수설이다.

판례 — 행정개입청구권

헌법재판소 2010. 4. 20. 선고 2010헌마189 결정 【시정명령불행사 위헌확인】

【사건개요】 청구인은 청구인의 주거지와 건축선을 경계로 하여 인접하고 있는 대전광역시 서구 괴정동에 위치하고 있는 건축물이 건축법을 위반하여 청구인의 일조권을 침해하고 있으므로, 피청구인(대전광역시 서구청장)에게 위 건축물에 대하여 건축법 제79조, 제80조에 근거한 시정명령을 하여 줄 것을 청구하였으나, 피청구인이 시정명령을 하지 아니하자, 이와 같은 시정명령불행사가 청구인의 헌법상 평등권, 환경권, 행복추구권을 침해한다고 주장하며, 헌법소원심판을 청구하였다.

【판단사항】 [1] 건축법 제79조는 시정명령에 대하여 규정하고 있으나, 동법이나 동법 시행령 어디에서도 청구인과 같은 일반 국민에게 그러한 시정명령을 신청할 권리를 부여하고 있지 않다. 그렇다면 청구인이 피청구인에게 시정명령을 신청한 사실이 있다고 하더라도, 그것은 법률상의 근거에 의한 권리행사가 아니라 피청구인의 직권발동을 촉구하는 것에 불과하다.

[2] **건축법 제79조 제1항은** "……건축물의 철거·개축·증축·수선·용도변경·사용금지·사용제한, 그 밖에 필요한 조치를 명할 수 있다."고 규정하고 있는데, 이는 피청구인에게 건축법 위반이라고 인정되는 건축물의 건축주 등에 대하여 시정명령을 할 것인지와, 구체적인 시정명령의 내용을 무엇으로 할 것인지에 대하여 결정할 재량권을 주고 있다.

이 사건에처럼 건축법에 위반된 건축물을 피청구인이 허가하였다는 점만으로는 **피청구인이** 재량권을 남용하였다거나 달리 그러한 시정명령을 해야 할 법적 의무가 존재한다고 볼만한 사정이 없다.

tip 삼광화학이 진해시장을 상대로 제3자에 대한 건축허가취소 등을 구한 사건(대판 1999. 12. 7. 97누17568)에 이어서 (협의의) 행정개입청구권을 부정한 헌재의 결정이다.

그러나 국가배상청구소송에서 국민의 생명, 신체, 재산 등을 보호하기 위한 국가의 조리상의 작위의무를 인정한 판결(국가가 초법규적, 일차적으로 그 위험 배제에 나서지 아니하면 국민의 생명, 신체, 재산 등을 보호할 수 없는 경우에는 형식적 의미의 법령에 근거가 없더라도 국가나 관련 공무원에 대하여 그러한 위험을 배제할 작위의무를 인정할 수 있을 것이다(대판 1998. 10. 13. 98다18520))(김성수)과 청주시연탄공장판결(대판 1975. 5. 13. 73누96, 97)(홍정선)을 행정개입청구권의 법리를 인정한 판결로 보기도 한다.

판례 — 수리를 요하지 않는 신고에 대한 거부

대법원 1999. 4. 27. 선고 97누6780 판결
【건축물철거대집행계고처분취소】

【사건개요】 관악○○아파트 입주자대표회의는 아파트 단지 공사가 끝난 후 입주한 이 사건 아파트 201동 주민들이 외부차량의 주차 및 통행으로 인하여 위험을 느끼고 주거환경이 훼손된다는 불평을 하자, 후문에 대문을 설치하는 것에 대하여 입주자대표회의 동의서를 첨부하여 1995년 7월 7일에 동작구청장에게 대문설치신고를 하고 이 사건 아파트 후문에 대문을 설치하였으나, 동작구청장은 대문설치로 인하여 인근 주민들과 분쟁이 되고 있다는 이유로 입주자대표회의의 신고수리를 거부하였다(대문설치신고는 수리를 요하지 않는 신고이다).

그 후 동작구청장은 이 아파트 후문에 설치된 대문이 주택건설촉진법 제38조 제2항에 위반하여 건립되었다는 이유로 철거명령을 하였고 그 후 1996년 1월 19일 이를 이행하지 아니할 때에는 대집행한다는 계고처분을 하였다. 이에 입주자대표회의는 대집행계고처분취소소송을 제기하였다.

[참조조문]
당시 주택건설촉진법
제38조(공동주택의 관리) ② 공동주택 및 부대시설과 복리시설의 소유자·입주자·사용자 및 관리주체는 다음 각호의 행위를 하여서는 아니된다. 다만, 대통령령이 정하는 기준·절차 등에 따라 도지사의 허가를 받거나 신고를 한 경우에는 그러하지 아니하다.
2. 공동주택과 그 부대시설 및 복리시설을 개축·증축 또는 신축하는 행위
제48조(감독) 건설부장관 또는 시장 등은 사업주체·입주자대표회의·관리주체 또는 주택자재생산업자가 이 법 또는 이 법에 의한 명령 또는 처분에 위반한 경우에는 공사의 중지 기타 필요한 조치를 명할 수 있다.

【판시사항】 원고의 이 사건 대문설치신고는 형식적 하자가 없는 적법한 요건을 갖춘 신고라고 할 것이어서 피고의 신고증 교부 또는 수리처분 등 별단의 조처를 기다릴 필요가 없이 그 신고의 효력이 발생하였다고 할 것이어서 이 사건 대문은 적법한 것임에도 피고가 원고에 대하여 명한 이 사건 대문의 철거명령은 그 하자가 중대하고 명백하여 당연무효라고 할 것이고, 그 후행행위인 이 사건 계고처분 역시 당연무효라고 할 것이다.

tip 하자의 승계론에 따르면 공법상 의무를 명하는 행위(철거명령)와 이에 대한 불이행이 있는 경우 이를 집행하는 행위(계고처분) 사이에는 행정행위의 하자승계가 인정되지 않는다(하나의 법률효과를 목적으로 하지 않으므로). 그러나 선행행위(철거명령)가 무효인 경우에는 선·후의 행위가 하나의 법률효과를 목적으로 하지 않더라도 하자가 승계되며 후행행위(계고처분)는 무효이다.

판례 — 주민등록전입신고가 수리를 요하는 신고인지 여부

대법원 2009. 1. 30. 선고 2006다17850 판결
【배당이의】

【판시사항】 주민등록은 단순히 주민의 거주관계를 파악하고 인구의 동태를 명확히 하는 것 외에도 주민등록에 따라 공법관계상의 여러 가지 법률상 효과가 나타나게 되는 것으로서, 주민등록의 신고는 행정청에 도달하기만 하면 신고로서의 효력이 발생하는 것이 아니라 행정청이 수리한 경우에 비로소 신고의 효력이 발생한다.

[참조조문]
주민등록법
제17조(다른 법령에 따른 신고와의 관계) 주민의 거주지 이동에 따른 주민등록의 전입신고가 있으면 「병역법」, 「민방위기본법」, 「인감증명법」, 「국민기초생활 보장법」, 「국민건강보험법」 및 「장애인복지법」에 따른 거주지 이동의 전출신고와 전입신고를 한 것으로 본다.
제23조(주민등록자의 지위 등) ① 다른 법률에 특별한 규정이 없으면 이 법에 따른 주민등록지를 공법(公法)관계에서의 주소로 한다.
지방자치법
제12조(주민의 자격) 지방자치단체의 구역 안에 주소를 가진 자는 그 지방자치단체의 주민이 된다.
제13조(주민의 권리) ① 주민은 법령으로 정하는 바에 따라 소속 지방자치단체의 재산과 공공시설을 이용할 권리와 그 지방자치단체로부터 균등하게 행정의 혜택을 받을 권리를 가진다.
② 국민인 주민은 법령으로 정하는 바에 따라 그 지방자치단체에서 실시하는 지방의회의원과 지방자치단체의 장의 선거(이하 "지방선거"라 한다)에 참여할 권리를 가진다.
제14조(주민투표) ① 지방자치단체의 장은 주민에게 과도한 부담을 주거나 중대한 영향을 미치는 지방자치단체의 주요 결정사항 등에 대하여 주민투표에 부칠 수 있다.

tip 주민등록이 공법관계상 여러 법률상 효과를 나타내기에 수리를 요하는 신고로 본 판결인데, 이러한 공법상 법률효과는 참고조문에 설시된 주민등록법과 지방자치법에 나타난 것을 말한다(예를 들어 주민등록자만이 지방자치법 제12조 제1항에 따라 주민이 되고 동법 제13조 제1항의 공공시설이용권을 가진다).

판례 — 주민등록전입신고를 실질적 사유로 거부할 수 있는지 여부

대법원 2009. 6. 18. 선고 2008두10997 전원합의체 판결 【주민등록전입신고수리거부처분취소】

【판시사항】 전입신고자가 거주의 목적 이외에 다른 이해관계에 관한 의도를 가지고 있는지 여부, 무허가건축물의 관리, 전입신고를 수리함으로써 당해 지방자치단체에 미치는 영향 등과 같은 사유는 주민등록법이 아닌 다른 법률에 의하여 규율되어야 할 것이고, 주민등록전입신고의 수리 여부를 심사하는 단계에서는 고려 대상이 될 수 없다.

그러므로 주민등록의 대상이 되는 실질적 의미에서의 거주지인지 여부를 심사하기 위하여 주민등록법의 입법 목적과 주민등록의 법률상 효과 이외에 지방자치법 및 지방자치의 이념까지도 고려하여야 한다고 판시하였던 대법원 2002. 7. 9. 선고 2002두1748 판결은 이 판결의 견해에 배치되는 범위 내에서 변경하기로 한다.

[참조조문]
주민등록법
제6조(대상자) ① 시장 · 군수 또는 구청장은 30일 이상 거주할 목적으로 그 관할 구역에 주소나 거소(이하 "거주지"라 한다)를 가진 자(이하 "주민"이라 한다)를 이 법의 규정에 따라 등록하여야 한다.
제8조(등록의 신고주의 원칙) 주민의 등록 또는 그 등록사항의 정정, 말소 또는 거주불명 등록은 주민의 신고에 따라 한다.
제16조(거주지의 이동) ① 하나의 세대에 속하는 자의 전원 또는 그 일부가 거주지를 이동하면 제11조나 제12조에 따른 신고의무자가 신거주지에 전입한 날부터 14일 이내에 신거주지의 시장 · 군수 또는 구청장에게 전입신고(轉入申告)를 하여야 한다.

tip 수리를 요하는 신고의 경우 학설은 형식적 요건을 갖추고 있다고 하여도 실질적인 사유로 수리를 거부할 수 있다는 견해가 있으나 형식적 요건을 갖추고 있다면 실질적인 사유로 거부할 수 없다는 견해가 다수견해이며, 판례의 입장이다.[1)]

1) 대법원 1992. 3. 31. 91누4911(건축주명의변경신고에 관한 건축법시행규칙 제3조의2의 규정은 단순히 행정관청의 사무집행의 편의를 위한 것에 지나지 않는 것이 아니라, 허가대상건축물의 양수인에게 건축주의 명의변경을 신고할 수 있는 공법상의 권리를 인정함과 아울러 행정관청에게는 그 신고를 수리할 의무를 지게 한 것으로 봄이 상당하므로, 허가대상건축물의 양수인이 위 규칙에 규정되어 있는 형식적 요건을 갖추어 시장, 군수에게 적법하게 건축주의 명의변경을 신고한 때에는 시장, 군수는 그 신고를 수리하여야지 실체적인 이유를 내세워 그 신고의 수리를 거부할 수는 없다).
헌재 1997. 8. 21. 93헌바51[합헌 · 각하](정기간행물의등록등에관한법률 제7조 제1항은, 등록제를 규정하여 정기간행물의 발행요건에 관하여 실질적 심사가 아니라 단지 형식적 심사에 그치도록 하고 있으므로, 입법목적의 달성을 위하여 필요최소한 범위에서 언론·출판의 자유를 제한하는 것으로서 헌법 제37조 제2항의 과잉금지원칙에 위반된다고 볼 수 없다).

판례 — 건축신고의 법적 성질

[1] 건축신고(수리)의 처분성
대법원 2010. 11. 18. 선고 2008두167 전원합의체 판결 【건축신고불허(또는 반려)처분취소】

구 건축법(2008. 3. 21. 법률 제8974호로 전부 개정되기 전의 것) 관련 규정의 내용 및 취지에 의하면, **행정청은 건축신고로써 건축허가가 의제되는 건축물의 경우에도 그 신고 없이 건축이 개시될 경우** 건축주 등에 대하여 공사 중지 · 철거 · 사용금지 등의 시정명령을 할 수 있고(제69조 제1항), 그 시정명령을 받고 이행하지 않은 건축물에 대하여는 당해 건축물을 사용하여 행할 다른 법령에 의한 영업 기타 행위의 허가를 하지 않도록 요청할 수 있으며(제69조 제2항), 그 요청을 받은 자는 특별한 이유가 없는 한 이에 응하여야 하고(제69조 제3항), 나아가 행정청은 그 시정명령의 이행을 하지 아니한 건축주 등에 대하여는 이행강제금을 부과할 수 있으며(제69조의2 제1항 제1호), 또한 건축신고를 하지 않은 자는 200만 원 이하의 벌금에 처해질 수 있다(제80조 제1호, 제9조). 이와 같이 건축주 등은 신고제하에서도 건축신고가 반려될 경우 당해 건축물의 건축을 개시하면 시정명령, 이행강제금, 벌금의 대상이 되거나 당해 건축물을 사용하여 행할 행위의 허가가 거부될 우려가 있어 불안정한 지위에 놓이게 된다. 따라서 건축신고 반려행위가 이루어진 단계에서 당사자로 하여금 반려행위의 적법성을 다투어 그 법적 불안을 해소한 다음 건축행위에 나아가도록 함으로써 장차 있을지도 모르는 위험에서 미리 벗어날 수 있도록 길을 열어 주고, 위법한 건축물의 양산과 그 철거를 둘러싼 분쟁을 조기에 근본적으로 해결할 수 있게 하는 것이 법치행정의 원리에 부합한다. 그러므로 건축신고 반려행위는 항고소송의 대상이 된다고 보는 것이 옳다.

이와 달리, 건축신고의 반려행위 또는 수리거부행위가 항고소송의 대상이 아니어서 그 취소를 구하는 소는 부적법하다는 취지로 판시한 대법원 1967. 9. 19. 선고 67누71 판결, … 등을 비롯한 같은 취지의 판결들은 이 판결의 견해와 저촉되는 범위에서 이를 모두 변경하기로 한다.

[2] 인·허가의제의 효과를 가진 건축신고가 수리를 요하는 신고인지 여부
대법원 2011. 1. 20. 선고 2010두14954 전원합의체 판결 【건축(신축)신고불가취소】

[1] 건축법 제14조 제1항의 건축신고 대상 건축물에 관하여는 원칙적으로 건축 또는 대수선을 하고자 하는 자가 적법한 요건을 갖춘 신고를 하면 행정청의 수리 등 별도의 조처를 기다릴 필요 없이 건축행위를 할 수 있다고 보아야 한다.

[2] **건축법에서 이러한 인·허가의제 제도를 둔 취지는,** 인·허가의제사항과 관련하여 건축허가 또는 건축신고의 관할 행정청으로 그 창구를 단일화하고 절차를 간소화하며 비용과 시간을 절감함으로써 국민의 권익을 보호하려는 것이지, 인·허가의제사항 관련 법률에 따른 각각의 인·허가 요건에 관한 일체의 심사를 배제하려는 것으로 보기는 어렵다. 왜냐하면, 건축법과 인·허가의제사항 관련 법률은 각기 고유한 목적이 있고, 건축신고와 인·허가의제사항도 각각 별개의 제도적 취지가 있으며 그 요건 또한 달리하기 때문이다. 나아가 인·허가의제사항 관련 법률에 규정된 요건 중 상당수는 공익에 관한 것으로서 행정청의 전문적이고 종합적인 심사가 요구되는데, 만약 건축신고만으로 인·허가의제사항에 관한 일체의 요건 심사가 배제된다고 한다면, 중대한 공익상의 침해나 이해관계인의 피해를 야기하고 관련 법률에서 인·허가 제도를 통하여 사인의 행위를 사전에 감독하고자 하는 규율체계 전반을 무너뜨릴 우려가 있다. 또한 무엇보다도 건축신고를 하려는 자는 인·허가의제사항 관련 법령에서 제출하도록 의무화하고 있는 신청서와 구비서류를 제출하여야 하는데, 이는 건축신고를 수리하는 행정청으로 하여금 인·허가의제사항 관련 법률에 규정된 요건에 관하여도 심사를 하도록 하기 위한 것으로 볼 수밖에 없다.

따라서 **인·허가의제 효과를 수반하는 건축신고는 일반적인 건축신고와는 달리,** 특별한 사정이 없는 한 행정청이 그 실체적 요건에 관한 심사를 한 후 수리하여야 하는 이른바 '수리를 요하는 신고'로 보는 것이 옳다.

[3] 일정한 **건축물에 관한 건축신고는 건축법 제14조 제2항, 제11조 제5항 제3호에 의하여 국토계획법 제56조에 따른 개발행위허가를 받은 것으로 의제되는데,** 국토계획법 제58조 제1항 제4호에서는 개발행위허가의 기준으로 주변 지역의 토지이용실태 또는 토지이용계획, 건축물의 높이, 토지의 경사도, 수목의 상태, 물의 배수, 하천·호소·습지의 배수 등 주변 환경이나 경관과 조화를 이룰 것을 규정하고 있으므로, **국토계획법상의 개발행위허가로 의제되는 건축신고가 위와 같은 기준을 갖추지 못한 경우** 행정청으로서는 이를 이유로 그 수리를 거부할 수 있다고 보아야 한다.

tip 1. 신고에 관한 학설

신고를 ① 수리를 요하는 신고와 수리를 요하지 않는 신고로 나누고, 전자에서 수리(거부)는 항고소송의 대상이며 후자에서 수리(거부)는 항고소송의 대상이 아니라는 견해가 다수설이다. ② 이에 반해 수리를 요하는 신고와 수리를 요하지 않는 신고로 나누고, 전자에서 수리(거부)는 항고소송의 대상이며 후자에서 수리(거부)는 항고소송의 대상인 처분인 경우와 처분이 아닌 경우로 나눌 수 있다는 견해(김용섭)가 있으며, ③ 수리를 요하는 신고는 변형된 허가제로 사인의 공법행위로 볼 수

없으며(이 견해는 수리를 요하는 신고를 필요 없는 개념으로 본다), 신고(다수설에 따르면 수리를 요하지 않는 신고)의 수리(거부)도 법적행위로서 항고소송의 대상이 될 수 있다는 견해(김중권)도 있다(다만 이 견해는 다수설에 따르면 수리를 요하지 않는 신고를 정보제공적 신고와 금지해제적 신고로 분류한다).

2. 건축신고의 성질

종래 대법원은 건축신고를 수리를 요하지 않는 신고로 보면서 수리(거부)의 처분성을 부정하였다. 그러나 [판례 1]에서 먼저 건축신고수리(거부)의 처분성을 긍정하였다. 즉 대상판결에서는 수리(거부)의 처분성만을 긍정하였을 뿐 건축신고가 수리를 요하는 신고인지 여부에 대해서는 판단하지 않았다.

그런데 [판례 2]에서는 "인·허가의제 효과를 수반하는 건축신고"에 대해 수리를 요하는 신고라고 하면서 처분성을 긍정하고 있다. 하지만 대상판결에서 '건축법 제14조 제1항의 건축신고 대상 건축물에 관하여는 원칙적으로 건축 또는 대수선을 하고자 하는 자가 적법한 요건을 갖춘 신고를 하면 행정청의 수리 등 별도의 조처를 기다릴 필요 없이 건축행위를 할 수 있다'고 하였다. 따라서 [판례 1]에서 대법원은 (인·허가의제의 효과를 수반하지 않는) 일반적인 건축신고의 경우 수리를 요하지 않는 신고로 보면서도 건축신고의 처분성을 긍정한 것이 된다.

정리하면 대법원은 ⓐ (인·허가의제의 효과를 수반하지 않는) 일반적인 건축신고는 수리를 요하지 않는 신고이지만 그러한 신고의 수리(거부)는 항고소송의 대상인 처분이며, ⓑ (인·허가의제의 효과를 수반하는) 건축신고는 수리를 요하는 신고이며 항고소송의 대상인 처분이 된다는 것이다.

결국 건축신고의 법적 성질에 대한 판례의 입장은 학설로 보자면 ②설에 가깝다(이광윤 교수님의 평석).

기출 — 제53회 행정고시(일반행정)(2009년)

〈제1문〉

갑은 식품위생법상의 식품접객업영업허가를 받아 유흥주점을 영위하여 오다가 17세의 가출 여학생을 고용하던 중, 식품위생법 제44조 제2항 제1호의 "청소년을 유흥접객원으로 고용하여 유흥행위를 하게 하는 행위"를 한 것으로 적발되었다. 관할행정청이 제재처분을 하기에 앞서 갑은 을에게 영업관리권만을 위임하였는데 을은 갑의 인장과 관계서류를 위조하여 관할 행정청에 영업자지위승계 신고를 하였고, 그 신고가 수리되었다. (40점)

(1) 영업자지위승계신고 및 수리의 법적 성질을 검토하시오. (10점)

(2) 갑은 관할 행정청의 영업자지위승계신고의 수리에 대하여 무효확인소송을 제기할 수 있는지 검토하시오. (15점)

(3) 만약 갑과 을간의 영업양도가 유효하고 영업자지위승계신고의 수리가 적법하게 이루어졌다고 가정할 경우, 관할 행정청이 갑의 위반행위를 이유로 을에게 3개월의 영업정지 처분을 하였다면, 그 처분은 적법한지 검토하시오. (15점)

(1) 영업자지위승계신고 및 수리의 법적 성질을 검토하시오. (10점)

Ⅰ. 영업자지위승계신고 및 수리의 법적 성질(설문(1))

1. 영업자지위승계신고의 법적 성질

㈎ 신고는 행정청에 대해 일정한 사항을 통지하고 도달함으로서 효과가 발생하는 수리를 요하지 않는 신고와 일정한 사항을 통지하고 행정청이 이를 수리함으로서 법적 효과가 발생하는 수리를 요하는 신고로 나누어진다.

㈏ 영업자지위승계신고는 양도대상이 된 영업의 법적 성질에 따라 신고의 성질이 판단되어야 한다. 설문에서 양도대상인 영업은 식품접객업영업으로 허가이며, 따라서 지위승계신고는 허가의 신청이다. 즉 설문의 신고는 수리(실질적으로는 허가)여부를 심리하여야 하기에 수리를 요하는 신고로 보아야 한다.

2. 영업자지위승계신고수리의 법적 성질

㈎ 수리를 요하는 신고에서 수리는 준법률행위적 행정행위로 항고소송의 대상인 처분이다.

㈏ 판례는 영업자지위승계신고수리의 성격을 '신규허가가 사업을 할 수 있는 행위인 것과 마찬가지로 권리를 설정하여 주는 행위'로 보면서, 구체적으로는 '양도인의 영업허가취소'와 '양수인의 권리설정행위'로 본다(대판 1993. 6. 8. 91누11544). 따라서 판례는 사업자지위승계신고수리를 양수인에 대한 실질적인 허가처분으로 보고 있다.

(2) 갑은 관할 행정청의 영업자지위승계신고의 수리에 대하여 무효확인소송을 제기할 수 있는지 검토하시오. (15점)

Ⅱ. 갑의 영업자지위승계신고수리 무효확인소송 제기가능성(설문(2))

1. 소송요건 일반

㈎ 갑의 무효확인소송은 관할권 있는 법원에, 원고적격과 피고적격을 갖추어, 처분 등을 대상으로(동법 제19조), 그 밖에 권리보호필요성 요건을 갖추고 있어야 한다.

㈏ 설문은 대상적격, 원고적격, 협의의 소익이 문제된다.

2. 대상적격

영업자지위승계신고수리는 '양도인의 영업허가취소'와 '양수인의 권리설정행위'이므로 이러한 수리는 공권력행사이며, 법적 행위이므로 항고소송의 대상인 처분이다(행정소송법 제38조 제1항, 제19조).

3. 원고적격

(1) 문제점

영업자지위승계신고수리처분의 상대방은 을이지만 이를 다투는 자는 갑이다. 즉 갑은 수리처분의 직접 상대방이 아니지만 이를 다툴 수 있는지가 문제된다(행정소송법 제35조).

(2) 무효확인소송의 본질과 법률상 이익의 의미

무효확인소송의 본질(기능)에 관해 ⓐ 권리구제설, ⓑ 법률상 보호이익설, ⓒ 보호가치 있는 이익설, ⓓ 적법성보장설이 있으며, 행정소송법 제35조(제12조)를 고려할 때 항고소송의 목적은 법적 이익의 구제이므로 법률상 보호이익설이 타당하다(통설, 판례).

(3) 법률상 이익에서 법률(법규)의 범위

㈎ 일반적인 견해는 당해 법률의 규정과 취지, 관련 법률의 규정과 취지 외에 기본권 규정도 고려해야 한다는 입장이다.

㈏ 판례는 기본적으로 당해 처분의 근거가 되는 법규가 보호하는 이익만을 법률상 이익으로 본다. 그러나 최근에는 근거법규 외에 관련 법규까지 고려하여 법률상 이익을 판단하고 있다. 다만, 헌법상의 기본권 및 기본원리를 법률상 이익의 해석에서 일반적으로 고려하지는 않는다.

(4) 소결

을의 신고에 대한 행정청의 수리행위의 성격은 '양도인의 영업허가취소'와 '양수인의 권리설정행위'이다. 그렇다면 지위승계신고수리는 양도인에게는 침익적, 양수인에게는 수익적인 복효적인 성격을 가지는 처분이다. 따라서 외형상 양도인인 갑은 침익적인 수리처분의 상대방이므로 무효확인소송을 제기할 법률상 이익이 있다.

4. 협의의 소익

(1) 문제점

을은 갑의 인장 등을 위조하여 영업양도행위를 하였고 그에 따라 지위승계신고를 한 것이므로 갑은 수리처분무효확인소송 외에도 영업양도행위의 무효를 민사소송으로 청구할 수 있다. 이렇게 수리처분의 전제가 되는 기본행위(설문에서는 영업양도행위)에 하자가 있어 이를 민사소송으로 다툴 수 있음에도 불구하고 이를 보충하는 수동적인 행위인 수리처분의 무효확인을 구할 소송을 인정할 실익이 있는지가 문제된다.

(2) 협의의 소익의 의의

원고의 재판청구에 대하여 법원이 판단을 행할 구체적 실익 내지 필요성을 말한다.

(3) 협의의 소익이 부정되는 경우

소송에서 협의의 소익은 일반적으로 긍정된다. 그러나 ⓐ 보다 간이한 방법이 있는 경우 ⓑ 원고가 추구하는 권리보호가 오로지 이론상으로만 의미 있는 경우 ⓒ 신의성실의 원칙에 반하는 경우에는 협의의 소익은 부정된다.

(4) 설문

판례는 인가와는 달리 기본행위의 무효를 이유로 한 신고수리처분 무효확인소송에서는 「사업의 양도행위가 무효라고 주장하는 양도자는 민사쟁송으로 양도·양수행위의 무효를 구함이 없이 막바로 허가관청을 상대로 하여 행정소송으로 위 신고수리처분의 무효확인을 구할 법률상 이익이 있다(대판 2005. 12. 23. 2005두3554)」고 하여 협의의 소익을 긍정하였다.[2)]

---

(3) 만약 갑과 을간의 영업양도가 유효하고 영업자지위승계신고의 수리가 적법하게 이루어졌다고 가정할 경우, 관할 행정청이 갑의 위반행위를 이유로 을에게 3개월의 영업정지 처분을 하였다면, 그 처분은 적법한지 검토하시오. (15점)

Ⅲ. 을에게 발령된 3개월영업정지처분의 적법성(설문(3))

1. 문제 상황

갑이 식품위생법에 위반하는 행위로 적발된 후 해당영업이 을에게 양도되었고 양수인인 을에 대한 3월의 정지처분의 적법성을 묻고 있기에 이

2) 이 문제는 무효확인소송의 일반적 협의의 소익 문제이지 무효확인소송의 보충성 인정 여부에 따른 문제는 아니다(김향기, 2009년 행정고시 강평, 고시계 2009/8, 270면 참조).

는 제재사유의 승계(법적 지위의 승계)문제이다.

2. 학설

① 의무위반자가 운영하는 영업처분의 성질(식품접객업영업허가)이 대인적 처분인지 대물적 처분인지로 판단하는 견해(제1설), ② 행정청으로부터 제재처분이 부과된 원인(청소년을 고용하여 유흥행위를 하게 한 행위)이 인적인 사정에 기한 것인지 물적인 사정으로 인한 것인지로 판단하는 견해(제2설), ③ 의무위반행위로 인해 발령된 제재처분(3개월영업정지처분)이 대인적 처분인지 대물적 처분인지로 판단하는 견해(제3설)가 대립된다.

3. 판례

판례는 ①설에 따라 석유판매업(주유소)허가를 대물적 허가로 보아 양수인의 석유판매업허가를 취소한 판결(대판 1986. 7. 22. 86누203)과 ③설에 따라 공중위생(이용원)영업정지처분이 대물적 처분임을 근거로 양수인의 영업을 정지한 판결(대판 2001. 6. 29. 2001두1611)이 있다.

4. 검토 및 소결

㈎ 제1설은 당해 영업처분(허가나 등록 등)의 양도성에 관한 논의이므로 의무위반행위와 제재효과의 승계에 관한 영역에서는 적절하지 못한 견해이며, 제3설은 양도인에게 부과된 제재처분이 양수인에게 승계되는지의 문제에 관한 논의이다. 따라서 제2설이 타당하다.

㈏ 청소년을 유흥접객원으로 고용하여 유흥행위를 하게 한 행위는 갑의 인적인 사정에 기한 것이므로 그러한 사유는 승계되지 않는다. 따라서 을에게 발령된 3개월의 영업정지처분은 위법하다.[3]

---

3) 설문(3)에서는 영업양도와 관련된 위법성만을 묻고 있으며 비례원칙 위반 등은 설문에서 분명하게 설시되어 있지 않기에, 처분의 위법성에 대한 일반적 논의는 크게 문제되지 않는다.

Q 사례[1]

을 명의의 일반유흥주점영업허가를 받아 갑과 을이 동업으로 A주점을 영업하여 오다가 갑이 을의 지분을 모두 양수하였다(각 설문을 별도로 판단한다).

(1) 그러나 갑은 식품위생법 제39조 소정의 영업자지위승계신고를 하지 않은 상태에서 영업을 하고 있었다. 그 후 구청장은 갑이 '청소년을 유흥접객원으로 고용하여 유흥행위를 하였다'는 것을 이유로 을 명의의 일반유흥주점영업허가를 취소하였다면 갑은 영업허가취소처분의 취소를 구할 소송에서 원고적격이 있는가?

(2) 을의 지분을 모두 양수한 갑은 구청장에게 식품위생법 제39조 소정의 영업자지위승계신고를 하였다. 구청장은 ① 영업자지위승계신고를 수리하는 경우 을에게, ② 수리를 거부하는 경우 갑에게 각각 행정절차법상 처분의 사전통지를 하여야 하는가(구청장의 영업자지위승계신고는 수리를 요하는 신고라고 전제한다)(행정절차법 제21조 제4항 논의는 제외한다)?

(3) 갑과 을간의 지분양도·양수 계약이 사법상 무효였으나 갑이 을의 지분을 모두 양수한 것처럼 관련서류를 위조하여 구청장의 영업자지위승계신고수리처분을 받은 경우 을은 양도·양수 계약의 무효를 확인함이 없이 영업자지위승계신고수리처분무효확인소송을 구할 협의의 소익이 있는가(판례에 따른다)?

[참조조문]

식품위생법

제37조(영업허가 등) ① 제36조 제1항 각 호에 따른 영업 중 대통령령으로 정하는 영업을 하려는 자는 대통령령으로 정하는 바에 따라 영업 종류별 또는 영업소별로 식품의약품안전청장 또는 특별자치도지사·시장·군수·구청장의 허가를 받아야 한다.

제39조(영업 승계) ① 영업자가 영업을 양도하거나 사망한 경우 또는 법인이 합병한 경우에는 그 양수인·상속인 또는 합병 후 존속하는 법인이나 합병에 따라 설립되는 법인은 그 영업자의 지위를 승계한다.

③ 제1항 또는 제2항에 따라 그 영업자의 지위를 승계한 자는 보건복지가족부령으로 정하는 바에 따라 1개월 이내에 그 사실을 식품의약품안전청장 또는 특별자치도지사·시장·군수·구청장에게 신고하여야 한다.

민법

제110조(사기, 강박에 의한 의사표시) ① 사기나 강박에 의한 의사표시는 취소할 수 있다.

(1) 그러나 갑은 식품위생법 제39조 소정의 영업자지위승계신고를 하지 않은 상태에서 영업을 하고 있었다. 그 후 구청장은 갑이 '청소년을 유흥접객원으로 고용하여 유흥행위를 하였다'는 것을 이유로 을 명의의 일반유흥주점영업허가를 취소하였다면 갑은 영업허가취소처분의 취소를 구할 소송에서 원고적격이 있는가?

Ⅰ. 사실상 양수인의 원고적격(설문(1))

1. 문제 상황

갑은 을로부터 지분을 모두 양수하고 유흥주점영업을 하고는 있지만 허가의 명의자는 여전히 을이므로 사실상의 양수인(영업자)인 갑이 을에 대한 영업허가취소처분을 다툴 수 있는지가 문제된다. 다만 논의의 전제로 영업자지위가 어느 시점에서 을에게서 갑에게 승계되는지가 식품위생법 제39조와 관련해서 문제된다.

2. 영업자지위승계의 기준시점

식품위생법 제39조 제1항, 제3항은 양수인은 영업자의 지위를 승계하지만 권한행정청에 신고하여야 할 것을 규정하고 있다. 따라서 갑이 을의 지분을 모두 양수하였다고 하더라도 동법 제39조 제3항의 영업자지위승계신고가 되기 전이라면 유흥주점영업허가권자는 명의자인 을이다. 판례도 같은 입장이다(대판 1993. 6. 8. 91누11544 참조).

3. 갑의 원고적격여부

(1) 문제점(원고적격의 의의)

㈎ 원고적격이란 행정소송에서 원고가 될 수 있는 자격을 말한다.

㈏ 설문의 경우 영업허가취소처분의 상대방은

양도인(명의자)인 을이며, 갑은 사실상의 양수인으로서 제3자이다. 따라서 갑이 을에 대한 구청장의 유흥주점영업허가취소처분을 다툴 원고적격이 있는지가 문제된다.

㈐ 행정소송법 제12조 제1문은 '취소소송은 처분 등의 취소를 구할 법률상 이익이 있는 자가 제기할 수 있다'고 하여 불확정개념으로 규정하고 있어 일반적 견해는 취소소송의 본질(기능)에 대한 논의를 통해 그 범위를 결정하고 있다.

(2) 취소소송의 본질과 법률상 이익의 의미

취소소송의 본질(기능)에 관해 ⓐ 취소소송의 목적은 위법한 처분으로 야기된 개인의 권리침해의 회복에 있으므로 권리가 침해된 자만이 소송을 제기할 수 있다는 권리구제설, ⓑ 위법한 처분으로 권리뿐 아니라 법에 의해 보호되는 이익을 침해당한 자도 처분을 다툴 수 있다는 법률상 보호이익설, ⓒ 법에 의해 보호되는 이익이 아니더라도 그 이익이 실질적으로 재판상 보호할 가치가 있다고 판단되는 경우에는 그러한 이익이 침해된 자도 소송을 제기할 수 있다는 보호가치 있는 이익설, ⓓ 처분의 적법성 확보에 가장 이해관계가 있는 자는 원고적격을 갖는다는 적법성 보장설이 있다. 행정소송법 제12조를 고려할 때 항고소송의 목적은 법적 이익의 구제이므로 법률상 보호이익설이 타당하다(통설, 판례).

(3) 법률상 이익에서 법률(법규)의 범위

1) 학설

일반적인 견해는 당해 법률의 규정과 취지와 관련 법률의 규정과 취지 외에도 기본권 규정도 고려해야 한다는 입장이다.

2) 판례

㈎ 판례는 기본적으로 당해 처분의 근거가 되는 법규가 보호하는 이익만을 법률상 이익으로 본다(법률상의 이익은 당해 처분 또는 부작위의 근거법률에 의하여 보호되는 직접적이고 구체적인 이익이 있는 경우를 말한다(대판 1989. 5. 23. 88누8135)).

㈏ 최근에는 폐기물처리시설입지결정사건에서 근거법규 외에 관련 법규까지 고려하여 법률상 이익을 판단하고 있다(법률상 보호되는 이익이라 함은 당해 처분의 근거 법규 및 관련 법규에 의하여 보호되는 개별적·직접적·구체적 이익이 있는 경우를 말한다(대판 2005. 5. 12. 2004두14229)). 다만, 근거법규나 관련법규에서 명시적이지 않더라도 합리적인 해석상 사익보호성을 인정할 수 있다고 한다(당해 처분의 근거법규 또는 관련법규에서 명시적으로 당해 이익을 보호하는 명문의 규정이 없더라도 근거법규 및 관련법규의 합리적인 해석상 그 법규에서 행정청을 제약하는 이유가 순수한 공익의 보호만이 아닌 개별적·직접적·구체적 이익을 보호하는 취지가 포함되어 있다고 해석되는 경우까지를 말한다(대판 2004. 8. 16. 2003두2175)).

㈐ 하지만 헌법상의 기본권 및 기본원리를 법률상 이익의 해석에서 일반적으로 고려하지는 않는다. 다만, ⓐ 대법원은 접견허가거부처분사건에서 '접견권'을(접견권은 헌법상 기본권의 범주에 속하는 것…자신의 접견권이 침해되었음을 주장하여 위 거부처분의 취소를 구할 원고적격을 가진다(대판 1992. 5. 8. 91누7552)), ⓑ 헌법재판소는 국세청장의 납세병마개제조자지정처분과 관련된 헌법소원사건에서 '경쟁의 자유'를(일반법규에서 경쟁자를 보호하는 규정을 별도로 두고 있지 않은 경우에도 기본권인 경쟁의 자유가 바로 행정청의 지정행위의 취소를 구할 법률상의 이익이 된다(헌재 1998. 4. 30. 97헌마141)) 기본권인 공권으로 인정(또는 고려)하였다고 해석된다.

3) 검토

취소소송은 법률상 보호이익의 구제를 목적으로 하는 소송인바 일반적인 견해가 타당하다. 다만, 항고소송이 주관적 소송이고, 법률상 보호이익설을 취하는 한 법률의 범위에 일정한 제한이 가해질 것이다.

4. 소결

㈎ 유흥주점영업의 사실상 양수인인 갑을 보호하는 법령의 규정이 있는지가 문제되는데, 사실상 양수인의 원고적격에 대해 대법원은 아래와 같이 판단한다.

㈏ 판례는 해당 영업처분이 대물적 처분이며, 법령에 의한 영업승계가 허용되거나 법령에 의한 명의(주체)변경제도가 허용되는지 여부로 결정한다(박해식). 즉 당해 영업처분이 대물적 처분이면서 법령에 의한 영업승계규정이 있거나(ⓐ) 명의(주체)변경제도가 허용되는 경우(ⓑ)에는 사실상의 양수인의 원고적격을 긍정하고 있다.

(다) ① 일반유흥음식점 영업의 사실상 양수인인 원고가 허가명의자에 대하여 행하여진 영업허가취소처분의 취소를 구하는 사건에서 영업승계신고를 하지 아니한 사실상 양수인인 원고에게 원고적격이 있음을 전제로 양도인(허가명의자)에 대한 허가취소처분의 당부를 판단하고 있다(대판 1995. 2. 24. 94누9146)(ⓐ의 영업승계규정이 있는 경우).

그리고 ② 채석장 운영권과 지위를 양수하였으나 명의변경신고를 하지 않은 사실상의 양수인이 명의자에 대한 채석허가취소처분을 다툰 사건에서 「채석허가가 대물적 허가의 성질을 아울러 가지고 있고 수허가자의 지위가 사실상 양도·양수되는 점을 고려하여 수허가자의 지위를 사실상 양수한 양수인의 이익을 보호하고자 하는 데 있는 것으로 해석되므로, 수허가자의 지위를 양수받아 명의변경신고를 할 수 있는 양수인의 지위는 단순한 반사적 이익이나 사실상의 이익이 아니라 산림법령에 의하여 보호되는 직접적이고 구체적인 이익으로서 법률상 이익이라고 할 것이고, 채석허가가 유효하게 존속하고 있다는 것이 양수인의 명의변경신고의 전제가 된다는 의미에서 관할 행정청이 양도인에 대하여 채석허가를 취소하는 처분을 하였다면 이는 양수인의 지위에 대한 직접적 침해가 된다고 할 것(대판 2003. 7. 11. 2001두6289)」(ⓑ의 명의변경제도를 두고 있는 경우)이라고 하여 사실상 양수인의 원고적격을 인정하였다.

그러나 ③ 전술한 요건들이 결여된 경우에는 「사설묘지설치허가는 단순한 대물적 허가로만 볼 수 없어 그 허가의 효과는 위 임야를 양수한 자에게 당연히 이전될 수 없으므로 위 양수인은 사설묘지허가취소처분에 대하여 행정소송을 제기할 이익이 없다(대판 1979. 10. 16. 79누175)」고 하여 원고적격을 부정하고 있다(박정훈).

(라) 따라서 이러한 판례의 입장에 따른다면 설문의 식품위생법은 제39조에서 영업자지위승계규정을 두고 있고, 유흥주점영업허가처분 역시 대물적 처분(또는 혼합적 처분[4])으로 보아야 하기에 갑은 원고적격이 인정될 것이다.

(2) 을의 지분을 모두 양수한 갑은 구청장에게 식품위생법 제39조 소정의 영업자지위승계신고를 하였다. 구청장은 ① 영업자지위승계신고를 수리하는 경우 을에게, ② 수리를 거부하는 경우 갑에게 각각 행정절차법상 처분의 사전통지를 하여야 하는가(구청장의 영업자지위승계신고는 수리를 요하는 신고라고 전제한다)(행정절차법 제21조 제4항 논의는 제외한다)?

Ⅱ. 처분의 사전통지의 필요성(설문(2))

1. 문제 상황

(가) 행정절차법 제21조는 행정청이 ⓐ 의무를 과하거나 권익을 제한하는 ⓑ 처분을 하는 경우 ⓒ 예외사유에 해당하지 않는다면(제4항) 사전통지가 필요하다고 한다.

(나) 설문에서 ⓑ, ⓒ요건은 문제되지 않고 ① 갑의 영업자지위승계신고에 대한 구청장의 수리처분이 을에게 '의무를 과하거나 권익을 제한하는 처분'이 되는지, ② 갑의 영업자지위승계신고에 대한 구청장의 수리거부처분이 갑에게 '의무를 과하거나 권익을 제한하는 처분'이 되는지가 문제된다.

2. 을에 대한 처분의 사전통지의 필요성(질문①)

(1) 영업자지위승계신고수리의 성격

판례는 「사업양수에 의한 지위승계신고를 수리하는 허가관청의 행위는 단순히 양도, 양수자 사이에 이미 발생한 사법상의 사업양도의 법률효과에 의하여 양수자가 그 사업을 승계하였다는 사실의 신고를 접수하는 행위에 그치는 것이 아니라, 신규허가가 신청인으로 하여금 적법히 위 사업을 할 수 있는 법규상의 권리를 설정하여 주는 행위인 것과 마찬가지로 실질에 있어서는 양도자의 사업허가를 취소함과 아울러 양수자에게 적법히 위 사업을 할 수 있는 법규상의 권리를

4) 처분의 성질에 따라 다를 수 있으나, 혼합적 처분으로 본다고 하여도 크게 결론이 달라지진 않는다. 판례가 대물적 처분이어야 함을 근거로 설시하는 것은 양도가능성(양도의 용이성)을 판단하기 위한 것인데, 혼합적 처분도 충분히 양도성이 인정될 수 있기 때문이다.

설정하여 주는 행위로서 사업허가자의 변경이라는 법률효과를 발생시키는 행위라고 봄이 상당하다고 할 것(대판 1993. 6. 8. 91누11544)」이라고 하여 행정청의 사업자(영업자)지위승계신고수리의 성격을 '신규허가가 사업을 할 수 있는 행위인 것과 마찬가지로 권리를 설정하여 주는 행위'로 보면서, 구체적으로는 '양도인의 영업허가취소'와 '양수인에 대한 권리설정행위'로 본다.

(2) 설문

㈎ 영업자지위승계신고수리의 성격이 전술한 바와 같다면, 영업자지위승계신고수리는 양도인에게는 침익적, 양수인에게는 수익적인 복효적인 성격을 가지는 처분이다. 따라서 양도인인 을에게는 권익을 제한하는 침익적 처분에 해당하기에 구청장은 처분의 사전통지를 하여야 한다.

㈏ 판례도 「행정절차법 제21조 제1항, 제22조 제3항 및 제2조 제4호의 각 규정에 의하면, … 위 규정들을 종합하면 위 행정청이 식품위생법 규정에 의하여 영업자지위승계신고를 수리하는 처분은 종전의 영업자의 권익을 제한하는 처분이라 할 것이고 따라서 종전의 영업자는 그 처분에 대하여 직접 그 상대가 되는 자에 해당한다고 봄이 상당하다(대판 2003. 2. 14. 2001두7015)」고 하여 같은 입장이다.

3. 갑에 대한 처분의 사전통지의 필요성 (질문②)

(1) 문제점

조세부과처분이나 영업허가의 취소와 같은 당사자의 권익을 제한하는 처분은 '당사자에게 의무를 과하거나 권익을 제한하는 처분'에 해당함에 문제가 없으나, 설문과 같이 수익적인 처분(승계신고수리처분)을 신청한 것에 대한 수리거부처분도 불이익처분에 포함될 것인지가 문제된다.

(2) 학설

1) 부정설

처분의 사전통지는 법문상 의무부과와 권익을 제한하는 경우에만 적용되므로 수익적인 행위나 수익적 행위의 거부의 경우는 적용이 없고, 신청의 결과에 따라 아직 당사자에게 권익이 부여되지 아니하였으므로 직접 당사자의 권익을 제한하는 처분에 해당하지 않으며, 거부처분의 경우 신청과정에서 행정청과 협의를 계속하고 있는 상태이므로 사전통지를 요하지 않는다고 한다.

2) 긍정설

신청에 대한 거부처분은 당사자의 권익을 제한하는 처분에 해당하며, 당사자가 신청을 한 경우 신청에 따라 긍정적인 처분이 이루어질 것을 기대하고 거부처분을 기대하지는 아니하고 있으므로 거부처분의 경우에도 사전통지가 필요하다고 한다.

(3) 판례

판례는 「행정절차법 제21조 제1항은 행정청은 당사자에게 의무를 과하거나 권익을 제한하는 처분을 하는 경우에는 … 당사자 등에게 통지하도록 하고 있는바, 신청에 따른 처분이 이루어지지 아니한 경우에는 아직 당사자에게 권익이 부과되지 아니하였으므로 특별한 사정이 없는 한 신청에 대한 거부처분이라고 하더라도 직접 당사자의 권익을 제한하는 것은 아니어서 신청에 대한 거부처분을 여기에서 말하는 '당사자의 권익을 제한하는 처분'에 해당한다고 할 수 없는 것이어서 처분의 사전통지대상이 된다고 할 수 없다(대판 2003. 11. 28. 2003두674)」고 하여 소극적이다.

(4) 검토 및 설문

㈎ 거부처분은 당사자의 권익을 제한하거나 의무를 부과하는 처분으로 볼 수 없어 사전통지의 대상이 되지 않는다는 견해(판례)가 타당하다.

㈏ 따라서 구청장은 갑에게 영업자지위승계신고수리거부처분을 하는 경우 사전통지를 할 필요가 없다.

(3) 갑과 을 간의 지분양도·양수 계약이 사법상 무효였으나 갑이 을의 지분을 모두 양수한 것처럼 관련서류를 위조하여 구청장의 영업자지위승계신고수리처분을 받은 경우 을은 양도·양수 계약의 무효를 확인함이 없이 영업자지위승계신고수리처분무효확인소송을 구할 협의의 소익이 있는가(판례에 따른다)?

Ⅲ. 영업자지위승계수리처분 무효확인소송의 협의의 소익(설문(3))

1. 문제 상황

수리처분은 인가와 마찬가지로 기본행위를 전제로 하는 보충적인 행위에 불과한데, 수리처분 자체에서 발생한 하자가 아니라 기본행위인 양도·양수 계약의 하자(무효)를 이유로 수리처분이 위법한 경우 수리처분무효확인소송을 제기할 수 있는지가 문제된다. 왜냐하면 을에게는 기본행위인 양도·양수 계약의 하자를 다투는 것이 보다 직접적이고 근본적인 구제수단이라고 볼 수도 있기 때문이다.

2. 협의의 소익[5)]

(1) 의의

협의의 소익(소의 이익)이란 원고의 재판청구에 대하여 법원이 판단을 행할 구체적 실익 내지 필요성을 말하며, '소의 객관적 이익' 또는 '권리보호의 필요'라고도 한다.

(2) 소의 이익이 부인되는 경우

소송에서 협의의 소익은 일반적으로 긍정된다. 그러나 당해 소송이 ⓐ 보다 간이한 방법이 있는 경우, ⓑ 원고가 추구하는 권리보호가 오로지 이론상으로만 의미 있는 경우(소송으로 원고의 법적 지위에 도움이 되지 않는 경우), ⓒ 신의성실의 원칙(소권남용의 금지)에 반하는 경우에는 협의의 소익이 부정된다.

3. 수리처분무효확인소송의 협의의 소익(소결)

㈎ 인가의 경우 대법원은 「인가처분에 하자가 없다면 기본행위에 하자가 있다 하더라도 따로 그 기본행위의 하자를 다투는 것은 별론으로 하고 기본행위의 무효를 내세워 바로 그에 대한 행정청의 인가처분의 취소 또는 무효확인을 소구할 법률상의 이익이 있다고 할 수 없다(대판 2001. 12. 11. 2001두7541)」고 하여 기본행위에 하자가 있더라도 원칙적으로 기본행위의 하자가 민사판결에 의하여 확정되어야만 비로소 보충행위인 인가처분의 무효확인 등을 구할 협의의 소익이 있다고 보았다.

㈏ 그러나 기본행위의 무효를 이유로 한 신고수리처분 무효확인소송에서는 「사업의 양도행위가 무효라고 주장하는 양도자는 민사쟁송으로 양도·양수행위의 무효를 구함이 없이 막바로 허가관청을 상대로 하여 행정소송으로 위 신고수리처분의 무효확인을 구할 법률상 이익이 있다(대판 2005. 12. 23. 2005두3554)」고 하여 협의의 소익을 긍정하였다.

㈐ 따라서 을은 양도·양수 계약이 무효로 확정되지 아니하였다고 하더라도 그에 대한 무효를 확인함이 없이도 영업자지위승계신고수리처분 무효확인소송을 구할 협의의 소익이 있다.

5) 무효등확인소송의 소익과 취소소송의 소익을 동일하게 보는 것이 통설인바 무효확인소송의 경우도 취소소송과 그 구조는 같다. 차이점이 있다면 확인소송의 보충성이 요구되는지 여부이다. 학설은 적극설과 소극설이 대립되며, 최근 전원합의체 판결은 하수도원인자부담금부과처분무효확인과 관련된 사건(대판 2008. 3. 20. 2007두6342)에서 소극설을 취하였다.

그러나 설문의 사안은 확인소송의 보충성에 대해 소극설이든 적극설이든 결론에서 차이가 나는 경우가 아니다. 왜냐하면 수리처분의 위법성이 기본행위로 말미암은 것이기는 하지만 그 위법성도 수리처분의 위법성이므로 기본행위인 양도·양수 계약의 하자를 다투는 것 외에 수리처분의 위법성을 다투는 재판의 현실적 필요성은 있기 때문이다. 따라서 무효확인소송의 협의의 소익에 대한 일반론(협의의 소익이 부정되는 경우에 해당하는지 여부)에 대한 문제이며, 무효확인소송의 보충성에 대한 것이 아니다.

Q 사례[2]

을은 마포구청장에게 식품위생법에 따른 식품접객업신고를 하고 급식식품을 제조하는 자로서, 서울 X고등학교와의 위탁계약에 의하여 고등학교에 급식을 제공하는 자이다. 을은 급식식품을 제공하는 자임에도 불구하고, 불결한 환경에서 음식을 제조·보관하고, 음식재료 등도 위생이 불결한 장소에서 보관하여 최근 급식을 먹는 학생들이 복통을 호소하는 등의 문제가 발생하고 있다.

(1) 마포구청장은 관할 구역내의 학생들이 불결한 음식으로 피해를 받고 있음에도 불구하고 아무런 조치를 취하고 있지 않고 있다. 이에 서울 X고등학교의 학생회장 갑은 마포구청장에게 을에 대하여 식품의 위생확보를 위한 식품위생법상의 일정한 조치를 하도록 요구하려고 한다. 갑이 마포구청장에게 위생확보를 위한 조치(시정명령의 발령)를 요구를 할 수 있는가? (권리구제수단에 대한 논의는 제외한다)

(2) 서울 X고등학교 학생회장 갑의 요청에 따라 마포구의 위생과 직원들이 위생조사를 한 후, 마포구청장은 을이 식품위생법상의 위생기준을 전혀 준수하고 있지 않고, 불결한 위해식품을 제조·판매한다고 판단되어 영업소폐쇄명령을 하였다. 이에 을은 마포구청장의 영업소폐쇄명령이 위법함을 이유로 취소소송을 제기하려고 한다. 구청장의 처분은 위법한가? (행정법의 일반원칙논의는 제외한다)

[참조조문]

식품위생법

제3조(식품등의 취급) ① 판매(판매외의 불특정다수인에 대한 제공을 포함한다. 이하 같다)를 목적으로 하는 식품 또는 식품첨가물의 채취·제조·가공·사용·조리·저장·운반 및 진열은 깨끗이 하고 위생적으로 행하여야 한다.

② 영업상 사용하는 기구 및 용기·포장은 깨끗하고 위생적으로 다루어야 한다.

제4조(위해식품등의 판매등 금지) 다음 각호의 1에 해당하는 식품등은 판매하거나 판매할 목적으로 채취·제조·수입·가공·사용·조리·저장 또는 운반하거나 진열하지 못한다.

제55조(시정명령) ① 식품의약품안전청장, 시·도지사, 시장·군수 또는 구청장은 제3조의 규정에 의한 식품등의 위생적 취급에 관한 기준에 적합하지 아니하게 영업을 하는 자와 기타 이 법을 지키지 아니하는 자에 대하여 필요한 시정을 명할 수 있다.

제58조(허가의 취소등) ① 식품의약품안전청장, 시·도지사, 시장·군수 또는 구청장은 영업자가 다음 각호의 1에 해당하는 때에는 대통령령이 정하는 바에 따라 영업허가를 취소하거나 6월 이내의 기간을 정하여 그 영업의 전부 또는 일부를 정지하거나, 영업소의 폐쇄를 명할 수 있다.

1. 제4조 내지 제6조

④ 제1항 및 제2항의 규정에 의한 행정처분의 세부적인 기준은 그 위반행위의 유형과 위반의 정도 등을 참작하여 보건복지부령으로 정한다.

식품위생법시행규칙

제53조(행정처분의 기준) 법 제55조 내지 법 제59조, 법 제63조의 규정에 의한 행정처분의 기준은 별표 15와 같다.

[별표] 15 행정처분기준

3. 식품접객업

라. 불결한 것 또는 다른 물질이 들어 있거나 묻어 있는 것으로서 인체의 건강을 해할 우려가 있는 것

1차 위반: 영업정지 15일과 당해 음식물 폐기

2차 위반: 영업정지 1월과 당해 음식물 폐기

3차 위반: 영업소폐쇄와 당해 음식물 폐기

---

(1) 마포구청장은 관할 구역내의 학생들이 불결한 음식으로 피해를 받고 있음에도 불구하고 아무런 조치를 취하고 있지 않고 있다. 이에 서울 X고등학교의 학생회장 갑은 마포구청장에게 을에 대하여 식품의 위생확보를 위한 식품위생법상의 일정한 조치를 하도록 요구하려고 한다. 갑이 마포구청장에게 위생확보를 위한 조치(시정명령의 발령)를 요구를 할 수 있는가? (권리구제수단은 논외로 함)

Ⅰ. 시정명령발령청구권의 인정여부(설문(1))

1. 문제 상황

갑이 을에게 시정명령의 발령을 요구하고 있기에 식품위생법상의 시정명령이 기속행위라면 시정명령의 요건이 갖추어진 경우 행정청에게 시

정명령발령의무가 있어 (사익보호성이 인정됨을 전제로) 시정명령발령청구권이라는 (협의의) 행정개입청구권이 인정될 수 있다. 그러나 재량행위인 경우에는 원칙적으로 하자 없는 재량을 행사하여 시정명령을 발령해줄 것을 요구할 수 있을 뿐이고 특정행위를 청구할 수는 없다. 따라서 행정개입청구권의 인정의 전제문제로 시정명령발령의 법적 성격을 검토한 후 을에게 그러한 권리가 인정될 수 있는지를 살펴본다.

2. 식품위생법상 시정명령의 법적 성질

㈎ 식품위생법 제55조 제1항은 관할 행정청으로 하여금 위생기준을 확보하기 위한 시정명령을 '할 수 있다'고 규정하고 있으므로, 그 문언의 형식상 행정청에게 시정명령권 행사에 대한 재량권이 부여된 것으로 판단할 수 있다.

㈏ 따라서 재량행위인 경우에는 사인은 원칙적으로 하자 없는 재량에 따라 시정명령을 행사해줄 것을 요구할 권리가 있을 뿐 특정한 행위(사인이 원하는 행위인 시정명령권의 행사)를 요구할 권리는 없다. 따라서 갑이 구청장에게 시정명령의 발령을 청구하기 위해서는 재량이 0으로 수축되어야 한다(물론 사익보호성이 인정됨을 전제로 한다).

㈐ 이렇듯 사인이 행정청에 대하여 자기의 이익을 위하여 자기 또는 제3자에게 행정권을 발동할 것을 요구할 수 있는 권리를 행정개입청구권이라 한다. 특히 사인이 자기의 이익을 위하여 제3자에게 행정권을 발동할 것을 요구할 수 있는 권리를 협의의 행정개입청구권이라고 한다. 아래에서는 행정개입청구권의 인정여부와 성립요건을 검토한 후 설문을 살펴본다.

3. 행정개입청구권의 인정여부

(1) 학설

ⓐ 제3자와의 관계에서 청구인의 권익을 구제하기 위한 효과적인 쟁송수단이 없으며, 청구인과 제3자와의 관계는 사인간의 관계이며, 행정청의 불개입으로 인한 청구인의 손해는 반사적 손해에 불과하기에 그러한 공권은 성립될 수 없음을 이유로 부정하는 견해가 있으나, ⓑ 효과적인 쟁송수단으로 의무이행소송의 성립을 인정하고, 생명·신체·재산에 대한 급박한 위험이 존재한다면 사인에게 이러한 권리를 인정하여 행정청으로 하여금 개입의무를 지게 함으로서 실효적인 권리구제가 가능하다는 점을 이유로 긍정하는 것이 일반적인 견해이다.

(2) 판례

판례는 명시적으로 행정개입청구권을 인정하고 있지는 않으나, ⓐ 학설은 삼광화학이 진해시장을 상대로 제3자 소유의 주택에 대한 건축허가 등의 취소를 구한 판결을 행정개입청구권을 부정한 예로 소개하고 있다(구 건축법(1999. 2. 8. 법률 제5895호로 개정되기 전의 것) 및 기타 관계 법령에 국민이 행정청에 대하여 제3자에 대한 건축허가의 취소나 준공검사의 취소 또는 제3자 소유의 건축물에 대한 철거 등의 조치를 요구할 수 있다는 취지의 규정이 없고, 같은 법 제69조 제1항 및 제70조 제1항은 각 조항 소정의 사유가 있는 경우에 시장·군수·구청장에게 건축허가 등을 취소하거나 건축물의 철거 등 필요한 조치를 명할 수 있는 권한 내지 권능을 부여한 것에 불과할 뿐, 시장·군수·구청장에게 그러한 의무가 있음을 규정한 것은 아니므로 위 조항들도 그 근거 규정이 될 수 없으며, 그 밖에 조리상 이러한 권리가 인정된다고 볼 수도 없다(대판 1999. 12. 7. 97누17568)).

그러나 ⓑ 국가배상청구소송에서 국민의 생명, 신체, 재산 등을 보호하기 위한 국가의 조리상의 작위의무를 인정한 판결(국민의 생명, 신체, 재산 등에 대하여 절박하고 중대한 위험상태가 발생하였거나 발생할 우려가 있어서 국민의 생명, 신체, 재산 등을 보호하는 것을 본래적 사명으로 하는 국가가 초법규적, 일차적으로 그 위험 배제에 나서지 아니하면 국민의 생명, 신체, 재산 등을 보호할 수 없는 경우에는 형식적 의미의 법령에 근거가 없더라도 국가나 관련 공무원에 대하여 그러한 위험을 배제할 작위의무를 인정할 수 있을 것이다(대판 1998. 10. 13. 98다18520))(김성수)과 청주시연탄공장판결(도시계획법과 건축법의 규정 취지에 비추어 볼 때 이 법률들이 주거지역 내에서의 일정한 건축을 금지하고 또는 제한하고 있는 것은 도시계획법과 건축법이 추구하는 공공복리의 증진을 도모하고저 하는 데 그 목적이 있는 동시에 한편으로는 주거지역내에 거주하는 사람의 "주거의 안녕과 생활환경을 보호" 하고저 하는 데도 그 목적이 있는 것으로 해석이 된다. 그러므로 주거지역내에 거주하는 사람이 받는 위와 같은 보호이익은 단순한 반사적 이익이나 사실상의 이익이 아니라 바로 법률에 의하여 보호되는 이익이라고 할 것이다(대판 1975. 5. 13. 73누96,97))(홍정선)을 행정개입청구권의 법리를 인정한 판결로 보기도 한다.

(3) 검토

행정청의 행정권발동의 부재로 사인이 생명·신체·재산에 대한 중대한 침해를 받을 수도 있는바 사인에게 제3자(또는 본인)에 대한 행정권발동을 요구할 권리를 인정함이 타당하다.

4. 행정개입청구권의 성립요건

(1) 행정청의 개입의무가 존재할 것

행정청에게 행정권의 발동의무를 부과하는 강행법규가 존재하여야 한다. 기속행위의 경우에는 행정청의 개입의무를 당연히 인정할 수 있으나, 재량행위의 경우에는 행정청의 개입의무를 당연히 인정할 수 없고 재량이 0으로 수축되는 경우에 예외적으로 인정될 수 있다. 재량이 0으로 수축되었느냐의 여부는 ⓐ 사람의 생명·신체·재산 등에 중대하고 급박한 위험이 존재하고(중대한 법익침해), ⓑ 행정권의 발동만이 위험을 제거하기 위한 가장 적절한 수단에 해당되는가를 기준으로 판단한다(보충성의 원칙).

(2) 행정권의 발동 권한을 규정한 법령의 사익보호목적

행정청에게 행정권의 발동 권한을 부여하는 규정이 공익실현 목적 외에 사인의 개별적 이익도 보호하려는 목적이 있어야 한다. 일반적인 견해는 당해 법률의 규정과 취지와 관련 법률의 규정과 취지 외에 기본권 규정도 고려해야 한다는 입장이다.

5. 설문

(1) 행정청의 개입의무의 인정여부

식품위생법상의 시정명령은 재량행위에 해당되므로, 행정청의 개입의무는 당연히 인정될 수 없고, 행정청의 개입의무를 인정하기 위해서는 재량의 0으로서의 수축여부를 판단하여야 한다. 설문에서 ⓐ 을의 불결한 급식의 제조·판매 등으로 인하여 X고등학교의 학생들이 복통을 호소하는 등의 건강상의 현저한 위해가 발생하였고(=중대한 법익침해의 발생), ⓑ 마포구청장이 식품위생법상의 위생기준을 준수하도록 하는 시정명령을 발동하는 것 외에는 발생한 위험을 방지하고 현재의 위해를 제거하기 위한 다른 수단을 찾기 어려워 행정청의 재량은 0으로 수축되었다고 할 것이고, 따라서 마포구청장의 개입의무를 인정할 수 있다.

(2) 법령의 사익보호목적

시정명령을 규정하고 있는 식품위생법은 식품으로부터 발생할 수 있는 위험의 방지를 통하여 국민보건의 향상을 달성한다는 공익목적 외에, 불결한 식품으로부터 건강상의 위협을 받는 국민 개개인의 건강상의 이익도 보호하려는 목적도 아울러 가지고 있다고 판단된다. 따라서 처분의 근거법령의 사익보호목적도 인정된다.

따라서 갑은 시정명령의 발령을 요구할 권리가 인정된다.

---

(2) 서울 X고등학교 학생회장 갑의 요청에 따라 마포구의 위생과 직원들이 위생조사를 한 후, 마포구청장은 을이 식품위생법상의 위생기준을 전혀 준수하고 있지 않고, 불결한 위해식품을 제조·판매한다고 판단되어 영업소폐쇄명령을 하였다. 이에 을은 마포구청장의 영업소폐쇄명령이 위법함을 이유로 취소소송을 제기하려고 한다. 구청장의 처분은 위법한가? (행정법의 일반원칙논의는 제외한다)

Ⅱ. 영업소폐쇄명령의 위법성여부(설문(2))

1. 문제 상황

마포구청장의 을에 대한 영업소폐쇄명령은 식품위생법시행규칙 제53조의 제재적 처분기준에 반하는 처분이다. 따라서 영업소폐쇄명령이 위법하다는 을 주장의 타당성을 검토하기 위해서는 식품위생법시행규칙 제53조의 제재적 처분기준의 법적 성격을 전제문제로 검토하여야 한다.

2. 제재적 행정처분기준의 법적 성격

(1) 문제점

영업정지나 면허취소기준 등의 제재적 처분기준과 같은 행정내부적인 사항은 고시나 훈령으로 규정되는 것이 정당한데 그러한 사항이 대통령령

등의 형식으로 규정된다면 그 법적 성질이 무엇인지가 문제된다.

(2) 학설

1) 법규명령설

㈎ 처분기준의 규정형식이 대통령령 등이며, 이러한 처분기준을 법규명령으로 본다면 법적안정성 확보에 도움이 되며, 개별기준 외에도 제재의 정도를 가감할 수 있는 일반적 처분기준(일반기준)(가중·감경규정)이 있어 기계적 적용이 아니라 탄력적 적용이 가능하다는 점을 근거로 한다.

㈏ 법규명령설도 ⓐ 처분기준을 기속적(한정적)으로 보는 견해(엄격한 대외적 구속력을 인정하는 견해)(제1설)와 ⓑ 처분기준을 최고한도로 보는 견해(최고한도로서의 구속력을 인정하는 견해)(제2설)로 나눌 수 있다.

2) 행정규칙설

행정규칙으로 정할 사항을 법규명령형식으로 정한다고 하여도 그 성질은 변하지 않으므로 행정규칙으로 보아야 하며, 행정규칙으로 보아야 행정의 실제상 구체적 타당성과 탄력성확보가 가능함을 근거로 한다.

3) 수권여부기준설

법규명령과 행정규칙의 구별은 상위 법령의 수권여부로 결정되기에 법령의 수권에 근거하여 대통령령·총리령·부령 형식으로 정한 제재적 처분기준은 법규명령으로 보아야 한다는 견해이다.

(3) 판례

㈎ 판례는 ① ⓐ 부령으로 정한 제재적 처분기준(도로교통법시행규칙상의 운전면허행정처분기준)은 행정규칙으로 본다(대판(전원) 1995. 10. 17. 94누14148). ⓑ 다만, 환경영향평가대행영업정지처분취소를 구한 사건의 별개의견으로 환경영향평가법시행규칙상 제재적 처분기준을 법규명령으로 보아야 한다는 입장(대판(전원) 2006. 6. 22. 2003두1684의 별개의견)이 제시된 바 있다. ② ⓐ 대통령령으로 정한 제재적 처분기준(주택건설촉진법시행령상의 영업정지처분기준)을 법규명령으로 보면서 영업정지기간을 일률적으로 규정하는 형식을 취하고 있기 때문에 재량의 여지가 없다고 하였다(대판 1997. 12. 26. 97누15418). ⓑ 그러나 최근에는 대통령령으로 정한 제재적 처분의 기준을 법규명령으로 보면서도 그 기준을 처분의 최고한도로 보아야 한다고 판시(구 청소년보호법시행령상의 과징금처분기준)하고 있다(대판 2001. 3. 9. 99두5207).

㈏ 판례는 도로교통법시행규칙상의 운전면허 행정처분기준에 대한 판결(①-ⓐ)은 행정규칙설을, 환경영향평가법시행규칙상 제재적 처분기준에 대한 별개의견은 법규명령설(①-ⓑ)을, 주택건설촉진법시행령상의 영업정지처분기준을 법규명령으로 보는 판결(②-ⓐ)은 법규명령설 중 제1설에 따라 엄격한 구속력을 인정한 반면, 구 청소년보호법시행령상의 과징금처분기준은 법규명령으로 보면서도 과징금액수를 최고한도액으로 보는 판결(②-ⓑ)은 법규명령설 중 제2설을 취하는 것으로 보인다.

㈐ 그러나 판례는 제재적 처분기준을 대통령령으로 정하는 경우와 부령으로 정하는 경우 법규성 인정여부를 달리하는 근거를 제시하지 않는다는 비판이 있다. 왜냐하면 대통령령으로 정할지 부령으로 정할지 여부에 대한 행정청의 선택은 규율내용이 아니라 실무편의에 따른 것이기 때문이다(류지태).

(4) 검토

행정규칙의 고유한 사항은 정해져 있지 않으며, 위임의 근거가 있는 한 행정규칙으로 규율하지 않고 법규명령으로 규율하는 것도 가능하므로 법규명령설, 그 중 제1설이 타당하다. 제2설은 명문 규정 없이 일의적으로 규정된 사항을 최고한도로 보는 것은 법령해석의 한계를 초과한 것이며, 처분기준을 최고한도로 본다면 가중이나 감경하기가 곤란하기 때문이다. 제1설에 따른다면 기계적으로 적용될 가능성이 있으나 대부분의 입법이 일반기준(가중·감경조항)을 두고 있어 큰 문제는 없을 것이다.

3. 소결

㈎ 법규명령설에 따르면 1차 위반자에게 영업소폐쇄를 명하였기에 처분기준을 기속적으로 보건 최고한도로 보건 어느 학설에 따르더라도 구청장의 처분은 위법하다. 가중·감경조항이 적용되는 경우라면 적법할 가능성도 있다(설문에서 설

시되지는 않았다). 그러나 1차 위반자에게 영업소폐쇄명령을 발령하였다면 비례원칙에 위반될 소지도 매우 크다.

(나) 행정규칙설(부령형식의 제재적 처분기준을 행정규칙으로 보는 판례에 따르면 행정규칙설과 동일한 결론이 된다)에 따르면 제재적 처분기준에 반하는 행정처분이라고 하여 바로 위법해지지는 않는다. 즉 행정법의 일반원칙에 따라 다시 판단해 보아야 한다. 경우에 따라서는 행정법의 일반원칙인 비례원칙이나 자기구속원칙(선례가 있는 경우)에 위반될 여지는 있다.

● 제27회 입법고시(2011년)
〈제2문〉

사업자 병이 운영하는 사업장으로부터 배출허용기준을 초과하여 대기환경을 오염시키는 물질이 방출되어 주민 갑이 피해를 입고 있음에도 관할행정청 을은 아무런 조치를 취하지 아니하였다. 이 경우 갑은 대기환경보전법 제33조를 근거로 행정법상 어떠한 권리구제수단을 강구할 수 있는가?

〈참조조문〉
대기환경보전법
제33조(개선명령) 환경부장관은 제30조에 따른 신고를 한 후 조업 중인 배출시설에서 나오는 오염물질의 정도가 제16조나 제29조 제3항에 따른 배출허용기준을 초과한다 고 인정하면 대통령령으로 정하는 바에 따라 기간을 정하여 사업자(제29조 제2항에 따른 공동 방지시설의 대표자를 포함한다)에게 그 오염물질의 정도가 배출허용기준 이하로 내려가도록 필요한 조치를 취할 것(이하 "개선명령"이라 한다)을 명할 수 있다.

제4장 행정의 행위형식

제1절 행정입법

판례 — 처분적 고시

대법원 2006. 9. 22. 선고 2005두2506 판결
【보험약가인하처분취소】(한미약품사건)

[참조조문]
국민건강보험법시행령
제24조(계약의 내용 등) ③ 제1항의 규정에 불구하고 법 제39조 제1항 제2호의 약제·치료재료(제2항의 규정에 의한 상대가치점수가 적용되는 약제·치료재료를 제외한다)에 대한 비용은 보건복지부장관이 심의조정위원회의 심의를 거쳐 정하여 고시하는 금액의 범위안에서 요양기관이 당해 약제 및 치료재료를 구입한 금액으로 하되, 약제 및 치료재료 구입금액의 결정기준·결정절차 기타 필요한 사항은 보건복지부장관이 정하여 고시한다.
【원고, 피상고인】 한미약품 주식회사 외 1인
【피고, 상고인】 보건복지부장관

【판시사항】 [1. 대상적격] **어떠한 고시가** 일반적·추상적 성격을 가질 때에는 법규명령 또는 행정규칙에 해당할 것이지만, 다른 집행행위의 매개 없이 그 자체로서 직접 국민의 구체적인 권리의무나 법률관계를 규율하는 성격을 가질 때에는 행정처분에 해당한다고 할 것이다. …

① **약제급여·비급여목록 및 급여상한금액표**(보건복지부 고시 제2002-46호로 개정된 것, 이하 '이 사건 고시'라 한다)**는** 특정 제약회사의 특정 약제에 대하여 국민건강보험가입자 또는 국민건강보험공단이 지급하여야 하거나 요양기관이 상환받을 수 있는 약제비용의 구체적 한도액을 특정하여 설정하고 있는 점, ② 약제의 지급과 비용의 청구행위가 있기만 하면 달리 행정청의 특별한 집행행위의 개입 없이 이 사건 고시가 적용되는 점, ③ **특정 약제의 상한금액의 변동은 곧바로 국민건강보험가입자 또는 국민건강보험공단이 지급하여야 하거나 요양기관이 상환받을 수 있는 약제비용을 변동시킬 수 있다는 점** 등에 비추어 보면, 이 사건 고시는 다른 집행행위의 매개 없이 그 자체로서 국민건강보험가입자, 국민건강보험공단, 요양기관 등의 법률관계를 직접 규율하는 성격을 가진다고 할 것이다.

[2. 제약회사의 원고적격] 이 사건 고시로 원고들의 이 사건 약제에 대한 상한금액이 인하되면, … **요양기관에 이 사건 약제를 공급하는 제약회사인 원고들로서는** 그 약제의 상한금액이 인하될 경우, 요양기관에 대한 공급가격을 상한금액보다 초과하여 유지하게 되면 요양기관이 그 약제를 구매하지 아니하게 될 것이므로 그 공급가격을 상한금액의 범위 내로 인하할 수밖에 없게 된다고 할 것이어서, 상한금액의 인하에 직접적으로 영향을 받게 됨으로써 그 이익을 침해받게 되는 점 등을 종합하여 보면, 원고들은 자신이 공급하는 이 사건 약제에 대하여 법, 법 시행령, 요양급여규칙 등 약제상한금액고시의 근거법령에 의하여 보호되는 직접적이고 구체적인 이익을 향유한다고 할 것이고, 이 사건 고시로 인하여 원고들은 자신이 제조·공급하는 이 사건 약제의 상한금액이 인하됨에 따라 위와 같이 근거 법령에 의하여 보호되는 법률상 이익을 침해당하였다고 할 것이므로, 원고들은 이 사건 고시의 취소를 구할 원고적격이 있다.

[3. 법원의 직권에 의한 사정판결의 가능성] 이러한 사정판결은 당사자의 명백한 주장이 없는 경우에도 기록에 나타난 여러 사정을 기초로 직권으로 할 수 있는 것이…다.

tip 고시는 ① 행정규칙으로서의 고시(일반·추상적인 성질을 가지고, 내부적인 효력만 갖는 경우(예를 들어 출근시간의 지시)), ② 법규명령으로서의 고시(일반·추상적 성질을 가지지만, 수권과 외부효가 있는 경우(법령보충규칙의 경우)), ③ 처분적 고시(개별·구체적인 규율인 경우) 그리고 ④ 행정행위의 효력요건으로서 고시(예를 들어 납세병마개제조자지정·고시), ⑤ 준법률행위적 행정행위로서의 고시(토지보상법 제22조 제1항, 제25조 제1항의 사업인정의 고시)), ⑥ 사실행위로서 고시(국적법 제17조의 귀화의 고시)가 있다.

대상판결의 고시(약제급여상한금액에 대한 고시)는 처분적 고시에 해당하는 것이다.

● 제28회 법원행정고시(2010년)

의료기관은 국민건강보험 가입자인 환자에게 요양급여인 의약품을 지급한 후 국민건강보험공단에 그 비용상환 청구를 하고 있다. 한편 이와 관련하여 보건복지부장관(이하 을이라 한다)은 비용상환 청구시 기준이 되는 의약품 가격의 상한 금액을 보건복지부 고시 "의약품상한금액고시"로 정하여 두고 있다(이는 국민건강보험법 제39조 제1항·제2항 및 같은 법 시행령 제24조 제3항, 국민건강보험요양급여의기준에관한규칙 제8조 제1항에 근거한 것이다). 그런데 을은 2009. 12. 31. 재정상황 악화를 근거로 의약품상한금액고시를 개정고시하면서 2010. 1. 1.부터 일부 의약품의 상한 금액을 30% 인하하였다. 여기에는 제약회사 갑의 의약품 A도 포함된다(종전 10,000원에서 7,000원으로 개정). 위 개정고시로 인해 갑이 의료기관들로부터 A를 인하하여 판매하라는 압력에 시달리게 되자 갑은 위 고시 중 A가 관련된 위 고시 제X조 제Y항 Z호('고시조항'이라고 부르자)의 효력을 다투는 소송을 법원에 제기하고자 한다.

(1) 갑이 이 사건 고시 개정으로 인해 겪는 불이익을 제거하는 데에는 가능하고 효과적인 어떤 구제수단이 있겠는가?('고시조항'이 행정소송법상의 '처분'에 해당하는지를 포함하여 서술할 것) (30점)

[참조조문]

국민건강보험법

제39조(요양급여) ① 가입자 및 피부양자의 질병·부상·출산 등에 대하여 다음 각호의 요양급여를 실시한다.

1. 생략
2. 의약품의 지급

② 제1항의 규정에 의한 요양급여의 방법·절차·범위·상한 등 요양급여의 기준은 보건복지부령으로 정한다.

국민건강보험법시행령

제24조(계약의 내용등) ③ 법 제39조 제1항 제2호의 의약품에 대한 비용은 보건복지부장관이 심의조정위원회의 심의를 거쳐 정하여 고시하는 금액의 범위 안에서 의료기관이 해당 의약품을 제약회사 등으로부터 구입한 금액으로 하되, 의약품 구입금액의 결정기준·결정절차 기타 필요한 사항은 보건복지부장관이 정하여 고시한다.

국민건강보험요양급여의기준에관한규칙

제8조(요양급여의 범위 등) ① 보건복지부장관은 요양급여로서 지급되는 의약품의 금액 상한을 별도로 고시한다.

의약품상한금액고시

제X조 제Y항 Z호(고시조항) 甲회사 A품목의 상한 금액은 7,000원이다.

판례 — 행정규칙형식의 법규명령

대법원 2008. 3. 27. 선고 2006두3742, 3759 판결 【목욕장영업신고서처리불가처분취소 · 영업소폐쇄명령처분취소】

【판시사항】 구 택지개발촉진법(2007. 4. 20. 법률 제8384호로 개정되기 전의 것, 이하 같다) **제3조 제4항은** '건설교통부장관이 제1항 내지 제3항의 규정에 의하여 예정지구를 지정, 변경 또는 해제한 때에는 **대통령령이 정하는 바에 따라 이를 고시**하여야 한다'고, … 각 규정함에 따라, **건설교통부장관이 정한 택지개발업무처리지침**(택지 58540-647, 1995. 8. 10. 제정, 이하 '이 사건 지침'이라 한다) **제11조**(1999. 6. 24. 개정 이전에는 제7조에 해당한다) 제1항 본문이 '사업시행자는 택지를 주택건설용지와 공공시설용지로 구분하여 [별표 2]에서 정하고 있는 용지분류에 따라 토지이용계획을 수립하여야 한다'고 규정한 다음, [별표 2] 토지이용계획의 용지분류에서 공공시설용지에 속하는 상업 · 업무시설용지에는 택지개발촉진법 시행령 제2조 제2호에 게기한 시설이 가능하도록 규정하고 있는바, 이와 같은 관계 법령의 내용, 형식 및 취지 등을 종합하면, **비록 이 사건 지침 제11조가 건설교통부장관의 지침형식으로 되어 있다 하더라도** 이에 의한 토지이용에 관한 계획은 택지개발촉진법령의 위임에 따라 그 규정의 내용을 보충하면서 그와 결합하여 대외적인 구속력이 있는 법규명령으로서의 효력을 가지는 것으로 보아야 할 것이다.

tip 법규명령이 되기 위한 요건인 'ⓐ 상위법령의 위임(수권)이 있어야 하고, ⓑ 상위법령의 내용을 보충·구체화하는 기능을 가져야 한다고 본다. 또한 ⓒ 행정규칙형식의 법규명령도 법규명령이므로 상위법령의 위임의 한계를 벗어나지 않는다면, 상위법령과 결합하여 대외적 효력'을 가진다.

● 제52회 행정고시(재경 등 직렬)(2008년)
〈제2문〉

택지개발촉진법시행령 제7조 제5항에는 택지개발계획의 수립기준 기타 필요한 사항을 국토해양부장관이 따로 정하도록 하고 있다. 이에 따라 국토해양부장관이 정하는 '택지개발업무처리지침'의 법적 성질을 검토하시오. (25점)

판례 — 행정규칙의 내부적 구속력

대법원 2002. 7. 26. 선고 2001두3532 판결
【견책처분취소】(함양군불문경고사건)

【사건개요】 함양군인사위원회는 1999. 10. 7. 경상남도 지방공무원으로서 1995. 2. 23.부터 함양군 도시환경과 소속 주택담당 주사로 근무하던 원고에 대하여 징계를 심의한 결과, 원고가 1999. 3. 19. 함양읍 교산리 833-1에 있는 한국천령아파트에 대한 사용승인을 하면서 이 아파트가 1동의 건물로 되어 있기 때문에 동별(棟別) 사용승인이 부적합함에도 불구하고 사용승인을 하였다.

이로 인하여 민원을 야기함은 물론 건축승인조건인 도로의 기부채납이 지연되거나 이행되지 않을 우려가 생기게 함으로써 지방공무원법 제48조에 정한 성실의무를 위반하였다는 징계사유를 들어, 함양군지방공무원징계양정에관한규칙(1998. 4. 1. 규칙 제750호, 이하 '함양군규칙'이라 한다) 제2조 제1항 및 [별표 1] '징계양정기준'에 의하여 위와 같은 비위사실에 대하여는 견책으로 징계를 하여야 할 것이지만, 함양군규칙 제4조 제1항 제2호 및 [별표 3] '징계양정감경기준'에 따라 원고에게 표창을 받은 공적이 있음을 이유로 그 징계를 감경하여 불문으로 하되, 다만 원고에게 경고할 것을 권고하는 의결을 하였고, 이에 따라 원고는 피고(함양군수)가 1999. 10. 12. 원고를 '불문경고'에 처하는 이 사건 처분을 취소하라는 소를 제기하였다.

【판시사항】 [1] **어떠한 처분의 근거나 법적인 효과가 행정규칙에 규정되어 있다고 하더라도,** 그 처분이 행정규칙의 내부적 구속력에 의하여 상대방에게 권리의 설정 또는 의무의 부담을 명하거나 기타 법적인 효과를 발생하게 하는 등으로 그 상대방의 권리 의무에 직접 영향을 미치는 행위라면, 이 경우에도 항고소송의 대상이 되는 행정처분에 해당한다.

[2] **행정규칙에 의한 '불문경고조치'가 비록 법률상의 징계처분은 아니지만** 위 처분을 받지 아니하였다면 차후 다른 징계처분이나 경고를 받게 될 경우 징계감경사유로 사용될 수 있었던 표창공적의 사용가능성을 소멸시키는 효과와 1년 동안 인사기록카드에 등재됨으로써 그동안은 장관표창이나 도지사표창 대상자에서 제외시키는 효과 등이 있다는 이유로 항고소송의 대상이 되는 행정처분에 해당한다.

제53회 행정고시(일반행정)(2009년)
〈제3문〉

A군의 주택담당 지방공무원으로 근무하던 갑은 신규아파트가 1동의 건물로 되어 있기 때문에 동별 사용승인이 부적합함에도 불구하고 동별 사용승인을 하였다. 이에 A군의 인사위원회는 이러한 사용승인으로 말미암아 민원이 야기됨은 물론, 건축 승인조건인 도로의 기부채납이 지연되거나 이행되지 않을 우려가 있음을 이유로 지방공무원법 제48조 성실의무 위반을 들어 갑을 징계의결하려고 한다. A군의 인사위원회는, 「A군지방공무원징계양정에 관한 규칙」 제2조 제1항 및 [별표 1] '징계양정기준'에 의하여 이 같은 비위사실에 대하여는 견책으로 징계를 하여야 할 것이지만, 동 규칙 제4조 제1항 및 [별표 3] '징계양정감경기준'에 따라 갑에게 표창공적이 있음을 이유로 그 징계를 감경하여 불문으로 하되, 갑에게 경고할 것을 권고하는 의결을 하였고, 이에 따라 A군의 군수는 갑을 '불문경고'에 처하였다. 한편 A군이 소속한 B도 도지사의 「B도지방공무원인사기록및인사사무처리지침」에는 불문경고에 관한 기록은 1년이 경과한 후에 말소되어 또한 불문경고를 받은 자는 각종 표창의 선정대상에서 1년간 제외하도록 규정하고 있다. (총 30점)

(1) 불문경고의 법적 성질 및 징계와의 관련성을 검토하시오. (10점)

(2) 불문경고에 대한 갑의 행정쟁송상 권리구제 수단을 검토하시오. (20점)

기출 — 제48회 사법시험(2006년)

〈제2문의 1〉

갑은 영리를 목적으로 2006. 5. 10. 22:00경 청소년인 남녀 2인을 혼숙하게 하였는데, 이에 대하여 관할 행정청은 청소년보호법 위반을 이유로 500만원의 과징금부과처분을 하였다. 그러자 갑은 적법한 제소요건을 갖추어 관할 법원에 위 부과처분이 위법하다고 주장하면서 과징금부과처분 취소소송을 제기하였다. 그런데 청소년보호법시행령 제40조 제2항 [별표 7] 위반행위의 종별에 따른 과징금부과기준 제9호는 "법 제26조의2 제8호의 규정에 위반하여 청소년에 대하여 이성혼숙을 하게 하는 등 풍기를 문란하게 하는 영업행위를 하거나 그를 목적으로 장소를 제공하는 행위를 한 때"에 대한 과징금액을 "위반 횟수마다 300만원"으로 규정하고 있다.

(1) 위 과징금의 성격은? (5점)

(2) 위 과징금부과처분은 위법한가? (15점)

(3) 위 사안에서 관할 법원은 과징금부과처분이 위법하다고 인정하는 경우 일부취소판결을 할 수 있는가? (10점)

[참조조문]

청소년보호법

제26조의2(청소년유해행위의 금지) 누구든지 다음 각호의 1에 해당하는 행위를 하여서는 아니된다.

8. 청소년에 대하여 이성혼숙을 하게 하는 등 풍기를 문란하게 하는 영업행위를 하거나 그를 목적으로 장소를 제공하는 행위

제49조(과징금) ② 시장 · 군수 또는 구청장은 제50조 또는 제51조 각호의 1에 해당하는 행위로 인하여 이익을 취득한 자에 대하여 대통령령이 정하는 바에 의하여 1천만원 이하의 과징금을 부과 · 징수할 수 있다. 다만, 다른 법률의 규정에 의한 영업허가취소 · 영업소폐쇄 · 영업정지 또는 과징금부과 등 행정처분의 대상으로서 행정처분이 이루어진 경우 또는 행정처분이 가능한 경우에는 그러하지 아니하다.

제50조(벌칙) 다음 각호의 1에 해당하는 자는 3년 이하의 징역 또는 2천만원 이하의 벌금에 처한다.

4. 제26조의2 제7호 내지 제9호의 규정을 위반한 자

청소년보호법시행령

제40조(과징금 부과기준) ② 법 제49조 제2항의 규정에 의한 과징금을 부과하는 위반행위의 종별에 따른 과징금의 금액은 별표7과 같다.

③ 청소년위원회 또는 시장 · 군수 · 구청장은 위반행위의 내용 · 정도 · 기간, 위반행위로 인하여 얻은 이익 등을 참작하여 제1항 또는 제2항의 규정에 의한 과징금의 금액의 2분의 1의 범위안에서 이를 감경할 수 있다.

[별표 7] 위반행위의 종별에 따른 과징금부과기준(제40조 제2항 관련)

9. 법 제26조의2 제8호의 규정에 위반하여 청소년에 대하여 이성혼숙을 하게 하는 등 풍기를 문란하게 하는 영업행위를 하거나 그를 목적으로 장소를 제공하는 행위를 한 때: 위반 횟수마다 300만원

(1) 위 과징금의 성격은? (5점)

Ⅰ. 과징금의 성격(설문(1))

1. 과징금의 의의

과징금이란 행정법상 의무를 불이행하였거나 위반한 자에게 가해지는 금전상의 제재를 말한다.

2. 과징금의 유형

(1) 협의(본래적 의미)의 과징금

과징금은 원래 행정법규 및 행정법상 의무위반으로 인한 경제적 이익을 박탈하기 위한 것으로 부당이득을 환수하는 성격만을 가지거나 부당이득을 환수하는 성격과 행정제재적인 성격을 동시에 가지는 과징금이 있다(예를 들어 공정거래법상 과징금).

(2) 변형된 과징금

변형된 과징금이란 영업정지 등에 갈음하여 과징금을 부과하는 경우를 말한다.

3. 설문의 과징금의 성격

청소년보호법 제49조 제1항 본문의 규정을 보면 '이익을 취득한 자에 대하여'라고 규정되어 있어, 이득환수의 전형적인 성격의 과징금에 근

접하고 있으나, 과징금의 금액이 실제상의 이익액을 넘어서기 때문에 이와 더불어 제재적 성격도 포함하고 있는 과징금에 속한다고 할 것이다. 따라서 설문의 과징금은 협의의 과징금으로 보아야 한다.

(2) 위 과징금부과처분은 위법한가? (15점)

Ⅱ. 과징금부과처분의 위법여부(설문(2))

1. 문제 상황

500만원 과징금부과처분의 위법성을 판단하기 위해서는 선결적으로 청소년보호법 시행령 제40조 제2항 [별표 7]의 법적 성질이 해결되어야 한다.

2. 청소년보호법 시행령 제40조 제2항 [별표 7]의 법적 성질

(1) 학설

1) 법규명령설

법규명령설도 ⓐ 처분기준을 기속적(한정적)으로 보는 견해(엄격한 대외적 구속력을 인정하는 견해)(제1설)와 ⓑ 처분기준을 최고한도로 보는 견해(최고한도로서의 구속력을 인정하는 견해)(제2설)로 구별할 수 있다.

2) 행정규칙설

3) 수권여부기준설

(2) 판례

판례는 ① ⓐ 부령으로 정한 제재적 처분기준(도로교통법시행규칙상의 운전면허행정처분기준)은 행정규칙으로 본다(대판(전원) 1995. 10. 17. 94누14148). ⓑ 다만, 환경영향평가대행영업정지처분취소를 구한 사건의 별개의견으로 환경영향평가법시행규칙상 제재적 처분기준을 법규명령으로 보아야 한다는 입장(대판(전원) 2006. 6. 22. 2003두1684의 별개의견)이 제시된 바 있다. ② ⓐ 대통령령으로 정한 제재적 처분기준(주택건설촉진법시행령상의 영업정지처분기준)을 법규명령으로 보면서 영업정지기간을 일률적으로 규정하는 형식을 취하고 있기 때문에 재량의 여지가 없다고 하였다(대판 1997. 12. 26. 97누15418). ⓑ 그러나 최근에는 대통령령으로 정한 제재적 처분의 기준을 법규명령으로 보면서도 그 기준을 처분의 최고한도로 보아야 한다고 판시(구 청소년보호법시행령상의 과징금처분기준)하고 있다(대판 2001. 3. 9. 99두5207).

(3) 검토

행정규칙의 고유한 사항은 정해져 있지 않으며, 위임의 근거가 있는 한 행정규칙으로 규율하지 않고 법규명령으로 규율하는 것도 가능하므로 법규명령설이 타당하며, 그 중 제1설이 타당하다.

3. 소결(과징금부과처분의 위법성)

법규명령설(제1설)에 따르면 설문의 경우 1회 위반한 갑에게 [별표 7]의 과징금부과기준에 위반하여 500만원의 과징금을 부과하였으므로 행정청의 부과처분은 바로 위법하다. 또한 청소년보호법시행령 제40조 제3항은 감경의 경우만을 예정하고 있어 가중할 수는 없다고 보아야 할 것이다(법규명령설 중 제2설(최고한도로 보는 견해)도 결론은 같다).

(3) 위 사안에서 관할 법원은 과징금부과처분이 위법하다고 인정하는 경우 일부취소판결을 할 수 있는가? (10점)

Ⅲ. 일부취소판결의 가능성(설문(3))

1. 일부취소판결이 가능한 경우

재량행위에서는 권력분립의 원칙과 행정의 1차적 처분권을 보장한다는 면에서 이를 부정하는 것이 일반적인 견해와 판례의 입장이다. 법원으로서는 재량권의 일탈여부만 판단할 수 있을 뿐이지 재량권의 범위 내에서 어느 정도가 적정한 것인지에 관하여는 판단할 수 없어 그 전부를 취소할 수밖에 없다(대판 2009. 6. 23. 2007두18062). 그러나 일부취소판결은 일부 취소되는 부분이 가분성(특정성)이 있고, 적법하게 부과될 정당한 부과금액이나 기간을 소송상 산정할 수 있는 가능성이 있다면 일부취소가 가능할 것이다(대판 1992. 7. 24. 92누4840).

2. 소결

설문의 경우 제재적처분기준 [별표 7]의 법적 성격을 행정규칙으로 보자면 청소년보호법 제49조는 재량으로 규정하고 있어 법원은 일부취소판결을 할 수 없을 것이다. 또한 [별표 7]의 법적 성격을 법규명령으로 본다고 하더라도 청소년보호법시행령 제40조 제3항이 과징금의 감경규정을 두고 있음을 고려할 때 이 경우 역시 일부취소판결을 할 수 없다고 보아야 한다.

기출 — 제51회 행정고시(일반행정)(2007년)

〈제1문〉

다음 사례를 읽고 물음에 답하시오. (총 50점)
방송위원회는 종합유선방송사업자인 A방송사의 XX오락프로그램이 방송심의규정을 위반하여 청소년의 건전한 인격형성을 저해하는 내용을 방영하였음을 이유로 A방송사에 대하여 XX프로그램의 방송중지를 명하였다. 그러나 A방송사는 방송위원회의 방송중지명령을 위반하여 방송을 계속하였고, 그러던 차에 A방송사에 대한 허가기간이 만료되었다. 방송위원회는 재허가추천을 거부하였고, 이에 따라 정보통신부장관은 A방송사에 대한 재허가를 거부하였다.

(1) 방송심의규정에 근거하여 프로그램의 방송중지명령과 같은 국민의 권익을 직접 침해하는 처분을 할 수 있는가? (10점)

(2) A방송사는 방송심의규정에 방송의 자유를 침해하는 애매모호한 표현이 다수 포함되어 있음을 문제점으로 지적하고 있다. 방송심의규정에 대한 통제방안을 설명하시오. (20점)

(3) 재허가추천거부 및 재허가거부와 일반적인 행정행위의 철회의 상호관계를 논하시오. (20점)

[참조조문]
방송법
제2조(용어의 정의) 이 법에서 사용하는 용어의 정의는 다음과 같다.
3. "방송사업자"라 함은 다음 각 목의 자를 말한다.
나. 종합유선방송사업자: 종합유선방송사업을 하기 위하여 제9조 제2항의 규정에 의하여 허가를 받은 자
제17조(재허가등) ① 방송사업자(방송채널사용사업자는 제외한다) 및 중계유선방송 사업자가 허가유효기간의 만료 후 계속 방송을 행하고자 하는 때에는 방송위원회의 재허가 추천을 받아 정보통신부장관의 재허가를 받아야 한다.
③ 방송위원회가 제1항 및 제2항의 규정에 의하여 재허가 추천 또는 재승인을 할 때에는 제10조 제1항 각 호 및 다음 각 호의 사항을 심사하고 그 결과를 공표하여야 한다.
2. 방송위원회의 시정명령의 횟수와 시정명령에 대한 불이행 사례
제33조(심의규정) ① 위원회는 방송의 공정성 및 공공성을 심의하기 위하여 방송심의에 관한 규정(이하 "심의규정"이라 한다)을 제정 · 공표하여야 한다.
② 제1항의 심의규정에는 다음 각 호의 사항이 포함되어야 한다.
3. 아동 및 청소년의 보호와 건전한 인격형성에 관한 사항
제100조(제재조치 등) ① 방송위원회는 방송사업자 · 중계유선방송사업자 또는 전광판방송사업자가 제33조의 심의규정 및 제74조 제2항에 의한 협찬고지 규칙을 위반한 경우에는 다음 각 호의 제재조치를 명할 수 있다.
2. 해당 방송프로그램의 정정 · 수정 또는 중지

(1) 방송심의규정에 근거하여 프로그램의 방송중지명령과 같은 국민의 권익을 직접 침해하는 처분을 할 수 있는가? (10점)

Ⅰ. 침익적 처분을 할 수 있는지의 여부 (설문(1))

1. 방송중지명령의 법적 성질과 법률유보의 원칙

방송위원회의 방송중지명령은 침익적 처분이므로 법률의 근거가 필요하다(중요사항유보설).

2. 방송심의규정의 법적 성질

(1) 문제점

방송심의규정의 형식은 행정규칙이나 위임의 근거규정이 있어 법규성을 인정할 수 있는지가 문제된다.

(2) 학설

ⓐ 법규명령이라는 견해, ⓑ 규범구체화행정규칙으로 보자는 견해, ⓒ 수권여부기준설, ⓓ 위헌무효라는 견해, ⓔ 행정규칙에 불과하다는 견해가 대립된다.

(3) 판례

㈎ 대법원은 '소득세법시행령에 근거한 국세청훈령인 재산제세사무처리규정'의 법규성을 인

정한 이래 행정규칙형식의 법규명령에 대해 그 성질을 법규명령으로 보면서 대외적 효력을 인정하고 있다(대판 1987. 9. 29. 86누484).

(나) 다만, ⓐ 상위법령의 위임(수권)이 있어야 하고, ⓑ 상위법령의 내용을 보충·구체화하는 기능을 가져야 한다고 본다. 또한 ⓒ 행정규칙형식의 법규명령도 법규명령이므로 상위법령의 위임의 한계를 벗어나지 않는다면, 상위법령과 결합하여 대외적 효력이 인정된다고 본다.

(다) 헌법재판소도 '공무원임용령 제35조의2등에 대한 헌법소원사건'에서 대법원과 동일한 입장을 취하였다(헌재 1992. 6. 26. 91헌마25).

(4) 검토

상위법령의 구체적 위임에 근거하여 제정되는 것이고 실질적으로 법령을 보충하는 기능을 한다는 면에서 행정규칙형식의 법규명령을 법규명령으로 봄이 타당하다.

(5) 설문

방송심의 규정은 형식은 행정규칙이나 위임의 근거규정(방송법 제33조 제1항)이 있기에 법규명령이다.

3. 소결

방송심의규정은 방송법 제33조 제1항을 근거로 제정되어 법규명령의 성질을 가지며, 방송법 제100조의 제재처분을 할 수 있다는 근거규정이 있으므로 방송심의규정을 근거로 한 방송중지명령은 가능하다.

---

(2) A방송사는 방송심의규정에 방송의 자유를 침해하는 애매모호한 표현이 다수 포함되어 있음을 문제점으로 지적하고 있다. 방송심의규정에 대한 통제방안을 설명하시오. (20점)

Ⅱ. 방송심의규정에 대한 통제방안(설문(2))

1. 방송심의규정의 성질(법규명령)

2. 통제방안

(1) 행정내부적 통제

1) 절차상 통제

행정절차법상의 입법예고제(행정절차법 제41조 제1항), 법제처에 의한 법령안 심사(정부조직법 제20조) 등이 있다.

2) 감독권에 의한 통제

(가) 상급행정청의 일반적 감독권에 의한 통제, 행정심판법 제59조(중앙행정심판위원회의 법령개선에 대한 시정조치요청권)가 있다.

(나) 행정심판위원회가 법령(설문에서 방송심의규정)의 위헌·위법을 심사할 수 있는지가 문제된다. ⓐ 위원회는 법률에 대한 위헌심사권은 없으나 명령에 대한 위헌·위법심사권은 있다는 견해(박균성)와 ⓑ 위원회는 명령에 대한 위헌·위법심사권은 없고, 처분 또는 부작위의 법령적합성만을 심사할 뿐이라는 견해가 대립한다. ⓒ 위원회가 명령에 대한 위헌·위법을 심사할 수 있다는 명문의 규정이 없고, 행정심판법 제3조가 행정심판의 대상은 '처분과 부작위'에 한정하고 있으며, 동법 제59조가 중앙행정심판위원회의 명령등에 대한 적절한 시정조치를 요청할 수 있음을 규정하고 있다는 점을 고려할 때 부정함이 타당하다.

(2) 국회에 의한 통제

1) 직접적 통제

중앙행정기관의 장은 대통령령 등이 제정·개정 또는 폐지된 경우 국회소관상임위원회에 제출해야 한다(국회법 제98조의2).

2) 간접적 통제

국무위원 등의 해임건의권(헌법 제63조), 국정감사·조사제도(헌법 제61조)가 있다.

(3) 법원에 의한 통제

1) 법규명령에 대한 항고소송

ⓐ 규율대상의 구체·추상성은 상대적인 것이며(행정입법도 규율대상이 구체적이라고 한다), 행정입법도 법률의 시행을 위한 것이기에 '법집행'에 해당하므로 항고소송의 대상이 된다고 보는 견해(박정훈)도 있으나, ⓑ 구체적 사실에 대한 법집행행위가 아닌 추상적인 법령은 항고소송의 대상인 처분이 아니라는 것이 일반적인 견해와 판례의 입장이다(대판 1987. 3. 24. 86누656)이다. 따라서 방송심의 규정에 대해 항고소송을 제기할 수는 없다.

2) 구체적 규범통제

㈎ 헌법 제107조 제2항은 "명령·규칙 또는 처분이 헌법이나 법률에 위반되는 여부가 재판의 전제가 된 경우에는 대법원은 이를 최종적으로 심사할 권한을 가진다"고 하여 각급 법원이 위헌·위법한 법규명령 등을 심사할 권한이 있음을 규정하고 있다.

㈏ 방송위원회의 제재조치명령이 있는 경우 제재조치명령을 다투며 방송심의규정이 방송의 자유를 침해하고 있음을 주장할 수는 있다.

(4) 헌재에 의한 통제(법규명령에 대한 헌법소원)

㈎ ⓐ 헌법 제107조 제2항이 명령·규칙의 최종적인 심사권을 대법원에 부여하므로 명령과 규칙의 헌법소원은 부정함이 타당하다는 견해와 ⓑ 헌법 제107조 제2항은 재판의 전제가 된 경우 명령과 규칙에 대한 한 법원의 심사권을 규정한 것이고 재판의 전제가 되지 않은 법규명령이 별도의 집행행위를 기다리지 않고 직접 기본권을 침해하는 경우 헌법소원이 가능하다고 보아야 한다는 견해(다수 견해)가 대립된다.

㈏ 헌법재판소는 법무사법시행규칙에 대한 헌법소원(헌재 1990. 10. 15. 89헌마178)에서 긍정한다.

㈐ 기본권을 침해하는 법규명령 등을 직접 다투는 것을 소송물로 하는 구제방법이 인정되지 않기에 헌법소원의 보충성에도 문제가 없고, 법규명령이 기본권을 직접 침해하는 것이라면 직접성 요건도 문제되지 않는다. 따라서 긍정설이 타당하다.

㈑ 긍정설에 따른다면 법규명령도 헌법소원의 대상이 될 수 있다. 그러나 헌법소원이 인정되는 법규명령이 되려면 구체적인 집행행위를 기다리지 않고 법규명령 자체에 의해 국민의 권리제한이나 의무부과, 자유권 제한의 효과가 발생하여야(직접성 요건) 함에도 불구하고 설문의 방송심의 규정은 그 자체로 법적 효과가 발생하는 것이 아니라 다른 집행행위(제재조치)가 실현되어야 기본권의 침해가 발생하는 경우이므로 직접성이 인정되지 않는다.

(5) 국민에 의한 통제

여론의 형성, 청원권의 행사를 통해 의사를 반영시킬 수 있다.

---

(3) 재허가추천거부 및 재허가거부와 일반적인 행정행위의 철회의 상호관계를 논하시오. (20점)

Ⅲ. 재허가추천거부, 재허가거부, 행정행위의 철회의 상호관계(설문(3))

1. 재허가추천의 성질

확약, 부분허가, 사전결정, 재허가의 전제조건 등으로 다양하게 해석될 수 있다.

2. 재허가추천거부와 재허가거부와의 관계

재허가추천이 거부되면 재허가가 거부되므로 재허가추천은 재허가의 전제요건이다. 또한 재허가추천은 정통부장관을 구속하는 내부적 행위이다.

3. 행정행위의 철회의 의의

적법하게 성립한 행정행위의 효력을 행정청이 후발적 사유에 기하여 장래를 향하여 상실시키는 행정행위이다.

4. 재허가거부와 철회의 관계

(1) 차이점

㈎ 재허가거부가 있더라도 기존허가의 존속기간은 보장되지만, 허가의 철회는 허가기간 도중

에 사정변경 등 사후적 사정의 발생으로 행정청이 철회권을 행사함으로서 더 이상 영업을 하지 못한다는 점에서 차이가 난다.

(나) 철회의 경우 적극적인 침익적 처분이므로 사전통지절차, 의견제출절차 등 행정절차법상의 절차에 따르지만, 거부처분의 경우에는 철회와 달리 행정절차법상의 처분의 사전통지나 의견제출절차가 적용되지 않는다는 것이 판례의 입장이다.

(다) 당사자가 다투는 경우 철회와는 달리 재허가거부는 판례에 따르면 당사자에게 법규상 또는 조리상의 신청권이 필요하다.

(2) 공통점

(가) 철회에 법률유보가 요구된다는 다수견해에 의하면 재허가 거부에도 법률의 근거가 필요하기에 이러한 점에서는 같다.

(나) 양자 모두 신뢰보호원칙 등에 따른 제한이 따른다.

기출 — 제54회 행정고시(재경등직렬)(2010년)

〈제1문〉

약사법 제23조 제6항은 "한약사가 한약을 조제할 때에는 한의사의 처방전에 따라야 한다. 다만, 보건복지부장관이 정하는 한약처방의 종류 및 조제 방법에 따라 조제하는 경우에는 한의사의 처방전 없이도 조제할 수 있다."고 규정하고 있다. 이 조항에 근거하여 보건복지부장관은 한약사가 임의로 조제할 수 있는 한약처방의 종류를 100가지로 제한하는 보건복지부고시('한약처방의 종류 및 조제방법에 관한 규정')를 제정하였다. 그런데 한약사 갑은 보건복지부고시를 위반하여 한약을 조제하였다는 사실이 적발되어 약사법에 따라 을시장으로부터 약국업무정지 1개월에 갈음하여 2,000만원의 과징금을 납부하라는 통지서를 받았다. 이에 갑은 보건복지부고시가 위헌이며, 따라서 과징금부과처분도 위법이라고 생각한다. 갑이 주장할 수 있는 법적 논거와 그에 대한 자신의 견해를 논술하고 권리구제수단을 설명하시오. (40점)

Ⅰ. 과징금부과처분의 위법성을 주장할 수 있는 법적 근거

1. 문제 상황

시장은 보건복지부고시에 근거하여 갑에게 과징금부과처분을 하였기에 갑이 주장할 수 있는 위법성의 근거는 동 고시의 위법성과 관련된 것이다. 따라서 갑은 ① 행정규칙에 불과한 고시에 위반하였다고 하여 시장은 침익적인 처분(과징금부과처분)을 할 수 없다고 주장할 수 있고, ② 약사법 제23조 제6항에 비추어 동 고시가 위임의 범위를 일탈한 것이라고 주장할 수 있으며, ③ 사무처리규정이 평등원칙이나 비례원칙에 위반되기에 과징금부과처분이 위법하다고 주장할 수 있다.

2. 보건복지부고시에 위반하였다는 것을 이유로 과징금부과처분을 할 수 있는지 여부

(1) 문제점

보건복지부고시의 법적 성질이 행정규칙인지 법규명령인지에 따라 동 고시에 위반하였다는 것을 이유로 과징금부과처분을 할 수 있는지 여부가 결정된다. 그런데 일반적으로 고시는 그 형식이 행정규칙인데 약사법 제23조 제6항에 근거하여 제정되었다는 점에서 상위법령의 위임이 있는 고시·훈령의 경우 그 법적 성질이 무엇인지가 문제된다.

(2) 학설

ⓐ 법규명령이라는 견해, ⓑ 규범구체화행정규칙으로 보자는 견해, ⓒ 수권여부기준설, ⓓ 위헌무효라는 견해, ⓔ 행정규칙에 불과하다는 견해가 대립된다.

(3) 판례

㈎ 대법원은 '소득세법시행령에 근거한 국세청훈령인 재산제세사무처리규정'의 법규성을 인정한 이래 행정규칙형식의 법규명령에 대해 그 성질을 법규명령으로 보면서 대외적 효력을 인정하고 있다.

㈏ 다만, ⓐ 상위법령의 위임(수권)이 있어야 하고, ⓑ 상위법령의 내용을 보충·구체화하는 기능을 가져야 한다고 본다. 또한 ⓒ 행정규칙형식의 법규명령도 법규명령이므로 상위법령의 위임의 한계를 벗어나지 않는다면, 상위법령과 결합하여 대외적 효력이 인정된다고 본다.

㈐ 헌법재판소도 '공무원임용령 제35조의2등에 대한 헌법소원사건'에서 대법원과 동일한 입장을 취하였다.

(4) 검토

법규명령으로 봄이 타당하다.

(5) 설문

설문의 보건복지부고시를 법규명령으로 보더라도 위헌이 아니며 시장은 이를 근거로 갑에게 과징금부과처분을 할 수 있다. 따라서 갑이 시장은 사무처리규정에 근거하여 과징금부과처분을 할 수 없다고 주장한다면 이는 정당하지 않다.

3. 보건복지부고시가 위임의 범위를 일탈하였는지 여부

(1) 문제점

장관은 상위법령인 약사법에 근거하여 법규명령인 보건복지부고시를 제정할 수 있다. 그러나 동 고시는 적법하여야 하기에 상위법령의 위임의 범위를 일탈한 것은 아닌지가 문제된다.

(2) 법규명령의 규율사항의 범위

㈎ 헌법 제75조는 "대통령은 법률에서 구체적으로 범위를 정하여 위임받은 사항…에 관하여 대통령령을 발할 수 있다"고 하여 구체적으로 범위를 정하여 위임받은 사항에 대해서만 대통령령으로 정하도록 규정하고 있다(헌법 제95조(총리령·부령)는 이러한 표현이 없지만 마찬가지로 해석함이 일반적이다).

㈏ 그렇다면 구체적으로 범위를 정하여 위임받은 사항(달리 말하면 법규명령 특히 위임명령의 규율범위)을 판례는 '예측가능성'이라는 기준으로 판단한다(대판 2007. 10. 26. 2007두9884).

(3) 설문

보건복지부고시는 약사법 제23조 제6항의 내용에 비추어 충분히 예측가능한 것이어서 동 고시가 약사법의 위임의 범위를 일탈하였다고 보기 어렵다. 따라서 갑이 동 고시는 약사법의 위임의 범위를 일탈하였다고 주장한다면 이 또한 정당하지 않다.

4. 보건복지부고시가 평등·비례원칙에 위반되는지 여부

(1) 평등원칙 위반여부

1) 의의

평등원칙이란 행정청이 행정작용을 하면서 합리적인 근거가 없는 한 모든 행정객체를 동등하게 처우하여야 한다는 원칙이다.

2) 설문

㈎ 한약사에 대하여는 처방전 없이 한약을 조제할 권한을 100가지로 제한하는 고시가 한약사의 평등권을 침해하는 것이 아닌지가 문제된다.

㈏ 유사한 사안에서 헌법재판소는 「한약사와 한의사는 그 자격 및 주된 업무의 내용, 진단 및 처방 등 의료행위를 할 수 있는지 여부 등에서 전혀 다르다 할 것이므로 한약사와 한의사를 '본질적으로 동일한 두 개의 비교집단'으로 보기 어렵고, … 구 약사법 제21조 제7항의 입법목적이 진단 및 처방 없이 한약을 임의조제하여 발생할 수 있는 국민건강상 위험을 방지하는 것인 점에 비추어 보면 두 집단을 달리 취급하는 데 합리적 이유가 인정된다 할 것이므로 구 약사법 제21조 제7항 및 이 사건 부칙 제3조는 청구인들의 평등권을 침해하지 아니한다(헌재 2008. 7. 31. 2005헌마667, 2006헌마674(병합))」고 하였다.

(2) 비례원칙 위반여부

1) 비례원칙의 의의, 내용

㈎ 행정목적을 실현하기 위한 구체적인 수단과 목적간에 적정한 비례관계가 있어야 한다는 원칙이다.

㈏ 비례원칙은 ⓐ 적합성의 원칙, ⓑ 필요성의 원칙(최소침해의 원칙), ⓒ 상당성의 원칙(협의의 비례원칙)으로 이루어져 있다.

2) 설문

㈎ 한약사와 한의사는 그 자격 및 주된 업무의 내용, 진단 및 처방 등 의료행위를 할 수 있는지 여부 등에서 전혀 다르다 할 것이므로 보건복지부고시가 한약사가 임의로 조제할 수 있는 한약처방의 종류를 100가지로 제한한다고 하더라도 필요성의 원칙이나 상당성의 원칙에 반하지 않는다.

㈏ 헌법재판소도 유사한 사건에서 「이 사건 조제규정의 입법목적은 건전한 한약조제질서를 확립하여 국민의 건강을 보호·증진하고, 한약사에게 한의사의 진단과 처방이 수반되지 아니한 한약 임의조제를 무한정 허용할 경우에 발생할 수 있는 국민건강상의 위험을 미리 방지하고자 하는 것으로서 입법목적의 정당성이 인정된다. 또한 이러한 입법목적의 달성을 위하여 한의사의 처방전이 없는 경우에는 한약사의 한약 조제를 원칙적으로 금지하고, 비교적 안전성과 유효성이 확보된 일정한 처방에 한하여 한의사의 처방전 없이도 조제할 수 있도록 허용하는 것은 적절한 수단이라고 할 것이다. 따라서 한약사의 한약 조

제권의 범위를 정한 입법자의 정책적 판단은 입법목적의 정당성과 수단의 적절성이 인정되므로 입법자의 입법형성권의 한계를 일탈하였다고 볼 수 없다(헌재 2008. 7. 31. 2005헌마667,2006헌마674(병합))」고 하였다.

(3) 소결

갑이 보건복지부고시가 평등, 비례원칙에 위반되며 따라서 과징금부과처분이 위법하다고 주장하더라도 정당하지 않다.

Ⅱ. 권리구제수단(보건복지부고시가 위법함을 전제로 한다)

1. 무효인 보건복지부고시에 근거한 과징금부과처분의 위법성의 정도

(1) 무효와 취소의 구별기준

1) 학설

ⓐ 중대명백설, ⓑ 명백성보충요건설, ⓒ 구체적 가치형량설이 대립된다.

2) 판례

㈎ 대법원은 중대명백설을 취한다. 대법원의 소수견해는 명백성보충요건설을 취한 바도 있다(대판(전원) 1995. 7. 11. 94누4615).

㈏ 헌법재판소는 원칙적으로 중대명백설의 입장이나, 행정처분의 효력이 쟁송기간 경과 후에도 존속 중이며 행정처분을 무효로 하더라도 법적 안정성을 크게 해치지 않는 반면에 그 하자가 중대하여 그 구제가 필요한 경우에는 중대한 하자만으로 무효가 된다는 예외적인 판례(헌재 1994. 6. 30. 92헌바23)도 있다.

3) 검토

중대명백설이 타당하다.

(2) 설문

㈎ 원칙적으로 처분의 근거인 법규명령이 위헌·위법하다는 사정은 처분의 적법요건에 중대한 하자이기는 하지만 당해 법규명령이 위헌·위법으로 결정되기 전에는 그에 근거한 처분의 하자가 명백하다고 보기는 어려워 취소사유라고 보아야 한다.

㈏ 시장의 과징금부과처분은 취소사유에 해당한다.

2. 과징금부과처분에 대한 행정심판

행정심판위원회가 법령(설문에서 보건복지부고시)의 위헌·위법을 심사할 수 있는지가 문제된다. ⓐ 위원회는 법률에 대한 위헌심사권은 없으나 명령에 대한 위헌·위법심사권은 있다는 견해(박균성)와 ⓑ 위원회는 명령에 대한 위헌·위법심사권은 없고, 처분 또는 부작위의 법령적합성만을 심사할 뿐이라는 견해가 대립한다. ⓒ 위원회가 명령에 대한 위헌·위법을 심사할 수 있다는 명문의 규정이 없고, 행정심판법 제3조가 행정심판의 대상은 '처분과 부작위'에 한정하고 있으며, 동법 제59조가 중앙행정심판위원회의 명령 등에 대한 적절한 시정조치를 요청할 수 있음을 규정하고 있다는 점을 고려할 때 부정함이 타당하다.

3. 항고소송

(1) 보건복지부고시에 대한 항고소송

㈎ ⓐ 규율대상의 구체·추상성은 상대적인 것이며(행정입법도 규율대상이 구체적이라고 한다), 행정입법도 법률의 시행을 위한 것이기에 '법집행'에 해당하기에 항고소송의 대상이 된다고 보는 견해(박정훈)도 있으나, ⓑ 구체적 사실에 대한 법집행행위가 아닌 추상적인 법령은 항고소송의 대상인 처분이 아니라는 것이 일반적인 견해와 판례의 입장이다(대판 1987. 3. 24. 86누656)이다.

㈏ 따라서 보건복지부고시에 대해 직접 갑이 취소소송을 제기할 수는 없다.

(2) 구체적 규범통제(과징금부과처분을 취소소송으로 다투는 경우)

1) 구체적 규범통제의 의의

헌법 제107조 제2항은 "명령·규칙 또는 처분이 헌법이나 법률에 위반되는 여부가 재판의 전제가 된 경우에는 대법원은 이를 최종적으로 심사할 권한을 가진다"고 하여 각급 법원이 위헌·위법한 법규명령 등을 심사할 권한 있음을 규정하고 있다.

2) 구체적 규범통제의 주체

구체적 규범통제의 주체는 각급법원이다. 대법원은 최종적으로 심사할 권한을 갖는다.

3) 재판의 전제성

여기서 '재판의 전제가 된 경우'란 처분의 위법성이 법규명령 등에 기한 것일 때 법규명령 등의 위헌·위법성을 선결문제로 다투는 것을 말한다.

4) 대상

대상은 명령과 규칙이다. '명령'이란 행정입법으로서 법규명령을 말하며, '규칙'이란 국회규칙·대법원규칙·헌법재판소규칙 등을 말한다. 그리고 지방자치단체의 조례나 규칙도 포함된다.

5) 구체적 규범통제의 효력

a. 학설

① 개별적 효력설(다수 견해)과 ② 일반적 효력설이 대립된다.

b. 판례

대법원의 입장은 분명하지 않다.

c. 검토

법원은 구체적 사건의 심사를 목적으로 하고 법령의 심사를 목적으로 하지는 아니하며, 모든 법원 특히 하급심법원에 의해 위헌·위법으로 판시된 명령·규칙의 일반적 무효를 인정하기 어렵다는 점을 고려할 때 개별적 효력설이 타당하다.

6) 설문

보건복지부고시는 과징금부과처분의 근거법령이므로 과징금부과처분에 대해 취소소송을 제기한다면 '재판의 전제성'과 '대상'은 문제되지 않는다. 따라서 동 고시가 위법하다면 법원은 (갑에게) 고시는 무효이기에 과징금부과처분을 취소할 것이다.

4. 집행정지

갑은 과징금부과처분을 받은 후 취소소송을 제기하면서 집행정지를 신청할 수 있지만, 집행정지의 요건 중 '회복하기 어려운 손해'를 대법원은 사회통념상 금전배상이나 원상회복이 불가능하거나, 금전배상으로는 사회통념상 당사자가 참고 견딜 수 없거나 참고 견디기가 현저히 곤란한 경우의 유형·무형의 손해(대결 2004. 5. 17. 2004무6)라고 보고 있어 2000만원의 과징금부과는 금전적인 손해이기에 집행정지는 인용되기 어려울 것이다.

5. 국가배상

(1) 문제점

갑이 과징금을 납부한 후, 과징금부과처분에 대한 취소소송의 제소기간이 도과하였다면 납부한 과징금에 대한 손해를 국가배상청구를 통해 전보할 수 있는지가 문제된다.

(2) 민사법원이 명령의 위법성을 심사할 수 있는지 여부(국가배상청구소송을 민사소송으로 보는 판례에 따름)

1) 학설

① 소극설과 ② 적극설(일반적인 견해)이 대립된다.

2) 판례

행정처분의 취소판결이 있어야만 그 행정처분의 위법을 이유로 피고에게 배상을 청구할 수 있는 것은 아니라(대판 1972. 4. 28. 72다337)고 하여 적극설을 취한다.

3) 검토

민사법원이 국가배상청구소송을 심리함은 그 처분의 효력을 부정하는 것이 아니므로 선결문제로서 행정행위의 위법성을 판단할 수 있다는 긍정설이 타당하다.

(3) 설문

갑은 자신의 손해를 전보받기 위해 국가배상을 청구한다면 민사법원은 이를 심리할 수 있다. 그러나 국가배상법 제2조 제1항의 요건을 충족해야 하기에 실제로 갑이 국가배상청구를 통해 손해를 전보받기는 어려울 것이다(위법한 직무집행이 보건복지부고시의 제정에서 발생하였다면 국가를 상대로, 과징금의 부과에서 발생하였다면 시를 상대로 국가배상을 청구하여야 한다).

6. 보건복지부고시에 대한 헌법소원
(과징금부과처분 이전)

(1) 인정여부

1) 학설

ⓐ 명령과 규칙의 헌법소원은 부정함이 타당하다는 견해와 ⓑ 법규명령이 별도의 집행행위를 기다리지 않고 직접 기본권을 침해하는 경우에는 헌법소원이 가능하다고 보아야 한다는 견해(다수 견해)가 대립된다.

2) 판례

헌법재판소는 법무사법시행규칙에 대한 헌법소원에서 긍정하였다(헌재 1990. 10. 15. 89헌마178).[6]

3) 검토

행정소송법의 해석상 기본권을 침해하는 법규명령 등을 직접 다투는 것을 소송물로 하는 구제방법이 인정되지 않기에 긍정설이 타당하다.

(2) 설문

ⓐ 헌법소원이 인정되는 법규명령(고시)이 되려면 구체적인 집행행위를 기다리지 않고 법규명령 자체에 의해 국민의 권리제한이나 의무부과, 자유권 제한의 효과가 발생하여야(직접성 요건) 하는데, 설문의 보건복지부고시는 한약사가 임의로 조제할 수 있는 처방을 100가지로 제한하고 있어 동 고시 자체만으로도 권리제한이나 의무부과의 효과가 발생한다. ⓑ 또한 보건복지부고시 자체에 대한 항고소송이 인정되지 않기에 보충성 요건도 충족한다. ⓒ 따라서 갑은 보건복지부고시에 대해 헌법소원을 제기할 수 있다.

6) 헌법재판소는 법령이 '별도의 집행행위를 기다리지 않고 직접 기본권을 침해하는 것일 때'에 헌법소원을, 대법원은 '법규명령이 구체적인 집행행위의 개입 없이 그 자체로서 직접 국민에 대해 구체적 효과를 발생하여 특정한 권리·의무를 형성하는 경우' 항고소송을 제기할 수 있다고 하는데, 그렇다면 양자의 관계가 문제될 수 있다. 따라서 집행행위의 개입 없이 그 자체가 국민의 기본권(또는 권리)을 침해하는 경우라고 할지라도 항고소송을 제기하려면 '구체적 사실'을 규율대상으로 하는 것이어야 하며, 그렇지 않고 단지 국민의 기본권을 침해하는 경우에는 헌법소원을 제기해야 한다.

결국 처분적 법규명령이란 대법원의 입장에 따른다면 법규명령이 집행행위의 개입 없이 국민의 권리·의무를 형성하면서 구체적 사실을 규율대상으로 하는 것을 말한다고 볼 수 있다.

Q 사례

승객 병은 개인택시 운전기사 갑의 승차거부 사실을 관계기관에 고발하였고, 권한행정청(A광역시 시장)은 여객자동차운수사업법 제26조 제1항·제87조 제1항, 여객자동차운수사업법시행규칙 제59조에 따라 갑에게 택시운전자격정지처분을 발령하려 한다.

(1) 시장은 갑의 택시운전자격을 15일정지하는 처분을 발령하였고, 이에 갑은 시장의 처분이 여객자동차운수사업법시행규칙 제59조 제1항과 관련된 별표의 처분기준에 위반된다고 주장한다면 갑의 주장은 타당한가(행정법의 일반원칙에 관한 논의는 제외한다)?

(2) 만일 여객자동차운수사업법시행규칙 제59조 제1항과 관련된 택시운전자격의 취소 등의 처분기준이 헌법상 비례원칙에 위반된다면 택시운전자격정지처분을 받은 갑의 행정소송법상 권리구제수단은(행정상 손해전보와 가구제에 대한 논의는 제외한다)(시행규칙상의 처분기준의 법적 성질을 법규명령으로 본다고 전제한다)?

(3) 갑이 시장으로부터 10일간의 자격정지처분을 받은 후 자격정지기간이 도과한 후 자격정지처분에 대해 취소소송을 제기한다면 협의의 소익은 있는가?

(4) 갑의 위반행위는 1차임에도 시장이 15일 자격정지처분을 하자 갑은 시장의 자격정지처분은 비례원칙에 위반되는 것이라고 주장하며 취소소송을 제기하였다. 그러자 소송계속 중 시장은 패소를 우려하여 10일의 자격정지처분으로 처분을 변경하였다면 갑이 소송을 계속 진행하기 위한 소송상 수단은?

[참조조문]

여객자동차운수사업법

제26조(운수종사자의 준수 사항) ① 운수종사자는 다음 각 호의 어느 하나에 해당하는 행위를 하여서는 아니 된다.

1. 정당한 사유 없이 여객의 승차를 거부하거나 여객을 중도에서 내리게 하는 행위

제87조(운수종사자의 자격 취소 등) ① 시·도지사는 제24조 제2항 및 제3항의 자격을 취득한 자가 다음 각 호의 어느 하나에 해당하면 그 자격을 취소하거나 6개월 이내의 기간을 정하여 그 자격의 효력을 정지시킬 수 있다.

4. 제26조 제1항에 따른 준수 사항을 지키지 아니한 경우

여객자동차운수사업법시행규칙

제59조(택시운전자격의 취소 등) ① 법 제87조에 따른 택시운전자격의 취소 및 효력정지의 처분기준은 별표 5와 같다.

[별표 5] 택시운전자격의 취소 등의 처분기준(제59조 제1항 관련)

1. 일반기준

다. 처분관할관청은 자격정지처분을 받은 사람이 다음의 어느 하나에 해당하는 경우에는 가목 및 나목에 따른 처분을 2분의 1의 범위에서 가중하거나 감경할 수 있다.

1) 가중사유

(가) 위반행위가 사소한 부주의나 오류가 아닌 고의나 중대한 과실에 의한 것으로 인정되는 경우

(나) 위반의 내용정도가 중대하여 이용객에게 미치는 피해가 크다고 인정되는 경우

2) 감경사유

(가) 위반행위가 고의나 중대한 과실이 아닌 사소한 부주의나 오류로 인한 것으로 인정되는 경우

(나) 위반의 내용정도가 경미하여 이용객에게 미치는 피해가 적다고 인정되는 경우

(다) 위반행위를 한 사람이 처음 해당 위반행위를 한 경우로서, 5년 이상 택시운송사업의 운수종사자로서 모범적으로 근무해 온 사실이 인정되는 경우

(라) 그 밖에 여객자동차운수사업에 대한 정부 정책상 필요하다고 인정되는 경우

2. 개별기준

라 -1) 정당한 이유 없이 여객의 승차를 거부하거나 여객을 중도에서 내리게 하는 행위
1차-자격정지 10일
2차-자격정지 20일

(1) 시장은 갑의 택시운전자격을 15일정지하는 처분을 발령하였고, 이에 갑은 시장의 처분이 여객자동차운수사업법시행규칙 제59조 제1항과 관련된 별표의 처분기준에 위반된다고 주장한다면 갑의 주장은 타당한가(행정법의 일반원칙에 관한 논의는 제외한다)?

Ⅰ. 시행규칙상의 제재적 처분기준에 위반한 처분의 위법성(설문(1))

1. 문제 상황

갑은 시장의 15일자격정지처분이 여객자동차운수사업법시행규칙 제59조 제1항 별표의 처분기준에 위반되어 위법하다고 주장하는바 여객자동차운수사업법시행규칙상의 택시운전자격의 취소 등의 처분기준의 법적 성질(법규성 인정여부)이 문제된다. 만일 처분기준의 법적 성질이 법규명령이라면 처분기준에 위반되는 처분은 위법하기 때문이다.

2. 제재적 행정처분기준의 법적 성격

(1) 문제점

영업정지나 면허취소기준 등의 제재적 처분기준과 같은 행정내부적인 사항은 고시나 훈령으로 규정되는 것이 정당한데 그러한 사항이 대통령령 등의 형식으로 규정된다면 그 법적 성질이 무엇인지가 문제된다.

(2) 학설

1) 법규명령설

㈎ 처분기준의 규정형식이 대통령령 등이며, 이러한 처분기준을 법규명령으로 본다면 법적안정성 확보에 도움이 되며, 개별기준 외에도 제재의 정도를 가감할 수 있는 일반적 처분기준(일반기준)(가중·감경규정)이 있어 기계적 적용이 아니라 탄력적 적용이 가능하다는 점을 근거로 한다.

㈏ 법규명령설도 ⓐ 처분기준을 기속적(한정적)으로 보는 견해(엄격한 대외적 구속력을 인정하는 견해)(제1설)와 ⓑ 처분기준을 최고한도로 보는 견해(최고한도로서의 구속력을 인정하는 견해)(제2설)로 나눌 수 있다.

2) 행정규칙설

행정규칙으로 정할 사항을 법규명령형식으로 정한다고 하여도 그 성질은 변하지 않으므로 행정규칙으로 보아야 하며, 행정규칙으로 보아야 행정의 실제상 구체적 타당성과 탄력성확보가 가능함을 근거로 한다.

3) 수권여부기준설

법규명령과 행정규칙의 구별은 상위 법령의 수권여부로 결정되기에 법령의 수권에 근거하여 대통령령·총리령·부령 형식으로 정한 제재적 처분기준은 법규명령으로 보아야 한다는 견해이다.

(3) 판례

㈎ 판례는 ① ⓐ 부령으로 정한 제재적 처분기준(도로교통법시행규칙상의 운전면허행정처분기준)은 행정규칙으로 본다(대판(전원) 1995. 10. 17. 94누14148). ⓑ 다만, 환경영향평가대행영업정지처분취소를 구한 사건의 별개의견으로 환경영향평가법시행규칙상 제재적 처분기준을 법규명령으로 보아야 한다는 입장(대판(전원) 2006. 6. 22. 2003두1684의 별개의견)이 제시된 바 있다. ② ⓐ 대통령령으로 정한 제재적 처분기준(주택건설촉진법시행령상의 영업정지처분기준)을 법규명령으로 보면서 영업정지기간을 일률적으로 규정하는 형식을 취하고 있기 때문에 재량의 여지가 없다고 하였다(대판 1997. 12. 26. 97누15418). ⓑ 그러나 최근에는 대통령령으로 정한 제재적 처분의 기준을 법규명령으로 보면서도 그 기준을 처분의 최고한도로 보아야 한다고 판시(구 청소년보호법시행령상의 과징금처분기준)하고 있다(대판 2001. 3. 9. 99두5207).

㈏ 판례는 도로교통법시행규칙상의 운전면허행정처분기준에 대한 판결(①-ⓐ)은 행정규칙설을, 환경영향평가법시행규칙상 제재적 처분기준에 대한 별개의견은 법규명령설(①-ⓑ)을, 주택건설촉진법시행령상의 영업정지처분기준을 법규명령으로 보는 판결(②-ⓐ)은 법규명령설 중 제1설에 따라 엄격한 구속력을 인정한 반면, 구 청소년보호법시행령상의 과징금처분기준은 법규명령으로 보면서도 과징금액수를 최고한도액으로 보는 판결(②-ⓑ)은 법규명령설 중 제2설을 취하는 것으로 보인다.

㈐ 그러나 판례는 제재적 처분기준을 대통령령으로 정하는 경우와 부령으로 정하는 경우 법규성 인정여부를 달리하는 근거를 제시하지 않는

다는 비판이 있다. 왜냐하면 대통령령으로 정할지 부령으로 정할지 여부에 대한 행정청의 선택은 규율내용이 아니라 실무편의에 따른 것이기 때문이다(류지태).

(4) 검토

행정규칙에 고유한 사항은 정해져 있지 않으며, 위임의 근거가 있는 한 행정규칙으로 규율하지 않고 법규명령으로 규율하는 것도 가능하므로 법규명령설, 그 중 제1설이 타당하다. 제2설은 명문 규정 없이 일의적으로 규정된 사항을 최고한도로 보는 것은 법령해석의 한계를 초과한 것이며, 처분기준을 최고한도로 본다면 가중이나 감경하기가 곤란하기 때문이다. 제1설에 따른다면 기계적으로 적용될 가능성이 있으나 대부분의 입법이 일반기준(가중·감경조항)을 두고 있어 큰 문제는 없을 것이다.

3. 소결

㈎ 법규명령설에 따르면 개별기준에 1차 위반자에게는 10일의 자격정지처분을 발령하도록 되어 있어 기속적으로 보는 견해든 최고한도로 보는 견해든 모두 시장의 처분을 위법하다고 볼 것이다. 다만, 일반기준 중 가중사유(㈎ 위반행위가 사소한 부주의나 오류가 아닌 고의나 중대한 과실에 의한 것으로 인정되는 경우, ㈏ 위반의 내용정도가 중대하여 이용객에게 미치는 피해가 크다고 인정되는 경우)가 갑에게 존재한다면 시장은 가중 처분할 수 있어 15일 자격정지처분은 적법할 수 있다. 다만 재량권 일탈·남용이 없어야 할 것이다.

㈏ 수권여부기준설도 법규명령형식으로 정한 제재적 처분기준이 위임이 있는 경우 법규명령으로 보므로 법규명령설과 동일한 결론이 된다.

㈐ 행정규칙설에 따르면 제재적 처분기준에 반하는 처분이 바로 위법한 것은 아니다. 따라서 행정법의 일반원칙에 반하지 않는 한 개별기준에 위반한 시장의 15일 자격정지처분은 위법하지 않다(행정규칙설에 따른다면 가중·감경사유를 정한 일반기준은 큰 의미가 없을 것이다).

㈑ 판례는 부령으로 정한 제재적 처분기준을 행정규칙으로 보기 때문에 설문의 여객자동차운수사업법시행규칙상의 처분기준을 행정규칙으로 볼 것이고 따라서 행정규칙설과 같은 결론이 된다.

---

(2) 만일 여객자동차운수사업법시행규칙 제59조 제1항과 관련된 택시운전자격의 취소 등의 처분기준이 헌법상 비례원칙에 위반된다면 택시운전자격정지처분을 받은 갑의 행정소송법상 권리구제수단은? (행정상 손해전보와 가구제에 대한 논의는 제외한다)(시행규칙상의 처분기준의 법적 성질을 법규명령으로 본다고 전제한다)

Ⅱ. 처분의 근거법령에 대한 규범통제 (설문(2))

1. 문제 상황

설문의 시행규칙상의 처분기준(법규명령)이 위헌적인 것이라 하더라도 법규명령을 직접 다툴 수 있는 행정소송법상의 수단이 없기에 자격정지처분에 대한 행정소송법상의 권리구제수단은 취소소송 또는 무효등확인소송이 된다. 다만 갑은 자격정지처분의 위법이 위헌적인 처분기준에서 비롯되었다고 주장할 것이기에 위헌적인 법규명령에 대한 구체적 규범통제가 문제된다. 그리고 위헌인 처분기준에 근거하여 자격정지처분이 발령되었다면 그 자격정지처분의 위법성의 정도도 문제될 것이다.

2. 자격정지처분의 근거법령인 처분기준에 대한 구체적 규범통제

(1) 구체적 규범통제

1) 의의

헌법 제107조 제2항은 "명령·규칙 또는 처분이 헌법이나 법률에 위반되는 여부가 재판의 전제가 된 경우에는 대법원은 이를 최종적으로 심사할 권한을 가진다"고 하여 각급 법원이 위헌·위법한 법규명령 등을 심사할 권한 있음을 규정하고 있다.

2) 구체적 규범통제의 주체

구체적 규범통제의 주체는 각급법원이다. 대법원은 최종적으로 심사할 권한을 갖는다.

3) 재판의 전제성

여기서 '재판의 전제가 된 경우'란 처분의 위법성이 법규명령 등에 기한 것일 때 법규명령 등의 위헌·위법성을 선결문제로 다투는 것을 말한다.

4) 대상

대상은 명령과 규칙이다. '명령'이란 행정입법으로서 법규명령을 말하며, '규칙'이란 국회규칙·대법원규칙·헌법재판소규칙 등을 말한다. 그리고 지방자치단체의 조례나 규칙도 포함된다.

5) 구체적 규범통제의 효력

a. 학설

① 법원은 구체적 사건의 심사를 목적으로 하며 법령의 심사를 목적으로 하지는 아니하며, 모든 법원 특히 하급심법원에 의해 위헌·위법으로 판시된 명령·규칙의 일반적 무효를 인정하기 어렵다는 점을 근거로 당해 사건에만 적용이 거부된다는 견해(개별적 효력설)(다수 견해)와, ② 행정소송법 제6조(① 행정소송에 대한 대법원판결에 의하여 명령·규칙이 헌법 또는 법률에 위반된다는 것이 확정된 경우에는 대법원은 지체 없이 그 사유를 총무처장관에게 통보하여야 한다. ② 제1항의 규정에 의한 통보를 받은 총무처장관은 지체 없이 이를 관보에 게재하여야 한다)가 대법원의 명령·규칙의 위헌·위법성 판단을 공고하도록 하는 것은 일반적 효력을 전제로 한 것이라는 점을 근거로 당해 법령은 일반적으로 무효가 된다는 견해(일반적 효력설)가 대립된다.

b. 판례

대법원은 명령·규칙이 헌법에 위반될 때 '무효'라고 판시하고 있지만 이런 판단이 명령·규칙의 적용을 배제하는 것인지 아니면 무효로서 일반적으로 효력을 상실시키는지는 분명하지 않다(다만 대법원이 명령·규칙의 위헌여부판단을 본안판단에서 부수하여 하고 있다는 점과 그러한 판단을 주문에서는 표시하지 않는다는 점에 비추어 개별적 효력을 취하고 있는 것으로 볼 수 있다는 견해가 있다).

c. 검토

행정소송법 제6조는 일반적 효력을 전제로 한 규정이 아니라 다른 사건에 대해 대법원 판결의 구속성이 인정되기 않기에 대법원에서 위헌·위법으로 판단된 명령·규칙이 다른 사건에 적용됨을 방지하고 위헌·위법한 행정입법을 신속히 개폐하기 위한 것이므로, 오히려 개별적 효력설의 근거로 보는 것이 옳다. 따라서 개별적 효력설이 타당하다.

(2) 설문

처분기준인 시행규칙은 자격정지처분의 근거법령이기에 재판의 전제성과 대상은 문제가 없다. 따라서 처분기준이 위헌이라면 개별적 효력설에 따라 법원은 (갑에게는) 처분기준이 무효이며 위헌인 처분기준에 근거한 자격정지처분은 위법하다고 판단할 것이다. 다만 위헌인 법규명령에 근거한 처분의 위법성의 정도에 따라 갑의 소송상 구제수단이 취소소송인지 무효확인소송인지가 결정된다.

3. 무효인 법규명령에 근거한 처분의 효력

(1) 무효와 취소의 구별기준

1) 학설

ⓐ 행정행위의 하자가 중대하고도 명백한 경우에 한하여 행정행위가 무효이며 그러하지 않은 경우에는 취소사유라는 중대명백설, ⓑ 중대한 하자를 가진 처분은 무효이지만 제3자나 공공의 신뢰보호의 필요가 있는 경우에는 명백성을 추가적으로 요구하는 명백성보충요건설, ⓒ 구체적 사안마다 권리구제의 요청과 행정의 법적 안정성을 이익형량하여 무효와 취소를 구별하여야 한다는 구체적 가치형량설이 대립된다.

2) 판례

㈎ 대법원은 하자있는 행정처분이 당연무효이기 위해서는 그 하자가 법규의 중요한 부분을 위반한 중대한 것이고 일반인의 관점에서도 외관상 명백한 것이어야 하며, 그러하지 아니한 경우(중대하지만 명백하지 않거나 명백하지만 중대하지 않은 경우)에는 취소사유에 불과하다고 하여 중대명백설을 취한다. 대법원의 소수견해는 명백성보충요건설을 취한 바도 있다(영등포구청장의 난지도펜스공사와 관련된 건설업영업정지처분무효확인(대판(전원) 1995. 7. 11. 94누4615) 사건에서).

㈏ 헌법재판소는 원칙적으로 중대명백설의 입장이나, 행정처분의 효력이 쟁송기간 경과 후에

도 존속중이며 행정처분을 무효로 하더라도 법적 안정성을 크게 해치지 않는 반면에 그 하자가 중대하여 그 구제가 필요한 경우에는 중대한 하자만으로 무효가 된다는 예외적인 판례(헌재 1994. 6. 30. 92헌바23)도 있다.

3) 검토

행정행위가 위법함에도 법적 안정성(신뢰보호의 원칙)을 근거로 일단 유효성을 인정하고 있지만, 그 행정행위의 하자가 중대하고도 명백한 경우 그 행위의 효력을 인정하는 것은 법률적합성의 원칙에 반하므로 이 경우 효력을 부정해야 한다는 점에서 중대명백설이 타당하다.

(2) 설문

㈎ 원칙적으로 법규명령(처분기준)이 위헌·위법으로 결정되기 전에는 그에 근거한 자격정지처분의 하자는 명백하다고 보기 어려워 취소사유라고 보아야 한다. 따라서 갑은 자격정지처분취소소송을 제기해야 한다.

㈏ 판례도 「구 개발이익환수에관한법률시행령… 제9조 제5항 및 제8조 제1항 제2호의 규정은 구 개발이익환수에관한법률… 제10조 제3항 단서 및 제9조 제3항 제2호의 규정에 위반되어 무효이고, 그 구법시행령의 규정들을 적용한 개발부담금 부과처분은 사안의 특수성을 고려하여 볼 때 그 중요한 부분에 하자가 있는 것으로 귀착되어 그 하자가 중대하지만,… 그 구법시행령의 규정들에 따른 개발부담금 부과처분의 하자가 객관적으로 명백하다고 볼 수는 없으므로 그 개발부담금 부과처분은 그 하자가 중대·명백한 당연무효의 처분이라고 할 수 없다(대판 1997. 5. 28. 95다15735)」라고 하여 같은 입장이다.

(3) 갑이 시장으로부터 10일간의 자격정지처분을 받은 후 자격정지기간이 도과한 후 자격정지처분에 대해 취소소송을 제기한다면 협의의 소익은 있는가?

Ⅲ. 자격정지기간 경과후의 협의의 소익 (설문(3))

1. 문제 상황

일반적으로 자격정지기간이 경과한 후에는 자격정지처분의 효력이 소멸하였으므로 자격정지처분의 취소를 구할 소의 이익이 없다고 할 것이다. 그러나 행정소송법 제12조 제2문에 의하면 "처분 등의 효과가 기간의 경과, 처분 등의 집행 그 밖의 사유로 인하여 소멸된 뒤에도 그 처분등의 취소로 인하여 회복되는 법률상 이익이 있는 경우에는 소의 이익이 있다"고 규정하는바, 갑은 자격정지기간이 경과된 상황이지만 동일한 위반사항을 반복하는 경우 여객자동차운수사업법시행규칙의 처분기준(개별기준)에 따라 가중된 제재처분을 받을 수 있으므로, 가중된 제재처분을 받지 않기 위하여 자격정지기간이 경과한 후이지만 그 자격정지처분의 취소를 구할 협의의 소익이 있는지 문제된다.

2. 협의의 소익

(1) 의의

협의의 소익(소의 이익)이란 원고의 재판청구에 대하여 법원이 판단을 행할 구체적 실익 내지 필요성을 말하며, '소의 객관적 이익' 또는 '권리보호의 필요'라고도 한다.

(2) 소의 이익이 부인되는 경우

소송에서 협의의 소익은 일반적으로 긍정된다. 그러나 당해 소송이 ⓐ 보다 간이한 방법이 있는 경우, ⓑ 원고가 추구하는 권리보호가 오로지 이론상으로만 의미 있는 경우(소송이 원고의 법적 지위에 도움이 되지 않는 경우), ⓒ 신의성실의 원칙(소권남용의 금지)에 반하는 경우에는 협의의 소익이 부정된다. 다만, 그 예외가 행정소송법 제12조 제2문이다(협의의 소익에 관한 조항이라는 견해에 따른다는 것을 전제한다).

3. 행정소송법 제12조 제2문

(1) 행정소송법 제12조 제2문에 따른 소송의 성격

1) 학설

a. 취소소송으로 보는 견해

처분의 효력이 상실되고 더 이상 외관이 존재하지 않는 경우 과거의 위법한 처분에 대한 취소의 청구는 위법의 확인을 의미하지만, 위법한 처분의 효력은 소멸되었으나 처분의 외관이 존재하는 경우 그 처분에 대한 취소청구는 단지 확인의 의미를 넘어서 형성소송으로서의 성격을 가지므로 행정소송법 제12조 후문에 따른 소송을 취소소송으로 보는 견해이다.

b. 계속적(사후적) 확인소송(=위법성확인의 의미의 취소소송)으로 보는 견해

제재기간의 경과 등으로 소멸해버린 처분을 '취소'하거나 '취소로 인해 회복되는' 법률상 이익이 있다고 함은 이론상 불가능하며 따라서 이 조항에 의한 소송은 행정소송법 제12조 후문의 문언이 '취소'소송으로 되어 있더라도 취소소송이 아니라 확인소송으로 보는 것이 타당하다는 견해이다.

2) 검토

처분의 효력이 소멸된 후에는 취소가 불가능하기에 행정소송법 제12조 제2문의 소송은 확인소송으로 봄이 타당하다.

(2) 소송요건으로서의 지위(제12조 제2문의 성격)

1) 학설

a. 협의의 소익에 관한 조항이라는 견해

행정소송법 제12조 제1문은 원고적격에 관한 것이고, 제2문은 협의의 소익에 관하여 규정한 것이라고 본다(입법상 과오설).

b. 원고적격 조항이라는 견해

행정소송법 제12조 제1문은 처분이 존재하는 경우의 원고적격조항이며, 제2문은 처분이 소멸된 경우 취소소송의 원고적격조항이라고 본다. 따라서 이 견해에 따르면 권리보호필요성에 관한 조항은 현행 행정소송법에는 없게 된다(입법상 비과오설).

2) 검토

행정소송법 제12조 제2문은 '처분 등의 취소로 인하여 회복되는 법률상 이익이 있는자'라고 하고 있어 그 이익은 협의의 소익으로 보는 것이 타당하다(다수설). 다만 이 규정은 일반적으로 소익이 부정되는 경우에 대한 예외규정으로, 처분 등의 효과가 소멸된 후에도 회복 가능한 법률상 이익이 있는 경우 소의 이익이 인정되는 경우를 규정한 것이라 하겠다.

(3) '회복되는 법률상 이익'의 의미(범위)

1) 학설

① 회복되는 법률상 이익(제2문)을 원고적격의 법률상 이익(제1문)과 같은 개념으로 보고, 명예·신용 등은 이에 포함되지 않는다고 보는 견해(제1설)와 ② 회복되는 법률상 이익(제2문)을 원고적격으로서의 법률상 이익(제1문)보다 넓은 개념으로 원고의 경제·정치·사회·문화적 이익을 모두 포함하는 개념으로 보는 견해(제2설)가 대립된다.

2) 판례

판례는 간접적 사실상이나 경제적 이익·명예, 신용 등의 인격적 이익을 가지는데 불과한 경우는 이에 해당하지 않는다고 본다(제1설).

3) 검토

제12조 제2문을 협의의 소익 조항으로 본다면 제1문과 제2문의 이익을 일치시킬 필요가 없으며, 권리구제의 확장이라는 면에서 제2설이 타당하다.

4. 법규명령형식의 행정규칙에 규정된 제재처분의 효력기간이 경과한 후 당해 처분을 다툴 협의의 소익

(1) 문제점

자격을 정지하는 처분에 있어서 정지기간이 경과하면 당해 정지처분을 다툴 협의의 소익이 없는 것이 원칙이다. 그런데 자격정지처분이 장래에 또 다른 제재처분의 가중요건으로 되어 있는 경우에는 소의 이익을 인정할 수 있는지 문제된다.

(2) 학설

1) 법규명령형식의 행정규칙의 법적 성질에 따라 협의의 소익을 인정하는 견해

a. 법규명령설

제재적 처분기준을 법규명령으로 보는 경우 행정청은 제재적 처분기준에 따라 처분할 것이므로 가중된 제재처분을 받을 불이익은 구체적 현실적으로 존재하며 따라서 협의의 소익은 긍정된다.

b. 행정규칙설

제재적 처분기준을 행정규칙으로 본다면 행정청은 제재적 처분기준에 따라 처분하지는 않을 것이므로 가중된 제재처분을 받을 불이익은 구체적 현실적으로 존재하지 아니하며 따라서 협의의 소익을 부정하는 입장이다.

2) (법규명령인지 행정규칙인지가 아니라) 현실적 불이익을 받을 가능성을 기준으로 하는 견해

제재적 처분기준을 규정한 규범의 성질(법규명령인지 행정규칙인지)이나 규정형식(대통령령인지 부령인지)이 아니라 현실적으로 불이익을 받을 가능성이 있는지를 기준으로 하는 견해이다. 즉 현실적 불이익을 받을 가능성이 있다면 법규명령인지 행정규칙인지 구별하지 않고 협의의 소익을 긍정하는 견해이다.

(3) 판례

㈎ 판례는 과거 1)설(법규명령형식의 행정규칙의 법적 성질에 따라 협의의 소익을 인정하는 견해)에 따라 시행령에 규정된 처분기준은 법규명령으로 보고 협의의 소익을 긍정한 반면, 시행규칙에 규정된 처분기준은 행정규칙으로 보고 협의의 소익을 부정하였다.

㈏ 그러나 최근 환경영향평가대행영업정지처분취소와 관련한 전원합의체판결을 통해 2)설(현실적 불이익을 받을 가능성을 기준으로 하는 견해)을 취하고 있다. 즉, 「제재적 행정처분의 가중사유나 전제요건에 관한 규정이 법령이 아니라 규칙의 형식으로 되어 있다고 하더라도, 그러한 규칙이 법령에 근거를 두고 있는 이상 그 법적 성질이 대외적·일반적 구속력을 갖는 법규명령인지 여부와는 상관없이, 관할 행정청이나 담당공무원은 이를 준수할 의무가 있으므로 이들이 그 규칙에 정해진 바에 따라 행정작용을 할 것이 당연히 예견되고, … 따라서 그러한 규칙이 정한 바에 따라 선행처분을 받은 상대방이 그 처분의 존재로 인하여 장래에 받을 불이익, 즉 후행처분의 위험은 구체적이고 현실적인 것이므로, 상대방에게는 선행처분의 취소소송을 통하여 그 불이익을 제거할 필요가 있다(대판(전원) 2006. 6. 22. 2003두1684)」라고 하여 법규명령인지 여부에 상관없이 협의의 소익을 긍정하고 있다.

㈐ 다만, 시행규칙에 있는 제재적 처분기준의 법적 성격을 행정규칙이라고 판단해왔던 태도를 변경한 것은 아니다.

(4) 검토

㈎ 규범의 성질이나 규정형식이 아니라 현실적으로 불이익을 받을 가능성이 있는지를 기준으로 협의의 소익을 판단하는 견해인 2)설(현실적 불이익을 받을 가능성을 기준으로 하는 견해)이 타당하다.

㈏ 다만, 제재적 처분기준의 법적 성질은 법규명령으로 보는 것이 타당하다(환경영향평가대행영업정지처분취소와 관련한 전원합의체판결(대판(전원) 2006. 6. 22. 2003두1684)의 별개의견도 같은 입장).

(5) 소결

설문의 갑은 택시운전자격정지처분 기간이 경과한 후이지만 가중된 자격정지처분을 받을 위험이 현실적으로 존재하기에 행정소송법 제12조 제2문의 회복되는 법률상 이익이 있으며, 따라서 갑의 취소소송은 협의의 소익이 인정될 것이다.

(4) 갑의 위반행위는 1차임에도 시장이 15일 자격정지처분을 하자 갑은 시장의 자격정지처분은 비례원칙에 위반되는 것이라고 주장하며 취소소송을 제기하였다. 그러자 소송 계속 중 시장은 패소를 우려하여 10일의 자격정지처분으로 처분을 변경하였다면 갑이 소송을 계속 진행하기 위한 소송상 수단은?

Ⅳ. 처분변경의 경우 소송상 구제수단(처분변경으로 인한 소의 변경)(설문(4))

1. 문제 상황

시장은 갑이 15일 자격정지처분취소소송을 계속하고 있는 중에도 자신이 발령한 처분을 변경할 수 있다. 만일 원칙대로라면 시장이 처분을 변경한 경우 갑의 원 소송은 각하되고 갑은 새로운 소송을 제기해야 하기에 행정소송법은 처분변경으로 인한 소의 변경을 인정하고 있다(행정소송법 제22조).

2. 소의 변경의 의의

소송의 계속 후 당사자, 청구의 취지, 청구의 변경 등 전부 또는 일부를 변경하는 것을 소의 변경이라 한다. 현행 행정소송법상 소의 변경에는 소의 종류의 변경(행정소송법 제21조), 처분변경 등으로 인한 소의 변경(행정소송법 제22조), 그리고 기타의 소의 변경(행정소송법 제8조 제2항에서 준용하는 민사소송법 제262조)이 있다.

3. 처분변경으로 인한 소의 변경

(1) 의의

행정청이 소송의 대상인 처분을 소가 제기된 후 변경한 때에는 원고의 신청에 의하여 법원은 결정으로써 청구의 취지 또는 원인의 변경을 허가할 수 있다(행정소송법 제22조 제1항). 행정청은 행정소송이 계속되고 있는 동안에도 직권 또는 행정심판의 재결에 따라 행정소송의 대상이 된 처분을 변경할 수 있는바 이 경우 무용한 절차의 반복을 배제하여 간편하고도 신속하게 개인의 권익구제를 확보하기 위해 이 제도를 인정한 것이다.

(2) 요건

ⓐ 처분에 대한 소제기 후 행정청에 의한 처분의 변경이 있을 것, ⓑ 처분의 변경이 있음을 안 날로부터 60일 이내에 원고가 신청을 할 것(동법 제22조 제2항), ⓒ 법원이 변경을 허가하는 결정하여야 한다(동법 제22조 제1항). 그리고 ⓓ 소 변경의 일반적 요건으로 변경될 소가 계속되고, 사실심변론종결전이어야 한다.

(3) 효과

소의 변경을 허가하는 결정이 있으면 당초의 소가 처음에 제기된 때에 변경한 내용의 신소가 제기되고, 구소는 취하된 것으로 간주된다.

4. 소결

갑이 60일 이내에 신청을 하고 법원의 허가결정이 있으면 10일 자격정지처분취소소송으로의 소의 변경이 가능할 것이다.

‖ 제2절 ‖ 행정계획

판례 — 계획재량의 통제

대법원 2007. 4. 12. 선고 2005두1893 판결
【도시계획시설결정취소】(원지동 추모공원 사건)

【사건개요】 서울특별시, 사단법인 한국장묘문화개혁범국민협의회, SK 주식회사는 2000. 8. 4. 추모공원건립추진협의회를 발족하였고, 이 협의회에서 서울지역 13개 후보지를 심사하여 적정후보지를 서울특별시에 추천하고, SK 주식회사는 장묘시설을 건립하여 서울특별시에 기부채납하며, 서울특별시는 위 장묘시설을 운영하기로 합의하였다.

협의회는 부지선정심사위원회를 구성하여 서울지역 13개 후보지에 대하여 18개 세부항목에 걸쳐 심사를 하였고, 그 심사과정에서 후보지 주민들의 의견을 수렴하기 위하여 3차례에 걸쳐 공청회를 개최하였으며, 2001. 7. 5. 그동안의 심사결과를 종합하여 서울특별시에 서울 서초구 원지동 지역을 1순위로, 서울 강서구 오곡동 지역을 2순위로 추천하였다. 서울특별시는 추모공원건립추진협의회가 1순위로 추천한 서울 서초구 원지동 76 일대를 서울 추모공원의 부지로 선정하였다.

이에 따라 피고(서울특별시장)는 2001. 9. 22. 서울특별시고시 제2001-312호로써 서울 서초구 원지동 76 일대에 묘지공원을, 서울 서초구 원지동 68 일대에 화장장을 설치하기로 하는 등의 내용으로 도시계획시설결정을 하고 이를 고시하자 원고는 취소소송을 제기하였다.

【판시사항】 [1] 각 공청회는 이 사건 협의회가 이 사건 추모공원의 후보지를 선정하는 과정에서 후보지 주민들의 의견을 청취하기 위하여 그 명의로 개최된 것일 뿐이지, 행정청인 피고가 이 사건 도시계획시설결정이라는 처분을 함에 있어서 당해 처분의 영향이 광범위하여 널리 의견을 수렴할 필요가 있다고 스스로 인정하여 개최한 공청회가 아니므로, 위 각 공청회를 개최함에 있어 행정절차법에서 정한 절차를 준수하여야 하는 것은 아니라 할 것이다.

[2] 도시계획법 제19조 제1항 및 이 사건 도시계획시설결정 당시의 서울특별시 도시계획조례 제3조 제3항에서는, 도시계획은 도시기본계획에 부합되어야 한다고 규정되어 있으나, **도시기본계획이라는 것은** 도시의 장기적 개발방향과 미래상을 제시하는 도시계획 입안의 지침이 되는 장기적·종합적인 개발계획으로서 직접적인 구속력은 없는 것이므로, 이 사건 추모공원의 조성계획이 서울특별시 도시기본계획에 포함되어 있지 아니하다는 이유만으로는 이 사건 도시계획시설결정이 위법하다 할 수는 없다.

[3] 행정주체는 구체적인 행정계획을 입안·결정함에 있어서 비교적 광범위한 형성의 자유를 가지는 것이지만, **행정주체가 가지는 이와 같은 형성의 자유는** 무제한적인 것이 아니라 그 행정계획에 관련되는 자들의 이익을 공익과 사익 사이에서는 물론이고 공익 상호간과 사익 상호간에도 정당하게 비교교량하여야 한다는 제한이 있으므로, 행정주체가 행정계획을 입안·결정함에 있어서 이익형량을 전혀 행하지 아니하거나 이익형량의 고려 대상에 마땅히 포함시켜야 할 사항을 누락한 경우 또는 이익형량을 하였으나 정당성과 객관성이 결여된 경우에는 그 행정계획결정은 형량에 하자가 있어 위법하게 된다.

원고들이 이 사건 추모공원 규모의 적정성과 환경·교통상의 문제에 관하여 제기하는 사유만으로는 피고가 행정계획의 일환으로 **이 사건 도시계획시설결정을 함에 있어** 이익형량을 전혀 행하지 아니하거나 이익형량의 고려 대상에 마땅히 포함시켜야 할 사항을 누락한 경우 또는 이익형량을 하였으나 정당성과 객관성이 결여되었다고 볼 수 없다.

tip ① 판례는 구 도시계획법상 도시기본계획은 처분성을 부정하나, 도시계획결정(현행 도시관리계획결정)은 항고소송의 대상이 된다고 본다(대판 1982. 3. 9. 80누105).

② 형량하자를 학설은 ⓐ 형량이 전혀 없는 경우, ⓑ 형량에서 고려되어야 할 이익이 고려되지 않은 경우, ⓒ 관련 공익 또는 사익의 의미(가치 또

는 중요성)를 잘못 평가한 경우, ⓓ 여러 이익(공익과 공익, 공익과 사익, 사익과 사익)간의 조정이 객관적으로 비례원칙을 위반한 것으로 판단되는 경우 등 네 가지로 나누지만 내용은 판례와 동일하다.

판례 — 계획변경신청권

대법원 2003. 9. 23. 선고 2001두10936 판결
【국토이용계획변경승인거부처분취소】(진안군수가 (주)진도의 국토이용계획변경승인신청을 거부한 사건)

【사건개요】 피고(진안군수)는 1997. 10. 20. 원고(주식회사 진도의 관리인)에게 폐기물처리사업계획에 대한 적정통보를 한 후, 원고의 국토이용계획변경승인요청에 기하여 1998. 4. 24. 관계 법령이 정하는 바에 따라 이 사건 부동산 일대의 토지에 대한 용도지역을 농림지역에서 준도시지역으로 변경하기 위한 공람공고를 하였다.

그러나 이 토지 인근에 거주하는 주민들이 폐기물처리시설의 설치를 반대하는 집단민원을 계속적으로 제기하자 피고는 1999. 7. 6. 원고에게 주민들의 집단민원이 해소되기까지는 국토이용계획변경을 승인할 수 없다는 계획변경승인을 거부하였다.

[참조조문]
당시 폐기물관리법
제26조(폐기물처리업) ① 폐기물의 수집·운반 또는 처리를 업(이하 "폐기물처리업"이라 한다)으로 하고자 하는 자는 환경부령이 정하는 바에 따라 폐기물처리사업계획서를 지정폐기물을 대상으로 하는 경우에는 환경부장관에게 제출하고, 그 밖의 폐기물을 대상으로 하는 경우에는 시·도지사에게 제출하여야 한다.
② 환경부장관 또는 시·도지사는 제1항의 규정에 의하여 제출된 폐기물처리사업계획서를 검토하여 그 적합 여부를 폐기물처리사업계획서를 제출한 자에게 통보하여야 한다.
③ 제2항의 규정에 의하여 적합통보를 받은 자는 환경부령이 정하는 기준에 의한 시설·장비 및 기술능력을 갖추어 업종별로 시·도지사의 허가를 받아야 한다.

【판시사항】 [1] 국민의 적극적 신청행위에 대하여 **행정청이** 그 신청에 따른 행위를 하지 않겠다고 **거부한 행위가 항고소송의 대상이 되는 행정처분에 해당하는 것이라고 하려면**, 그 신청한 행위가 공권력의 행사 또는 이에 준하는 행정작용이어야 하고, 그 거부행위가 신청인의 법률관계에 어떤 변동을 일으키는 것이어야 하며, 그 국민에게 그 행위발동을 요구할 법규상 또는 조리

상의 신청권이 있어야만 한다.

[2] **구 국토이용관리법상 주민이** 국토이용계획의 변경에 대하여 신청을 할 수 있다는 규정이 없을 뿐만 아니라, 국토건설종합계획의 효율적인 추진과 국토이용질서를 확립하기 위한 **국토이용계획은** 장기성, 종합성이 요구되는 행정계획이어서 원칙적으로는 그 계획이 일단 확정된 후에 어떤 사정의 변동이 있다고 하여 그러한 사유만으로는 지역주민이나 일반 이해관계인에게 일일이 그 계획의 변경을 신청할 권리를 인정하여 줄 수는 없을 것이지만, 장래 일정한 기간 내에 관계 법령이 규정하는 시설 등을 갖추어 **일정한 행정처분을 구하는 신청을 할 수 있는 법률상 지위에 있는 자의 국토이용계획변경신청을 거부하는 것이** 실질적으로 당해 행정처분 자체(폐기물처리업의 허가)를 거부하는 결과가 되는 경우에는 예외적으로 그 신청인에게 국토이용계획변경을 신청할 권리가 인정된다고 봄이 상당하므로, 이러한 신청에 대한 거부행위는 항고소송의 대상이 되는 행정처분에 해당한다.

tip 판례는 계획존속청구권을 일반적으로 인정한 것은 아니지만, '계획변경신청을 거부하는 것이 실질적으로 당해 행정처분 자체를 거부하는 결과가 되는 경우' 예외적으로 계획변경을 신청할 권리는 인정하였다.

제21회 입법고시(2005년)

〈제1문〉

국토의계획및이용에관한법률시행령은 제30조에서 "건설교통부장관 또는 시·도지사는 법 제36조 제2항의 규정에 의하여 도시관리계획결정으로 주거지역·상업지역·공업지역 및 녹지지역을 다음 각호와 같이 세분하여 지정할 수 있다."고 규정하고 있다. 위 시행령 제30조 각호의 규정에 따르면 준주거지역이란 "주거기능을 위주로 이를 지원하는 일부 상업기능 및 업무기능을 보완하기 위하여 필요한 지역"이고 "전용주거지역"이란 "양호한 주거환경을 보호하기 위하여 필요한 지역"이라고 규정되어 있다. 갑은 준주거지역에서 허용되는 상가건물을 짓기 위해 준주거지역으로 지정된 지역 안에 위치한 토지를 취득하여 건축을 준비해 왔으나 이후 광역시장 을은 당해 지역을 준주거지역에서 전용주거지역으로 변경하는 도시관리계획변경결정을 하였다. 그 후 甲은 자기 소유의 당해 토지가 위치한 지역이 전용주거지역으로 변경됨에 따라 관할관청으로부터 건축이 불가하다는 통지를 받았다. 다음 물음에 답하시오.

(2) 갑은 을을 상대로 위 용도지역을 변경한 도시관리계획변경결정을 취소하고 갑소유의 토지가 위치한 지역을 다시 준주거지역으로 지정해 달라고 요구할 수 있는 권리를 가지는지 검토하시오. (20점)

기출 — 제51회 사법시험(2009년)

〈제1문〉

행정청 을의 관할 구역 내에 있는 A도시공원을 찾는 등산객이 증가하고 있다. 등산객들이 공원입구를 주차장처럼 이용하여 공원의 경관과 이미지를 훼손하고 있다. 이에 관할 행정청 을은 이곳에 휴게 광장을 조성하여 주민들에게 만남의 장소를 제공하고, 도시 경관을 향상시키기 위해 갑의 토지를 포함한 일단의 지역에 대해서 광장의 설치를 목적으로 하는 도시관리계획을 입안·결정하였다. 그런데 행정청 을은 지역 발전에 대한 의욕이 앞선 나머지 인구, 교통, 환경, 토지이용 등에 대한 기초조사를 하지 않고 도시관리계획을 입안·결정하였다. 갑은 자신의 토지전부를 광장에 포함시키는 을의 도시관리계획 입안·결정이 법적으로 문제가 있다고 보고, 위 도시관리계획결정의 취소를 구하는 소송을 제기하였다.

(1) 위 취소소송에서 갑의 청구는 인용될 수 있는가? (30점)

(2) 갑의 청구가 인용된 경우에 행정청 을은 동일한 내용의 도시관리계획결정을 할 수 있는가? (20점)

[참조조문]

국토의 계획 및 이용에 관한 법률

제13조(광역도시계획의 수립을 위한 기초조사) ① 국토해양부장관, 시·도시자, 시장 또는 군수는 광역도시계획을 수립하거나 변경하려면 미리 인구, 경제, 사회, 문화, 토지 이용, 환경, 교통, 주택, 그 밖에 대통령령으로 정하는 사항 중 그 광역도시계획의 수립 또는 변경에 필요한 사항을 대통령령으로 정하는 바에 따라 조사하거나 측량하여야 한다.

②~③생략

제27조(도시관리계획의 입안을 위한 기초조사 등) ① 도시관리계획을 입안하는 경우에는 제13조를 준용한다. 〈단서 생략〉

②~④생략

(1) 위 취소소송에서 갑의 청구는 인용될 수 있는가? (30점)

Ⅰ. 갑의 청구의 인용가능성(설문(1))

1. 문제 상황

갑의 취소소송의 인용가능성에서는 소송요건과 관련해서는 대상적격과 원고적격이 특히 문제되고, 도시관리계획결정의 위법성과 관련해서는 기초조사를 하지 않은 절차적 위법성 그리고 계획재량에 있어 형량명령에 위반(내용상 위법성)되는 것은 아닌지가 문제된다.

2. 소송요건의 구비여부

(1) 소송요건 일반

㈎ 갑의 취소소송은 관할권 있는 법원에(행정소송법 제9조), 원고적격(동법 제12조)과 피고적격을 갖추어(동법 제13조), 처분 등을 대상으로(동법 제19조), 제소기간내에(동법 제20조), 권리보호필요성 요건을 갖추고 있어야 한다.

㈏ 설문의 경우는 다른 요건은 문제되지 않고 대상적격과 원고적격이 특히 문제된다.

(2) 도시관리계획결정이 항고소송의 대상이 되는 처분인지 여부

1) 문제점

도시관리계획결정이 항고소송의 대상이 되는지를 밝히기 위해서는 먼저 행정계획의 법적 성질을 살펴보고, 그 성질 여하에 따라 행정소송법상 처분개념에 포섭되는지 검토해야 한다.

2) 행정계획의 법적 성격

a. 학설

입법행위설, 행정행위설, 혼합행위설, 독자성설, 개별검토설(복수성질설) 등의 견해가 대립된다.

b. 판례

판례는 도시계획결정(현행 도시관리계획결정)의 처분성은 긍정(대판 1982. 3. 9. 80누105)한 반면, 도시기본계획의 처분성은 부정(대판 2002. 10. 11. 2000두8226)한 바 있다.

c. 검토

행정계획의 법적 성질은 개별적으로 검토되어야 한다(통설).

3) 설문의 도시관리계획결정이 항고소송의 대상이 되는지 여부

a. 행정소송법상 처분개념

i. 행정소송법 제19조, 제2조 제1항 제1호

ii. 처분개념의 분석

ⓐ 행정청 ⓑ 구체적 사실에 대한 법집행 ⓒ 공권력행사(이에 준하는 행정작용) 또는 공권력행사의 거부이어야 한다.

b. 법적 행위

법적 행위란 외부적 행위이고, 권리·의무와 관련되는 행위를 말한다. 판례도 항고소송의 대상이 되는 처분은 국민의 권리·의무에 직접 관계가 있는 행위라야 한다고 한다.

c. 검토

항고소송의 대상이 되는 처분은 행정청이 행하는 공권력행사(이에 준하는 행정작용)이고, 당사자의 권리·의무에 영향을 미치는 법적 행위라야 한다.

d. 소결

㈎ 도시관리계획결정은 행정청 을이 행하는 구체적 사실에 대한 국토의 계획 및 이용에 관한 법률의 집행행위로서 공권력행사로 행정소송법 제2조 제1항 제1호의 처분에 해당한다.

㈏ 도시관리계획결정이 있으면 각 도시계획의 내용에 따라 국민의 권리의무에 구체적·개별적 영향을 미치게 되므로 (예를 들어 국토의 계획 및 이용에 관한 법률 제76조는 도시관리계획결정인 용도지역 및 용도지구에서의 건축물의 건축 제한 등을 규정함) 도시관리계획결정은 당사자의 권리·의무에 영향을 미치는 법적 행위이다. 따라서 설문의 도시관리계획결정은 항고소송의 대상이 되는 처분이다.

(3) 갑의 원고적격

1) 문제점

도시관리계획결정은 물적 일반처분이다. 하지만 이러한 처분도 해당 물건의 소유자나 점유자의 법률상 이익에 영향을 미치게 되는바 갑이 도시관리계획결정을 다툴 원고적격이 있는지가 문제된다.

2) 취소소송의 본질과 법률상 이익의 의미

취소소송의 본질(기능)에 관해 권리구제설, 법률상 보호이익설, 보호가치 있는 이익설, 적법성보장설이 대립한다. 행정소송법 제12조를 고려할 때 항고소송의 목적은 법적 이익의 구제이므로 법률상 보호이익설이 타당하다(통설, 판례).

3) 법률상 이익에서 법률(법규)의 범위

㈎ 일반적인 견해는 당해 법률의 규정과 취지, 관련 법률의 규정과 취지 외에 기본권 규정도 고려해야 한다는 입장이다.

㈏ 판례는 기본적으로 당해 처분의 근거가 되는 법규가 보호하는 이익만을 법률상 이익으로 본다. 그러나 최근에는 근거법규 외에 관련 법규까지 고려하여 법률상 이익을 판단하고 있다. 다만, 헌법상의 기본권 및 기본원리를 법률상 이익의 해석에서 일반적으로 고려하지는 않는다.

4) 소결

설문의 도시관리계획결정이 있게 되면 갑은 토지의 소유권 또는 사용·수익권을 잃게 되므로 재산권의 침해를 받는 자이고 따라서 행정소송법 제12조 제1문의 처분 등의 취소를 구할 법률상 이익이 있는 자에 해당한다.

3. 도시관리계획결정의 위법성

(1) 절차적 위법성

1) 국토의 계획 및 이용에 관한 법률에 위반한 도시관리계획결정

㈎ 설문에서 기초조사를 거치지 않았으므로 절차상 하자를 인정할 수 있다.

㈏ 판례도 기초조사절차를 거치지 않는 하자를 (현행) 도시관리계획결정의 절차상 하자로 보고 있다(대판 1990. 6. 12. 90누2178).

2) 절차상 하자의 독자적 위법사유 인정여부

a. 학설

적극설(법원이 절차상 하자를 이유로 취소하더라도 행정청은 절차의 하자를 보완하여 동일한 내용의 처분을 할 수 있음을 근거로 한다)과 소극설(기속행위의 경우에도 처분의 발령에 이르기까지의 사실판단이나 포섭, 부관 등 관련사항의 판단에 있어서 다른 결정에 이를 수 있고 반드시 동일한 내용의 처분을 반복한다고 말할 수 없다는 점을 근거로 한다)(다수설)이 대립한다.

b. 판례

판례는 당해 행위가 기속행위인지 재량행위인

지를 불문하고 적극적인 입장이다.

c. 검토

행정소송법 제30조 제3항은 '절차의 위법'을 인정하고 있기에 적극설이 타당하다.

3) 위법성의 정도

중대명백설에 따르면 기초조사를 하지 않은 위법은 외관상 명백하지만, 적법요건의 중대한 위법으로 보기는 어려워 취소사유로 보아야 한다(대판 1990. 6. 12. 90누2178).

(2) 내용상 위법성

1) 문제점

광장설치목적의 도시관리계획결정도 일정한 통제를 받게 되는바 계획재량의 통제가 문제된다.

2) 계획재량의 의의

행정주체가 계획법률에 따라 계획을 책정함에 있어 갖는 광범위한 형성의 자유를 계획재량이라 한다.

3) 재량행위와의 구별

① 질적으로 구분된다고 보는 견해와 ② 실질적으로 동일하므로 양자는 양적인 차이만 있을 뿐 실질적으로 구분되는 것은 아니라고 보는 견해가 대립된다. ③ 전자가 다수 견해이다.

4) 계획재량의 통제

㈎ 계획법률의 구조는 목적-수단형식의 구조이므로 그에 대한 통제영역은 ⓐ 목표통제(법질서에 부합), ⓑ 수단통제(목표실현에 적합, 필요, 비례적이어야 함), ⓒ 형량명령의 준수가 요구된다.

㈏ 특히 설문의 경우 형량명령의 준수가 중요한 수단이 되는데, 여기서 형량명령의 형량은 3단계로 구성된다. 즉, ① 관련 이익(공익·사익)의 조사[조사단계], ② 관련 이익의 (중요도에 따른 경중의) 평가[평가단계], ③ 협의의 비교형량[비교·형량단계]으로 구성된다.

㈐ 이러한 각각의 단계에 비추어 형량명령의 준수를 위반한 형량하자의 경우로는 ① 형량이 전혀 없는 경우, ② 형량에서 고려되어야 할 이익이 고려되지 않은 경우[조사단계], ③ 관련 공익 또는 사익의 의미(가치 또는 중요성)를 잘못 평가한 경우[평가단계], ④ 여러 이익간의 조정이 객관적으로 비례원칙을 위반한 것으로 판단되는 경우[비교·결정단계]로 나누어 볼 수 있다(대판 2007. 4. 12. 2005두1893).

5) 소결

설문의 경우 ① 형량이 전혀 없지는 않았다고 보아야 하며, ② 형량에서 반드시 고려되어야 할 이익이 고려되지 않은 사정도 발견하기 어렵다. ③ 공익(휴게 광장을 조성하여 주민들에게 만남의 장소를 제공하고, 도시 경관을 향상시키기 위한다는 공익적인 사정)과 사익(갑의 토지전부에 대한 가치 등)의 중요성 내지 가치를 잘못 평가했다고 볼 여지는 있을 수 있으나 그러한 사정도 설문상 분명하지는 않다. 다만, ④ 공익과 사익간의 조정이 객관적으로 비례원칙에 위반되는 것으로 볼 수는 있다. 왜냐하면 만남의 장소를 제공하고, 도시 경관을 향상시키기 위한 목적은 그리 중대한 공익으로 보이지 않지만 갑의 토지는 그 전부가 광장으로 포함되기에, 행정청이 추구하는 공익목적에 비해 사익에 대한 침해가 더 크다고 볼 수 있다.

4. 갑의 청구의 인용가능성(소결)

설문의 갑의 취소소송은 소송요건을 갖추고 있다. 국토의 계획 및 이용에 관한 법률상 기초조사를 하지 않아 절차상의 위법이 있고, 형량명령에도 위반되어 내용상의 위법도 존재한다. 다만 그러한 사유는 취소사유에 불과하기에 갑의 취소소송은 인용될 수 있을 것이다.

---

(2) 갑의 청구가 인용된 경우에 행정청 을은 동일한 내용의 도시관리계획결정을 할 수 있는가? (20점)

Ⅱ. 동일한 내용의 도시관리계획결정의 가능여부(설문(2))

1. 문제 상황

행정청 을의 동일한 내용의 도시계획결정이 취소의 확정판결의 기속력에 반하는 것이 아닌지의 문제이다.

2. 기속력의 의의

기속력은 처분 등을 취소하는 확정판결이 당사자인 행정청과 관계행정청에 대하여 판결의 취지에 따라야 할 실체법상의 의무를 발생시키는 효력을 말한다(행정소송법 제30조 제1항).

3. 기속력의 법적 성질

ⓐ 기속력은 기판력과 동일하다는 기판력설과 행정소송법이 특별히 인정한 효력이라는 특수효력설이 대립된다. ⓑ 판례의 입장은 불분명하다. ⓒ 특수효력설이 타당하다.

4. 기속력의 내용

㈎ 기속력은 ⓐ 반복금지의무와 ⓑ 재처분의무(행정소송법 제30조 제2항, 제3항) 그리고 ⓒ 결과제거의무를 그 내용으로 한다.

㈏ 설문에서는 반복금지의무위반여부만이 문제된다.

5. 기속력의 범위

(1) 주관적 범위

기속력은 그 사건(취소된 처분)에 관하여 당사자인 행정청과 그 밖의 관계 행정청을 기속한다.

(2) 객관적 범위

기속력은 기판력과 달리 '판결로 적시된 개개의 위법사유'에 관해서만 발생한다. 구체적으로 보면, 판결에 적시된 개개의 위법사유는 처분사유의 추가·변경과의 관계로 인해 판결에 적시된 기본적 사실관계가 동일한 위법사유를 말한다.

(3) 시간적 범위

기속력은 처분 당시를 기준으로 그때까지 존재하던 사유에 한하고 그 이후에 생긴 사유에는 미치지 않는다. 따라서 처분시에 존재하던 사유로 동일한 처분이나 거부처분을 할 수는 없다.

(4) 검토

설문의 경우 주관적 범위는 문제되지 않고, 객관적 범위와 시간적 범위가 문제될 수 있다.

6. 소결

(1) 갑의 청구가 절차상의 위법만을 이유로 인용된 경우

행정청 을이 확정판결 후 적법한 절차를 거치고 동일한 내용의 도시관리계획결정을 하였다면, 판결에 적시된 위법사유에 포함되지 않아 동일한 내용의 도시관리계획결정을 할 수도 있다(대판 1987. 2. 10. 86누91).

(2) 갑의 청구가 내용상의 위법을 이유로 인용된 경우

갑의 청구가 행정청 을이 도시관리계획결정을 행함에 있어 정당한 형량을 하지 않았다는 이유로 인용된 것이었고, 행정청이 그 후 형량명령을 준수하여 정당하게 형량하였음에도 그 결과 광장설치를 목적으로 하는 동일한 내용의 도시관리계획결정을 하였다면 정당한 형량을 하지 않은 도시관리계획결정과 정당하게 형량한 도시관리계획결정은 기본적 사실관계의 동일성이 없다고 보아야 한다. 따라서 이러한 경우에는 동일한 내용의 도시관리계획결정이라고 하더라도 취소판결의 기속력에 반하는 처분으로 보기 어렵다. 결국 동일한 내용의 도시관리계획결정을 할 수도 있다.

(3) 위법한 도시관리계획결정 이후 새로운 사정이 발생한 경우

기속력은 처분시까지의 법관계·사실관계를 기준으로 하기 때문에 처분시 이후에 새로운 법률관계나 사실관계가 발생하였다면 행정청 을은 처분시 이후의 사정을 이유로 동일한 내용의 도시관리계획결정을 할 수 있다.

‖제3절‖ 행정행위

|제1-5항| 행정행위의 관념, 불확정개념·재량행위·기속행위, 내용, 적법요건, 효력

판례 — 공익상의 요구와 거부처분

[1] 대법원 2009. 9. 24. 선고 2009두8946 판결 【건축허가거부처분취소】

건축허가권자는 건축허가신청이 건축법 등 관계 법규에서 정하는 어떠한 제한에 배치되지 않는 이상 당연히 같은 법조에서 정하는 건축허가를 하여야 하고, 중대한 공익상의 필요가 없는데도 관계 법령에서 정하는 제한사유 이외의 사유를 들어 요건을 갖춘 자에 대한 허가를 거부할 수는 없다.

[2] 대법원 2007. 5. 10. 선고 2005두13315 판결 【주택건설사업계획승인신청서반려처분취소】

구 주택건설촉진법(2003. 5. 29. 법률 제6916호 주택법으로 전문 개정되기 전의 것, 이하 같다) 제33조에 의한 **주택건설사업계획의 승인은** 상대방에게 권리나 이익을 부여하는 효과를 수반하는 이른바 수익적 행정처분으로서 법령에 행정처분의 요건에 관하여 일의적으로 규정되어 있지 아니한 이상 **행정청의 재량행위**에 속하므로, 이러한 승인을 받으려는 주택건설사업계획이 관계 법령이 정하는 제한에 배치되는 경우는 물론이고 그러한 제한사유가 없는 경우에도 공익상 필요가 있으면 처분권자는 그 승인신청에 대하여 불허가 결정을 할 수 있으며, … 허가관청은 산림훼손허가신청 대상토지의 현상과 위치 및 주위의 상황 등을 고려하여 국토 및 자연의 유지와 환경의 보전 등 중대한 공익상 필요가 있다고 인정될 때에는 허가를 거부할 수 있고, 그 경우 법규에 명문의 근거가 없더라도 거부처분을 할 수 있다.

tip 허가 요건을 충족한 자에게 공익상 요구가 있는 경우 허가를 거부할 수 있는지가 문제인데, 기속행위인 경우 거부를 할 수 없지만([판례 1]), 재량행위인 경우에는 허가 요건을 충족하여도 적법한 재량행사에 따라 허가를 거부할 수 있다([판례 2]).

● 제47회 사법시험(2005년)
〈제1문〉

갑은 국토의계획및이용에관한법률상의 도시지역으로서 녹지지역에 위치한 토지 위에 지하 1층 지상 2층(건축면적 324m², 연면적 1,285m²) 규모의 장례식장을 신축하는 내용의 건축허가신청을 하였다. 관할행정청인 A시(市)의 시장 乙은 건축위원회의 심의를 거친 다음 갑에게 사전에 통지하지 아니하고 2005. 6. 1. "관계법령에 규정된 허가요건들은 전부 구비되었지만, 위 장례식장이 신축될 경우 관광도시로서의 위상이 크게 손상되어 공익이 현저히 침해될 우려가 있을 뿐만 아니라, 허가신청서에 첨부된 주민동의서도 대부분 위조되었다"는 이유로 甲의 건축허가신청을 반려하였다. 갑은 위 건축허가신청 반려처분을 다투는 취소소송을 제기하고자 한다. 위법사유로 주장할 수 있는 모든 사유들을 들고 그 당부(當否)를 논하시오. (50점)

● 제50회 사법시험(2008년)
〈제2문의 1〉

주택사업과 건설업 등을 영위하는 주식회사 갑은 60필지의 단독주택단지를 재개발하여 아파트 4개동 300세대를 건축하기로 하고 위 60필지의 토지를 매수하는 작업을 하였으나, 매매대금의 차이로 60필지 중 10필지만을 매수하는 데 그쳤다. 갑은 위 10필지의 토지에 12층 규모 72세대의 아파트를 건축하기로 하고 주택법 제16조 제1항 및 주택법시행령 제15조 제1항의 규정에 의하여 관할 행정청인 을에게 주택건설사업계획승인신청을 하였다. 위 60필지 토지는 직사각형 모양의 단독주택단지이고 그 중 위 10필지는 전체 60필지 중 남서쪽 모퉁이에 위치하고 있으며, 위 10필지 외 다른 토지의 소유자들은 '60필지의 토지소유자 중 80% 이상의 동의로 아파트재개발사업을 추진하고 있는 상황에서 위 10필지에만 따로 아파트를 건설하는 것은 주위 환경과 여건에 맞지 않으므로 반대한다'는 취지의 의견서를 을에게 제출하였다. 이에 을은 갑에게 위 10필지 외 다른 토지의 소유자들과 충분히 협의할 것을 요청하였으나, 갑은 일부 토지소유자들의 과도한 요구로 협의가 결렬되었다면서 전체의 개발은 하지 않고 위 10필지만을 개발하겠다고 하였다. 그러나 법령에 명시적인 근거규정이 없음에도 을은 "60필지 중 위 10필지만을 개발하는 것은 도시 미관과 지역 여건을 고려하지 않은 불합리한 계획으로서 지역의 균형개발을 저해한다"라는 이유로 갑의 주택건설 사업계획승인신청을 반려하는 처분을 하였다.

갑은 이 반려처분의 취소를 구하는 행정소송을 제기하였고, 이 행정소송에서 을은 "① 위 반려처분에는 아무런 하자가 없을 뿐만 아니라, ② 더욱이 위 60필지의 지역은 관계법령에 의하여 5층 이상의 건축이 불가능한 제1종일반주거지역으로 지정되어 있으므로 이 점에서도 위 반려처분은 적법하다"라고 주장하였다. 을의 위와 같은 주장에 관하여 논평하시오.

판례 — 허가기간의 의미

대법원 2007. 10. 11. 선고 2005두12404 판결
【보전임지전용허가취소처분무효확인】

일반적으로 **행정처분에 효력기간이 정하여져 있는 경우에는 그 기간의 경과로 그 행정처분의 효력은 상실**되고, 다만 허가에 붙은 기한이 그 **허가된 사업의 성질상 부당하게 짧은 경우에는 이를 그 허가 자체의 존속기간이 아니라 그 허가조건의 존속기간으로 보아 그 기한이 도래함으로써 그 조건의 개정을 고려한다는 뜻으로 해석할 수는 있지만**, 그와 같은 경우라 하더라도 그 허가기간이 연장되기 위하여는 특별한 사정이 없는 한, 그 종기가 도래하기 전에 그 허가기간의 연장에 관한 신청이 있어야 하며, 만일 그러한 연장신청이 없는 상태에서 허가기간이 만료하였다면 그 허가의 효력은 상실된다고 보아야 한다.

원고는 1995. 11. 23. 피고로부터 사업기간을 1995. 11. 23.부터 1996. 11. 22.까지로 정하여 이 사건 **보전임지전용허가를 받았는데**, 그 후 위 사업기간이 경과하도록 **이 사건 보전임지전용허가에 대한 기한연장신청을 하지 아니하였음을 알 수 있는바**, 이에 따르면 이 사건 보전임지전용허가는 위 사업기간이 만료됨으로써 그 효력이 소멸되었다고 할 것이다.

tip 처분에 기간이 정해진 경우 그 기간이 도과하면 처분은 실효됨이 원칙이지만, 처분의 성질상 부당하게 짧은 기간은 허가의 존속기간이 아니라 허가조건의 존속기간으로 본다. 허가기간이 부당하게 짧은 기간이라면 그 기간이 도과하더라도 허가의 효력이 소멸되지 않으며, 사인이 허가의 갱신(연장)을 신청하는 경우 행정청이 불허가를 할 수 없고 새로운 기간만을 정해야 한다는 의미이다. 다만 대상판결은 부당하게 짧은 기간이더라도 당사자의 연장신청이 있어야 허가처분의 효력이 유지된다고 본다.

판례 — 재건축조합설립인가의 법적 성질

대법원 2009. 9. 24. 선고 2008다60568 판결
【재건축결의부존재확인】

재건축조합은 관할 행정청의 감독 아래 정비구역 안에서 도시정비법상의 '주택재건축사업'을 시행하는 목적 범위 내에서 법령이 정하는 바에 따라 일정한 행정작용을 행하는 행정주체로서의 지위를 갖는다. 행정청이 도시정비법 등 관련 법령에 근거하여 행하는 **조합설립인가처분은** 단순히 사인들의 조합설립행위에 대한 보충행위로서의 성질을 갖는 것에 그치는 것이 아니라 법령상 요건을 갖출 경우 도시정비법상 주택재건축사업을 시행할 수 있는 권한을 갖는 행정주체(공법인)로서의 지위를 부여하는 일종의 설권적 처분의 성격을 갖는다고 보아야 한다. 그리고 그와 같이 보는 이상 조합설립결의는 조합설립인가처분이라는 행정처분을 하는 데 필요한 요건 중 하나에 불과한 것이어서, 조합설립결의에 하자가 있다면 그 하자를 이유로 직접 항고소송의 방법으로 조합설립인가처분의 취소 또는 무효확인을 구하여야 하고, 이와는 별도로 조합설립결의 부분만을 따로 떼어내어 그 효력 유무를 다투는 확인의 소를 제기하는 것은 원고의 권리 또는 법률상의 지위에 현존하는 불안·위험을 제거하는 데에 가장 유효·적절한 수단이라 할 수 없어 특별한 사정이 없는 한 확인의 이익은 인정되지 아니한다.

tip [재건축조합설립인가의 법적 성질]

1. 학설은 인가설(재건축조합설립행위는 기본행위로, 재건축조합설립인가는 이를 보충하는 행위(인가)로 보는 견해)(다수 견해)과 특허설(재건축조합설립행위는 재건축조합설립인가(특허)를 받기 위한 요건으로 보는 견해로, 조합설립인가는 행정주체인 도시 및 주거환경정비법상의 주택재건축정비사업조합(재건축조합)을 만들어 내는 행위(형성적 행위)로 보는 견해)이 대립된다.

2. ① 과거 판례는 "재건축조합설립인가는 불량·노후한 주택의 소유자들이 재건축을 위하여 한 재건축조합설립행위를 보충하여 그 법률상 효력을 완성시키는 보충행위(대판 2000. 9. 5. 99두1854)"라고 하여 인가설을 취하였다. ② 그러나 도시재개발법, 주택건설촉진법, 각종 임시법 등이 도시 및 주거환경정비법(도시정비법)으로 정비되면서 판례는 대상판결에서 보는 바처럼 특허설로 입장을 바꾼 것으로 평가된다(재개발조합설립인가처분도 마찬가지이다([관련판례 1])). ③ 다만, 관리처분계획에 대한 인가는 여전히 강학상 '인가'로 보면서 기본행위의 하자를 이유로 인가처분을 취소 등을 구할 협의의 소익이 없다고 본다([관련판례 2]).

[관련판례 1]
대법원 2010. 1. 28. 선고 2009두4845 판결
【재개발정비사업조합설립인가처분무효확인】

재개발조합은 재개발사업의 사업시행자로서 조합원에 대한 법률관계에서 특수한 존립목적을 부여받은 행정주체로서의 지위를 가지게 되고, 이러한 행정주체의 지위에서 정비구역 안에 있는 토지 등을 수용하거나(같은 법 제38조), 관리처분계획(같은 법 제48조), 경비부과처분(같은 법 제61조) 등과 같은 행정처분을 할 수 있는 권한을 부여받는다. 따라서 **재개발조합설립인가신청에 대한 행정청의 조합설립인가처분은** 단순히 사인들의 조합설립행위에 대한 보충행위로서의 성질을 가지는 것이 아니라 법령상 일정한 요건을 갖추는 경우 행정주체(공법인)의 지위를 부여하는 일종의 설권적 처분의 성질을 가진다고 봄이 상당하다.

그러므로 **도시정비법상 재개발조합설립인가신청에 대하여 행정청의 조합설립인가처분이 있은 이후에는**, 조합설립동의에 하자가 있음을 이유로 재개발조합 설립의 효력을 부정하려면 항고소송으로 조합설립인가처분의 효력을 다투어야 한다.

[관련판례 2]
대법원 2001. 12. 11. 선고 2001두7541 판결
【관리처분계획변경인가처분무효확인】

도시재개발법 제34조에 의한 행정청의 **인가는** 주택개량재개발조합의 관리처분계획에 대한 법률상의 효력을 완성시키는 보충행위로서 그 기본되는 관리처분계획에 하자가 있을 때에는 그에 대한 인가가 있었다 하여도 기본행위인 관리처분계획이 유효한 것으로 될 수 없으며, 다만 그 기

본행위가 적법·유효하고 보충행위인 인가처분 자체에만 하자가 있다면 그 인가처분의 무효나 취소를 주장할 수 있다고 할 것이지만, 인가처분에 하자가 없다면 기본행위에 하자가 있다 하더라도 따로 그 기본행위의 하자를 다투는 것은 별론으로 하고 기본행위의 무효를 내세워 바로 그에 대한 행정청의 인가처분의 취소 또는 무효확인을 소구할 법률상의 이익이 있다고 할 수 없다.

판례 — 공적장부에의 등재행위의 성질

[1] 대법원 2004. 4. 22. 선고 2003두9015 전원합의체 판결 【지목변경신청반려처분취소청구각하취소】

구 지적법(2001. 1. 26. 법률 제6389호로 전문 개정되기 전의 것) 제20조, 제38조 제2항의 규정은 토지소유자에게 지목변경신청권과 지목정정신청권을 부여한 것이고, 한편 지목은 토지에 대한 공법상의 규제, 개발부담금의 부과대상, 지방세의 과세대상, 공시지가의 산정, 손실보상가액의 산정 등 토지행정의 기초로서 공법상의 법률관계에 영향을 미치고, 토지소유자는 지목을 토대로 토지의 사용·수익·처분에 일정한 제한을 받게 되는 점 등을 고려하면, **지목은 토지소유권을 제대로 행사하기 위한 전제요건으로서 토지소유자의 실체적 권리관계에 밀접하게 관련되어 있으므로** 지적공부 소관청의 지목변경신청 반려행위는 국민의 권리관계에 영향을 미치는 것으로서 항고소송의 대상이 되는 행정처분에 해당한다.

[2] 대법원 2009. 2. 12. 선고 2007두17359 판결 【건축물대장기재신청서반려처분취소】

[건축물대장의 작성신청 거부행위의 처분성] **건축물대장은** 건축물에 대한 공법상의 규제, 지방세의 과세대상, 손실보상가액의 산정 등 건축행정의 기초자료로서 공법상의 법률관계에 영향을 미칠 뿐만 아니라, 건축물에 관한 소유권보존등기 또는 소유권이전등기를 신청하려면 이를 등기소에 제출하여야 하는 점 등을 종합해 보면, **건축물대장의 작성은** 건축물의 소유권을 제대로 행사하기 위한 전제요건으로서 건축물 소유자의 실체적 권리관계에 밀접하게 관련되어 있으므로 건축물대장 소관청의 작성신청 반려행위는 국민의 권리관계에 영향을 미치는 것으로서 항고소송의 대상이 되는 행정처분에 해당한다.

[3] 대법원 2009. 1. 30. 선고 2007두7277 판결 【건축물표시변경신청불가처분취소】

[건축물대장 용도변경신청 거부행위의 처분성] 구 건축법(2005. 11. 8. 법률 제7696호로 개정되기 전의

것) 제14조 제4항의 규정은 건축물의 소유자에게 건축물대장의 용도변경 신청권을 부여한 것이고, 한편 **건축물의 용도는** 토지의 지목에 대응하는 것으로서 건물의 이용에 대한 공법상의 규제, 건축법상의 시정명령, 지방세 등의 과세대상 등 공법상 법률관계에 영향을 미치고, 건물소유자는 용도를 토대로 건물의 사용·수익·처분에 일정한 영향을 받게 되는 점 등을 고려해 보면, **건축물대장의 용도는 건축물의 소유권을 제대로 행사하기 위한 전제요건으로서 건축물 소유자의 실체적 권리관계에 밀접하게 관련**되어 있으므로 건축물대장 소관청의 용도변경신청 거부행위는 국민의 권리관계에 영향을 미치는 것으로서 항고소송의 대상이 되는 행정처분에 해당한다.

[4] 대법원 2009. 3. 12. 선고 2008두11525 판결
【기존무허가건물등재대장삭제처분취소】

[무허가건물관리대장에 등재, 변경, 삭제행위의 처분성] **무허가건물관리대장은**, 행정관청이 지방자치단체의 조례 등에 근거하여 무허가건물정비에 관한 행정상 사무처리의 편의와 사실증명의 자료로 삼기 위하여 작성, 비치하는 대장으로서 무허가건물을 **무허가건물관리대장에 등재하거나 등재된 내용을 변경 또는 삭제하는 행위로** 인하여 당해 **무허가 건물에 대한 실체상의 권리관계에 변동을 가져오는 것이 아니고**, 무허가건물의 건축시기, 용도, 면적 등이 무허가건물관리대장의 기재에 의해서만 증명되는 것도 아니므로, 관할관청이 무허가건물의 무허가건물관리대장 등재 요건에 관한 오류를 바로잡으면서 당해 무허가건물을 **무허가건물관리대장에서 삭제하는 행위는** 다른 특별한 사정이 없는 한 **항고소송의 대상이 되는 행정처분이 아니다.** … 당해 무허가건물이 기준일 이전부터 협의계약체결일 또는 수용재결일까지 **무허가건물관리대장에 등재되어 있기만 하면 등재 무허가건물 소유자로서 분양아파트 입주권을 부여받을 수 있고, 그 이후에도 계속하여 무허가건물관리대장에 등재되어 있을 것을 요구하고 있지 아니하므로,** 이 사건 무허가건물이 지장물 이전 및 철거와 관련한 협의계약을 체결할 당시까지 무허가건물관리대장에 등재되어 있었다가 그 이후 무허가건물관리대장에서 삭제되었다고 하여 위 이주대책에서 정한 원고의 법률상 지위에 어떠한 영향을 미친다고 볼 수 없다.

tip 대법원은 지목변경신청을 거부한 사건에서 지목은 토지소유자의 실체적 권리관계에 밀접하게 관련되어 있음을 이유로 항고소송의 대상이 되는 처분으로 본 이후([판례 1]), 건축물대장의 작성은 건축물의 소유권을 제대로 행사하기 위한 전제요건으로서 건축물 소유자의 실체적 권리관계에 밀접하게 관련되어 있다는 이유로([판례 2]), 건축물대장의 용도는 건축물의 소유권을 제대로 행사하기 위한 전제요건으로서 건축물 소유자의 실체적 권리관계에 밀접하게 관련되어 있다는 이유로([판례 3]) 항고소송의 대상이 되는 행정처분으로 보았다. 다만 무허가건물관리대장은 행정상 사무처리의 편의와 사실증명의 자료로 삼기 위한 것에 불과하기에(무허가건물관리대장에 등재되어 있기만 하면 등재 무허가건물 소유자로서 분양아파트 입주권을 부여받을 수 있기 때문에) 무허가건물관리대장에서 삭제하는 행위는 항고소송의 대상이 되는 행정처분이 아니라고 보았다([판례 4]). 이 판결들은 공적 장부에의 등재행위나 변경행위의 처분성을 긍정 또는 부정한 판결로 매우 중요하다.

판례 — 민사법원의 행정행위의 효력유무에 대한 선결문제

대법원 2007. 3. 16. 선고 2006다83802 판결
【부당이득금반환】

【사건개요】 효동산업개발(원고)은 2003. 2.경 화성시장과 사이에서 '농어촌 도로 102호선' 중 이 사건 주택건설사업 부지와 연결되는 길이 360m 구간의 확·포장 공사비 35억 4,000만원 전액을 효동산업개발이 부담하기로 하는 내용의 '도로개설분담 위·수탁협약'을 체결하였고, 그 후 원고가 위 확·포장공사비용 전액을 화성시에 납입하였다. 그러나 관련법령에 따르면 원고가 부담한 농어촌도로 102호선 중 위 360m 부분의 확·포장공사비는 광역교통시설부담금부과에서 그 금액이 공제되어야 함에도 불구하고 담당공무원이 관련 법령의 해석을 잘못하여 부담금이 부과된 것이다. 이에 원고는 광역교통시설부담금을 납부하고 그 후 부당이득의 반환을 청구하였다.

【판시사항】 [1] 행정처분이 아무리 위법하다고 하여도 그 하자가 중대하고 명백하여 당연무효라고 보아야 할 사유가 있는 경우를 제외하고는 아무도 그 하자를 이유로 무단히 그 효과를 부정하지 못하는 것으로, 이러한 행정행위의 공정력은 판결의 기판력과 같은 효력은 아니지만 그 공정력의 객관적 범위에 속하는 행정행위의 하자가 취소사유에 불과한 때에는 그 처분이 취소되지 않는 한 처분의 효력을 부정하여 그로 인한 이득을 법률상 원인 없는 이득이라고 말할 수 없는 것이다.

[2] 행정처분이 … 하자가 중대하고 명백한지 여부를 판별함에 있어서는 그 법규의 목적, 의미, 기능 등을 목적론적으로 고찰함과 동시에 구체적 사안 자체의 특수성에 관하여도 합리적으로 고찰함을 요하는바, 행정청이 어느 법률관계나 사실관계에 대하여 어느 법률의 규정을 적용하여 행정처분을 한 경우에 그 법률관계나 사실관계에 대하여는 그 법률의 규정을 적용할 수 없다는 법리가 명백히 밝혀져 그 해석에 다툼의 여지가 없음에도 불구하고 행정청이 위 규정을 적용하여 처분을 한 때에는 그 하자가 중대하고도 명백하다고 할 것이나, 그 법률관계나 사실관계에 대하여 그 법률의 규정을 적용할 수 없다는 법리가 명백히 밝혀지지 아니하여 그 해석에 다툼의 여지가 있는 때에는 행정관청이 이를 잘못 해석하여 행정처분을 하였더라도 이는 그 처분 요건사실을 오인한 것에 불과하여 그 하자가 명백하다고 할 수 없는 것이고, 행정처분의 대상이 되지 아니하는 어떤 법률관계나 사실관계에 대하여 이를 처분의 대상이 되는 것으로 오인할 만한 객관적인 사정이 있는 경우로서 그것이 처분대상이 되는지의 여부가 그 사실관계를 정확히 조사하여야 비로소 밝혀질 수 있는 때에는 비록 이를 오인한 하자가 중대하다고 할지라도 외관상 명백하다고 할 수 없는 것이다.

[3] 농어촌도로 102호선 중 위 360m 부분이 진입도로에 해당하지 아니하여 그 확·포장공사비를 원고가 부담한 이상 이를 이 사건 광역교통시설부담금에서 공제하여야 할 것인데도 이를 공제하지 아니한 채 이 사건 광역교통시설부담금의 부과처분이나 납부독촉이 이루어졌다고 하더라도, 이는 **광역교통시설부담금 부과대상의 법률관계나 사실관계를 오인한 것에 지나지 아니하여 그 하자가 객관적으로 명백하다고는 할 수 없고,** 따라서 그 부과처분의 당연무효 사유가 된다고 할 수 없다.

tip ① 공법상 부당이득반환청구소송을 판례는 민사소송으로 본다('다'사건). 부당이득반환청구는 법률상 원인이 없는 경우라야 인용될 수 있기에 대상판결은 행정처분(광역교통시설부담금부과처분)의 효력유무가 문제되는 경우이다. 광역교통시설부담금부과처분이 위법하긴 하지만 객관적으로 명백하지 않기에 취소사유에 불과하여(기준은 아래의 ②) 법률상 원인이 없는 이득이 아니라고 보았다.

② 대법원은 ⓐ 어느 법률관계나 사실관계에 대하여 어느 법률의 규정을 적용할 수 없다는 법리가 명백히 밝혀졌음에도 불구하고 행정청이 위 규정을 적용하여 처분을 하거나, ⓑ 행정처분의 대상이 되는 법률관계나 사실관계가 전혀 없는 사람에게 행정처분을 한 때에는 행정행위의 하자가 중대명백하여 무효라고 보지만,

ⓐ 어느 법률관계나 사실관계에 대하여 그 법률의 규정을 적용할 수 없다는 법리가 명백히 밝혀지지 아니하여 그 해석에 다툼의 여지가 있는 때에는 이를 잘못 해석하여 행정처분을 하였더라도 그 하자가 명백하다고 할 수 없으며, ⓑ 행정처분의 대상이 되지 아니하는 어떤 법률관계나 사실관계에 대하여 이를 처분의 대상이 되는 것으로 오인할 만한 객관적인 사정이 있는 경우에는 하자가 중대하다고 할지라도 외관상 명백하다고 할 수 없어 취소 사유로 본다(대판 1997. 5. 9. 95다46722 참조).

기출 — 제50회 사법시험(2008년)

〈제2문의 1〉

주택사업과 건설업 등을 영위하는 주식회사 갑은 60필지의 단독주택단지를 재개발하여 아파트 4개동 300세대를 건축하기로 하고 위 60필지의 토지를 매수하는 작업을 하였으나, 매매대금의 차이로 60필지 중 10필지만을 매수하는 데 그쳤다. 갑은 위 10필지의 토지에 12층 규모 72세대의 아파트를 건축하기로 하고 주택법 제16조 제1항 및 주택법시행령 제15조 제1항의 규정에 의하여 관할 행정청인 을에게 주택건설사업계획승인신청을 하였다. 위 60필지 토지는 직사각형 모양의 단독주택단지이고 그 중 위 10필지는 전체 60필지 중 남서쪽 모퉁이에 위치하고 있으며, 위 10필지 외 다른 토지의 소유자들은 '60필지의 토지소유자 중 80% 이상의 동의로 아파트재개발사업을 추진하고 있는 상황에서 위 10필지에만 따로 아파트를 건설하는 것은 주위 환경과 여건에 맞지 않으므로 반대한다'는 취지의 의견서를 을에게 제출하였다. 이에 을은 갑에게 위 10필지 외 다른 토지의 소유자들과 충분히 협의할 것을 요청하였으나, 갑은 일부 토지소유자들의 과도한 요구로 협의가 결렬되었다면서 전체의 개발은 하지 않고 위 10필지만을 개발하겠다고 하였다. 그러나 법령에 명시적인 근거규정이 없음에도 을은 "60필지 중 위 10필지만을 개발하는 것은 도시 미관과 지역 여건을 고려하지 않은 불합리한 계획으로서 지역의 균형개발을 저해한다."라는 이유로 갑의 주택건설 사업계획승인 신청을 반려하는 처분을 하였다.

갑은 이 반려처분의 취소를 구하는 행정소송을 제기하였고, 이 행정소송에서 을은 "① 위 반려처분에는 아무런 하자가 없을 뿐만 아니라, ② 더욱이 위 60필지의 지역은 관계 법령에 의하여 5층 이상의 건축이 불가능한 제1종일반주거지역으로 지정되어 있으므로 이 점에서도 위 반려처분은 적법하다"라고 주장하였다. 을의 위와 같은 주장에 관하여 논평하시오. (30점)

[참조조문]

주택법

제16조(사업계획의 승인) ① 대통령령이 정하는 호수 이상의 주택건설사업을 시행하고자 하는 자 또는 대통령령이 정하는 면적 이상의 대지조성사업을 시행하고자 하는 자는 사업계획승인신청서에 주택과 부대시설 및 복리시설의 배치도, 대지조성공사설계도서 등 대통령령이 정하는 서류를 첨부하여 시·도지사(국가·대한주택공사 및 한국토지공사가 시행하는 경우와 대통령령이 정하는 경우에는 국토해양부장관을 말한다. 이하 이 조 및 제17조에서 같다)에게 제출하고 그 사업계획승인을 얻어야 한다. 다만, 주택외의 시설과 주택을 동일건축물로 건축하는 경우 등 대통령령이 정하는 경우에는 그러하지 아니하다.

②~⑦ 〈생략〉

주택법시행령

제15조(사업계획의 승인) ① 법 제16조 제1항 본문에서 "대통령령이 정하는 호수"라 함은 단독주택의 경우에는 20호, 공동주택의 경우에는 20세대를 말하며, "대통령령이 정하는 면적"이라 함은 1만제곱미터를 말한다.

②~⑤ 〈생략〉

Ⅰ. 주택건설사업계획승인처분의 법적 성질

1. 허가 또는 특허인지 여부

주택건설사업계획승인은 특정인에게 독점적인 권리를 설정해 주는 것으로 볼 수 없고, 건축의 자유나 영업의 자유를 회복시켜 주는 행위로 보아야 하기에 강학상 허가로 보아야 한다.

2. 재량행위인지 여부

㈎ ⓐ 효과재량설, ⓑ 종합설, ⓒ 기본권기준설 등이 대립한다.

㈏ 판례는 관련법령에 대한 종합적인 판단을 전제로 하면서, 효과재량설을 기준으로 활용하거나 공익성을 구별기준으로 들기도 한다.

㈐ 재량행위인지 여부가 주택법 제16조에 명시적으로 나타나 있지 않으며, 주택사업계획승인

처분은 갑에게는 수익적인 사업이고, 사업계획승인을 함에 있어 다른 토지소유자들과의 관계, 지역여건이나 도시미관등이 고려되어야 하기에 행정청의 재량행위로 보아야 한다.

㈑ 판례도 재량행위로 본다(대판 1997. 3. 14. 96누16698).

3. 소결

주택건설사업계획승인은 강학상 허가이고, 재량행위이다.

Ⅱ. 법령에 명시적 규정이 없음에도 지역의 균형개발저해 등의 공익적 사정으로 거부할 수 있는지 여부[7)]

1. 문제 상황

행정청이 갑의 주택사업계획승인신청을 거부하며 제시한 이유인 '지역의 균형개발저해'를 허가요건의 추가라고 본다면 법령에 명시적인 근거가 없기 때문에 법률유보원칙위반으로 위법한 거부처분이 될 것이다. 그러나 제시한 이유인 '지역의 균형개발저해'를 법률효과의 문제로 본다면 주택사업계획승인처분이 재량행위인지 여부에 따라 결과가 달라질 것이다.

2. 주택사업계획승인처분을 기속행위로 볼 경우

행정청 을은 갑의 주택사업계획승인신청이 법률요건을 구비하고 있다면 법률유보의 원칙상 명시적인 근거규정이 없이는 거부처분을 할 수 없다(대판 2006. 11. 9. 2006두1227). 따라서 설문의 사업계획승인거부처분은 위법하다.

7) 이호용, 고시계 2009/1, 제50회 사법시험 제2차 채점평, 225면. "수험상의 기술이라고 할 수 있는 것이지만 이 문제에서 주택건설사업계획승인을 기속행위라고 해 버리면 법령에 명시적인 근거규정이 없이 반려처분을 하는 것은 위법이기 때문에 더 이상 논의를 전개할 것이 별로 없다는 것을 눈치빠른 수험생들은 알아차릴 것이다."

3. 주택사업계획승인처분을 재량행위로 볼 경우

행정청 을은 갑의 주택사업계획승인신청이 법률요건을 구비하고 있다고 하더라도 공익적 사정으로 거부처분을 할 수 있다(대판 2003. 3. 28. 2002두12113). 다만 그러한 공익적 사정이라는 사유가 행정법의 일반원칙에 위반되지 않는 사유라야 한다.

4. 소결

설문의 주택사업계획승인처분은 재량행위이므로 갑의 주택사업계획승인신청이 법률요건을 구비하고 있다고 하더라도 '지역의 균형발전저해 등의 공익적 사정'으로 거부처분을 할 수 있다.

Ⅲ. 제1종일반주거지역이라는 처분사유의 추가·변경의 가능성

1. 문제 상황

행정청 을은 갑의 주택사업계획이 지역의 균형개발을 저해한다는 사유로 당초에 거부처분을 하였다가 갑이 행정소송을 제기하자 제1종일반주거지역으로 지정되어 있다는 사유를 제시하고 있기에 과연 소송계속 중 처분사유의 추가·변경이 가능한지가 문제된다.

2. 의의

당초 처분시에는 존재하였지만 처분사유로 제시되지 아니하였던 사실 및 법적 근거를 소송계속 중에 추가하거나 변경하는 것을 말한다.

3. 허용여부

(1) 학설

① 부정설, ② 긍정설, ③ 제한적인 범위 내에서 처분이유의 사후변경은 인정되어야 한다는 제한적 긍정설이 있다. 제한적 긍정설이 통설이다.

(2) 판례

처분청은 당초처분의 근거로 삼은 사유와 기본적 사실관계가 동일성이 있다고 인정되는 한도 내에서만 다른 사유를 추가하거나 변경할 수 있다고 본다(대판 1983. 10. 25. 83누396).

(3) 검토

분쟁의 일회적 해결이라는 요청 및 원고의 방어권보장과 신뢰보호의 요청의 조화라는 관점에서 제한적 긍정설이 타당하다.

4. 인정범위

(1) 객관적 범위

1) 기본적 사실관계의 동일성

기본적 사실관계의 동일성 유무는 처분사유를 법률적으로 평가하기 이전의 구체적인 사실관계에 착안하여 그 기초가 되는 사회적 사실관계의 동일성을 기준으로 하며(대판 2004. 11. 26. 2004두4482), 판단은 시간적·장소적 근접성, 행위 태양·결과 등의 제반사정을 종합적으로 고려한다.

2) 소송물의 동일성

소송물의 동일성을 해하지 않는 범위에서 처분사유의 추가·변경은 인정될 수 있다.

(2) 시간적 범위

1) 추가·변경의 가능시점

변론종결시까지만 허용된다.

2) 처분사유의 추가·변경과 위법성판단기준시

처분시기준설에 따르면 처분시의 사유만이 고려대상이므로 처분시의 사유 중 기본적 사실관계 동일성 있는 사유만 추가·변경이 가능하지만, 판결시기준설에 따르면 처분시 이후 판결시까지의 사유도 추가·변경이 가능하지만 제한적 긍정설에 따라 기본적 사실관계 동일성 있는 사유만 가능하다고 할 것이다.

5. 설문

㈎ 추가한 사유인 '제1종일반주거지역이라는 사유'는 처분시에 존재하던 사유이므로 처분시기준설에 따르더라도 시간적 범위는 문제가 없다.

㈏ 당초사유인 지역균형개발을 저해한다는 사유와 새로이 제시한 관계법령에 따라 건축이 불가능한 제1종일반주거지역이라는 사유는 취지가 공통되지 않을 뿐 아니라, 단지 근거법령만을 추가하거나 당초사유를 구체화하는 사유로 보기 어려워 별개의 사유로 보아야 한다. 즉 기본적 사실관계의 동일성을 인정하기 어렵다.[8]

㈐ 법원은 당초사유만을 근거로 위법성을 판단하여야 하기에 행정청 을의 주장은 정당하지 않다.

8) 이호용, 고시계 2009/1, 제50회 사법시험 제2차 채점평, 226면. "관할 행정청 을은 당초의 처분사유인 주민협조요청불응과 지역균형개발이라는 사유를 제시하였으나, 행정소송 제기 이후에 전의 사유와는 전혀 다른 차원의 문제인 법령위반의 사유를 추가한 것이어서 기본적 사실관계가 동일한 범위의 것이라고 할 수 없다. … '기본적 사실관계의 동일성을 유지하면서' 처분사유를 추가·변경한다는 것은 '단지 당초 처분사유를 보완하는 간접사실을 부가하여 주장'하는 데 그치는 정도임을 기억할 필요가 있다. 그 범위를 넘는 것이라면 새로운 처분이 되고 만다."

Q 사례

갑은 경상남도 김해시 1번지에 임대 목적의 다세대주택을 건축하기 위해 김해시장에게 건축허가를 신청하였고 그 후 건축공사를 완료하였다. 이에 갑은 건축법 제22조에 따른 사용승인신청을 하였고 시장은 사용승인서를 발부받았다.

(1) ① 그러나 그 후 갑이 건축법령에 따라 건축물대장의 작성(=생성)을 신청하였으나 시장은 동 주택의 이웃주민인 을이 제기한 갑의 건축허가에 대한 행정심판이 계속 중이라는 이유로 이를 거절하였다. 이에 갑이 취소소송을 제기하였다면 시장의 건축물대장작성신청거부는 항고소송의 대상이 되는가?

② 갑은 건축물대장작성신청거부처분취소소송에서 승소한 후 공장을 시작하였으나 영업이 곤란을 겪던 중 차라리 공장을 창고로 개조해 이를 임대하기로 결심하고 건축물대장상 용도를 공장시설에서 창고시설로 변경하는 건축물표시 변경신청을 하였다. 그러나 시장은 공장을 창고로 사용하는 것은 건축물의 안전에 문제가 있다는 이유로 이를 거부하였다. 건축물대장의 건축물용도변경신청거부처분은 항고소송의 대상이 되는 처분인가(판례의 신청권 논의는 제외한다)?

(2) 설문 (1)의 건축물대장작성신청거부가 항고소송의 대상적격이 인정됨을 전제로, 갑이 시장을 상대로 거부처분취소소송을 제기하자 시장은 당초 거부사유인 '이웃주민인 을이 제기한 갑의 건축허가에 대한 행정심판이 계속 중'이라는 이유를 '해당 토지가 경상남도의 화포천 유역 종합치수계획에 의하여 화포천 유역의 침수방지를 위한 저류지 부지에 포함되어 하천구역으로 지정·고시될 예정이어서 갑의 신청을 받아들일 수 없다'는 이유로 처분사유를 변경할 수 있는가?

(3) 갑이 김해시장으로부터 건축허가를 받아 다세대 주택을 건축하고 있던 중 국토해양부장관은 자연환경보존의 필요성이 있다는 이유로 김해시 1번지 일대를 자연환경보전지역으로 지정하였다. 그러자 시장은 더 이상의 건축은 심각한 환경침해를 야기할 수 있기 때문에 갑에 대한 건축허가를 취소하였다. 이에 갑이 막대한 손해를 입었다면 건축허가 취소는 위법한가?

[참조조문]

건축법

제19조(용도변경) ② 제22조에 따라 사용승인을 받은 건축물의 용도를 변경하려는 자는 다음 각 호의 구분에 따라 국토해양부령으로 정하는 바에 따라 특별자치도지사 또는 시장·군수·구청장의 허가를 받거나 신고를 하여야 한다.

③ 제4항에 따른 시설군 중 같은 시설군 안에서 용도를 변경하려는 자는 국토해양부령으로 정하는 바에 따라 특별자치도지사 또는 시장·군수·구청장에게 건축물대장 기재내용의 변경을 신청하여야 한다.

④ 시설군은 다음 각 호와 같고 각 시설군에 속하는 건축물의 세부 용도는 대통령령으로 정한다.

제22조(건축물의 사용승인) ① 건축주가 제11조·제14조 또는 제20조 제1항에 따라 허가를 받았거나 신고를 한 건축물의 건축공사를 완료[하나의 대지에 둘 이상의 건축물을 건축하는 경우 동(棟)별 공사를 완료한 경우를 포함한다]한 후 그 건축물을 사용하려면 제25조 제5항에 따라 공사감리자가 작성한 감리완료보고서(같은 조 제1항에 따른 공사감리자를 지정한 경우만 해당된다)와 국토해양부령으로 정하는 공사완료도서를 첨부하여 허가권자에게 사용승인을 신청하여야 한다.

② 허가권자는 제1항에 따른 사용승인신청을 받은 경우 국토해양부령으로 정하는 기간에 다음 각 호의 사항에 대한 검사를 실시하고, 검사에 합격된 건축물에 대하여는 사용승인서를 내주어야 한다.

제38조(건축물대장) ① 특별자치도지사 또는 시장·군수·구청장은 건축물의 소유·이용 상태를 확인하거나 건축정책의 기초 자료로 활용하기 위하여 다음 각 호의 어느 하나에 해당하면 건축물대장에 건축물과 그 대지의 현황을 적어서 보관하여야 한다.

1. 제22조 제2항에 따라 사용승인서를 내준 경우

건축법 시행령

제14조(용도변경) ⑤ 법 제19조 제4항 각 호의 시설군에 속하는 건축물의 용도는 다음 각 호와 같다.

2. 산업 등 시설군

나. 창고시설

다. 공장시설

건축물대장의 기재 및 관리 등에 관한 규칙

제1조(목적) 이 규칙은 「건축법」 제38조·제39조 및 동법 시행령 제25조에 따라 건축물대장의 서식·기재내용·기재절차·관리 및 등기촉탁의 절차 등에 관하여 필요한 사항을 규정함을 목적으로 한다.

제2조(용어의 정의) 이 규칙에서 사용하는 용어의 정의는 다음과 같다.

1. "생성"이라 함은 건축물이 신축·개축(전부를 개축하는 경우에 한한다)·재축·증축(기존 건축물과 별개의 동으로 증축한 것에 한한다) 등에 의하여 대지에 건축물의 건축공사가 완료된 후 건축물대장을 새로이 작성하는 것을 말한다.

제12조(건축물대장의 생성) ① 특별자치도지사 또는 시장·군수·구청장은 법 제22조 제2항에 따라 사용승인(다른 법령에 따라 사용승인으로 의제되는 준공검사·준공인가 등을 포함한다. 이하 같다)을 하는 때에는 사용승인된 내용에 따라 건축물대장을 생성하고, 법 제29조에 따른 공용건축물의 공사완료를 통보받은 때에는 영 제22조 제3항 및 「건축법 시행규칙」 제22조 제2항에 따라 제출된 서류에 따라 건축물대장을 생성하여야 한다.

---

(1) ① 그러나 그 후 갑이 건축법령에 따라 건축물대장의 작성(=생성)을 신청하였으나 시장은 동 주택의 이웃주민인 을이 제기한 갑의 건축허가에 대한 행정심판이 계속 중이라는 이유로 이를 거절하였다. 이에 갑이 취소소송을 제기하였다면 시장의 건축물대장작성신청거부는 항고소송의 대상이 되는가? ② 갑은 건축물대장작성신청거부처분취소소송에서 승소한 후 공장을 시작하였으나 영업이 곤란을 겪던 중 차라리 공장을 창고로 개조해 이를 임대하기로 결심하고 건축물대장상 용도를 공장시설에서 창고시설로 변경하는 건축물표시 변경신청을 하였다. 그러나 시장은 공장을 창고로 사용하는 것은 건축물의 안전에 문제가 있다는 이유로 이를 거부하였다. 건축물대장의 건축물용도변경신청거부처분은 항고소송의 대상이 되는 처분인가(판례의 신청권 논의는 제외한다)?

Ⅰ. 건축물대장작성신청거부 및 건축물용도변경신청거부가 항고소송의 대상인 처분인지 여부(설문(1))

1. 문제 상황

각종 공부에 내용을 작성·기재·변경하는 행위는 본래 사실행위이다. 그러나 그러한 행위가 당사자의 권리·의무에 영향을 미치는 일정한 법적 효과를 가지는 경우 준법률행위적 행정행위인 공증이 될 수 있다. 설문은 건축물대장작성신청거부와 건축물용도변경신청거부가 갑의 권리·의무에 영향을 미치는 효과를 가져 오는 법적 행위인지가 문제된다.

2. 공증의 의의, 확인과 구별

㈎ '공증'이란 특정의 사실·법률관계의 존재 여부를 공적으로 증명하여 공적 증거력을 부여하는 행위를 말한다. '확인'은 특정한 법률사실이나 법률관계에 관한 의문 또는 분쟁을 전제로 함에 대해, 공증은 의문이나 분쟁이 없음을 전제로 한다(다수 견해).

㈏ 설문의 건축물대장작성과 건축물용도를 변경하는 행위도 공증행위이지만 당사자의 권리·의무에 영향을 미치는 준법률행위적 행정행위로서의 공증행위인지(항고소송의 대상인 처분인지)가 문제된다.

3. 항고소송의 대상인 거부처분

(1) 문제점

행정소송법 제19조는 취소소송의 대상을 처분등으로 하면서, 동법 제2조 제1항 제1호는 '처분등'의 정의에 '공권력행사의 거부'를 포함하고 있어 행정청의 거부가 공권력행사의 신청에 대한 것이라면 취소소송의 대상이 되는 처분임은 의문이 없다. 그러나 대법원은 거부처분의 성립요건으로 법규상 또는 조리상의 신청권을 필요로 한다고 한다.

(2) 거부처분의 성립요건

1) 신청의 내용이 공권력 행사일 것

㈎ 행정청의 거부행위가 항고소송의 대상인 거부처분이 되기 위해서는 사인이 신청한 행위가 공권력의 행사(이에 준하는 행정작용)이어야 한다. 즉 사인의 처분 등의 신청에 대한 발령의 거부이어야 한다(설문은 처분만 문제된다).

㈏ 처분은 ⓐ 행정청(기능적 의미의 행정청을 말하며, 합의제기관과 행정소송법 제2조 제2항의 행정청(법령에 의하여 행정권한의 위임 또는 위탁을 받은 행정기관, 공공단체 및 그 기관 또는 사인)도 포함된다)이 하는 행

위로 ⓑ 구체적 사실에 대한 법집행행위(관련자가 개별적이고 규율대상이 구체적이어야 하며, 법의 집행행위라야 한다)이며 ⓒ 공권력행사(행정청이 공법에 근거하여 우월한 지위에서 일방적으로 행사하여야 한다)이거나 이에 준하는 행정작용(처분적 법규명령, 일반처분, 권력적 사실행위 등이 논의되고 있다)이어야 한다.

2) 거부로 인하여 국민의 권리나 법적 이익에 직접 영향을 미치는 것일 것

행정청의 거부로 인해 국민의 권리나 법적 이익(법률관계)에 직접적인 변동을 가져오는 행위이어야 한다. 즉, 법적 행위이어야 한다.

(3) 검토

항고소송의 대상인 거부처분이 되려면 신청의 내용이 처분이어야 하며, 그 거부로 인해 국민의 권리나 법적 이익(법률관계)에 직접적인 변동을 가져오는 법적 행위이어야 한다.

4. 건축물대장작성신청거부 및 건축물용도변경신청거부가 항고소송의 대상인 거부처분인지 여부

(1) 신청의 내용이 처분인지 여부

건축물대장작성과 건축물용도변경은 행정청인 시장이 하는 행위로, 수범자가 특정되고 구체적 사실에 대한 것이며, 건축법령에 따른 일방적 행위이므로 처분개념에는 해당한다.

(2) 거부로 국민의 권리나 법적 이익에 영향을 미치는지 여부

1) 문제점

준법률행위적 행정행위로서 공증행위는 실체적 권리관계에 변동을 가져오는, 즉 법적 효과를 가져오는 행위만을 말하지만, 각종 공적 장부에 대해서 공신력이 인정되지 않고 또한 공적 장부의 작성 및 등재행위나 변경행위에 있어서 담당공무원들의 실질적 심사권도 인정되고 있지 않는 등의 특수한 사정이 있는 행정작용이므로 작성이나 등재 등의 거부가 국민의 권리나 법적 이익에 영향을 미치는지가 문제된다.

2) 건축물대장작성신청 등의 거부가 국민의 권리나 법적 이익에 영향을 미치는지 여부

㈎ 종래 대법원은 공증행위 중 공적장부에 등재하거나 변경하는 행위는 행정사무집행의 편의와 사실 증명의 자료로 삼기 위한 목적이라는 이유로 처분성을 부정하여 왔다(자동차운전면허대장상 일정한 사항의 등재행위는 운전면허행정사무집행의 편의와 사실증명의 자료로 삼기 위한 것일 뿐 …이는 행정소송의 대상이 되는 독립한 행정처분으로 볼 수 없다(대판 1991. 9. 24. 91누1400)).

㈏ 그러나 헌법재판소가 지목변경신청거부행위를 항고소송의 대상인 거부처분으로 판단하자(지목은 토지에 대한 공법상의 규제, 공시지가의 산정, 손실보상가액의 산정 등 각종 토지행정의 기초로서 공법상의 법률관계에 법률상·사실상의 영향을 미치고 있으며, 토지소유자는 지목을 토대로 한 각종 토지행정으로 인하여 토지의 사용·수익·처분에 일정한 제한을 받게 되므로, 지목은 단순히 토지에 관한 사실적·경제적 이해관계에만 영향을 미치는 것이 아니라 토지의 사용·수익·처분을 내용으로 하는 토지소유권을 제대로 행사하기 위한 전제요건으로서 토지소유자의 실체적 권리관계에 밀접히 관련되어 있다고 할 것이다(헌재 1999. 6. 24. 97헌마315)), 대법원도 지목변경신청을 거부한 사건에서 지목은 토지소유자의 실체적 권리관계에 밀접하게 관련되어 있음을 이유로 항고소송의 대상이 되는 처분으로 보았다(지목은 토지에 대한 공법상의 규제, 개발부담금의 부과대상, 지방세의 과세대상, 공시지가의 산정, 손실보상가액의 산정 등 토지행정의 기초로서 공법상의 법률관계에 영향을 미치고, 토지소유자는 지목을 토대로 토지의 사용·수익·처분에 일정한 제한을 받게 되는 점 등을 고려하면, 지목은 토지소유권을 제대로 행사하기 위한 전제요건으로서 토지소유자의 실체적 권리관계에 밀접하게 관련되어 있으므로 지적공부 소관청의 지목변경신청 반려행위는 국민의 권리관계에 영향을 미치는 것으로서 항고소송의 대상이 되는 행정처분에 해당한다(대판(전원) 2004. 4. 22. 2003두9015)).

㈐ 또한 최근 대법원은 건축물대장 소관청의 용도변경신청거부행위(대판 2009. 1. 30. 2007두7277) 및 건축물대장 작성신청거부행위(대판 2009. 2. 12. 2007두17359)도 항고소송의 대상이 되는 처분으로 보았다.

3) 설문(판례)

㈎ ① 건축물대장은 건축물에 대한 공법상의 규제, 지방세의 과세대상, 손실보상가액의 산정 등 건축행정의 기초자료로서 공법상의 법률관계에 영향을 미칠 뿐만 아니라, 건축물에 관한 소

유권보존등기 또는 소유권이전등기를 신청하려면 이를 등기소에 제출하여야 하는 점 등을 종합해 보면, ② 건축물대장의 작성은 건축물의 소유권을 제대로 행사하기 위한 전제요건으로서 건축물 소유자의 실체적 권리관계에 밀접하게 관련되어 있으므로 건축물대장 소관청의 작성신청 반려행위는 국민의 권리관계에 영향을 미치는 것으로서 항고소송의 대상이 되는 행정처분에 해당한다.

(나) ① 건축물의 용도는 토지의 지목에 대응하는 것으로서 건물의 이용에 대한 공법상의 규제, 건축법상의 시정명령, 지방세 등의 과세대상 등 공법상 법률관계에 영향을 미치고, 건물소유자는 용도를 토대로 건물의 사용·수익·처분에 일정한 영향을 받게 되는 점 등을 고려해 보면, ② 건축물대장의 용도는 건축물의 소유권을 제대로 행사하기 위한 전제요건으로서 건축물 소유자의 실체적 권리관계에 밀접하게 관련되어 있으므로 건축물대장 소관청의 용도변경신청 거부행위는 국민의 권리관계에 영향을 미치는 것으로서 항고소송의 대상이 되는 행정처분에 해당한다.

(2) 설문 (1)의 건축물대장작성신청거부가 항고소송의 대상적격이 인정됨을 전제로, 갑이 시장을 상대로 거부처분취소소송을 제기하자 시장은 당초 거부사유인 '이웃주민인 을이 제기한 갑의 건축허가에 대한 행정심판이 계속 중'이라는 이유를 '해당 토지가 경상남도의 화포천 유역 종합치수계획에 의하여 화포천 유역의 침수방지를 위한 저류지 부지에 포함되어 하천구역으로 지정·고시될 예정이어서 갑의 신청을 받아들일 수 없다'는 이유로 처분사유를 변경할 수 있는가?

Ⅱ. 처분사유의 변경의 가능성(설문(2))

1. 문제 상황

시장이 갑의 신청을 거부하면서 제시한 당초 거부사유인 '이웃주민인 을이 제기한 갑의 건축허가에 대한 행정심판이 계속 중'이라는 이유를 거부처분취소소송 중 '해당 토지가 경상남도의 화포천 유역 종합치수계획에 의하여 화포천 유역의 침수방지를 위한 저류지 부지에 포함되어 하천구역으로 지정·고시될 예정이어서 갑의 신청을 받아들일 수 없다'는 다른 사유로 변경할 수 있는지의 문제이다. 이처럼 소송계속 중 실체적 적법성을 지지하기 위해 처분사유를 추가하거나 변경하는 것이 가능한지가 문제된다(설문에서는 변경).

2. 처분사유의 추가·변경의 의의

처분사유의 추가·변경이란 당초처분시에는 존재하였지만 처분사유로 제시되지 아니하였던 사실 및 법적 근거를 소송계속 중에 추가하거나 변경하는 것을 말한다.

3. 처분사유의 추가·변경의 허용여부

(1) 학설

① 긍정설(일회적인 분쟁해결이라는 소송경제적 측면을 강조하며 양당사자는 모든 사실상·법률상의 근거(사유)를 주장할 수 있다는 입장이다), ② 부정설(상대방의 신뢰보호를 강조하여 처분사유의 추가·변경을 부인하는 견해이다), ③ 제한적 긍정설(당초의 처분사유와 기본적 사실관계의 동일성이 인정되는 범위 내에서 제한적으로 인정된다는 견해이다)이 대립된다.

(2) 판례

대법원은 처분청은 당초처분의 근거로 삼은 사유와 기본적 사실관계가 동일성이 있다고 인정되는 한도 내에서만 다른 사유를 추가하거나 변경할 수 있다고 본다(대판 1983. 10. 25. 83누396)(제한적 긍정설).

(3) 검토

분쟁의 일회적 해결이라는 요청 및 원고의 방어권보장과 신뢰보호의 요청의 조화라는 관점에서 제한적 긍정설이 타당하다.

4. 처분사유의 추가·변경의 인정범위

(1) 시간적 범위

1) 추가·변경의 가능시점

처분사유의 추가·변경은 변론종결시까지만 허용된다.

2) 처분사유의 추가·변경과 위법성판단기준시

취소소송의 대상이 되는 처분의 기준시점과 관련하여 처분시기준설(통설, 판례)과 판결시기준설이 대립된다. ⓐ 처분시기준설에 따르면 처분시의 사유만이 고려대상이므로 처분시의 사유 중 기본적 사실관계 동일성 있는 사유만 추가·변경이 가능하지만, ⓑ 판결시기준설에 따르면 처분시 이후 판결시까지의 사유도 추가·변경이 가능하지만 기본적 사실관계 동일성 있는 사유만 가능하다고 할 것이다.

(2) 객관적 범위

1) 기본적 사실관계의 동일성

㈎ 판례는 기본적 사실관계의 동일성 유무는 처분사유를 법률적으로 평가하기 이전의 구체적인 사실에 착안하여 그 기초인 사회적 사실관계가 기본적인 점에서 동일한지 여부에 따라 결정된다고 한다(대판 2004. 11. 26. 2004두4482). 구체적으로 보면 그 판단은 시간적·장소적 근접성, 행위 태양·결과 등의 제반사정을 종합적으로 고려해야 한다(법원실무제요, 석호철).

㈏ 판례는 단순히 처분의 근거법령만을 추가·변경한다거나(대판 1987. 12. 8. 87누632), 당초의 처분사유를 구체화하는 경우(대판 1989. 7. 25. 88누11926)에는 기본적 사실관계의 동일성을 인정하고 있다.

2) 소송물의 동일성

취소소송의 소송물이 위법성 일반임을 고려할 때, 소송물의 동일성을 해하지 않는 범위에서 처분사유의 추가·변경은 인정될 수 있다. 만일 분쟁대상이 변경된다면 이는 처분사유의 추가·변경이 아니라 분쟁대상의 변경이기 때문이다.

5. 소결(판례)

㈎ 변경하려는 처분사유인 '경상남도의 화포천 유역 종합치수계획에 의하여 화포천 유역의 침수방지를 위한 저류지 부지에 포함되어 하천구역으로 지정·고시될 예정'이라는 사정은 처분시에 존재하던 사정이기에 시간적 범위는 문제되지 않는다.

㈏ '이웃주민인 을이 제기한 갑의 건축허가에 대한 행정심판이 계속 중'이라는 사유와 '해당 토지가 경상남도의 화포천 유역 종합치수계획에 의하여 화포천 유역의 침수방지를 위한 저류지 부지에 포함되어 하천구역으로 지정·고시될 예정이어서 갑의 신청을 받아들일 수 없다'는 사유는 행위 태양·결과 등을 고려할 때 기본적인 사실관계의 동일성이 인정되지 않는다. 따라서 시장은 처분사유를 변경할 수 없고, 수소법원은 당초사유만으로 거부처분의 위법성을 심리하여야 한다(대판 2009. 2. 12. 2007두17359).

---

(3) 갑이 김해시장으로부터 건축허가를 받아 다세대 주택을 건축하고 있던 중 국토해양부장관은 자연환경보존의 필요성이 있다는 이유로 김해시 1번지 일대를 자연환경보전지역으로 지정하였다. 그러자 시장은 더 이상의 건축은 심각한 환경침해를 야기할 수 있기 때문에 갑에 대한 건축허가를 취소하였다. 이에 갑은 막대한 손해를 입었다면 건축허가 취소는 위법한가?

Ⅲ. 건축허가의 취소의 위법성(설문(3))

1. 문제 상황

시장이 장관의 자연환경보전지역지정과 환경보존의 필요성을 이유로 갑의 건축허가를 취소하였던바 이는 사후적 사정에 의해 그 행위의 효력을 장래를 향해 소멸시키는 의사표시인 행정행위의 철회이다. 즉 이 철회로 인해 갑은 막대한 손해를 입었다면 건축허가의 취소(강학상 철회)가 위법한지가 문제된다. 즉, 수익적 행정행위의 철회의 위법성은 법적 근거가 필요한지(설문상 건축허가 취소에 대한 명문의 규정이 없기에), 그리고 철회의 사유에 해당하는지 및 행정법의 일반원칙에는 위반되지 않는지가 문제된다.

2. 건축허가 취소(철회)의 위법성

(1) 행정행위의 철회의 근거

1) 학설

a. 근거필요설

침익적인 행위의 철회는 수익적이므로 법률의 근거 없이도 가능하지만, 수익적 행위의 철회는 침익적이므로 헌법 제37조 제2항에 비추어 이 경우에는 법률의 근거가 필요하다고 하여 법치주의에 철저함을 기하는 견해이다.

b. 근거불요설

행정법규가 완벽하지 않은 상태에서 철회에 일일이 법률의 근거를 요한다고 하면 중대한 공익상의 요청이 있는 경우에도 철회할 수 없다는 결론이 나오는바, 이것은 합리적이지 못하기에 명시적 근거가 없어도 철회는 가능하다는 견해이다.

c. 제한적 긍정설

당사자에게 귀책사유가 있거나 사전에 철회권이 유보되어 있는 경우에는 당사자의 이해관계를 배려할 필요성이 크지 않으므로 법적 근거를 요하지 않으나, 새로운 사정의 발생으로 공익목적을 실현하기 위해 철회권이 행사되는 경우에는 공익실현과 더불어 당사자의 이해관계가 고려되어야 하기에 이 경우는 법적 근거가 필요하다는 견해이다.

2) 판례

판례는 「행정행위를 한 처분청은 비록 그 처분 당시에 그 행정처분에 별다른 하자가 없었고 또 그 처분 후에 이를 취소할 별도의 법적 근거가 없다 하더라도 원래의 처분을 존속시킬 필요가 없게 된 사정변경이 생겼거나 또는 중대한 공익상의 필요가 발생한 경우에는 그 효력을 상실케 하는 별개의 행정행위로 이를 취소할 수 있다(대판 1989. 4. 11. 88누4782)」고 판시하여 사정변경이 있거나 중대한 공익상의 필요가 있는 경우 법적 근거 없이도 철회할 수 있다고 본다.

3) 검토 및 소결

㈎ 행정법규의 불완전성·행정의 탄력성을 고려해야 하며, 행정행위의 권한을 부여하는 규정(수권규정)은 동시에 철회의 권한도 부여한 것으로 볼 수 있다는 점에서 철회에 법적 근거가 필요하지 않다는 견해가 타당하다(근거불요설, 판례).

㈏ 근거불요설에 따른다면 설문의 시장의 건축허가취소처분은 법적 근거라는 면에서는 일단 적법하다.

(2) 철회의 사유

㈎ 법적 근거 필요설에 따른다면 법령상의 사유가 철회사유가 될 터이지만, 법적 근거 불요설에 따른다고 하더라도 수익적 행정행위의 철회는 무제한적으로 가능한 것은 아니며, 일반적으로 ⓐ 철회권이 유보되어 있거나, ⓑ 상대방이 부담을 불이행하였거나, ⓒ 사실관계의 변화가 있거나, ⓓ 법적 상황의 변화가 있거나, ⓔ 기타 공익상 중대한 침해가 있는 경우에 철회가 인정된다.

㈏ 시장의 건축허가취소는 사실관계나 법적 상황의 변화에 해당한다. 따라서 철회의 사유에는 해당한다. 하지만 철회의 사유에 해당한다고 철회가 자유로운 것은 아니며, 행정법의 일반원칙에 따른 제한이 가해져야 한다.

(3) 철회권 행사의 제한

설문과 관련해서는 행정법의 일반원칙 중 신뢰보호원칙과 비례원칙을 살펴보아야 한다.

1) 신뢰보호원칙 위반여부

a. 의의·근거

행정청의 행위를 사인이 신뢰한 경우 보호가치 있는 신뢰라면 보호되어야 한다는 원칙을 말한다. 과거 논리적 근거로 여러 학설이 언급되었지만 현재는 법치국가의 구성부분인 법적 안정성을 근거로 인정한다.

b. 요건

i. 행정청의 선행조치

㈎ 신뢰의 대상이 되는 행위인 선행조치에는 법령·행정계획·행정행위·행정지도 등이 포함되며, 적극적인 것인가 소극적인 것인가 그리고 명시적인 행위인가 묵시적인 행위인가도 가리지 않는다. 무효가 아니라면 위법한 행위라도 상관없다.

㈏ 판례는 '공적인 견해표명'이라고 하며 이는 행정청의 선행조치를 의미하는 것으로 보여진다. 공적인 견해표명의 판단기준은 「반드시 행정조직상의 형식적인 권한분장에 구애될 것은 아니고 … 실질에 의하여 판단하여야 한다(대판 1997. 9. 12. 96누18380)」고 한다.

ii. 보호가치 있는 사인의 신뢰

사인에게 특별한 귀책사유가 있는 경우에는 보호가치 있는 사인의 신뢰라고 보기 어렵다. 판례는 귀책사유를 「행정청의 견해표명의 하자가 상대방 등 관계자의 사실은폐나 기타 사위의 방법에 의한 신청행위 등 부정행위에 기인한 것이거나 그러한 부정행위가 없다고 하더라도 하자가 있음을 알았거나 중대한 과실로 알지 못한 경우 등을 의미(대판 2002. 11. 8. 2001두1512)」한다고 본다.

iii. 사인의 처리

행정청의 선행조치를 믿은 것 외에도 사인의 처리가 있을 것이 요구된다. 그리고 사인의 처리는 적극적인 것 외에 소극적·묵시적인 것도 포함된다.

iv. 인과관계

v. 선행조치에 반하는 후행처분

c. 한계

신뢰보호의 원칙은 법적 안정성을 위한 것이지만, 법치국가원리의 또 하나의 내용인 행정의 법률적합성의 원리와 충돌되는 문제점을 갖는다. 결국 양자의 충돌은 법적 안정성(사익보호)과 법률적합성(공익상 요청)의 비교형량에 의해 문제를 해결해야 한다(동위설 또는 비교형량설).

d. 설문

㈎ 갑은 건축허가를 받았고, 특별히 부정한 행위나 고의·과실이 없고, 건축행위를 하던 중 건축허가가 취소되었기에 신뢰보호원칙의 요건은 구비하고 있다.

㈏ 그러나 장관에 의해 자연환경보전지역으로 지정되었고 갑의 건축이 심각한 환경 침해를 야기할 수 있다면 갑의 사익보다 공익적 필요성이 더 크다고 보아야 한다. 따라서 시장의 건축허가 취소는 신뢰보호원칙에 반하지 않는다.

2) 비례원칙 위반여부

a. 의의·내용

㈎ 행정목적을 실현하기 위한 구체적인 수단과 목적간에 적정한 비례관계가 있어야 한다는 원칙이다.

㈏ 비례원칙은 행정목적과 목적달성을 위해 동원되는 수단간에 객관적 관련성이 있어야 한다는 적합성의 원칙, 여러 적합한 수단 가운데 최소 침해를 가져오는 것이 선택되어야 한다는 필요성의 원칙(최소침해의 원칙), 행정목적달성을 위한 적합하고 필요한 수단이라고 하더라도 이러한 수단을 통해 달성하려는 공익과 수단으로 인한 사익침해가 합리적인 비례관계를 이루어야 한다는 상당성의 원칙(협의의 비례원칙)으로 이루어져 있으며, 이 3가지 원칙은 단계구조를 이룬다.

b. 설문

ⓐ 갑에 대한 건축허가 취소라는 수단은 환경보전의 필요성이라는 목적과 객관적 관련성을 인정할 수 있다. 그리고 ⓑ 더 이상의 건축이 심각한 환경침해를 야기하는 한 건축허가취소 외에 다른 경미한 수단만으로는 목적 달성을 할 수 없다. 따라서 최소침해원칙에도 반하지 않는다. ⓒ 장관에 의해 자연환경보전지역으로 지정되었고 갑의 건축이 심각한 환경 침해를 야기할 수 있다면 갑의 사익보다 공익적 필요성이 더 중대하기에 상당성의 원칙에도 반하지 않는다.

3. 설문

시장의 건축허가취소는 법적 근거나 한계(신뢰보호원칙, 비례원칙)의 측면 모두 적법하다.

‖제3절‖ 행정행위

|제6-10항| 행정행위의 하자, 폐지(취소 · 철회), 실효, 부관, 확약

판례 — 행정행위의 하자의 승계

대법원 2008. 8. 21. 선고 2007두13845 판결
【토지보상금】

표준지공시지가결정은 이를 기초로 한 수용재결 등과는 별개의 독립된 처분으로서 서로 독립하여 별개의 법률효과를 목적으로 하는 것이나, 표준지공시지가는 이를 인근 토지의 소유자나 기타 이해관계인에게 개별적으로 고지하도록 되어 있는 것이 아니어서 인근 토지의 소유자 등이 표준지공시지가결정 내용을 알고 있었다고 전제하기가 곤란할 뿐만 아니라 결정된 표준지공시지가가 공시될 당시 보상금 산정의 기준이 되는 표준지의 인근 토지를 함께 공시하는 것이 아니어서 인근 토지 소유자는 보상금 산정의 기준이 되는 표준지가 어느 토지인지를 알 수 없으므로(더욱이 표준지공시지가가 공시된 이후 자기 토지가 수용되리라는 것을 알 수도 없다) 인근 토지 소유자가 표준지의 공시지가가 확정되기 전에 이를 다투는 것은 불가능하다. 더욱이 장차 어떠한 수용재결 등 구체적인 불이익이 현실적으로 나타나게 되었을 경우에 비로소 권리구제의 길을 찾는 것이 우리 국민의 권리의식임을 감안하여 볼 때 인근 토지소유자 등으로 하여금 결정된 표준지공시지가를 기초로 하여 **장차 토지보상 등이 이루어질 것에 대비하여 항상 토지의 가격을 주시하고 표준지공시지가결정이 잘못된 경우 정해진 시정절차를 통하여 이를 시정하도록 요구하는 것은 부당하게 높은 주의의무를 지우는 것이라 아니할 수 없고**, 위법한 표준지공시지가결정에 대하여 그 정해진 시정절차를 통하여 시정하도록 요구하지 아니하였다는 이유로 위법한 표준지공시지가를 기초로 한 수용재결 등 후행 행정처분에서 표준지공시지가결정의 위법을 주장할 수 없도록 하는 것은 수인한도를 넘는 불이익을 강요하는 것으로서 국민의 재산권과 재판받을 권리를 보장한 헌법의 이념에도 부합하는 것이 아니라고 할 것이다. 따라서 표준지공시지가결정에 위법이 있는 경우에는 그 자체를 행정소송의 대상이 되는 행정처분으로 보아 그 위법여부를 다툴 수 있음은 물론, 수용보상금의 증액을 구하는 소송에서도 선행처분으로서 그 수용대상 토지 가격 산정의 기초가 된 비교표준지공시지가결정의 위법을 독립된 사유로 주장할 수 있다.

tip 대법원이 개별공시지가결정과 양도세부과처분간에 수인성의 원칙을 이유로 하자승계를 인정한 이후 같은 법리에 따라 하자승계를 인정한 중요한 판결이다. 따라서 앞으로 표준지공시지가결정과 관련된 후속처분은 수인성의 원칙에 따라 하자승계가 인정될 가능성이 매우 크다.

대상판결이 수인불가능성을 이유로 표준지공시지가결정과 수용재결간의 하자 승계를 인정한 근거를 정리하면, ① 표준지공시지가는 이를 인근 토지의 소유자나 기타 이해관계인에게 개별적으로 고지하도록 되어 있는 것이 아니어서 인근 토지의 소유자 등이 표준지공시지가결정 내용을 알고 있었다고 전제하기가 곤란할 뿐만 아니라(부동산 가격공시 및 감정평가에 관한 법률(이하 '부동산감정법') 제3조는 공시하도록 함), ② 표준지공시지가가 공시될 당시 보상금 산정의 기준이 되는 표준지의 인근 토지를 함께 공시하는 것이 아니어서 인근 토지 소유자는 보상금 산정의 기준이 되는 표준지가 어느 토지인지를 알 수 없으므로 인근 토지 소유자가 표준지의 공시지가가 확정되기 전에 이를 다투는 것은 불가능하며,[9] ③ 더욱이 표준지공시지가가 공시되었다고 자신의 토지가 수용되는 것은 아니므로 표준지공시지가결정시 자기 토지가 수용되리라는 것을 예상할 수 없으며, ④ 하자의 승계를 부정하면 토지소유자는 자신의 토지가 수용될 것에 대비하여 항상 표준지공시지가를 주시하여야 하기에 이는 당사자에게 부당하게 높은 주의의무를 지우는 것임을 근거로 한다.

9) 부동산감정법 제21조 제1항이 감정평가업자가 토지를 개별적으로 감정평가하는 경우 당해 토지와 유사한 이용가치를 지닌다고 인정되는 표준지의 공시지가를 기준으로 하여야 한다고 규정하고 있음을 볼 때 (표준지공시지가결정시가 아니라) 수용재결시 당해 토지의 표준지가 결정되는 것임을 주의해야 한다.

[관련판례] 대법원 1994. 1. 25. 선고 93누8542 판결
【양도소득세부과처분취소】

개별공시지가결정에 위법이 있는 경우에는 그 자체를 행정소송의 대상이 되는 행정처분으로 보아 그 위법여부를 다툴 수 있음은 물론, 이를 기초로 한 과세처분 등 행정처분의 취소를 구하는 행정소송에서도 선행처분인 개별공시지가결정의 위법을 독립된 위법사유로 주장할 수 있다.

기출 — 제52회 행정고시(일반행정)(2008년)

〈제1문〉

갑은 A구 구청장인 을에게 임야로 되어 있는 자신의 토지 위에 건축을 하기 위해 토지형질변경행위허가를 신청하였다. 이에 을은 당해 토지의 일부를 대지로 변경하고 그 나머지를 도로로 기부채납하는 것을 조건으로 토지형질변경행위를 허가하였다. 이에 따라 갑은 건물을 신축하였는데 신축건물이 기부채납 토지 부분을 침범하게 되자 을은 토지형질변경행위허가를 취소하고, 그 대신에 기부채납 토지부분을 감축하여 주면서 감축된 토지에 대한 감정가액을 납부하도록 하는 내용의 토지형질변경행위의 변경허가를 하였다. 그러나 갑은 감정가액을 납부하지 않고 준공검사를 마치지 못하는 사이에 예규로 설정된 사무처리기준이 변경되어 기부채납을 하도록 하는 의무가 면제되었다. 이에 갑은 금전납부의 부담을 없애 달라는 내용의 토지형질변경행위의 변경허가를 신청하였으나, 을은 갑이 금전납부의 부담을 이행하지 아니하고 준공검사를 마치지 않았다는 이유를 들어 갑의 신청을 반려하였다. (40점)

(1) 을의 토지형질변경행위허가 취소의 법적 성질에 대하여 설명하시오. (10점)

(2) 갑이 금전납부의 부담만을 위법으로 하여 행정소송을 제기할 수 있는지 검토하시오. (15점)

(3) 을의 반려행위에 대한 갑의 취소소송 제기가능성을 검토하시오. (15점)

(1) 을의 토지형질변경행위허가 취소의 법적 성질에 대하여 설명하시오. (10점)

Ⅰ. 토지형질변경허가취소의 법적 성질 (설문(1))

1. 명령적 행위인지 형성적 행위인지 여부

토지형질변경허가취소는 행정청의 의사표시에 따라 법률효과가 발생하는 법률행위적 행정행위이며, 토지형질변경허가가 강학상 허가로 명령적 행위라면 토지형질변경허가취소도 해제되었던 자유를 제한하는 명령적 행위이다.

2. 재량행위인지 여부

㈎ 재량행위와 기속행위의 구별기준에 대해 ⓐ 효과재량설, ⓑ 종합설, ⓒ 기본권기준설 등이 대립한다.

㈏ 판례는 관련법령에 대한 종합적인 판단을 전제로 하면서, 효과재량설을 기준으로 활용하거나 공익성을 구별기준으로 들기도 한다.

㈐ 갑의 신축건물이 기부채납하여야 할 토지부분을 침범하였다는 공익적 사정으로 구청장이 토지형질변경허가를 취소한 것이므로 재량행위로 보아야 한다.

3. 행정행위의 철회인지 여부

(1) 의의

유효한 행정행위를 사후적으로 발생한 사유에 의해 그 행위의 효력을 장래를 향해 소멸시키는 행정행위를 말한다.

(2) 유사개념과 구별

㈎ 직권취소는 행정행위가 성립 당시에 위법 또는 부당한 하자가 있음을 이유로 하여 소급 또는 장래에 소멸시키는 것을 말하지만, 철회는 성립 이후 후발적인 사정의 발생으로 장래를 향해 소멸시키는 행정행위이다.

㈏ 실효는 행정청의 의사와 관계없이 일정한 사실의 발생으로 행정행위가 소멸된다는 점에서 철회나 직권취소와 다르다.

(3) 설문

갑의 신축건물이 기부채납하여야 할 토지 부분을 침범하였다는 후발적 사정으로 토지형질변경허가를 취소하는 것이므로 강학상 행정행위의 철회에 해당한다.

---

(2) 갑이 금전납부의 부담만을 위법으로 하여 행정소송을 제기할 수 있는지 검토하시오. (15점)

Ⅱ. 금전납부부담의 행정소송 가능성 (설문(2))

1. 금전납부부담의 법적 성질

금전을 납부하지 않으면 형질변경허가의 효력을 인정하지 않겠다는 것이 행정청의 의사가 아니고 토지형질변경을 허가하면서 의무를 부담시키는 것이므로 부담이다.

2. 금전납부부담의 독립쟁송가능성

(1) 학설

1) 부담과 기타 부관을 구분하는 견해

㈎ 부담은 그 자체가 독립된 행정행위이므로 독립하여 쟁송의 대상이 되지만, 그 이외의 부관은 부관부행정행위 전체를 소의 대상으로 하여야 한다는 견해이다.

㈏ 부담은 진정일부취소소송이 가능하지만, 부담 이외의 부관은 부진정일부취소소송의 형태로 쟁송을 제기해야 한다.

2) 모든 부관이 독립쟁송가능하다는 견해

㈎ 부담이든 조건이든 가리지 않고 모든 부관에 대하여 독립하여 행정쟁송을 제기하는 것이 가능하다는 견해이다.

㈏ 부관에 대한 쟁송은 성질상 모두 부진정일부취소소송의 형태를 취해야 한다고 한다.

3) 분리가능성을 기준으로 하는 견해

㈎ 주된 행위와의 분리가능성을 갖는 부관이라면 처분성 인정여부와 무관하게 행정쟁송을 통하여 독자적으로 다툴 수 있다는 견해이다.

㈏ 주된 행정행위로부터 분리가능성이 없는 것은 전체 행정행위를 대상으로 쟁송을 제기해야 하고, 분리가능성이 인정되는 부관은 ⓐ 처분성을 갖는 것은 진정일부취소소송을, ⓑ 처분성이 인정되지 않는 부관의 경우에는 부진정일부취소소송을 제기해야 한다고 한다.

(2) 판례

㈎ 판례는 부담만은 독립쟁송이 가능하다는 입장이다(대판 1992. 1. 21. 91누1264).

㈏ 기타의 부관에 대해서는 독립쟁송이 불가능하고 따라서 부관부행정행위전체를 소의 대상으로 하든지 아니면 부관이 없는 처분으로의 변경을 청구한 다음 그것이 거부된 경우에 거부처분취소소송을 제기하여야 한다는 입장이다.

(3) 검토(판례)

부관의 독립쟁송가능성은 부관이 독립적으로 취소소송의 대상이 되는가의 문제이다. 따라서 처분성이 긍정되는 부담의 경우 부담만의 취소를 구하는 소송을 제기할 수 있다.

(4) 소결

설문의 금전납부부담은 부담이므로 부담만의 독립쟁송이 가능하다.

---

(3) 을의 반려행위에 대한 갑의 취소소송 제기가능성을 검토하시오. (15점)

Ⅲ. 구청장의 반려행위에 대한 취소소송 가능성(설문(3))

1. 소송요건 일반

㈎ 갑의 취소소송은 관할권 있는 법원에(행정소송법 제9조), 원고적격(동법 제12조)과 피고적격을 갖추어(동법 제13조), 처분 등을 대상으로(동법 제19조), 제소기간 내에(동법 제20조) 제기하고, 그 밖에 권리보호필요성 요건을 갖추고 있어야 한다.

㈏ 구청장의 거부행위에 대한 것이므로 대상적격(특히 신청권)과 원고적격이 문제된다.

2. 항고소송의 대상인 거부처분의 성립요건

(1) 신청의 내용이 공권력행사 등일 것

행정청의 거부가 항고소송의 대상인 거부처분이 되기 위해서는 신청한 행위가 공권력의 행사(이에 준하는 행정작용)이어야 한다.

(2) 거부로 인하여 국민의 권리나 법적 이익에 직접 영향을 미치는 것일 것

행정청의 거부로 인해 국민의 권리·법적 이익에 직접적인 변동을 가져오는 행위이어야 한다. 즉, 법적 행위이어야 한다.

(3) 신청권의 문제

대법원은 거부처분이 항고소송의 대상이 되기 위해서는 국민이 행정청에 대하여 그 신청에 따른 행정행위를 해줄 것을 요구할 수 있는 법규상 조리상의 권리가 있어야 한다는 입장이다(대판 1984. 10. 23. 84누227). 이에 대해 찬성하는 견해와 반대하는 견해가 대립된다. 원고적격으로 보는 견해가 타당하다.

(4) 설문

토지형질변경허가의 변경허가를 신청한 것은 구청장이 행하는 구체적 사실에 대한 법집행으로서 공권력행사를 신청한 것이고, 그에 대한 거부로 인하여 국민은 재산권, 건축의 자유 등에 제한을 받을 것이므로 구청장의 거부행위는 항고소송의 대상인 거부처분이다.

3. 원고적격

(1) 문제점(원고적격의 의의)

행정소송법 제12조 제1문은 "취소소송은 처분등의 취소를 구할 법률상 이익이 있는 자가 제기할 수 있다"고 하여 불확정개념으로 규정하고 있어 일반적 견해는 취소소송의 본질(기능)에 대한 논의를 통해 그 범위를 결정하고 있다.

(2) 취소소송의 본질과 법률상 이익의 의미

취소소송의 본질(기능)에 관해 ⓐ 권리구제설, ⓑ 법률상 보호이익설, ⓒ 보호가치 있는 이익설, ⓓ 적법성보장설이 있다. 행정소송법 제12조를 고려할 때 항고소송의 목적은 법적 이익의 구제이므로 법률상 보호이익설이 타당하다(통설, 판례).

(3) 법률상 이익에서 법률(법규)의 범위

㈎ 일반적인 견해는 당해 법률의 규정과 취지, 관련 법률의 규정과 취지 외에 기본권 규정도 고려해야 한다는 입장이다.

㈏ 판례는 기본적으로 당해 처분의 근거가 되는 법규가 보호하는 이익만을 법률상 이익으로 본다. 그러나 최근에는 근거법규 외에 관련 법규까지 고려하여 법률상 이익을 판단하고 있다. 다만, 헌법상의 기본권 및 기본원리를 법률상 이익의 해석에서 일반적으로 고려하지는 않는다.

(4) 소결

㈎ 국토의 계획 및 이용에 관한 법률[10] 제56조 제1항 제2호(① 다음 각 호의 어느 하나에 해당하는 행위로서 대통령령으로 정하는 행위를 하려는 자는 특별시장·광역시장·시장 또는 군수의 허가를 받아야 한다. 2. 토지의 형질 변경)는 토지형질변경허가에 대한 것을 규정하고 있으나 토지형질변경을 허가받은 후 이 허가를 다시 변경하는 것에 대한 신청(변경신청)이나 허가(변경허가)에 규정을 두고 있지 않아 원고적격이 부정될 것이다(물론 기본권 규정을 근거로 이를 긍정하는 견해도 가능하다).[11]

㈏ 판례도 「처분청이 처분 후에 원래의 처분을 그대로 존속시킬 필요가 없게 된 사정변경이 생겼거나 중대한 공익상의 필요가 발생한 경우에는 … 이를 철회·변경할 수 있지만 이는 그러한 철회·변경의 권한을 처분청에게 부여하는 데 그치는 것일 뿐 상대방 등에게 그 철회·변경을 요구할 신청권까지를 부여하는 것은 아니라 할 것(대판 1997. 9. 12. 96누6219)」이라고 하여 부정적이다.

4. 소결

을의 거부행위는 항고소송의 대상인 처분이나 갑에게 원고적격이 인정되지 않아 취소소송의 제기는 불가능할 것이다.

10) 출제당시는 도시계획법이었으나 법령의 내용은 큰 차이가 없기에 현행법에 따라 해설한다.

11) 토지형질변경허가거부에 대해 이를 다툴 법률상 이익을 인정한다면, 토지형질변경허가를 받은 후 사후적 사정이 발생한 경우 토지형질변경허가의 변경에 대한 거부를 다툴 법률상 이익도 긍정하자는 견해도 있다(정하중, 고시계, 2008/8, 48면).

Q 사례[1]

건설산업기본법상 영업정지 등의 처분권한자인 국토해양부장관은 그의 처분권한을 서울특별시장에게 위임하였고, 서울특별시장은 2006. 10. 8. 서울특별시행정권한위임조례가 정하는 바에 따라 이를 영등포구청장에게 재위임하였다. 영등포구청장은 2009. 7. 9. 서울특별시 난지도 관리사업소가 발주하는 난지도 주변 휀스설치공사에 관하여 주식회사 갑이 2008. 12. 8. 조달청과 공사도급 계약을 체결하고도 이를 A휀스실업주식회사에 일괄 하도급주었다는 이유로 건설산업기본법 제82조 제2항 제3호에 따라 갑에 대하여 2009. 7. 7.부터 같은 해 11. 6. 까지 4개월 동안 영업을 정지하는 처분을 하였다.

이에 대하여 주식회사 갑은 ① 동법 제82조 제2항에 따르면 영업정지 등의 처분권한자는 국토해양부장관이며 서울특별시장에게 권한을 위임할 수 있다는 개별법의 규정이 없고, ② 서울특별시는 서울특별시행정권한위임조례가 정하는 바에 따라 이를 영등포구청장에게 재위임하였으나 이 조례는 위법·무효이기 때문에 영등포구청장의 영업정지처분은 무권한자의 행위로 무효라고 주장하며 무효확인소송을 제기하였다.

(1) 갑의 영업정지처분무효확인소송에서 피고는?

(2) 갑은 영업정지처분무효확인소송을 제기하며 집행정지를 신청하였다면 인용가능성은?

(3) 갑의 영업정지처분무효확인소송의 인용가능성은(소송요건은 충족된 것으로 전제한다)?

(1) 갑의 영업정지처분무효확인소송에서 피고는?

Ⅰ. 영업정지처분무효확인소송의 피고적격 (설문(1))

1. 행정소송법 제13조 제1항 전단

행정소송법 제13조 제1항 전단은 다른 법률에 특별한 규정이 없는 한 취소소송에서는 그 처분 등을 행한 행정청이 피고가 된다고 규정한다(행정소송법 제38조 제1항). 여기서 '처분 등을 행한 행정청'이란 원칙적으로 소송의 대상인 행정처분 등을 외부적으로 그의 명의로 행한 행정청을 의미한다.

2. 행정권한의 (재)위임·위탁의 경우

행정권한의 위임·위탁이 있는 경우에는 현실적으로 처분을 한 수임청·수탁청이 피고가 된다. 행정소송법 제2조 제2항도 "이 법을 적용함에 있어서 행정청에는 법령에 의하여 행정권한의 위임 또는 위탁을 받은 행정기관, 공공단체 및 그 기관 또는 사인이 포함된다"고 규정하고 있다.

3. 소결

설문의 경우 국토해양부장관에게서 영등포구청장에게 재위임되었고 갑에게 영업정지처분을 발령한 자 또한 영등포구청장이므로 무효확인소송의 피고는 영등포구청장이 된다.

(2) 갑은 영업정지처분무효확인소송을 제기하며 집행정지를 신청하였다면 인용가능성은?

Ⅱ. 집행정지신청의 인용가능성(설문(2))

1. 영업정지처분무효확인소송에서 집행정지의 가능성

(가) 행정소송법 제23조 제2항 본문은 취소소송이 제기된 경우에 처분 등이나 그 집행 또는 절차의 속행으로 인하여 생길 회복하기 어려운 손

해를 예방하기 위하여 긴급한 필요가 있다고 인정할 때에는 법원이 집행정지결정을 할 수 있다고 규정하는데, 무효인 처분은 정지할 효력 등이 존재하지 않기에 무효확인소송에서 집행정지를 인정할 수 있는지가 문제된다.

(나) 그러나 무효확인소송도 항고소송의 성질을 갖고 있고, 무효인 처분이라 하더라도 무효여부는 본안판결이 나오기 전까지는 불확실하며, 본안판결 전에는 무효인 처분과 취소가능한 처분의 구별이 어렵다는 이유로 행정소송법 제38조 제1항은 무효확인소송에도 집행정지규정을 준용하고 있다.

(다) 따라서 무효확인소송에서도 요건만 충족한다면 집행정지가 가능하다.

2. 갑의 집행정지신청의 인용가능성

(1) 문제점

행정소송법은 집행부정지원칙을 채택하여, 취소소송을 제기하였다 하더라도 처분 등의 효력이나 그 집행 또는 절차의 속행에 영향을 주지 아니한다(행정소송법 제23조 제1항). 다만, 일정한 요건을 충족하는 경우 원고의 권리보호를 위해 처분의 효력정지 등을 인정하고 있다. 그러나 집행정지제도는 본안판결의 확정시까지 존속하는 임시적 구제제도이다.

(2) 집행정지의 요건

1) 적극적 요건

a. 본안이 계속 중일 것

민사소송법상의 가처분이 본안소송제기 전에 보전수단으로서 신청될 수 있는 것과는 달리 본안소송이 법원에 적법하게 제기되어 계속되어 있어야 한다.

b. 정지대상인 처분 등의 존재

집행정지를 위해서는 정지의 대상인 처분 등이 존재하여야 한다. 거부처분에 대해서는 부정설, 제한적 긍정설로 견해가 나누어진다. 그러나 판례는 부정한다.

c. 회복하기 어려운 손해발생의 우려

집행정지결정을 하기 위해서는 처분 등이나 그 집행 또는 절차의 속행으로 인하여 회복하기 어려운 손해가 발생할 우려가 있어야 한다. 여기서 '회복하기 어려운 손해'를 판례는 일반적으로 사회통념상 금전배상이나 원상회복이 불가능하거나, 금전배상으로는 사회통념상 당사자가 참고 견딜 수 없거나 참고 견디기가 현저히 곤란한 경우의 유형·무형의 손해를 말한다고 본다(대결 2004. 5. 17. 2004무6). 기업의 경우에는 사업 자체를 계속할 수 없거나 중대한 경영상의 위기가 있다면 회복하기 어려운 손해로 볼 수 있다는 판례(대결 2003. 4. 25. 2003무2)도 있다.

d. 긴급한 필요

이는 회복곤란한 손해가 발생할 가능성이 시간적으로 절박하여 손해를 피하기 위하여 본안판결을 기다릴 여유가 없는 것을 말한다.

2) 소극적 요건

a. 공공복리에 중대한 영향이 없을 것

행정소송법 제23조 제3항에서 집행정지의 요건으로 규정하고 있는 '공공복리에 중대한 영향을 미칠 우려'가 없을 것이라고 할 때의 '공공복리'는 그 처분의 집행과 관련된 구체적이고도 개별적인 공익을 말하는 것으로서 이러한 집행정지의 소극적 요건에 대한 주장·소명책임은 행정청에게 있다(대결 1999. 12. 20. 99무42).

b. 본안에 이유 없음이 명백하지 아니할 것

행정처분 자체의 위법여부는 집행정지여부를 결정함에 요구되는 요건은 아니다. 그러나 ① 본안에 이유 없음이 명백하다면 집행을 정지할 이유가 없어 판례는 이를 소극적 요건으로 본다(본안소송에서 처분의 취소가능성이 없음에도 처분의 효력이나 집행의 정지를 인정한다는 것은 제도의 취지에 반하므로 효력정지나 집행정지사건 자체에 의하여도 신청인의 본안청구가 이유 없음이 명백하지 않아야 한다는 것도 효력정지나 집행정지의 요건에 포함시켜야 한다(대결 1997. 4. 28. 96두75)). 다만 ② 학설은 집행정지요건이 아니라는 견해, 집행정지의 소극적 요건이라는 견해, 집행정지의 적극적 요건이라는 견해가 대립한다. ③ 본안에서 처분의 취소가능성이 명백히 없다면 처분의 집행정지를 인정한 취지에 반하므로 소극적 요건이라는 견해가 타당하다.

(3) 설문

(가) 집행정지의 다른 요건들은 크게 문제되지

않으나 다수설과 판례는 '회복하기 어려운 손해'를 금전보상으로는 참고 견디기 현저히 곤란한 손해로 보고 있어 문제된다. 설문의 경우 영업정지처분으로 인해 주식회사 갑이 입은 손해는 건설영업을 계속할 수 없다는 것인데 이는 특별한 사정(판례가 인정하고 있는 사업 자체를 계속할 수 없거나 중대한 경영상의 위기를 맞게 될 사정)이 없는 한 금전보상이 가능한 손해이므로 행정소송법 제23조 제2항의 규정에 의한 회복할 수 없는 손해에 해당한다고 보기 어렵다.

(나) 또한 손해의 발생이 시간적으로 절박하여 손해를 회피하기 위해 본안판결을 기다릴 여유가 없는 경우에 해당하기 어려워 '긴급한 필요'요건도 충족되기 어렵다.

3. 소결

무효확인소송에서도 요건만 충족한다면 집행정지가 가능하지만, 갑은 행정소송법 제23조의 집행정지요건을 충족하고 있지 않아 집행정지신청은 인용되기 어려울 것이다.

(3) 갑의 영업정지처분무효확인소송의 인용가능성은(소송요건은 충족된 것으로 전제한다)?

Ⅲ. 영업정지처분무효확인소송의 인용가능성(설문(3))

1. 국토해양부장관이 서울특별시장에게 영업정지처분권을 위임할 수 있는지 여부

(1) 행정권한의 위임의 의의

설문에서 영업정지처분권이 국토해양부장관에게서 영등포구청장에게 (재)위임된 것은 행정권한의 위임이다. '행정권한의 위임'이란 행정관청이 자기에게 주어진 권한을 스스로 행사하지 않고 법령에 근거하여 타자(수임청)에게 사무처리권한의 일부를 실질적으로 이전하여 수임청의 이름과 권한과 책임으로 특정의 사무를 처리하게 하는 것을 말한다. 즉, 위임입법에 의해 그 권한이 이전됨을 의미한다.

(2) 위임의 법적 근거

1) 법적 근거의 필요성

행정권한의 위임으로 수임청에게 권한이 이전되는 것은 아니지만, 행정권한의 실질적인 이전이 일어나 법적 지위가 상이한 수임청으로 하여금 새로운 책임과 의무를 부담시키므로 권한의 위임과 재위임은 법적 근거를 요한다는 것이 판례와 일반적인 견해이다.

2) 법적 근거의 내용

법적 근거로 개별법에 규정된 경우도 있지만, 개별법에 근거규정이 없는 경우 정부조직법 제6조와 이에 근거한 행정권한의 위임 및 위탁에 관한 규정이 위임과 재위임의 일반적 근거규정이 되는지 여부에 관해 학설·판례가 대립된다.

a. 학설

i. 긍정설

행정조직에 관한 것은 국민의 권리 또는 의무에 직접적으로 관련이 없어 포괄적인 위임도 가능하며, 동 법령에 따라 중앙행정기관의 권한이 지방에 이전될 수 있는 장점이 있다고 한다.

ii. 부정설

동 법령들은 권한의 위임이나 재위임이 가능하다는 일반원칙을 규정한 것에 불과하므로 권한위임의 근거가 되는 규정으로 볼 수 없고, 또한 동 규정을 위임에 관한 일반규정으로 보면 행정권한법정주의에 위반되는 위헌·위법인 규정이 되며, 사인의 입장에서도 권한의 소재파악이 어려우므로 부정함이 타당하다고 보는 견해이다

b. 판례

판례도 긍정적이다(정부조직법 제5조(현행 제6조) 제1항은 법문상 권한의 위임 및 재위임의 근거규정임이 명백하…다(대판 1990. 2. 27. 89누5287)).

(3) 검토(판례) 및 설문

긍정설에 따르면 개별법에 명문규정이 없더라도 정부조직법 제6조와 행정권한의 위임 및 위탁에 관한 규정 제3조가 일반적 근거규정이 되므로 국토해양부장관이 서울특별시장에게로 위임하는 것은 일단 적법하다.

2. 서울특별시장이 조례로 처분권을 영등포 구청장에게 재위임할 수 있는지 여부

(1) 서울특별시장이 조례로 재위임할 수 있는지 여부(임탁정 제4조 위반여부)

㈎ 행정권한의 위임 및 위탁에 관한 규정 제4조(특별시장·광역시장·도지사 또는 특별자치도지사(특별시·광역시·도 또는 특별자치도의 교육감을 포함한다)나 시장·군수 또는 구청장(자치구의 구청장을 말한다. 이하 같다)은 행정의 능률향상과 주민의 편의를 위하여 필요하다고 인정되는 때에는 수임사무의 일부를 그 위임기관의 장의 승인을 얻어 규칙이 정하는 바에 따라 시장·군수·구청장(교육장을 포함한다) 또는 읍·면·동장 기타 소속기관의 장에게 다시 위임할 수 있다)는 지방자치단체장이 국가 등으로부터 위임받은 사무를 재위임할 수 있음을 규정하고 있다.

㈏ 설문의 경우 서울특별시장이 영등포구청장에게 재위임을 하는 것은 문제가 없으나, 행정권한의 위임 및 위탁에 관한 규정 제4조에 따르면 '규칙'으로 위임하도록 규정하고 있는바 설문에서는 조례로 위임하였기 때문에 위법한 조례가 된다.

(2) 기관위임사무에 대한 조례제정가능성(지방자치법 제22조·제9조 위반여부)

1) 건설업영업정지 등에 관한 사무의 성질

건설업영업정지 등에 관한 사무의 성질을 어떻게 보는지에 따라 위임의 형식에 차이가 생긴다. 법문상 영업정지처분권한이 국토해양부장관에게 권한 배분되어 있는바 자치사무는 아니므로 단체위임사무인지 기관위임사무인지가 문제된다.

2) 영업정지사무의 성질

국토해양부장관에서 서울특별시장에게로 위임되었기에 서울특별시장이 수임자이고 따라서 기관위임사무이다.

3) 조례제정 대상인 사무

지방자치법 제22조는 "지방자치단체는 그 사무에 관하여 조례를 제정할 수 있다"고 규정하고 있고, 여기에서의 '그 사무'라 함은 지방자치법 제9조에서 규정하고 있는 '그 관할구역의 사무'인 자치사무와 '법령에 의하여 지방자치단체에 속하는 사무'인 단체위임사무를 의미한다. 결국은 조례제정대상인 사무는 자치사무와 단체위임사무이고 기관위임사무는 제외되므로, 기관위임사무를 조례로 제정하면 위법한 조례가 된다.

4) 검토

서울특별시행정권한위임조례는 조례제정권의 범위를 벗어난 국가사무(기관위임사무)를 대상으로 한 것이어서 위법하고 따라서 동 조례 규정은 무효이다.

(3) 설문

영등포구청장은 무효인 서울특별시행정권한위임조례에 근거하여 영업정지처분을 발령하였기에 주식회사 갑에 발령된 처분은 위법한 처분이 된다. 다만 갑은 처분의 무효확인을 구하고 있으므로 동 처분의 하자가 무효인지 단순위법사유인지가 문제된다.

3. 무효인 조례에 근거한 영업정지처분의 효력

(1) 무효와 취소의 구별기준

1) 학설

ⓐ 행정행위의 하자가 중대하고도 명백한 경우에 한하여 행정행위가 무효이며 그러하지 않은 경우에는 취소사유라는 중대명백설, ⓑ 중대한 하자를 가진 처분은 무효이지만 제3자나 공공의 신뢰보호의 필요가 있는 경우에는 명백성을 추가적으로 요구하는 명백성보충요건설, ⓒ 구체적 사안마다 권리구제의 요청과 행정의 법적 안정성을 이익형량하여 무효와 취소를 구별하여야 한다는 구체적 가치형량설이 대립된다.

2) 판례

㈎ 대법원은 하자있는 행정처분이 당연무효이기 위해서는 그 하자가 법규의 중요한 부분을 위반한 중대한 것이고 일반인의 관점에서도 외관상 명백한 것이어야 하며, 그러하지 아니한 경우(중대하지만 명백하지 않거나 명백하지만 중대하지 않은 경우)에는 취소사유에 불과하다고 하여 중대명백설을 취한다. 대법원의 소수견해는 명백성보충요건설을 취한 바도 있다(영등포구청장의 난지도펜스공사와 관련된 건설업영업정지처분무효확인(대판(전원) 1995. 7. 11. 94누4615) 사건에서).

(나) 헌법재판소는 원칙적으로 중대명백설의 입장이나, 행정처분의 효력이 쟁송기간 경과 후에도 존속 중이며 행정처분을 무효로 하더라도 법적 안정성을 크게 해치지 않는 반면에 그 하자가 중대하여 그 구제가 필요한 경우에는 중대한 하자만으로 무효가 된다는 예외적인 판례(헌재 1994. 6. 30. 92헌바23)도 있다.

3) 검토

행정행위가 위법함에도 법적 안정성(신뢰보호의 원칙)을 근거로 일단 유효성을 인정하고 있지만, 그 행정행위의 하자가 중대하고도 명백한 경우 그 행위의 효력을 인정하는 것은 법률적합성의 원칙에 반하므로 이 경우 효력을 부정해야 한다는 점에서 중대명백설이 타당하다.

(2) 설문(중대명백설)[12]

조례 제정권의 범위를 벗어나 국가사무를 대상으로 한 무효인 서울특별시행정권한위임조례의 규정에 근거하여 구청장이 건설업영업정지처분을 한 경우, 그 처분은 결과적으로 적법한 위임 없이 권한 없는 자에 의하여 행하여진 것과 마찬가지가 되어 그 하자가 중대하나, 지방자치단체의 사무에 관한 조례와 규칙은 조례가 보다 상위규범이라고 할 수 있고, 또한 헌법 제107조 제2항의 '규칙'에는 지방자치단체의 조례와 규칙이 모두 포함되는 등 이른바 규칙의 개념이 경우에 따라 상이하게 해석되는 점 등에 비추어 보면 위 처분의 위임 과정의 하자가 객관적으로 명백한 것이라고 할 수 없으므로 이로 인한 하자는 결국 당연무효사유는 아니라고 볼 것이다.

4. 소결

주식회사 갑은 영업정지처분무효확인을 구하고 있으므로 중대명백설에 따른다면 취소할 수 있는 행위를 무효확인소송으로 다투는 경우이므로, 법원은 무효가 아니면 취소라도 구하는 취지인지를 석명하여 무효확인만을 구하는 것이 명백한 것이 아니라면 취소소송으로 소의 변경을 하도록 한 후 취소의 판결을 하여야 한다(단, 취소소송의 소송요건은 갖추고 있어야 한다). 만일 소의 변경이 이루어지지 않는다면 기각판결이 내려질 것이다.

---

12) 대법원 소수견해인 명백성보충요건설에 따른다면 구청장의 건설업영업정지처분은 그 상대방으로 하여금 적극적으로 어떠한 행위를 할 수 있도록 금지를 해제하거나 권능을 부여하는 것이 아니라 소극적으로 허가된 행위를 할 수 없도록 금지 내지 정지함에 그치고 있어 그 처분의 존재를 신뢰하는 제3자의 보호나 행정법 질서에 대한 공공의 신뢰를 고려할 필요가 크지 않다는 점, 처분권한의 위임에 관한 조례가 무효이어서 결국 처분청에게 권한이 없다는 것은 극히 중대한 하자에 해당하는 것으로 보아야 할 것이라는 점을 고려할 때 건설업영업정지처분은 그 처분의 성질이나 하자의 중대성에 비추어 그 하자가 외관상 명백하지 않더라도 당연무효라고 보아야 한다.

Q 사례[2]

〈제1문〉

감사실장은 지방공무원인 갑의 공문서변조행위를 적발한 후 형사처벌될 가능성이 있으며 관련자 및 지휘감독자들도 징계 및 민·형사상의 불이익처분을 받을 수 있음을 알리고 사직원제출을 강요하였다. 이에 갑은 공포심을 느껴 사직원을 제출하였고 의원면직되었다. 의원면직처분은 위법한가?

[참조조문]
민법
제110조(사기, 강박에 의한 의사표시) ① 사기나 강박에 의한 의사표시는 취소할 수 있다.

Ⅰ. 문제 상황

갑의 사직원 제출의 법적 성격은 사인의 공법행위이다. 설문은 감사실장의 강박에 기해 갑이 사인의 공법행위를 하였고, 그에 근거하여 의원면직처분이 발령되었기 때문에 사인의 공법행위의 하자(강박에 의한 사직원제출의 의사표시)가 행정행위(의원면직처분)에 어떤 영향을 미치는지가 문제된다.

Ⅱ. 사인의 공법행위의 하자와 행정행위의 위법성

1. 학설

(1) 제1설(무효·유효설)

ⓐ 사인의 공법행위가 행정행위의 발령의 단순한 동기에 불과한 경우에 사인의 공법행위의 흠결은 행정행위의 효력에 영향을 미치지 않지만, ⓑ 사인의 공법행위가 행정행위의 발령의 필수적인 전제요건인 경우에는 ㈀ 사인의 공법행위의 무효 또는 적법한 철회에 따른 행정행위는 무효이며, ㈁ 사인의 공법행위에 단순한 위법사유가 있을 때에는 행정행위는 원칙적으로 유효라고 한다(다수견해).

(2) 제2설(원칙상 취소설)

사인의 공법행위에 흠이 있는 때에는 그에 의한 행정행위는 원칙상 취소할 수 있는 행정행위라고 보아야 한다는 견해이다. 다만, 법이 개별적으로 상대방의 동의를 행정행위의 효력발생요건으로 정하고 있는 경우(공무원의 임명 등)에 그에 동의하지 않은 경우, 행정행위가 공문서의 교부를 통하여 행해지는데 상대방이 그의 수령을 거부하는 경우, '신청을 요하는 행정행위'에 있어 신청의 결여가 명백한 경우에는 예외로서 무효로 본다.

(3) 제3설(무효·취소사유설)

사인의 공법행위의 흠결이 중대하고 명백한 경우 그에 따른 행정행위는 무효이고, 중대·명백한 흠결에 이르지 않는 경우에는 행정행위는 취소할 수 있는 행위라는 견해이다.

2. 판례

대법원은 하자 있는 사인의 공법행위에 따른 행정행위의 효력에 대한 일반적인 입장은 없고, 개개의 사안별로 해결하고 있다(하명호). 즉, ⓐ 강박에 의한 의사표시에 이르지 않은 경우는 행정행위에 영향이 없지만(사직서의 제출이 감사기관이나 상급관청 등의 강박에 의한 경우에는 그 정도가 의사결정의 자유를 박탈할 정도에 이른 것이라면 그 의사표시가 무효로 될 것이고 그렇지 않고 의사결정의 자유를 제한하는 정도에 그친 경우라면 그 성질에 반하지 아니하는 한 의사표시에 관한 민법 제110조의 규정을 준용하여 그 효력을 따져보아야 할 것이나, … 강경한 태도를 취하였다고 할지라도 그 취지가 단지 비리에 따른 객관적 상황을 고지하면서 사직을 권고·종용한 것에 지나지 않고 위 공무원이 그 비리로 인하여 징계파면이 될 경우 퇴직금 지급상의 불이익을 당하게 될 것 등 여러 사정을 고려하여 사직서를 제출한 경우라면 그 의사결정이 의원면직처분의 효력에 영향을 미칠 하자가 있었다고는 볼 수 없다(대판 1997. 12. 12. 97누13962)), ⓑ 공포심에 따른 사직서의 교부에 따른 면직처분은 위법하다(조사기관에 소환당하여 구타당하리라는 공포심에서 조사관의 요구를 거절치 못하고 작성교부한 사직서라면 이를 본인의 진정한 의사에 의하여 작성한 것이라 할 수 없으므로 그 사직원에 따른

면직처분은 위법이다(대판 1968. 3. 19. 67누164))고 한다.

Ⅲ. 검토 및 소결

(가) 사인의 공법행위에 단순한 위법사유가 있다고 하더라도 취소되지 않는 한 사직원의 제출은 유효하게 존재하는 것이므로 행정행위는 유효라는 제1설이 타당하다. 제1설에 따르면 설문의 강박에 의한 사직원의 제출은 단순위법사유에 불과하기에 갑이 자신의 의원면직처분의 신청을 취소하지 않는 한 의원면직처분은 유효하다.

(나) 다만, 제2설에 따르면 설문은 예외사유에 해당하지 않아 의원면직처분은 원칙상 취소사유에 해당한다. 그리고 제3설에 따르면 의원면직처분의 신청(사직원의 제출)에 중대명백한 하자가 있다고 보기는 어려워 의원면직처분은 취소할 수 있는 행위로 볼 것이다(결론은 논자에 따라 달라질 수 있다).

〈제2문〉

관악구 신림동에 거주하는 을 등은 A고시식당에서 먹은 불결한 음식으로 인해 몇 번 병원에 입원한 적이 있어 식품위생법 제16조 제1항에 따라 식품의약품안전청장에게 A고시식당에 대한 위생검사를 요청하였다. 이에 식품의약품안전청소속 공무원은 A고시식당에 출입하여 검사에 필요한 식품 등을 수거하였다(그러나 그 과정에서 공무원들은 권한을 표시하는 증표를 관계인에게 보이지도 휴대하지도 않았다). 그 후 이를 검사하였고 해당 식품이 식품위생기준에 맞지 않음이 발견되자 식품의약품안전청장은 A고시식당 영업주 갑에게 시정명령을 발하였다. 식품의약품안전청장의 시정명령은 적법한가?

[참조조문]

식품위생법

제16조(소비자의 위생검사 등 요청) ① 식품의약품안전청장은 대통령령으로 정하는 일정 수 이상의 소비자 또는 소비자단체가 식품등 또는 영업시설 등에 대하여 제22조에 따른 출입·검사·수거 등(이하 이 조에서 "위생검사등"이라 한다)을 요청하는 경우에는 이에 따라야 한다.

제22조(출입·검사·수거 등) ① 식품의약품안전청장(대통령령으로 정하는 그 소속 기관의 장을 포함한다. 이하 이 조에서 같다), 특별시장·광역시장·도지사·특별자치도지사(이하 "시·도지사"라 한다) 또는 시장·군수·구청장(자치구의 구청장을 말한다. 이하 같다)은 식품등의 위해방지·위생관리와 영업질서의 유지를 위하여 필요하면 다음 각 호의 구분에 따른 조치를 할 수 있다.

2. 관계 공무원으로 하여금 다음 각 목에 해당하는 출입·검사·수거 등의 조치

③ 제1항 및 제2항의 경우에 출입·검사·수거 또는 열람하려는 공무원은 그 권한을 표시하는 증표를 지니고 이를 관계인에게 내보여야 한다.

제71조(시정명령) ① 식품의약품안전청장, 시·도지사 또는 시장·군수·구청장은 제3조에 따른 식품등의 위생적 취급에 관한 기준에 맞지 아니하게 영업하는 자와 이 법을 지키지 아니하는 자에게는 필요한 시정을 명하여야 한다.

Ⅰ. 문제 상황

행정조사는 필요한 정보나 자료수집을 위한 준비작용으로 조사 그 자체를 목적으로 한다. 따라서 행정조사작용은 행정결정에 선행하는 전제요건이 아님이 일반적이다(행정절차와의 차이점). 그러나 행정조사를 하는 과정에서 절차법적 한계를 준수하지 못했거나 비례원칙에 위반되는 위법한 조사가 있었고 그에 근거하여 행정결정(설문에서는 시정명령)이 이루어진 경우 그 행정결정이 위법한지가 문제된다. 다만, 행정조사로 수집된 정보가 정당한 것이 아님에도 그러한 사실에 기초하여 침익적인 행정행위가 발령된다면 이는 위법한 처분이다.

Ⅱ. 행정조사의 위법이 행정행위에 영향을 미치는지 여부

1. 학설

ⓐ 행정조사가 법령에서 특히 행정행위의 전제요건으로 규정하고 있는 경우를 제외하고 행정조사와 행정행위는 일응 별개의 제도이므로 행정조사의 위법이 바로 행정행위를 위법하게 만들지는 않는다는 견해(소극설), ⓑ 법령에서 행정조사를 행정행위의 전제요건으로 하고 있는 경우 외에는 별개·독자적 제도이지만, 양자는 하나의 과정을 구성하고 있으므로 적정절차의 관점에서 행정조사에 중대한 위법사유가 있다면 행정행위도 위법하다는 견해(절충설)(다수견해), ⓒ 행정조사에 의해 수집된 정보가 행정결정을 위한 정보수집을 위한 것이라면 행정조사의 하자는 행정결정의 절차상의 하자라는 견해(절차하자설), ⓓ 행정조사가 어떠한 행정결정에 필수적으로 요구되는 것은 아니고 단지 예비적인 작용이라 하여도 원칙적으로 위법은 승계된다는 견해(적극설)로 나누어진다.

2. 판례

명시적인 판례의 입장은 없다.

3. 검토

행정조사가 어떠한 행정결정에 필수적으로 요구되는 것은 아니고 단지 예비적인 작용이라 하여도 원칙적으로 위법은 승계된다는 견해가 타당하다.

Ⅲ. 소결

식품위생법 제71조 제1항은 "식품의약품안전청장, 시·도지사 또는 시장·군수·구청장은 제3조에 따른 식품 등의 위생적 취급에 관한 기준에 맞지 아니하게 영업하는 자와 이 법을 지키지 아니하는 자에게는 필요한 시정을 명하여야 한다"고 하여 기속적으로 규정되어 있지만 설문의 시정명령은 식품위생법 제22조 제3항에 위반되는 위법한 조사작용에 근거한 것이므로 위법하다.

〈제3문〉

을은 환경영향평가의 대상이 되는 택지개발촉진법상의 택지개발사업을 하기로 결정하였다. 그리하여 환경영향평가법령에 따라 환경영향평가서 초안을 작성하여 주민의견수렴절차를 거쳐 제시된 주민의 의견을 반영하여 환경영향평가서를 작성하고 택지개발사업실시계획승인신청서와 함께 사업계획승인기관인 건설교통부장관에게 제출하였다.

이에 건설교통부장관은 환경보호를 위한 몇 가지 조치를 취할 것을 조건으로 사업계획을 승인하였다. 이에 환경영향평가대상지역에 사는 주민인 갑은 환경영향평가서의 작성내용이 심히 부실하다는 이유로 사업계획승인처분이 위법하다고 주장하고 있다. 갑의 주장은 타당한가(판례의 입장에 따른다)?

Ⅰ. 문제 상황

주민인 갑은 택지개발사업자 을이 작성한 환경영향평가서의 내용이 심히 부실하다는 이유로 사업계획승인처분이 위법하다고 주장하고 있는 바 환경영향평가의 내용(실체)상의 하자가 사업계획승인에 어떤 영향을 미치는지가 문제된다.

Ⅱ. 환경영향평가의 하자의 종류

㈎ 환경영향평가는 환경영향평가대상이 되는 사업의 실시를 위한 사업계획승인처분의 사전절차로서의 성격을 가진다. 따라서 환경영향평가의 하자는 절차상 하자(주민의 의견수렴절차나 환경부장관과의 협의절차에 하자가 있는 경우)든 실체상 하자(환경영향평가서가 부실하게 작성된 경우)든 사업계획승인처분의 절차상 하자로서의 성질을 갖는다.

㈏ 설문에서 갑이 주장하는 환경영향평가의 하자는 환경영향평가의 내용상 하자(예를 들어 환경영향평가서가 부실하게 작성된 경우 또는 그 부실이 환경부장관과의 협의과정에서 보완되지 않은 경우)를 말하며, 환경영향평가의 내용상의 하자라도 사업계획승인처분의 범주에서 보면 사업계획승인처분의 절차상 하자에 해당한다.

Ⅲ. 환경영향평가의 내용상 하자가 사업계획승인처분에 미치는 영향

1. 판례

판례는 인근주민이 건교부장관이 한국고속철도건설공단에 발령한 경부고속철도서울차량기지정비창건설사업실시계획승인처분취소를 구한 사건에서 ⓐ '환경영향평가의 내용의 부실의 정도가 환경영향평가제도를 둔 입법 취지를 달성할 수 없을 정도이어서 환경영향평가를 하지 아니한 것과 다를 바 없는 정도'인 경우는 그것만으로 사업계획승인처분은 위법사유가 된다고 보고, ⓑ '환경영향평가의 내용이 다소 부실하다 하더라도, 그 부실의 정도가 환경영향평가제도를 둔 입법 취지를 달성할 수 없을 정도이어서 환경영향평가를 하지 아니한 것과 다를 바 없는 정도의 부실이 아닌 경우'에 그 부실은 당해 승인 등 처분에 재량권 일탈·남용의 위법이 있는지 여부를 판단하는 하나의 요소로 됨에 그칠 뿐, 그 부실로 인하여 당연히 당해 승인 등 처분이 위법하게 되는 것이 아니라(대판 2001. 6. 29. 99두9902)고 보았다.

2. 판례비판

판례의 ⓑ의 경우를 비판하면서 환경영향평가의 내용상 부실이 중대하여 승인처분여부의 결정에 중대한 영향을 미치는 정도인 것인 경우에는 승인사유의 위법사유가 된다고 보는 견해(박균성)가 있다. 달리 말하면 이 견해는 환경영향평가가 부실하게 됨으로써 승인기관이 사업계획승인여부의 판단에 있어 중요한 고려사항을 고려하지 못하게 된 경우에는 당해 환경영향평가의 부실은 사업계획승인처분의 위법사유가 되는 환경영향평가의 실체상 하자가 된다고 본다.

3. 설문

(가) 설문의 경우 환경영향평가의 내용의 부실의 정도가 환경영향평가제도를 둔 입법 취지를 달성할 수 없을 정도이어서 환경영향평가를 하지 아니한 것과 다를 바 없는 정도라면 사업계획승인처분은 위법사유가 될 것이다.

(나) 다만 환경영향평가의 내용상 위법으로 인해 사업계획승인처분이 위법하다고 하더라도 그 위법은 절차상의 위법이어서 절차상 하자의 독자적 위법사유여부가 문제된다.

Ⅳ. 절차상 하자의 독자적 위법사유여부

1. 문제 상황

절차상 하자의 효과에 관한 명문의 규정이 있는 경우(국가공무원법 제13조 ① 소청심사위원회가 소청 사건을 심사할 때에는 국회규칙, 대법원규칙, 헌법재판소규칙, 중앙선거관리위원회규칙 또는 대통령령으로 정하는 바에 따라 소청인 또는 제76조 제1항 후단에 따른 대리인에게 진술 기회를 주어야 한다. ② 제1항에 따른 진술 기회를 주지 아니한 결정은 무효로 한다)라면 문제가 없으나, 절차상 하자의 효과에 관한 명문의 규정이 없는 경우 특히 그 행정행위가 기속행위인 경우 행정절차를 거치지 아니한 경우라고 하여도 그 내용은 행정절차를 거친 경우와 동일한 것일 수 있기 때문에 절차상의 하자가 독자적인 위법사유인지가 문제된다. 이는 확정판결의 기속력을 '판결에 적시된 절차 내지 형식의 위법사유에 한하여 미치는 것'으로 보는 학설·판례의 입장과 관련되어 발생되는 문제이다.

2. 학설

ⓐ 소극설(절차규정이란 적정한 행정결정을 확보하기 위한 수단에 불과하다는 점, 법원이 절차상 하자를 이유로 취소하더라도 행정청은 절차의 하자를 보완하여 동일한 내용의 처분을 할 수 있으므로 절차상의 하자만을 이유로 취소하는 것은 행정능률 및 소송경제에 반한다는 점을 근거로 한다)과 ⓑ 적극설(소극설을 취하는 경우에는 절차적 규제가 유명무실해질 우려가 있어 행정절차의 실효성 확보를 위해 적극설이 타당하고, 적법한 절차를 거쳐 다시 처분을 하는 경우 재량행위뿐 아니라 기속행위의 경우에도 처분의 발령에 이르기까지의 사실판단이나 포섭, 부관 등 관련사항의 판단에 있어서 다른 결정에 이를 수 있고 반드시 동일한 내용의 처분을 반복한다고 말할 수 없다는 점을 근거로 한다)(다수 견해)이 대립한다.

3. 판례

대법원은 재량행위·기속행위를 불문하고 적극설의 입장이다(식품위생법 제64조, 같은법시행령 제37조 제1항 소정의 청문절차를 전혀 거치지 아니하거나 거쳤다고 하여도 그 절차적 요건을 제대로 준수하지 아니한 경우에는 가사 영업정지사유 등 위 법 제58조 등 소정 사유가 인정된다고 하더라도 그 처분은 위법하여 취소를 면할 수 없다(대판 1991. 7. 9. 91누971)).

4. 검토

행정의 법률적합성원칙에 따라 행정작용은 실체상뿐만 아니라 절차상으로도 적법하여야 하며, 절차적 요건의 실효성을 확보해야 된다는 점, 취소소송 등의 기속력이 절차의 위법을 이유로 하는 경우에 준용된다는 점(행정소송법 제30조 제3항) 등에 비추어 적극설이 타당하다.

Ⅴ. 소결

판례에 따른다면 환경영향평가의 내용의 부실의 정도가 환경영향평가를 하지 아니한 것과 다를 바 없는 정도의 것인 경우에는 사업계획승인처분의 위법사유가 된다고 볼 것이고, 그러한 위법은 절차상의 위법이지만 절차상의 하자만으로도 독자적인 위법사유가 될 수 있으므로 갑의 주장은 경우에 따라서는 타당할 수 있을 것이다.

〈제4문〉

화성시는 도시계획시설사업(조암공원 조성사업)을 위해 갑소유의 화성시 우정읍 조암리 소재 삼괴종합고교 인근토지를 수용하기 위해 갑과 협의를 하였으나 결렬되자 갑은 수용재결과 이의재결을 거쳤다. 그러나 갑은 토지수용위원회를 상대로 수용재결취소소송을 제기하였고, 당해 소송에서 비교표준지로 선정된 토지의 공시지가가 주위의 다른 토지들에 비해 현저히 낮게 책정되어 위법하다고 주장한다면(갑의 주장이 정당함을 전제로 한다) 법원은 이를 이유로 수용재결취소소송을 인용할 수 있는가(소송요건은 구비되었다고 전제한다)(표준지공시지가결정의 법적 성질은 판례에 따르며 제소기간은 도과되었다)?

Ⅰ. 문제 상황

설문에서 갑은 수용재결취소소송을 제기하면서 그 위법사유로 자신토지의 수용보상금의 기준이 되는 표준지(비교표준지)의 공시지가가 주위의 다른 토지들에 비해 현저히 낮게 책정되어 있다고 주장하는바 수용재결에 선행하는 표준지공시지가결정의 위법성을 주장하고 있다. 이처럼 둘 이상의 행정행위가 연속적으로 행해지는 경우 선행행위의 하자를 이유로 적법한 후행행위를 다툴 수 있는지의 문제를 행정행위의 하자의 승계라고 한다.

Ⅱ. 하자승계논의의 전제

㈎ 하자승계논의가 특별히 문제되는 경우는 ⓐ 선행행위와 후행행위가 모두 항고소송의 대상이 되는 행정처분이고, ⓑ 선행행위는 당연무효가 아닌 취소사유가 존재하고, ⓒ 선행행위에는 하자가 존재하나 후행행위는 적법해야 하고, ⓓ 선행행위의 하자가 제소기간도과 등으로 불가쟁력이 발생하여 선행행위를 다툴 수 없는 경우라야 한다.

㈏ ⓐ 표준지공시지가결정과 수용재결은 모두 항고소송의 대상인 처분이며, ⓑ 표준지공시지가가 다른 토지에 비해 현저히 낮게 결정되었다는 것은 중대·명백한 사유로 보기는 어렵고 평등원칙이나 비례원칙에 위반되는 것으로 단순위법사유로 보아야 하며, ⓒ 수용보상금은 표준지공시지가결정에 따라 정해진 것이기에 수용재결자체에 위법사유는 없다. 그리고 ⓓ 표준지공시지가결정은 제소기간이 도과되었기에 하자승계의 논의의 전제는 갖추었다.

Ⅲ. 인정범위

1. 학설

(1) 하자의 승계론(전통적 견해)

행정행위의 하자는 행정행위마다 독립적으로 판단되어야 한다는 전제하에 선행행위와 후행행위가 일련의 절차에서 하나의 법률효과를 목적으로 하는 경우에는 예외적으로 하자의 승계를 인정한다.

(2) 구속력설(규준력설)

1) 의의

행정행위의 하자의 승계문제를 행정행위의 효력 중에서 불가쟁력이 발생한 선행행위의 후행행위에 대한 구속력(규준력)의 문제로 다룬다. 즉 구속력이란 선행 행정행위의 내용과 효과가 후행행정행위를 구속함으로써 상대방(관계인, 법원)은 후행행위를 다툼에 있어 선행행위의 내용과 대립되는 주장이나 판단을 할 수 없게 하는 효과를 말한다. 즉 이러한 구속력이 미치는 범위에서 후행행위를 다툼에 있어서 선행행위의 효과와 다른 주장을 할 수 없게 된다고 한다(선행행위의 위법을 후행행위를 다투며 주장할 수 없게 된다).

2) 한계

ⓐ 판결의 기판력이 소송물이 일치하는 범위에만 미치듯이 구속력은 선·후의 행위가 규율대상 내지 법적 효과가 일치하는 범위에서만 미치며(객관적 한계(내용적·사물적 한계)), ⓑ 구속력은

처분청과 처분의 직접상대방(이해관계 있는 제3자도 포함) 및 법원에도 미치며(주관적 한계(대인적 한계)), ⓒ 선행행정행위의 기초를 이루는 사실적·법적 상황의 동일성이 유지되는 한도까지 미친다(시간적 한계). 그러나 ⓓ 객관적·주관적·시간적 한계 내에서 선행행정행위의 후행행정행위에 대한 구속력이 인정됨으로 인해 개인의 권리보호가 부당하게 축소될 수 있기 때문에 관련자에게 예측불가능하거나 수인불가능한 경우에는 구속력이 차단된다(추가적 요건). 따라서 이 경우에는 후행행위를 다투며 선행행위의 위법을 주장할 수 있게 된다.

2. 판례

ⓐ 판례도 전통적 견해와 같이 행정행위의 하자의 문제는 행정행위마다 독립적으로 판단되어야 한다는 전제하에 둘 이상의 행위가 연속적으로 행해지는 경우 선행처분과 후행처분이 결합하여 하나의 법률효과를 완성하는 경우 선행처분에 하자가 있으면 그 하자는 후행처분에 승계된다고 한다. 그러나 ⓑ 쟁송기간이 도과한 개별공시지가결정의 위법을 이유로 그에 기초하여 부과된 양도소득세부과처분의 취소를 구한 사건에서 「선행처분과 후행처분이 서로 독립하여 별개의 효과를 목적으로 하는 경우에도 선행처분의 불가쟁력이나 구속력이 그로 인하여 불이익을 입게 되는 자에게 수인한도를 넘는 가혹함을 가져오며, 그 결과가 당사자에게 예측가능한 것이 아닌 경우에는 국민의 재판받을 권리를 보장하고 있는 헌법의 이념에 비추어 선행처분의 후행처분에 대한 구속력은 인정될 수 없다(대판 1994. 1. 25. 93누8542)」고 하여 예측불가능하거나 수인불가능한 경우에는 후행처분의 취소를 구하는 행정소송에서 선행처분의 위법사유를 주장할 수 있다고 한다.

3. 검토

하자의 승계를 인정함으로써 침해되는 법적 안정성과 이를 부정함으로써 침해되는 당사자의 권리구제의 필요성을 고려할 때 하자의 승계론을 원칙으로 하면서 구체적 사안에서 예측가능성과 수인가능성을 보충적인 기준으로 활용하는 판례의 태도가 타당하다.

Ⅳ. 소결

㈎ 하자의 승계론에 따라 하나의 법률효과를 목적으로 하는지를 검토하면, 표준지공시지가의 결정과 이를 기초로 한 수용재결은 별개의 독립된 처분으로서 서로 독립하여 별개의 법률효과를 목적으로 한다.

㈏ 그러나 판례는 위법한 표준지공시지가를 기초로 한 수용재결 등 후행 행정처분에서 표준지공시지가결정의 위법을 주장할 수 없도록 하는 것은 수인한도를 넘는 불이익을 강요하는 것이며, 국민의 재산권과 재판받을 권리를 보장한 헌법의 이념에도 부합하지 않는 것이기에 하자의 승계를 인정하였다.

㈐ 대상판결이 표준지공시지가결정과 수용재결간의 하자승계를 인정한 근거를 살펴보면, ① 표준지공시지가는 이를 인근 토지의 소유자나 기타 이해관계인에게 개별적으로 고지하도록 되어 있는 것이 아니어서 인근 토지의 소유자 등이 표준지공시지가결정 내용을 알고 있었다고 전제하기가 곤란할 뿐만 아니라(부동산 가격공시 및 감정평가에 관한 법률(이하 '부동산감정법') 제3조는 공시하도록 함), ② 표준지공시지가가 공시될 당시 보상금 산정의 기준이 되는 표준지의 인근 토지를 함께 공시하는 것이 아니어서 인근 토지 소유자는 보상금 산정의 기준이 되는 표준지가 어느 토지인지를 알 수 없으므로 인근 토지 소유자가 표준지의 공시지가가 확정되기 전에 이를 다투는 것은 불가능하며, ③ 그리고 더욱이 표준지공시지가가 공시되었다고 자신의 토지가 수용되는 것은 아니므로 표준지공시지가결정시 자기 토지가 수용되리라는 것을 예상할 수 없으며, ④ 하자의 승계를 부정하면 토지소유자는 자신의 토지가 수용될 것에 대비하여 항상 표준지공시지가를 주시하여야 하기에 이는 당사자에게 부당하게 높은 주의의무를 지우는 것임을 근거로 하였다(대판 2008. 8.

21. 2007두13845).[13)]

㈑ 결국 법원은 표준지공시지가결정의 위법을 이유로 수용재결취소소송을 인용할 수 있다.

13) 대상 판결의 논지를 그대로 반영한다면 앞으로 표준지공시지가결정과 관련된 후행처분들은 수인성의 원칙을 이유로 하자승계가 인정될 가능성이 매우 크기에 동 판결의 내용은 매우 중요하다.

Q 사례[3]

갑은 2000. 1. 1.에 A시의 시장으로부터 10년을 기간으로 하여 입목벌채허가를 받아 벌채를 해오고 있다.

(1) 갑은 입목벌채허가만료일이 다가오자 2009. 1. 1.에 시장에게 입목벌채허가갱신(기간연장)신청을 하였으나 시장은 이를 거부하였다. 이에 갑은 거부처분취소소송을 제기하며 집행정지를 신청하였다. 인용가능성은?

(2) 갑은 2009. 9. 1.에 시장에게 입목벌채허가갱신(기간연장)신청을 하였고, 이에 시장은 2009. 12. 1.에 '벌채구역 경계표지를 세울 것'을 조건으로 입목벌채갱신허가를 하였다. 그 후 2009. 12. 10.에 관련법령이 개정되면서 입목벌채허가시 부관을 부가할 수 없음이 입법화되었다. 이에 갑은 2010. 1. 30. 당해 조건이 위법함을 이유로 항고소송을 제기하고자 한다. 조건은 위법한가?

(3) 갑은 2009. 1. 1.에 시장에게 입목벌채허가갱신(기간연장)신청을 하였는데, 입목벌채에 대한 수요가 증가하자 산림자원고갈우려에 대한 여론이 높아지자 국회와 관련 행정기관은 2009. 2. 1.에 산림자원의 조성 및 관리에 관한 법률 및 시행령을 개정하여 입목벌채허가를 받으려면 '산지관리법상의 산림복구비를 예치할 것'이라는 요건을 추가하였다. 이에 시장은 2009. 4. 1.에 입목벌채갱신허가신청을 거부하였다. 갑이 시장의 거부처분이 위법함을 주장하려 한다면 그 근거들은 무엇이며, 각 근거들의 정당성여부는?

(4) 갑은 2000. 1. 1.에 A시의 시장으로부터 1년을 기간으로 하여 입목벌채허가를 받았으나 그 기간 내에 갱신허가신청을 하지 않은 채 허가기간이 만료되었다면 갑의 입목벌채허가는 효력이 있는가?

[참조조문]

산림자원의 조성 및 관리에 관한 법률

제36조(입목벌채등의 허가 및 신고 등) ① 산림(제19조에 따른 채종림등과 제43조에 따른 보안림은 제외한다. 이하 이 조에서 같다) 안에서 입목의 벌채, 임산물(「산지관리법」 제2조 제3호·제4호에 따른 석재 및 토사는 제외한다. 이하 이 조에서 같다)의 굴취·채취(이하 "입목벌채등"이라 한다. 이하 이 조에서 같다)를 하려는 자는 농림수산식품부령으로 정하는 바에 따라 시장·군수·구청장이나 지방산림청장의 허가를 받아야 한다.

(1) 갑은 입목벌채허가만료일이 다가오자 2009. 1. 1.에 시장에게 입목벌채허가갱신(기간연장)신청을 하였으나 시장은 이를 거부하였다. 이에 갑은 거부처분취소소송을 제기하며 집행정지를 신청하였다. 인용가능성은?

Ⅰ. 거부처분취소소송에서 집행정지의 인용가능성(설문(1))

1. 문제 상황

행정소송법은 집행부정지원칙을 채택하여, 당사자가 취소소송을 제기하였다 하더라도 행정청이 발령한 처분 등의 효력이나 그 집행 또는 절차의 속행에 영향을 주지 않는다고 규정한다(행정소송법 제23조 제1항). 다만 일정한 요건을 충족하는 경우 원고의 권리보호를 위해 처분의 효력정지 등을 인정하고 있다(동법 제23조 제2항). 설문의 경우 집행정지의 요건을 충족하고 있는지 그리고 갱신거부처분에서 집행정지가 인정될 수 있는지가 문제된다.

2. 집행정지의 요건

(1) 적극적 요건

1) 본안이 계속 중일 것

(가) 민사소송법상의 가처분이 본안소송제기 전에 보전수단으로서 신청될 수 있는 것과는 달리 본안소송이 법원에 적법하게 제기되어 계속 중이어야 한다.

(나) 설문의 경우 문제없다.

2) 정지대상인 처분 등의 존재

a. 문제점

집행정지가 인정되기 위해서는 정지의 대상인

처분 등이 존재하여야 한다. 그러나 거부처분의 경우에는 과연 집행정지가 인정될 수 있는지가 문제된다. 왜냐하면 집행정지제도는 소극적으로 처분이 없었던 것과 같은 상태를 만드는 것에 지나지 않고, 행정청에 대하여 어떠한 처분을 명하는 등 적극적인 상태를 만드는 것은 허용하지 않기 때문이다.

b. 학설

① 부정설(집행정지를 인정한다고 하여도 신청인의 지위는 거부처분이 없는 상태로 돌아가는 것에 불과하여 신청인에게 집행정지 신청의 이익이 없고, 집행정지결정의 기속력과 관련하여 행정소송법 제23조 제6항은 기속력에 관한 원칙규정인 제30조 제1항만을 준용할 뿐 재처분의무를 규정한 제30조 제2항을 준용하고 있지 아니함을 논거로 한다), ② 제한적 긍정설(원칙적으로 부정설이 타당하지만, 기간에 제한이 있는 허가사업을 영위하는 자가 허가기간의 만료시 갱신허가를 신청하였음에도 권한행정청이 거부한 경우에는 집행정지를 인정할 실익도 있는바, 이러한 경우에는 제한적으로 긍정할 필요가 있다는 견해이다)이 대립된다.

c. 판례

판례는 거부처분은 그 효력이 정지되더라도 그 처분이 없었던 것과 같은 상태를 만드는 것에 지나지 아니하고 행정청에게 어떠한 처분을 명하는 등 적극적인 상태를 만들어 내는 경우를 포함하지 아니하기에 거부처분의 집행정지를 인정할 필요가 없다고 본다(대결 1991. 5. 2. 91두15).

d. 검토

거부처분의 집행정지에 의하여 거부처분이 행해지지 아니한 상태로 복귀됨에 따라 신청인에게 어떠한 법적 이익이 있다고 인정되는 경우(예를 들어 인허가갱신거부처분과 외국인 체류기간연장신청거부처분 등을 들 수 있다)가 있을 수 있고, 그러한 경우에는 예외적으로 집행정지신청의 이익이 있다고 할 것이다. 따라서 제한적 긍정설이 타당하다.

e. 소결

갑은 입목벌채허가갱신거부처분 취소소송도중에 허가기간이 만료된다면 새로이 입목벌채허가를 받아야 한다. 하지만 갑의 집행정지 신청이 인용된다면 갑은 법원의 집행정지결정에 의하여 거부처분 전의 상태로 복귀함에 따라 신규 입목벌채허가를 받지 않아도 될 이익이 있는 경우이기에 예외적으로 거부처분의 집행정지를 인정하여야 한다(제한적 긍정설이 말하는 예외적인 경우에 해당한다). 따라서 갑의 입목벌채허가갱신거부처분의 집행정지신청은 가능할 것이다.

3) 회복하기 어려운 손해발생의 우려

㈎ 집행정지결정을 하기 위해서는 처분 등이나 그 집행 또는 절차의 속행으로 인하여 회복하기 어려운 손해가 발생할 우려가 있어야 한다. 판례는 '회복하기 어려운 손해'를 일반적으로 사회통념상 금전배상이나 원상회복이 불가능하거나, 금전배상으로는 사회통념상 당사자가 참고 견딜 수 없거나 참고 견디기가 현저히 곤란한 경우의 유형·무형의 손해를 말한다고 본다(대결 2004. 5. 17. 2004무6). 기업의 경우에는 사업 자체를 계속할 수 없거나 중대한 경영상의 위기가 있다면 회복하기 어려운 손해로 볼 수 있다는 판결(대결 2003. 4. 25. 2003무2)도 있다.

㈏ 설문에서 입목벌채허가갱신거부처분으로 인해 갑이 입을 손해는 입목벌채를 계속할 수 없다는 것인데 이는 특별한 사정이 없는 한 금전보상이 가능한 손해이므로 행정소송법 제23조 제2항의 규정에 의한 회복할 수 없는 손해에 해당한다고 보기 어렵다.

4) 긴급한 필요

㈎ 회복곤란한 손해가 발생될 가능성이 시간적으로 절박하여 손해를 피하기 위하여 본안판결을 기다릴 여유가 없는 것을 말한다.

㈏ 설문은 본안판결을 기다릴 여유가 없는 경우에 해당한다고 보기 어렵다.

(2) 소극적 요건

1) 공공복리에 중대한 영향이 없을 것

㈎ 행정소송법 제23조 제3항에서 집행정지의 요건으로 규정하고 있는 '공공복리에 중대한 영향을 미칠 우려'가 없을 것이라고 할 때의 '공공복리'는 그 처분의 집행과 관련된 구체적이고도 개별적인 공익을 말하는 것으로서 이러한 집행정지의 소극적 요건에 대한 주장·소명책임은 행정청에게 있다(대결 1999. 12. 20. 99무42).

㈏ 설문에서 입목벌채허가갱신거부처분의 집행정지를 인정한다고 하여 공공복리에 중대한 영향이 있다고는 보기 어렵다.

2) 본안에 이유 없음이 명백하지 아니할 것

㈎ 행정처분 자체의 위법여부는 집행정지여부를 결정함에 요구되는 요건은 아니다. 그러나 ① 본안에 이유 없음이 명백하다면 집행을 정지할 이유가 없어 판례는 이를 소극적 요건으로 본다(본안소송에서 처분의 취소가능성이 없음에도 처분의 효력이나 집행의 정지를 인정한다는 것은 제도의 취지에 반하므로 효력정지나 집행정지사건 자체에 의하여도 신청인의 본안청구가 이유 없음이 명백하지 않아야 한다는 것도 효력정지나 집행정지의 요건에 포함시켜야 한다(대결 1997. 4. 28. 96두75)). 다만 ② 학설은 집행정지요건이 아니라는 견해, 집행정지의 소극적 요건이라는 견해, 집행정지의 적극적 요건이라는 견해가 대립한다. ③ 본안에서 처분의 취소가능성이 명백히 없다면 처분의 집행정지를 인정한 취지에 반하므로 소극적 요건이라는 견해가 타당하다.

㈏ 분명하진 않지만 설문은 본안에 이유 없음이 명백한 경우는 아니다.

3. 소결

갑은 입목벌채허가거부처분에 대한 집행정지가 가능하다고 하더라도, 갑의 손해는 회복하기 어려운 손해가 아니며 긴급한 필요가 있는 것도 아니어서 행정소송법 제23조의 집행정지요건을 충족하고 있지 않아 집행정지신청은 기각될 것이다.

(2) 갑은 2009. 9. 1.에 시장에게 입목벌채허가갱신(기간연장) 신청을 하였고, 이에 시장은 2009. 12. 1.에 '벌채구역 경계표지를 세울 것'을 조건으로 입목벌채갱신허가를 하였다. 그 후 2009. 12. 10.에 관련법령이 개정되면서 입목벌채허가시 부관을 부가할 수 없음이 입법화되었다. 이에 갑은 2010. 1. 30. 당해 조건이 위법함을 이유로 항고소송을 제기하고자 한다. 조건은 위법한가?

Ⅱ. 부관의 위법성(설문(2))

1. 문제 상황

설문의 조건은 주된 행위인 입목벌채허가에 부가된 종된 규율인 부관이다. 따라서 부관의 위법성이 문제되는데, 부관의 위법성은 부관의 가능성과 부관의 한계로 판단한다. 먼저 부관의 가능성은 주된 행위인 입목벌채허가가 부관의 부가가 가능한 행정행위인지가 문제되고, 부관의 한계와 관련해서는 입목벌채'갱신'허가를 하며 부관을 부가하였기에 부관의 시간적 한계(사후부관의 문제)를 검토해야 하고, 부관을 부가한 이후 관련법령의 개정으로 경계표지설치의무가 없어졌기에 당해 부관이 위법한 것은 아닌지 즉 부관의 위법성 판단 기준시점이 문제된다.

2. 부관의 성질

㈎ 부관 중 어디에 해당하는지가 문제되는데 부관의 종류는 그 표현에 관계없이 행정청의 객관적인 의사에 따라 판단하여야 한다.

㈏ 경계표지를 세우지 않으면 입목벌채허가의 효력을 인정하지 않겠다는 것이 행정청의 의사가 아니라, 허가처분을 하면서 이후에 경계표지를 세우라는 의무를 부담시키는 것이므로 부담으로 보아야 한다.

3. 부관의 위법성

(1) 부관의 가능성(부관이 가능한 행정행위)

1) 부관의 가능성에 대한 학설

㈎ ⓐ 전통적인 견해와 판례는 법률행위적 행정행위와 재량행위에는 부관이 가능하고, 준법률행위적 행정행위와 기속행위는 부관이 불가능하다고 한다. 그러나 ⓑ 최근의 다수견해는 준법률

행위적 행정행위와 기속행위도 부관이 가능한 경우가 있고, 재량행위도 부관이 불가능한 경우가 있으므로 행정행위의 성질을 개별적으로 검토하여 부관의 가능성을 검토한다. ⓒ 다수 견해가 타당하다.

(나) 설문의 입목벌채허가가 법률행위적 행정행위임은 의문이 없으나 재량행위인지가 문제된다.

2) 입목벌채허가가 재량행위인지 여부

a. 학설

재량행위와 기속행위의 구별기준에 대해 ⓐ 효과재량설(침익적 행위는 기속행위이고, 수익적 행위는 법규상 또는 해석상 특별한 기속이 없는 한 재량행위, 국민의 권리·의무와 관련없는 행위도 재량행위라는 견해이다), ⓑ 종합설(법령의 규정방식, 그 취지·목적, 행정행위의 성질 등을 함께 고려하여 구체적인 사안마다 개별적으로 판단하여야 한다는 견해이다), ⓒ 기본권기준설(법문의 표현이 불분명한 경우에는 '기본권의 최대한 보장'이라는 헌법상 명령과 행정행위의 '공익성'을 재량행위와 기속행위의 구분기준으로 하여야 하며 따라서 기본권의 보장이 보다 강하게 요청되는 경우에는 사인의 기본권실현에 유리하게 판단하고, 공익실현이 보다 강하게 요청되는 경우에는 공익실현에 유익하도록 판단하여야 한다는 견해이다) 등이 대립한다.

b. 판례

판례는 관련법령에 대한 종합적인 판단을 전제로 하면서, 효과재량설을 기준으로 활용하거나 공익성을 구별기준으로 들기도 한다. 아래에서는 판례에 따른다.

c. 설문

대법원은 산림훼손허가(현행법상 입목벌채의 허가)는 공익적 사정이 고려되어야 한다는 이유로 재량행위라고 본다(대판 1995. 9. 15. 95누6113).

3) 설문

입목벌채허가가 재량행위이며, 부관의 부가가 성질상 불가능한 경우가 아니므로 시장은 부관을 부가할 수 있다.

(2) 부관의 한계

1) 부관의 시간적 한계(사후부관의 가능성)

a. 문제점

입목벌채허가의 갱신은 종전의 허가와는 별개의 것이 아니라 종전의 허가의 효력을 지속시키기 위한 것 즉 종전의 허가와 하나의 허가이다. 따라서 입목벌채갱신허가처분을 하면서 조건을 부가하는 것은 사후부관의 문제가 된다.

b. 학설

ⓐ 부관은 주된 행정행위에 부가된 종된 규율이므로 부관만의 독자적인 존재를 인정할 수 없다는 부정설, ⓑ 부담은 독립된 처분이므로 가능하다는 부담긍정설, ⓒ 명문의 규정이나 부담의 유보, 상대방의 동의가 있는 경우 가능하다는 제한적 긍정설(다수견해)이 대립한다.

c. 판례

판례는 법률에 명문의 규정이 있거나 변경이 유보되어 있는 경우, 상대방의 동의가 있는 경우처럼 사후부관의 부가에 정당한 사유가 있는 경우(이러한 사후부관을 '부진정사후부관'이라 할 수 있다) 뿐만 아니라 그러한 정당한 사유가 없는 경우라도 '사정변경'이 있다면 '목적달성에 필요한 범위내'에서 사후부관의 가능성을 인정하고 있다(사후부관의 부가에 정당한 사유가 없는 경우에도 사후부관의 부가가 가능하다는 점에서 이러한 사후부관은 '진정사후부관'이라 할 수 있다)(대판 2007. 9. 21. 2006두7973).

d. 검토

부관의 부가가 필요한 사정변경이 발생하였음에도 사후부관의 부가가 불가능하다면 행정청은 주된 행정행위(설문의 경우 입목벌채허가)를 철회할 것이므로 당사자의 기존 권리보호라는 면에서도 목적 달성에 필요한 범위에서 사후부관의 가능성을 긍정하는 판례의 입장이 타당하다.

e. 설문

판례의 입장에 따른다면 최초의 입목벌채허가를 발령한 이후 조건의 부가가 필요한 사정변경이 발생한 경우 그 목적 달성에 필요한 범위(예를 들어 불법벌채를 막기 위해 경계표지를 세울 공익상의 필요성이 발생한 경우)에서 부담의 부가가 가능하다고 본다.

2) 부관의 위법성 판단 기준시점

a. 문제점

부관은 주된 행정행위에 부가된 종된 규율이므로 부관의 위법성 판단 기준시점은 처분의 위법성판단기준시점에 대한 논의와 일치한다. 따라서 처분의 위법성 판단 기준시점에 대한 학설·판례를 검토한 후 조건의 위법성을 검토한다.

b. 학설

i. 처분시기준설(다수 견해)

행정처분의 위법여부는 처분 당시를 기준으로 판단하여야 한다는 견해이다. 처분시 이후의 사정고려는 법원에 의한 행정청의 1차적 판단권의 침해를 의미하며, 법원은 행정청의 처분에 대해 사후적인 판단을 하는 역할에 그친다고 보기 때문이라고 한다.

ii. 판결시설

행정소송의 목적을 행정법규의 정당한 적용이라는 공익실현으로 보면서, 법원은 판결당시에 처분의 효력을 계속 유지시킬 것인가 여부까지 결정해야 한다고 보는 입장이다.

iii. 절충설

원칙적으로 처분시기준설을 취하면서, 예외적으로 계속효 있는 행정행위에 대하여는 판결시설을 취한다.

c. 판례

판례는 행정소송에서 행정처분의 위법여부는 행정처분이 있을 때의 법령과 사실상태를 기준으로 하여 판단해야 한다(처분시설)(대판 1993. 5. 27. 92누19033)고 본다.

d. 검토

위법성 판단의 기준을 판결시로 할 경우, 처분시에 위법하였던 행위가 그 후의 법령개정에 의하여 적법한 행위가 될 수도 있어 법치주의에 반할 우려가 있고, 반대로 처분시에는 적법하였던 행위가 후에 위법한 것으로 되는 이론적 불합치를 초래할 수 있는 점 등에 비추어 처분시설이 타당하다 할 수 있다.

e. 설문

㈎ 시장이 경계표지 설치 조건을 부가한 후 관련법령의 개정으로 경계표지를 설치하지 않아도 됨이 입법화되었다고 하더라도 당해 조건의 위법성 판단 기준시점은 조건을 부가할 당시이기에 설문의 조건은 적법하다고 보아야 한다.

㈏ 판례도 「행정청이 수익적 행정처분을 하면서 부가한 부담의 위법여부는 처분 당시 법령을 기준으로 판단하여야 하고, 부담이 처분 당시 법령을 기준으로 적법하다면 처분 후 부담의 전제가 된 주된 행정처분의 근거 법령이 개정됨으로써 행정청이 더 이상 부관을 붙일 수 없게 되었다 하더라도 곧바로 위법하게 되거나 그 효력이 소멸하게 되는 것은 아니다(대판 2009. 2. 12. 2005다65500)」고 하여 같은 입장이다.

3) 부관이 행정법의 일반원칙에 위반되는지 여부

설문의 경계표지 설치 조건은 부당한 내적 관련이 있어 부당결부금지원칙에 위반되거나 비례원칙에 위반된다고 보기 어렵다. 따라서 행정법의 일반원칙에 반하지는 않는다.

4. 소결

입목벌채허가는 부관의 부가가 가능한 행정행위이고, 경계표지 설치 조건은 사후부관이지만 가능하며, 사후에 법령이 개정되어도 부관의 적법성에는 영향이 없으며, 행정법의 일반원칙에도 위반되지 않기에 적법하다.

---

(3) 갑은 2009. 1. 1.에 시장에게 입목벌채허가갱신(기간연장) 신청을 하였는데, 입목벌채에 대한 수요가 증가하자 산림자원고갈우려에 대한 여론이 높아지자 국회와 관련 행정기관은 2009. 2. 1.에 산림자원의 조성 및 관리에 관한 법률 및 시행령을 개정하여 입목벌채허가를 받으려면 '산지관리법상의 산림복구비를 예치할 것'이라는 요건을 추가하였다. 이에 시장은 2009. 4. 1.에 입목벌채갱신허가신청을 거부하였다. 갑이 시장의 거부처분이 위법함을 주장하려 한다면 그 근거들은 무엇이며, 각 근거들의 정당성 여부는?

Ⅲ. 관련법령의 개정과 거부처분의 정당성 (설문(3))

1. 문제 상황

갑은 관련법령의 개정 전에 그 법령에 대한 존속을 신뢰하고 입목벌채허가갱신신청을 하였으나 관련법령의 개정으로 갱신허가가 거부되었다면 갑이 주장할 수 있는 근거는 먼저 시장이 갑의 갱신허가신청에 대한 처리에 부당한 지연이 없었는지를 검토하고, 개정 전 법령에 대한 존속을 신뢰하였기에 신뢰보호원칙을 소급입법의 제한 원리로서 검토하기로 한다.

2. 법령의 개정시 처분의 근거법령

(가) 허가 등의 신청 후 처분 전에 관련법령의 개정으로 허가 등의 기준이 변경되면 원칙적으로 개정법령(처분시의 법령)에 따라 처분하여야 한다(행정처분은 원칙으로 처분시의 법령에 준거하여 행하여져야 하는 것이므로 법령의 개정에 의하여 허가기준이 변경된 경우에는 그 법령에 특단의 정함이 없는 한 신청시의 법령에 의할 것이 아니고 처분시의 개정법령에 의하여 변경된 새로운 허가기준이 적용되어야 할 것이다(대판 1984. 5. 22. 84누77)).

(나) 따라서 설문에서 입목벌채허가신청 후 관련법령이 개정되더라도 시장이 개정된 법령에 따라 허가거부처분을 한 것은 일단 정당하다. 그럼에도 갑이 거부처분이 위법함을 주장할 수 있는 논거를 살펴본다.

3. 부당한 처리지연여부

(가) 전술한 바처럼 판례와 일반적 견해는 허가 등의 기준이 변경되면 원칙적으로 개정법령(처분시의 법령)에 따라 처분하여야 한다고 한다. 그러나 만일 이 원칙을 고수한다면 관할 행정청의 부당한 처리지연 중 법령이 개정됨으로써 사인이 (정당하게 처리되었다면 받을 수 있었던) 허가 등의 수익적 처분을 받지 못했다면 문제가 된다.

(나) 즉 판례는 신청 후 처분시 사이에 허가기준이 변경된 경우 변경된 허가기준에 따라서 처분을 하여야 하지만 '허가관청이 허가신청을 수리하고도 정당한 이유 없이 그 처리를 늦추어'서는 아니 된다고 본다(대판 2006. 8. 25. 2004두2974).

(다) 그러나 설문에서 시장은 갑의 2009. 1. 1.의 신청에 대해 2009. 4. 1.에 거부처분을 하였다면 부당한 처리지연이 있다고 보기는 어렵다. 따라서 갑이 부당한 처리지연이 있어 거부처분은 위법하다는 주장은 정당하지 않다.

4. 소급입법금지의 원칙 위반여부

(가) 법령 등은 공포됨으로써 효력이 발생하는 바, 특정법규가 법규의 효력발생일 이전의 사항에 대하여 적용되는 것을 소급이라고 한다. 소급에는 효력발생일 이전에 이미 완성된 사항에 소급하는 진정소급과 효력발생일까지 진행 중인 사항에 대한 소급인 부진정소급이 있다.

(나) 소급입법금지의 원칙은 기본적으로 진정소급의 금지를 의미하며, 부진정소급입법은 원칙적으로 허용된다.

(다) 따라서 설문의 관련법령의 개정은 진행 중인 사실 또는 법률관계에 대한 것이므로 부진정소급입법이기에 원칙적으로 허용된다. 만일 갑이 관련법령의 개정이 소급입법금지의 원칙에 위반되어 시장의 거부처분이 위법하다고 주장하더라도 이는 정당하지 않다.

5. 신뢰보호원칙의 위반여부

(1) 의의·근거

행정청의 행위를 사인이 신뢰한 경우 보호가치 있는 신뢰라면 보호되어야 한다는 원칙을 말한다. 과거 논리적 근거로 여러 학설이 언급되었지만 현재는 법치국가의 구성부분인 법적 안정성을 근거로 인정한다.

(2) 요건

1) 행정청의 선행조치

(가) 신뢰의 대상이 되는 행위인 선행조치에는 법령·행정계획·행정행위·행정지도 등이 포함되며, 적극적인 것인가 소극적인 것인가 그리고 명시적인 행위인가 묵시적인 행위인가도 가리지 않는다. 무효가 아니라면 위법한 행위라도 상관없다.

(나) 판례는 '공적인 견해표명'이라고 하며 이는 행정청의 선행조치를 의미하는 것으로 보여 진다. 공적인 견해표명의 판단기준은 「반드시 행정조직상의 형식적인 권한분장에 구애될 것은 아니고 담당자의 조직상의 지위와 임무, 당해 언동을 하게 된 구체적인 경위 및 그에 대한 상대방의 신뢰가능성에 비추어 실질에 의하여 판단하여야 한다(대판 1997. 9. 12. 96누18380)」고 한다.

2) 보호가치 있는 사인의 신뢰

사인에게 특별한 귀책사유가 있는 경우에는 보호가치 있는 사인의 신뢰라고 보기 어렵다. 판례는 귀책사유를 「행정청의 견해표명의 하자가 상대방 등 관계자의 사실은폐나 기타 사위의 방법에 의한 신청행위 등 부정행위에 기인한 것이거나 그러한 부정행위가 없다고 하더라도 하자가 있음을 알았거나 중대한 과실로 알지 못한 경우 등을 의미(대판 2002. 11. 8. 2001두1512)」한다고 본다.

3) 사인의 처리

행정청의 선행조치를 믿은 것 외에도 사인의 처리가 있을 것이 요구된다. 그리고 사인의 처리는 적극적인 것 외에 소극적·묵시적인 것도 포함된다.

4) 인과관계

5) 선행조치에 반하는 후행처분

(3) 한계

신뢰보호의 원칙은 법적 안정성을 위한 것이지만, 법치국가원리의 또 하나의 내용인 행정의 법률적합성의 원리와 충돌되는 문제점을 갖는다. 결국 양자의 충돌은 법적 안정성(사익보호)과 법률적합성(공익상 요청)의 비교형량에 의해 문제를 해결해야 한다(동위설 또는 비교형량설).

(4) 설문

㈎ 산림자원의 조성 및 관리에 관한 법령이 신뢰의 대상이 되는 행정청의 선행조치이며, 특별히 상대방에게 귀책사유가 있다거나 고의·중대한 과실이 없고, 갱신허가신청 후 입목벌채사업을 계속하였을 것이고, 시장으로부터 거부처분을 받았기에 신뢰보호원칙의 요건을 모두 구비하였다.

㈏ 그러나 신뢰보호원칙의 한계와 관련해 산림복구비를 부담해야 하는 갑의 사익보다는 입목벌채의 증가로 산림자원고갈 우려가 있다는 공익적 사정이 더욱 중요하다. 따라서 갑은 시장의 거부처분이 신뢰보호원칙에 위반되어 위법함을 주장할 수 없다.

6. 소결

갑이 시장의 거부처분이 위법하다고 하여 주장할 수 있는 부당한 처리지연이 있다는 점, 소급입법금지원칙에 위반된다는 점, 신뢰보호원칙에 위반된다는 점은 모두 정당하지 않으며, 시장의 거부처분은 적법하다.

(4) 갑은 2000. 1. 1.에 A시의 시장으로부터 1년을 기간으로 하여 입목벌채허가를 받았으나 그 기간 내에 갱신허가 신청을 하지 않은 채 허가기간이 만료되었다면 갑의 입목벌채허가는 효력이 있는가?

Ⅳ. 허가기간의 도래와 허가의 실효 (설문(4))

1. 문제 상황

갑이 시장으로부터 1년을 허가기간으로 하는 입목벌채허가를 받았다면 원칙상 허가기간의 만료로 당연히 허가의 효력은 소멸될 것이다. 그러나 입목벌채허가가 대개 10년 정도의 장기간임을 감안할 때 1년이라는 허가기간은 부당하게 짧은 기간이라 이 기간의 도과로 허가의 효력이 당연 소멸되는지(1년이라는 기간이 허가의 존속기간인지)가 문제된다.

2. 허가에 부가된 기간의 의미

(1) 원칙

행정행위에 종기가 부가된 경우 종기의 도래로 그 행정행위의 효력이 소멸함이 원칙이다. 판례도 「일반적으로 행정처분에 효력기간이 정하여져 있는 경우에는 그 기간의 경과로 그 행정처분의 효력은 상실」된다고 한다(대판 2004. 11. 25. 2004두7023).

(2) 예외

㈎ 판례는 동아건설산업이 하남시장을 상대로 개발제한구역내행위의 기간연장신청불허가를 다툰 사건에서 「허가에 붙은 기한이 그 허가된 사업의 성질상 부당하게 짧은 경우에는 이를 그 허가 자체의 존속기간이 아니라 그 허가조건의 존속기간으로 보아 그 기한이 도래함으로써 그 조건의 개정을 고려한다는 뜻으로 해석할 수 있다(대판 2004. 3. 25. 2003두12837)」고 한다.

㈏ 따라서 일반적으로 처분을 함에 있어 기간이 부가된 경우 이는 '처분의 존속기간'이지만 그 기간이 그 처분과 관련된 사업의 성질상 부당하게 짧은 경우에는 이를 '처분조건의 존속기간'으로 본다. 처분조건의 존속기간으로 본다는 것

은 기간의 경과로도 처분의 효력이 소멸되지 않으므로 행정청은 처분의 조건개정을 고려해야지 처분의 효력을 유지시킬 것인지 여부(예를 들어 갱신허가를 할 것인지 여부)를 판단해서는 아니 된다는 의미이다.

3. 부당히 짧은 존속기간을 허가조건의 존속기간으로 보기 위한 전제

다만, 판례는 주식회사 우영개발이 용인시장을 상대로 보전임지전용허가취소처분무효확인을 구한 사건에서 「허가된 사업의 성질상 부당하게 짧은 경우에는 이를 그 허가 자체의 존속기간이 아니라 그 허가조건의 존속기간으로 보아 그 기한이 도래함으로써 그 조건의 개정을 고려한다는 뜻으로 해석할 수는 있지만, 그와 같은 경우라 하더라도 그 허가기간이 연장되기 위하여는 특별한 사정이 없는 한, 그 종기가 도래하기 전에 그 허가기간의 연장에 관한 신청이 있어야 하며, 만일 그러한 연장신청이 없는 상태에서 허가기간이 만료하였다면 그 허가의 효력은 상실된다(대판 2007. 10. 11. 2005두12404)」고 하여 설사 허가기한이 부당히 짧다고 하더라도 그 기한을 허가조건의 존속기간으로 보려면 당사자의 연장신청이 있어야 한다고 보았다.

4. 소결

설문의 경우 1년이라는 기간이 입목벌채사업의 성질상 부당히 짧아 허가자체의 존속기간이 아니라 허가조건의 존속기간으로 본다고 하더라도, 판례에 따르면 종기도래 전에 허가기간 연장신청이 있어야 함에도 갑이 이를 하지 않았다면 허가의 효력은 종기의 도래로 상실된다고 보아야 한다.

‖ 제4-8절 ‖ 공법상 계약, 단순고권행정, 사실행위, 행정지도, 사법형식의 행정작용

▮ 제5장 ▮ 행정절차, 행정정보

판례 — 정보공개법 제9조 제1항 제1호의 '법률에 의한 명령'

[1] 대법원 2006. 10. 26. 선고 2006두11910 판결 【정보비공개결정취소】

【판시사항】 [1] 공공기관의 정보공개에 관한 법률 제9조 제1항 제1호에서 '법률이 위임한 명령'에 의하여 비밀 또는 비공개 사항으로 규정된 정보는 공개하지 아니할 수 있다고 할 때의 '**법률이 위임한 명령**'은 정보의 공개에 관하여 법률의 구체적인 위임 아래 제정된 법규명령(위임명령)을 의미한다.

[2] **교육공무원법 제13조, 제14조의 위임에 따라 제정된 교육공무원승진규정은** 정보공개에 관한 사항에 관하여 구체적인 법률의 위임에 따라 제정된 명령이라고 할 수 없고, 따라서 교육공무원승진규정 제26조에서 근무성적평정의 결과를 공개하지 아니한다고 규정하고 있다고 하더라도 위 교육공무원승진규정은 공공기관의 정보공개에 관한 법률 제9조 제1항 제1호에서 말하는 법률이 위임한 명령에 해당하지 아니하므로 위 규정을 근거로 정보공개청구를 거부하는 것은 잘못이다.

[참조조문]

교육공무원법

제13조(승진) 교육공무원의 승진임용은 동종의 직무에 종사하는 바로 하위직에 있는 자 중에서 대통령령이 정하는 바에 의하여 경력평정 · 재교육성적 · 근무성적 기타 능력의 실증에 의하여 행한다.

제14조(승진후보자명부) ① 교육공무원의 임용권자 또는 임용제청권자는 대통령령이 정하는 바에 의하여 경력평정 · 재교육성적 · 근무성적 기타 능력의 실증에 의한 순위에 따라 자격별로 승진후보자명부를 작성 · 비치하여야 한다.

교육공무원승진규정(대통령령)

제26조(평정결과의 비공개) 근무성적평정의 결과는 이를 공개하지 아니한다.

[2] 대법원 2010. 6. 10. 선고 2010두2913 판결 【정보공개거부처분취소】

학교폭력법 제21조 제1항, 제2항은 학교폭력의 예방 및 대책과 관련한 업무를 수행하거나 수행하였던 자가 그 직무로 인하여 알게 된 비밀 또는 피해학생 및 가해학생과 관련된 자료의 누설을 금지하되 그 구체적인 비밀의 범위는 대통령령으로 정하도록 위임하고 있고, 이에 따라 학교폭력법 시행령 제17조는 그 비밀의 범위를 "1. 학교폭력 가해학생과 피해학생 개인 및 가족의 성명, 주민등록번호 및 주소 등 개인정보에 관한 사항, 2. 학교폭력 가해학생과 피해학생에 대한 심의 · 의결과 관련된 개인별 발언 내용, 3. 그 밖에 외부로 누설될 경우 분쟁당사자 간에 논란을 일으킬 우려가 명백한 사항"으로 열거하고 있으며, **학교폭력법 제21조 제3항**은 피해학생의 보호를 위한 조치, 가해학생에 대한 조치, 학교폭력과 관련된 분쟁의 조정 등에 관한 자치위원회의 회의는 공개하지 아니하도록 규정하고 있다. 위 각 규정들의 내용, 학교폭력법의 목적, 입법 취지, 특히 학교폭력법 제21조 제3항이 자치위원회의 회의를 공개하지 못하도록 규정하고 있는 점 등에 비추어, **자치위원회가 피해학생의 보호를 위한 조치, 가해학생에 대한 조치, 학교폭력과 관련된 분쟁의 조정 등에 관하여 심의한 결과를 기재한 회의록은** 정보공개법 제9조 제1항 제1호의 '다른 법률 또는 법률이 위임한 명령에 의하여 비밀 또는 비공개 사항으로 규정된 정보'에 해당한다고 보아야 할 것이다.

[참조조문]

학교폭력예방 및 대책에 관한 법률

제21조(비밀누설금지 등) ① 이 법에 따라 학교폭력의 예방 및 대책과 관련된 업무를 수행하거나 수행하였던 자는 그 직무로 인하여 알게 된 비밀 또는 가해학생 · 피해학생과 관련된 자료를 누설하여서는 아니 된다.
② 제1항에 따른 비밀의 구체적인 범위는 대통령령으로 정한다.

③ 제16조부터 제18조까지의 규정에 따른 자치위원회의 회의는 공개하지 아니한다.

tip 정보공개법 제9조 제1항 제1호는 비공개대상정보의 예로 '다른 법률 또는 법률이 위임한 명령(국회규칙 · 대법원규칙 · 헌법재판소규칙 · 중앙선거관리위원회규칙 · 대통령령 및 조례에 한한다)에 의하여 비밀 또는 비공개 사항으로 규정된 정보'를 들고 있다. 즉, 동법은 "법률이 위임한 명령"에 '대통령령'만을 포함하고 부령 등을 제외하고 있다. 게다가 판례는 '정보의 공개에 관하여 법률의 구체적인 위임 아래 제정된 법규명령'만을 비공개대상정보로 보아 그 범위를 더욱 제한적으로 해석함으로써 국민들의 알권리의 범위를 확대하고 있다.

판례 — 정보공개법상 비공개대상정보 (정보공개법 제9조 제1항 제7호)

대법원 2010. 12. 23. 선고 2008두13101 판결
【정보공개거부처분취소】

[1. 정보공개청구 대상기관 해당 여부]

방송법이라는 특별법에 의하여 설립, 운영되는 특수법인인 피고(한국방송공사)는 정보공개법 시행령 제2조 제4호의 '특별법에 의하여 설립된 특수법인'으로서 정보공개의무가 있는 공공기관에 해당한다.

[2. 정보공개법 제9조 제1항 제7호의 비공개대상정보 해당 여부]

방송프로그램의 기획 · 편성 · 제작 등에 관한 정보로서 피고가 공개하지 아니한 것은 사업활동에 의하여 발생하는 위해로부터 사람의 생명 · 신체 또는 건강을 보호하기 위하여 공개할 필요가 있는 정보나 위법 · 부당한 사업활동으로부터 국민의 재산 또는 생활을 보호하기 위하여 공개할 필요가 있는 정보를 제외하고는, 정보공개법 제9조 제1항 제7호에 정한 '법인 등의 경영 · 영업상 비밀에 관한 사항'에 해당할 뿐만 아니라 그 공개를 거부할 만한 정당한 이익도 있다고 보아야 한다.

tip 한국방송공사는 정보공개법상 정보공개의무 있는 공공기관이며, 방송프로그램의 기획 · 편성 · 제작 등에 관한 정보는 정보공개법 제9조 제1항 제7호의 비공개정보에 해당한다는 판결이다.

기출 — 제50회 사법시험(2008년)

〈제1문〉

갑은 교육공무원법 제11조의3 및 교육공무원임용령 제5조의2 제1항에 의하여 국립 A대학교 소속 단과대학 조교수로 4년의 기간을 정하여 임용되었다. 갑은 임용기간이 만료되기 4개월 전 임용기간의 만료 사실과 재임용 심사를 신청할 수 있음을 임용권자로부터 서면으로 통지받았다. 이에 따라 갑은 재임용 심사를 신청하였으나 임용권자는 국립 A대학교 본부인사위원회의 심의를 거쳐 "첫째, 피심사자 갑의 연구실적이 「국립 A대학교 교원인사규정」상의 재임용 최소요건은 충족하지만 지도학생에 대한 면담을 실시하지 않는 등 학생지도실적이 미흡하다. 둘째, 갑이 국립 A대학교 총장의 비리와 관련된 기사를 신문에 게재하여 교원으로서의 품위 및 학교의 명예를 크게 손상시켰다"라는 이유로 사전통지를 하지 아니한 채 갑에게 임용기간 만료 2개월 전에 재임용 탈락의 통지를 하였다.

한편, 국립 A대학교 총장이 교육공무원법 제11조의3 제5항 및 교육공무원임용령 제5조의2 제3항에 따라 제정한 「국립 A대학교 교원인사규정」에 의하면 교육공무원법 제11조의3 제5항 각 호에서 규정하고 있는 사항 이외에 "교원으로서의 품위 및 학교 명예에 관한 사항"을 재임용 심사항목으로 규정하고 있다.

(1) 재임용 심사의 세부적인 기준을 정한 「국립 A대학교 교원인사규정」의 법적 성질과 그 효력은? (10점)

(2) 갑에 대한 재임용 탈락 통지의 법적 성질은? (10점)

(3) 임용권자가 행한 甲에 대한 재임용 탈락 통지는 적법한가? (15점)

(4) 재임용 탈락 통지에 대한 갑의 행정쟁송상 권리구제 수단은? (15점)

[참조조문]

교육공무원법

제11조의3(계약제 임용등) ① 대학의 교원은 대통령령이 정하는 바에 의하여 근무기간·급여·근무조건, 업적 및 성과약정 등 계약조건을 정하여 임용할 수 있다.

② 제1항의 규정에 의하여 임용된 교원의 임용권자는 당해 교원의 임용기간이 만료되는 때에는 임용기간 만료일 4일 전까지 임용기간이 만료된다는 사실과 재임용 심의를 신청할 수 있음을 당해 교원에게 통지(문서에 의한 통지를 말한다. 이하 이 조에서 같다)하여야 한다.

③ 〈생략〉

④ 제3항의 규정에 의한 재임용 심의를 신청받은 임용권자는 대학인사위원회의 재임용 심의를 거쳐 당해 교원에 대한 재임용 여부를 결정하고 그 사실을 임용기간 만료일 2월 전까지 당해 교원에게 통지하여야 한다. 이 경우 당해 교원을 재임용하지 아니하기로 결정한 때에는 재임용하지 아니하겠다는 의사와 재임용 거부사유를 명시하여 통지하여야 한다.

⑤ 대학인사위원회가 제4항의 규정에 의하여 당해 교원에 대한 재임용 여부를 심의함에 있어서는 다음 각 호의 사항에 관한 평가 등 객관적인 사유로서 학칙이 정하는 사유에 근거하여야 한다. 이 경우 심의과정에서 15일 이상의 기간을 정하여 당해 교원에게 지정된 기일에 대학인사위원회에 출석하여 의견을 진술하거나 서면에 의한 의견제출의 기회를 주어야 한다.

1. 학생교육에 관한 사항
2. 학문연구에 관한 사항
3. 학생지도에 관한 사항

⑥ 〈생략〉

교육공무원임용령

제5조의2(대학교원의 계약제 임용 등) ① 법 제11조의3의 규정에 의한 대학교원의 임용은 다음 각 호의 범위 안에서 계약조건을 정하여 행한다.

1.~3. 〈생략〉

4. 업적 및 성과

연구실적·논문지도·진로상담 및 학생지도 등에 관한 사항

5.~6. 〈생략〉 재계약 조건 및 절차

② 〈생략〉

③ 대학의 장은 대학인사위원회의 심의를 거쳐 제1항의 규정에 의한 계약조건에 관한 세부적인 기준을 정한다.

④ 〈생략〉

(1) 재임용 심사의 세부적인 기준을 정한 「국립 A대학교 교원인사규정」의 법적 성질과 그 효력은? (10점)

Ⅰ. 교원인사규정의 법적 성질 및 그 효력 (설문(1))

1. 문제 상황

교육공무원법 제11조의3 제5항 및 교육공무원임용령 제5조의2 제3항에 따라 제정된 교원인사규정의 법적 성질이 문제된다.

2. 교원인사규정의 법적 성질

(1) 학설

ⓐ 법규명령이라는 견해, ⓑ 규범구체화행정규칙으로 보자는 견해, ⓒ 수권여부기준설, ⓓ 위헌무효라는 견해, ⓔ 행정규칙에 불과하다는 견해가 대립된다.

(2) 판례

㈎ 대법원은 '소득세법시행령에 근거한 국세청훈령인 재산제세사무처리규정'의 법규성을 인정한 이래 행정규칙형식의 법규명령에 대해 그 성질을 법규명령으로 보면서 대외적 효력을 인정하고 있다.

㈏ 다만, ⓐ 상위법령의 위임(수권)이 있어야 하고, ⓑ 상위법령의 내용을 보충·구체화하는 기능을 가져야 한다고 본다. 또한 ⓒ 행정규칙형식의 법규명령도 법규명령이므로 상위법령의 위임의 한계를 벗어나지 않는다면, 상위법령과 결합하여 대외적 효력이 인정된다고 본다.

㈐ 헌법재판소도 '공무원임용령 제35조의2등에 대한 헌법소원사건'에서 대법원과 동일한 입장을 취하였다.

(3) 검토

법규명령으로 봄이 타당하다.

(4) 설문

설문의 교원인사규정은 교육공무원법 제11조의3 제5항 및 교육공무원임용령 제5조의2 제3항에 따라 제정되었으므로 상위법령의 위임을 받아 제정된 것이며, 상위법령을 보충·구체화하고 있다. 따라서 법규명령으로서의 성질을 갖는다.

3. 교원인사규정의 효력

법규명령으로서 상위법령과 결합하여 대외적 효력을 가진다.

(2) 갑에 대한 재임용 탈락 통지의 법적 성질은? (10점)

Ⅱ. 재임용 탈락통지의 법적 성질(설문(2))

1. 재임용탈락통지가 항고소송의 대상인 거부처분인지 여부

(1) 항고소송의 대상인 거부처분의 성립요건

1) 신청의 내용이 공권력행사 등일 것

행정청의 거부가 항고소송의 대상인 거부처분이 되기 위해서는 신청한 행위가 공권력의 행사(이에 준하는 행정작용)이어야 한다.

2) 거부로 인하여 국민의 권리나 법적 이익에 직접 영향을 미치는 것일 것

행정청의 거부로 인해 국민의 권리·법적 이익에 직접적인 변동을 가져오는 행위이어야 한다. 즉, 법적 행위이어야 한다.

3) 신청권의 문제

대법원은 거부처분이 항고소송의 대상이 되기 위해서는 국민이 행정청에 대하여 그 신청에 따른 행정행위를 해줄 것을 요구할 수 있는 법규상 조리상의 권리가 있어야 한다는 입장이다(대판 1984. 10. 23. 84누227). 이에 대해 찬성하는 견해와 반대하는 견해가 대립된다. 원고적격으로 보는 견해가 타당하다.

(2) 소결

㈎ 설문의 재임용탈락통지는 행정소송법 제2조 제1항 제1호의 공권력행사의 거부이며, 재임용에 탈락된다면 공무담임권이 제한됨으로써 당사자의 권리의무에 영향을 미치는 행위이므로 항고소송의 대상이 되는 거부처분이다.

㈏ 판례도 「임용권자가 임용기간이 만료된 조교수에 대하여 재임용을 거부하는 취지로 한 임용기간만료의 통지는 위와 같은 대학교원의 법률

관계에 영향을 주는 것으로서 행정소송의 대상이 되는 처분에 해당한다고 할 것이다(대판(전원) 2004. 4. 22. 2000두7735)」라고 하여 재임용신청에 대한 임용기간만료통지를 거부처분으로 보고 있다.

2. 재임용탈락통지의 재량성

(1) 학설

ⓐ 효과재량설, ⓑ 종합설, ⓒ 기본권기준설 등이 대립한다.

(2) 판례

판례는 관련법령에 대한 종합적인 판단을 전제로 하면서, 효과재량설을 기준으로 활용하거나 공익성을 구별기준으로 들기도 한다.

(3) 소결(판례)

판례는 「대학교수 등의 임용여부는 임용권자가 교육법상 대학교수 등에게 요구되는 고도의 전문적인 학식과 교수능력 및 인격 등의 사정을 고려하여 합목적적으로 판단할 자유재량에 속하는 것(대판 1998. 1. 23. 96누12641)」이라고 하여 재량행위로 본다.

(3) 임용권자가 행한 甲에 대한 재임용 탈락 통지는 적법한가? (15점)

Ⅲ. 재임용탈락통지의 적법성(설문(3))

1. 절차상의 위법

(1) 행정절차법 제21조 위반여부

1) 문제점

설문의 재임용탈락통지처분은 재임용신청에 대한 거부처분이므로 거부처분을 하는 경우 사전통지를 하여야 하는지가 문제된다(행정절차법 제21조 제1항).

2) 학설

① 적극설과 ② 소극설이 대립된다.

3) 판례

판례는 거부처분은 아직 당사자에게 권익이 부과되지 않았으므로 권익을 제한하는 처분에 해당하지 않아 처분의 사전통지의 대상이 아니라고 본다(대판 2003. 11. 28. 2003두674).

4) 검토

㈎ 거부처분은 당사자에게 의무를 과하거나 권익을 제한하는 것은 아니므로 사전통지의 대상이 아니라고 봄이 타당하다.

㈏ 다만 적극설에 따르면 사전통지를 하지 않고 한 재임용탈락통지는 행정절차법 제21조 제1항에 위반되어 절차상 하자의 독자적 위법사유여부가 문제될 것이다.

(2) 절차상 하자의 독자적 위법사유여부

1) 학설

적극설(법원이 절차상 하자를 이유로 취소하더라도 행정청은 절차의 하자를 보완하여 동일한 내용의 처분을 할 수 있음을 근거로 한다)과 소극설(기속행위의 경우에도 처분의 발령에 이르기까지의 사실판단이나 포섭, 부관 등 관련사항의 판단에 있어서 다른 결정에 이를 수 있고 반드시 동일한 내용의 처분을 반복한다고 말할 수 없다는 점을 근거로 한다)(다수설)이 대립한다.

2) 판례

판례는 당해 행위가 기속행위인지 재량행위인지를 불문하고 적극적인 입장이다.

3) 검토

행정소송법 제30조 제3항은 '절차의 위법'을 인정하고 있기에 적극설이 타당하다.

2. 내용상의 위법

(1) 재임용탈락통지의 요건 해당성 문제

설문에서 재임용탈락통지의 사유로 든 것은 ① 지도학생에 대한 면담을 실시하지 않는 등 학생지도실적이 미흡하다는 것과 ② 총장비리관련 기사를 신문에 게재한 것이다. 첫째 사유는 교육공무원법 제11조의3 제5항 제3호에 해당하며, 두 번째 사유는 인사규정에 포함된 '교원으로서의 품위 및 학교 명예에 관한 사항'으로 볼 수 있어 요건해당성에는 문제가 없다.

(2) 재임용탈락통지의 재량권 일탈·남용의 문제

설문과 관련해서는 비례원칙이 문제될 것이다.

1) 의의·내용

㈎ 행정목적을 실현하기 위한 구체적인 수단

과 목적간에 적정한 비례관계가 있어야 한다는 원칙이다.

(나) 비례원칙은 적합성의 원칙, 필요성의 원칙(최소침해의 원칙), 상당성의 원칙(협의의 비례원칙)으로 이루어져 있으며, 이 3가지 원칙은 단계구조를 이룬다.

2) 설문

갑이 지도학생에 대한 면담을 실시하지 않는 등 학생지도실적이 미흡하였다는 것과 총장비리 관련 기사를 신문에 게재한 것이 사실이라면 재임용탈락통지는 국립대학교원으로서의 품위, 국립대학교수에 대한 일반 국민과 국립대학 학생들의 신뢰, 효율적인 국립대학 운영이라는 면에서 사회통념상 현저히 타당성을 잃었다고 볼만한 특별한 사정이 있다고 보기 어렵다. 따라서 비례원칙에 위반되는 처분으로 볼 수 없다.

(4) 재임용 탈락 통지에 대한 갑의 행정쟁송상 권리구제 수단은? (15점)

Ⅳ. 재임용탈락통지에 대한 행정소송법상 구제수단(설문(4))

1. 재임용탈락통지처분의 위법성의 정도(절차상 위법이 있음을 전제로 한다)

중대명백설에 따라 판단해 보면, 사전통지를 하지 않은 절차상의 위법은 외관상 명백한 위법이라고 할지라도 적법요건에 중대한 위반으로 보기 어려워 취소사유에 해당한다.

2. 교원소청심사청구

교육공무원법에 따라 교원소청심사위원회에 심사를 청구할 수 있다.

3. 거부처분취소소송과 집행정지

(1) 거부처분취소소송

전술한 바처럼 재임용탈락통지는 항고소송의 대상이 되는 거부처분이고, 갑은 공무담임권 등의 권리가 침해당한 자이므로 거부처분취소소송을 제기하면 될 것이다.

(2) 거부처분취소소송에서 집행정지의 인정 여부

1) 학설

① 부정설(집행정지결정의 기속력과 관련하여 행정소송법 제23조 제6항은 기속력에 관한 원칙규정인 제30조 제1항의 준용만을 규정할 뿐, 재처분의무를 규정한 제30조 제2항의 준용을 규정하고 있지 아니함을 논거로 한다)과 ② 제한적 긍정설(원칙적으로 부정설이 타당하지만, 기간에 제한이 있는 허가사업을 영위하는 자가 허가기간의 만료시 갱신허가를 신청하였음에도 권한행정청이 거부처분한 경우에는 집행정지를 인정할 실익이 있음을 근거로 한다)이 대립된다.

2) 판례

판례는 거부처분은 그 효력이 정지되더라도 그 처분이 없었던 것과 같은 상태를 만드는 것에 지나지 아니하고 행정청에게 어떠한 처분을 명하는 등 적극적인 상태를 만들어 내는 경우를 포함하지 아니하기에 거부처분의 집행정지를 인정할 필요가 없다고 본다(대결 1993. 2. 10. 92두72).

3) 검토

거부처분의 집행정지에 의하여 거부처분이 행해지지 아니한 상태로 복귀됨에 따라 신청인에게 어떠한 법적 이익이 있다고 인정되는 경우가 있을 수 있기에 제한적 긍정설이 타당하다.

4) 설문

갑은 거부처분의 집행정지로 인한 법적인 이익이 인정되는 경우이다. 따라서 행정소송법 제23조의 다른 요건을 충족하는 한 집행정지신청은 인용될 것이다.

4. 당사자소송

행정소송법 제3조 제2호(행정청의 처분 등을 원인으로 하는 법률관계에 관한 소송 그 밖에 공법상의 법률관계에 관한 소송으로서 그 법률관계의 한쪽 당사자를 피고로 하는 소송)에 따라 갑은 교원지위존재확인소송을 제기할 수도 있다(인용가능성은 별개의 문제이다).

5. 국가배상청구소송[14)]

판례에 따르면 국가배상청구소송은 민사소송에 의할 것이나, 다수설은 이를 공법상 당사자소송으로 보기 때문에, 다수설의 입장에 따르고 임용권자의 고의·과실, 위법성이 인정된다면 갑은 국가배상을 청구할 수 있다.

6. 의무이행소송과 가처분

(1) 의무이행소송의 인정여부

(가) 학설은 긍정설, 부정설, 제한적 긍정설이 대립한다.

(나) 판례는 부정한다(대판 1995. 3. 10. 94누14018).

(2) 가처분의 인정여부

가처분의 인정여부에 관해 긍정설, 부정설, 제한적 긍정설이 대립하지만, 판례는 부정한다. 집행정지와의 관계상으로는 제한적으로 긍정함이 타당하다. 결국 설문과 같은 경우 집행정지를 부정한다면 가처분을 인정함이 타당하다.

14) 김용섭, 고시계 2009/1, 제50회 사법시험 제2차 채점평, 216면 이하. "대다수의 수험생이 국가배상청구에 대하여 기술하고 있으나, 행정쟁송상 권리구제수단을 묻는 문제이므로 이를 작성하지 않아야 옳은데, 일언반구 없이 국가배상청구에 관한 타이틀을 달고 국가배상청구권의 성립요건 등을 기술할 경우에는 불필요한 사족을 다는 것이 된다. 이에 반해 국가배상청구에 대하여도 기술하면서 이것은 행정쟁송상의 권리구제수단이 아니라고 언급한 답안도 나쁘지 않았다. 더구나 국가배상청구가 공법적 원인으로 인한 것이어서 공권으로 보아 공법상 당사자 소송을 통하여 구제할 필요가 있다는 식으로 언급한 경우에도 과제의 핵심을 파악하고 기술한 것이기 때문에 좋은 인상을 받았다."

기출 — 제54회 행정고시(일반행정)(2010년)

〈제1문〉

갑은 숙박시설을 경영하기 위하여 「건축법」 등 관계 법령이 정하는 요건을 구비하여 관할 A시 시장 을에게 건축허가를 신청하였다. 그러나 시장 乙은 「건축법」 제11조 제4항에 따라 해당 숙박시설의 규모나 형태 등이 주거환경이나 교육환경 등 주변환경을 고려할 때 부적합하다는 이유로 건축허가를 거부하였고, 갑은 이에 대해 건축허가거부처분취소 소송을 제기하였다. 이와 관련하여 아래 물음에 답하시오. (총 50점)

(1) 을이 제시한 '주거환경이나 교육환경 등 주변환경을 고려할 때 부적법하다'는 거부사유에 대한 사법심사의 가부(可否) 및 한계는? (10점)

(2) 갑이 을의 거부처분과 관련하여 처분의 법적 근거, 의견제출기한 등을 사전에 통지하지 않았으므로 위법하여 취소되어야 한다고 주장한다면, 법원의 판단은 어떠해야 하는가? (20점)

(3) 한편, 갑의 취소소송은 인용되었으나, 동 소송의 계속 중 A시 건축조례가 개정되어 건축허가 요건으로 「건축법」 제49조 등 건축법령의 규정보다 강화된 피난시설의 구비를 요구하게 되었으며, 갑이 허가 신청한 건축물은 현재에도 여전히 이를 구비하지 못한 상태이다. 이 경우 시장 을은 위 취소소송의 인용판결에도 불구하고 강화된 피난시설요건의 미비를 이유로 갑에게 재차 건축허가거부처분을 할 수 있는가?(단, A시 개정건축조례가 적법함을 전제로 함) (20점)

---

(1) 을이 제시한 '주거환경이나 교육환경 등 주변환경을 고려할 때 부적법하다'는 거부사유에 대한 사법심사의 가부(可否) 및 한계는? (10점)

Ⅰ. 거부사유에 대한 사법심사의 가능성과 한계(설문(1))

1. 문제 상황

건축법 제11조 제4항은 "허가권자는 위락시설이나 숙박시설에 해당하는 건축물의 건축을 허가하는 경우 해당 대지에 건축하려는 건축물의 용도·규모 또는 형태가 주거환경이나 교육환경 등 주변환경을 고려할 때 부적합하다고 인정하면 이 법이나 다른 법률에도 불구하고 건축위원회의 심의를 거쳐 건축허가를 하지 아니할 수 있다"라고 규정한다. 따라서 '해당 대지에 건축하려는 건축물의 용도·규모 또는 형태가 주거환경이나 교육환경 등 주변환경을 고려할 때 부적합'은 건축허가의 법률요건이다. 따라서 설문은 불확정개념을 규정한 요건판단에 있어 판단여지의 인정가능성과 한계를 묻고 있다.[15]

2. 판단여지의 의의·근거

(가) 판단여지란 불확정개념과 관련하여 사법심사가 불가능하거나 가능하지만 행정청의 자유영역을 인정하는 것이 타당한 행정청의 평가·결정 영역을 말한다.

(나) 불확정개념은 행정기관에 따라 상이한 평가가 가능하며, 불확정개념에 대해서는 하나의 정당한 결정만이 존재하는 것은 아니며(다수의 정당한 결정의 존재), 행정청이 더 많은 전문지식과 경험을 가지고 있을 수 있으며, 대체불가능한 결정이 존재할 수 있다는 점을 판단여지의 인정근거로 주장한다.

3. 판단여지의 인정여부

(가) ⓐ 판단여지는 법률요건에 대한 인식(판단)

---

15) 판단여지와 재량의 구별을 부정하는 견해에 따른다면 이는 재량행위에 대한 사법심사의 가능성과 재량권 일탈·남용의 문제가 된다.

의 문제이고, 재량은 법률효과 선택(결정)행위의 문제라는 점에서 판단여지와 재량을 구별하는 견해(다수 견해)와 ⓑ 판단여지와 재량은 사법심사의 배제라는 면에서 실질적 차이가 없으며, 재량은 입법자에 의해 요건의 측면에서도 존재할 수 있음을 근거로 구별을 부정하는 견해로 나뉜다.

㈏ 판례는 공무원임용면접전형, 감정평가사시험의 합격기준, 사법시험출제, 교과서검정처분 등을 재량의 문제로 보고 있어 판단여지와 재량을 구별하지 않는다.

㈐ 법치국가원리상 규범의 구성요건은 객관적인 것으로써 요건충족의 판단은 예견 가능한 것이어야 하므로 요건부분에 재량을 부여할 수는 없기에 구별하는 견해가 타당하다.

4. 판단여지의 적용영역

일반적 견해는 ⓐ 비대체적 결정영역, ⓑ 구속적 가치평가영역, ⓒ 예측적 결정영역(예측결정), ⓓ 형성적 결정영역(행정정책적인 결정) 등에 판단여지가 인정된다고 본다.

5. 판단여지의 한계

판단여지가 존재하는 경우에도 판단기관이 적법하게 구성되었는지 여부, 절차규정 준수여부, 정당한 사실관계에서의 판단여부, 일반적으로 승인된 평가척도(행정법의 일반원칙 준수여부)위반여부 등은 사법심사의 대상이 될 수 있다.

6. 소결

건축법 제11조 제4항의 허가요건은 불확정개념을 담고 있고, 불확정개념의 해석·적용은 법인식의 문제로서 원칙적으로 사법심사의 대상이 된다. 그러나 설문의 주변환경에 대한 고려는 비대체적 결정영역 또는 예측결정으로 판단여지가 인정되는 영역이어서 법원은 사법심사를 할 수 없다. 다만 정당한 사실관계의 판단여부에 문제가 있거나(예를 들어 한옥숙박시설임에도 일반 모텔로 오인하여 주변 한옥마을과 조화되지 않는다고 판단한 경우) 평등원칙이나 비례원칙 등의 위반이 있다면 사법심사가 가능할 것이다.

(2) 갑이 을의 거부처분과 관련하여 처분의 법적 근거, 의견제출기한 등을 사전에 통지하지 않았으므로 위법하여 취소되어야 한다고 주장한다면, 법원의 판단은 어떠해야 하는가? (20점)

Ⅱ. 거부처분에서 처분의 사전통지의 필요성 등(설문(2))

1. 거부처분에서 처분의 사전통지의 필요성

(1) 문제점

사전통지의 대상이 되는 처분은 당사자에게 의무를 과하거나 권익을 제한하는 처분에 한정된다(행정절차법 제21조 제1항). 따라서 설문과 같이 수익적인 처분을 신청한 것에 대한 거부처분도 '의무를 과하거나 권익을 제한하는 처분'에 포함될 것인지가 문제된다.

(2) 학설

긍정설과 부정설이 대립된다.

(3) 판례

판례는 거부처분은 아직 당사자에게 권익이 부과되지 않았으므로 권익을 제한하는 처분에 해당하지 않아 처분의 사전통지의 대상이 아니라고 본다(대판 2003. 11. 28. 2003두674).

(4) 검토 및 설문

㈎ 거부처분은 당사자의 권익을 제한하거나 의무를 부과하는 처분으로 볼 수 없어 사전통지의 대상이 되지 않는다는 견해(판례)가 타당하다.

㈏ 시장의 거부처분은 사전통지의 대상이 되지 않으므로 갑에게 사전통지를 하지 않았다고 하더라도 절차상 위법하지 않다.

㈐ 다만, 아래에서는 거부처분도 처분의 사전통지의 대상이 된다는 견해에 따라 서술한다.

2. 처분의 사전통지의 예외 사유

행정절차법 제21조 제4항은 제1호에서 제3호까지 사전통지의 예외사유를 규정하고 있으나, 설문에서는 예외사유에 해당사항이 없다.

3. 절차상 하자의 독자적 위법사유 인정여부

(1) 학설

적극설(법원이 절차상 하자를 이유로 취소하더라도 행정청은 절차의 하자를 보완하여 동일한 내용의 처분을 할 수 있음을 근거로 한다)과 소극설(기속행위의 경우에도 처분의 발령에 이르기까지의 사실판단이나 포섭, 부관 등 관련사항의 판단에 있어서 다른 결정에 이를 수 있고 반드시 동일한 내용의 처분을 반복한다고 말할 수 없다는 점을 근거로 한다)(다수설)이 대립한다.

(2) 판례

판례는 당해 행위가 기속행위인지 재량행위인지를 불문하고 적극적인 입장이다.

(3) 검토

행정소송법 제30조 제3항은 '절차의 위법'을 인정하고 있기에 적극설이 타당하다.

4. 위법성의 정도

갑은 사전통지를 하지 않은 거부처분이 취소되어야 한다고 주장하고 있어 이러한 하자가 취소사유인지가 문제된다. 중대명백설에 따르면 사전통지를 하지 않은 위법은 외관상 명백하지만, 적법요건의 중대한 위법으로 보기는 어려워 취소사유로 보아야 한다.

5. 소결

거부처분도 처분의 사전통지의 대상이 된다는 견해에 따른다면 법원은 갑의 거부처분취소소송을 인용해야 한다.

(3) 한편, 갑의 취소소송은 인용되었으나, 동 소송의 계속 중 A시 건축조례가 개정되어 건축허가 요건으로 「건축법」 제49조 등 건축법령의 규정보다 강화된 피난시설의 구비를 요구하게 되었으며, 갑이 허가 신청한 건축물은 현재에도 여전히 이를 구비하지 못한 상태이다. 이 경우 시장 을은 위 취소소송의 인용판결에도 불구하고 강화된 피난시설요건의 미비를 이유로 갑에게 재차 건축허가거부처분을 할 수 있는가?(단, A시 개정건축조례가 적법함을 전제로 함)(20점)

Ⅲ. 시장의 건축허가 재거부처분의 가능성(설문(3))

1. 문제 상황

건축허가거부처분에 대한 취소소송 계속 중 개정된 건축조례를 근거로 당초 거부처분취소소송의 인용판결 후 다시 건축허가거부처분을 할 수 있는지의 문제이다. 이는 확정판결의 기속력 특히 기속력의 시적 범위에 대한 문제이다.

2. 기속력의 의의

기속력은 처분 등을 취소하는 확정판결이 당사자인 행정청과 관계행정청에 대하여 판결의 취지에 따라야 할 실체법상의 의무를 발생시키는 효력을 말한다(행정소송법 제30조 제1항).

3. 기속력의 법적 성질

ⓐ 기속력은 기판력과 동일하다는 기판력설과 행정소송법이 특별히 인정한 효력이라는 특수효력설이 대립된다. ⓑ 판례의 입장은 불분명하다. ⓒ 특수효력설이 타당하다.

4. 기속력의 내용

㈎ 기속력은 ⓐ 반복금지의무와 ⓑ 재처분의무(행정소송법 제30조 제2항, 제3항) 그리고 ⓒ 결과제거의무를 그 내용으로 한다.

㈏ 설문에서는 재처분의무위반여부가 문제된다.

5. 기속력의 범위

(1) 주관적 범위

기속력은 그 사건(취소된 처분)에 관하여 당사자인 행정청과 그 밖의 관계 행정청을 기속한다.

(2) 객관적 범위

기속력은 기판력과 달리 '판결로 적시된 개개의 위법사유'에 관해서만 발생한다. 구체적으로 보면, 판결에 적시된 개개의 위법사유는 처분사유의 추가·변경과의 관계로 인해 판결에 적시된 기본적 사실관계가 동일한 위법사유를 말한다.

(3) 시간적 범위

기속력은 처분시까지의 법관계·사실관계를 판단의 대상으로 한다.

(4) 검토

설문의 경우 주관적 범위는 문제되지 않고, 객관적 범위와 시간적 범위가 문제될 수 있다.

6. 소결

(가) 건축조례의 개정으로 건축허가 요건이 강화되었다는 사정은 당초 건축허가거부처분 이후의 새로운 사정이므로 기속력이 미치지 않는다.

(나) 그리고 당초 거부사유인 '해당 숙박시설의 규모나 형태 등이 주거환경이나 교육환경 등 주변환경을 고려할 때 부적합하다'라는 사정과 '강화된 피난시설요건의 미비'라는 사정은 당초사유가 환경상의 이유라면 새로운 거부사유는 안전상의 이유이기에 취지에 공통성이 없어 기본적 사실관계를 달리한다. 따라서 시장은 다시 건축허가거부처분을 할 수 있다.

기출 — 제53회 행정고시(일반행정)(2009년)

〈제2문〉

A고등학교 교장인 갑은 소속 교사인 을의 행실이 못마땅하고, 그 소속 단체인 교사 연구회에 대하여도 반감을 가지고 있던 중에 을이 신청한 A학교시설의 개방 및 그 이용을 거부하였다. 그러자 평소 갑의 학교운영에 불만을 품고 있던 을은 학교장 갑의 업무추진비 세부항목별 집행내역 및 그에 관한 증빙서류에 대하여 정보공개를 청구하였다. 이에 갑은 청구된 정보의 내용 중에는 개인의 사생활의 비밀 또는 자유를 침해할 우려가 있는 정보가 포함되어 있다는 것을 이유로 을의 청구에 대하여 비공개 결정하였다. (30점)

(1) 갑의 비공개결정의 적법성여부에 대하여 검토하시오. (15점)

(2) 갑의 비공개결정에 대하여 을이 취소소송을 제기하여 다투고 있던 중, 갑은 위 사유 이외에 학교장의 업무추진비에 관한 정보 중에는 법인·단체의 경영상의 비밀이 포함되어 있다는 것을 비공개결정 사유로 추가하려고 한다. 그 허용 여부에 대하여 검토하시오. (15점)

(1) 갑의 비공개결정의 적법성여부에 대하여 검토하시오. (15점)

Ⅰ. 고등학교 교장 갑의 비공개결정의 적법성여부(설문(1))

1. 문제 상황

공공기관의 정보공개에 관한 법률(이하 '정보공개법') 제3조는 공공기관이 보유·관리하는 정보에 대해 공개를 원칙으로 하고 있고, 동법은 제9조 제1항에서 비공개대상정보를 규정하며, 제14조에서는 부분공개제도를 인정하고 있다.

2. 비공개대상정보인지 여부

(1) 공개대상정보

㈎ 공공기관이 보유·관리하는 정보는 공개대상이 된다(동법 제9조 제1항 본문). 공공기관이란 국가기관, 지방자치단체, 정부투자기관관리기본법 제2조의 규정에 의한 정부투자기관 그 밖에 대통령령이 정하는 기관을 말한다(동법 제2조 제3호).

㈏ 동법시행령 제2조 제1호(법 제2조 제3호에서 "그 밖에 대통령령이 정하는 기관이라 함은 다음 각 호의 기관을 말한다. 1. 초·중등교육법 및 고등교육법 그 밖에 다른 법률에 의하여 설치된 각급학교)에 비추어 설문의 A고등학교는 공공기관에 해당한다.

(2) 정보공개법 제9조 제1항 제6호 본문에 해당여부

㈎ 정보공개법 제9조 제1항 제6호는 비공개대상정보를 규정하면서 본문에서 ⓐ 개인식별정보일 것과 ⓑ 사생활의 비밀이나 자유의 침해 우려가 있을 것을 필요로 하고 있다.

㈏ 교장 갑의 업무추진비 세부항목별 집행내역 및 그에 관한 증빙서류에 대하여 정보가 개인식별정보인지 그리고 정보를 공개하는 경우 사생활의 비밀이나 자유의 침해 우려가 있는지 불분명하다. 설사 이 두 요건을 충족한다고 하더라도 동법 제9조 제1항 제6호 단서를 검토해야 한다.

(3) 정보공개법 제9조 제1항 제6호 단서(특히 다목)의 문제

㈎ 다목의 '공개하는 것이 공익을 위하여 필요하다고 인정되는 정보'에 해당하는지 여부는 비공개에 의하여 보호되는 개인의 사생활 보호 등의 이익과 공개에 의하여 보호되는 국정운영의 투명성 확보 등의 공익을 비교·교량하여 구체적 사안에 따라 신중히 판단하여야 한다(대판 2003. 3. 11. 2001두6425).

㈏ 설문에서 학교장의 업무추진비 세부항목별 집행내역 및 그에 관한 증빙서류의 공개로 인한 사생활의 비밀과 자유의 침해의 우려가 학교 구성원의 알권리 보장과 학교운영의 투명성 확보 등 공익을 능가하는 것인지는 불분명하다.

3. 부분공개의 가능성

(가) ⓐ 공개청구한 정보가 제9조 제1항 각 호의 1에 해당하는 부분과 공개가 가능한 부분이 혼합되어 있는 경우로서 ⓑ 공개청구의 취지에 어긋나지 아니하는 범위 안에서 두 부분을 분리할 수 있는 때에는 부분공개해야 한다(동법 제14조).

(나) 설문은 부분공개의 두 요건을 충족하고 있기에 전부를 공개할 수는 없다고 하여도 부분공개를 하여야 한다.

4. 소결

정보공개법 제9조 제1항 제6호 본문 및 단서에 해당여부는 불분명하지만, 비공개대상정보에 해당하는 부분이 있다고 하더라도 동법 제14조에 따라 부분공개하여야 한다. 따라서 비공개결정은 위법하다.

---

(2) 갑의 비공개결정에 대하여 을이 취소소송을 제기하여 다투고 있던 중, 갑은 위 사유 이외에 학교장의 업무추진비에 관한 정보 중에는 법인·단체의 경영상의 비밀이 포함되어 있다는 것을 비공개결정 사유로 추가하려고 한다. 그 허용여부에 대하여 검토하시오. (15점)

Ⅱ. 정보공개법 제9조 제1항 제7호의 처분사유의 추가의 가능성(설문(2))

1. 처분사유의 추가·변경의 의의

당초처분시에는 존재하였지만 처분사유로 제시되지 아니하였던 사실 및 법적 근거를 소송계속 중에 추가하거나 변경하는 것을 말한다.

2. 허용여부

(1) 학설

① 부정설, ② 긍정설, ③ 제한적인 범위 내에서 처분이유의 사후변경은 인정되어야 한다는 제한적 긍정설이 있다. 제한적 긍정설이 통설이다.

(2) 판례

처분청은 당초처분의 근거로 삼은 사유와 기본적 사실관계가 동일성이 있다고 인정되는 한도 내에서만 다른 사유를 추가하거나 변경할 수 있다고 본다(대판 1983. 10. 25. 83누396).

(3) 검토

분쟁의 일회적 해결이라는 요청 및 원고의 방어권보장과 신뢰보호의 요청의 조화라는 관점에서 제한적 긍정설이 타당하다.

3. 인정범위

(1) 객관적 범위

1) 기본적 사실관계의 동일성

기본적 사실관계 동일성 유무는 처분사유를 법률적으로 평가하기 이전의 구체적인 사실관계에 착안하여 그 기초가 되는 사회적 사실관계의 동일성을 기준으로 하며(대판 2004. 11. 26. 2004두4482), 판단은 시간적·장소적 근접성, 행위 태양·결과 등의 제반사정을 종합적으로 고려한다.

2) 소송물의 동일성

소송물의 동일성을 해하지 않는 범위에서 처분사유의 추가·변경은 인정될 수 있다.

(2) 시간적 범위

1) 추가·변경의 가능시점

변론종결시까지만 허용된다.

2) 처분사유의 추가·변경과 위법성판단기준시

처분시기준설에 따르면 처분시의 사유만이 고려대상이므로 처분시의 사유 중 기본적 사실관계 동일성 있는 사유만 추가·변경이 가능하지만, 판결시기준설에 따르면 처분시 이후 판결시까지의 사유도 추가·변경이 가능하고 제한적 긍정설에 따라 기본적 사실관계 동일성 있는 사유만 가능하다고 할 것이다.

4. 소결

정보공개법 제9조 제1항 제7호의 처분사유는 비록 처분시에 존재하였던 사유이지만, 제6호는 개인의 사생활의 비밀과 자유의 존중 및 개인의 자신에 대한 정보통제권을 보장하는 등 정보공개로 인하여 발생할 수 있는 제3자의 법익침해를 방지하고자 함에 그 취지가 있고(대판 2006. 1. 13. 2004두12629), 제7호는 법인 등의 정당한 이익이 현저히 침해되는 것을 방지함에 목적이 있어 두 사유는 입법취지를 달리한다. 따라서 기본적 사실관계가 동일하지 않아 처분사유의 추가는 허용되지 않는다.

기출 — 제54회 행정고시(2010)(일반행정)

〈제2문〉

A시에서 육류판매업을 영위하고 있는 을은 살모넬라병에 감염된 쇠고기를 보관·판매하였던바, A시 시장은 이를 인지하고 「식품위생법」 제5조와 제72조에 근거하여 담당공무원 갑에게 해당 제품을 폐기조치하도록 명하였다. 이에 따라 갑은 을이 보관·판매하고 있던 감염된 쇠고기를 수거하여 폐기행위를 개시하였고, 을은 즉시 갑의 폐기행위에 대해 취소소송을 제기하였다. 이 소송의 적법여부를 설명하시오.

[참조조문]

식품위생법 시행규칙

제4조(판매 등이 금지되는 병든 동물 고기 등) 법 제5조에서 "보건복지부령으로 정하는 질병"이란 다음 각 호의 질병을 말한다.

1. 「축산물가공처리법 시행규칙」 별표 3 제1호 다목에 따라 도축이 금지되는 가축전염병
2. 리스테리아병, 살모넬라병, 파스튜렐라병 및 선모충증

Ⅰ. 소송요건 일반

(가) 을의 취소소송은 관할권 있는 법원에(행정소송법 제9조), 원고적격(동법 제12조)과 피고적격을 갖추어(동법 제13조), 처분 등을 대상으로(동법 제19조), 제소기간 내에(동법 제20조) 제기하고, 그 밖에 권리보호필요성 요건을 갖추고 있어야 한다.

(나) 설문과 관련해서는 대상적격과 원고적격, 협의의 소익이 문제된다.

Ⅱ. 대상적격

1. 폐기행위의 법적 성격

법적 규율로서 수인의무를 부과하는 수인하명과 물리적 집행행위가 결합된 권력적 사실행위이다.

2. 항고소송의 대상인 처분

(1) 행정소송법상 처분

행정소송법 제19조 본문은 "취소소송은 처분등을 대상으로 한다"라고 하고, 동법 제2조 제1항 제1호는 "'처분 등'이라 함은 행정청이 행하는 구체적 사실에 관한 법집행으로서의 공권력의 행사 또는 그 거부와 그 밖에 이에 준하는 행정작용(이하 "처분"이라 한다) 및 행정심판에 대한 재결을 말한다"라고 규정하고 있다.

(2) 법적 행위

"법적 행위"는 행정소송법 제2조 제1호에서 명시적으로 표현되고 있는 처분개념의 요소는 아니지만, 판례와 전통적인 견해는 취소소송을 형성소송으로 보아 취소소송의 본질을 법률관계의 위법성의 소급적 제거로 이해하기 때문에 법적 행위를 항고소송의 대상이 되는 처분개념의 요소로 보고 있다.

(3) 설문

폐기행위는 권력적 사실행위로서 공권력행사에 해당한다고 보든 이에 준하는 행정작용에 해당한다고 보든 행정소송법 제2조 제1항의 처분개념에 해당한다고 보는 것이 일반적인 견해이다. 또한 수인하명을 수반하다는 점에서 법적인 행위이므로 항고소송의 대상이 되는 처분이다.

Ⅲ. 원고적격

갑은 침익적 처분의 상대방으로 원고적격이 인정된다.

Ⅳ. 협의의 소익

1. 의의

원고의 재판청구에 대하여 법원이 판단을 행할 구체적 실익 내지 필요성을 말하며, '소의 객

관적 이익' 또는 '권리보호의 필요'라고도 한다.

2. 소의 이익이 부인되는 경우

소송에서 협의의 소익은 일반적으로 긍정된다. 그러나 ① 보다 간이한 방법이 있는 경우, ② 원고가 추구하는 권리보호가 오로지 이론상으로만 의미 있는 경우, ③ 신의성실의 원칙에 반하는 경우에는 협의의 소익은 부정된다.

3. 설문

폐기행위가 완료된 뒤에는 협의의 소익이 없어 각하될 것이다. 따라서 소송을 제기하며 집행정지를 신청할 필요가 있다. 다만 폐기행위가 완료된 이후에도 이를 취소함으로써 회복되는 법률상 이익이 있다면 행정소송법 제12조 제2문에 따라 협의의 소익이 인정될 가능성은 있다.

Ⅴ. 결론

을의 폐기행위에 대한 취소소송은 적법하다.

제49회 행정고시(재경등직렬)(2005년)
〈제1문〉

A시장이 택지개발지구로 지정된 구역내의 무허가 건축물에 대하여 소유자 甲에게 철거명령을 내렸는데 甲은 이를 이행하지 않고 있다 이에 A시장은 의무불이행 그 자체만을 염두에 두고서 곧바로 행정대집행을 실행하였다. (총 50점)

(1) 甲의 권리구제 가능성과 그 구제방법을 설명하시오. (35점)

(2) 만약 甲이 철거반의 접근을 실력으로 방해할 경우에 A시장은 어떻게 대처할 수 있는가? (15점)

제24회 입법고시(2008년)
〈제1문〉

구청장 A는 광고주 갑의 광고물의 옥외광고물 등 관리법 제5조 제2항 제2호의 규정에 의한 퇴폐적 내용을 담고 있어 미풍양속을 해칠 우려가 있다고 판단하여 그 철거를 명하였다. 그러나 갑은 해당 광고물을 자진하여 철거하지 않았고, 이에 구청장 A는 대집행 절차에 착수하였다. 한편, 구청장 A는 영장에 의한 대집행의 통지를 함에 있어 대집행에 요하는 비용의 계산에 의한 견적액을 갑에게 통지하지 아니하였다. 대집행 통지행위에 대한 불가쟁력이 발생한 상황에서 갑은 통지행위의 위법을 사유로 하여 이제 막 시작된 대집행 실행행위로서의 철거행위의 취소를 구하는 소를 제기하였다. 이와 관련하여 다음 물음에 답하시오. (50점)

(1) 갑이 제기한 소송의 소송요건 충족여부와 관련된 행정소송법적 쟁점을 설명하시오. (30점)

(2) 갑은 통지행위의 위법을 이유로 철거행위의 위법을 주장할 수 있는가? (20점)

기출 — 제53회 사법시험(2011년)

〈제2문의 1〉

건축업자 A는 공사시행을 위하여 Y시장에게 도로점용허가를 신청하였고, Y시장은 2006. 11. 23. 소정의 기간을 붙여 점용허가를 하였다. 그 기간 만료 후 A는 공사가 아직 완료되지 않아 새로이 점용허가를 신청하였다. Y시장은 도로의 점용이 일반인의 교통을 현저히 방해하지 않음에도 인근 상가 주민의 민원이 있다는 이유로 점용허가를 거부하였다. 그런데 Y시장은 이러한 불허가처분을 하기 전에 '의견을 제출할 수 있다는 뜻과 의견을 제출하지 아니하는 경우의 처리방법'을 알리지 아니하였다.

(1) Y시장의 불허가처분은 적법한가? (15점)

(2) 만약 Y시장이 새로이 점용허가를 하면서 기간을 지나치게 짧게 정한 경우, A의 행정소송상 권리구제방법은? (20점)

[참조조문]

도로법

제38조(도로의 점용) ① 도로의 구역에서 공작물이나 물건, 그 밖의 시설을 신설·개축·변경 또는 제거하거나 그 밖의 목적으로 도로를 점용하려는 자는 관리청의 허가를 받아야 한다. 허가받은 사항을 연장 또는 변경하려는 때에도 또한 같다.

② 제1항에 따라 허가를 받을 수 있는 공작물·물건, 그 밖의 시설의 종류와 도로 점용허가의 기준 등에 관하여 필요한 사항은 대통령령으로 정한다.

도로법 시행령

제28조(점용의 허가신청) ① 법 제38조 제1항에 따른 허가를 받으려는 자는 다음의 사항을 적은 신청서를 관리청에 제출하여야 한다. 이 경우 점용장소·점용기간·공작물 또는 시설의 구조 등 점용에 관한 사항은 별표 1의2의 기준에 적합하게 하여야 한다.

1. 점용의 목적
2. 점용의 장소와 면적
3. 점용의 기간

(1) Y시장의 불허가처분은 적법한가? (15점)

Ⅰ. 시장의 불허가처분의 적법성(설문(1))

1. 문제 상황

Y시장이 도로의 점용이 일반인의 교통을 현저히 방해하지 않음에도 인근 상가 주민의 민원이 있다는 이유로 A의 점용허가신청을 거부한 것이 내용상 위법성은 없는지 그리고 불허가처분 전에 '의견을 제출할 수 있다는 뜻과 의견을 제출하지 아니하는 경우의 처리방법'을 알리지 아니한 절차상의 위법은 없는지가 문제된다.

2. 불허가처분의 내용상 위법성

(1) 도로점용허가의 재량성

㈎ 도로점용허가는 도로사용의 독점적 이익을 보호하고 있어 상대방에게 수익적이며, 공익적 판단이 주된 기준이 된다는 면에서 이를 재량행위로 보는 것이 타당하다. 판례도 같은 입장이다(도로점용의 허가는 특정인에게 일정한 내용의 공물사용권을 설정하는 설권행위로서, 공물관리자가 신청인의 적격성, 사용목적 및 공익상의 영향 등을 참작하여 허가를 할 것인지의 여부를 결정하는 재량행위이다(대판 2002. 10. 25. 2002두5795)).

㈏ 도로점용허가가 재량행위라면 재량권 일탈·남용이 없어야 하는바 Y시장이 도로의 점용이 일반인의 교통을 현저히 방해하지 않음에도 인근 상가 주민의 민원이 있다는 이유로 A의 점용허가신청을 거부한 것이 행정법의 일반원칙(특히 비례원칙)에 위반되지 않는지가 문제된다.

(2) 비례원칙 위반여부

1) 의의·내용

㈎ 행정목적을 실현하기 위한 구체적인 수단과 목적간에 적정한 비례관계가 있어야 한다는 원칙이다.

㈏ 비례원칙은 행정목적과 목적달성을 위해 동원되는 수단간에 객관적 관련성이 있어야 한다는 적합성의 원칙, 여러 적합한 수단 가운데 최소 침해를 가져오는 것이 선택되어야 한다는 필요성의 원칙(최소침해의 원칙), 행정목적달성을 위

한 적합하고 필요한 수단이라고 하더라도 이러한 수단을 통해 달성하려는 공익과 수단으로 인한 사익침해가 합리적인 비례관계를 이루어야 한다는 상당성의 원칙(협의의 비례원칙)으로 이루어져 있으며, 이 3가지 원칙은 단계구조를 이룬다.

2) 설문

인근 상가주민의 민원이 있다는 공익적 사정과 도로점용불허가처분은 객관적 관련성이 인정되며, 행정지도와 같은 수단으로는 이러한 공익적 사정을 해소하기 어려워 불허가처분은 최소침해 원칙에도 위반되지 않지만, A는 당초 도로점용허가를 받아 공사를 하고 있었으나 공사가 완료되지 않은 상태에서 상가 주민의 민원을 이유로 점용허가가 거부된다면 A에게 막대한 손해가 예상되는바 시장의 불허가처분은 상당성의 원칙에 위반되는 처분이다.

3. 불허가처분의 절차상 위법성

(1) 문제점

행정절차법 제21조 제1항 제3호는 당사자에게 의무를 과하거나 권익을 제한하는 처분을 하는 경우에는 의견을 제출할 수 있다는 뜻과 의견을 제출하지 아니하는 경우의 처리방법을 미리 당사자에게 통지하도록 규정하고 있으나 시장은 불허가처분을 하면서 이를 하지 않았기에 절차상 하자가 있는지가 문제되고 더불어 절차상 하자의 독자적 위법사유여부도 문제될 수 있다.

(2) 거부처분에서 처분의 사전통지의 필요성

1) 문제점

사전통지의 대상이 되는 처분은 당사자에게 의무를 과하거나 권익을 제한하는 처분에 한정된다(행정절차법 제21조 제1항). 따라서 설문과 같이 수익적인 처분을 신청한 것에 대한 거부처분도 '의무를 과하거나 권익을 제한하는 처분'에 포함될 것인지가 문제된다.

2) 학설

긍정설과 부정설이 대립된다.

3) 판례

판례는 거부처분은 아직 당사자에게 권익이 부과되지 않았으므로 권익을 제한하는 처분에 해당하지 않아 처분의 사전통지의 대상이 아니라고 본다(대판 2003. 11. 28. 2003두674).

4) 검토 및 설문

㈎ 거부처분은 당사자의 권익을 제한하거나 의무를 부과하는 처분으로 볼 수 없어 사전통지의 대상이 되지 않는다는 견해(판례)가 타당하다.

㈏ 시장의 불허가처분은 사전통지의 대상이 되지 않으므로 A에게 사전통지를 하지 않았다고 하더라도 절차상 위법하지 않다.

㈐ 다만, 아래에서는 불허가처분(거부처분)도 사전통지의 대상이 된다는 견해에 따라 서술한다.

(3) 처분의 사전통지의 예외 사유

행정절차법 제21조 제4항은 제1호에서 제3호까지 사전통지의 예외사유를 규정하고 있으나, 설문에서는 예외사유에 해당사항이 없다.

(4) 절차상 하자의 독자적 위법사유 인정여부

1) 학설

적극설(법원이 절차상 하자를 이유로 취소하더라도 행정청은 절차의 하자를 보완하여 동일한 내용의 처분을 할 수 있음을 근거로 한다)과 소극설(기속행위의 경우에도 처분의 발령에 이르기까지의 사실판단이나 포섭, 부관 등 관련사항의 판단에 있어서 다른 결정에 이를 수 있고 반드시 동일한 내용의 처분을 반복한다고 말할 수 없다는 점을 근거로 한다)(다수설)이 대립한다.

2) 판례

판례는 당해 행위가 기속행위인지 재량행위인지를 불문하고 적극적인 입장이다.

3) 검토

행정소송법 제30조 제3항은 '절차의 위법'을 인정하고 있기에 적극설이 타당하다.

(5) 소결

판례에 따르면 시장의 불허가처분은 사전통지의 대상이 되지 않아 절차상의 위법은 없으나, 불허가처분(거부처분)도 사전통지의 대상이 된다는 견해에 따른다면 시장의 불허가처분은 절차상 위법이 인정될 수 있다.

4. 결론

Y시장의 불허가처분은 내용상 비례원칙에 위반되는 처분이지만 거부처분은 사전통지의 대상이 되지 않기에 절차상의 위법은 없다.

(2) 만약 Y시장이 새로이 점용허가를 하면서 기간을 지나치게 짧게 정한 경우, A의 행정소송상 권리구제방법은? (20점)

Ⅱ. 행정소송상 권리구제방법(설문(2))

1. 문제 상황

행정소송을 제기하기 위한 전제로 해당 부관(기한)의 위법성을 먼저 검토한 후 부관에 대한 독립쟁송가능성과 쟁송형태, 그리고 집행정지를 살펴본다. 그리고 국가배상청구소송과 의무이행소송의 가능성도 검토한다.

2. 부관(기한)의 위법성

(1) 부관의 부가가능성

㈎ 전통적인 견해와 판례는 법률행위적 행정행위와 재량행위에는 부관이 가능하고, 준법률행위적 행정행위와 기속행위는 부관이 불가능하다고 한다. 그러나 최근의 다수견해는 준법률행위적 행정행위와 기속행위도 부관이 가능한 경우가 있고, 재량행위도 부관이 불가능한 경우가 있으므로 행정행위의 성질을 개별적으로 검토하여 부관의 가능성을 검토한다. 이 견해가 타당하다.

㈏ 다수견해에 따른다고 하여도 도로점용허가는 재량행위이므로, 시장은 성질상 제한이 없는 한 원칙적으로 부관을 붙일 수 있다.

(2) 부관의 한계

㈎ 재량행위에 부관을 붙이는 경우에도 부관자체로서의 법적 한계는 준수되어야 한다. 따라서 행정법의 일반원칙에 위반되는 부관은 위법한 부관이 된다.

㈏ Y시장이 새로이 점용허가를 하면서 기간을 지나치게 짧게 정하였다면 해당 기간은 비례원칙에 위반되어 위법하다.

(3) 설문

지나치게 짧게 정한 기간은 비례원칙에 위반되어 위법하며 중대명백설에 따를 때 취소사유에 해당한다.

3. 기한에 대한 취소소송

(1) 부관(기한)의 독립쟁송가능성(대상적격과 쟁송형태의 문제)

1) 학설

a. 부담과 기타 부관을 구분하는 견해

㈎ 부담은 그 자체가 독립된 행정행위이므로 독립하여 쟁송의 대상이 되지만, 그 이외의 부관은 그 자체가 독립된 행정행위가 아니므로 행정쟁송의 대상이 될 수 없고 부관부행정행위 전체를 소의 대상으로 하여야 한다는 견해이다.

㈏ 부담만은 진정일부취소소송이 가능하지만, 부담 이외의 부관은 부진정일부취소소송의 형태로 쟁송을 제기해야 한다고 한다.

b. 모든 부관이 독립쟁송가능하다는 견해

㈎ '처분의 일부취소'가 가능하기 때문에 소의 이익이 있는 한 부담이든 조건이든 가리지 않고 모든 부관에 대하여 독립하여 행정쟁송을 제기하는 것이 가능하다는 견해이다.

㈏ 부관에 대한 쟁송에서 진정일부취소소송은 인정되지 않는다는 입장이므로 부관에 대한 쟁송은 성질상 모두 부진정일부취소소송의 형태를 취해야 한다고 한다.

c. 분리가능성을 기준으로 하는 견해

㈎ 부관의 독립쟁송가능성은 부관의 독립취소가능성의 전제조건으로서의 성격을 가지며, 주된 행위와의 분리가능성을 갖는 부관이라면 처분성 인정여부와 무관하게 행정쟁송을 통하여 독자적으로 다툴 수 있다는 견해이다. 이 견해는 분리가능성의 판단기준으로 ⓐ 부관 없이도 주된 행정행위가 적법하게 존속할 수 있을 것과 ⓑ 부관이 없는 주된 행정행위가 공익상의 장애를 발생시키지 않을 것을 들고 있다.

㈏ 주된 행정행위로부터 분리가능성이 없는 것은 전체 행정행위를 대상으로 쟁송을 제기해야 하고, 분리가능성이 인정되는 부관은 ⓐ 처분성을 갖는 것은 진정일부취소소송을, ⓑ 처분성이 인정되지 않는 부관의 경우에는 부진정일부취소소송을 제기해야 한다고 한다.

2) 판례

판례는 「부담의 경우에는 다른 부관과는 달리 행정행위의 불가분적인 요소가 아니고 그 존속이 본체인 행정행위의 존재를 전제로 하는 것일 뿐(대판 1992. 1. 21. 91누1264)」이라고 하여 부담만은 독립쟁송이 가능하다는 입장이다.

3) 검토(판례에 따름)

부관의 독립쟁송가능성은 당사자가 부관을 주된 행정행위와는 독립하여 취소소송으로 다툴 수 있는가의 문제로서, 이것은 부관이 독립적으로 취소소송의 대상이 되는가의 문제이다. 따라서 처분성이 긍정되는 부담의 경우 부담만의 취소를 구하는 소송을 제기할 수 있으며, 처분성이 인정되지 않는 부관인 경우에는 전체 행정행위를 대상으로 소송을 제기하여야 할 것이다.

4) 소결

설문의 부관은 기한으로 판례에 따른다면 항고소송의 대상인 처분이 아니다. 따라서 도로점용허가와 별도로 기한만의 독립쟁송은 불가능하다.

(2) 부관(기한)에 대한 취소소송과 집행정지

㈎ 설문의 기한이 항고소송의 대상인 처분이라고 가정하여 부관에 대한 취소소송을 제기하면서 집행정지를 신청한다면 집행정지의 효력이 주된 행정행위(설문에서 도로점용허가)에도 미치는지가 문제된다.

㈏ 집행정지의 효력은 당해 부관의 내용에만 미친다는 견해(박균성)와 부관과 주된 행정행위의 관련성을 이유로 주된 수익적 행정행위에도 미친다는 견해(류지태)로 나누어진다. 법률관계의 안정 등을 고려할 때 집행정지의 효력이 수익적 효과에도 미친다고 볼 것이다.

㈐ 따라서 A가 기한에 대해 취소소송을 제기하면서 집행정지를 신청하여 인용된다면 그 효력은 도로점용허가에도 미친다.

4. 국가배상청구소송

판례에 따르면 국가배상청구소송은 민사소송으로 해결할 것이나, 다수설은 이를 공법상 당사자소송으로 보기 때문에, 다수설의 입장에 따르고 시장의 직무상 행위(비례원칙에 위반되는 부관의 부가행위)에 고의·과실, 위법성이 인정된다면 갑은 시를 상대로 국가배상을 청구할 수 있다.

5. 의무이행소송

짧은 기간의 변경을 청구하고 거부하는 경우 의무이행소송의 제기를 생각해 볼 수 있다. 하지만 판례는 이를 부정한다.

Q 사례

제약회사 갑은 콜레스테롤치료에 효과가 있는 경구제를 개발하여 약사법의 규정에 따라 식품의약품안전청장에게 의약품제조업허가를 신청하였다. 그러나 식품의약품안전청장은 갑이 법령상 요건을 충족하지 못함을 이유로 허가를 거부하였다. 그 후 갑은 요건을 충족하여 식품의약품안전청장의 의약품제조업허가를 받고서 생산을 시작하였지만 동 콜레스테롤예방 의약품은 국민보건에 위험을 줄 가능성이 있다는 이유로 식품의약품안전청장은 갑의 의약품제조업허가를 취소하였다.

(1) 식품의약품안전청장이 갑의 의약품제조업허가를 거부하며 행정절차법상 처분의 사전통지를 하지 않았다면 이 거부처분은 위법한가(절차상 하자의 독자적 위법사유여부는 설문 (3)에서 판단한다)?

(2) 식품의약품안전청장이 갑의 의약품제조업허가를 취소하면서 당초 의약품제조업허가시 후에 제조업허가가 취소되더라도 청문을 실시하지 않기로 협약하였기에 청문을 거치지 않고 의약품제조업허가를 취소하였다면 식품의약품안전청장의 허가취소는 절차상 적법한가?

(3) 만일 설문 (1)과 (2)에서 식품의약품안전청장의 행위에 절차상 하자가 있다고 하더라도 그러한 하자만으로 독자적인 위법사유가 되는가?

(4) (절차상 하자가 독자적 위법사유가 됨을 전제로 한다) 의약품제조업허가취소처분 취소소송에서 식품의약품안전청장이 청문절차를 거치지 않았음을 이유로 갑의 취소소송이 인용된 후에도 청문절차를 거친다면 식품의약품안전청장은 다시 갑의 의약품제조업허가를 취소할 수 있는가?

[참조조문]
약사법
제31조(제조업 허가 등) ① 의약품 제조를 업(業)으로 하려는 자는 대통령령으로 정하는 시설기준에 따라 필요한 시설을 갖추고 보건복지부령으로 정하는 바에 따라 식품의약품안전청장의 허가를 받아야 한다.
제76조(허가취소와 업무정지 등) ① 의약품등의 제조업자 · 품목허가를 받은 자 · 수입자 또는 약국 개설자나 의약품 판매업자가 다음 각 호의 어느 하나에 해당하면 의약품등의 제조업자 · 품목허가를 받은 자 또는 수입자에게는 식품의약품안전청장이, 약국 개설자나 의약품 판매업자에게는 시 · 도지사 또는 시장 · 군수 · 구청장이 그 허가 · 승인 · 등록의 취소 또는 위탁제조판매업소 · 제조소 폐쇄(제31조 제4항에 따라 신고한 업종만 해당한다. 이하 제77조 제1호에서 같다), 품목제조 금지나 품목수입 금지를 명하거나, 기간을 정하여 업무의 전부 또는 일부의 정지를 명할 수 있다. 다만, 제4호의 경우에 그 업자에게 책임이 없고 그 의약품등의 성분 · 처방 등을 변경하여 허가 또는 신고 목적을 달성할 수 있다고 인정되면 그 성분 · 처방만을 변경하도록 명할 수 있다.
3. 이 법 또는 이 법에 따른 명령을 위반한 경우
4. 국민보건에 위해를 주었거나 줄 염려가 있는 의약품등과 그 효능이 없다고 인정되는 의약품등을 제조 · 수입 또는 판매한 경우
제77조(청문) 보건복지부장관, 식품의약품안전청장, 시 · 도지사, 시장 · 군수 또는 구청장은 다음 각 호의 어느 하나에 해당하는 처분을 하려면 청문을 하여야 한다.
1. 제76조에 따른 허가 · 승인 · 등록의 취소 또는 위탁제조판매업소 · 제조소 폐쇄, 품목제조금지명령, 품목수입금지명령

(1) 식품의약품안전청장이 갑의 의약품제조업허가를 거부하며 행정절차법상 처분의 사전통지를 하지 않았다면 이 거부처분은 위법한가(절차상 하자의 독자적 위법사유여부는 설문 (3)에서 판단한다)?

Ⅰ. 의약품제조업허가거부처분시의 사전통지의 필요성(설문(1))

1. 문제 상황

행정절차법 제21조 제1항은 당사자에게 의무를 과하거나 권익을 제한하는 처분의 경우 당사자에게 일정한 사항을 사전통지하도록 한다. 다만, 동법 제21조 제4항의 예외사유가 없어야 한다. 설문에서는 의약품제조업허가거부처분이 ‘당

사자에게 의무를 과하거나 권익을 제한하는 것' 인지가 문제된다.

2. 거부처분시 사전통지의 필요여부

(1) 학설

1) 부정설

처분의 사전통지는 법문상 의무부과와 권익을 제한하는 경우에만 적용되므로 수익적인 행위나 수익적 행위의 거부의 경우는 적용이 없고, 신청의 결과에 따라 아직 당사자에게 권익이 부여되지 아니하였으므로 직접 당사자의 권익을 제한하는 처분에 해당하지 않으며, 거부처분의 경우 신청과정에서 행정청과 협의를 계속하고 있는 상태이므로 사전통지를 요하지 않는다고 한다.

2) 긍정설

신청에 대한 거부처분은 당사자의 권익을 제한하는 처분에 해당하며, 당사자가 신청을 한 경우 신청에 따라 긍정적인 처분이 이루어질 것을 기대하고 있으므로 거부처분의 경우에도 사전통지가 필요하다고 한다.

(2) 판례

판례는「행정절차법 제21조 제1항은 행정청은 당사자에게 의무를 과하거나 권익을 제한하는 처분을 하는 경우에는 … 당사자 등에게 통지하도록 하고 있는바, 신청에 따른 처분이 이루어지지 아니한 경우에는 아직 당사자에게 권익이 부과되지 아니하였으므로 특별한 사정이 없는 한 신청에 대한 거부처분이라고 하더라도 직접 당사자의 권익을 제한하는 것은 아니어서 신청에 대한 거부처분을 여기에서 말하는 '당사자의 권익을 제한하는 처분'에 해당한다고 할 수 없는 것이어서 처분의 사전통지대상이 된다고 할 수 없다(대판 2003. 11. 28. 2003두674)」고 하여 소극적이다.

(3) 검토 및 설문

㈎ 거부처분은 당사자의 권익을 제한하거나 의무를 부과하는 처분으로 볼 수 없어 사전통지의 대상이 되지 않는다는 견해(판례)가 타당하다.

㈏ 따라서 식품의약품안전청장은 의약품제조업허가거부처분을 하는 경우 사전통지를 할 필요는 없다.

㈐ 다만, 사전통지가 필요하다는 긍정설에 따른다면 사전통지의 예외사유가 문제될 것이다. ⓐ 거부처분의 경우는 그 성질상 공공의 안전 또는 복리를 위하여 긴급히 처분을 할 필요가 있는 경우(행정절차법 제21조 제4항 제1호)에 해당하기 어렵다. ⓑ 설문에서는 법원의 재판 등으로 갑에게 요구되는 자격이 없다는 점이 객관적으로 증명되었다는 사정(동법 제21조 제4항 제2호)도 없고, ⓒ 의견청취가 현저히 곤란하거나 명백히 불필요하다는 사정(동법 제21조 제4항 제3호)도 보이지 않는다. 따라서 식품의약품안전청장은 갑의 의약품제조업허가에 대한 신청을 거부함에 있어 행정절차법상의 처분의 사전통지를 하여야 한다.

---

(2) 식품의약품안전청장이 갑의 의약품제조업허가를 취소하면서 당초 의약품제조업허가시 후에 제조업허가가 취소되더라도 청문을 실시하지 않기로 협약하였기에 청문을 거치지 않고 의약품제조업허가를 취소하였다면 식품의약품안전청장의 허가취소는 절차상 적법한가?

Ⅱ. 청문생략을 협약한 경우 청문절차생략의 가능성(설문(2))

1. 문제 상황

행정절차법 제22조 제1항 제1호는 '다른 법령 등에서 청문을 실시하도록 규정하고 있는 경우' 처분 전에 청문을 실시하도록 규정하고 있고, 약사법 제77조는 허가취소처분을 함에 있어 청문을 실시할 것을 규정하고 있다. 그러나 행정절차법 제22조 제4항은 처분의 사전통지의 예외사유(동법 제21조 제4항 각 호의 1에 해당하는 경우)에 해당하는 경우와 당사자가 의견진술기회를 포기한다는 뜻을 명백히 표시한 경우를 청문의 예외사유로 두고 있어 이와 관련해 당사자가 협약으로 청문을 배제할 수 있는지가 문제된다.

2. 당사자 간의 협약에 따른 청문배제의 가능성

(1) 학설

ⓐ 행정절차는 실체적인 권리관계에 영향을 미치지 아니하는 한 생략될 수 있으며, 강제적인 방법이 동원되지 않는 이상 청문을 배제하는 협의는 가능한 것으로 당사자들은 합의에 의한 청문의 배제에 구속된다는 견해와 ⓑ 청문은 헌법상의 적법절차를 행정에 구현한 것이고, 청문절차를 통하여 행정청이 적정한 판단을 할 수 있도록 하는 기회를 마련하며 동시에 이해관계인의 참여에 의한 민주적인 정당성을 확보하기 위한 것이므로 청문은 협약으로 배제할 수 없다는 견해가 대립된다.

(2) 판례

대법원은 주식회사 대경마이월드가 안산시장을 상대로 유희시설조성사업협약해지 등을 구한 사건에서 「행정청이 당사자와 사이에 도시계획사업의 시행과 관련한 협약을 체결하면서 관계 법령 및 행정절차법에 규정된 청문의 실시 등 의견청취절차를 배제하는 조항을 두었다고 하더라도, … 위와 같은 협약의 체결로 청문의 실시에 관한 규정의 적용을 배제할 수 있다고 볼 만한 법령상의 규정이 없는 한, 이러한 협약이 체결되었다고 하여 청문의 실시에 관한 규정의 적용이 배제된다거나 청문을 실시하지 않아도 되는 예외적인 경우에 해당한다고 할 수 없다(대판 2004. 7. 8. 2002두8350)」고 판시하여 당사자간에 협약이 있었다고 하더라도 청문의 실시에 관한 규정(설문에서 약사법 제77조)의 적용이 배제된다거나 청문을 실시하지 않아도 되는 예외적인 경우(행정절차법 제22조 제4항)에 해당한다고 할 수 없다는 입장이다.

(3) 검토 및 소결

㈎ 청문절차는 공법적인 성질을 가진 것이기에 이를 협약으로 배제할 수 없고, 행정처분을 하면서 계약을 체결하여 행정절차법상의 청문 등을 배제할 수 있도록 한다면 행정청은 자신의 우월한 지위를 이용하여 상대방의 의사에 반하여 여러 절차를 배제하는 내용의 계약을 강제함으로써 행정절차법의 취지를 잠탈할 우려가 있는바 판례의 입장이 타당하다(하명호).

㈏ 따라서 당사자간에 협약을 체결한 경우에도 약사법 제77조가 적용되지 않거나 행정절차법상의 청문의 예외사유에 해당하지 않으므로 청문을 실시하지 않은 식품의약품안전청장의 의약품제조업허가취소는 절차상 위법하다.

---

(3) 만일 설문 (1)과 (2)에서 식품의약품안전청장의 행위에 절차상 하자가 있다고 하더라도 그러한 하자만으로 독자적인 위법사유가 되는가?

Ⅲ. 절차적 하자의 독자적 위법사유여부 (설문(3))

1. 문제 상황

절차상 하자의 효과에 관한 명문의 규정이 있는 경우(국가공무원법 제13조 ① 소청심사위원회가 소청 사건을 심사할 때에는 국회규칙, 대법원규칙, 헌법재판소규칙, 중앙선거관리위원회규칙 또는 대통령령으로 정하는 바에 따라 소청인 또는 제76조 제1항 후단에 따른 대리인에게 진술 기회를 주어야 한다. ② 제1항에 따른 진술 기회를 주지 아니한 결정은 무효로 한다)라면 문제가 없으나, 절차상 하자의 효과에 관한 명문의 규정이 없는 경우 특히 그 행정행위가 기속행위인 경우 행정절차를 거치지 아니한 경우라고 하여도 그 내용은 행정절차를 거친 경우와 동일한 것일 수 있기 때문에 절차상의 하자가 독자적인 위법사유인지가 문제된다. 이는 확정판결의 기속력을 '판결에 적시된 절차 내지 형식의 위법사유에 한하여 미치는 것'으로 보는 학설·판례의 입장과 관련되어 발생되는 문제이다.

2. 학설

ⓐ 소극설(절차규정이란 적정한 행정결정을 확보하기 위한 수단에 불과하다는 점, 법원이 절차상 하자를 이유로 취소하더라도 행정청은 절차의 하자를 보완하여 동일한 내용의 처분을 할 수 있으므로 절차상의 하자만을 이유로 취소하는 것은 행정능률 및 소송경제에 반한다는 점을 근거

로 한다)과 ⓑ 적극설(소극설을 취하는 경우에는 절차적 규제가 유명무실해질 우려가 있어 행정절차의 실효성 확보를 위해 적극설이 타당하고, 적법한 절차를 거쳐 다시 처분을 하는 경우 재량행위뿐 아니라 기속행위의 경우에도 처분의 발령에 이르기까지의 사실판단이나 포섭, 부관 등 관련사항의 판단에 있어서 다른 결정에 이를 수 있고 반드시 동일한 내용의 처분을 반복한다고 말할 수 없다는 점을 근거로 한다)(다수 견해)이 대립한다.

3. 판례

대법원은 적극설의 입장이다(식품위생법 제64조, 같은법시행령 제37조 제1항 소정의 청문절차를 전혀 거치지 아니하거나 거쳤다고 하여도 그 절차적 요건을 제대로 준수하지 아니한 경우에는 가사 영업정지사유 등 위 법 제58조 등 소정 사유가 인정된다고 하더라도 그 처분은 위법하여 취소를 면할 수 없다(대판 1991. 7. 9. 91누971)).

4. 검토

행정의 법률적합성원칙에 따라 행정작용은 실체상뿐만 아니라 절차상으로도 적법하여야 하며, 절차적 요건의 실효성을 확보해야 된다는 점, 취소소송 등의 기속력이 절차의 위법을 이유로 하는 경우에 준용된다는 점(행정소송법 제30조 제3항) 등에 비추어 적극설이 타당하다.

5. 소결

사안에서 식품의약품안전청장이 청문절차를 거치지 않고 갑의 의약품제조업허가를 취소한 경우 이러한 절차적 하자는 독자적 위법사유가 되므로, 다른 실체적 하자가 없는 경우라 할지라도 법원은 절차적 하자를 이유로 당해 처분이 위법하다고 하여 이를 취소할 수 있다. 따라서 갑은 절차적 하자를 이유로 취소소송을 제기할 수 있다.

(4) (절차상 하자가 독자적 위법사유가 됨을 전제로 한다) 의약품제조업허가취소처분 취소소송에서 식품의약품안전청장이 청문절차를 거치지 않았음을 이유로 갑의 취소소송이 인용된 후에도 청문절차를 거친다면 식품의약품안전청장은 다시 갑의 의약품제조업허가를 취소할 수 있는가?

Ⅳ. 청문을 거친 동일한 내용의 의약품제조업허가취소처분이 확정판결의 기속력에 반하는지 여부(설문(4))

1. 문제 상황

청문을 실시하지 않았다는 것을 이유로 한 의약품제조업허가취소처분에 대한 취소판결이 확정된 후, 식품의약품안전청장이 청문절차상 하자를 시정하고 다시 동일한 내용의 의약품제조업허가취소처분을 발령한 경우 그러한 재처분이 취소판결의 기속력에 반하는 것이 아닌지가 문제된다.

2. 기속력의 의의

기속력은 처분 등을 취소하는 확정판결이 당사자인 행정청과 관계행정청에 대하여 판결의 취지에 따라야 할 실체법상의 의무를 발생시키는 효력을 말한다(행정소송법 제30조 제1항).

3. 기속력의 법적 성질

① 기속력은 기판력과 동일하다는 기판력설과 기속력은 판결 그 자체의 효력이 아니라 취소판결의 효과의 실질적인 보장을 위해 행정소송법이 특별히 인정한 효력이라는 특수효력설이 대립된다. ② 판례는 기판력과 기속력이라는 용어를 구분하지 않은 채 혼용하고 있어 그 입장이 불분명하다. ③ 기속력은 취소판결에서의 효력이지만 기판력은 모든 본안판결에서의 효력이라는 점, 기속력은 당사자인 행정청과 그 밖의 관계행정청에 미치지만 기판력은 당사자와 후소법원에 미친다는 점, 기속력은 일종의 실체법적 효력이지만 기판력은 소송법상 효력이라는 점에서 양자는 상이하므로, 특수효력설이 타당하다.

4. 기속력의 내용

(가) 기속력은 ⓐ 당사자인 행정청과 그 밖의 관계행정청이 확정판결에 저촉되는 처분을 할 수 없는 반복금지의무와 ⓑ 행정청에 대하여 판결의 취지에 따라 신청에 대한 새로운 처분을 하여야 할 의무를 부과하는 재처분의무(행정소송법 제30조 제2항·제3항) 그리고 ⓒ 취소소송의 경우에도 인용판결이 있게 되면, 행정청은 위법처분으로 인해 야기된 상태를 제거하여야 할 의무인 결과제거의무를 그 내용으로 한다.

(나) 설문의 경우 구청장이 동일한 내용의 의약품제조업허가처분을 발령하려 하기 때문에 반복금지의무위반이 문제된다.

5. 기속력의 범위

(1) 주관적 범위

처분을 취소하는 확정판결은 그 사건(취소된 처분)에 관하여 당사자인 행정청과 그 밖의 관계 행정청을 기속한다. 여기서 그 밖의 관계 행정청이란 당해 판결에 의하여 취소된 처분 등에 관계되는 어떠한 처분권한을 가지는 행정청, 즉 취소된 처분 등을 기초로 하여 그와 관련되는 처분이나 부수되는 행위를 할 수 있는 행정청을 총칭하는 것이다.

(2) 객관적 범위

기속력은 판결주문 및 그 전제가 된 요건사실의 인정과 효력의 판단에만 미치고, 판결의 결론과는 직접 관련 없는 방론이나 간접사실의 판단에는 미치지 않는다. 기속력은 기판력과 달리 '판결로 적시된 개개의 위법사유'에 관해서만 발생하므로 법원이 위법이라고 판단한 것과 동일한 이유나 자료를 바탕으로 동일인에 대하여 동일행위를 하는 것을 금할 뿐이다. 구체적으로 보면, 판결에 적시된 개개의 위법사유는 처분사유의 추가·변경과의 관계로 인해 판결에 적시된 기본적 사실관계가 동일한 위법사유를 말한다. 따라서 기본적 사실관계가 동일하지 아니한 별도의 사유에 기하여 동일한 내용의 처분을 하는 것은 기속력에 위반되지 않는다.

(3) 시간적 범위

기속력은 처분시까지의 법관계·사실관계를 판단의 대상으로 한다. 따라서 처분시에 존재하던 위법한 사유로 동일한 처분이나 거부처분을 할 수는 없다.

(4) 검토

설문은 확정판결 후 식품의약품안전청장이 청문을 거쳐 동일한 내용의 의약품제조업허가취소처분을 발령한 경우이다. 이러한 문제를 기속력의 시간적 범위의 문제로 보는 견해와 객관적 범위의 문제로 보는 견해가 있으나 후자가 일반적이다.

6. 소결

(가) 취소판결의 사유가 절차나 형식상의 하자인 경우 판결의 기속력은 취소사유로 된 절차나 형식의 위법에 한하여 미치는 것이므로, 행정청이 적법한 절차나 형식을 갖추어 다시 동일한 내용의 처분을 하는 것은 기속력에 위반되지 않는다.

(나) 설문의 경우 청문절차를 거친 후 식품의약품안전청장이 동일한 내용의 의약품제조업허가취소처분을 하는 것은 기속력에 반하지 않는다(객관적 범위). 따라서 식품의약품안전청장은 청문을 거친 후라면 동일한 내용의 의약품제조업허가취소처분을 발령할 수 있다.

(다) 판례도 「과세의 절차 내지 형식에 위법이 있어 과세처분을 취소하는 판결이 확정되었을 때는 그 확정판결의 기판력은 거기에 적시된 절차 내지 형식의 위법사유에 한하여 미치는 것이므로 과세관청은 그 위법사유를 보완하여 다시 새로운 과세처분을 할 수 있고 그 새로운 과세처분은 확정판결에 의하여 취소된 종전의 과세처분과는 별개의 처분이라 할 것이어서 확정판결의 기판력에 저촉되는 것이 아니다(대판 1987. 2. 10. 86누91)」라고 하여 같은 입장이다.

▌제6장▐ 행정의 실효성 확보

판례 — 공매의 적법요건(공매통지를 결한 공매의 위법성)

대법원 2008. 11. 20. 선고 2007두18154 판결
【매각결정취소】

체납자 등에 대한 공매통지는 국가의 강제력에 의하여 진행되는 **공매에서** 체납자 등의 권리 내지 재산상의 이익을 보호하기 위하여 **법률로 규정한 절차적 요건**이라고 보아야 하며, 공매처분을 하면서 체납자 등에게 공매통지를 하지 않았거나 공매통지를 하였더라도 그것이 적법하지 아니한 경우에는 절차상의 흠이 있어 그 공매처분은 위법하다고 할 것이다.

공매통지는 공매의 요건이 아니라 공매사실 자체를 체납자 등에게 알려주는 데 불과한 것이라는 취지로 판시한 … **판결들은** 이 판결의 견해에 배치되는 범위 내에서 이를 **모두 변경**하기로 한다.

[참고판례] 대법원 1996. 9. 6. 선고 95누12026 판결 【공매처분취소】

압류재산의 공매공고를 함에 있어 그 공고와 동시에 체납자에게 공매의 기일, 장소, 방법 등을 통지하도록 되어 있다 하더라도 이러한 통지는 공매의 요건이 아니고 국가가 강제집행법상의 압류채권자와 비슷한 지위에 서서 공매사실 그 자체를 체납자에게 알려주는 데 불과하므로 그 통지를 하지 아니한 채 공매처분을 하였다고 하여도 그 공매처분이 당연무효라고는 할 수 없다.

tip 대상판결이 공매통지를 항고소송의 대상인 처분으로 본 것인지에 대해서는 해석상 논란이 있다(명시적인 표현은 없다). 그러나 동 판결이 공매통지를 공매처분의 절차적 적법요건으로 보고 있다는 점에는 이견이 없다.

판례 — 대집행절차를 위한 요건

대법원 2010. 6. 24. 선고 2010두1231 판결
【행정대집행계고처분취소】

피고(창원시장)가 이 사건 계고처분의 근거 법령으로 삼은 이 사건 조항은 "**시행자는 제56조 제1항의 규정에 의하여 환지예정지를 지정하는 경우, 제58조 제1항의 규정에 의하여 종전의 토지에 관한 사용 또는 수익을 정지시키는 경우나 공공시설의 변경 또는 폐지에 관한 공사를 시행하는 경우에 필요한 때에는 시행지구 안에 있는 건축물 등 및 장애물 등을 이전하거나 제거할 수 있다"고 규정** … 이 사건 조항은 사업시행자에게 직접 건축물 등을 이전하거나 제거할 수 있는 권능을 부여하는 규정일 뿐, 사업시행자에게 건축물 등의 소유자 또는 점유자에 대하여 그 이전 또는 제거를 명할 수 있는 권능까지 부여하는 규정이라고 할 수 없다.

이와 같이 이 사건 조항은 원고들에게 직접 이 사건 지장물의 이전의무를 명하는 법령이 아닐 뿐 아니라, 피고가 원고들에게 그러한 의무를 명할 수 있는 근거 법령이 될 수도 없다. 그렇다면, 이 사건 계고처분은 원고들에게 행정대집행법 제2조가 정한 바에 따라 명령된 이 사건 지장물 이전의무가 없음에도 그러한 의무의 불이행을 사유로 행하여진 것이어서 위법하고, 이 사건 통지처분 또한 위와 같이 위법한 이 사건 계고처분을 전제로 행하여진 것이므로 위법하다.

tip 구 토지구획정리사업법 제40조 등이 원고에게 지장물의 이전을 명하는 근거법령이 될 수 없기에 시장의 이전명령은 위법하며 그에 따른 계고처분이나 통지처분도 위법하다는 판결이다. 동 판결은 유치원시설물철거대집행계고사건과 같은 논리가 적용된다.

기출 — 제24회 입법고시(2008년)

〈제1문〉

구청장 A는 광고주 갑의 광고물이 옥외광고물 등 관리법 제5조 제2항 제2호의 규정에 의한 퇴폐적 내용을 담고 있어 미풍양속을 해칠 우려가 있다고 판단하여 그 철거를 명하였다. 그러나 갑은 해당 광고물을 자진하여 철거하지 않았고, 이에 구청장 A는 대집행 절차에 착수하였다. 한편, 구청장 A는 영장에 의한 대집행의 통지를 함에 있어 대집행에 요하는 비용의 개산에 의한 견적액을 갑에게 통지하지 아니하였다. 대집행통지행위에 대한 불가쟁력이 발생한 상황에서 갑은 통지행위의 위법을 사유로 하여 이제 막 시작된 대집행 실행 행위로서의 철거행위의 취소를 구하는 소를 제기하였다. 이와 관련하여 다음 물음에 답하시오.

(1) 갑이 제기한 소송의 소송요건 충족여부와 관련된 행정소송법적 쟁점을 설명하시오.

(2) 갑은 통지행위의 위법을 이유로 철거행위의 위법을 주장할 수 있는가?

[참조조문]

옥외광고물 등 관리법

제5조(금지광고물등) ② 누구든지 광고물에 다음 각 호의 1에 해당하는 내용을 표시하여서는 아니 된다.

2. 음란 또는 퇴폐적 내용등으로 미풍양속을 해칠 우려가 있는 것

제10조(위반에 대한 조치) ① 시장·군수 또는 구청장은 제3조 내지 제5조의 규정에 위반하거나 제9조의 규정에 의한 안전도검사에 합격하지 못한 광고물등을 표시하거나 설치한 자, 그 광고물등을 관리하는 자, 광고주, 옥외광고업자, 그 광고물등의 표시·설치를 승낙한 토지·건물 등의 소유자 또는 관리자(이하 "관리자등"이라 한다)에 대하여 그 광고물등의 제거 기타 필요한 조치를 명하여야 한다.

(1) 갑이 제기한 소송의 소송요건 충족여부와 관련된 행정소송법적 쟁점을 설명하시오.

Ⅰ. 소송요건 충족여부와 관련된 행정소송법적 쟁점(설문(1))

1. 대상적격

(1) 철거행위(대집행 실행행위)의 법적 성격

법적 규율로서 수인의무를 부과하는 수인하명과 물리적 집행행위가 결합된 권력적 사실행위이다.

(2) 항고소송의 대상인 처분

1) 행정소송법상 처분

행정소송법 제19조 본문은 "취소소송은 처분 등을 대상으로 한다"고 하고, 동법 제2조 제1항 제1호는 "'처분 등'이라 함은 행정청이 행하는 구체적 사실에 관한 법집행으로서의 공권력의 행사 또는 그 거부와 그 밖에 이에 준하는 행정작용(이하 "처분"이라 한다) 및 행정심판에 대한 재결을 말한다"라고 규정하고 있다.

2) 법적 행위

'법적 행위'는 행정소송법 제2조 제1호에서 명시적으로 표현되고 있는 처분개념의 요소는 아니지만, 판례와 전통적인 견해는 취소소송을 형성소송으로 보아 취소소송의 본질을 법률관계의 위법성의 소급적 제거로 이해함으로 인해 법적 행위를 항고소송의 대상이 되는 처분개념의 요소로 보고 있다.

(3) 설문

철거행위는 권력적 사실행위로서 공권력행사에 해당한다고 보든 이에 준하는 행정작용에 해당한다고 보든 행정소송법 제2조 제1항의 처분개념에 해당한다고 보는 것이 일반적인 견해이다. 또한 수인하명을 수반한다는 점에서 법적인 행위이므로 항고소송의 대상이 되는 처분이다.

2. 원고적격

갑은 침익적 처분의 상대방으로 원고적격이 인정된다.

3. 협의의 소익

(1) 의의

법원이 원고의 재판청구에 대하여 판단을 행할 구체적 실익 내지 필요성을 말하며, '소의 객관적 이익' 또는 '권리보호의 필요'라고도 한다.

(2) 소의 이익이 부인되는 경우

소송에서 협의의 소익은 일반적으로 긍정된다. 그러나 ① 보다 간이한 방법이 있는 경우, ② 원고가 추구하는 권리보호가 오로지 이론상으로만 의미 있는 경우, ③ 신의성실의 원칙에 반하는 경우에는 협의의 소익은 부정된다.

(3) 설문

철거행위가 완료된 뒤에는 협의의 소익이 없어 각하될 것이다. 따라서 소송을 제기하며 집행정지를 신청하여야 한다.

---

(2) 갑은 통지행위의 위법을 이유로 철거행위의 위법을 주장할 수 있는가?

Ⅱ. 하자의 승계주장여부(설문(2))

1. 행정행위의 하자의 승계의 의의

둘 이상의 행정행위가 연속적으로 행해지는 경우 선행행위의 하자를 이유로 적법한 후행행위를 다툴 수 있는지의 문제를 행정행위의 하자의 승계라고 한다.

2. 하자승계논의의 전제

① 선행행위와 후행행위가 모두 항고소송의 대상이 되는 행정처분이고(설문에서 통지행위는 준법률행위적 행정행위이며, 철거행위는 권력적 사실행위로 모두 행정처분이다), ② 선행행위는 당연무효가 아닌 취소사유가 존재하고(견적액만을 통지하지 않았기에 취소사유로 보여진다), ③ 선행행위에는 하자가 존재하나 후행행위는 적법해야 하고, ④ 선행행위의 하자가 제소기간도과 등으로 불가쟁력이 발생하여 선행행위를 다툴 수 없는 경우라야 한다.

3. 인정 범위

(1) 학설

1) 하자의 승계론(전통적 견해)

행정행위의 하자는 행정행위마다 독립적으로 판단되어야 한다는 전제하에 선행행위와 후행행위가 일련의 절차에서 하나의 법률효과를 목적으로 하는 경우에는 예외적으로 하자의 승계를 인정한다.

2) 구속력설(규준력설)

a. 의의

행정행위의 하자의 승계문제를 행정행위의 효력 중에서 불가쟁력이 발생한 선행행위의 후행행위에 대한 구속력(규준력)의 문제로 다룬다. 즉 구속력이란 선행 행정행위의 내용과 효과가 후행행정행위를 구속함으로써 상대방(관계인, 법원)은 후행행위를 다툼에 있어 선행행위의 내용과 대립되는 주장이나 판단을 할 수 없게 하는 효과를 말한다.

b. 한계

ⓐ 판결의 기판력이 소송물이 일치하는 범위에만 미치듯이 구속력은 선·후의 행위가 규율대상 내지 법적 효과가 일치하는 범위에서만 미치고(객관적 한계(내용적·사물적 한계)), ⓑ 구속력은 처분청과 처분의 직접상대방(이해관계 있는 제3자도 포함) 및 법원에도 미치며(주관적 한계(대인적 한계)), ⓒ 선행행정행위의 기초를 이루는 사실적·법적 상황의 동일성이 유지되는 한도까지 미친다(시간적 한계). 그러나 ⓓ 객관적·주관적·시간적 한계 내에서 선행행정행위의 후행행정행위에 대한 구속력이 인정됨으로 인해 개인의 권리보호가 부당하게 축소될 수 있기 때문에 관련자에게 예측불가능하거나 수인불가능한 경우에는 구속력이 차단된다(추가적 요건). 따라서 이 경우에는 후행행위를 다투며 선행행위의 위법을 주장할 수 있게 된다.

(2) 판례

기본적으로는 선후의 행위가 하나의 법률효과를 목적으로 하는지를 기준으로 하며, 일부 판결은 수인성의 원칙상 하자의 승계를 인정하기도

한다.

(3) 검토(판례에 따름)

대집행의 실행(설문에서는 철거행위)과 통지는 서로 결합하여 하나의 법률효과를 발생시키는 것이다. 따라서 통지행위의 위법을 이유로 철거행위의 위법을 주장할 수 있다.

Q 사례

마포구에 소재한 A건물은 대지 30평의 지상에 1, 2, 3층 각 15평의 주택으로서 그 중 1, 2층은 각각 다른 사람들에게 세를 주고 갑은 3층만을 사용하고 있는데, 최초 설계상 잘못으로 1층에는 화장실과 부엌이 따로 없어 1층에 세든 입주자들이 2층으로 올라와 그곳 거실에 있는 화장실을 사용하도록 되어 있을 뿐 아니라 아궁이도 건물바깥으로 나 있어 비가 올 때는 부엌일을 할 수 없는 등 심한 불편을 겪게 되자, 부득이 구청장의 허가를 받지 않고 1층 출입문 옆에 화장실 1평과 부엌 2평을 설치하였다.

(1) 구청장은 갑에게 건축법 제79조 제1항을 근거로 철거명령을 하였으나 불이행하였다. ① 구청장이 행정대집행법에 따라 대집행하고자 한다면 행정대집행법 제2조의 요건을 구비하고 있는가? ② 구청장은 동법 제80조 제1항에 따라 이행강제금을 부과할 수 있는가?

(2) (행정대집행법에 따라 대집행할 수 있음을 전제로 한다) 구청장은 갑에게 한 장의 문서로 2010. 10. 1.까지 철거할 것을 명함과 동시에 불이행하는 경우 대집행할 것을 계고하여 2010. 3. 1.에 수령하였다면 구청장의 계고처분은 위법한가?

(3) (행정대집행법에 따라 대집행할 수 있음을 전제로 한다) 마포구청장이 대집행절차에 따라 갑에게 철거명령의 이행을 계고하자, 갑은 계고처분이 문서주의에 위반되어 무효라고 주장하며 무효확인소송을 제기하였다. 계고처분무효확인소송에서 마포구청장은 계고처분은 법령상 정해진 방법에 따라 이루어졌으므로 적법하다는 요건사실을 입증해야 하는가?

(4) (행정대집행법에 따라 대집행할 수 있음을 전제로 한다) 행정대집행 절차를 모두 거친 후 마포구청 공무원들은 철거를 실행하기 위해 갑의 건축물에 도착하였으나 갑이 격렬한 방법으로 저항한다면 공무원들은 실력을 행사하여 대집행을 실행할 수 있는가?

(5) 대집행을 실행하는 과정에서 A건물 세입자들의 출입을 막기 위해 마포구 공무원들은 해당 건축물 주위에 펜스를 설치하였는데, 철거 실행이 종료된 이후에도 펜스는 여전히 방치되어 있었다. 갑의 권리구제수단은(손해전보와 헌법소원은 제외한다)?

[참조조문]

건축법

제79조(위반 건축물 등에 대한 조치 등) ① 허가권자는 대지나 건축물이 이 법 또는 이 법에 따른 명령이나 처분에 위반되면 이 법에 따른 허가 또는 승인을 취소하거나 그 건축물의 건축주 · 공사시공자 · 현장관리인 · 소유자 · 관리자 또는 점유자(이하 "건축주등"이라 한다)에게 공사의 중지를 명하거나 상당한 기간을 정하여 그 건축물의 철거 · 개축 · 증축 · 수선 · 용도변경 · 사용금지 · 사용제한, 그 밖에 필요한 조치를 명할 수 있다.

제80조(이행강제금) ① 허가권자는 제79조 제1항에 따라 시정명령을 받은 후 시정기간 내에 시정명령을 이행하지 아니한 건축주등에 대하여는 그 시정명령의 이행에 필요한 상당한 이행기한을 정하여 그 기한까지 시정명령을 이행하지 아니하면 다음 각 호의 이행강제금을 부과한다.

(1) 구청장은 갑에게 건축법 제79조 제1항을 근거로 철거명령을 하였으나 불이행하였다. ① 구청장이 행정대집행법에 따라 대집행하고자 한다면 행정대집행법 제2조의 요건을 구비하고 있는가? ② 구청장은 동법 제80조 제1항에 따라 이행강제금을 부과할 수 있는가?

Ⅰ. 대집행과 이행강제금 부과의 가능성 (설문(1))

1. 문제 상황

갑은 구청장의 허가 없이 화장실과 부엌을 설치하였기에 이 무허가부분에 대해 구청장이 건축법 제79조 제1항에 따라 철거를 명하는 것은 적법하다. 그런데 갑이 이를 불이행한 경우 강제집행할 수 있는지 특히 대집행과 이행강제금의 부과가 가능한지가 문제이다.

2. 행정대집행법 제2조의 요건 구비여부

(1) 대집행의 요건(상황요건)

대집행의 일반적 요건은 행정대집행법 제2조가 정하고 있다. 즉 ⓐ 공법상 의무의 불이행이 있을 것, ⓑ 불이행된 의무는 대체적 작위의무일 것, ⓒ 다른 방법이 없을 것(보충성), ⓓ 공익상 요청이 있을 것을 요한다.

(2) 설문

㈎ 공법(건축법)상 의무의 불이행이 있고 그 의무는 대체적 작위의무(무허가건축물을 철거할 의무)이며, 보충성요건도 충족하기에(즉 마포구의 행정지도와 같은 방법으로는 철거의 결과를 얻어내기가 어려워 보인다) 공익침해만이 문제가 된다. 즉 대집행은 의무의 불이행을 방치하는 것이 심히 공익을 해한다고 인정되는 경우에만 허용된다.

㈏ 예를 들어 초고층건축물의 철거 같은 경우만 공익침해가 있는 것은 아니고 설문처럼 대집행의 실행(무허가 화장실과 부엌의 철거)으로 달성할 수 있는 공익 목적과 갑과 세입자들의 사익을 비교 형량하여 후자가 더욱 중요한 경우는 대집행의 실행을 부정해야 한다.

㈐ 판례도 설문의 사안에서 "피고가 계고처분을 한 위 위법 건물부분을 대집행으로 철거할 경우 많은 비용이 소요되는 반면에 철거를 한다 하더라도 위법 건물을 철거하였다는 점 이외에는 위 건물 1, 2층에 새든 입주자들의 생활에는 막대한 불편을 초래하여 오히려 쓰임새가 줄어든 건물을 만들게 되는 사실을 인정하고 위 증축으로 인하여 위반결과가 현존하여 있고, 원고가 그 철거의무를 불이행하고 있으나 이를 방치함이 도시계획이나 도로교통상 또는 방화, 보안, 위생, 도시미관 및 공해예방 등의 공익을 심히 해하는 때에 해당한다고 할 수 없으니 이 사건 계고처분은 위법하다(대판 1989. 7. 11. 88누11193)"고 하여 같은 입장이다.

3. 이행강제금 부과의 가능성

(1) 문제점

건축법 제80조 제1항은 동법 제79조 제1항에 따른 시정명령을 이행하지 않은 건축주에 대한 이행강제금부과 가능성을 명시적으로 규정하고 있지만, 설문과 같이 대체적 작위의무위반의 경우 일반적으로 대집행이 효과적인 실효성확보수단이므로 이행강제금부과가 가능한지에 대해 학설의 대립이 있다.

(2) 학설

ⓐ 대체적 작위의무에 대해서는 대집행이 가능하므로 대체적 작위의무에 대해 이행강제금을 인정할 필요가 없다는 견해와 ⓑ 경우에 따라서는 이행강제금이 대집행보다 의무이행에 더욱 실효적인 수단이 될 수 있으므로 대체적 작위의무에 대해서도 이행강제금의 부과를 인정하는 것이 타당하다는 견해(다수 견해)로 나누어진다.

(3) 판례

헌법재판소 판례도 「전통적으로 행정대집행은 대체적 작위의무에 대한 강제집행수단으로, 이행강제금은 부작위의무나 비대체적 작위의무에 대한 강제집행수단으로 이해되어 왔으나, … 이행강제금은 대체적 작위의무의 위반에 대하여도 부과될 수 있다(헌재 2004. 2. 26. 2001헌바80, 84, 102, 103, 2002헌바26(병합) 개발제한구역의지정및관리에관한특별조치법제11조제1항등위헌소원)」고 하여 긍정적인 입장이다.

(4) 검토 및 소결

설문의 경우와 같이 대체적 작위의무 위반이 있음에도 대집행의 실행이 부적절한 경우(예를 들어 대집행을 실행함이 공익침해인 경우)에는 이행강제금제도가 사용될 수 있다는 견해가 타당하다. 따라서 구청장은 이행강제금을 부과할 수 있다.

(2) (행정대집행법에 따라 대집행할 수 있음을 전제로 한다) 구청장은 갑에게 한 장의 문서로 2010. 10. 1.까지 철거할 것을 명함과 동시에 불이행하는 경우 대집행할 것을 계고하여 2010. 3. 1.에 수령하였다면 구청장의 계고처분은 위법한가?

Ⅱ. 철거명령과 계고처분의 결합가능성 (설문(2))

1. 문제 상황

대집행계고처분은 대집행의 절차이므로 대집행절차로 이르기 위해서는 대집행의 상황요건에 해당하여야 하는바 그 첫째요건은 '공법상 의무의 불이행이 있을 것'이다. 즉 대집행의 요건에 해당할 경우 대집행을 실행하는 절차로 넘어가게 되는데, 대집행의 요건 중 하나인 공법상 의무의 불이행의 전제가 되는 의무의 이행을 명하는 행위(설문에서 철거명령)와 대집행의 사전절차로서 계고가 한 장의 문서로 가능한지가 문제된다.

2. 학설·판례

㈎ 학설은 대집행의 상황요건은 계고를 행할 때 이미 충족되어 있어야 하며, 의무이행을 명하는 행위와 계고처분을 한 장의 문서로 발령하는 경우 당사자에게 기한의 이익이 상실된다는 이유로 결합이 불가능하다고 보는 견해와 상당한 기간만 부여된다면 문제가 없다는 견해도 있다.

㈏ 그러나 판례는 「계고서라는 명칭의 한 장의 문서로서 일정기간 내에 위법건축물의 자진철거를 명함과 동시에 그 소정기한 내에 자진철거를 하지 않을 때에는 대집행할 뜻을 미리 계고한 경우 건축법에 의한 철거명령과 행정대집행법에 의한 계고처분은 독립하여 있는 것으로서 각 그 요건이 충족되었다(대판 1992. 6. 12. 91누13564)」고 하여 긍정하고 있다. 다만 상당한 기간은 부여되어야 한다고 본다.

3. 설문(판례)

㈎ 판례에 따른다면 자진철거명령과 대집행계고처분이 한 장의 문서로 동시에 발령될 수 있다. 하지만 판례에 따른다고 하여도 자진철거에 필요한 상당한 기간은 주어야 한다.

㈏ '상당한 이행기간'이란 사회통념상 이행에 필요한 기간을 의미한다. 설문에서 갑이 계고서를 2010. 3. 1.에 수령하여 2010. 10. 1.까지 철거할 것을 명령받았다면 철거에 필요한 상당한 기간으로 보인다. 따라서 계고처분은 적법하다.

(3) (행정대집행법에 따라 대집행할 수 있음을 전제로 한다) 마포구청장이 대집행절차에 따라 갑에게 철거명령의 이행을 계고하자, 갑은 계고처분이 문서주의에 위반되어 무효라고 주장하며 무효확인소송을 제기하였다. 계고처분무효확인소송에서 마포구청장은 계고처분은 법령상 정해진 방법에 따라 이루어졌으므로 적법하다는 요건사실을 입증해야 하는가?

Ⅲ. 계고처분무효확인소송에서의 입증책임 (설문(3))

1. 문제 상황

취소소송의 경우 민사소송의 경우와 마찬가지로 법률요건분류설에 따른다는 것이 통설, 판례(행정처분의 취소를 구하는 항고소송에서는 당해 처분의 적법을 주장하는 처분청인 피고에게 그 적법여부에 대한 입증책임이 있…다(대판 2007. 1. 12. 2006두12937))의 입장[16]이지만, 무효확인소송의 경우 일부 학설과 판례가 이와 다르게 보고 있어 문제가 된다.

2. 취소소송에서의 입증책임

취소소송의 경우는 ⓐ 권한행사규정("…한 때에는 …의 처분을 한다")의 요건사실의 존재는 그 권한행사의 적법성(필요성)을 주장하는 자가 입증해야 한다. 따라서 적극적 처분에 대해서는 그 처분을 행한 처분청이, 거부처분의 경우에는 원고

16) 설문의 경우도 갑이 계고처분취소소송을 제기한다면 아래의 판례의 입장을 따르면 될 것이다.

(건축법에 위반하여 건축한 것이어서 철거의무가 있는 건물이라 하더라도 그 철거의무를 대집행하기 위한 계고처분을 하려면 다른 방법으로는 이행의 확보가 어렵고 불이행을 방치함이 심히 공익을 해하는 것으로 인정될 때에 한하여 허용되고 이러한 요건의 주장입증책임은 처분 행정청에 있다(대판 1993. 9. 14. 92누16690)).

가 각각 입증책임을 부담한다. 그리고 ⓑ 권한불행사규정("…한 때에는 …의 처분을 하여서는 아니된다")의 요건사실의 존재는 처분권한의 불행사(상실)를 주장하는 자가 입증해야 한다. 따라서 적극적 처분에 대해서는 원고가, 거부처분에 대해서는 처분청이 각각 입증책임을 부담한다(법률요건분류설).

3. 무효확인소송에서 입증책임

(1) 학설

ⓐ 법률요건분류설(취소소송의 경우와 같다는 견해)은 무효등확인소송도 항고소송의 일종으로 처분의 위법성을 다투는 것은 취소소송과 같고, 위법의 중대·명백성은 법해석 내지 경험칙(법적 판단의 문제)에 의해 판단될 사항이기 때문에 입증책임의 문제(사실인정의 문제)와 직접관련이 없음을 논거로 한다. ⓑ 원고책임부담설은 하자가 중대하고 명백하다면 원고가 부담하여야 한다는 견해로 취소소송과 무효등확인소송은 요건사실의 존재·부존재의 주장내용에 차이가 있으며, 무효등확인소송에서 주장되는 중대·명백한 흠은 특별한 예외적인 것이며, 무효등확인소송은 제소기간의 제한 없이 언제든 제기할 수 있어 그 사이에 증거가 없어질 수 있으므로 취소소송과 동일하게 볼 수 없다는 점을 논거로 한다.

(2) 판례

판례는 「행정처분의 당연무효를 주장하여 그 무효확인을 구하는 행정소송에 있어서는 원고에게 그 행정처분이 무효인 사유를 주장, 입증할 책임이 있다(대판 2000. 3. 23. 99두11851)」라고 하여 무효확인소송에서 무효원인에 대한 입증책임은 그 무효를 구하는 원고에게 있다고 하여 취소소송의 경우와는 달리 원고책임부담설을 취한다.

(3) 검토

무효확인소송에 있어서는 취소소송에 있어서보다 처분 등의 법적합성에 대한 의문이 강한 것이므로 피고인 행정청이 당해 처분 등의 적법성에 대한 요건사실의 존재에 대해 입증책임을 지는 것이 타당하다(법률요건분류설＝입증책임분배설).

4. 소결

법률요건분류설에 따르면 계고처분의 적법성에 대한 요건사실은 행정청인 마포구청장이 입증책임을 부담한다.

---

(4) (행정대집행법에 따라 대집행할 수 있음을 전제로 한다) 행정대집행 절차를 모두 거친 후 마포구청 공무원들은 철거를 실행하기 위해 갑의 건축물에 도착하였으나 갑이 격렬한 방법으로 저항한다면 공무원들은 실력을 행사하여 대집행을 실행할 수 있는가?

Ⅳ. 대집행실행에서 실력행사의 가능성 (설문(4))

1. 문제 상황

대집행실행의 법적 성질은 권력적 사실행위로서 수인의무를 수반하는 행위인데 이러한 수인의무를 위반하여 의무자가 저항하는 경우 행정청이 실력으로 배제할 수 있는지가 문제된다.

2. 학설

① 부정설(이 견해는 실력적 배제가 대집행에 내재하는 당연한 권능으로 보기 어렵기 때문에 대집행은 그 대상인 의무의 대체적 실행의 한도에 그쳐야 하며, 저항을 실력으로 배제하는 것은 대집행에 포함된다고 볼 수 없고 직접강제의 대상이 된다는 것이다. 따라서 이 견해는 공무집행방해죄의 적용이나 경찰관직무집행법상의 위험발생방지조치 또는 범죄의 예방·제지를 경찰권의 발동과 같은 방법에 의지할 수밖에 없다고 한다)과 ② 긍정설(대집행의 실행을 위해 필요한 최소한의 범위 내에서 부득이한 경우 실력으로 저항을 배제하는 것은 가능하다는 견해이다)이 대립한다.

3. 검토 및 설문

대집행의 실행이 권력적 사실행위인 이상 비례원칙에 반하지 않는 범위에서 실력행사가 가능하다고 봄이 타당하다. 따라서 공무원들은 부득이한 경우 비례원칙의 범위에서 실력을 행사할 수 있다.

(5) 대집행을 실행하는 과정에서 A건물 세입자들의 출입을 막기 위해 마포구 공무원들은 해당 건축물 주위에 펜스를 설치하였는데, 철거 실행이 종료된 이후에도 펜스는 여전히 방치되어 있었다. 갑의 권리구제수단은(손해전보와 헌법소원은 제외한다)?

Ⅴ. 소유권의 방해를 배제하기 위한 권리 구제수단(설문(5))

1. 문제 상황

대집행이 종료된 이후에도 건축물 주위에 행정청이 설치한 펜스가 방치되어 있다면 갑은 자신의 소유권행사가 방해받고 있는 상태이다. 이러한 위법한 사실 상태의 해소를 구하는 것이 공법상 결과제거청구권이다. 따라서 갑이 소유권행사의 방해 상태의 해소를 마포구를 상대로 결과제거를 청구할 수 있는지가 문제된다.

2. 결과제거청구의 가능성

(1) 의의·법적 근거

㈎ 결과제거청구권이란 위법한 공법작용으로 인해 자기의 권리침해가 계속되는 경우에 행정주체에 대하여 그 위법한 결과의 제거를 구할 수 있는 권리를 말한다.

㈏ 헌법상의 법치행정원리(헌법 제107조), 기본권(자유권) 규정(헌법 제10조, 제23조), 민법상 관련 규정을 유추적용하고, 행정소송법 제10조의 관련청구의 이송 및 병합에 관한 규정 그리고 제30조의 취소판결의 기속력규정을 소송법적인 근거로 든다.

(2) 성립요건

1) 공법작용

㈎ 결과제거청구권의 전제가 되는 공법작용은 행정행위뿐 아니라 비권력작용(사실행위)도 그 대상이 된다.

㈏ 설문에서 마포구 공무원은 대집행의 실행을 위해 갑의 건물 주위에 펜스를 설치하였기에 공법작용에 해당한다.

2) 법률상 이익의 침해

㈎ 법률상 보호되는 이익이 침해되는 경우라야 한다. 여기서 이익은 재산상 가치 있는 권리에만 한정되는 것은 아니고, 그 밖에 명예 등도 포함된다.

㈏ 설문에서 갑은 소유권의 행사에 방해를 받고 있기에 법률상 이익의 침해에도 해당한다.

3) 위법한 상태(침해)의 존재

㈎ 침해의 위법은 처음부터 위법한 것일 수도 있고, 기한의 경과나 조건의 발생 등으로 인해 사후에 위법해질 수도 있다. 즉, 위법이란 징표는 당해 행정작용의 적법·위법을 의미하는 것이 아니라 결과적인 측면에서 위법한 것을 말한다.

㈏ 설문에서 펜스는 철거실행이 종료된 이후에도 여전히 방치되고 있기에 위법한 상태가 존재한다.

4) 위법한 상태(침해)의 계속

㈎ 결과제거청구권은 제거하고자 하는 침해가 존재함을 전제요건으로 한다. 만약 불이익을 가져오는 침해가 더 이상 존재하지 않는다면, 논리적으로 결과제거청구권은 인정될 수 없다.

㈏ 철거실행이 종료된 이후에도 여전히 펜스가 방치되고 있기에 위법한 상태는 계속되고 있다.

5) 결과제거(원상회복)의 가능성·허용성·수인가능성(기대가능성)

㈎ 원상회복(내지 유사한 상태의 회복)이 가능하고, 법률상 허용되고, 의무자에게 수인가능해야 한다.

㈏ 이 요건도 문제되지 않는다.

(3) 내용

청구권의 내용은 행정작용으로 인하여 야기된 결과적인 위법상태를 제거하여 위법적인 침해가 없는 원래의 상태 또는 유사한 상태로 회복시켜 줄 것을 청구하는 것이다. 그리고 이 청구권을 행사한 후에도 남게 되는 손해의 배상이나 손실의 보상은 결과제거청구권의 내용이 아니며, 손해배상이나 손실보상을 청구해야 한다.

3. 소결

갑은 결과제거청구권의 성립요건을 모두 충족하고 있기에 헌법상의 법치행정원리(헌법 제107조), 기본권(자유권) 규정(헌법 제10조, 제23조) 및 민법 제214조를 유추적용하여 마포구를 상대로 결과제거청구권의 내용으로 소유물방해의 제거를 청구할 수 있다. 물론 학설에 따르면 당사자소송으로 제기할 수 있을 것이다.

제7장 국가책임법

제1절 손해배상제도

판례 — 직무의 사익보호성

대법원 2006. 4. 14. 선고 2003다41746 판결
【손해배상(기)】

【원고, 피상고인】 원고 1 주식회사외 20인
【피고, 상고인】 서울특별시외 3인
【청구취지】 피고 서울특별시, 서울특별시 양천구는 연대하여 원고들에게 … 금원을 지급하라.

【판시사항】 [1] 일반적으로 국가 또는 지방자치단체가 권한을 행사할 때에는 국민에 대한 손해를 방지하여야 하고, 국민의 안전을 배려하여야 하며, **소속 공무원이 전적으로 또는 부수적으로라도 국민 개개인의 안전과 이익을 보호하기 위하여 법령에서 정한 직무상의 의무에 위반하여 국민에게 손해를 가하면 상당인과관계가 인정되는 범위 안에서 국가 또는 지방자치단체가 배상책임을 부담하는 것**이지만, **공무원이** 직무를 수행하면서 그 근거되는 법령의 규정에 따라 구체적으로 **의무를 부여받았어도** 그것이 국민의 이익과는 관계없이 순전히 행정기관 내부의 질서를 유지하기 위한 것이거나, 또는 국민의 이익과 관련된 것이라도 직접 국민 개개인의 이익을 위한 것이 아니라 전체적으로 공공 일반의 이익을 도모하기 위한 것이라면 그 의무에 위반하여 국민에게 손해를 가하여도 국가 또는 지방자치단체는 배상책임을 부담하지 아니한다.

그러나 **하천의 유지·관리 및 법령 위반자 등에 대한 처분에 관한 하천법 제15조 제1항, 제28조 제1항, 제64조 제1항, 제68조 제1항 등 관련 규정을 종합**해 보면, 이 사건 안양천의 유지·관리 및 점용허가 관련 업무를 맡고 있는 피고 서울특별시 양천구의 담당공무원은 안양천의 적정한 유지·관리를 도모하고, 점용허가로 인한 공공의 피해가 발생하지 아니하도록 점용허가를 받은 자가 허가조건을 준수하도록 하여야 하며, 정기적으로 하천점용상황에 대한 점검을 실시하여 불법적인 점용실태가 적발될 경우에는 그 시정을 위한 필요한 조치를 취하여야 할 직무상 의무가 있다고 할 것이고, 이러한 의무는 단순히 공공 일반의 이익을 위한 것만이 아니라 부수적으로라도 사회구성원 개개인의 안전과 이익을 보호하기 위하여 설정된 것으로 보아야 할 것이다.

[2] **피고 서울특별시는** 안양천 유지·관리의 사무귀속 주체로서, **피고 서울특별시 양천구는** 대외적으로 위 사무와 관련된 비용부담자로서, 각자 원고들의 손해를 배상할 책임이 있다.

> **tip** 1. ① 학설은 직무의 사익보호성에 대해 부정하는 견해와 긍정하는 견해가 대립되지만, 판례는 이를 긍정하면서 위법성 또는 인과관계의 문제로 보고 있다고 평가된다. ② 서울특별시의 사무귀속 주체로서 배상책임은 국가배상법 제2조 제1항(또는 제5조 제1항)에서 나오며, 양천구의 비용부담자로서 배상책임은 국가배상법 제6조 제1항에서 나온다.
> 2. 관련판례들은 직무의 사익보호성을 모두 긍정한 판결이다(다만, [관련판례 2]는 국가배상책임은 부정함).

[관련판례 1]
대법원 2008. 4. 10. 선고 2005다48994 판결
【손해배상(기)】(군산시 윤락가 화재사건)

소방법의 규정들은 단순히 전체로서의 공공 일반의 안전을 도모하기 위한 것에서 더 나아가 국민 개개인의 인명과 재화의 안전보장을 목적으로 하여 둔 것이므로, **소방공무원이 소방법 규정에서 정하여진 직무상의 의무를 게을리 한 경우** 그 의무 위반이 직무에 충실한 보통 일반의 공무원을 표준으로 할 때 객관적 정당성을 상실하였다고 인정될 정도에 이른 경우에는 **국가배상법 제2조에서 말하는 위법의 요건을 충족**하게 된다. 그리고 소방공무원의 행정권한 행사가 관계 법률의 규정 형식상 소방공무원의 재량에 맡겨져 있다고 하더라도 소방공무원에게 그러한 권한을 부여한 취지와 목적에 비추어 볼 때 구체적인 상황 아래에서 소방공무원이 그 권한을 행사하지 않은 것이 현저하게 합리성을 잃어 사회적 타당성이

없는 경우에는 소방공무원의 직무상 의무를 위반한 것으로서 위법하게 된다.

[관련판례 2]
대법원 2010. 9. 9. 선고 2008다77795 판결
【손해배상(기)】

구 식품위생법(2005. 1. 27. 법률 제7374호로 개정되기 전의 것, 이하 '구 식품위생법'이라고 한다)**은 제1조에서 "이 법은 식품으로 인한 위생상의 위해를 방지하고 식품영양의 질적 향상을 도모함으로써 국민보건의 증진에 이바지함을 목적으로 한다"고 규정**하고 있고, **같은 법 제7조, 제9조, 제10조, 제16조 등에서는 식품의약품안전청장**(이하 '식약청장'이라고 한다) 등으로 하여금 **식품 또는 식품첨가물의 제조 등의 방법과 성분, 용기와 포장의 제조방법과 그 원재료, 표시 등에 대하여 일정한 기준 및 규격 등을 마련**하도록 하고, 그와 같은 기준 및 규격 등을 준수하는지 여부를 확인할 필요가 있거나 **위생상 위해가 발생할 우려나 국민보건상의 필요가 있을 경우 수입신고시 식품 등을 검사하도록 규정**하고 있다. 위와 같은 구 식품위생법의 관련 규정을 종합하여 보면, 같은 법 제7조, 제9조, 제10조, 제16조는 단순히 국민 전체의 보건을 증진한다고 하는 공공 일반의 이익만을 위한 것이 아니라, 그와 함께 사회구성원 개개인의 건강상의 위해를 방지하는 등의 개별적인 안전과 이익도 도모하기 위하여 설정된 것이라고 함이 상당하다.

tip 어린이가 '미니컵 젤리'를 먹다가 질식하여 사망한 사건에서 대법원은 식약청장 등이 미니컵 젤리의 수입, 유통 등을 금지하거나 기준과 규격, 표시 등을 강화하고 그에 필요한 검사 등을 실시하는 조치를 취하지 아니한 것에 위법성이나 과실이 없다고 보았다.

[관련판례 3]
대법원 2010. 7. 22. 선고 2010다13527 판결
【손해배상(기)】

개별공시지가는 개발부담금의 부과, 토지 관련 조세 부과 등 다른 법령이 정하는 목적을 위해 지가를 산정하는 경우에 그 산정 기준이 되는 관계로 **납세자인 국민 등의 재산상 권리·의무에 직접적인 영향을 미치게 되므로**, 개별공시지가 산정업무를 담당하는 공무원으로서는 당해 토지의 실제 이용상황 등 토지특성을 정확하게 조사하고 당해 토지와 토지이용상황이 유사한 비교표준지를 선정하여 그 특성을 비교하는 등 법령 및 '개별공시지가의 조사·산정 지침'에서 정한 기준과 방법에 의하여 개별공시지가를 산정하고, 산정지가의 검증을 의뢰받은 감정평가업자나 시·군·구 부동산평가위원회로서는 위 산정지가 또는 검증지가가 위와 같은 기준과 방법에 의하여 제대로 산정된 것인지 여부를 검증, 심의함으로써 적정한 개별공시지가가 결정·공시되도록 조치할 직무상의 의무가 있고, 이러한 직무상 의무는 단순히 공공 일반의 이익을 위한 것이거나 행정기관 내부의 질서를 규율하기 위한 것이 아니고 전적으로 또는 부수적으로 국민 개개인의 재산권 보장을 목적으로 하여 규정된 것이라고 봄이 상당하다. 따라서 개별공시지가 산정업무 담당공무원 등이 그 직무상 의무에 위반하여 현저하게 불합리한 개별공시지가가 결정되도록 함으로써 국민 개개인의 재산권을 침해한 경우에는 그 손해에 대하여 상당인과관계 있는 범위 내에서 그 담당공무원 등이 소속된 지방자치단체가 배상책임을 지게 된다.

tip 공무원의 개별공시지가 결정이 원고의 재산권을 침해한 경우 그 공무원이 소속된 지방자치단체가 상당인과관계 있는 범위 내에서 배상책임을 진다는 판결이다.

판례 — 하천범람에서 영조물의 설치·관리에 하자판단

대법원 2007. 9. 21. 선고 2005다65678 판결 【손해배상(기)】(삼성천범람사건)

관리청이 하천법 등 관련 규정에 의해 책정한 하천정비기본계획 등에 따라 개수를 완료한 하천 또는 아직 개수 중이라 하더라도 개수를 완료한 부분에 있어서는, 위 하천정비기본계획 등에서 정한 **계획홍수량 및 계획홍수위를 충족하여 하천이 관리되고 있다면** 당초부터 계획홍수량 및 계획홍수위를 잘못 책정하였다거나 그 후 이를 시급히 변경해야 할 사정이 생겼음에도 불구하고 이를 해태하였다는 등의 특별한 사정이 없는 한, 그 하천은 용도에 따라 통상 갖추어야 할 안전성을 갖추고 있다고 봄이 상당하다.

tip 하천범람으로 인한 손해배상에서 영조물설치·관리에 하자와 불가항력을 판단하는 기준에 관해 학설은 계획홍수량을 기준으로 하는 견해와 객관설을 기준으로 하는 견해가 대립된다. 그러나 판례는 ⓐ 계획홍수량 및 계획홍수위를 잘못 책정하였거나 ⓑ 이를 시급히 변경해야 할 사정이 생겼음에도 불구하고 이를 해태하였다는 등의 특별한 사정이 없는 한 영조물설치·관리에 하자가 없다는 입장이다.

기출 — 제52회 사법시험(2010년)

〈제1문〉

A시는 택지개발사업을 위해 관련 법령에 따른 절차를 거쳐 갑 소유의 토지 등을 취득하고자 갑과 보상에 관하여 협의하였으나 협의가 성립되지 않았다. 이에 A시는 관할 토지수용위원회에 재결을 신청하여 "A시는 갑의 토지를 수용하고, 갑은 그 지상 공작물을 이전한다. A시는 갑에게 보상금으로 1억원을 지급한다"라는 취지의 재결을 받았다. 그러나 갑은 보상금이 너무 적다는 이유로 보상금 수령을 거절하였다. 그러자 A시는 보상금을 공탁하였고, A시장은 갑에게 보상 절차가 완료되었음을 이유로 위 토지상의 공작물을 이전하고 토지를 인도하라고 명하였다.

(1) 갑이 토지수용위원회의 재결에 불복할 경우 적절한 구제 수단은? (20점)

(2) 갑이 공작물이전명령 및 토지인도명령에 응하지 않을 경우 A시장은 이를 대집행할 수 있는가? (8점)

(3) 만약 A시장이 대집행했을 때, 갑이 "위법한 명령에 기초한 대집행으로 말미암아 손해를 입었다"라고 주장하면서 관할 민사법원에 국가배상청구소송을 제기한다면 민사법원은 위 명령의 위법성을 스스로 심사할 수 있는가? (12점)

(4) 갑이 위 명령에 대해 관할 행정법원에 취소소송을 제기하여 청구기각판결을 받아 그 판결이 확정되었더라도 갑은 후소인 국가배상청구소송에서 위 명령의 위법을 주장할 수 있는가? (10점)

(1) 갑이 토지수용위원회의 재결에 불복할 경우 적절한 구제 수단은? (20점)

Ⅰ. 재결에 대한 불복 수단(설문(1))

1. 이의신청

(1) 의의

토지수용위원회의 재결에 대해 이의가 있는 자가 중앙토지수용위원회에 불복을 신청하는 것으로 특수한 행정심판이다(토지보상법 제83조).

(2) 이의신청의 요건

1) 신청인

토지수용위원회의 재결에 불복이 있는 토지소유자(관계인) 또는 사업시행자이다.

2) 신청기간

재결서의 정본을 받은 날부터 30일 이내에 하여야 한다(토지보상법 제83조 제3항).

3) 신청의 대상

관할 토지수용위원회의 재결이다.

4) 임의적 전치

토지보상법상의 이의신청은 임의적이다. 따라서 이의신청 없이도 행정소송을 제기할 수 있다(토지보상법 제85조 참조).

(3) 이의신청의 효력

1) 재결의 내용

중앙토지수용위원회는 재결이 위법 또는 부당하다고 인정하는 때에는 그 재결의 전부 또는 일부를 취소하거나 보상액을 변경할 수 있다(토지보상법 제84조 제1항).

2) 재결의 효력

이의신청에 대한 재결이 확정된 때에는 '민사소송법'상의 확정판결이 있은 것으로 보며, 재결서 정본은 집행력있는 판결의 정본과 동일한 효력을 가진다(토지보상법 제86조 제1항).

3) 처분효력의 부정지

이의의 신청은 사업의 진행 및 토지의 수용 또는 사용을 정지시키지 아니한다(토지보상법 제88조 제1항).

(4) 설문

토지수용위원회의 수용재결에 대해 갑은 재결

서의 정본을 받은 날부터 30일 이내에 토지보상법 제83조 제1항에 따라 중앙토지수용위원회에 이의신청을 할 수 있다.

2. 병의 제기할 수 있는 행정소송의 종류

㈎ 토지보상법 제85조 제1항은 토지수용위원회의 재결에 대해 이의신청을 하였든 하지 않았든 각각 행정소송을 제기할 수 있음을 규정하고, 제2항은 제1항의 행정소송이 보상금의 증감에 관한 소송인 경우에는 당해 소송을 제기하는 자가 토지소유자 또는 관계인인 때에는 사업시행자를, 사업시행자인 때에는 토지소유자 또는 관계인을 각각 피고로 보상금증감청구소송을 제기할 수 있음을 규정하고 있다.

㈏ 설문에서 갑은 보상금이 너무 적다는 이유로 재결에 불복하고자 하기에 갑이 제기하는 소송은 토지보상법 제85조 제2항에 따른 보상금증감청구소송이다.

3. 보상금증감청구소송

(1) 의의

토지수용위원회의 재결 중 보상금에 대해서만 이의가 있는 경우 보상금의 증감을 청구하는 소송을 말한다.

(2) 법적 성질

1) 단일소송

1인의 원고와 피고를 당사자로 하는 단일 소송이다.

2) 항고소송인지 당사자소송인지 여부(=형식적 당사자소송)

보상금증감청구소송은 토지수용위원회의 재결을 다투는 의미도 있는바 항고소송의 성질도 갖지만, (구)토지수용법을 토지보상법으로 개정하면서 보상금증감청구소송에서 토지수용위원회를 피고에서 제외함으로써 행정소송법 제3조 제2호의 당사자소송이 되었다. 실질적으로 행정청의 처분 등(위원회의 재결)을 다투는 것이나 형식적으로는 처분 등으로 인해 형성된 법률관계(갑과 A시 사이의 재산상의 법률관계)를 다투기 위해 제기하는 이러한 소송을 형식적 당사자소송이라 한다.

(3) 당사자적격

소송을 제기하는 자가 토지소유자(관계인)인 때에는 사업시행자(공익사업을 수행하는 자)를, 사업시행자인 때에는 토지소유자(관계인)를 각각 피고로 한다.

설문에서 갑은 보상금의 증액을 청구하고 있기에 갑은 A시를 상대로 소를 제기하면 된다.

(4) 제소기간

수용재결인 경우는 재결서를 받은 날부터 60일 이내에, 이의재결인 경우는 이의신청에 대한 재결서를 받은 날부터 30일 이내에 소송을 제기할 수 있다.

(5) 토지보상법 제85조 제2항과 같은 개별규정이 없는 경우 보상금증감청구소송(형식적 당사자소송)의 일반적 인정여부

1) 학설

① 긍정설과 ② 부정설이 대립된다.

2) 검토 및 설문

㈎ 개별규정이 없는 경우에는 원고적격·피고적격·제소기간 등의 소송요건도 불분명하며, 처분에 대한 불복은 항고소송에 의하는 것이 원칙이라는 점을 감안할 때 부정설이 타당하다.

㈏ 따라서 토지보상법 제85조 제2항과 같은 명문의 규정이 없는 한 갑은 A시를 상대로 보상금증액청구소송을 제기할 수 없다.

---

(2) 갑이 공작물이전명령 및 토지인도명령에 응하지 않을 경우 A시장은 이를 대집행할 수 있는가? (8점)

Ⅱ. 대집행의 가능성(설문(2))

1. 대집행의 상황요건

㈎ 대집행할 수 있는 상황요건은 ① 공법상 의무의 불이행이 있을 것, ② 불이행된 의무는 대체적 작위의무일 것, ③ 다른 방법이 없을 것(보충성), ④ 공익상 요청이 있을 것을 요한다.

㈏ 공법(토지보상법)상 의무의 불이행이 있고, 보충성요건도 충족하며(시장의 행정지도와 같은 방법으로는 공작물의 이전이나 토지의 인도라는 결과를 얻어내

기가 어려워 보인다), 그리고 A시장의 갑에 대한 보상 절차가 완료되었음에도 공작물의 이전과 토지인도의무를 불이행하고 있기에 공익침해요건도 문제되지 않는다. 따라서 설문의 경우 대체적 작위의무위반일 것의 요건이 문제된다.

2. 공작물의 이전명령

공작물의 이전명령은 대체적 작위의무로 의무위반시 대집행이 가능하다.

3. 토지의 인도명령

(1) 토지인도의무가 대체적 작위의무인지 여부

토지·건물의 인도의무는 사람을 실력으로 배제하여야 하므로 대체적 작위의무가 아니어서 대집행의 대상이 되지 않는다는 것이 판례와 학설의 일반적인 입장이다. 그러나 설문의 경우 토지보상법 제43조, 제44조 및 제89조가 시장 등이 토지나 물건의 인도나 이전을 대행할 수 있음을 규정하고 있어 문제가 된다.

(2) 토지보상법 제43조(제44조), 제89조의 토지인도의무가 대집행의 대상이 되는지 여부

1) 학설

a. 부정설

토지나 건물의 인도의무는 대체적 작위의무가 아니기에 대집행에 적합하지 않다는 견해이다.

b. 긍정설

토지보상법 제43조 등은 토지나 물건의 인도를 대행할 수 있도록 규정하고 있으므로 동 조항은 대집행은 대체적 작위의무위반행위만을 대상으로 한다는 원칙의 예외규정으로 보는 견해이다(류지태). 대집행을 긍정하면서 이 경우 대집행은 그 실질이 직접강제라고 보기도 한다(박균성).

2) 판례

인도(명도)의무는 직접적인 실력행사가 필요한 것이지 대체적 작위의무라고 볼 수 없어 (구)토지수용법 제63조 등(현행 토지보상법 제43조 등)에도 불구하고 행정대집행법에 의한 대집행의 대상이 될 수 없다는 입장이다(대판 2005. 8. 19. 2004다2809).

3) 검토 및 소결

㈎ 토지나 건물의 인도의무의 불이행은 대체적 작위의무의 불이행이 아니기에 토지보상법 제43조 등에 대집행은 포함되지 않는다는 견해가 타당하다.

㈏ 따라서 시장은 토지보상법 제89조 제2항에 따라 대집행을 할 수는 없다.

---

(3) 만약 A시장이 대집행했을 때, 갑이 "위법한 명령에 기초한 대집행으로 말미암아 손해를 입었다"라고 주장하면서 관할 민사법원에 국가배상청구소송을 제기한다면 민사법원은 위 명령의 위법성을 스스로 심사할 수 있는가? (12점)

Ⅲ. 민사법원의 명령의 위법성에 대한 심사 가능성(설문(3))

1. 문제 상황

시장의 명령이 위법하다면 구성요건적 효력(공정력)으로 인하여 명령을 발령한 시장이나 행정법원은 명령의 효력을 부정할 수 있는 반면 민사법원은 처분의 효력을 부정할 수 없다는 것이 일반적인 견해이지만, 민사법원이 명령의 위법성을 심리·판단할 수 있는지가 문제된다.

2. 선결문제

선결문제란 민사·형사법원(당사자소송법원)의 본안판단에서 행정행위의 효력유무(존재여부) 또는 위법여부가 선결될 문제인 경우 그 효력유무·존재여부나 위법여부를 말한다.

3. 형태

㈎ 선결문제는 민사사건의 경우와 형사사건의 경우로 나눌 수 있고, 각각 행정행위의 위법여부가 선결문제로 되는 경우와 행정행위의 효력여부가 선결문제로 되는 경우가 있다.

㈏ 설문은 민사사건의 경우이고, 행정행위(시장의 명령)의 위법여부가 문제되는 경우이다.

4. 민사법원이 명령의 위법성을 심사할 수 있는지 여부

(1) 학설

① 소극설과 ② 적극설(일반적인 견해)이 대립된다.

(2) 판례

판례도 「행정처분의 취소판결이 있어야만 그 행정처분의 위법임을 이유로 피고에게 배상을 청구할 수 있는 것은 아니라고 해석함이 상당할 것(대판 1972. 4. 28. 72다337)」이라고 하여 적극설을 취한다.

(3) 검토

민사법원이 국가배상청구소송을 심리함은 그 처분의 효력을 부정하는 것이 아니므로 선결문제로서 행정행위의 위법성을 판단할 수 있다는 긍정설이 타당하다.

5. 소결

민사법원이 명령의 위법성을 심리하여도 그 명령의 효력을 부정하는 것이 아니므로 국가배상청구소송에서 명령의 위법성을 심리·판단할 수 있다.

(4) 갑이 위 명령에 대해 관할 행정법원에 취소소송을 제기하여 청구기각판결을 받아 그 판결이 확정되었더라도 갑은 후소인 국가배상청구소송에서 위 명령의 위법을 주장할 수 있는가? (10점)

Ⅳ. 취소소송의 기판력이 발생한 후 국가배상청구소송에서 명령의 위법 주장 가능성(설문(4))

1. 문제 상황

취소소송의 소송물은 처분의 위법성이며, 국가배상청구소송의 소송물은 국가배상청구권의 존부인바, 취소소송의 판결의 기판력(기판력의 객관적 범위는 소송물이므로)은 국가배상청구소송에 미치지 않음이 일반적인 논리이다. 다만, 전소와 후소의 소송물이 동일하지 아니하여도 전소의 기판력 있는 법률관계(취소처분의 위법성)가 후소의 선결적 법률관계(국가배상법 제2조 제1항의 성립요건 중 위법성 요건(위법한 처분의 발령이 국가배상법 제2조 제1항의 위법한 직무행사가 되므로))가 되는 때에는 전소 판결의 기판력이 후소에 미칠 수 있다. 그러나 취소소송에서의 위법성과 국가배상청구소송에서의 위법성의 본질이 동일한지에 따라 결론이 달라진다.

2. 취소소송에서의 위법의 의미

취소소송의 본안요건으로서 위법이란 외부효를 갖는 법규(성문의 법령, 행정법의 일반원칙)위반을 말한다.

3. 취소소송에 관한 기판력이 국가배상청구소송의 위법성판단을 구속하는지 여부[17]

(1) 취소소송에서의 위법과 국가배상청구소송에서의 위법이 질적으로 다르다는 견해

㈎ 결과불법설, 상대적 위법성설, 직무의무위반설은 국가배상청구소송에서의 위법의 본질을 법규위반으로 보지 않는다.

㈏ 이처럼 취소소송과 국가배상청구소송에서의 위법의 의미가 질적으로 다르다는 견해는 취소판결의 기판력은 국가배상청구소송에 영향을 미치지 않는다고 본다(기판력 부정설).

㈐ 이 견해들에 따른다면 국가배상청구소송의 수소법원은 기각판결의 기판력에 영향을 받지 않기에 각 학설에 따라 위법여부에 대한 판단을 달리 할 수 있다.

(2) 취소소송의 위법과 국가배상청구소송에서 위법이 질적으로 같다는 견해(행위위법설)

1) 의의

이 견해는 취소소송의 위법과 본질을 같이 본다. 그러나 이 견해도 ⓐ 취소소송의 위법과 국

17) 취소소송의 소송물을 처분이 위법하고 그러한 처분으로 권리가 침해되었다는 당사자의 법적 주장으로 보는 견해에 따르면, 취소소송의 인용판결의 경우 기판력이 국가배상청구소송에 영향을 미치지만 기각판결의 경우에는 위법성 인정여부가 불분명하기에 기판력이 미치지 않는다고 한다(제한적 긍정설).

가배상청구소송에서의 '위법이 양적으로도 같다는 협의설(일원설)과 ⓑ 취소소송의 위법보다 국가배상청구소송의 위법이 더 넓다는 광의설(이원설)로 나누어진다.

2) 취소소송의 위법과 국가배상청구소송의 위법이 양적으로도 같다는 견해(일원설)

㈎ 이 견해는 양 위법이 질적·양적으로 일치되므로 취소판결의 기판력은 인용이든 기각이든 정확히 국가배상청구소송에 영향을 미친다고 본다(기판력 긍정설).

㈏ 따라서 설문의 경우 명령에 대한 취소소송에서 갑은 기각판결을 받았기에 후소에서 명령의 위법성을 주장할 수 없다.

3) 취소소송의 위법보다 국가배상청구소송의 위법이 더 광의라는 견해(이원설)

㈎ 이 견해는 취소소송의 위법보다 국가배상청구소송의 위법을 더 광의로 본다.

㈏ 이 견해에 따르면 취소소송의 청구인용판결은 기판력이 국가배상청구소송에 영향을 미치지만, 청구기각판결은 국가배상청구소송의 위법이 더 광의이므로 기판력이 미치지 않는다고 본다(제한적 긍정설).

㈐ 설문의 경우 명령에 대한 취소소송에서 갑은 기각판결을 받았다고 하더라도 갑은 후소에서 명령의 위법성을 주장할 수 있다.

4. 검토 및 소결

위법은 법질서에 반한다는 단일한 가치판단으로 보아야 하고 위법의 개념을 여러 가지로 나눌 수 없기에 행위위법설(일원설)이 타당하다. 따라서 취소판결의 기판력은 인용이든 기각이든 국가배상청구소송에 영향을 미친다. 결국 갑은 명령에 대한 취소소송에서 기각판결을 받았기에 후소에서 명령의 위법성을 주장할 수 없다.

기출 — 제51회 사법시험(2009년)

〈제2문의 2〉

A군소유의 임야에 25가구가 주택을 지어 살고 있다. 이 주택가 내에는 어린이들의 놀이터로 사용되어 온 약 10여 평 정도의 공터가 있고 공터의 뒤편에는 암벽이 있는데, 이 암벽은 높이가 약 3미터로서 그 상층부가 하단부보다 약 1미터가량 앞으로 튀어나와 있다. 지역 주민들은 이 암벽이 붕괴 위험이 있으므로 이를 보수해달라는 민원을 수차례 제기하였으나, A군은 아무런 조치를 취하지 않았다. 그런데 해빙기에 얼었던 암벽이 녹아 균열이 생기면서 상층부의 암벽이 붕괴되어 이 공터에서 놀던 어린이 3명이 사망하였다. 사고 후 사망한 어린이의 부모 갑등은 A군을 상대로 국가배상청구소송을 제기하였다.

이 경우 A군에 대하여 국가배상법 제2조의 배상책임요건 중 위법·과실을 인정할 수 있는 것인가(*지방자치단체가 붕괴 위험이 있는 암벽에 대한 안전관리조치를 취하여야 한다는 법령규정은 존재하지 않는다)? (20점)

Ⅰ. 논점의 정리

㈎ 위법성과 관련해서는 안전관리조치를 취하여야 한다는 법령의 규정이 존재하지 않아 조리상의 작위의무를 인정할 수 있는지 그리고 안전조치를 취할 직무가 사익을 보호하기 위한 직무인지가 문제(사익보호성 논의를 위법성의 문제로 본다는 것을 전제한다)된다.

㈏ 과실과 관련해서는 과실인정을 용이하게 하기 위한 논의들과 과실의 인정여부가 검토될 수 있을 것이다.

Ⅱ. 위법성

1. 국가배상법 제2조 제1항의 위법의 본질

(1) 학설

위법의 본질(개념)과 관련해 ⓐ 결과불법설, ⓑ 상대적 위법성설, ⓒ 행위위법설, ⓓ 직무의무위반설이 대립하며, 행위위법설이 다수설이다.

(2) 판례

㈎ 판례의 주류적인 입장은 행위위법설이다(대판 1997. 7. 25. 94다2480). 다만, 상대적 위법성설을 취한 것으로 평가되는 판결(대판 2000. 5. 12. 99다70600)도 있다.

(3) 검토

위법이란 법질서에 반한다는 단일한 가치판단으로 보아야 할 것인바 행위위법설이 타당하다. 그러나 설문에서 안전관리조치를 취하여야 한다는 법령의 규정이 존재하지 않아 작위의무를 인정할 수 있는지가 문제된다. 작위의무를 인정할 수 있어야 부작위의 위법을 인정할 수 있기 때문이다.

2. 조리상의 작위의무의 인정여부

(1) 학설

ⓐ 부정설과 ⓑ 긍정설이 대립한다.

(2) 판례

판례는 에이즈항체검사의 관리 및 검사·판정상의 위법성이 문제된 사건에서 긍정적인 입장(대판 1998. 10. 13. 98다18520)이다.

(3) 검토

작위의무는 명문의 법규정뿐 아니라 각 행정분야에서의 객관적 법질서(관련법규, 조리) 및 인권존중의 원칙으로부터도 도출될 수 있는 것으로 보아야 하기에 긍정함이 타당하다.

(4) 설문

㈎ 주택가 내에는 어린이들의 놀이터로 사용되어 온 약 10여 평 정도의 공터의 뒤편에는 암벽이 있었다는 점, 주민들이 암벽붕괴 위험이 있으므로 이를 보수해달라는 민원을 수차례 제기하였다는 점을 고려할 때 명문의 규정이 없더라도

조리상의 안전조치를 취할 작위의무가 발생한다고 보아야 한다. 따라서 위법성을 인정할 수 있다.

㈏ 판례도 유사한 사안에서 국가배상책임을 인정하고 있다(대판 1980. 2. 26. 79다2341). 다만, 직무의 사익보호성 논의를 위법성의 문제로 본다면 사익보호성도 인정되어야 할 것이다.

3. 직무의 사익보호성 인정여부

(1) 문제점

항고소송의 원고적격문제인 사익보호성 논의를 국가배상청구에 도입할 것인지 그리고 만일 인정한다면 국가배상청구 성립요건 중 어느 것과 관련하여 논의할 것인지의 문제이다.

(2) 학설

㈎ 학설은 ① 부정설과 ② 긍정설의 대립이 있다.

㈏ 다만 긍정설은 ⓐ 위법성의 문제로 보는 견해와 ⓑ 손해의 문제로 보는 견해, 그리고 ⓒ 직무의 문제로 보는 견해로 나누어진다.

(3) 판례

㈎ 판례는 유람선극동호화재와 관련하여 국가와 충무시의 손해배상책임이 문제된 사건에서 「공무원에게 부과된 직무상 의무의 내용이 단순히 공공 일반의 이익을 위한 것이거나 행정기관 내부의 질서를 규율하기 위한 것이 아니고 전적으로 또는 부수적으로 사회구성원 개인의 안전과 이익을 보호하기 위하여 설정된 것이라면 공무원이 그와 같은 직무상 의무를 위반함으로 인하여 피해자가 입은 손해에 대하여는 상당인과관계가 인정되는 범위 내에서 국가가 배상책임을 지는 것(대판 1993. 2. 12. 91다43466)」이라고 판시하여 사익보호성이 필요하다고 본다.

㈏ 다만 직무의 사익보호성의 논의를 판례가 ⓐ 위법성의 문제로 보고 있다고 해석하는 견해, ⓑ 위법성 또는 인과관계의 문제로 본다는 견해, ⓒ 인과관계의 문제로 보고 있다고 해석하는 견해, ⓓ 손해의 문제로 본다는 견해가 대립되고 있다.

(4) 검토

국가 등의 책임범위를 제한하기 위해 직무의 사익보호성을 긍정함이 타당하다. 그리고 국가배상법 제2조 제1항의 성립요건과 관련해서는 직무의 문제로 보는 것이 정당하다. 다만 설문과 관련해서는 위법성만이 문제될 수 있는바 위법성의 문제로 보아 후술한다.

(5) 설문

생명·신체·재산에 중대한 위험이나 장해를 발생하게 할 우려가 있는 암벽에 대해 안전조치를 취할 작위의무는 전적으로 또는 부수적으로 사회구성원 개인의 안전과 이익을 보호하기 위한 것이라고 보아야 한다. 따라서 사익보호성을 인정할 수 있다.

4. 소결

설문에서 안전관리조치를 취하여야 한다는 법령의 규정이 존재하지 않아 조리상 안전관리조치를 취할 작위의무를 인정할 수 있는지가 문제되는데 이를 인정함이 타당하며, 그러한 의무는 전적으로 또는 부수적으로 사회구성원 개인의 안전과 이익을 보호하기 위한 것이므로 사익보호성도 긍정된다. 따라서 위법성은 인정된다.

Ⅲ. 과실

1. 과실의 의의

과실의 유무는 당해 공무원을 기준으로 판단한다. 하지만 주의의무위반 여부를 공무원의 주관적 인식능력만을 기준으로 한다면(구체적 과실로 본다면) 피해자 보호에 문제가 있을 수 있다. 따라서 다양한 논의들이 검토될 수 있다.

2. 과실인정을 용이하게 하려는 논의

(1) 과실개념의 객관화

다수설과 판례는 과실을 '공무원이 그 직무를 수행함에 있어 당해 직무를 담당하는 평균인이 통상 갖추어야 할 주의의무를 게을리 한 것'이라고 하여 당해 공무원이 아니라 당해 직무를 담당하는 평균적 공무원을 기준으로 한다.

(2) 객관적 과실

일부 견해는 국가배상법 제2조의 과실을 '국가작용의 하자'로 해석하여 피해자의 권리구제에 유리하도록 하여야 한다고 한다.

(3) 위법과 과실의 일원화

일부 견해는 위법성과 과실을 통합하여 위법성과 과실 중 어느 하나가 입증되면 다른 요건은 당연히 인정된다고 주장하기도 한다.

(4) 가해공무원의 특정불요

누구의 행위인지가 판명되지 않더라도 손해의 발생상황으로 보아 공무원의 행위에 의한 것이 인정되면 국가는 배상책임을 진다.

(5) 검토

과실개념을 객관화하자는 논의와 가해공무원이 특정될 필요가 없다는 견해는 타당하다(다수견해).

3. 소결

주민들이 암벽붕괴 위험이 있으므로 이를 보수해달라는 민원을 수차례 제기하였지만 이를 이행하지 않았으므로 담당 공무원은 당해 직무를 담당하는 평균인이 통상 갖추어야 할 주의의무를 게을리 한 것으로 보아야 하며, 설사 담당하는 공무원이 특정되어 있지 않다고 하더라도 손해발생의 상황이 공무원의 부작위로 인한 것으로 인정될 수 있기에 과실을 인정할 수 있다.

Ⅳ. 결론

Q 사례[1]

1번국도를 주행하던 갑은 육교의 콘크리트 덧씌우기한 부분이 달리던 자신의 승용차 위로 떨어지면서 차가 파손되고 중상도 입었다. 1번국도 관리사무는 국토해양부장관이 경기도지사에게 기관위임한 상태이다.

(1) 국토해양부장관은 정부조직법 제6조 제1항과 행정권한의 위임 및 위탁에 관한 규정 제3조 제1항에 따라 도로관리권한을 경기도지사에게 위임하였다면 이러한 위임은 적법한가?

(2) 갑이 경기도를 상대로 국가배상을 청구한다면 경기도는 국가배상책임이 있는가(국가배상법 제5조 제1항의 요건은 갖추고 있음을 전제로 한다)?

(3) 경기도지사가 1번국도 관리사무를 소홀히 하는 경우 이에 대한 경기도의회의 지방자치법상 통제수단은 무엇인가?

(4) 사고 처리 후 1번국도 관리청인 소속 공무원들이 2개 차로를 막고 육교를 보수하고 있었으나 퇴근시간과 겹쳐 극심한 교통정체를 빚고 있었다. 이에 경기지방경찰청 소속 경찰공무원은 도로교통법 제35조 제1항에 따라 육교를 보수하는 트럭을 이동시킬 것을 명하였다. 국도 관리청소속 공무원은 이동명령에 복종해야 하는가?

[참조조문]

도로법

제2조(정의) ① 이 법에서 사용하는 용어의 뜻은 다음과 같다.

4. "도로의 부속물"이란 도로 구조의 보전과 안전하고 원활한 도로교통의 확보, 그 밖에 도로의 관리에 필요한 시설 또는 공작물로서 다음 각 목의 어느 하나에 해당하는 것을 말한다.

제20조(도로 관리청) ① 도로의 관리청은 다음 각 호의 구분에 따른다.

1. 국도(지선을 포함한다): 국토해양부장관
2. 국가지원지방도: 도지사 · 특별자치도지사(특별시와 광역시에 있는 구간은 해당 시장)
3. 그 밖의 도로: 해당 노선을 인정한 행정청

제67조(비용부담의 원칙) 도로에 관한 비용은 이 법이나 다른 법률에 특별한 규정이 있는 경우 외에는 국토해양부장관이 관리하는 도로에 관한 것은 국고에서 부담하고, 그 밖의 도로에 관한 것은 관리청이 속하여 있는 지방자치단체에서 부담한다.

정부조직법

제6조(권한의 위임 또는 위탁) ① 행정기관은 법령으로 정하는 바에 따라 그 소관사무의 일부를 보조기관 또는 하급행정기관에 위임하거나 다른 행정기관 · 지방자치단체 또는 그 기관에 위탁 또는 위임할 수 있다. 이 경우 위임 또는 위탁을 받은 기관은 특히 필요한 경우에는 법령으로 정하는 바에 따라 위임 또는 위탁을 받은 사무의 일부를 보조기관 또는 하급행정기관에 재위임할 수 있다.

행정권한의 위임 및 위탁에 관한 규정

제3조(위임 및 위탁의 기준 등) ① 행정기관의 장은 허가 · 인가 · 등록 등 민원에 관한 사무, 정책의 구체화에 따른 집행사무 및 일상적으로 반복되는 사무로서 그가 직접 시행하여야 할 사무를 제외한 일부 권한(이하 "행정권한"이라 한다)을 그 보조기관 또는 하급행정기관의 장, 다른 행정기관의 장, 지방자치단체의 장에게 위임 및 위탁한다.

도로교통법

제35조(주차위반에 대한 조치) ① 경찰공무원 또는 시장등이 대통령령이 정하는 바에 의하여 임명하는 공무원(이하 "시 · 군공무원"이라 한다)은 제32조 · 제33조 또는 제34조의 규정을 위반하여 주차하고 있는 차가 교통에 위험을 일으키게 하거나 방해될 우려가 있는 때에는 차의 운전자 또는 관리책임이 있는 사람에 대하여 주차방법의 변경이나 그 곳으로부터의 이동을 명할 수 있다.

(1) 국토해양부장관은 정부조직법 제6조 제1항과 행정권한의 위임 및 위탁에 관한 규정 제3조 제1항에 따라 도로관리권한을 경기도지사에게 위임하였다면 이러한 위임은 적법한가?

Ⅰ. 정부조직법 제6조 제1항과 행정권한의 위임 및 위탁에 관한 규정 제3조 제1항에 따른 행정권한의 위임가능성 (설문(1))

1. 문제 상황

장관이 정부조직법 제6조 제1항과 행정권한의

위임 및 위탁에 관한 규정 제3조 제1항에 따라 행정권한을 경기도지사에게 위임할 수 있는지가 문제된다. 이는 정부조직법 제6조 제1항(행정기관은 법령으로 정하는 바에 따라 그 소관사무의 일부를 보조기관 또는 하급행정기관에 위임하거나 다른 행정기관·지방자치단체 또는 그 기관에 위탁 또는 위임할 수 있다)의 '법령'에 행정권한의 위임 및 위탁에 관한 규정이 포함되는지, 즉 정부조직법 제6조와 행정권한의 위임 및 위탁에 관한 규정이 행정권한의 위임과 재위임의 법적 근거가 될 수 있는지의 문제이다.

2. 행정권한의 위임의 의의

행정권한의 위임이란 행정관청이 자기에게 주어진 권한을 스스로 행사하지 않고 법령에 근거하여 타자(수임청)에게 사무처리 권한의 일부를 실질적으로 이전하여 수임청의 이름과 권한과 책임으로 특정의 사무를 처리하게 하는 것을 말한다.

3. 위임의 법적 근거

(1) 법적 근거의 필요성

행정권한의 위임으로 수임청에게 권한이 이전되는 것은 아니지만, 행정권한의 실질적인 이전이 일어나 법적 지위가 상이한 수임청으로 하여금 새로운 책임과 의무를 부담시키므로 권한의 위임과 재위임은 법적 근거를 요한다는 것이 판례와 일반적인 견해이다.

(2) 법적 근거의 내용

법적 근거로 개별법에 규정된 경우도 있지만, 개별법에 근거규정이 없는 경우 정부조직법 제6조와 이에 근거한 행정권한의 위임 및 위탁에 관한 규정이 위임과 재위임의 일반적 근거규정이 되는지 여부에 관해 학설·판례가 대립된다.

1) 학설

a. 긍정설

행정조직에 관한 것은 국민의 권리 또는 의무에 직접적으로 관련이 없어 포괄적인 위임도 가능하며, 동 법령에 따라 중앙행정기관의 권한이 지방에 이전될 수 있는 장점이 있다고 한다.

b. 부정설

동 법령들은 권한의 위임이나 재위임이 가능하다는 일반원칙을 규정한 것에 불과하므로 권한위임의 근거가 되는 규정으로 볼 수 없고, 또한 동 규정을 위임에 관한 일반규정으로 보면 행정권한법정주의에 위반되는 위헌·위법인 규정이 되며, 사인의 입장에서도 권한의 소재파악이 어려우므로 부정함이 타당하다고 보는 견해이다

2) 판례

판례도 긍정적이다(정부조직법 제5조(현행 제6조) 제1항은 법문상 권한의 위임 및 재위임의 근거규정임이 명백하…다. 충청남도지사가 자기의 수임권한을 … 군수에게 재위임하였다면 이는 정부조직법 제5조 제1항 후문 및 행정권한의위임및위탁에관한규정 제4조에 근거를 둔 것으로서 적법한 권한의 재위임에 해당하는 것이다(대판 1990. 2. 27. 89누5287)).

3) 검토(판례)

긍정설이 타당하다. 따라서 개별법에 명문규정이 없더라도 정부조직법 제6조와 행정권한의 위임 및 위탁에 관한 규정 제3조가 행정권한의 위임 및 재위임의 일반적 근거규정이 된다.

4. 설문

국토해양부장관이 경기도지사에게 1번 도로관리권한을 위임하는 것은 적법하다.

---

(2) 갑이 경기도를 상대로 국가배상을 청구한다면 경기도는 국가배상책임이 있는가(국가배상법 제5조 제1항의 요건은 갖추고 있음을 전제로 한다)?

Ⅱ. 경기도의 국가배상법 제6조 제1항의 배상책임(설문(2))

1. 문제 상황

(가) 국가배상법 제6조 제1항은 국가 또는 지방자치단체가 제5조에 의한 손해배상의 책임을 지는 경우에 있어서 '공무원의 선임·감독자 또는 영조물의 설치·관리를 맡은 자'와 '공무원의 봉급·급여 기타의 비용을 부담하는 자 또는 영조

물의 설치·관리의 비용을 부담하는 자'가 동일하지 아니한 경우에는 피해자는 어느 쪽에 대하여도 선택적으로 손해배상을 청구할 수 있도록 규정하고 있다.

㈏ 이와 같이 관리주체와 함께 비용부담주체도 손해배상책임을 지도록 한 것은 피해자 구제의 실효성에 있다. 즉, 손해배상청구의 피고를 잘못 선택함으로 인한 불이익을 피해자가 부담하지 않도록 하기 위한 것이다.

2. 경기도지사의 1번국도 관리사무의 법적 성질과 비용부담

㈎ 도로법 제20조 제1항 제1호에 따르면 설문의 1번국도 관리는 국토해양부장관이 하도록 되어 있어 이는 국가사무이다. 그런데 정부조직법 제6조와 행정권한의 위임 및 위탁에 관한 규정 제3조에 따라 관리권한이 경기도지사에게 기관위임되었다. 따라서 1번국도 관리주체는 국가이고, 관리청은 경기도지사가 된다.

㈏ 도로법 제67조는 국토해양부장관이 관리하는 도로에 관한 것은 국고에서 부담하지만 그 밖의 도로에 관한 것은 관리청이 속하여 있는 지방자치단체에서 부담한다고 규정하고 있어 1번국도의 관리비용은 관리청인 경기도지사가 속한 경기도가 부담한다. 결국 경기도는 기관위임사무의 수임청이 속한 행정주체로서 실질적 비용부담자가 된다.

3. 국가배상법 제6조 제1항의 분석

(1) '선임·감독(설치·관리)자와 봉급 등(설치 등) 비용을 부담하는 자'의 의미

학설과 판례는 '공무원의 선임·감독 또는 영조물의 설치·관리를 맡은 자'를 사무주체 또는 영조물의 관리주체(기관위임사무에서 위임청이 속한 행정주체)로 해석한다. 그리고 '공무원의 봉급·급여 기타의 비용 또는 영조물의 설치·관리의 비용을 부담하는 자'를 사무 또는 영조물의 비용부담자(기관위임사무에서 수임청이 속한 행정주체)로 해석한다.

(2) '동일하지 아니한 경우'의 의미

동일하지 아니한 경우란 지방자치단체가 광역자치단체나 국가로부터의 위임사무를 처리하는 경우를 말한다(단, 단체위임사무는 학설 대립한다).

(3) '비용'의 범위

판례는 봉급·급여뿐만 아니라 사무집행에 소요되는 비용까지 포함하는 것으로 본다.

(4) '비용을 부담하는 자'의 의미

1) 학설

ⓐ 국가배상법 제6조 제1항에서 말하는 비용부담자란 실질적 비용부담자를 말한다는 설, ⓑ 형식적 비용부담자를 말한다는 설, ⓒ 피해자 보호를 위해 형식적 비용부담자와 실질적 비용부담자를 포함한다는 병합설(다수견해)이 있다.

2) 판례

판례는 국가배상법 제6조 제1항의 비용부담자를 ⓐ 여의도광장질주사건에서는 실질적 비용부담자로 보고(여의도광장의 관리청이 본래 서울특별시장이라 하더라도 그 관리사무의 일부가 영등포구청장에게 위임되었다면, 그 위임된 관리사무에 관한 한 여의도광장의 관리청은 영등포구청장이 되고, 같은 법 제56조에 의하면 도로에 관한 비용은 건설부장관이 관리하는 도로 이외의 도로에 관한 것은 관리청이 속하는 지방자치단체의 부담으로 하도록 되어 있어 여의도광장의 관리비용부담자는 그 위임된 관리사무에 관한 한 관리를 위임받은 영등포구청장이 속한 영등포구가 되므로, 영등포구는 여의도광장에서 차량진입으로 일어난 인신사고에 관하여 국가배상법 제6조 소정의 비용부담자로서의 손해배상책임이 있다(대판 1995. 2. 24. 94다57671)), ⓑ 천안시진성운수사건에서는 형식적 비용부담자로 보고 있어(지방자치단체의 장이 기관위임된 국가행정사무를 처리하는 경우 그에 소요되는 경비의 실질적·궁극적 부담자는 국가라고 하더라도 당해 지방자치단체는 국가로부터 내부적으로 교부된 금원으로 그 사무에 필요한 경비를 대외적으로 지출하는 자이므로, 이러한 경우 지방자치단체는 국가배상법 제6조 제1항 소정의 비용부담자로서 공무원의 불법행위로 인한 같은 법에 의한 손해를 배상할 책임이 있다(대판 1994. 12. 9. 94다38137)) 병합설을 취하는 것으로 평가된다.

3) 검토

형식적 비용부담과 실질적 비용부담의 구별이 불분명하며, 봉급 등은 일반회계에서 나오며, 사무수행비용이 어떻게 내부적으로 조달되는지 외부의 피해자는 알지 못하며, 피해자의 권리구제의 측면에서도 병합설이 타당하다. 다만, 기관위임사무를 수행하는 지방자치단체는 예상치 못한 손해를 입을 수도 있지만 이는 국가배상법 제6조 제2항의 구상권 행사로 해결될 수 있을 것이다.

(5) 비용을 부담하는 자'도'

선임·감독자 또는 설치·관리자도 손해배상책임이 있지만(국가배상법 제2조 제1항, 제5조 제1항), 비용을 부담하는 자도 제6조 제1항에 따라 추가적으로 배상책임을 부담한다는 점에서 배상책임자의 범위를 확대하는 의미를 가진다.

4. 경기도의 배상책임(설문)

국가배상법 제6조 제1항의 비용부담자는 병합설에 의하면 실질적 비용부담자뿐만 아니라 형식적 비용부담자도 포함된다. 경기도는 도로법 제67조에 따라 1번국도 관리에 실질적으로 비용을 부담하는 자이기에 갑은 경기도를 상대로 국가배상법 제6조 제1항의 비용부담자로서의 손해배상을 청구할 수 있다.

---

(3) 경기도지사가 1번국도 관리사무를 소홀히 하는 경우 이에 대한 경기도의회의 지방자치법상 통제수단은 무엇인가?

Ⅲ. 기관위임사무에 대한 의회의 통제수단 (설문(3))

1. 문제 상황

경기도지사가 1번국도를 관리하는 사무는 기관위임사무이다. 따라서 기관위임사무인 국도의 관리사무를 소홀히 하는 경우 지방자치법상 지방의회의 통제수단이 문제된다.

2. 원칙

기관위임사무란 국가나 광역자치단체의 사무를 자치단체장에게 위임하여 수행하는 사무를 말하는 것으로 지방의회는 수임자가 아니므로 기관위임사무에 관여할 수 없다. 따라서 지방의회는 기관위임사무에 대해서 의결을 할 수 없다.

3. 기관위임사무에 대한 조례제정가능성

(가) 지방자치법 제22조는 '그 사무'에 대해 조례를 정할 수 있도록 하고, 지방자치법 제9조 제1항은 지방자치단체의 사무를 자치사무와 단체위임사무에 한정하고 있으므로 지방의회가 조례로 정할 수 있는 사무는 자치사무와 단체위임사무에 한정되고 기관위임사무는 제외된다.

(나) 따라서 경기도의회는 조례를 제정하여 경기도지사의 1번국도 관리사무의 소홀함을 통제할 수는 없다.

4. 기관위임사무에 대한 행정사무감사가능성

(가) 지방의회는 자치단체가 수행하는 사무와 관련하여 감사 및 조사권한을 행사할 수 있다. 그러나 기관위임사무는 엄밀히 말하면 국가사무이지 지방자치단체의 사무는 아니라는 점에서 당해 지방의회의 감사 및 조사의 대상이 되지 않는다.

(나) 그러나 지방자치법 제41조 제3항은 "지방자치단체 및 그 장이 위임받아 처리하는 국가사무와 시·도의 사무에 대하여 국회와 시·도의회가 직접 감사하기로 한 사무 외에는 그 감사를 각각 해당 시·도의회와 시·군 및 자치구의회가 할 수 있다"고 규정하여 수임지방자치단체의 의회가 기관위임사무에 대해 감사할 수 있는 가능성을 두고 있다.

(다) 따라서 경기도의회는 도지사의 국도관리사무 소홀에 대해 한정된 범위(국회가 직접 감사하기로 한 사무를 제외한 범위)이긴 하지만 행정사무감사를 할 수 있다.

5. 소결

경기도의회는 조례를 제정하여 도지사의 1번국도관리사무의 해태를 통제할 수는 없고, 제한된 범위에서 지방자치법 제41조 제3항에 근거하여 행정사무감사를 할 수는 있다.

(4) 사고 처리 후 1번국도 관리청인 소속 공무원들이 2개 차로를 막고 육교를 보수하고 있었으나 퇴근시간과 겹쳐 극심한 교통정체를 빚고 있었다. 이에 경기지방경찰청 소속 경찰공무원은 도로교통법 제35조 제1항에 따라 육교를 보수하는 트럭을 이동시킬 것을 명하였다. 국도 관리청소속 공무원은 이동명령에 복종해야 하는가?

Ⅳ. 공법인(행정기관)의 형식적 경찰책임 (설문(4))

1. 문제 상황

설문은 경찰행정청이 공적인 활동(설문에서는 육교의 보수)과 관련하여 경찰상 위해(극심한 교통정체)를 발생시킨 행정기관에 대해 경찰권을 발동할 수 있는지의 문제이다. 이렇듯 실질적 경찰책임을 불이행한 자가 공공의 안녕과 질서의 회복을 위한 경찰행정청의 명령에 복종하여야 하는 책임을 형식적 경찰책임이라고 한다.

2. 공법인(행정기관)의 형식적 경찰책임의 인정여부

(1) 학설

1) 부정설

자신의 권한영역 내에서의 활동과 결합되어 나오는 위험은 스스로에 의해 극복되어야 하며, 만일 경찰행정청의 명령에 다른 국가기관이 복종해야 한다면 다른 행정주체 내지 동일행정주체 내의 다른 기관에 대한 경찰행정청의 우위를 뜻하게 되는 문제를 가져온다는 견해이다.

2) 긍정설(제한적 긍정설)

국가기관의 활동이 그 가치에 있어 모두 동일한 것이 아니므로 경우에 따라서는 비교형량에 의해 경찰행정기관에 의한 목적수행이 우선시 되는 경우가 인정될 수 있기에 이때에는 다른 행정기관에 대한 경찰권행사가 인정된다고 본다. 즉, 다른 국가기관에 의해서 행해지는 적법한 임무수행을 방해하지 않는 범위 안에서는 위해방지를 위한 경찰행정기관의 다른 국가기관에 대한 경찰권행사는 허용되는 것으로 보는 견해이다.

(2) 검토

공법상 여러 기능이 가치에 있어서 상이하다는 긍정설의 입장을 인정한다고 하여도 현실적으로 그것을 측정하기가 곤란하기에 부정설이 타당하다.

3. 설문

극심한 교통정체도 도로관리청의 육교보수라는 공적인 임무의 수행과 관련하여 발생한 위해이므로 교통정체 해소를 위한 트럭의 이동은 도로관리청이 스스로 해결해야 하며, 경찰행정청이 도로관리청에 대해 이동명령을 발동할 수는 없다. 따라서 국도관리청소속 공무원은 경찰공무원의 이동명령에 대해 복종할 필요가 없다.

Q 사례[2]

국가하천인 A하천은 하천법 제27조 제5항 단서에 따라 B도의 도지사가 관리하고 있었는데, B도 소속 A하천 유지·관리를 맡고 있는 담당공무원 을은 하천제방 끝에 위치한 일부 수문에 균열이 있음을 발견하고도 필요한 조치를 취하지 않은 채 수개월이 경과되고 있었다.

그 후 여름장마철이 되어 집중호우가 예상되는 기상청의 일기예보가 있어 수문에 현저한 위험이 있음을 알고 있었으나 그럼에도 이를 방치하고 있던 중 해당 수문이 파손되면서 하천제방 주차장에 세워두었던 갑 등(이하 '갑'이라 한다)의 자동차들이 침수되었다.

갑이 그에 대한 손해배상을 청구하고자 한다면 설문과 관련해 문제가 될 수 있는 법적인 쟁점은(판례가 있으면 그에 따른다)?

[참조조문]

하천법

제2조(정의) 이 법에서 사용하는 용어의 정의는 다음과 같다.

1. "하천"이라 함은 지표면에 내린 빗물 등이 모여 흐르는 물길로서 공공의 이해에 밀접한 관계가 있어 제7조 제2항 및 제3항에 따라 국가하천 또는 지방하천으로 지정된 것을 말하며, 하천구역과 하천시설을 포함한다.
4. "하천관리청"이라 함은 하천에 관한 계획의 수립과 하천의 지정·사용 및 보전 등을 하는 국토해양부장관, 특별시장·광역시장·도지사·특별자치도지사(이하 "시·도지사"라 한다)를 말한다.

제7조(하천의 구분 및 지정) ① 하천은 국가하천과 지방하천으로 구분한다.

② 국가하천은 국토보전상 또는 국민경제상 중요한 하천으로서 다음 각 호의 어느 하나에 해당하여 국토해양부장관이 그 명칭과 구간을 지정하는 하천을 말한다.

③ 지방하천은 지방의 공공이해와 밀접한 관계가 있는 하천으로서 시·도지사가 그 명칭과 구간을 지정하는 하천을 말한다.

제8조(하천관리청) ① 국가하천은 국토해양부장관이 관리한다.

② 지방하천은 그 관할 구역의 시·도지사가 관리한다.

제27조(하천관리청의 하천공사 및 유지·보수) ⑤ 하천공사와 하천의 유지·보수는 이 법에 특별한 규정이 있는 경우를 제외하고는 하천관리청이 시행한다. 다만, 국가하천의 유지·보수는 시·도지사가 시행한다.

제59조(비용부담의 원칙) 하천에 관한 비용은 이 법 또는 다른 법률에 특별한 규정이 있는 경우를 제외하고는 국가하천에 관한 것은 국고의 부담으로 하고, 지방하천에 관한 것은 해당 시·도의 부담으로 한다. 다만, 제27조 제5항 단서에 따라 시·도지사가 국가하천의 유지·보수를 하는 경우에 필요한 비용은 해당 시·도의 부담으로 한다.

제74조(하천관리상황의 점검 등) ① 하천관리청은 하천시설의 관리상황과 하천의 점용상황 등에 대한 점검을 실시하여 하천시설의 유지·보수 또는 불법행위에 대한 시정 등을 위하여 필요한 조치를 하여야 한다.

민법

제750조(불법행위의 내용) 고의 또는 과실로 인한 위법행위로 타인에게 손해를 가한 자는 그 손해를 배상할 책임이 있다.

Ⅰ. 문제 상황

갑의 손해배상청구와 관련된 법적 쟁점은 먼저 ① 설문의 사안이 국가배상법 제2조 제1항 본문 전단 및 제5조 제1항의 성립요건을 충족하고 있는지가 문제되고, ② 두 요건을 모두 충족한다면 양 손해책임이 경합할 수 있는지를 검토한다. 그리고 배상책임자의 문제로 ③ 국가의 영조물 관리주체로서의 국가배상책임, ④ B도의 비용부담자로서의 국가배상책임, ⑤ 공무원 을의 배상책임이 문제될 수 있다.

Ⅱ. 국가배상법 제2조 제1항 본문 전단 및 제5조 제1항의 성립요건 충족여부

1. 국가배상법 제2조 제1항 본문 전단의 성립요건 충족여부

㈎ 국가배상법 제2조 제1항 본문 전단에 따라 국가 등의 배상책임이 성립되려면 공무원, 직무를, 집행하면서, 고의·과실, 위법, 타인, 손해,

인과관계, 직무의 사익보호성 등이 필요하다.

㈏ 지방공무원 을이 A하천을 유지·관리하는 직무를 집행하면서 과실로 하천법 제74조 제1항 등에 위반하여 갑에게 손해를 입혔기에 해당 요건들은 충족된다.

㈐ 설문과 관련해서는 직무의 사익보호성이 문제될 수 있는데, 판례는 하천의 유지·관리를 맡고 있는 담당공무원의 직무는 단순히 공공 일반의 이익을 위한 것만이 아니라 부수적으로라도 사회구성원 개개인의 안전과 이익을 보호하기 위해 설정된 것으로 본다(대판 2006. 4. 14. 2003다41746).

㈑ 설문은 국가배상법 제2조 제1항 본문 전단의 성립요건을 충족한다.

2. 국가배상법 제5조 제1항의 성립요건 충족여부

㈎ 국가배상법 제5조 제1항에 따라 국가 등의 배상책임이 성립되려면 도로·하천 기타 공공의 영조물의 설치·관리에 하자가 있어야 하며 불가항력으로 인한 손해가 아니어야 한다.

㈏ 설문의 A하천은 국가하천으로 강학상 공물이며, '설치·관리에 하자'에 대한 객관설에 따르면 제방수문에 균열이 발생하였다고 하였으므로 객관적 안전성이 결여된 상태이며, 불가항력으로 볼 수도 없어 국가배상법 제5조 제1항의 성립요건을 충족한다.

Ⅲ. 국가배상법 제2조 제1항 본문 전단의 손해배상책임과 동법 제5조 제1항의 손해배상책임의 경합의 가능성

1. 문제 상황

설문처럼 공무원 을의 직무가 영조물(국가하천은 행정재산으로 공물이다)의 설치·관리에 관한 직무인데, 영조물의 설치·관리에 하자와 영조물 설치·관리가 직무인 공무원의 고의·과실이 결합된 경우(예를 들어 영조물의 하자와 관리자의 주의의무위반이 결합하여 손해가 발생한 경우 또는 관리자의 주의의무위반으로 영조물에 하자가 발생하였고 그로 인해 손해가 생긴 경우를 말한다) 국가 등에게 국가배상법 제5조 제1항의 배상책임 외에 국가배상법 제2조 제1항의 배상책임이 성립되는지가 문제된다.

2. 국가배상법 제2조 제1항과 제5조 제1항의 경합의 인정여부

(1) 학설

1) 국가배상법 제5조 제1항의 책임을 객관설로 보는 견해

ⓐ 전통적인 견해는 국가배상법 제2조 제1항의 직무는 권력작용과 비권력작용을 포함하되 제2조 제1항의 직무는 제5조 제1항에 규정된 직무를 제외한 것으로 보아 국가배상법 제5조만 성립된다고 본다. 그러나 ⓑ 제2조 제1항과 제5조 제1항의 책임이 경합할 수 있으며 당사자는 선택적으로 청구할 수 있다는 견해도 유력하다.

2) 국가배상법 제5조 제1항의 책임을 주관설로 보는 견해

영조물과 관련된 관리자의 주의의무위반에 대해서는 항상 국가배상법 제5조 제1항의 책임이 성립되므로 국가배상법 제5조 제1항만이 적용된다는 입장이다.

(2) 검토

공무원의 직무가 영조물의 설치·관리에 관한 직무인 경우처럼 국가배상법 제2조 제1항과 제5조 제1항이 동시에 성립되는 경우가 있을 수 있으며, 피해자의 권리구제측면에서도 피해자가 자신에게 유리한 요건을 입증하도록 경합을 인정하는 것이 타당하다.

3. 설문

갑은 국가를 상대로 국가배상법 제2조 제1항이나 제5조 제1항의 손해배상을 선택적으로 청구할 수 있다.

Ⅳ. 국가배상책임자

1. 영조물의 관리주체로서 배상책임자

㈎ 국가배상법 제5조 제1항에서 국가나 지방자치단체가 배상책임을 진다고 하는 것은 당해 영조물의 관리주체(관리로 인한 이익의 귀속주체)에 따라서 국가사무의 경우에는 국가가 배상책임을 지고, 자치사무의 경우에 지방자치단체가 배상책임을 진다는 것을 뜻한다.

㈏ 설문의 A하천은 국가하천으로 국가는 영조물 관리주체로서 갑에게 배상책임을 진다.

2. 비용부담자로서 배상책임자

(1) 문제점

국가배상법은 국가배상책임자를 제2조 제1항과 제5조 제1항의 배상책임자(사무귀속주체, 영조물의 관리주체) 외에 제6조 제1항에서 별도로 비용부담자로서 배상책임자를 규정하고 있다. 즉 국가 또는 지방자치단체가 제5조(제2조)에 의한 손해배상의 책임을 지는 경우 '공무원의 선임·감독자 또는 영조물의 설치·관리를 맡은 자'와 '공무원의 봉급·급여 기타의 비용을 부담하는 자 또는 영조물의 설치·관리의 비용을 부담하는 자'가 동일하지 아니한 경우에는 피해자는 비용부담자에 대하여도 손해배상을 청구할 수 있도록 규정하고 있다.

이 규정을 다수견해와 판례는 위임사무를 처리하는 과정에서 사인에게 손해가 발생한 경우 수임자(수임행정청이 소속된 행정주체)의 배상책임의 근거조항으로 해석한다.

(2) B도 도지사의 국가하천 관리사무의 성질

㈎ 하천법 제8조 제1항은 국가하천을 국토해양부장관이 관리한다고 하여 장관을 하천관리청으로 하면서 동법 제27조 제5항 단서에서 국가하천의 유지·보수를 시·도지사가 시행하도록 하고 있다. 즉 하천법 제8조 제1항은 국가하천의 관리권한을 장관에게 분장하는 권한의 배분조항인데, 과연 동법 제27조 제5항 단서가 권한의 위임규정인지, 권한의 배분규정인지가 문제된다.

㈏ 권한의 위임은 권한의 배분을 전제로 한 것이며, 법률로 (위임의 가능성을 규정할 수는 있지만) 권한의 위임 자체를 규정할 수는 없다는 견해(홍정선)가 있으나, 권한의 배분과 더불어 위임도 법률로 가능하다는 견해가 다수설이며, 판례의 입장이다.

㈐ 다수설 및 판례의 입장에 따르면 하천법 제8조 제1항은 권한의 배분조항이며, 제27조 제5항 단서는 권한의 위임규정이 된다. 따라서 B도 도지사가 A국가하천을 관리하는 사무는 제27조 제5항 단서에 따라 국토해양부장관으로부터 도지사에게 기관위임된 것으로 보게 된다(만일 전술한 소수견해에 따른다면 제27조 제5항 단서에 따라 도지사가 국가하천을 유지·보수하는 사무는 해당 도의 자치사무가 되어 위임의 문제가 발생하지 않고 결국은 국가배상법 제6조 제1항의 비용부담자로서 배상책임이 논의될 여지가 없게 된다).

(3) B도의 배상책임

1) 국가배상법 제6조 제1항의 분석

a. 공무원의 선임·감독 또는 영조물의 설치·관리를 맡은 자와 공무원의 봉급·급여 등 비용 또는 영조물의 설치·관리 비용을 부담하는 자

학설과 판례는 '공무원의 선임·감독 또는 영조물의 설치·관리를 맡은 자'를 사무귀속주체 또는 영조물의 관리주체(위임사무에서 위임청이 속한 행정주체)로 해석한다. 그리고 '공무원의 봉급·급여 기타의 비용 또는 영조물의 설치·관리의 비용을 부담하는 자'를 사무 또는 영조물의 비용부담자(위임사무에서 수임청이 속한 행정주체=위임사무를 현실적으로 처리하는 행정기관이 속한 행정주체)로 해석한다(단, 단체위임사무는 학설 대립한다).

b. 동일하지 아니하면

동일하지 아니한 경우란 지방자치단체가 광역자치단체나 국가로부터의 위임사무를 처리하는 경우를 말한다. 물론 지방자치단체의 자치사무를 국가기관이 위임받아 처리하는 경우도 포함된다.

c. 비용의 범위

'봉급·급여 그 밖의 비용부담자'란 봉급·급여를 부담하거나, 봉급·급여 이외의 사무집행에 소요되는 비용을 부담하거나, 또는 봉급·급여뿐

만 아니라 사무집행에 소요되는 비용까지 부담하는 자(행정 주체)를 포함한다.

d. 비용을 부담하는 자의 의미

i. 학설

① 국가배상법 제6조 제1항의 비용부담자란 비용의 실질적·궁극적 부담자를 의미한다는 실질적 비용부담자설, ② 비용부담자란 단순히 대외적으로 비용을 부담하는 자를 의미한다는 형식적 비용부담자설, ③ 비용부담자란 피해자의 그릇된 피고선택의 위험성의 배제를 위해 실질적 비용부담자와 형식적 비용부담자를 포함한다는 병합설(다수설)이 있다.

ii. 판례

판례는 국가배상법 제6조 제1항의 비용부담자를 여의도광장질주사건에서는 실질적 비용부담자로(관리청의 비용부담규정이 있는 경우)(대판 1995. 2. 24. 94다57671), 천안시진성운송사건에서는 형식적 비용부담자로(대판 1994. 12. 9. 94다38137) 보고 있어 병합설을 취하는 것으로 보인다(강구철, 김연태, 홍준형).

iii. 검토

지방공무원의 봉급·급여는 일반회계에서 나오며, 형식적 비용부담과 실질적 비용부담의 구분은 곤란하고, 피해자인 국민은 비용출처에 관해 통상 잘 알기 어렵고, 피해자의 권리구제의 측면을 고려할 때 실질적 비용부담자인가 또는 형식적 비용부담자인가를 구분하지 않고 모두 배상책임을 부담한다고 볼 것이다(병합설).

2) 설문

B도는 하천법 제27조 제5항 단서에 따라 B국가하천의 유지·보수에 관한 사무를 기관위임받고, 동법 제59조 단서에 따라 비용을 부담하고 있기에(실질적 비용부담) 갑에게 국가배상법 제6조 제1항의 비용부담자로서 배상책임을 진다.

3. 소결

갑은 영조물의 관리주체인 국가와 비용부담자인 B도 중 선택하여 국가배상을 청구할 수 있다.

V. 갑의 공무원 을에 대한 손해배상청구

1. 문제 상황

갑은 국가 또는 B도를 상대로 손해배상을 청구할 수 있지만 과연 공무원 을을 상대로 민법 제750조의 손해배상을 청구할 수 있는지가 문제된다.

2. 학설

(1) 국가배상책임의 성질과 관련된다는 견해 (이 견해는 공무원의 대외적 배상책임문제와 국가배상책임의 본질이 관련성 내지 인과성이 있다고 본다)

1) 대위책임설

공무원의 위법한 행위는 국가 등의 행위로 볼 수 없고(국가무책임사상), 따라서 배상책임은 공무원 자신이 부담해야 할 것이지만 피해자보호를 위해 국가가 공무원을 대신하여 책임을 부담하므로 가해공무원은 피해자에게 책임이 없다는 입장이다.

2) 자기책임설

국가배상책임은 공무원의 행위에 대한 책임이 아니라 국가 스스로의 행위에 대한 책임이며, 공무원의 불법행위에 대한 개인책임은 국가책임과는 별개의 책임이기에 양 책임은 양립할 수 있다고 본다. 따라서 피해자는 가해공무원에게 손해배상을 청구할 수 있다.

3) 중간설

국가배상법은 공무원의 고의·중과실·경과실을 가리지 않고 국가 등이 책임을 지도록 규정한다. 즉 경과실로 피해자에게 손해가 발생한 경우 국가는 자신의 행위에 대해 책임(자기책임)을 부담하며(국가기관의 행위로 볼 수 있으므로), 공무원의 고의·중과실로 피해자에게 손해가 발생한 경우 국가는 공무원을 대신하여 책임(대위책임)을 부담한다(국가기관의 행위로 볼 수 없으므로). 다만, 어느 경우나 국가 등이 배상책임을 지고 있기에 공무원은 대외적으로 배상책임을 지지 않는다고 한다(절충설과 차이).

4) 절충설

공무원의 행위가 경과실에 기한 경우에는 국가기관의 행위로 볼 수 있어 국가의 자기책임이므로 국가는 배상책임을 지고 공무원은 배상책임을 지지 않는다. 그러나 고의·중과실에 따른 행위는 국가기관의 행위로 볼 수 없어 공무원만이 배상책임을 지지만, 그 행위가 직무로서 외형을 갖춘 경우에는 피해자와의 관계에서 국가도 일종의 자기책임으로서 배상책임을 지기 때문에 이 경우에는 공무원과 국가에 대해 피해자는 선택적으로 청구할 수 있다.

(2) 국가배상책임의 성질과 무관하다는 견해

(이 견해는 공무원의 대외적 배상책임문제는 국가배상책임의 본질을 어떻게 보는지와 결부되어야 할 논리필연성이 없으며, 공무원의 대외적 배상책임은 입법정책적인 문제로 본다)

1) 선택적 청구 긍정설

ⓐ 헌법 제29조 제1항 단서는 공무원 자신의 책임은 면제되지 않는다고 규정하는바, 여기서 면제되지 않는 책임은 공무원의 민사상 책임을 포함하고, ⓑ 손해배상은 가해공무원에 대한 경고 및 제재의 기능을 가지므로 공무원 개인의 직권남용과 위법행위를 방지할 수 있고, ⓒ 선택적 청구가 가능함으로써 피해자의 권리구제에도 만전을 기할 수 있다.

2) 선택적 청구 부정설

ⓐ 헌법 제29조 제1항 후단의 면제되지 않는 공무원의 책임은 내부적인 구상책임, 징계책임 내지 형사상의 책임을 의미하는 것이기에 민사상 책임은 면제되고, ⓑ 공무원의 위법행위방지기능은 구상권과 징계책임을 통해 충분히 담보되며, ⓒ 경제적 부담 능력 있는 국가가 손해배상책임을 부담하면 피해자 구제에도 문제가 없고, ⓓ 배상책임에 대한 두려움으로 공무원의 직무집행을 위축시킴으로써 결과적으로 국민 전체에 대한 불이익을 가져온다.

3. 판례

판례는 군용버스가 군용지프차를 추돌하여 지프차에 탑승했던 피해자가 군용버스운전자에게 손해배상을 청구한 사건에서 「공무원이 직무를 수행함에 있어 경과실로 타인에게 손해를 입힌 경우에는 그 직무수행상 통상 예기할 수 있는 흠이 있는 것에 불과하므로, 이러한 공무원의 행위는 여전히 국가 등의 기관의 행위로 보아 그로 인하여 발생한 손해에 대한 배상책임도 전적으로 국가 등에만 귀속시키고 공무원 개인에게는 그로 인한 책임을 부담시키지 아니하여 공무원의 공무집행의 안정성을 확보하고, 반면에 공무원의 위법행위가 고의·중과실에 기한 경우에는 비록 그 행위가 그의 직무와 관련된 것이라고 하더라도 그와 같은 행위는 그 본질에 있어서 기관행위로서의 품격을 상실하여 국가 등에게 그 책임을 귀속시킬 수 없으므로 공무원 개인에게 불법행위로 인한 손해배상책임을 부담시키되, 다만 이러한 경우에도 그 행위의 외관을 객관적으로 관찰하여 공무원의 직무집행으로 보여질 때에는 피해자인 국민을 두텁게 보호하기 위하여 국가 등이 공무원 개인과 중첩적으로 배상책임을 부담하되 국가 등이 배상책임을 지는 경우에는 공무원 개인에게 구상할 수 있도록 함으로써 궁극적으로 그 책임이 공무원 개인에게 귀속되도록 하려는 것이라고 봄이 합당하다(대판(전원) 1996. 2. 15. 95다38677)」고 한다. 다수 견해는 이 판결을 절충설을 취한 것으로 본다.

4. 소결(판례에 따름)

집중호우의 일기예보가 있어 수문에 현저한 위험이 있음을 알고 있었음에도 이를 방치하였다면 이는 중대한 과실이다. 따라서 판례에 따르면 갑은 공무원 을을 상대로 민사상 손해배상을 청구할 수 있다.

제52회 사법시험(2010년)
〈제2문의 2〉

甲은 공휴일을 맞아 가족과 함께 C시가 관리하는 하천으로 야유회를 갔다. 甲은 낚시를 하였고 甲의 자녀들은 물놀이를 하였다. 그 전에도 甲의 가족은 이 하천에 물놀이를 수차례 한 바 있다. 그런데 최근 하천 준설공사로 인하여 수

심이 이전보다 매우 깊어져 있던 관계로 甲의 아들 乙이 수영 중 익사하고 말았다. 하천에는 위험을 알리는 표지판이나 사람의 출입을 금하는 철망 등의 시설도 없었다. 그리고 준설공사 이전에는 홍수 때가 아니면 어린이가 익사할 만큼 깊지도 않았다.

甲이 C시를 상대로 「국가배상법」 제5조에 근거하여 배상을 청구하는 경우 제기될 수 있는 법적 쟁점을 설명하시오. (20점)

1. 국가배상법 제5조 제1항의 성립요건 문제
   (1) 도로 · 하천 기타 공공의 영조물(특히 설치·관리에 하자의 의미에 대한 학설과 판례)
   (2) 설치·관리에 하자
   (3) 불가항력·예산부족의 문제
2. 국가배상법 제2조와 제5조의 경합 문제
   (1) 학설(긍정설, 부정설)
   (2) 검토

   공무원의 직무가 영조물의 설치·관리에 관한 직무인 경우처럼 국가배상법 제2조와 제5조는 동시에 성립되는 경우가 있을 수 있으며, 피해자의 권리구제측면에서도 경합을 인정하는 것이 타당하다.
3. C시가 관리하는 하천이 국유하천인 경우

   C시는 국가배상법 제6조 제1항의 비용부담자로서 배상책임이 문제될 수 있다.

‖ 제2-3절 ‖ 손실보상제도, 국가책임제도의 보완

판례 — 이의신청재결 후 취소소송을 제기하는 경우 피고적격 및 소송대상

대법원 2010. 1. 28. 선고 2008두1504 판결
【수용재결취소등】

공익사업을 위한 토지 등의 취득 및 보상에 관한 법률 제85조 제1항 전문의 문언 내용과 같은 법 제83조, 제85조가 중앙토지수용위원회에 대한 이의신청을 임의적 절차로 규정하고 있는 점, **행정소송법 제19조 단서**가 행정심판에 대한 재결은 재결 자체에 고유한 위법이 있음을 이유로 하는 경우에 한하여 취소소송의 대상으로 삼을 수 있도록 규정하고 있는 점 등을 종합하여 보면, **수용재결에 불복하여 취소소송을 제기하는 때**에는 이의신청을 거친 경우에도 수용재결을 한 중앙토지수용위원회 또는 지방토지수용위원회를 피고로 하여 수용재결의 취소를 구하여야 하고, **다만 이의신청에 대한 재결 자체에 고유한 위법이 있음을 이유로 하는 경우**에는 그 이의재결을 한 중앙토지수용위원회를 피고로 하여 이의재결의 취소를 구할 수 있다.

tip 수용재결에 불복하여 이의신청을 거침으로써 이의재결이 있는 경우 소송의 대상 행정소송법 제19조 단서의 원처분주의가 적용됨을 밝히고 있다. 대상판결은 이론적으로 논의되던 것을 확인한 것이다.

기출 — 제48회 사법시험(2006년)

〈제1문〉

산업자원부장관은 중·저준위방사성폐기물 처분시설(이하 "처분시설"이라 한다)이 설치될 지역을 관할하는 지방자치단체의 지역(이하 "유치지역"이라 한다)에 대한 지원계획 및 유치지역지원시행계획을 수립한 후, 처분시설의 유치지역을 선정하고자 하였다. 이에 A시와 A시로부터 20킬로미터 밖에 위치한 B군, C군 등 3개 지역이 처분시설의 유치를 신청하였다. 산업자원부장관은 B군과 C군에 대하여는 「중·저준위방사성폐기물 처분시설의 유치지역지원에 관한 특별법」 제7조 제3항에 따른 설명회를 개최하였으나, A시에 대하여는 주민반대를 이유로 설명회나 토론회를 개최하지 아니하였다. 그 뒤 위 3개 지역에 대하여 주민투표를 실시한 결과 A시가 81.35%, B군이 55.24%, C군이 61.17%의 찬성을 얻게 되자, 산업자원부장관은 부지선정위원회의 자문을 거쳐 A시를 최종 유치지역으로 선정하였다.

(1) A시 주민 갑은 유치지역선정과 관련하여 해당지역 주민들을 대상으로 설명회나 토론회를 개최하지 않아 행정절차의 하자(흠)가 있다고 주장한다. 이러한 갑의 주장은 타당한가? (10점)

(2) 유치지역선정에 반대하는 A시 주민 갑과 B군 주민 乙이 유치지역선정의 위법성을 소송상 다투고자 하는 경우 원고적격이 인정되는가? (15점)

(3) B군 주민 을이 부지선정위원회의 선정기준, 선정과정에 관한 회의록 및 각 위원의 자문의견에 대한 정보공개를 요구하는 경우 이를 공개하여야 하는가? (10점)

(4) 처분시설이 건설·운영된 이후 처분시설로 통하는 진입도로에 연접(連接)한 곳에서 그 이전부터 활어횟집을 영위하여 온 A시 주민 병이 고객의 급감으로 더 이상 영업을 계속할 수 없다고 주장하면서 처분시설의 건설·운영자에 대하여 손실보상을 청구하는 경우 이를 인정할 수 있는가? (15점)

[참조조문]

중·저준위방사성폐기물 처분시설의 유치지역지원에 관한 특별법

제1조(목적) 이 법은 중·저준위방사성폐기물 처분시설을 유치한 지역에 대한 지원체계를 마련하여 유치지역의 발전 및 주민의 생활향상에 기여함을 목적으로 한다.

제7조(유치지역의 선정 등) ① 산업자원부장관은 「주민투표법」 제8조의 규정에 의한 주민투표를 거쳐 유치지역을 선정하여야 한다.

② 산업자원부장관은 유치지역 선정계획, 부지조사 결과, 선정과정 등을 공개적이고 투명하게 진행하여야 한다.

③ 산업자원부장관은 유치지역의 선정과 관련하여 해당지역 주민을 대상으로 한 설명회 또는 토론회를 실시하여야 한다.

제8조(유치지역특별지원금 지원) ① 산업자원부장관은 「전기사업법」 제12조 제1항 제3호의 규정에 따른 원자력발전사업자로 하여금 유치지역을 위한 특별지원금(이하 "지원금"이라 한다)을 관할지방자치단체에 지원하게 할 수 있다. 다만, 대통령령이 정하는 바에 따라 설치지역의 5킬로미터 이내의 위치하는 곳으로써 다른 시·군·구의 읍·면·동에 대하여도 지원금을 지원하게 할 수 있다.

②~③ 생략

제14조(지역주민의 우선 고용 및 참여) 처분시설의 설치 및 운영과 지원을 위하여 시행하는 사업에는 유치지역의 주민을 우선하여 고용 또는 참여시킬 수 있다.

주민투표법

제8조(국가정책에 관한 주민투표) ① 중앙행정기관의 장은 지방자치단체의 폐치·분합 또는 구역변경, 주요시설의 설치 등 국가정책의 수립에 관하여 주민의 의견을 듣기 위하여 필요하다고 인정하는 때에는 주민투표의 실시구역을 정하여 관계 지방자치단체의 장에게 주민투표의 실시를 요구할 수 있다. 이 경우 중앙행정기관의 장은 미리 행정자치부장관과 협의하여야 한다.

②~④ 생략

(1) A시 주민 갑은 유치지역선정과 관련하여 해당지역 주민들을 대상으로 설명회나 토론회를 개최하지 않아 행정절차의 하자(흠)가 있다고 주장한다. 이러한 갑의 주장은 타당한가? (10점)

Ⅰ. 설명회 또는 토론회 절차의 흠결주장의 가능성(설문(1))

1. 절차상 하자의 유무

(가) 폐기물유치지역특별법 제7조 제3항은 설명회나 토론회절차를 의무적으로 규정하고 있다.

(나) 설문의 경우 주민반대를 이유로 설명회나 토론회를 개최하지 않았기에 개별법상의 절차규정을 위반하였다.

2. 절차상 하자의 독자적 위법사유

(1) 학설

소극설(법원이 절차상 하자를 이유로 취소하더라도 행정청은 절차의 하자를 보완하여 동일한 내용의 처분을 할 수 있음을 근거로 한다)과 적극설(기속행위의 경우에도 처분의 발령에 이르기까지의 사실판단이나 포섭, 부관 등 관련사항의 판단에 있어서 다른 결정에 이를 수 있고 반드시 동일한 내용의 처분을 반복한다고 말할 수 없다는 점을 근거로 한다)(다수설)이 대립한다.

(2) 판례

판례는 당해 행위가 기속행위인지 재량행위인지를 불문하고 적극적인 입장이다.

(3) 검토

행정소송법 제30조 제3항은 '절차의 위법'을 인정하고 있으며, 행정절차법 규정들은 '주어야 한다'고 하여 의무적으로 규정하고 있으므로 독자적인 위법을 인정함이 타당하다.

(4) 설문

설명회나 토론회를 거치지 않았기에 내용상의 위법이 없다고 하더라도 독자적인 위법을 인정할 수 있을 것이다.

3. 주민투표를 거쳐 선정한 것이 절차의 하자를 치유하는지 여부

(1) 절차상 하자의 치유의 의의

행정행위가 발령 당시에 위법한 것이라고 하여도 사후에 흠결을 보완하게 되면 적법한 행위로 취급하는 것을 말한다.

(2) 인정여부

① 긍정설, 제한적 긍정설, 부정설이 있다. ② 판례는 제한적 긍정설의 입장이다. ③ 개인의 권리구제와 행정의 효율성을 고려할 때 제한적 긍정설이 통설이며, 타당하다.

(3) 하자 치유의 요건(사유)

하자의 치유를 인정하기 위해서는 흠결된 요건의 사후 보완이 있어야 한다.

(4) 적용범위

(가) 전통적 견해와 판례는 하자의 치유는 취소할 수 있는 행위에만 인정된다고 본다.

(나) 절차와 형식상의 하자 외에 내용상의 하자도 치유가 가능하다는 견해도 있으나 행정의 법률적합성의 원칙을 고려할 때 내용상 하자의 치유를 인정하지 않는 판례의 태도가 타당하다.

(5) 치유의 한계

1) 실체적 한계

국민의 권리와 이익을 침해하지 않는 범위에서 예외적으로 인정되어야 한다(제한적 긍정설, 통설·판례).

2) 시간적 한계

쟁송제기이전시설(판례)과 쟁송이후가능설이 대립한다.

(6) 설문

(가) 중대명백설에 따르면 설명회나 토론회를 개최하지 않았기에 폐기물유치지역특별법을 위반한 하자는 명백하지만, 적법요건에 대한 중대한 위반으로 보기는 어려워 취소사유라고 봄이 타당하다. 따라서 치유가 가능한 행위이다.

(나) 그리고 설문의 하자는 절차상의 하자이므로 치유가 가능하다.

(다) 그러나 입법자는 폐기물유치지역특별법 제7조에서 제1항의 주민투표와 제3항의 설명회 또는 토론회를 별도로 규정하고 있어 양자는 별개의 제도라고 보아야 하는바 설명회나 토론회를 개최하지 아니한 하자가 주민투표로 치유되었다고 볼 수는 없다.

4. 소결

산업자원부장관은 유치지역선정에 있어 A시의 주민을 대상으로 하는 폐기물유치지역특별법상의 설명회나 토론회를 실시하지 않은 절차상의 하자가 있고, 하자가 치유되었다고 볼 수 없어 절차상 하자가 있다는 갑의 주장은 타당하다.

---

(2) 유치지역선정에 반대하는 A시 주민 갑과 B군 주민 乙이 유치지역선정의 위법성을 소송상 다투고자 하는 경우 원고적격이 인정되는가? (15점)

Ⅱ. 갑과 을의 원고적격 인정여부(설문(2))

1. 문제 상황(원고적격의 의의)

설문의 경우 유치지역선정행위는 전술한 바처럼 물적 일반처분으로 물건에 공법적 성격을 부여, 변경, 박탈하는 행위이다. 즉, 물건에 정향된 처분이다. 하지만 이러한 처분도 해당 물건의 소유자나 점유자의 법률상 이익에 영향을 미치게 되는바 갑과 을에게 유치지역선정행위를 다툴 원고적격이 있는지가 문제된다.

2. 취소소송의 본질과 법률상 이익의 의미

취소소송의 본질(기능)에 관해 권리구제설, 법률상 보호이익설, 보호가치 있는 이익설, 적법성 보장설이 대립한다. 행정소송법 제12조를 고려할 때 항고소송의 목적은 법적 이익의 구제이므로 법률상 보호이익설이 타당하다(통설, 판례).

3. 법률상 이익에서 법률(법규)의 범위

(가) 일반적인 견해는 당해 법률의 규정과 취지, 관련 법률의 규정과 취지 외에 기본권 규정도 고려해야 한다는 입장이다.

(나) 판례는 기본적으로 당해 처분의 근거가 되는 법규가 보호하는 이익만을 법률상 이익으로 본다. 그러나 최근에는 근거법규 외에 관련 법규까지 고려하여 법률상 이익을 판단하고 있다. 다만, 헌법상의 기본권 및 기본원리를 법률상 이익의 해석에서 일반적으로 고려하지는 않는다.

4. 소결

(1) 갑의 원고적격

폐기물유치지역특별법은 제1조에서 주민의 생활향상에 기여함을 목적으로 한다고 규정하고 있는 점, 동법 제7조에서는 주민투표와 설명회 또는 토론회를 실시하도록 하고 있는 점, 동법 제8조와 제14조에서 당해 지역주민에게 특별지원금 지원 및 우선 고용 및 참여의 기회 등을 부여하고 있는 점 등을 고려하면 동법의 취지는 유치지역으로 선정된 A시의 주민인 갑이 사업 시행 전과 비교하여 환경피해를 받지 아니하고 쾌적한 환경에서 생활할 수 있는 개별적인 이익까지도 보호하려는 데에 있다고 해석되므로 갑은 A시에 대한 유치지역 선정에 대하여 소송상 다툴 수 있는 원고적격이 있다.

(2) 을의 원고적격

을은 B군에 거주하고 있어 유치지역에 거주하는 것은 아니지만, 을의 주거지역이 환경영향평가지역내이거나 을이 농작물을 경작하는 농지가 환경영향평가지역내인 경우에는 특단의 사정이 없는 한 환경상의 이익에 대한 침해 또는 침해우려가 있는 것으로 추정되며, 그렇지 않다고 하더라도 처분시설의 설치로 말미암아 환경상의 이익에 대한 침해 또는 침해우려를 입증함으로써 원고적격을 인정받을 수 있을 것이다(대판(전원) 2006. 3. 16. 2006두330)(새만금판결).

---

(3) B군 주민 을이 부지선정위원회의 선정기준, 선정과정에 관한 회의록 및 각 위원의 자문의견에 대한 정보공개를 요구하는 경우 이를 공개하여야 하는가? (10점)

Ⅲ. 선정기준 등의 공개여부(설문(3))

1. 정보공개청구권의 의의

정보공개청구권이란 사인이 공공기관에 대하여 정보를 제공해 줄 것을 요구할 수 있는 개인적 공권을 말한다.

2. 공개대상정보와 정보공개청구권자

(1) 공개대상정보

정보공개청구권의 행사의 대상이 되는 정보는 공공기관이 보유·관리하고 있는 각종 정보를 말한다(정보공개법 제9조 제1항).

(2) 정보공개청구권자

정보공개법 제5조 제1항은 '모든 국민은 정보의 공개를 청구할 권리를 가진다'고 규정하고 있다.

(3) 검토

설문의 선정기준 등은 공공기관이 수집·관리하는 정보이며, 주민 을은 정보공개법 제5조 제1항에 따라 정보공개청구권을 가진다.

3. 선정기준 등의 공개여부

(1) 정보공개법 제9조 제1항 제5호에 해당 여부

㈎ 정보공개법 제9조 제1항 제5호는 해당 정보가 ① 감사·감독·검사·시험·규제·입찰계약·기술개발·인사관리·의사결정과정 또는 내부검토과정에 있는 사항이면서 ② 공개될 경우 업무의 공정한 수행이나 연구·개발에 현저한 지장을 초래한다고 인정할 만한 상당한 이유가 있는 정보일 때 이를 비공개할 수 있는 것으로 규정한다.

㈏ 선정기준, 회의록, 자문의견은 의사가 결정되거나 집행된 경우 의사결정과정 자체는 아니지만 의사결정과정에 준하는 사항으로 볼 수는 있지만(대판 2003. 8. 22. 2002두12946), 산업자원부장관이 A시를 유치지역으로 선정하고 공표한 이후라면 선정기준, 회의록, 자문의견은 업무의 공정한 수행에 현저한 지장을 초래할 염려가 없다고 보아야 한다. 따라서 비공개대상정보에 해당하지 않는다.

(2) 정보공개법 제9조 제1항 제6호에 해당 여부

1) 선정기준의 공개여부

부지선정위원회의 선정기준은 정보공개법 제9조 제1항 제6호의 개인식별정보에 해당하지 않으므로 공개되어야 한다.

2) 회의록의 공개여부

선정과정에 관한 회의록은 개인식별정보에는 해당하고 사생활의 비밀이나 자유의 침해우려가 있을 수 있지만, 부지선정에 대한 주민의 이해를 높인다는 면에서 다목(공개하는 것이 공익 또는 개인의 권리구제를 위하여 필요하다고 인정되는 정보)에 해당하므로 비공개대상정보가 아니라고 보아야 한다.

3) 위원의 자문의견

위원의 자문의견도 회의록과 마찬가지로 개인식별정보가 포함되어 있고, 사생활의 비밀이나 자유의 침해우려가 있다고 하더라도 부지선정에 대한 주민의 이해를 높인다는 면에서 다목(공개하는 것이 공익 또는 개인의 권리구제를 위하여 필요하다고 인정되는 정보)에 해당한다고 보아 비공개대상이 아니다.

(4) 처분시설이 건설·운영된 이후 처분시설로 통하는 진입도로에 연접(連接)한 곳에서 그 이전부터 활어횟집을 영위하여 온 A시 주민 병이 고객의 급감으로 더 이상 영업을 계속할 수 없다고 주장하면서 처분시설의 건설·운영자에 대하여 손실보상을 청구하는 경우 이를 인정할 수 있는가? (15점)

Ⅳ. 간접(손실)보상의 가능성(설문(4))

1. 간접(손실)보상의 의의

공공사업의 시행 또는 공공사업시설이 간접적으로 사업지 범위 밖에 위치한 타인의 토지 등의 재산에 손실을 가하는 경우의 보상을 말한다.

2. 공익사업을 위한 토지 등의 취득 및 보상에 관한 법률상의 간접보상

공익사업을 위한 토지 등의 취득 및 보상에 관한 법률 제79조 제2항과 동법시행규칙은 제59조 내지 제64조에서 간접손실에 대해 보상하여야 함을 인정하고 있다.

그러나 설문의 경우는 공익사업을 위한 토지

등의 취득 및 보상에 관한 법률상 보상하여야 하는 경우에 해당하지 않는다.

3. 보상규정이 없는 경우 간접손실에 대한 보상

(1) 문제점

병의 고객급감으로 인한 재산상의 손해는 공공의 필요에 따른 희생으로 볼 수 있다. 이처럼 비의도적인 침해로 재산상 손해를 입은 경우 병이 손실보상을 청구할 수 있는지가 문제되고, 이는 수용적 침해보상 인정과 관련된다.

(2) 수용적 침해보상의 의의

적법한 행정작용의 비의도적·비전형적인 결과로 재산권에 특별한 희생을 가하는 경우에 그 손실을 보상하는 것을 말한다.

(3) 인정여부

1) 학설

a. 수용적 침해보상을 긍정하는 견해

수용적 침해에 해당하는 재산권침해유형이 적지 않게 발생하고 있고, 손해배상으로 처리하기 어려운 적법한 공권력행사와 예상치 못한 부수적인 결과로 인한 피해에 대하여 적절한 보상입법이 행하여지지 않는 우리 현실을 감안하면 수용적 침해보상이론을 원용하여 권리구제의 수요를 충족시키는 것이 타당하다는 견해이다.

b. 수용적 침해보상을 부정하는 견해

i. 입법에 의한 보상론(보상부정설)

수용적 침해가 논의되는 상황은 당해 행정작용에 의해 사전에 예정되고 의도된 손해가 발생한 경우가 아니어서 헌법 제23조 제3항이 적용될 수 없는 경우에 해당하므로 헌법 제23조 제3항을 직접적용하거나 유추적용하는 논리는 따를 수 없고 결국 입법적으로 별도의 손실보상규정을 마련하여야 한다고 주장한다.

ii. 헌법에 의한 독자적 보상론

이 견해는 독일의 수용적 침해보상법리가 우리에게 적용될 수 없다는 전제하에 수용적 침해보상이 문제되는 경우도 적법한 공권력 행사에 의해 직접 가해진 손실이므로, 적법한 재산권 침해에 대한 보상의 일반적 근거조항인 헌법 제23조 제3항에 따라 보상을 청구할 수 있다는 견해이다.

2) 검토

헌법 제23조 제1항의 재산권보장의 원리, 제11조의 평등의 원리 그리고 제37조 제1항의 기본권보장의 원리와 함께 제23조 제3항의 특별희생의 원리를 종합적으로 고려한다면, 의도되지 아니한 재산권의 제약의 경우에도 특별한 희생이 있다면 수용적 침해보상을 긍정해야 한다는 견해가 타당하다.

(4) 성립 요건

1) 공공의 필요

공공의 필요란 일정한 공익사업을 시행하거나 공공복리를 달성하기 위해 재산권의 제한이 불가피한 경우를 말한다.

2) 재산권

재산적 가치가 있는 모든 공권과 사권이 침해의 대상이 된다.

3) 침해

침해에는 재산권의 박탈, 재산권의 대상인 물건의 파괴, 재산권의 이용제한 및 처분제한 등이 있을 수 있다. 즉 침해는 법적 행위 외에 사실행위로도 이루어질 수 있다.

4) 적법하고 비의도적인 침해

㈎ 수용보상(전통적인 손실보상)의 경우와 같이 공권력행사 자체는 적법한 것이어야 한다.

㈏ 그러나 수용적 침해보상은 수용보상과는 달리 적법한 공권력 행사로 의도하지 않은 비전형적인 결과가 발생하고, 그로 인해 직접적인 재산권의 침해가 발생하는 경우를 말한다.

5) 특별한 희생

ⓐ 행정기관의 개별적 행위에 의해 특정인의 재산권에 대한 제약이 있는지를 기준으로 하는 형식적 기준설과 ⓑ 재산권에 대한 제약의 성질과 정도를 기준으로 하는 실질적 기준설이 있다. 그러나 ⓒ 일반적 견해는 양자를 모두 고려하여 특별한 희생여부를 판단한다(형식적 기준설 중 특별희생설(관련개인이나 집단에 비해 불평등하게 다루어지고 또한 그들에게 수인할 수 없는 희생을 강제하는 경우 특별한 희생이 있다고 본다)과 실질적 기준설의 중대설(재산권에 미치는 침해의 중대성과 범위를 기준으로 한다)·목적

위배설(재산권의 객관적인 이용목적에 위반되는지를 기준으로 한다)·상황구속성이론(지리적 위치로 인한 재산권의 제약은 사회적 제약에 불과하다는 견해이다)을 결합하는 것이 대표적이다).

(5) 소결

병은 처분시설의 건설, 운영으로 활어횟집의 고객 급감으로 인한 손실에 대해 수용적 침해보상의 법리에 따라 손실보상을 청구할 수 있을 것이다. 다만 병의 손실보상청구권이 인정되려면 공공의 필요에 따른 수인할 수 없는 특별한 희생이 병에게 인정되어야 할 것이다.

기출 — 제49회 사법시험(2007년)

〈제1문〉

A시는 10여 년 전까지 석탄 산업으로 번창하던 도시였으나, 최근 석탄 산업의 쇠퇴로 현저하게 인구가 줄어들고 있다. 건설교통부장관은 관광레저형 기업도시를 건설하려는 민간기업인 주식회사 갑과 지역 개발을 위해 이를 유치하려는 A시장의 공동 제안에 따라 A시 외곽 지역에 개발구역을 지정·고시하고, 갑을 개발사업의 시행자로 지정하였다. 그 후 갑은 개발사업의 시행을 위해 필요한 토지 면적의 55%를 확보한 후, 해당 지역의 나머지 토지에 대한 소유권을 취득하기 위하여 토지소유자 을, 병 등과 협의하였으나 협의가 성립되지 않자 중앙토지수용위원회에 수용재결을 신청하였고, 동 위원회는 수용재결을 하였다.

(1) 갑이 추진하는 관광레저형 기업도시를 건설하기 위한 토지수용에 있어서 "공공필요"를 검토하시오. (10점)

(2) 을은 갑에게 생활대책에 필요한 대체용지의 공급을 포함하는 이주대책의 수립을 신청하였지만 상당한 기간이 경과했는데도 갑은 이주대책을 수립하지 않고 있다. 이에 을은 이주대책의 수립을 구하는 의무이행심판을 청구하였다. 심판청구의 인용가능성 유무와 재결의 형식을 검토하시오. (20점)

(3) 병은 자신의 토지가 위 개발사업에 필요한 토지가 아니므로 수용재결이 위법하다고 주장한다. 병이 자신의 토지를 수용당하지 않기 위하여 제기할 수 있는 불복방법을 논하시오. (20점)

[참조조문]

기업도시개발 특별법

제1조(목적) 이 법은 민간기업이 산업·연구·관광·레저분야 등에 걸쳐 계획적·주도적으로 자족적인 도시를 개발·운영하는데 필요한 사항을 규정하여 국토의 계획적인 개발과 민간기업의 투자를 촉진함으로써 공공복리를 증진하고 국민경제와 국가균형발전에 기여함을 목적으로 한다.

제2조(정의) 이 법에서 사용하는 용어의 정의는 다음과 같다.

1. "기업도시"라 함은 산업입지와 경제활동을 위하여 민간기업(법인에 한하며, 제48조 제2항의 규정에 의하여 대체지정된 시행자를 포함한다)이 산업·연구·관광·레저·업무 등의 주된 기능과 주거·교육·의료·문화 등의 자족적 복합기능을 고루 갖추도록 개발하는 도시를 말하며, 다음과 같이 구분한다.
   다. 관광레저형 기업도시: 관광·레저·문화 위주의 기업도시

제4조(개발구역 지정의 제안) ① 제10조 제3항의 기준에 적합한 민간기업 및 다음 각호에 해당되는 자(민간기업과 협의된 경우에 한한다)는 관할 광역시장·시장 또는 군수(광역시 관할 구역에 있는 군의 군수를 제외하며, 이하 "시장·군수"라 한다)와 공동으로 건설교통부장관에게 개발구역의 지정을 제안할 수 있다. (단서 및 각호 생략)

제10조(개발사업의 시행자 지정 등) ① 건설교통부장관은 제4조의 규정에 의하여 개발구역의 지정을 제안한 민간기업 등을 개발사업의 시행자로 지정한다.

제14조(토지 등의 수용·사용) ① 시행자는 개발구역 안에서 개발사업의 시행을 위하여 필요한 때에는 공익사업을위한토지등의취득및보상에관한법률 제3조의 규정에 의한 토지·물건 또는 권리(이하 "토지등"이라 한다)를 수용 또는 사용(이하 "수용등"이라 한다)할 수 있다.

③ 공익사업을위한토지등의취득및보상에관한법률 제28조의 규정에 의한 재결의 신청은 개발구역 토지면적의 50퍼센트 이상에 해당하는 토지를 확보(토지소유권을 취득하거나 토지소유자로부터 사용동의를 얻은 것을 말한다) 후에 이를 할 수 있다. (단서 생략)

⑤ 제1항의 규정에 의한 토지등의 수용등에 관한 재결의 관할 토지수용위원회는 중앙토지수용위원회가 된다.

⑥ 시행자는 공익사업을위한토지등의취득및보상에관한법률이 정하는 바에 따라 개발사업의 시행에 필요한 토지등을 제공함으로 인하여 생활의 근거를 상실하게 되는 자에 대하여 주거단지 등을 조성·공급하는 등 이주대책을 수립·시행하여야 한다.

⑦ 제6항의 규정에 의하여 수립하는 이주대책에는 이주대상 주민과 협의하여 당초 토지등의 소유상황과 생업 등을 감안하여 생활대책에 필요한 용지를 대체하여 공급하는 등 대통령령이 정하는 사항을 포함하여야 한다.

⑩ 제1항의 규정에 의한 토지 등의 수용등에 관하여 이 법에 특별한 규정이 있는 경우를 제외하고는 공익사업을위한토지등의취득및보상에관한법률을 준용한다.

(1) 갑이 추진하는 관광레저형 기업도시를 건설하기 위한 토지수용에 있어서 "공공필요"를 검토하시오. (10점)

Ⅰ. 공공의 필요의 인정여부(설문(1))

1. 공공의 필요의 의의

헌법 제23조 제3항은 "공공필요에 의한 재산권의 수용·사용 또는 그 제한 및 그에 대한 보상은 법률로써 하되, 정당한 보상을 지급하여야 한다"고 규정하고 있다. 여기에서 '공공의 필요'란 일정한 공익사업을 시행하거나 공공복리를 달성하기 위해 재산권의 제한이 불가피한 경우를 말한다.

2. 공공의 필요의 판단기준

공공필요의 여부는 공권적 침해로 얻게 되는 공익과 재산권보장이라는 사익간의 이익형량을 통해서 판단되어야 하는 것이다.

3. 설문에서 공공의 필요의 인정여부(소결)

석탄산업이 쇠퇴하고 있는 A시에 관광레저형 기업도시를 건설함으로써 이루려는 지역경제의 활성화를 통한 국가의 균형발전이라는 공익과 토지 등이 수용됨으로써 침해되는 개인의 재산권 등 사익 사이의 비교형량을 해 볼 때 공익적 필요성이 더욱 우월하다고 판단되는바 주식회사 갑의 기업도시건설은 공공의 필요에 해당한다.

(2) 을은 갑에게 생활대책에 필요한 대체용지의 공급을 포함하는 이주대책의 수립을 신청하였지만 상당한 기간이 경과했는데도 갑은 이주대책을 수립하지 않고 있다. 이에 을은 이주대책의 수립을 구하는 의무이행심판을 청구하였다. 심판청구의 인용가능성 유무와 재결의 형식을 검토하시오. (20점)

Ⅱ. 의무이행심판청구의 인용가능성과 재결의 형식(설문(2))

1. 문제 상황

설문의 경우 을이 의무이행심판청구를 한 경우 인용가능성과 관련해 의무이행심판의 제기요건, 본안 그리고 재결의 형식에 대해 검토해 본다.

2. 의무이행심판청구의 요건

(1) 대상적격(부작위의 성립요건)

1) 당사자의 신청이 있을 것

a. 신청의 대상

㈎ 신청의 내용이 되는 처분은 행정심판법(행정소송법) 제2조 제1호의 처분을 말한다. 즉, 공권력 행사(또는 이에 준하는 행정작용)를 신청하여야 한다.

㈏ 이주대책이란 공익사업에 주거용 건축물을 제공함에 따라 생활근거를 상실하는 자를 다른 지역으로 이주시켜서 종전의 상태를 유지시켜 주는 것을 말한다. 설문의 경우 을은 대체용지의 공급을 포함하는 이주대책의 수립을 신청하였다.[18] 이주대책의 구체적인 내용인 대체용지공급

---

18) 이주대책 자체는 항고소송의 대상이 되지 않음이 학설(2007년 출제경향과 총평 및 강평, 김철용, 고시계 2007/8, 201면; 홍정선, 행정법특강, 557면 사례해설)과 판례(아래 참조)의 입장이다. 따라서 설문의 경우 이주대책의 구체적인 내용인 '대체용지공급'을 구체적인 처분으로 보아 문제를 해설하기로 한다.
[참조판례] "사업시행자에게 이주대책의 수립·실시의무를 부과하고 있다고 하여 그 규정 자체만에 의하여 이주자에게 사업시행자가 수립한 이주대책상의 택지분양권이나 아파트 입주권 등을 받을 수 있는 구체적인 권리(수분양권)가 직접 발생하는 것이라고는 도저히 볼 수 없으며, 사업시행자가 이주대책에 관한 구체적인 계획을 수립하여 이를 해당자에게 통지 내지 공고한 후, 이주자가 수분양권을 취득하기를 희망하여

결정은 구체적인 처분이므로 처분을 신청한 것에 해당한다.

b. 신청권의 존부

㈎ 대법원은 당사자에게 처분을 구할 수 있는 신청권이 있어야 한다는 입장이다. 학설은 원고적격설, 대상적격설, 본안판단설 등이 대립한다.

㈏ 설문의 경우 판례의 입장에 따른다고 하더라도 기업도시특별법은 제14조 제6항이 이주대책수립을 시행하도록 시행자에게 의무지우고 있고, 제7항은 생활대책에 필요한 용지를 대체하여 공급하는 등의 사항을 포함하도록 하는 점을 고려할 때 을에게 신청권을 인정할 수 있을 것이다.

2) 상당한 기간이 경과할 것

3) 행정청에 일정한 처분을 할 법률상 의무가 있을 것

설문의 경우 갑은 기업도시개발특별법 제14조 제6항에 의하여 이주대책을 수립·시행하여야 할 법률상 의무가 있으므로 이 요건도 충족한다.

4) 행정청이 아무런 처분도 하지 않았을 것

(2) 청구인적격

㈎ 행정심판법 제13조 제3항은 '의무이행심판은 처분을 신청한 자로서 행정청의 거부처분 또는 부작위에 대하여 일정한 처분을 구할 법률상 이익이 있는 자가 청구할 수 있다'고 규정한다.

㈏ 법률상 이익의 개념과 관련해 권리구제설, 법률상 보호이익설, 보호가치 있는 이익설, 적법성 보장설 등이 대립하나 법률상 보호이익설이 통설, 판례의 입장이다.

㈐ 설문의 경우 기업도시개발특별법 제14조 제6항, 제7항 그리고 헌법상의 재산권 보장규정을 고려할 때 을의 사익을 법령이 보호하고 있어 청구인적격이 인정된다.

(3) 피청구인적격

설문의 경우 갑은 기업도시개발특별법 제4조, 제10조에 의해 행정권한을 위탁받은 사인이므로 을은 개발사업의 시행자인 갑을 피청구인으로 하여 행정심판을 청구해야 한다.

(4) 심판제기기간

부작위에 대한 의무이행심판은 행정심판법 제27조 제7항에 의해 심판청구기간 제한이 없다.

(5) 검토

갑의 의무이행심판청구는 행정심판제기요건을 다 갖추었다.

3. 본안판단

을이 개발사업시행으로 인하여 생활의 근거를 상실하게 되었다면 갑은 기업도시개발특별법 제14조 제6항에 따라 이주대책의 수립의무가 있으므로 을의 청구는 인용될 수 있을 것이다.

4. 재결의 형식

(1) 행정심판법의 규정

행정심판법 제43조에서 규정한다.

(2) 재결의 종류

1) 처분재결과 처분명령재결

행정심판법 제43조 제5항은 처분재결을 하거나 처분명령재결을 할 수 있도록 규정하고 있다.

2) 특정처분재결(특정처분명령재결)과 재결정명령재결

기속행위라면 특정처분재결이나 특정처분명령재결이 가능하며, 재량행위라면 행정심판위원회는 재결정명령재결(하자 없는 재량행사 명령재결)을 하여야 한다.

(3) 설문

기업도시개발 특별법은 사업 시행자에게 이주대책을 수립하고 시행할 의무를 부과하고 있을 뿐, 그 이주대책의 종류나 내용까지 구체적으로 규정하지는 않고 있어 수립 시행할 이주대책의 종류나 내용의 결정은 사업시행자의 재량이라고 보아야 하므로, 특정처분재결(특정처분명령재결)이 아니라 재결정명령재결을 하여야 한다.

5. 소결

을의 의무이행심판청구는 행정심판제기요건을 다 갖추고 있고 관련법령은 이주대책수립의무를 규정하고 있어 을의 심판청구는 인용될 것이다.

이주대책에 정한 절차에 따라 사업시행자에게 이주대책대상자 선정신청을 하고 사업시행자가 이를 받아들여 이주대책대상자로 확인·결정하여야만 비로소 구체적인 수분양권이 발생하게 된다(대판(전원) 1994. 5. 24. 92다35783)."

(3) 병은 자신의 토지가 위 개발사업에 필요한 토지가 아니므로 수용재결이 위법하다고 주장한다. 병이 자신의 토지를 수용당하지 않기 위하여 제기할 수 있는 불복방법을 논하시오. (20점)

Ⅲ. 수용재결의 위법에 대한 불복방법 (설문(3))

1. 이의신청

(1) 의의

토지수용위원회의 재결에 대해 이의가 있는 자가 중앙토지수용위원회에 불복을 신청하는 것으로 특수한 행정심판이다.

(2) 이의신청의 요건

1) 신청인

토지수용위원회의 재결에 불복이 있는 토지소유자(관계인) 또는 사업시행자이다.

2) 신청기간

재결서의 정본을 받은 날부터 30일 이내에 하여야 한다(토지보상법 제83조 제3항).

3) 신청의 대상

이의신청의 대상은 토지수용위원회의 재결이다.

4) 임의적 전치

5) 검토

기업도시개발특별법 제14조 제5항에 따른 중앙토지수용위원회의 재결에 대한 이의신청이므로 병은 신청기간내에 토지보상법 제83조 제1항에 따라 중앙토지수용위원회에 이의신청을 할 수 있다.

(3) 이의신청의 효력

1) 재결의 내용

중앙토지수용위원회는 재결이 위법 또는 부당하다고 인정하는 때에는 그 재결의 전부 또는 일부를 취소하거나 보상액을 변경할 수 있다(토지보상법 제84조 제1항).

2) 재결의 효력

이의신청에 대한 재결이 확정된 때에는 민사소송법상의 확정판결이 있은 것으로 보며, 재결서 정본은 집행력있는 판결의 정본과 동일한 효력을 가진다(토지보상법 제86조 제1항).

3) 처분효력의 부정지

이의의 신청은 사업의 진행 및 토지의 수용 또는 사용을 정지시키지 아니한다(토지보상법 제88조 제1항).

2. 행정소송의 제기

(1) 병이 제기할 수 있는 소송의 종류

(가) 토지보상법 제85조 제1항은 토지수용위원회의 재결에 대해 이의신청을 거치든 거치지 않았든 각각 행정소송을 제기할 수 있음을 규정하고, 제2항은 제1항의 행정소송이 보상금의 증감에 관한 소송인 경우에는 당해 소송을 제기하는 자가 토지소유자 또는 관계인인 때에는 사업시행자를, 사업시행자인 때에는 토지소유자 또는 관계인을 각각 피고로 보상금증감청구소송을 제기할 수 있음을 규정하고 있다.

(나) 설문의 경우 병이 제기하고자 하는 소송은 제1항에 해당하는 것이다. 또한 토지수용위원회의 재결의 위법성이 중대명백한 정도로는 보이지 않아 취소소송에 한정하여 논의하고자 한다.

(2) 수용재결에 대한 취소소송

재결서를 받은 날부터 60일 이내에 중앙토지수용위원회를 상대로 취소소송을 제기하여야 한다.

(3) 이의재결에 대한 취소소송

중앙토지수용위원회의 이의신청에 따른 재결에 고유한 위법이 있다면 사업시행자·토지소유자 또는 관계인은 '이의신청에 대한 재결서를 받은 날부터 30일 이내에' 취소소송을 제기할 수 있다(토지보상법 제85조 제1항).

3. 집행정지

(가) 토지보상법 제88조는 "제85조의 규정에 의한 행정소송의 제기는 사업의 진행 및 토지의 수용 또는 사용을 정지시키지 아니한다"고 규정하고 있어 취소소송이 확정되기 전에 개발사업을 정지할 수 있는 가구제로서 집행정지가 인정될 것인지가 문제된다.

(나) 집행정지가 인정되기 위한 요건은 ① 본안이 계속 중일 것, ② 처분 등이 존재할 것, ③ 회복하기 어려운 손해를 예방하기 위한 것일 것,

④ 긴급한 필요가 있을 것, ⑤ 공공복리에 중대한 영향이 없을 것, ⑥ 본안청구의 이유 없음이 명백하지 않을 것(판례) 등이다(행정소송법 제23조).

(다) 설문의 경우 수용재결로 인해 병의 토지소유권이 상실되는 손해를 입었다고 하더라도 이러한 손해는 원상회복이 불가능하거나 현저히 곤란한 손해로 보이지 않고, 수용재결의 집행을 정지할 경우 석탄산업이 쇠퇴하고 있는 A시에 관광레저형 기업도시를 건설함으로써 이루려는 지역경제의 활성화를 통한 국가의 균형발전이라는 공공복리에 중대한 영향을 미칠 우려가 있으므로 병의 집행정지신청은 인용되기 어려울 것이다.

기출 — 제27회 입법고시(2011년)

〈제1문〉

X광역시 Y구(區)의 구청장 병은 「부동산 가격공시 및 감정평가에 관한 법률」 제11조 제1항에 따라 개별공시지가를 결정·공시하였다. 갑은 자신의 토지에 대하여 결정·공시된 위 개별공시지가가 합리적인 이유 없이 주변 토지의 시세에 비하여 높게 평가되었음을 주장하면서 재조사청구를 하였다. 이에 병구청장은 위 개별공시지가를 감액조정하여 2010. 7. 18. 갑에게 통지하고 같은 달 23. 공고하였다. 그러나 갑은 2010년도 개별공시지가 결정에 대하여 한 재조사청구에 따른 조정결정을 통지받고서도 이에 대해 더 이상 다투지 아니하고, 재조사 청구에 따른 조정결정이 있기 전인 같은 해 6. 19. Y구에 해당 토지를 협의매도한 후 2011. 3. 31. 양도가액을 위 조정된 개별공시지가로 하여 산출한 양도소득세를 확정신고하고, 을세무서장으로부터 과세처분을 받았다. 위 개별공시지가 결정에 대한 쟁송제기기간은 이미 도과하였다.

(1) 이 경우 갑은 을의 과세처분에 대한 취소소송을 제기하면서 조정된 개별공시지가의 위법성을 주장할 수 있는지를 검토하시오. (30점)

(2) 위 사례에서 2010년 개별공시지가의 결정을 위해 Y구 소속 공무원 정은 개별공시지가의 산정을 위해 갑의 토지를 출입하였고, 적법절차를 준수하여 출입할 날의 3일 전에 갑에게 일시와 장소를 통지하였다. 그러나 정은 갑의 토지에 출입하여 측량 또는 조사를 하면서 갑에게 재산상 피해를 발생시켰다. 「부동산 가격공시 및 감정평가에 관한 법률」에는 이에 대한 손실보상을 규정하거나 준용규정을 두고 있지 않다. 이 경우 갑이 손실보상을 청구할 수 있는지를 검토하시오. (20점)

[참조조문]

부동산 가격공시 및 감정평가에 관한 법률

제3조(표준지공시지가의 조사·평가 및 공시) ① 국토해양부장관은 토지이용상황이나 주변환경 그 밖의 자연적·사회적 조건이 일반적으로 유사하다고 인정되는 일단의 토지 중에서 선정한 표준지에 대하여 매년 공시기준일 현재의 적정가격을 조사·평가하고, 제19조의 규정에 의한 중앙부동산평가위원회의 심의를 거쳐 이를 공시하여야 한다.

제11조(개별공시지가의 결정·공시 등) ① 시장·군수 또는 구청장은 「개발이익환수에 관한 법률」에 의한 개발부담금의 부과 그 밖의 다른 법령이 정하는 목적을 위한 지가산정에 사용하도록 하기 위하여 제20조의 규정에 의한 시·군·구부동산평가위원회의 심의를 거쳐 매년 공시지가의 공시기준일 현재 관할구역 안의 개별토지의 단위면적당 가격(이하 "개별공시지가"라 한다)을 결정·공시하고, 이를 관계행정기관등에 제공하여야 한다. 다만, 표준지로 선정된 토지, 조세 또는 부담금 등의 부과대상이 아닌 토지 그 밖에 대통령령이 정하는 토지에 대하여는 개별공시지가를 결정·공시하지 아니할수 있다. 이 경우 표준지로 선정된 토지에 대하여는 당해 토지의 공시지가를 개별공시지가로 본다.

제14조(타인토지에의 출입 등) ① 공무원 또는 감정평가업자는 제5조 제1항의 규정에 의한 표준지가격의 조사·평가 또는 제11조 제3항의 규정에 의한 토지가격의 산정을 위하여 필요한 때에는 타인의 토지에 출입할 수 있다.

② 공무원 또는 감정평가업자가 제1항의 규정에 의하여 택지 또는 담장이나 울타리로 둘러싸인 타인의 토지에 출입하고자 할 때에는 시장·군수 또는 구청장의 허가(감정평가업자에 한한다)를 받아 출입할 날의 3일 전에 그 점유자에게 일시와 장소를 통지하여야 한다. 다만, 점유자를 알 수 없거나 부득이한 사유가 있는 경우에는 그러하지 아니하다.

③ 일출 전·일몰 후에는 그 토지의 점유자의 승인없이 택지 또는 담장이나 울타리로 둘러싸인 타인의 토지에 출입할 수 없다.

④ 제2항의 규정에 의한 출입을 하고자 하는 자는 그 권한을 표시하는 증표와 허가증을 지니고 이를 관계인에게 내보여야 한다.

⑤ 제4항의 증표와 허가증에 관하여 필요한 사항은 국토해양부령으로 정한다.

(1) 이 경우 갑은 을의 과세처분에 대한 취소소송을 제기하면서 조정된 개별공시지가의 위법성을 주장할 수 있는지를 검토하시오. (30점)

Ⅰ. 개별공시지가의 하자가 부과세처분에 승계되는지 여부(설문(1))

1. 문제 상황

개별공시지가에 대한 불복기간도과 후 과세처분을 다투며 개별공시지가의 위법성을 주장하고 있으므로 행정행위의 하자의 승계문제가 된다. 그런데 하자승계의 논의의 전제는 갖추고 있다. 따라서 전통적 견해와 구속력설, 그리고 판례에 따라 하자승계가 인정되는 경우인지를 살펴본다.

2. 행정행위의 하자의 승계의 의의

둘 이상의 행정행위가 연속적으로 행해지는 경우 선행행위의 하자를 이유로 적법한 후행행위를 다툴 수 있는지의 문제이다.

3. 하자승계논의의 전제

㈎ 하자승계논의가 특별히 문제되는 경우는 ⓐ 선행행위와 후행행위가 모두 항고소송의 대상이 되는 행정처분이고, ⓑ 선행행위는 당연무효가 아닌 취소사유가 존재하고, ⓒ 선행행위에는 하자가 존재하나 후행행위는 적법해야 하고, ⓓ 선행행위의 하자가 제소기간도과 등으로 불가쟁력이 발생하여 선행행위를 다툴 수 없는 경우라야 한다.

㈏ 설문은 하자승계논의의 전제조건은 모두 갖추고 있어 문제는 없다.

4. 인정 범위

(1) 학설

1) 하자의 승계론(전통적 견해)

행정행위의 하자는 행정행위마다 독립적으로 판단되어야 한다는 전제하에 선행행위와 후행행위가 일련의 절차에서 하나의 법률효과를 목적으로 하는 경우에는 예외적으로 하자의 승계를 인정한다.

2) 구속력설(규준력설)

a. 의의

구속력이란 선행행정행위의 내용과 효과가 후행행정행위를 구속함으로써 상대방(관계인, 법원)은 후행행위를 다툼에 있어 선행행위의 내용과 대립되는 주장이나 판단을 할 수 없게 하는 효과를 말한다.

b. 한계

ⓐ 판결의 기판력이 소송물이 일치하는 범위에만 미치듯이 구속력은 선·후의 행위가 규율대상 내지 법적 효과가 일치하는 범위에서만 미치며(객관적 한계(내용적·사물적 한계)), ⓑ 구속력은 처분청과 처분의 직접상대방(이해관계 있는 제3자도 포함) 및 법원에도 미치며(주관적 한계(대인적 한계)), ⓒ 선행행정행위의 기초를 이루는 사실적·법적 상황의 동일성이 유지되는 한도까지 미친다(시간적 한계). 그러나 ⓓ 객관적·주관적·시간적 한계 내에서 선행행정행위의 후행행정행위에 대한 구속력이 인정됨으로 인해 개인의 권리보호가 부당하게 축소될 수 있기 때문에 관련자에게 예측불가능하거나 수인불가능한 경우에는 구속력이 차단된다(추가적 요건). 따라서 이 경우에는 후행행위를 다투며 선행행위의 위법을 주장할 수 있게 된다.

(2) 판례

㈎ 원칙상 하자의 승계론에 따른다.

㈏ ⓐ 그러나 개별공시지가결정의 위법을 이유로 그에 기초하여 부과된 양도소득세부과처분의 취소를 구한 판결에서 선행행위와 후행행위가 별개의 법률효과를 목적으로 하는 경우에도 수인성의 원칙(입법작용이나 행정작용은 그 효과를 사인이 수인할 수 있는 것이어야 한다는 원칙)을 이유로 하자의 승계를 예외적으로 인정하였다(대판 1994. 1. 25. 93누8542)(대상판결은 하자의 승계를 부정한다면 토지소유자는 항상 개별공시지가를 주시해야 하고 잘못된 경우 시정절차를 통해 시정을 요구해야 하므로 이는 당사자에게 부당하게 높은 주의의무를 지우는 것이고 따라서 수인성의 원칙을 근거로 하자의 승계를 인정한 것이다). ⓑ 그리고 최근 표준지공시지가결정의 위법이 수용재결에 승계될 것인지가 문제된 사안에서도 양자는 별개의 법률효과를 목적으로 하지만 수인성의 원

칙을 이유로 하자의 승계를 긍정하였다(대판 2008. 8. 21. 2007두13845)(대상판결은 표준지공시지가는 토지의 소유자나 기타 이해관계인에게 개별적으로 고지하는 것이 아니라 공시하도록 되어 있고, 표준지공시지가가 공시될 당시 표준지의 인근 토지를 함께 공시하는 것이 아니어서 보상금 산정의 기준이 되는 표준지가 어느 토지인지를 알 수 없다는 점 등을 근거로 수인성의 원칙상 하자의 승계를 인정하였다).

(3) 검토

하자의 승계를 인정함으로써 침해되는 법적 안정성과 이를 부정함으로써 침해되는 당사자의 권리구제의 필요성을 고려할 때 하자의 승계론을 원칙으로 하면서 구체적 사안에서 예측가능성과 수인가능성을 보충적인 기준으로 활용하는 판례의 태도가 타당하다.

5. 소결

(1) 하자의 승계론

전통적 견해에 따른다면 개별공시지가의 결정과 이를 기초로 한 과세처분은 별개의 독립된 처분으로서 서로 독립하여 별개의 법률효과를 목적으로 하는 것이므로 하자의 승계가 부정될 것이다.

(2) 구속력설

구속력설에 따른다면 개별공시지가결정과 소득세부과처분이 규율대상이나 법적 효과에서 일치하기에 구속력이 미친다고 보아야 한다. 다만, 예측가능성이나 수인가능성이 문제되는데 설문의 경우 갑은 공시지가결정에 대해 재조사청구를 했고, 감액조정된 개별공시지가결정에 따라 양도소득세신고까지 한 자이므로 예측불가능하거나 수인불가능하다고 볼 수 없어 개별공시지가결정의 구속력은 유지되기에 과세처분취소소송에서 선행행정행위의 규율내용(위법성)을 다투어서는 아니 된다. 따라서 갑은 과세처분을 다투며 개별공시지가의 위법성을 주장할 수 없다.

(3) 판례

㈎ 판례는 원칙적으로 개별공시지가의 결정은 이를 기초로 한 과세처분 등과는 별개의 독립된 처분으로서 서로 독립하여 별개의 법률효과를 목적으로 하는 것이라고 본다.

㈏ 다만, 「위법한 개별공시지가의 결정에 대하여 그 정해진 시정절차를 통하여 시정하도록 요구하지 아니하였다는 이유로 위법한 개별공시지가를 기초로 한 과세처분 등 후행행정처분에서 개별공시지가결정의 위법을 주장할 수 없도록 하는 것은 수인한도를 넘는 불이익을 강요하는 것으로서 국민의 재산권과 재판받을 권리를 보장한 헌법의 이념에도 부합하는 것이 아니라고 할 것」이라는 이유로 과세처분 등 행정처분의 취소를 구하는 행정소송에서도 선행처분인 개별공시지가결정의 위법을 독립된 위법사유로 주장할 수 있다고 본다(대판 1994. 1. 25. 93누8542).

㈐ 그러나 설문의 경우처럼 재조사청구(이의신청)와 감액조정결정 그리고 감액조정된 개별공시지가에 따라 양도소득세를 신고까지 한 사안에서는 「원고가 … 개별공시지가 결정에 대하여 한 재조사청구(현행법상 이의신청)에 따른 조정결정을 통지받고서도 더 이상 다투지 아니한 경우까지 선행처분인 개별공시지가 결정의 불가쟁력이나 구속력이 수인한도를 넘는 가혹한 것이거나 예측불가능하다고 볼 수 없어, 위 개별공시지가 결정의 위법을 이 사건 과세처분의 위법사유로 주장할 수 없다(대판 1998. 3. 13. 96누6059)」고 보았다.

㈑ 즉 판례의 입장에 따른다면 설문과 같은 경우에는 예측불가능하거나 수인불가능한 경우가 아니므로 원칙적 입장인 하나의 법률효과라는 기준에 따라 하자의 승계가능성이 부정된다. 따라서 갑은 과세처분취소소송에서 개별공시지가의 위법성을 주장할 수 없다.

(2) 위 사례에서 2010년 개별공시지가의 결정을 위해 Y구 소속 공무원 정은 개별공시지가의 산정을 위해 갑의 토지를 출입하였고, 적법절차를 준수하여 출입할 날의 3일 전에 갑에게 일시와 장소를 통지하였다. 그러나 정은 갑의 토지에 출입하여 측량 또는 조사를 하면서 갑에게 재산상 피해를 발생시켰다. 「부동산 가격공시 및 감정평가에 관한 법률」에는 이에 대한 손실보상을 규정하거나 준용규정을 두고 있지 않다. 이 경우 갑이 손실보상을 청구할 수 있는지를 검토하시오. (20점)

Ⅱ. 보상규정 없음에도 재산권 침해가 이루어진 경우 손실보상의 가능성(설문(2))

1. 문제 상황

소속공무원 정은 적법절차를 준수하면서 갑의 토지에 출입하여 측량 또는 조사를 하였지만 갑에게 재산상의 피해를 발생시켰다. 이 경우 타인의 토지에의 출입 등을 규정한 「부동산 가격공시 및 감정평가에 관한 법률」이 손실보상을 규정하거나 준용규정을 두고 있지 않다면 정의 행위로 인해 갑의 재산에 손실이 발생한 경우 손실보상이 인정될 수 있는지가 문제된다.

2. 수용 등이 있었음에도 보상규정이 없는 경우 보상의 가능성

(1) 학설

ⓐ 위헌무효설은 보상규정이 없이 재산권제약을 허용하는 법률은 헌법 제23조 제3항에 반하는 위헌·무효의 법률이 되고 따라서 이에 근거한 행정작용은 위법이 되므로 당사자는 재산상 손해를 받은 경우 국가배상을 청구할 수 있다는 견해이다. ⓑ 직접효력규정설은 공공필요에 의한 재산권의 수용·사용·제한을 수권하는 법률이 보상규정을 두고 있지 않은 경우에도 헌법 제23조 제3항을 근거로 직접 손실보상을 청구할 수 있다는 견해이다. ⓒ 간접효력규정설은 공용침해에 따르는 보상규정이 없는 경우에는 헌법 제23조 제1항(재산권 보장규정) 및 제11조(평등원칙)에 근거하고, 헌법 제23조 제3항 및 관계규정의 유추해석을 통하여 보상을 청구할 수 있다는 견해이다. 이 견해는 수용유사침해보상의 법리를 도입하여 이러한 문제를 해결하고자 하는 견해로 평가되고 있다. ⓓ 유추적용설은[19] 관련 법률의 유추해석(일반적인 법의 해석원리)을 통해 손실보상을 청구할 수 있다는 견해이다. 유추적용설은 관련 법률에 보상규정이 있는 경우에만 손실보상이 가능하다는 점에서 간접효력규정설과 구별된다.

(2) 판례

㈎ 대법원은 경계이론에 입각하여 ⓐ 국유화가 된 하천제외지에 대한 보상규정이 없는 경우에도 관련규정을 유추적용하여 손실보상을 인정하기도 하고(대판 1987. 7. 21. 84누126)(유추적용설로 평가되기도 한다), ⓑ 국가가 권원 없이 사인의 토지를 동촌비행장 방수로 부지로 점유·사용한 사건에서 재산권자에 대한 관계에 있어서는 불법행위라고 보기도 하였으며(대판 1966. 10. 18. 66다1715)(위헌무효설로 평가되기도 한다(사법연수원)), ⓒ MBC 주식강제증여사건에서 수용유사침해보상이론에 대해서는 판단을 유보하였다(대판 1993. 10. 26. 93다6409).

㈏ 분리이론에 입각한 헌법재판소의 입장에 대해 ⓐ 조선철도(주) 주식의 보상금청구에 관한 헌법소원사건(헌재 1994. 12. 29. 89헌마2)과 ⓑ (구) 도시계획법 제21조에 규정된 개발제한구역제도와 관련된 사건(이 사건 법률조항에 의한 재산권의 제한은 … 종래의 지목과 토지현황에 의한 이용방법에 따른 토지의 사용도 할 수 없거나 실질적으로 사용·수익을 전혀 할 수 없는 예외적인 경우에도 아무런 보상없이 이를 감수하도록 하고 있는 한, 비례의 원칙에 위반되어 당해 토지소유자의 재산권을 과도하게 침해하는 것으로서 헌법에 위반된다 할 것이다(헌재 1998. 12. 24. 89헌마214, 90헌바16, 97헌바78(병합)))을 학설은 위헌무효설을 취한 것으로 평가한다.

(3) 검토

수용 등의 행위가 공공복리를 위한 경우에는 불법행위보다는 수용 등에 준해 해결하는 것이 논리적이며, 보상에 관한 법률의 규정유무를 불

19) 간접효력규정설과 유추적용설을 같다고 보는 견해도 있고, 다르다고 보는 견해(박윤흔·정형근)도 있다. 대법원은 관련규정을 유추적용하여 손실보상을 인정한 판례(위의 ⓐ판결은 유추적용설을 취한 것으로 평가된다)가 있지만, 수용유사침해보상청구를 인정하는 것은 아니므로(위의 ⓒ판결) 양 학설을 같다고 보면 판례의 입장을 설명하기가 힘들기 때문에 여기에서는 양자를 구별하여 설명하기로 한다.

문하고 공공필요에 의한 침해는 동일하게 취급되는 것이 타당하다(간접효력규정설). 따라서 우리 헌법상의 여러 조항(헌법 제23조 제1항(재산권 보장규정)과 제11조(평등원칙) 그리고 헌법 제23조 제3항 및 관계규정)의 유기적인 해석을 통해 수용유사침해보상청구를 인정해야 한다.

3. 수용유사침해보상의 의의

수용유사침해보상이란 공공의 필요를 위해 공권력행사를 통해 사인의 재산권에 특별한 희생을 가하였으나, 그 공권력행사가 위법한 경우에도 전통적 손실보상과 마찬가지로 보상을 해주는 제도를 말한다.

4. 수용유사침해보상청구의 성립요건

(1) 공공필요

공공의 필요란 일정한 공익사업을 시행하거나 공공복리를 달성하기 위해 재산권의 제한이 불가피한 경우를 말한다.

(2) 재산권

재산적 가치가 있는 모든 공권과 사권이 침해의 대상이 된다.

(3) 침해

침해에는 재산권의 박탈, 재산권의 대상인 물건의 파괴, 재산권의 이용제한 및 처분제한 등이 있을 수 있다. 즉 침해는 법적 행위 외에 사실행위로도 이루어질 수 있다. 그리고 침해는 행정작용상의 위험성이 재산권 침해로 발현되면 되고(직접성), 의도적인 침해일 필요는 없다. 따라서 수용적 침해보상과 수용유사침해보상은 적법·위법여부로 구별된다.

(4) 위법한 침해

침해의 근거규정은 있으나 보상규정이 없는 경우가 일반적이지만, 그 외에도 침해의 근거규정·보상규정은 있지만 수용법률을 위법하게 집행하는 경우와 침해의 근거규정도 없는 침해로서 오로지 공공복리를 위한 경우도 포함될 수 있다.

(5) 특별희생

ⓐ 행정기관의 행위에 의해 재산권에 대한 제약을 받는 자가 특정되어 있는지를 기준으로 하는 형식적 기준설과 ⓑ 재산권에 대한 제약의 성질과 정도를 기준으로 하는 실질적 기준설이 있다. 그러나 ⓒ 일반적 견해는 양자를 모두 고려하여 특별한 희생여부를 판단한다(형식적 기준설 중 특별희생설(관련개인이나 집단에 비해 불평등하게 다루어지고 또한 그들에게 수인할 수 없는 희생을 강제하는 경우 특별한 희생이 있다고 본다)과 실질적 기준설의 중대설(재산권에 미치는 침해의 중대성과 범위를 기준으로 한다)·목적위배설(재산권의 객관적인 이용목적에 위반되는지를 기준으로 한다)·상황구속성이론(지리적 위치로 인한 재산권의 제약은 사회적 제약에 불과하다는 견해이다)을 결합하는 것이 대표적이다).

5. 소결

정은 갑의 토지에 출입하여 측량 또는 조사를 한 것은 공공의 필요에 따른 것이고, 그럼에도 해당 법률은 보상규정을 두고 있지 않아 재산권에 대한 위법한 침해가 된다. 그리고 갑의 재산상 피해가 재산권에 대한 중대한 제약이며 다른 자에게 요구되지 않는 수인불가능한 희생을 강요한 것이라면 갑은 재산상 손실에 대해 수용유사침해보상을 청구할 수 있다.

Q 사례

서울특별시 마포구는 A도로의 맨홀주위의 도로에 대한 높이 조절과 불량 맨홀정비공사를 하는 과정에서 구청장 및 구청 건설관리과 공무원들은 직무수행에 필요한 객관적 주의의무를 결하지는 않았으나, 건설기계관리법상 국토해양부장관이 실시하는 적법한 검사를 받지 않아 폐기되어야 할 건설기계를 사용하여 굴착공사를 하였다.

그로부터 30m 떨어진 빌라에 거주하는 갑은 A도로의 굴착공사 진동으로 자신의 집 건물 내벽이 무너지면서 중상을 입었다. 갑은 어떤 방법으로 자신의 손해를 전보받을 수 있는가?

Ⅰ. 논점의 정리

갑의 손해는 자신의 집 내벽이 붕괴되었다는 것과 자신의 신체에 대한 중상이다. 그리고 마포구는 적법한 검사를 받지 않아 폐기되어야 할 건설기계를 사용하여 굴착공사를 하였기에 이러한 도로공사는 위법한 행위이다. 따라서 위법한 도로공사행위로 인해 재산상 손해와 신체침해가 있었기에 손해전보 방법으로 국가배상청구와 손실보상청구를 생각할 수 있다.

Ⅱ. 국가배상청구의 가능성

㈎ 위법한 도로공사가 있었기에 먼저 마포구를 상대로 한 국가배상청구가 문제되는데, 위법한 행위이기는 하지만 공무원(구청장 및 건설관리과 공무원)에게 주의의무위반이 없기 때문에 문제된다.

㈏ 국가배상법상의 과실을 객관적으로 보고, 국가배상법 제2조의 과실을 '국가작용의 하자'로 해석하여 공무원의 과실은 필요하지 않다는 견해도 있으나, 일반적 견해와 판례는 공무원에게 과실이 요구된다고 본다(물론 과실을 '공무원이 그 직무를 수행함에 있어 당해 직무를 담당하는 평균인이 통상 갖추어야 할 주의의무를 게을리 한 것'이라고 하여 당해 공무원이 아니라 당해 직무를 담당하는 평균적 공무원을 기준으로 한다).

㈐ 따라서 갑은 자신의 손해에 대해 마포구를 상대로 국가배상을 청구할 수는 없다.

Ⅲ. 재산상 손실(내벽붕괴)에 대한 보상

1. 문제 상황

갑은 위법한 도로공사행위로 인해 재산상 손실을 입었지만 마포구가 의도하지 않은 손실이다. 전통적인 손실보상(수용보상)은 적법하고 의도적인 손실에 대한 보상이기에 설문에서는 손해전보수단이 될 수 없다. 따라서 위법하지만 의도하지 않은 손실에 대한 보상여부가 문제된다.

2. 위법한(의도하지 않은) 수용 등이 있는 경우 보상(배상)의 인정여부

(1) 학설

ⓐ 위헌무효설은 보상규정이 없이 재산권제약을 허용하는 법률은 헌법 제23조 제3항에 반하는 위헌·무효의 법률이 되고 따라서 이에 근거한 행정작용은 위법이 되므로 당사자는 재산상 손해를 받은 경우 국가배상을 청구할 수 있다는 견해이다. ⓑ 직접효력규정설은 공공필요에 의한 재산권의 수용사용제한을 수권하는 법률이 보상규정을 두고 있지 않은 경우에도 헌법 제23조 제3항을 근거로 직접 손실보상을 청구할 수 있다는 견해이다. ⓒ 간접효력규정설은 공용침해에 따르는 보상규정이 없는 경우에는 헌법 제23조 제1항(재산권 보장규정) 및 제11조(평등원칙)에 근거하고, 헌법 제23조 제3항 및 관계규정의 유추해석을 통하여 보상을 청구할 수 있다는 견해이다. 이 견해는 수용유사침해보상의 법리를 도입하여 이러한 문제를 해결하고자 하는 견해로 평가되고 있다. ⓓ 유추적용설은[20] 관련 법률의 유추해석

20) 간접효력규정설과 유추적용설을 같다고 보는 견해도 있고, 다르다고 보는 견해(박윤흔·정형근)도 있다. 대

(일반적인 법의 해석원리)을 통해 손실보상을 청구할 수 있다는 견해이다. 유추적용설은 관련 법률에 보상규정이 있는 경우에만 손실보상이 가능하다는 점에서 간접효력규정설과 구별된다.

(2) 판례

㈎ 대법원은 경계이론에 입각하여 ⓐ 국유화가 된 하천제외지에 대한 보상규정이 없는 경우에도 관련규정을 유추적용하여 손실보상을 인정하기도 하고(대판 1987. 7. 21. 84누126)(유추적용설로 평가되기도 한다), ⓑ 국가가 권원 없이 사인의 토지를 동촌비행장 방수로 부지로 점유·사용한 사건에서 재산권자에 대한 관계에 있어서는 불법행위라고 보기도 하였으며(대판 1966. 10. 18. 66다1715)(위헌무효설로 평가되기도 한다(사법연수원)), ⓒ MBC 주식강제증여사건에서 수용유사침해보상이론에 대해서는 판단을 유보하였다(대판 1993. 10. 26. 93다6409).

㈏ 분리이론에 입각한 헌법재판소의 입장에 대해 ⓐ 조선철도(주) 주식의 보상금청구에 관한 헌법소원사건(헌재 1994. 12. 29. 89헌마2)과 ⓑ (구) 도시계획법 제21조에 규정된 개발제한구역제도와 관련된 사건(이 사건 법률조항에 의한 재산권의 제한은 … 종래의 지목과 토지현황에 의한 이용방법에 따른 토지의 사용도 할 수 없거나 실질적으로 사용·수익을 전혀 할 수 없는 예외적인 경우에도 아무런 보상없이 이를 감수하도록 하고 있는 한, 비례의 원칙에 위반되어 당해 토지소유자의 재산권을 과도하게 침해하는 것으로서 헌법에 위반된다 할 것이다(헌재 1998. 12. 24. 89헌마214, 90헌바16, 97헌바78(병합)))을 학설은 위헌무효설을 취한 것으로 평가한다.

(3) 검토

수용 등의 행위가 공공복리를 위한 경우에는 불법행위보다는 수용 등에 준해 해결하는 것이 논리적이며, 보상에 관한 법률의 규정유무를 불문하고 공공필요에 의한 침해는 동일하게 취급되는 것이 타당하다(간접효력규정설). 따라서 우리 헌법상의 여러 조항(헌법 제23조 제1항(재산권 보장규정) 과 제11조(평등원칙) 그리고 헌법 제23조 제3항 및 관계규정)의 유기적인 해석을 통해 수용유사침해보상청구를 인정해야 한다.

법원은 관련규정을 유추적용하여 손실보상을 인정한 판례(위의 ⓐ판결은 유추적용설을 취한 것으로 평가된다)가 있지만, 수용유사침해보상청구를 인정하는 것은 아니므로(위의 ⓒ판결) 양 학설을 같다고 보면 판례의 입장을 설명하기가 힘들기 때문에 여기에서는 양자를 구별하여 설명하기로 한다.

3. 갑의 재산상 손실에 대한 수용유사침해보상의 가능성

(1) 수용유사침해보상의 의의

수용유사침해보상이란 공공의 필요를 위해 공권력행사를 통해 사인의 재산권에 특별한 희생을 가하였으나, 그 공권력행사가 위법한 경우에도 전통적 손실보상과 마찬가지로 보상을 해주는 제도를 말한다.

(2) 수용유사침해보상청구의 성립요건

1) 공공필요

공공의 필요란 일정한 공익사업을 시행하거나 공공복리를 달성하기 위해 재산권의 제한이 불가피한 경우를 말한다. 구체적인 공공필요의 여부는 공권적 침해로 얻게 되는 공익과 재산권보장이라는 사익간의 이익형량을 통해서 판단되어야 한다.

2) 재산권

재산적 가치가 있는 모든 공권과 사권이 침해의 대상이 된다.

3) 침해

침해에는 재산권의 박탈, 재산권의 대상인 물건의 파괴, 재산권의 이용제한 및 처분제한 등이 있을 수 있다. 즉 침해는 법적 행위 외에 사실행위로도 이루어질 수 있다. 그리고 침해는 행정작용상의 위험성이 재산권 침해로 발현되면 되고(직접성), 의도적인 침해일 필요는 없다. 따라서 수용적 침해보상과 수용유사침해보상은 적법·위법 여부로 구별된다.

4) 위법한 침해

침해의 근거규정은 있으나 보상규정이 없는 경우가 일반적이지만, 그 외에도 침해의 근거규정·보상규정은 있지만 수용법률을 위법하게 집행하는 경우와 침해의 근거규정도 없는 침해로서 오로지 공공복리를 위한 경우도 포함될 수 있다.

5) 특별희생

ⓐ 행정기관의 행위에 의해 재산권에 대한 제

약을 받는 자가 특정되어 있는지를 기준으로 하는 형식적 기준설과 ⓑ 재산권에 대한 제약의 성질과 정도를 기준으로 하는 실질적 기준설이 있다. 그러나 ⓒ 일반적 견해는 양자를 모두 고려하여 특별한 희생여부를 판단한다(형식적 기준설 중 특별희생설(관련개인이나 집단에 비해 불평등하게 다루어지고 또한 그들에게 수인할 수 없는 희생을 강제하는 경우 특별한 희생이 있다고 본다)과 실질적 기준설의 중대설(재산권에 미치는 침해의 중대성과 범위를 기준으로 한다)·목적위배설(재산권의 객관적인 이용목적에 위반되는지를 기준으로 한다)·상황구속성이론(지리적 위치로 인한 재산권의 제약은 사회적 제약에 불과하다는 견해이다)을 결합하는 것이 대표적이다).

(3) 설문

갑의 건물내벽이 붕괴된 것은 도로공사라는 공공의 필요에 따른 것이고, 재산권에 대한 위법한 침해이다. 마포구의 도로공사가 갑의 건물내벽붕괴를 의도한 것은 아니지만 도로공사의 위험성이 갑의 재산권 침해와 연결되어 있기에 직접성도 인정된다. 그리고 건물의 내벽이 붕괴되는 손해는 갑의 재산권에 대한 중대한 제약이며 다른 자에게 요구되지 않는 수인불가능한 희생을 강요한 것이다. 따라서 갑은 수용유사침해보상을 청구할 수 있다.

Ⅳ. 신체 침해(중상)에 대한 보상

1. 문제 상황

마포구의 도로공사는 위법한 행위이기는 하지만 공무원에게 과실이 없어 갑의 신체 침해에 대해서도 국가배상을 청구할 수는 없다. 따라서 도로공사로 인한 갑의 신체 침해는 공익을 위한 희생이라는 이유로 희생보상을 청구할 수 있는지가 문제된다.

2. 희생보상청구·희생유사침해보상청구의 의의

희생보상청구란 공공복지를 위하여 사인의 비재산적인 법익에 특별한 희생을 가져오는 침해에 대한 보상청구를 말한다. 그리고 특히 침해가 위법한 경우 이를 특히 희생유사침해보상청구라고 하며 법적 근거, 요건, 보상방법은 위법성 요건을 제외하면 희생보상청구와 같다(설문은 희생유사침해보상의 문제이나 위법한 침해라는 점만 제외하면 모두 동일하다).

3. 희생보상청구·희생유사침해보상청구 인정여부

(1) 학설

1) 긍정하는 견해

희생보상청구의 도입을 긍정하는 견해도 그 근거에 따라 ⓐ 헌법 제23조 제3항의 규정에 의한 손실보상이 법리적 기초를 이루는 특별희생보상의 법리와 헌법상 법치주의, 평등의 원칙으로 희생보상청구권을 인정해야 한다는 견해, ⓑ 헌법 제10조와 제12조, 제37조 제1항·제2항에 의해 희생보상청구권을 인정하여야 한다는 견해로 나누어진다.

2) 부정하는 견해

a. 보상부정설

희생보상제도는 독일의 관습법적 근거를 갖는 제도로서 인정되는 것이므로 우리나라에서 동일한 논리에 의하여 희생보상청구권을 인정할 수 없다는 견해이다. 따라서 생명·신체에 대한 보상규정이 없는 경우 손실보상청구를 허용할 수 없다고 한다.

b. 헌법규정을 근거로 한 보상긍정설

독일의 희생보상청구권의 법리가 우리에게 적용될 수 없다는 전제하에 헌법상의 기본권보장규정(제10조, 제12조) 및 평등조항(제11조)을 직접근거로 하고, 헌법 제23조 제3항을 유추적용하여 보상을 인정하여야 한다는 견해이다.

(2) 검토

우리나라에는 독일의 관습법인 희생사상과 같은 관습법이 존재하지 아니한다. 그러나 재산권보다 생명, 신체에 대한 기본권이 우월하므로 그에 대한 침해가 있는 경우는 당연히 그 희생에 대한 보상청구를 인정하는 것이 정당하며, 그 근거는 법상의 특정조항이 아니라 여러 기본권 규정, 즉 헌법 제10조(인간의 존엄성·행복추구권), 제

12조(신체의 자유), 제11조(평등조항) 그리고 제37조 제1항(국민의 자유와 권리는 헌법에 열거되지 아니한 이유로 경시되지 아니한다)에서 간접적으로 도출할 수 있다(간접효력규정설).

4. 성립요건

1) 공공필요

생명, 신체에 대한 손해의 결과를 가져온 침해는 공공복지를 위한 행정과 관련하여 발생한 결과라야 한다.

2) 비재산권

희생보상청구권은 비재산적인 법익침해의 경우에만 인정된다.

3) 침해

침해가 어떠한 법익에 대한 의도된, 목적적인 침해일 것을 요하지 아니한다.

4) 특별희생

ⓐ 행정기관의 행위에 의해 재산권에 대한 제약을 받는 자가 특정되어 있는지를 기준으로 하는 형식적 기준설과 ⓑ 재산권에 대한 제약의 성질과 정도를 기준으로 하는 실질적 기준설이 있다. 그러나 ⓒ 일반적 견해는 양자를 모두 고려하여 특별한 희생여부를 판단한다(형식적 기준설 중 특별희생설(관련개인이나 집단에 비해 불평등하게 다루어지고 또한 그들에게 수인할 수 없는 희생을 강제하는 경우 특별한 희생이 있다고 본다)과 실질적 기준설의 중대설(재산권에 미치는 침해의 중대성과 범위를 기준으로 한다)·목적위배설(재산권의 객관적인 이용목적에 위반되는지를 기준으로 한다)·상황구속성이론(지리적 위치로 인한 재산권의 제약은 사회적 제약에 불과하다는 견해이다)을 결합하는 것이 대표적이다).

5. 설문

㈎ 설문에서 갑은 마포구의 도로공사라는 공공의 필요로 신체에 대해 중상을 입었기에 이는 다른 자에게 요구되지 않는 수인불가능한 희생을 강요당한 것이다. 따라서 갑은 희생유사침해보상을 청구하여 손해를 전보받을 수 있을 것이다.

㈏ 이때 보상받을 수 있는 범위는 비재산적 침해에 따른 재산적 손실을 말하고(비재산적 이익 자체에 대한 침해) 위자료는 배제된다.

Ⅴ. 결론

마포구의 도로공사는 위법한 행정작용이지만 공무원에게 과실이 없어 갑은 마포구를 상대로 국가배상을 청구할 수는 없다. 그리고 재산상 손실에 대해서는 위법한 침해이기에 수용유사침해보상을 청구할 수 있으며, 신체 중상에 대해서는 희생유사침해보상을 청구할 수 있을 것이다.

제2부 행정쟁송법

▎제1편▎ 행정심판법 ▎제2편▎ 행정소송법

▎제1-2장▎ 행정소송의 관념·한계, 항고소송

‖제1절‖ 취소소송 |제1항| 대상적격

판례 — 친일반민족행위자 재산조사위원회의 재산조사개시결정의 처분성

대법원 2009. 10. 15. 선고 2009두6513 판결
【재산조사개시결정취소】

【판시사항】 **피고의 재산조사개시결정이 있는 경우** 조사대상자는 피고의 보전처분 신청을 통하여 **재산권행사에 실질적인 제한**을 받게 되고, 피고의 자료제출요구나 출석요구 등의 조사행위에 응하여야 하는 법적 의무를 부담하게 되는 점, 법에서 인정된 재산조사결정에 대한 이의신청절차만으로는 조사대상자에 대한 권리구제 방법으로 충분치 아니한 점, 조사대상자로 하여금 개개의 과태료 처분에 대하여 불복하거나 조사종료 후의 국가귀속결정에 대하여만 다툴 수 있도록 하는 것보다는 그에 앞서 재산조사개시결정에 대하여 다툼으로써 분쟁을 조기에 근본적으로 해결할 수 있는 점 등을 종합하면, 피고의 재산조사개시결정은 조사대상자의 권리·의무에 직접 영향을 미치는 독립한 행정처분으로서 항고소송의 대상이 된다고 봄이 상당하다.

[참조조문]
친일반민족행위자 재산의 국가귀속에 관한 특별법
제19조(조사의 개시 등) ① 위원회는 친일재산에 해당한다고 인정할 만한 상당한 이유가 있는 때에는 의결로써 그 대상재산의 소유관계 및 친일반민족행위자의 재산상태 등에 관하여 필요한 조사를 개시하여야 한다. 이 경우 위원회는 법원에 보전처분을 신청하여야 한다.
⑥ 위원회는 제1항의 규정에 따라 조사대상자나 대상재산을 선정한 때에는 그 선정사실을 당해 조사대상자, 그 배우자와 직계비속 또는 이해관계인에게 통지하여야 한다.
⑦ 위원회는 제6항의 규정에 따른 통지를 함에 있어서 통지대상자에게 이의신청의 제기 및 그 절차와 기간 그 밖에 필요한 사항을 알려야 한다.
⑧ 제7항의 규정에 따라 통지를 받은 자는 그 조사대상자 및 대상 재산의 선정에 대하여 이의가 있는 경우 통지를 받은 날부터 60일 이내에 위원회에 서면으로 이의신청을 할 수 있다.
제20조(조사의 방법) ① 위원회는 조사를 수행함에 있어서 다음 각 호의 조치를 할 수 있다.
1. 친일재산을 관리·소유하고 있는 자에 대하여 재산상태 및 관련 자료의 제출요구
2. 친일재산을 관리·소유하고 있는 자의 출석요구 및 진술청취
3. 관련 국가기관·시설·단체 등에 대한 관련 자료 또는 물건의 제출요구

tip 위원회의 국가귀속결정 이전에 재산조사개시결정만으로도 당사자에게 의무를 부담시킨다고 보아 재산조사개시결정의 처분성을 인정한 판결이다.

[관련판례] 재산조사위원회의 친일반민족행위자재산에 대한 국가귀속결정의 법적 성질 — 준법률행위적 행정행위로서 확인
대법원 2008. 11. 13. 선고 2008두13491 판결
【친일재산국가귀속처분취소】

친일반민족행위자 재산의 국가귀속에 관한 **특별법**(이하 '특별법'이라 한다) 제3조 제1항 본문은 **"친일반민족행위자의 재산**(이하 '친일재산'이라 한다)**은 그 취득·증여 등 원인행위시에 이를 국가의 소유로 한다"고 규정**하고 있을 뿐, 친일반민족행위자재산조사위원회(이하 '위원회'라 한다)의 결정이 있어야만 국가귀속의 효력이 발생한다고 규정하고 있지 아니하다. … 위와 같은 규정들의 취지와 내용에 비추어 보면, 특별법 제2조 제2호에 정한 **친일재산은 위원회가 국가귀속결정을 하여야 비로소 국가의 소유로 되는 것이 아니라** 특별법의 시행에 따라 **그 취득·증여 등 원인행위시에 소급하여 당연히 국가의 소유로 되는 것**이고 위원회의 국가귀속결정은 당해 재산이 친일재산에

해당한다는 사실을 확인하는 이른바 준법률행위적 행정행위의 성격을 가지는 것이다.

판례 — 일부취소처분(=감액처분)과 남은 원처분 중 소송의 대상: 변경처분과 변경된 원처분(=변경된 내용의 당초처분) 중 소송의 대상

[1] 대법원 2008. 2. 15. 선고 2006두3957 판결
【과징금납부명령무효확인등】

과징금 부과처분에서 **행정청이** 납부의무자에 대하여 **부과처분을 한 후** 그 부과처분의 **하자를 이유로 과징금의 액수를 감액하는 경우**에 그 감액처분은 감액된 과징금 부분에 관하여만 법적 효과가 미치는 것으로서 처음의 부과처분과 별개 독립의 과징금 부과처분이 아니라 그 **실질은 당초 부과처분의 변경**이고, 그에 의하여 과징금의 일부취소라는 납부의무자에게 유리한 결과를 가져오는 처분이므로 처음의 부과처분이 전부 실효되는 것은 아니며, 그 **감액처분으로도 아직 취소되지 않고 남아 있는 부분이 위법하다고 하여 다투는 경우 항고소송의 대상은** 처음의 부과처분 중 감액처분에 의하여 취소되지 않고 남은 부분이고 감액처분이 항고소송의 대상이 되는 것은 아니다.

[2] 대법원 2007. 4. 27. 선고 2004두9302 판결
【식품위생법위반과징금부과처분취소】

【원고, 상고인】 원고
【피고, 피상고인】 전주시 완산구청장

행정청이 식품위생법령에 기하여 영업자에 대하여 행정제재처분을 한 후 그 처분을 영업자에게 유리하게 변경하는 처분을 한 경우(이하 처음의 처분을 '당초처분', 나중의 처분을 '변경처분'이라 한다), 변경처분에 의하여 당초처분은 소멸하는 것이 아니고 당초부터 유리하게 변경된 내용의 처분으로 존재하는 것이므로, 변경처분에 의하여 유리하게 변경된 내용의 행정제재가 위법하다 하여 그 취소를 구하는 경우 그 취소소송의 대상은 변경된 내용의 당초처분이지 변경처분은 아니고, 제소기간의 준수 여부도 변경처분이 아닌 변경된 내용의 당초처분을 기준으로 판단하여야 한다.

tip 원처분(당초처분)에 대해 감액처분(일부취소처분)이 있는 경우 감액처분이 아니라 감액되고 남아 있는 당초의 처분이 소송의 대상이며([판례 1]), 변경처분이 있는 경우도 마찬가지로 소송의 대상은 변경되고 남아 있는 원처분이 소송의 대상이다(대판 1986. 7. 8. 84누50). 뿐만 아니라 판례는 행정심판위원회의 변경명령재결(영업정지처분을 과징금부과처분으로 변경하도록 명령재결)에 따라 피청구인이 변경처분을 한 경우에도 소송의 대상은 변경처분이 아니라 변경된 내용의 원처분(당초처분)이라고 한다([판례 2]).

● 제51회 사법시험(2009년)
〈제2문의1〉

A장관은 소속 일반직공무원인 갑이 '재직 중 국가공무원법 제61조 제1항을 위반하여 금품을 받았다'는 이유로 적법한 징계절차를 거쳐 2008. 4. 3. 갑에 대해 해임처분을 하였고, 갑은 2008. 4. 8. 해임처분서를 송달받았다. 이에 갑은 소청심사위원회에 이 해임처분이 위법·부당하다고 주장하며 소청심사를 청구하였다. 소청심사위원회는 2008. 7. 25. 해임을 3개월의 정직처분으로 변경하라는 처분명령재결을 하였고, 갑은 2008. 7. 30. 재결서를 송달받았다. A장관은 2008. 8. 5. 갑에 대해 정직처분을 하였다. 2008. 8. 10. 정직처분서를 송달받은 갑은 취소소송을 제기하고자 한다.

(2) 처분을 대상으로 취소소송을 제기하는 경우 어떠한 처분을 대상으로 할 것인가? 또 이 취소소송에서 어느 시점을 제소기간 준수여부의 기준시점으로 하여야 하는가?

판례 — 금강유역환경청장의 토지매수신청거부행위의 처분성

대법원 2009. 9. 10. 선고 2007두20638 판결
【토지매수신청거부처분취소】

구 금강수계 물관리 및 주민지원 등에 관한 법률(2007. 12. 27. 법률 제8806호로 개정되기 전의 것, 이하 '법'이라 한다) 제8조 제1항, 제2항, 구 법 시행령(2008. 12. 24. 대통령령 제21187호로 개정되기 전의 것) 제9조 제1항 내지 제3항은, **금강수계 중 상수원 수질보전을 위하여 필요한 지역의 토지 등을 국가에 매도하고자 하는 자**는 **유역환경청장 등에게 일정한 서류를 제출하여 매수신청**을 하고 **유역환경청장 등은 매수우선순위에 따라 그 매수 여부를 결정**하여 **토지 등의 소유자에게 이를 통보**하여야 하며, **그 매수가격**은 **공익사업을 위한 토지 등의 취득 및 보상에 관한 법률의 예**에 의하여 산정하여야 한다고 규정하고 있는바, 앞서 본 법리와 위와 같은 관계규정의 내용 및 **법 제8조의 토지 등의 매수제도**는 환경침해적인 토지이용을 예방하여 상수원의 수질개선을 도모함과 아울러 상수원지역의 토지이용규제로 인한 토지 등의 소유자의 재산권 침해에 대해 보상하려는 것을 목적으로 하는 것으로서 **손실보상을 대체하는 성격도 있는 점**, 위 규정에 따른 매수신청에 대하여 유역환경청장 등이 **매수거절의 결정을 할 경우 토지 등의 소유자로서는 재산권에 대한 제한을 피할 수 없게 되는데**, 위 **매수거절을 항고소송의 대상이 되는 행정처분으로 보지 않는다면 달리 이에 대하여는 다툴 방법이 없게 되는 점** 등에 비추어 보면, 유역환경청장 등의 매수 거부행위는 공권력의 행사 또는 이에 준하는 행정작용으로서 항고소송의 대상이 되는 행정처분에 해당한다.

tip 금강수계물관리및주민지원등에관한법률 제4조에 따라 수변구역으로 지정되면 동법 제5조(수변구역에서의 행위제한)에 따라 일정한 행위가 제한되기에 이러한 지역의 토지소유자에 대한 유역환경청장의 매수거절은 그들에게는 재산권제한에 해

당하므로 법적 행위임을 긍정한 판결이다. 2009년 법원행시기출문제도 동일한 내용의 법리가 적용된다.

● 제27회 법원행정고시(2009년)
〈제1문〉

이 사건 토지와 건물은 '한강수계 상수원수질개선 및 주민지원 등에 관한 법률' 제7조 제1항에 따라 그 소유자가 국가에 토지 등을 매도하려는 경우 국가가 한강수계관리기금으로 이를 매수할 수 있는 지역 내에 있다.

갑이 한강유역환경청장(이하 '을'이라 한다)에게 이 사건 토지와 건물이 위 법률에 정한 매수대상인지에 관하여 질의하자, 을은 "이 사건 토지와 건물은 위 법률에 따라 국가가 매수할 수 있는 지역 내에 있다"라는 취지의 회신을 하였다. 갑은 위와 같은 회신을 받고, 경매를 통하여 시가 10억 원인 이 사건 토지와 건물을 3억 원에 매수한 후 곧바로 을에게 이 사건 토지와 건물을 위 법률에 따른 매수가격으로 매수해 줄 것을 신청하였다.

을은, 인터넷 홈페이지에 게시되어 있던 '토지 등의 매수 및 관리 업무처리 지침'에 의하면 경락일로부터 5년이 경과하지 아니한 경우에는 매수가 제한된다는 이유로 이 사건 토지와 건물을 매수할 수 없다고 통보(이하 '이 사건 통보'라 한다)하였다. 이에 갑은 을의 이 사건 통보를 취소해 달라는 소송을 제기하였다.

(1) 을의 이 사건 통보가 처분에 해당하는가, 아니면 사경제 주체로서의 매매거부 의사표시에 해당하는가? (15점)

[참조조문]

한강수계 상수원수질개선 및 주민지원 등에 관한 법률

제1조(목적) 이 법은 한강수계 상수원을 적절하게 관리하고 상수원 상류지역의 수질개선 및 주민지원사업을 효율적으로 추진하여 상수원의 수질을 개선함을 목적으로 한다.

제5조(수변구역에서의 행위제한 등) ① 누구든지 수변구역에서는 다음 각 호의 어느 하나에 해당하는 시설을 새로 설치(용도변경을 포함한다.)하여서는 아니 된다.

1. 폐수배출시설
3. 식품접객업, 숙박업, 목욕장업을 영위하는 시설
4. 「주택법」 제2조 제2호에 따른 공동주택

제7조(토지 등의 매수 등) ① 국가는 한강수계 중 상수원보호구역, 수변구역 및 상수원의 수질을 보전하기 위하여 필요한 지역으로서 환경부령으로 정하는 지역의 토지 또는 그 토지에 부착된 시설(이하 "토지 등"이라 한다)에 대하여 소유자가 국가에 토지 등을 매도하려는 경우에는 제20조에 따른 한강수계관리기금으로 이를 매수할 수 있다.

⑤ 제1항과 제2항에 따른 토지 등의 매수 절차, 매수 우선순위 선정, 매수가격의 산정 방법 및 시기, 그 밖에 필요한 사항은 대통령령으로 정한다.

한강수계 상수원수질개선 및 주민지원 등에 관한 법률 시행령

제5조(토지 등의 매수 절차 등) ① 법 제7조 제1항에 따라 토지 및 그 토지에 부착된 시설(이하 "토지 등"이라 한다)을 국가에 매도하려는 자는 다음 각 호의 서류(전자문서를 포함한다)를 유역환경청장 또는 지방환경청장(이하 "유역환경청장 등"이라 한다)에게 제출하여야 한다.

② 유역환경청장 등은 제1항에 따라 토지 등의 매수 신청을 받은 때에는 위원회의 심의를 거쳐 매수 우선순위를 결정하고, 이를 해당 토지 등의 소유자에게 통보하여야 한다.

기출 — 제50회 행정고시(일반행정)(2006년)

〈제2문〉

「소방시설설치유지및안전관리에관한법률」 제7조에 의하면, 건축허가 등의 권한이 있는 행정기관은 건축허가 등을 함에 있어 미리 그 건축물 등의 공사시공지 또는 소재지를 관할하는 소방본부장 또는 소방서장의 동의를 받도록 되어 있다. 갑은 상가건물을 신축하고자 「건축법」상 허가권자인 도지사 을에게 건축허가를 신청하였는데, 관할 소방본부장 병은 건물신축허가에 대한 동의를 거부하였다. 이 경우 소방본부장 병의 동의의 법적 성질과 그 동의거부에 대한 甲의 권리구제수단을 설명하시오. (30점)

Ⅰ. 동의의 법적 성질

1. 의의

주무행정청이 업무처리에 관한 결정을 함에 있어 해당 업무와 관계가 있는 다른 행정청(관계행정청)의 동의를 받아야 하는 경우를 말한다.

2. 구속력

동의는 협의와는 달리 다른 행정청의 부동의 의사에 구속된다.

3. 동의 없는 처분의 위법성

동의가 없이 한 처분은 원칙상 중대명백한 하자로 무효로 봄이 타당하다(취소사유라는 견해도 있다).

4. 동의의 법적 성질

주무행정청은 다른 행정청의 동의에 구속되기는 하지만, 다른 행정청의 동의(부동의)는 행정내부적인 행위로 국민의 권리·의무에 영향을 미치는 법적 행위가 아니므로 행정행위라고 볼 수 없다. 따라서 동의(부동의)는 항고소송의 대상인 처분이 아니다.

Ⅱ. 소방본부장의 동의 거부에 대한 권리구제수단

1. 의무이행심판

처분이 아니므로 의무이행심판을 제기할 수 없다.

2. 항고소송

(1) 소방본부장의 동의거부에 대한 항고소송

㈎ 동의거부는 내부적인 행위로 항고소송의 대상인 처분이 아니다.

㈏ 판례도 「건축허가권자가 건축불허가처분을 하면서 … 소방서장의 건축부동의 사유를 들고 있다고 하여 그 건축불허가처분 외에 별개로 건축부동의처분이 존재하는 것이 아니므로(대판 2004. 10. 15. 2003두6573)」라고 하여 같은 입장이다.

(2) 도지사의 건축불허가처분에 대한 항고소송

㈎ 갑은 도지사의 건축불허가 처분에 대해서는 항고소송을 제기할 수 있다. 즉 건축불허가처분에 관한 쟁송에서 건축법상의 건축불허가 사유뿐만 아니라 소방서장의 부동의 사유에 관하여도 다툴 수 있다(대판 2004. 10. 15. 2003두6573).

㈏ 만일 갑이 건축불허가처분에 대해 취소소송을 제기하여 승소의 확정판결을 받는다면 소방본부장은 행정소송법 제30조 제1항의 '관계행정청'에 해당하므로 판결의 기속력을 받는다.

3. 소방본부장의 동의거부에 대한 국가배상청구

국가배상법 제2조 제1항의 직무는 권력적인 행위(처분)가 아니더라도 가능하기에 동의거부가 고의·과실 및 위법성 요건 등을 충족한다면 갑은 국가배상을 청구할 수 있다.

기출 — 제51회 사법시험(2009년)

〈제2문의1〉

A장관은 소속 일반직공무원인 갑이 '재직 중 국가공무원법 제61조 제1항을 위반하여 금품을 받았다'는 이유로 적법한 징계절차를 거쳐 2008. 4. 3. 갑에 대해 해임처분을 하였고, 갑은 2008. 4. 8. 해임처분서를 송달받았다. 이에 갑은 소청심사위원회에 이 해임처분이 위법·부당하다고 주장하며 소청심사를 청구하였다. 소청심사위원회는 2008. 7. 25. 해임을 3개월의 정직처분으로 변경하라는 처분명령재결을 하였고, 갑은 2008. 7. 30. 재결서를 송달받았다. A장관은 2008. 8. 5. 갑에 대해 정직처분을 하였다. 2008. 8. 10. 정직처분서를 송달받은 갑은 취소소송을 제기하고자 한다. (30점)

(1) 소청심사위원회의 법적 지위와 처분변경명령재결의 효력을 설명하시오. (10점)

(2) 처분을 대상으로 취소소송을 제기하는 경우 어떠한 처분을 대상으로 할 것인가? 또이 취소소송에서 어느 시점을 제소기간 준수 여부의 기준시점으로 하여야 하는가? (20점)

(1) 소청심사위원회의 법적 지위와 처분변경명령재결의 효력을 설명하시오. (10점)

Ⅰ. 소청심사위원회의 법적 지위와 처분변경명령재결의 효력(설문(1))

1. 소청심사위원회의 법적 지위

(1) 소청심사제도의 의의

소청심사는 징계처분 기타 의사에 반하는 불리한 처분을 받고 불복하는 자의 심사청구에 대해 심사하고 결정하는 행정심판제도의 일종이다(국가공무원법 제9조 제1항).

(2) 소청심사위원회의 유형

국가공무원의 경우 국가공무원법 제9조 제1항이, 지방공무원의 경우 지방공무원법 제13조가, 학교 교원의 경우 교원지위향상을위한특별법 제7조 제1항에서 규정하고 있다.

(3) 소청심사위원회의 법적 지위

㈎ 소청심사위원회는 공무원에게 발령된 징계처분 등을 심사·결정하기 위한 특별행정심판기관으로서의 성격을 가진다. 또한, 공무원의 권리구제를 위한 준사법적인 성격을 가진 기관이다.

㈏ 그리고 소청심사위원회는 의원의 합의로 의사를 결정한다는 점에서 합의제 기관이며, 의사를 결정하고 자신의 이름으로 외부에 표시한다는 점에서 행정청의 성격을 가진다. 따라서 소청심사위원회의 결정에 불복하여 행정소송을 제기하는 경우 소청심사위원회는 행정소송법 제13조 제1항의 '처분 등을 행한 행정청'으로 피고가 된다.

2. 변경명령재결의 효력

(1) 국가공무원법 규정, 성격

㈎ 국가공무원법 제14조 제5항 제3호는 소청심사위원회는 인용재결로서 취소·변경재결, 취소명령·변경명령재결을 할 수 있다고 규정한다.

㈏ 설문의 재결은 위원회가 장관에게 처분의 변경을 명하는 이행명령재결의 성격을 가진다.

(2) 변경명령재결의 효력

1) 변경명령결정과 종전의 징계와의 관계

소청심사위원회의 변경명령결정은 그에 따른 징계나 그 밖의 처분이 있을 때까지는 종전에 행한 징계처분에 영향을 미치지 아니한다(국가공무원법 제14조 제6항).

2) 기속력

㈎ 소청심사위원회의 결정은 처분 행정청을 기속한다(동법 제15조). 따라서 처분청은 동일한 상황하에서 동일한 처분을 반복할 수 없는 반복금지의무와 재결의 취지에 따라 적극적인 재처분을 하여야 할 의무가 발생한다(행정심판법 제49조 참조).

㈏ 행정심판법 제49조 제2항은 의무이행심판의 경우이고, 제3항은 절차위법의 경우인바 설문의 경우는 제49조 제1항이 적용되는 경우이다.

즉 설문의 처분변경명령재결의 경우 처분청인 장관이 변경처분을 하여야 할 의무(변경처분의무)는 행정심판법 제49조 제1항에서 나온다. 따라서 장관은 변경처분(3개월의 정직처분)을 하여야 한다.

3) 행정행위로서 재결의 효력

소청심사위원회의 재결도 행정행위의 일종이기에 구속력, 공정력, 구성요건적 효력, 형식적 존속력, 실질적 존속력 등을 갖는다.

(2) 처분을 대상으로 취소소송을 제기하는 경우 어떠한 처분을 대상으로 할 것인가? 또 이 취소소송에서 어느 시점을 제소기간 준수여부의 기준시점으로 하여야 하는가? (20점)

Ⅱ. 취소소송의 대상과 제소기간의 기준시점(설문(2))

1. 취소소송의 대상인 처분

(1) 문제점

설문에서 처분은 원처분(해임처분), 변경처분(3개월 정직으로 변경한 처분), 변경된 내용의 원처분(3개월 정직처분으로 변경된 당초처분) 세 가지이다. 설문과 관련해 변경처분과 변경된 내용의 원처분 중 어느 처분이 취소소송의 대상이 될 수 있는지가 문제된다.

(2) 학설[21]

학설은 병존설(변경된 원처분과 변경처분은 독립된 처분으로 모두 소송의 대상이라는 견해), 흡수설(원처분은 변경처분에 흡수되어 변경처분만이 소의 대상이 된다는 견해), 역흡수설(변경처분은 원처분에 흡수되어 변경된 원처분만이 소의 대상이라는 견해) 등이 대립된다.

(3) 판례

㈎ 판례는 증액경정처분과 감액경정처분을 구분하여 판단하지만 행정심판을 거친 경우는 행정심판법 제47조 제2항(위원회는 심판청구의 대상이 되는 처분보다 청구인에게 불리한 재결을 하지 못한다)과 국가공무원법 제14조 제6항(소청심사위원회가 … 소청을 심사할 경우에는 원징계처분보다 무거운 징계 또는 원징계부가금 부과처분보다 무거운 징계부가금을 부과하는 결정을 하지 못한다)에 따라 후자만이 문제된다.

㈏ 변경처분이 있는 경우 소송의 대상은 변경처분으로 변경되고 남아 있는 원처분이 소송의 대상이다(대판 1986. 7. 8. 84누50).

㈐ 판례는 과세처분뿐만 아니라 과징금부과처분을 한 후 공정거래위원회가 스스로 감액처분을 한 경우,[22] 그리고 행정심판위원회의 변경명령재결(영업정지처분을 과징금부과처분으로 변경하도록 명령재결)에 따라 피청구인이 변경처분을 한 경우에도 소송의 대상은 변경처분이 아니라 변경된 내용의 원처분(당초처분)이라고 한다.[23]

(4) 설문

취소소송의 대상인 처분은 3월 정직으로 변경된 내용의 원처분이다.

2. 제소기간의 기준시점

(1) 행정소송법 제20조

행정소송법 제20조는 처분 등이 있음을 안날로부터 90일 이내, 처분 등이 있은 날로부터 1년 이내에 제소하도록 규정한다. 다만, 행정심판을 거친 경우에는 재결서정본을 송달받은 날로부터

21) 이 학설은 세법에서의 학설 대립입니다. 참고로 보아두세요.

22) 대판 2008. 2. 15. 2006두3957(과징금 부과처분에서 행정청이 납부의무자에 대하여 부과처분을 한 후 그 부과처분의 하자를 이유로 과징금의 액수를 감액하는 경우에 그 감액처분은 … 처음의 부과처분과 별개 독립의 과징금 부과처분이 아니라 그 실질은 당초 부과처분의 변경이고, 그에 의하여 과징금의 일부취소라는 납부의무자에게 유리한 결과를 가져오는 처분이므로 … 그 감액처분으로도 아직 취소되지 않고 남아 있는 부분이 위법하다고 하여 다투는 경우 항고소송의 대상은 처음의 부과처분 중 감액처분에 의하여 취소되지 않고 남은 부분이고 감액처분이 항고소송의 대상이 되는 것은 아니다).

23) 대판 2007. 4. 27. 2004두9302(행정청이 식품위생법령에 따라 영업자에게 행정제재처분을 한 후 그 처분을 영업자에게 유리하게 변경하는 처분을 한 경우, 변경처분에 의하여 당초 처분은 소멸하는 것이 아니고 당초부터 유리하게 변경된 내용의 처분으로 존재하는 것이므로, 변경처분에 의하여 유리하게 변경된 내용의 행정제재가 위법하다 하여 그 취소를 구하는 경우 그 취소소송의 대상은 변경된 내용의 당초 처분이지 변경처분은 아니고, 제소기간의 준수여부도 변경처분이 아닌 변경된 내용의 당초 처분을 기준으로 판단하여야 한다).

90일, 재결이 있는 날로부터 1년 내에 소송을 제기하여야 한다.

(2) 소결

㈎ 취소소송의 대상은 정직처분으로 변경된 내용의 원처분이지만, 행정심판을 거친 경우이므로 재결서정본을 송달 받은 날(7.30)로부터 90일 이내에 제소하여야 한다.

㈏ 판례도 「일부기각(일부인용)의 이행재결에 따른 후속 변경처분에 의하여 변경된 내용의 당초처분의 취소를 구하는 이 사건 소 또한 행정심판재결서 정본을 송달받은 날로부터 90일 이내 제기되어야 한다(대판 2007. 4. 27. 2004두9302)」고 판시하고 있다.

기출 — 제55회 5급공채(일반행정)(2011년)

〈제1문〉

서울특별시 X구에 위치한 대학입학전문상담사로 근무하는 갑은 과학적이고 체계적인 학생입학지도를 위해 '공공기관의 정보공개에 관한 법률'에 따라 교육과학기술부장관 을에게 학교별 성적분포도를 포함하여 서울지역 2010년 대학수학능력시험평가 원데이터에 대한 정보(수능시험정보)의 공개를 청구하였다. 이에 대해 을은 갑의 청구대로 응할 경우 학교의 서열화를 야기할 뿐만 아니라 입무의 공정한 수행에 현저한 지장을 초래한다는 이유로 비공개결정을 하였다. 갑의 권리구제와 관련하여 다음의 질문에 답하시오. (단, 무효확인심판과 무효확인소송은 제외한다)(총 50점)

(1) 갑이 현행 행정쟁송법상 권리구제와 수단으로 선택할 수 있는 방식에 대하여 기술하시오. (10점)

(2) 을이 비공개결정을 한 이유의 타당성을 검토하시오. (10점)

(3) 만약 갑이 행정심판을 제기한 경우에 행정심판위원회는 어떠한 재결을 할 수 있는지 행정심판 유형에 따라 기술하고 이때 행정심판법상 갑의 권리구제수단의 한계에 대해서도 검토하시오. (20점)

(4) 만약 갑이 취소소송을 제기하여 인용판결이 확정되었음에도 불구하고 을이 계속 정보를 공개하지 않을 경우 갑의 권리구제를 위한 행정소송법상 실효성 확보수단과 그 요건 및 성질에 대해 기술하시오. (10점)

(1) 갑이 현행 행정쟁송법상 권리구제와 수단으로 선택할 수 있는 방식에 대하여 기술하시오. (10점)

Ⅰ. 행정쟁송법상 권리구제 수단(설문(1))

1. 문제 상황

장관 을의 정보비공개결정에 관해 갑이 선택할 수 있는 수단은 행정심판 중 의무이행심판·거부처분취소심판과 행정소송 중 취소소송, 가구제 수단으로 행정심판에서 집행정지와 임시처분 그리고 행정소송에서 집행정지와 가처분의 가능성을 검토해 보고, 손해전보수단으로 국가배상청구를 살펴본다.

2. 행정심판

(1) 의무이행심판

공공기관의 정보공개에 관한 법률(정보공개법) 제19조 제1항은 "청구인이 정보공개와 관련한 공공기관의 결정에 대하여 불복이 있는 때에는 행정심판법이 정하는 바에 따라 행정심판을 청구할 수 있다"고 규정하고 있으며, 장관의 비공개결정은 행정심판법 제2조 제1호의 처분(행정청이 행하는 구체적 사실에 관한 법집행으로서의 공권력의 행사 또는 그 거부, 그 밖에 이에 준하는 행정작용)에 해당하는바 갑은 장관의 정보비공개결정에 대해 행정심판법 제5조 제3호의 의무이행심판(의무이행심판: 당사자의 신청에 대한 행정청의 위법 또는 부당한 거부처분이나 부작위에 대하여 일정한 처분을 하도록 하는 행정심판)을 청구할 수 있다.

(2) 거부처분취소심판의 가능성

행정심판법상 거부처분은 의무이행심판의 대상이지 취소심판의 대상이 아니라는 견해도 있으나, 다수설은 행정심판법 제2조 제1호("처분"이란 행정청이 행하는 구체적 사실에 관한 법집행으로서의 공권력의 행사 또는 그 거부, 그 밖에 이에 준하는 행정작용을 말한다)와 제5조 제1호(취소심판: 행정청의 위법 또는 부당한 처분을 취소하거나 변경하는 행정심판)를 근거로 거부처분취소심판의 가능성을 인정하고 있다. 판례도 같은 입장이다(대판 1988. 12. 13. 88누7880).

(3) 가구제

1) 집행정지

행정심판법 제30조 제1항은 행정심판청구가 처분의 효력이나 그 집행 또는 절차의 속행에 영향을 주지 않는다고 집행부정지의 원칙을 규정하면서 일정한 요건을 충족하는 경우 집행정지를 인정하고 있다. 다만 거부처분에 대한 의무이행심판에 집행정지가 인정될 것인지에 대한 학설의 대립이 있으나 이를 부정하는 것이 다수설이다(김기표, 신행정심판법론).

2) 임시처분

다수설은 거부처분에 대한 집행정지를 인정하지 않기 때문에 임시처분의 보충성요건도 만족한다. 따라서 행정심판위원회는 장관의 정보공개거부처분이 위법·부당하다고 상당히 의심되는 경우로서 갑의 중대한 불이익이나 급박한 위험을 막기 위하여 임시지위를 정하여야 할 필요가 있는 경우에는 직권으로 또는 갑의 신청에 의하여 임시처분을 결정할 수 있다(행심법 제31조).

3. 행정소송

(1) 취소소송

정보공개법 제20조 제1항은 "청구인이 정보공개와 관련한 공공기관의 결정에 대하여 불복이 있는 때에는 행정소송법이 정하는 바에 따라 행정소송을 제기할 수 있다"고 규정하고 있으며, 장관의 비공개결정은 행정소송법 제2조 제1호의 처분(행정청이 행하는 구체적 사실에 관한 법집행으로서의 공권력의 행사 또는 그 거부와 그 밖에 이에 준하는 행정작용)에 해당하는바 갑은 장관의 정보비공개결정에 대해 행정소송법 제4조 제1호의 취소소송(취소소송: 행정청의 위법한 처분등을 취소 또는 변경하는 소송)을 제기할 수 있다.

(2) 가구제

1) 집행정지

행정소송법은 집행부정지원칙을 채택하여, 당사자가 취소소송을 제기하였다 하더라도 행정청이 발령한 처분등의 효력이나 그 집행 또는 절차의 속행에 영향을 주지 않는다고 규정한다(행정소송법 제23조 제1항). 다만 일정한 요건을 충족하는 경우 원고의 권리보호를 위해 처분의 효력정지 등을 인정하고 있다(동법 제23조 제2항). 그러나 다수설과 판례는 거부처분의 집행정지를 인정하지 않는다. 따라서 갑은 집행정지를 신청할 수는 없다.

2) 가처분

항고소송에서 가처분의 가능성에 관해 적극설, 소극설, 제한적 긍정설 등이 대립하지만, 판례는 민사소송법상의 보전처분은 민사판결절차에 의하여 보호받을 수 있는 권리에 관한 것이라고 보기 때문에 행정소송에 가처분을 인정하지 아니한다(대결 1992. 7. 6. 92마54).

4. 국가배상청구

판례에 따르면 국가배상청구소송은 민사소송에 의할 것이나, 다수설은 이를 공법상 당사자소송으로 본다. 따라서 다수설에 따르면 장관의 비공개결정에 고의·과실, 위법성이 인정되고 그로 인해 갑에게 손해가 발생하였다면 갑은 국가배상을 청구할 수 있다.

---

(2) 을이 비공개결정을 한 이유의 타당성을 검토하시오. (10점)

Ⅱ. 장관의 비공개결정의 타당성(설문(2))

1. 문제 상황

정보공개법 제3조는 공공기관이 보유·관리하는 정보에 대해 공개를 원칙으로 하고 있고, 동법은 제9조 제1항 단서에서 비공개대상정보를 규정하고 있다. 장관이 업무의 공정한 수행에 현저한 지장을 초래한다는 등의 이유로 수능시험정보의 공개를 거부한 행위가 정보공개법 제9조 제1항 단서에 비추어 타당한지를 검토한다.

2. 공공기관이 보유·관리하는 정보

(가) 공공기관이 보유·관리하는 정보는 공개대상이 된다(동법 제9조 제1항 본문). 공공기관이란 국가기관, 지방자치단체, 정부투자기관관리기본법

제2조의 규정에 의한 정부투자기관 그 밖에 대통령령이 정하는 기관을 말한다(동법 제2조 제3호).

㈏ 설문은 국가기관이 보유·관리하는 정보이므로 문제없다.

3. 수능시험정보가 학교의 서열화를 야기하며 업무의 공정한 수행에 현저한 지장을 초래한다는 이유의 정당성(정보공개법 제9조 제1항 제5호 사유에 해당 여부)

(1) 감사 · 감독 · 검사 · 시험 · 규제 · 입찰계약 · 기술개발 · 인사관리 · 의사결정과정 또는 내부검토과정에 있는 사항일 것

설문은 시험과 관련된 사항이다.

(2) 공개될 경우 업무의 공정한 수행이나 연구 · 개발에 현저한 지장을 초래한다고 인정할 만한 상당한 이유가 있는 정보일 것

㈎ 판례는 '공개될 경우 업무의 공정한 수행에 현저한 지장을 초래한다고 인정할 만한 상당한 이유가 있는 경우'라 함은 공개될 경우 업무의 공정한 수행이 객관적으로 현저하게 지장을 받을 것이라는 고도의 개연성이 존재하는 경우를 의미한다고 보고, 여기에 해당하는지 여부는 비공개에 의하여 보호되는 업무수행의 공정성 등의 이익과 공개에 의하여 보호되는 국민의 알권리의 보장과 국정에 대한 국민의 참여 및 국정운영의 투명성 확보 등의 이익을 비교·교량하여 판단하여야 한다고 한다(대판 2003. 8. 22. 2002두12946).

㈏ 설문과 유사한 사안에서 판례는 「수능시험정보가 그대로 공개될 경우, 시험성적으로 학교 간 서열화가 이루어지면서, 수능시험과 관련성이 높은 교과영역 위주로 교육과정이 편중되고, 학생·학부모들의 경쟁 심리나 불안감이 자극되어 사교육에 대한 의존도가 더욱 심화되며, 성적 상위권 학교로 학생·학부모들의 선호가 집중되는 반면, 성적 하위권 학교는 입학기피대상이 되고, 부득이 성적 하위권 학교에 다녀야 하는 학생들은 좌절감을 느껴 학습의욕이 저하되는 등 부작용이 발생하여 위와 같은 수능시험의 목적을 달성하는 데에 지장이 생길지도 모른다.

그러나 한편으로 학교 간 학력격차가 엄연히 존재하고 있고, 이미 과도한 입시경쟁으로 사교육에 대한 의존도가 심화되어 있는 현실에서는 학교식별정보를 포함한 수능시험정보를 비공개하는 것보다 이를 연구자 등에게 공개하여 위와 같은 현실의 개선에 활용될 수 있도록 하는 것이 더 정보공개법의 목적에 부합한다고 볼 수 있다.

… 원심이 이와 같은 취지에서 수능시험정보가 정보공개법 제9조 제1항 제5호 소정의 비공개대상정보에 해당하지 아니한다고 판단한 것은 정당하다(대판 2010. 2. 25. 2007두9877)」고 보았다.

(3) 만약 갑이 행정심판을 제기한 경우에 행정심판위원회는 어떠한 재결을 할 수 있는지 행정심판 유형에 따라 기술하고 이때 행정심판법상 갑의 권리구제수단의 한계에 대해서도 검토하시오. (20점)

Ⅲ. 행정심판의 유형에 따른 재결과 행정심판법상 갑의 권리구제수단의 한계(설문(3))

1. 행정심판의 유형에 따른 재결

(1) 의무이행심판

1) 문제점

행정심판법 제43조 제5항은 "위원회는 의무이행심판의 청구가 이유가 있다고 인정하면 지체 없이 신청에 따른 처분을 하거나 처분을 할 것을 피청구인에게 명한다"고 규정한다.

2) 처분재결과 처분명령(이행)재결의 선택

a. 학설

① 행정심판위원회가 전적으로 선택에 재량을 갖는다는 견해, ② 행정심판위원회가 충분한 심사를 할 수 있다면 당사자의 신속한 권리구제를 위하여 처분재결을 활용하고, 기타의 경우에는 처분명령재결을 활용하자는 견해, ③ 처분청의 권한존중을 이유로 원칙적으로 처분명령재결을 활용하고, 예외적으로 처분재결을 활용해야 한다는 견해가 대립된다.

b. 검토

법문상 ①설이 타당하다. 다만, 실무상으로는

처분명령재결을 한다.

3) 기속행위 및 재량행위에서의 재결

a. 처분재결

기속행위의 경우 위원회는 재결로 청구인의 청구 내용대로의 처분을 할 수 있으나, 재량행위라면 처분여부가 처분청의 재량이므로 처분재결을 할 수 없다.

b. 처분명령재결

기속행위의 경우 특정처분을 할 것을 명하는 재결을, 재량행위라면 처분청으로 하여금 다시 처분을 하도록 하는 재결정명령재결을 한다.

(2) 거부처분취소심판

행정심판법 제43조 제3항은 "위원회는 취소심판의 청구가 이유가 있다고 인정하면 처분을 취소 또는 다른 처분으로 변경하거나 처분을 다른 처분으로 변경할 것을 피청구인에게 명한다"고 규정한다.

취소심판의 재결은 형성재결인 취소재결과 변경재결 그리고 이행명령재결인 변경명령재결이 있다.

2. 행정심판법상 갑의 권리구제의 한계

(1) 의무이행심판을 제기한 경우

행정심판위원회는 수능시험정보를 갖고 있지 않기에 성질상 처분재결을 할 수는 없어 처분명령재결을 할 수밖에 없다.

처분명령재결을 하였음에도 장관이 이를 이행하지 않는 경우 행정심판위원회는 행정심판법 제49조 제2항(당사자의 신청을 거부하거나 부작위로 방치한 처분의 이행을 명하는 재결이 있으면 행정청은 지체 없이 이전의 신청에 대하여 재결의 취지에 따라 처분을 하여야 한다)과 제50조 제1항 본문(위원회는 피청구인이 제49조 제2항에도 불구하고 처분을 하지 아니하는 경우에는 당사자가 신청하면 기간을 정하여 서면으로 시정을 명하고 그 기간에 이행하지 아니하면 직접 처분을 할 수 있다)에 따라 직접처분하여야 하는데 이 역시 불가능하다. 따라서 직접처분에 의해 실효성을 확보할 수는 없다. 행정심판법 제50조 제1항 단서도 "그 처분의 성질이나 그 밖의 불가피한 사유로 위원회가 직접 처분을 할 수 없는 경우에는 그러하지 아니하다"고 규정한다.

(2) 거부처분취소심판을 제기한 경우

1) 문제점

행정심판법 제49조 제2항은 재결의 기속력 중 재처분의무와 관련해 거부처분에 대해 의무이행심판을 제기하여 인용재결을 받은 경우는 재처분의무를 규정하고 있음에 반해 거부처분에 대해 취소심판을 청구하여 인용재결을 받은 경우는 명문으로 재처분의무를 규정하고 있지 않다. 따라서 설문에서 거부처분취소심판의 인용재결이 있는 경우 장관이 재처분의무를 지는지가 문제된다.

2) 학설

ⓐ 행정심판법상 거부처분은 의무이행심판의 대상이지 취소심판의 대상이 아니므로 기속력의 문제가 발생할 수 없다는 견해와 ⓑ 재처분의무를 인정하기 위해서는 명문의 근거가 필요한데 행정심판법은 의무이행심판의 이행재결 등의 경우만 재처분의무를 규정(행심법 제49조 제2항·제3항)하고 있어 취소심판의 경우에는 재처분의무가 없다는 견해, ⓒ 거부처분에 대한 취소심판이 인용된 경우에도 처분청은 재결의 기속력(이 견해는 행정심판법 제49조 제1항을 기속력의 일반적 규정으로 본다)에 따라 원래의 신청에 따른 재처분을 행하여야 할 의무를 진다는 견해가 대립된다.

3) 판례

판례는 「당사자의 신청을 거부하는 처분을 취소하는 재결이 있는 경우에는 행정청은 그 재결의 취지에 따라 다시 이전의 신청에 대한 처분을 하여야 하는 것(대판 1988. 12. 13. 88누7880)」이라고 하고 있어 긍정하는 것으로 보인다.

4) 검토 및 설문

행정심판법상 거부처분은 의무이행심판의 대상이지 취소심판의 대상이 아니므로(행심법 제5조 제3호) 처분청에게 재처분의무가 인정되지 않는다는 견해가 타당하다.

따라서 갑이 거부처분취소심판을 제기하여 인용된다고 하더라도 장관에게 재처분의무가 인정되지 않아 갑의 권리구제의 실효성에는 한계가 있다.

(4) 만약 갑이 취소소송을 제기하여 인용판결이 확정되었음에도 불구하고 을이 계속 정보를 공개하지 않을 경우 갑의 권리구제를 위한 행정소송법상 실효성 확보수단과 그 요건 및 성질에 대해 기술하시오. (10점)

Ⅳ. 취소판결 후 권리구제를 위한 행정소송법상 실효성 확보수단(설문(4))

1. 문제 상황

갑의 거부처분취소소송이 인용되었음에도 장관이 정보공개를 하지 않는 경우 갑의 행정소송법상 실효성 확보수단은 행정소송법 제34조의 간접강제가 된다.

2. 간접강제의 의의

간접강제란 거부처분취소판결이나 부작위위법확인판결이 확정되었음에도 행정청이 행정소송법 제30조 제2항의 판결의 취지에 따른 처분을 하지 않는 경우 법원이 행정청에게 일정한 배상을 명령하는 제도를 말한다(행정소송법 제34조 제1항, 제38조 제2항).

3. 적용요건

(1) 거부처분취소판결 등이 확정되었을 것

거부처분취소판결이나 부작위위법확인판결이 확정되거나, 신청에 따른 처분이 절차의 위법을 이유로 취소가 확정되어야 한다.

(2) 행정청이 아무런 처분을 하지 않았을 것

거부처분취소판결(부작위위법확인판결)이 확정되었음에도 행정청이 아무런 처분을 하지 않았어야 한다. 즉, 행정청이 아무런 처분을 하지 않고 있을 때라야 간접강제가 가능하다.

4. 배상금의 법적 성격

간접강제결정에 따른 배상금의 법적 성격과 관련하여, 결정에서 정한 예고기간이 경과한 후에 행정청이 재처분을 한 경우, 행정청에게 배상금지급의무가 인정되는가가 문제된다. 판례는 「간접강제결정에 따른 배상금은 확정판결에 따른 재처분의 지연에 대한 제재나 손해배상이 아니고, 재처분의 이행에 관한 심리적 강제수단에 불과하다」고 하여 배상금명령에서 정한 기간 내에 재처분을 하지 않았다고 하더라도, 기간경과 후 재처분을 하였다면 배상금을 추심할 수 없다고 한다(대판 2004. 1. 15. 2002두2444).

5. 간접강제의 절차

간접강제는 당사자가 제1심 수소법원에 신청하여야 한다. 심리의 결과 간접강제의 신청이 이유 있다고 인정되면 간접강제결정을 하게 된다. 결정의 내용은 "상당한 기간을 정하고 행정청이 그 기간 내에 이행하지 아니하는 때에는 그 연장기간에 따라 일정한 배상을 할 것을 명하거나 즉시 손해배상할 것을 명하는 것"이 된다.

기출 — 제55회 5급공채(재경등직렬)(2011년)

〈제2문〉

갑은 자신의 5번째 자녀(女)의 이름을 첫째에서 넷째 자녀의 돌림자인 '자(子)'자를 넣어, '말자(末子)'라고 지어 출생신고를 하였다. 가족관계의 등록 등에 관한 규칙 [별표 1]에 의하면 '末'자와 '子'자는 이름으로 사용할 수 있는 한자이다. 그러나 갑의 출생신고서를 접수한 공무원 을은 '末子'라는 이름이 개명(改名) 신청이 잦은 이름이라는 이유로 출생신고서의 수리를 거부하였다. (총 30점)

(1) 을의 수리거부행위가 항고소송의 대상이 되는지 검토하시오. (15점)

(2) 을의 수리거부행위에 대해 행정소송법상 집행정지가 가능한지 검토하시오. (15점)

[참조조문]

가족관계의 등록 등에 관한 법률

제44조(출생신고의 기재사항) ① 출생의 신고는 출생 후 1개월 이내에 하여야 한다.

② 신고서에는 다음 사항을 기재하여야 한다.

1. 자녀의 성명·본·성별 및 등록기준지
2. 자녀의 혼인 중 또는 혼인 외의 출생자의 구별
3. 출생의 연월일시 및 장소
4. 부모의 성명·본·등록기준지 및 주민등록번호(부 또는 모가 외국인인 때에는 그 성명·출생연월일·국적 및 외국인등록번호)
5. 「민법」 제781조 제1항 단서에 따른 협의가 있는 경우 그 사실
6. 자녀가 복수국적자(複數國籍者)인 경우 그 사실 및 취득한 외국 국적

③ 자녀의 이름에는 한글 또는 통상 사용되는 한자를 사용하여야 한다. 통상 사용되는 한자의 범위는 대법원규칙으로 정한다.

④ 출생신고서에는 의사·조산사 그 밖에 분만에 관여한 사람이 작성한 출생증명서를 첨부하여야 한다. 다만, 부득이한 사유가 있는 경우에는 그러하지 아니하다.

가족관계의 등록 등에 관한 규칙

제37조(인명용 한자의 범위) ① 법 제44조 제3항에 따른 한자의 범위는 다음과 같이 한다.

1. 교육과학기술부가 정한 한문교육용 기초한자
2. 별표 1에 기재된 한자. 다만, 제1호의 기초한자가 변경된 경우에, 그 기초한자에서 제외된 한 자는 별표 1에 추가된 것으로 보고, 그 기초한자에 새로 편입된 한자 중 별표 1의 한자와 중복되는 한자는 별표 1에서 삭제된 것으로 본다.

② 제1항의 한자에 대한 동자(同字)·속자(俗字)·약자(略字)는 별표 2에 기재된 것만 사용할 수 있다.

③ 출생자의 이름에 사용된 한자 중 제1항과 제2항의 범위에 속하지 않는 한자가 포함된 경우에는 등록부에 출생자의 이름을 한글로 기록한다.

(1) 을의 수리거부행위가 항고소송의 대상이 되는지 검토하시오. (15점)

Ⅰ. 출생신고수리거부가 항고소송의 대상인 처분인지 여부(설문(1))

1. 문제 상황

행정소송법 제19조는 취소소송의 대상을 처분등으로 하면서, 동법 제2조 제1항 제1호는 '처분등'의 정의에 '공권력행사의 거부'를 포함하고 있어 행정청의 거부가 공권력행사의 신청에 대한 것이라면 취소소송의 대상이 되는 처분임은 의문이 없으나, 대법원 판례는 거부처분의 성립요건으로 법규상 또는 조리상의 신청권을 필요로 한다고 하고 있어 문제된다. 따라서 을의 출생신고수리거부가 공권력행사의 거부인지 그리고 판례가 필요로 하고 있는 신청권이 갑에게 인정될 수 있는지를 검토한다.

2. 거부처분의 성립요건

(1) 신청의 내용이 공권력 행사일 것

행정청의 거부행위가 항고소송의 대상인 거부처분이 되기 위해서는 사인이 신청한 행위가 공권력의 행사(이에 준하는 행정작용)이어야 한다. 즉 사인의 공권력행사 또는 이에 준하는 행정작용(처분(행정소송법 제2조 제1항 제1호))의 신청에 대한·발령의 거부이어야 한다.

(2) 거부로 인하여 국민의 권리나 법적 이익에 직접 영향을 미치는 것일 것

행정청의 거부로 인해 국민의 권리·법적 이익에 직접적인 변동을 가져오는 행위이어야 한다. 즉, 법적 행위이어야 한다.

(3) 거부처분의 성립에 신청권이 필요한지 여부

1) 학설

학설은 ① 판례가 말하는 신청권을 '원고의 신청에 대한 형식상의 단순한 응답요구권'이라고 이해하면서 신청권을 항고소송의 대상적격의 문제로 보는 견해, ② 취소소송의 소송물을 '처분의 위법성과 당사자의 권리침해'로 이해하면서 판례의 신청권을 소송요건의 문제가 아니라 본안의 문제로 보는 견해, ③ 어떠한 거부행위가 행정소송의 대상이 되는 처분에 해당하는가의 여부는 '그 거부된 행위가 행정소송법 제2조 제1항 제1호의 처분에 해당하는가'의 여부에 따라 판단하는 것이 타당하다는 이유로 판례의 신청권을 원고적격의 문제로 보아야 한다는 견해가 대립된다.

2) 판례

판례는 거부처분의 대상적격을 인정하기 위한 전제요건으로 신청권이 필요하다고 하면서, 그 신청권의 존부는 구체적 사건에서 신청인이 누구인가를 고려하지 않고 관계 법규의 해석에 의하여 일반 국민에게 그러한 신청권을 인정하고 있는가를 살펴 추상적으로 결정되는 것이라고 본다(대판 1996. 6. 11. 95누12460). 그러나 아래의 판결처럼 ⓐ '국민'에게 법규상·조리상의 신청권이 있다면 국민의 신청에 대한 거부가 항고소송의 대상이 된다고 보면서도, ⓑ '원고'에게 법규상 조리상의 권리가 있는지 여부로 항고소송의 대상인 거부처분이 될 수 있는지를 판단하고 있다(대판 2005. 4. 15. 2004두11626).[24](학설의 비판이 집중되는 것은 ⓑ의 경우이다)

3) 검토

대상적격은 객관적·외형적으로 판단해야 하고, 신청권의 판단은 객관적·외형적 판단을 넘어서 사인의 개별·구체적인 상황을 고려해야만 가능하며(박정훈), 판례의 입장은 대상적격과 원고적격의 구분을 무시한 것이고 거부처분의 개념을 부당하게 축소한 것(홍준형)이며, 처분성 판단을 주관적 권리의 존부와 결부시키면 행정청의 동일한 행위가 주관적 권리를 가진 자에게는 처분이 되고 주관적 권리를 가지지 못한 자에게는 처분이 아닌 것이 되어 부당한 결론이 된다는 비판(김유환)도 있다. 따라서 신청권은 원고적격의 문제로 보아야 한다. 다만 설문은 대상적격만을 묻고 있는바 갑에게 법규상·조리상 신청권이 있는지 여부도 판례의 입장에 따라 판단한다.

3. 설문

㈎ 갑은 출생신고를 하였기에 신고의 내용은 출생신고수리이다. 따라서 출생신고 '수리'의 법적 성질이 문제된다. 설문의 출생신고 '수리'는 행정청이 우월한 지위에서 행하는 개별·구체적인 행위이며 일방적인 행위로서 준법률행위적 행정행위이다. 결국 출생신고수리는 공권력행사에 해당하고 출생신고수리의 거부는 공권력행사의 거부에 해당한다.

㈏ 출생신고수리가 거부된다면 그 자는 법률관계를 형성할 수 없으며, 가족관계의 등록 등에 관한 법률 제122조는 "이 법에 따른 신고의 의무가 있는 사람이 정당한 사유 없이 기간 내에 하여야 할 신고 또는 신청을 하지 아니한 때에는 5만원 이하의 과태료를 부과한다"고 규정하고 있기에 출생신고수리거부는 국민의 권리나 법적 이익에 직접 영향을 미치는 행위이다.

---

24) 행정청이 국민의 신청에 대하여 한 거부행위가 항고소송의 대상이 되는 행정처분에 해당하려면, 행정청의 행위를 요구할 법규상 또는 조리상의 신청권이 그 국민에게 있어야 하고, 이러한 신청권의 근거 없이 한 국민의 신청을 행정청이 받아들이지 아니한 경우에는 그 거부로 인하여 신청인의 권리나 법적 이익에 어떤 영향을 주는 것이 아니므로 이를 항고소송의 대상이 되는 행정처분이라고 할 수 없다. … 임용지원자에 불과한 원고 등에게 피고에 대하여 교사로의 특별채용을 요구할 법규상 또는 조리상의 권리가 있다고 할 수는 없으므로, 피고가 원고 등의 특별채용 신청을 거부하였다고 하여도 그 거부로 인하여 원고 등의 권리나 법적 이익에 어떤 영향을 주는 것이 아니어서 그 거부행위가 항고소송의 대상이 되는 행정처분에 해당한다고 할 수 없다(대판 2005. 4. 15. 2004두11626).

㈐ 거부처분의 성립에 신청권을 필요로 하는 판례에 따른다고 하더라도 가족관계의 등록 등에 관한 법률 제44조가 출생신고에 관한 명시적인 규정을 두고 있기에 갑에게 법규상 신청권이 인정된다.

㈑ 결국 출생신고수리거부행위는 항고소송의 대상인 처분이다.

---

(2) 을의 수리거부행위에 대해 행정소송법상 집행정지가 가능한지 검토하시오. (15점)

Ⅱ. 출생신고수리거부에 대한 집행정지의 가능성(설문(2))

1. 문제 상황

행정소송법은 집행부정지원칙을 채택하여, 당사자가 취소소송을 제기하였다 하더라도 행정청이 발령한 처분등의 효력이나 그 집행 또는 절차의 속행에 영향을 주지 않는다고 규정한다(행정소송법 제23조 제1항). 다만 일정한 요건을 충족하는 경우 원고의 권리보호를 위해 처분의 효력정지 등을 인정하고 있다(동법 제23조 제2항). 설문에서는 을의 출생신고수리거부행위에 대해 행정소송법상 집행정지가 가능한지가 문제된다.

2. 집행정지의 요건

(1) 적극적 요건

1) 본안이 계속 중일 것

갑은 집행정지를 신청하기 위해서는 출생신고수리거부처분에 대해 항고소송을 제기해야 한다.

2) 정지대상인 처분등의 존재

a. 문제점

집행정지제도는 소극적으로 처분이 없었던 것과 같은 상태를 만드는 것에 지나지 않고, 행정청에 대하여 어떠한 처분을 명하는 등 적극적인 상태를 만드는 것은 허용하지 않기 때문에 거부처분에 집행정지가 인정될 수 있는지가 문제된다.

b. 학설

① 부정설(집행정지를 인정한다고 하여도 신청인의 지위는 거부처분이 없는 상태로 돌아가는 것에 불과하여 신청인에게 집행정지 신청의 이익이 없고, 집행정지결정의 기속력과 관련하여 행정소송법 제23조 제6항은 기속력에 관한 원칙규정인 제30조 제1항만을 준용할 뿐 재처분의무를 규정한 제30조 제2항을 준용하고 있지 아니함을 논거로 한다), ② 제한적 긍정설(원칙적으로 부정설이 타당하지만, 기간에 제한이 있는 허가사업을 영위하는 자가 허가기간의 만료시 갱신허가를 신청하였음에도 권한행정청이 거부한 경우에는 집행정지를 인정할 실익도 있는바, 이러한 경우에는 제한적으로 긍정할 필요가 있다는 견해이다)이 대립된다.

c. 판례

판례는 거부처분은 그 효력이 정지되더라도 그 처분이 없었던 것과 같은 상태를 만드는 것에 지나지 아니하고 행정청에게 어떠한 처분을 명하는 등 적극적인 상태를 만들어 내는 경우를 포함하지 아니하기에 거부처분의 집행정지를 인정할 필요가 없다고 본다(대판 1992. 2. 13. 91두47).

d. 검토

거부처분의 집행정지에 의하여 거부처분이 행해지지 아니한 상태로 복귀됨에 따라 신청인에게 어떠한 법적 이익이 있다고 인정되는 경우(예를 들어 인허가갱신거부처분과 외국인 체류기간연장신청거부처분 등을 들 수 있다)가 있을 수 있고, 그러한 경우에는 예외적으로 집행정지신청의 이익이 있다고 할 것이다. 따라서 제한적 긍정설이 타당하다.

e. 설문

설문은 출생신고수리가 거부된 경우이므로 집행정지결정에 의하여 출생신고수리거부처분 전의 상태로 복귀함에 따라 갑에게 법적 이익이 있는 경우에 해당하지 않는다(제한적 긍정설이 말하는 예외적인 경우에 해당하지 않는다). 따라서 출생신고수리거부에 대해서는 집행정지가 인정되지 않는다.

3) 회복하기 어려운 손해발생의 우려

㈎ 집행정지결정을 하기 위해서는 처분등이나 그 집행 또는 절차의 속행으로 인하여 회복하기 어려운 손해가 발생할 우려가 있어야 한다. 판례는 '회복하기 어려운 손해'를 일반적으로 사회통념상 금전배상이나 원상회복이 불가능하거나, 금

전배상으로는 사회통념상 당사자가 참고 견딜 수 없거나 참고 견디기가 현저히 곤란한 경우의 유형·무형의 손해를 말한다고 본다(대판 2004. 5. 17. 2004무6). 기업의 경우에는 사업 자체를 계속할 수 없거나 중대한 경영상의 위기가 있다면 회복하기 어려운 손해로 볼 수 있다는 판결(대판 2003. 4. 25. 2003무2)도 있다.

(나) 설문에서 출생신고수리거부행위에 대한 집행정지가 인정되지 않는다면 이는 금전배상이나 원상회복이 불가능한 회복하기 어려운 손해가 발생할 수 있다.

4) 긴급한 필요

(가) 이는 회복곤란한 손해가 발생될 가능성이 시간적으로 절박하여 손해를 피하기 위하여 본안판결을 기다릴 여유가 없는 것을 말한다.

(나) 설문은 긴급한 필요가 있는 경우에 해당한다.

(2) 소극적 요건

1) 공공복리에 중대한 영향이 없을 것

설문에서 문제되지 않는다.

2) 본안에 이유 없음이 명백하지 아니할 것

(가) ① 명문에 규정된 요건은 아니지만 판례는 본안에 이유 없음이 명백하다면 집행을 정지할 이유가 없다고 보면서 이를 집행정지의 소극적 요건으로 본다(대판 1997. 4. 28. 96두75). ② 다만 학설은 집행정지요건이 아니라는 견해, 집행정지의 소극적 요건이라는 견해, 집행정지의 적극적 요건이라는 견해가 대립한다. ③ 본안에서 처분의 취소가능성이 명백히 없다면 처분의 집행정지를 인정한 취지에 반하므로 집행정지의 요건으로 보아야 하며 이는 행정청이 주장 · 소명하여야 한다(소극적 요건).

(나) 분명하진 않지만 설문은 본안에 이유 없음이 명백한 경우는 아니다.

3. 설문

집행정지의 다른 요건을 충족한다고 하더라도 출생신고수리'거부'행위에 대한 집행정지가 인정되지 않기 때문에 갑의 집행정지신청은 인용되지 않을 것이다.

4. 보충논의 — 가처분의 가능성

판례는 항고소송에서 가처분의 가능성을 부정하지만, 집행정지제도가 실효적인 권리구제가 되지 않는 범위에는 가처분제도가 인정된다고 보는 제한적 긍정설이 있는바 설문의 출생신고수리거부행위에 대해서는 집행정지제도가 실효적인 가구제 수단이 될 수 없다. 따라서 설문의 경우 가처분을 인정함이 타당하다.

|제2항| 당사자와 참가인

판례 — 이웃소송

[1] 대법원 2006. 3. 16. 선고 2006두330 전원합의체 판결 【정부조치계획취소등】(새만금사건)

[1] **공유수면매립면허처분과 농지개량사업 시행인가처분의 근거 법규 또는 관련 법규가 되는 구 공유수면매립법**(1997. 4. 10. 법률 제5337호로 개정되기 전의 것), 구 농촌근대화촉진법(1994. 12. 22. 법률 제4823호로 개정되기 전의 것), **구 환경보전법**(1990. 8. 1. 법률 제4257호로 폐지), 구 환경보전법 시행령(1991. 2. 2. 대통령령 제13303호로 폐지), 구 환경정책기본법(1993. 6. 11. 법률 제4567호로 개정되기 전의 것), 구 환경정책기본법 시행령(1992. 8. 22. 대통령령 제13715호로 개정되기 전의 것)의 **각 관련 규정의 취지**는, 공유수면매립과 농지개량사업시행으로 인하여 직접적이고 중대한 환경피해를 입으리라고 예상되는 **환경영향평가 대상지역 안의 주민**들이 전과 비교하여 수인한도를 넘는 환경침해를 받지 아니하고 쾌적한 환경에서 생활할 수 있는 개별적 이익까지도 이를 보호하려는 데에 있다고 할 것이므로, 위 주민들이 공유수면매립면허처분 등과 관련하여 갖고 있는 위와 같은 환경상의 이익은 주민 개개인에 대하여 개별적으로 보호되는 직접적·구체적 이익으로서 그들에 대하여는 특단의 사정이 없는 한 환경상의 이익에 대한 침해 또는 침해우려가 있는 것으로 사실상 추정되어 공유수면매립면허처분 등의 무효확인을 구할 원고적격이 인정된다. 한편, **환경영향평가 대상지역 밖의 주민이라 할지라도** 공유수면매립면허처분 등으로 인하여 그 처분 전과 비교하여 수인한도를 넘는 환경피해를 받거나 받을 우려가 있는 경우에는, 공유수면매립면허처분 등으로 인하여 환경상 이익에 대한 침해 또는 침해우려가 있다는 것을 입증함으로써 그 처분 등의 무효확인을 구할 원고적격을 인정받을 수 있다.

[2] **헌법 제35조 제1항에서 정하고 있는 환경권에 관한 규정만으로는 그 권리의 주체·대상·내용·행사방법 등이 구체적으로 정립되어 있다고 볼 수 없고**, 환경정책기본법 제6조도 그 규정 내용 등에 비추어 국민에게 구체적인 권리를 부여한 것으로 볼 수 없다는 이유로, 환경영향평가 대상지역 밖에 거주하는 주민에게 헌법상의 환경권 또는 환경정책기본법에 근거하여 공유수면매립면허처분과 농지개량사업 시행인가처분의 무효확인을 구할 원고적격이 없다.

[2] 대법원 2009. 9. 24. 선고 2009두2825 판결 【개발사업시행승인처분취소】

환경상 이익에 대한 침해 또는 침해 우려가 있는 것으로 사실상 추정되어 원고적격이 인정되는 자는 환경상 침해를 받으리라고 예상되는 영향권 내의 주민들을 비롯하여 그 영향권 내에서 농작물을 경작하는 등 현실적으로 환경상 이익을 향유하는 자도 포함된다고 할 것이나, 단지 그 영향권 내의 건물·토지를 소유하거나 환경상 이익을 일시적으로 향유하는 데 그치는 자는 포함되지 않는다고 할 것이다. … **원심은 원고들이 이 사건 개발사업 부지에 인접한 지역에 토지를 소유하고 있다는 등의 사실만을 토대로 이 사건 처분의 무효확인 또는 취소를 구할 원고적격이 있다고 판단**하고 말았으니, … 위법이 있다고 할 것이다.

[3] 대법원 2006. 12. 22. 선고 2006두14001 판결 【공장설립승인처분취소】

[참조조문]
현행 환경정책기본법
제25조(사전환경성검토) 관계 행정기관의 장은 환경기준의 적정성 유지 및 자연환경의 보전을 위하여 환경에 영향을 미치는 행정계획 및 개발사업이 환경적으로 지속가능하게 수립·시행될 수 있도록 사전환경성검토를 실시하여야 한다.
제25조의5(의견수렴) ① 관계 행정기관의 장이 행정계획에 대한 검토서를 작성함에 있어서는 사전환경성검토에 관한 주민, 관계 전문가, 환경단체, 민간단체 등 이해당사자의 의견을 들어야 하며, 환경측면에서 타당하다고 인정되는 의견에 대하여는 해당 행정계획에 반영하여야 한다.

[1] 행정처분의 **근거 법규 또는 관련 법규에 그 처분으로써 이루어지는 행위 등 사업으로 인**

하여 환경상 침해를 받으리라고 예상되는 영향권의 범위가 구체적으로 규정되어 있는 경우에는, 그 영향권 내의 주민들에 대하여는 당해 처분으로 인하여 직접적이고 중대한 환경피해를 입으리라고 예상할 수 있고, 이와 같은 환경상의 이익은 주민 개개인에 대하여 개별적으로 보호되는 직접적·구체적 이익으로서 그들에 대하여는 특단의 사정이 없는 한 환경상 이익에 대한 침해 또는 침해 우려가 있는 것으로 사실상 추정되어 법률상 보호되는 이익으로 인정됨으로써 원고적격이 인정되며, **그 영향권 밖의 주민들은** 당해 처분으로 인하여 그 처분 전과 비교하여 수인한도를 넘는 환경피해를 받거나 받을 우려가 있다는 자신의 환경상 이익에 대한 침해 또는 침해 우려가 있음을 증명하여야만 법률상 보호되는 이익으로 인정되어 원고적격이 인정된다.

[2] **환경정책기본법령상 사전환경성검토협의 대상지역 내에 포함될 개연성이 충분하다고 보이는 주민**들에게 그 협의대상에 해당하는 창업사업계획승인처분과 공장설립승인처분의 취소를 구할 원고적격이 인정된다.

tip 새만금사건([판례 1])의 「ⓐ 환경영향평가 대상지역 안의 주민은 환경상의 이익에 대한 침해(침해우려)가 있는 것으로 사실상 추정되어 원고적격이 인정되나(다만, 영향권 내에서 농작물을 경작하는 등 현실적으로 환경상 이익을 향유하는 자는 포함되나 단지 그 영향권 내의 건물·토지를 소유하거나 환경상 이익을 일시적으로 향유하는 데 그치는 자는 포함되지 않는다[판례 2]), ⓑ 환경영향평가 대상지역 밖의 주민은 환경상의 이익에 대한 침해(침해우려)가 있다는 것을 입증해야 한다」는 입장을, [판례 3]은 행정처분의 근거 법규(관련 법규)에 환경상 침해를 받으리라고 예상되는 영향권의 범위가 구체적으로 규정되어 있는 경우까지 확대하여 판시하고 있다.

[4] 대법원 2010. 4. 15. 선고 2007두16127 판결【공장설립승인처분취소】

[1] **행정처분의 근거 법규 또는 관련 법규에 그 처분으로써 이루어지는 행위 등 사업으로 인하여 환경상 침해를 받으리라고 예상되는 영향권의 범위가 구체적으로 규정되어 있는 경우**에는, 그 영향권 내의 주민들에 대하여는 당해 처분으로 인하여 직접적이고 중대한 환경피해를 입으리라고 예상할 수 있고, 이와 같은 환경상의 이익은 주민 개개인에 대하여 개별적으로 보호되는 직접적·구체적 이익으로서 그들에 대하여는 특단의 사정이 없는 한 환경상 이익에 대한 침해 또는 침해 우려가 있는 것으로 사실상 추정되어 법률상 보호되는 이익으로 인정됨으로써 원고적격이 인정되며, 그 영향권 밖의 주민들은 당해 처분으로 인하여 그 처분 전과 비교하여 수인한도를 넘는 환경피해를 받거나 받을 우려가 있다는 자신의 환경상 이익에 대한 침해 또는 침해 우려가 있음을 증명하여야만 법률상 보호되는 이익으로 인정되어 원고적격이 인정된다.

[2] **이 사건 공장설립승인처분의 근거 법규 및 관련 법규인 구 산업집적활성화 및 공장설립에 관한 법률**(2005. 8. 4. 법률 제7678호로 개정되어 2006. 8. 5. 시행되기 전의 것, 이하 '공장설립법'이라 한다) **제8조 제4호가** 산업자원부장관으로 하여금 관계 중앙행정기관의 장과 협의하여 '환경오염을 일으킬 수 있는 공장의 입지제한에 관한 사항'을 정하여 고시하도록 규정하고 있고, 이에 따른 산업자원부 장관의 공장입지기준고시(제2004-98호) 제5조 제1호가 '상수원 등 용수이용에 현저한 영향을 미치는 지역의 상류'를 환경오염을 일으킬 수 있는 공장의 입지제한지역으로 정할 수 있다고 **규정하고, 국토의 계획 및 이용에 관한 법률**(이하 '국토계획법'이라 한다) 제58조 제3항의 위임에 따른 같은 법 시행령(2006. 8. 17. 대통령령 제19647호로 개정되기 전의 것, 이하 같다) **제56조 제1항 [별표 1] 제1호** (라)목 (2)가 '개발행위로 인하여 당해 지역 및 그 주변 지역에 수질오염에 의한 환경오염이 발생할 우려가 없을 것'을 개발사업의 허가기준으로 **규정하고 있는 취지는,** 공장설립승인처분과 그 후속절차에 따라 공장이 설립되어 가동됨으로써 그 배출수 등으로 인한 수질오염 등으로 직접적이고도 중대한 환경상 피해를 입을 것으로 예상되는 주민들이 환경상 침해를 받지 아니한 채 물을 마시거나 용수를 이용하며 쾌적하고 안전하게 생활할 수 있는 개별적 이익까지도 구체

적·직접적으로 보호하려는 데 있다고 할 것이다. 따라서 **수돗물을 공급받아 이를 마시거나 이용하는 주민들로서는** 위 근거 법규 및 관련 법규가 환경상 이익의 침해를 받지 않은 채 깨끗한 수돗물을 마시거나 이용할 수 있는 자신들의 생활환경상의 개별적 이익을 직접적·구체적으로 보호하고 있음을 증명하여 원고적격을 인정받을 수 있다.

[3] **물금취수장은 이 사건 공장설립으로 인하여 그 근거 법규 및 관련 법규가 개별적·구체적·직접적인 환경상 이익으로서 보호하고 있는** '상수원 등 용수이용에 현저한 영향을 미치는 지역'이나 '수질오염에 의한 환경오염이 발생할 우려가 있는 개발행위의 주변 지역'에 **위치한다고 볼 여지가 충분하고**, 비록 나머지 원고들의 거주지역이 물금취수장으로부터 다소 떨어진 부산광역시 또는 양산시이기는 하나, 수돗물은 수도관 등 급수시설에 의해 공급되는 것이어서 수돗물을 공급받는 주민들이 가지게 되는 수돗물의 수질악화 등으로 인한 환경상 이익의 침해나 침해 우려는 그 거주 지역에 불구하고 그 수돗물을 공급하는 취수시설이 입게 되는 수질오염 등의 피해나 피해 우려와 동일하게 평가될 수 있다고 할 것이다. 따라서 **물금취수장에서 취수된 물을 수돗물로 공급받는 나머지 원고들로서는** 이 사건 공장설립승인처분의 근거 법규 및 관련 법규에 의하여 개별적·구체적·직접적으로 보호되는 환경상 이익, 즉 법률상 보호되는 이익이 침해되거나 침해될 우려가 있는 주민으로서 원고적격이 인정될 수 있다고 할 것이다.

tip 판례는 취수장으로부터 수돗물을 공급받는 주민들은 취수장으로부터 멀리 떨어진 곳에 거주하는 자들이지만(환경상 침해의 영향권의 범위가 법규로 정해져 있지만 그 영향권 범위 밖의 주민들이다), 수질이 악화된다면 수돗물을 공급받는 주민들로서는 당연히 환경상의 침해나 침해우려가 있는 자이기에 공장설립승인처분취소를 구할 법률상 이익을 인정하였다.

● 제22회 입법고시(2006년)
〈제1문〉

A군은 폐기물소각시설을 건설하기 위하여 『폐기물처리시설 설치촉진 및 주변지역지원 등에 관한 법률』(이하 "폐촉법"이라 한다)에 의해 환경부장관으로부터 폐기물처리시설설치계획승인을 받았다. A군 군수는 폐촉법 제17조에 근거하여 주변영향지역을 결정·고시하였다. A군이 건설하고자 하는 폐기물소각시설은 『환경·교통·재해 등에 관한 영향평가법』상의 환경영향평가 대상사업이다.

주변영향지역 밖에 거주하는 갑은 폐기물소각시설이 설치되면 중대한 영향을 받는다고 주장하고, 위 환경영향평가가 부실하게 행하여졌다고 주장하며 환경부장관으로부터 폐기물처리시설설치계획승인의 취소를 구하는 소송을 제기하였다.

(1) 갑은 취소소송의 원고적격을 인정받을 수 있을 것인가?

● 제54회 행정고시(일반행정)(2010년)
〈제3문〉

한국전력공사는 OO도 A군내 지역에 발전소를 건설하고자 「전원개발촉진법」에 근거하여 전원개발사업실시계획의 승인을 관계당국에 신청하였다. 그런데 발전소 건설사업은 환경영향평가 대상사업이다. 아래 관련 법조문을 참조하여 다음의 질문에 답하시오.

(2) A군 내의 지역주민으로서 자신의 재산상, 환경상의 이익에 영향을 받는 자가 법률상 이익이 있는지 여부를 논하시오.

(3) 발전소 건설예정지에 자주 출입하는 임산물채취업자, 환경보호단체 등의 원고적격 인정 여부와 본안소송을 진행하기 위한 논거를 제시하시오.

[참고조문]
전원개발촉진법
제1조(목적) 이 법은 전원개발사업(전원개발사업)을 효율적으로 추진함으로써 전력수급의 안정을 도모하고, 국민경제의 발전에 이바지함을 목적으로 한다.

제5조(전원개발사업 실시계획의 승인) ① 전원개발사업자는 전원개발사업 실시계획(이하 "실시계획"이라 한다)을 수립하여 지식경제부장관의 승인을 받아야 한다. 다만, 대통령령으로 정하는 전원개발사업에 대하여는 그러하지 아니하다.

③ 실시계획에는 다음 각 호의 사항이 포함되어야 한다.

6. 국토자연환경 보전에 관한 사항

환경영향평가법

제1조(목적) 이 법은 환경영향평가 대상사업의 사업계획을 수립·시행할 때 미리 그 사업이 환경에 미칠 영향을 평가·검토하여 친환경적이고 지속가능한 개발이 되도록 함으로써 쾌적하고 안전한 국민생활을 도모함을 목적으로 한다.

제3조(국가 등의 책무) ① 국가와 지방자치단체는 정책이나 계획을 수립·시행하려면 환경영향을 고려하고 이에 대한 대책을 강구하여야 한다.

제14조(의견수렴 및 평가서초안의 작성) ① 사업자는 평가서를 작성하려는 때에는 대통령령으로 정하는 바에 따라 설명회나 공청회 등을 개최하여 환경영향평가대상사업의 시행으로 영향을 받게 되는 지역 주민(이하 "주민"이라 한다)의 의견을 듣고 이를 평가서의 내용에 포함시켜야 한다.

판례 — 경쟁자소송

[1] 대법원 2006. 7. 28. 선고 2004두6716 판결
【분뇨등관련영업허가처분취소】

[1] 일반적으로 **면허나 인·허가 등의 수익적 행정처분의 근거가 되는 법률이 해당 업자들 사이의 과당경쟁으로 인한 경영의 불합리를 방지하는 것도 그 목적으로 하고 있는 경우**, 다른 업자에 대한 면허나 인·허가 등의 수익적 행정처분에 대하여 미리 같은 종류의 면허나 인·허가 등의 수익적 행정처분을 받아 영업을 하고 있는 **기존의 업자는 경업자에 대하여 이루어진 면허나 인·허가 등 행정처분의 상대방이 아니라 하더라도 당해 행정처분의 취소를 구할 원고적격이 있다.**

[2] 구 **오수·분뇨 및 축산폐수의 처리에 관한 법률 … 분뇨등의 수집·운반 등은 공익성이 강하게 요청되는 사업에 해당하는 점**, …당해 지방자치단체 내의 분뇨등의 발생량에 비하여 기존 분뇨등 수집·운반업 및 정화조청소업에 종사하는 업체의 시설이 과다하여 신규허가를 한다면 업체간의 과당경쟁 및 무계획적인 수집·운반으로 인하여 분뇨등의 수집·운반에 관한 안정적이고 효율적인 책임행정의 이행이 불가능하게 될 것으로 예상되고, 또한 **법 제35조 제3항에 의하여 영업구역 등 조건을 붙이더라도 이를 해결할 수 없는 상태라고 판단되면 분뇨등 수집·운반업 및 정화조청소업의 신규허가를 제한할 수 있다고 보이는 점**, 위와 같이 법과 시행령의 관계 규정이 당해 지방자치단체 내의 분뇨등의 발생량에 비하여 기존 업체의 시설이 과다한 경우 일정한 범위 내에서 분뇨등 수집·운반업 및 정화조청소업에 대한 허가를 제한할 수 있도록 하고 있는 것은 분뇨등을 적정하게 처리하여 자연환경과 생활환경을 청결히 하고 수질오염을 감소시킴으로써 국민보건의 향상과 환경보전에 이바지한다는 공익목적을 달성하고자 함과 동시에 업자 간의 과당경쟁으로 인한 경영의 불합리를 미리 방지하자는 데 그 목적이 있는 점 등 제반 사정에 비추어 보면, 업종을 분뇨등 수집·운반업 및 정화조청소업으로 하여 분뇨등 관련 영업허가를 받아 영업을 하고 있는 기존업자의 이익은 단순한 사실상의 반사적 이익이 아니고 법률상 보호되는 이익이라고 해석된다.

[2] 대법원 2008. 3. 27. 선고 2007두23811 판결
【담배소매인지정처분취소】

일반적으로 면허나 인·허가 등의 수익적 행정처분의 근거가 되는 법률이 해당 업자들 사이의 과당경쟁으로 인한 경영의 불합리를 방지하는 것도 그 목적으로 하고 있는 경우, … 행정처분의 취소를 구할 원고적격이 있다(대판 2006. 7. 28. 2004두6716 등 참조). … 한편, **소매인의 지정기준으로 같은 일반소매인 사이에서는 그 영업소 간에 군청, 읍·면사무소가 소재하는 리 또는 동지역에서는 50m, 그 외의 지역에서는 100m 이상의 거리를 유지하도록 규정**하고 있다.

위와 같은 규정들을 종합해 보면, 담배 일반소매인의 지정기준으로서 일반소매인의 영업소 간에 일정한 거리제한을 두고 있는 것은 담배유통구조의 확립을 통하여 국민의 건강과 관련되고 국가 등의 주요 세원이 되는 담배산업 전반의 건전한 발전 도모 및 국민경제에의 이바지라는 공익목적을 달성하고자 함과 동시에 일반소매인 간의 과당경쟁으로 인한 불합리한 경영을 방지함으로써 일반소매인의 경영상 이익을 보호하는 데에도 그 목적이 있다고 보이므로, 일반소매인으로 지정되어 영업을 하고 있는 기존업자의 신규 일반소매인에 대한 이익은 단순한 사실상의 반사적 이익이 아니라 법률상 보호되는 이익이라고 해석함이 상당하다.

tip 경쟁자소송에서 원고적격은 ① 기존업자의 영업의 성질에 따라 판단하는 방법과 ② 법령의 사익보호성에 따른 판단하는 방법이 있으나, 대상판결들은 ② 에 대한 것으로 [판례 1]은 '업소 개수 제한'의 경우이고, [판례 2]는 '업소간 거리제한'의 경우 법령의 사익보호성을 인정한 판결이다.

53회 행정고시(재경등직렬)(2009년)
〈제1문〉

A시와 B시 구간의 시외버스 운송사업을 하고 있는 갑은 최근 자가용 이용의 급증 등으로 시외버스 운송사업을 하는 데 상당한 어려움에 처해 있다. 그런데 관할행정청 X는 갑이 운영하는 노선에 대해 인근에서 대규모 운송사업을 하고 있던 을에게 새로이 시외버스 운송사업면허를 하였다. (40점)

(1) 갑은 X의 을에 대한 시외버스 운송사업면허에 대하여 행정소송을 제기할 수 있는가? (15점)

판례 — 경원자소송

대법원 1992. 5. 8. 선고 91누13274 판결
【엘피지충전소허가처분취소】

【사건개요】 LPG충전사업을 경영하려는 원고(A)와 피고 보조참가인들(B)은 각각의 사업소 소재지를 정하여 피고(고흥군수)에게 각각 액화석유가스충전사업 허가를 신청하였으나 피고는 충전소 설치예정지역의 주민들이 허가를 반대하고 있고, 「액화석유가스의 안전 및 사업관리법」 제3조, 동 시행령 제3조 제2항에 의거한 전라남도고시 제177호에 의한 100미터 내의 건물주의 동의가 없다는 이유를 들어 A의 신청을 반려한 반면, B의 신청은 이를 받아들이는 처분을 하였다. 위 전라남도고시 제3조 제1항 별표 2에 의하면 피고의 관할구역 내에서는 1개소의 액화석유가스충전사업의 허가만이 행해질 수 있게 되어 있다. 그런데 사실 A는 인근 건물주의 동의를 받았으나 수허가자인 B는 인근 건물주의 동의를 받지 못하였다가 A가 B에게 발급한 액화석유가스충전사업 허가가 위법하다고 주장하면서 그 허가의 취소를 구하는 소송을 제기하자 동의를 받았다.

【판시사항】 [1] 인·허가 등의 수익적 행정처분을 신청한 수인이 서로 경쟁관계에 있어서 일방에 대한 허가 등의 처분이 타방에 대한 불허가 등으로 귀결될 수밖에 없는 때(이른바 경원관계에 있는 경우로서 동일대상지역에 대한 공유수면매립면허나 도로점용허가 혹은 일정지역에 있어서의 영업허가 등에 관하여 거리제한규정이나 업소개수제한규정 등이 있는 경우를 그 예로 들 수 있다) 허가 등의 처분을 받지 못한 자는 비록 경원자에 대하여 이루어진 허가 등 처분의 상대방이 아니라 하더라도 당해 처분의 취소를 구할 당사자적격이 있다 할 것이고, 다만 구체적인 경우에 있어서 그 처분이 취소된다 하더라도 허가 등의 처분을 받지 못한 불이익이 회복된다고 볼 수 없을 때에는 당해 처분의 취소를 구할 정당한 이익이 없다고 할 것이다.

[2] **이 사건 처분 후 위 각 건물주로부터 동의를 받았으니 이 사건 처분의 하자는 치유되었다는 주장**에 대하여는, 하자 있는 행정행위의 치유는 행정행위의 성질이나 법치주의의 관점에서 볼

때 원칙적으로 허용될 수 없는 것이고 예외적으로 행정행위의 무용한 반복을 피하고 당사자의 법적 안정성을 위해 이를 허용하는 때에도 국민의 권리나 이익을 침해하지 않는 범위에서 구체적 사정에 따라 합목적적으로 인정하여야 할 것인데 이 사건에 있어서는 원고의 적법한 허가신청이 참가인들의 신청과 경합되어 있어 이 사건처분의 치유를 허용한다면 원고에게 불이익하게 되므로 이를 허용할 수 없다.

[3] 참가인들은 충전소설치예정지로부터 100미터 내에 있는 건물주의 동의를 모두 얻지 아니하였음에도 불구하고 이를 갖춘 양 허가신청을 하여 그 허가를 받아 낸 것이므로, 처분의 하자가 참가인들의 사실은폐 내지 사위의 방법에 의한 신청행위에 기인한 것이라 할 것이어서 그 처분에 의한 이익이 위법하게 취득되었음을 알아 그 취소가능성도 능히 예상하고 있었다고 보아야 할 것이다.

제52회 행정고시(재경등직렬)(2008년)
〈제1문〉

갑은 LPG 충전사업허가를 신청하였다. 이에 대하여 을시장은 인근 주민들의 반대여론이 있고 갑의 사업장이 교통량이 많은 대로변에 있어서 교통사고시 위험이 초래될 수 있다는 이유로 사업허가를 거부하였다. 한편, 을시장은 병이 신청한 LPG충전사업에 대하여 허가를 하였다. 관련 법령에 의하면 을시장의 관할구역에는 1개소의 LPG 충전사업만이 가능하고, 충전소의 외벽으로부터 100m 이내에 있는 건물주의 동의를 받도록 되어 있다. 그런데 병은 이에 해당하는 건물주로부터 동의를 얻지 아니한 채 위의 허가신청을 하였다. (총 50점)

(1) 을시장의 병에 대한 허가처분에 대하여 갑은 취소소송을 제기할 수 있는가? (30점)

(2) 만약 병이 처분이 내려진 후에 인근 주민의 동의를 받았다면 위의 허가처분에 대한 하자는 치유되는 것인가? (20점)

판례 — 기관위임에서 국가의 원고적격

대법원 2007. 9. 20. 선고 2005두6935
【국토이용계획변경신청거부처분취소】

구 국토이용관리법, 구 지방자치법 및 행정권한의 위임 및 위탁에 관한 규정 등에 의하면, **건설교통부장관은 지방자치단체의 장이 기관위임사무인 국토이용계획 사무를 처리함에 있어 자신과 의견이 다를 경우** 행정협의조정위원회에 협의·조정 신청을 하여 그 협의·조정 결정에 따라 의견불일치를 해소할 수 있고, 법원에 의한 판결을 받지 않고서도 행정권한의 위임 및 위탁에 관한 규정이나 구 지방자치법에서 정하고 있는 지도·감독을 통하여 직접 지방자치단체의 장의 사무처리에 대하여 시정명령을 발하고 그 사무처리를 취소 또는 정지할 수 있으며, 지방자치단체의 장에게 기간을 정하여 직무이행명령을 하고 지방자치단체의 장이 이를 이행하지 아니할 때에는 직접 필요한 조치를 할 수도 있으므로 **국가가 국토이용계획과 관련한 지방자치단체의 장의 기관위임사무의 처리에 관하여 지방자치단체의 장을 상대로 취소소송을 제기하는 것은 허용되지 않는다**고 할 것이다.

tip 국가도 지방자치단체의 장의 자치사무에 관한 처분을 다투는 경우에는 원고가 될 수 있으나 기관위임사무의 경우에는 국가가 다른 수단으로 지도·감독이 가능하기에 원고적격을 부정한 판결이다. 대상판결에서 국립대학 총장도 대한민국이 설치한 국립대학교의 대표자일 뿐 항고소송의 원고가 될 수 없다고 보았다.

기출 — 제52회 행정고시(재경등직렬)(2008년)

〈제1문〉

갑은 LPG 충전사업허가를 신청하였다. 이에 대하여 을시장은 인근 주민들의 반대여론이 있고 갑의 사업장이 교통량이 많은 대로변에 있어서 교통사고시 위험이 초래될 수 있다는 이유로 사업허가를 거부하였다. 한편, 을시장은 병이 신청한 LPG충전사업에 대하여 허가를 하였다. 관련 법령에 의하면 을시장의 관할구역에는 1개소의 LPG 충전사업만이 가능하고, 충전소의 외벽으로부터 100m 이내에 있는 건물주의 동의를 받도록 되어 있다. 그런데 병은 이에 해당하는 건물주로부터 동의를 얻지 아니한 채 위의 허가신청을 하였다. (총 50점)

(1) 을시장의 병에 대한 허가처분에 대하여 갑은 취소소송을 제기할 수 있는가? (30점)

(2) 만약 병이 처분이 내려진 후에 인근 주민의 동의를 받았다면 위의 허가처분에 대한 하자는 치유되는 것인가? (20점)

(1) 을시장의 병에 대한 허가처분에 대하여 갑은 취소소송을 제기할 수 있는가? (30점)

Ⅰ. 병에 대한 허가처분에 대한 갑의 취소소송의 제기 가능성(설문(1))

1. 소송요건 일반

㈎ 갑의 취소소송은 관할권 있는 법원에(행정소송법 제9조), 원고적격(동법 제12조)과 피고적격을 갖추어(동법 제13조), 처분 등을 대상으로(동법 제19조), 제소기간 내에(동법 제20조) 제기하고, 그 밖에 권리보호필요성 요건을 갖추고 있어야 한다.

㈏ 설문은 대상적격, 원고적격, 협의의 소익 등이 문제된다.

2. 대상적격

LPG충전사업허가는 강학상 행정행위(허가인지 특허인지는 불분명하다 — 관할구역에 1개소의 충전사업만 가능하다고 관련법령에서 규정하고 있기에 특허에 가깝다 —)이며, 행정행위는 행정소송법 제2조 제1항 제1호의 공권력행사인 처분이며 법적행위이기에 항고소송의 대상이 된다.

3. 원고적격

(1) 문제점(원고적격의 의의)

㈎ 충전사업허가처분의 상대방은 병인데 이를 처분의 직접상대방이 아닌 갑이 병에게 발령된 처분을 다툴 수 있는 원고적격이 있는지가 문제된다.

㈏ 행정소송법 제12조 제1문은 “취소소송은 처분 등의 취소를 구할 법률상 이익이 있는 자가 제기할 수 있다”고 하여 불확정개념으로 규정하고 있어 일반적 견해는 취소소송의 본질(기능)에 대한 논의를 통해 그 범위를 결정하고 있다.

(2) 취소소송의 본질과 법률상 이익의 의미

취소소송의 본질(기능)에 관해 ⓐ 권리구제설, ⓑ 법률상 보호이익설, ⓒ 보호가치 있는 이익설, ⓓ 적법성보장설이 있다. 행정소송법 제12조를 고려할 때 항고소송의 목적은 법적 이익의 구제이므로 법률상 보호이익설이 타당하다(통설, 판례).

(3) 법률상 이익에서 법률(법규)의 범위

1) 학설

일반적인 견해는 당해 법률의 규정과 취지, 관련 법률의 규정과 취지 외에도 기본권 규정도 고려해야 한다는 입장이다.

2) 판례

㈎ 판례는 기본적으로 당해 처분의 근거가 되는 법규가 보호하는 이익만을 법률상 이익으로 본다.

㈏ 최근에는 폐기물처리시설입지결정사건에서 근거법규 외에 관련 법규까지 고려하여 법률상 이익을 판단하고 있다(대판 2005. 5. 12. 2004두14229).

(다) 하지만 헌법상의 기본권 및 기본원리를 법률상 이익의 해석에서 일반적으로 고려하지는 않는다. 다만, ⓐ 대법원은 접견허가거부처분사건에서 '접견권'을(대판 1992. 5. 8. 91누7552), ⓑ 헌법재판소는 국세청장의 납세병마개제조자지정처분과 관련된 헌법소원사건에서 '경쟁의 자유'를(헌재 1998. 4. 30. 97헌마141) 기본권인 공권으로 인정(또는 고려)하였다고 해석된다.

3) 검토

취소소송은 법률상 보호이익의 구제를 목적으로 하는 소송인바 일반적인 견해가 타당하다.

(4) 소결

(가) 관련 법령은 관할구역에 1개의 충전사업만을 허가하도록 하고, 시장은 갑의 신청을 반려한 반면 병에게 이를 허가하였기에 갑과 병은 경원자관계이다.

(나) 경원자관계란 인·허가 등의 수익적행정처분을 신청한 수인이 서로 경쟁관계에 있어서 일방에 대한 허가 등의 처분이 타방에 대한 불허가 등으로 귀결될 수 밖에 없는 경우(대판 1992. 5. 8. 91누13274)를 말하는데, 일반적인 견해와 판례는 당해 법령(근거법령 또는 관련법령)이 경원자관계를 예정하고 있다면 그 법령은 허가 등의 처분을 받지 못한 자의 이익을 보호하는 것으로 본다(대판 1992. 5. 8. 91누13274 등).

(다) 따라서 갑은 시장의 병에 대한 충전사업허가처분을 다툴 법률상 이익이 인정된다.

(라) 판례도 설문의 사안에서 「원고와 참가인들은 경원관계에 있다 할 것이므로 원고에게는 이 사건 처분의 취소를 구할 당사자적격이 있다고 하여야 함은 물론 나아가 이 사건 처분이 취소된다면 원고가 허가를 받을 수 있는 지위에 있음에 비추어 처분의 취소를 구할 정당한 이익도 있다(대판 1992. 5. 8. 91누13274)」라고 하여 원고적격을 인정하였다.

4. 협의의 소익

(1) 의의

원고의 재판청구에 대하여 법원이 판단을 행할 구체적 실익 내지 필요성을 말하며, '소의 객관적 이익' 또는 '권리보호의 필요'라고도 한다.

(2) 소의 이익이 부인되는 경우

(가) 소송에서 협의의 소익은 일반적으로 긍정된다. 그러나 ⓐ 보다 간이한 방법이 있는 경우 ⓑ 원고가 추구하는 권리보호가 오로지 이론상으로만 의미 있는 경우 ⓒ 신의성실의 원칙에 반하는 경우에는 협의의 소익은 부정된다.

(나) 경원자소송에서 처분이 취소되더라도 불허가 등을 받은 자의 신청이 인용될 가능성이 명백히 없는 경우에는 협의의 소익은 부정된다(ⓑ나 ⓒ에 해당한다).

(다) 판례도 「구체적인 경우에 있어서 그 처분이 취소된다 하더라도 허가 등의 처분을 받지 못한 불이익이 회복된다고 볼 수 없을 때에는 당해 처분의 취소를 구할 정당한 이익이 없다고 할 것이다(대판 1992. 5. 8. 91누13274)」라고 하여 같은 입장이다.

(3) 설문

갑에 대한 충전사업허가에 반대여론이 있다거나 교통사고위험이 있다는 사정은 갑의 신청이 인용될 가능성을 명백히 배제하는 것은 아니기에 갑의 취소소송은 협의의 소익이 인정된다.

(2) 만약 병이 처분이 내려진 후에 인근 주민의 동의를 받았다면 위의 허가처분에 대한 하자는 치유되는 것인가? (20점)

Ⅱ. 하자치유의 가능성(설문(2))

1. 행정행위의 하자의 치유의 의의

발령당시 위법한 행정행위의 흠결된 요건을 사후에 보완함으로써 그 행위의 효력을 유지하도록 하는 것을 말한다.

2. 인정여부

① 긍정설, 제한적 긍정설, 부정설이 있다. ② 판례는 제한적 긍정설의 입장이다. ③ 개인의 권리구제와 행정의 효율성을 고려할 때 제한적 긍정설이 통설이며, 타당하다.

3. 하자 치유의 적용범위

㈎ 전통적 견해와 판례는 하자의 치유는 취소할 수 있는 행위에만 인정된다고 본다.

㈏ 절차와 형식상의 하자 외에 내용상의 하자도 치유가 가능하다는 견해도 있으나 행정의 법률적합성의 원칙을 고려할 때 내용상 하자의 치유를 인정하지 않는 판례의 태도가 타당하다.

4. 하자 치유의 요건(사유)

하자의 치유를 인정하기 위해서는 흠결된 요건의 사후 보완이 있어야 한다.

5. 하자 치유의 한계

(1) 실체적 한계

하자의 치유는 법치주의의 관점에서 보아 원칙적으로는 허용될 수 없지만, 국민의 권리와 이익을 침해하지 않는 범위에서 예외적으로 인정되어야 한다(제한적 긍정설, 통설 · 판례).

(2) 시간적 한계

치유의 시점과 관련하여 ① 쟁송제기이전시설(판례)과 ② 쟁송이후가능설이 대립한다. 당사자의 불복신청에 편의를 줄 수 있도록 쟁송제기이전에 치유가 있어야 한다는 판례가 타당하다.

6. 소결

㈎ ⓐ 인근주민의 사후동의가 있었기에 보완행위는 존재하며, ⓑ 관련법령에 건물주의 동의를 받도록 되어 있어 있는 개별법에 규정된 절차이며, ⓒ 건물주의 동의가 없었다는 사정은 명백하기는 하지만 적법요건에 대한 중대한 하자는 아니기에 취소사유이며, ⓓ 판례에 따라 쟁송제기이전이면 시간적 한계도 문제되지 않는다. ⓔ 다만 실체적 한계가 문제이다.

㈏ 만일 병에 대한 하자 있는 충전사업허가에 대한 치유를 인정하면 경원자인 갑의 권리나 이익이 침해될 수 있어 이를 인정할 수 없다.

판례도 동일한 사안에서 「건물주의 동의를 받아야 하는 것임에도 그 동의가 없으니 … 이 사건 처분은 위법하다고 한 다음, 이 사건 처분 후 위 각 건물주로부터 동의를 받았으니 이 사건 처분의 하자는 치유되었다는 주장에 대하여는, … 이 사건에 있어서는 원고의 적법한 허가신청이 참가인들의 신청과 경합되어 있어 이 사건 처분의 치유를 허용한다면 원고에게 불이익하게 되므로 이를 허용할 수 없다(대판 1992. 5. 8. 91누13274)」라고 하여 치유를 부정하였다.

기출 — 제53회 사법시험(2011년)

〈제1문〉

X시장은 개발제한구역의 지정 및 관리에 관한 특별조치법 제12조 제1항 제1호 마목과 동법 시행령 및 동법 시행규칙의 관련 규정에 의거하여, 개발제한구역 내의 간선도로 중 특정 구간에 고시된 선정 기준에 따라 사업자 1인을 선정하여 자동차용 액화석유가스충전소(이하 '가스충전소'라고 한다) 건축을 허가하기로 하는 가스충전소의 배치 계획을 고시하였다. 이에 A와 B는 각자 자신이 고시된 선정 기준에 따른 우선순위자임을 주장하며 가스충전소의 건축을 허가해 줄 것을 신청하였다. 이에 X시장은 각 신청 서류를 검토한 결과 B가 고시된 선정 기준에 따른 우선순위자라고 인정하여 B에 대한 가스충전소 건축을 허가하였다.

(1) A는 우선순위자 결정의 하자를 주장하면서 X시장의 B에 대한 건축허가 결정을 다투려고 한다. 이 경우 A는 행정소송법상 원고적격이 있는가? (15점)

(2) 만약 A가 X시장의 B에 대한 건축허가처분 취소심판을 제기하여 인용재결이 된 경우, B는 인용재결에 대해 취소소송을 제기할 수 있는가? (10점)

(3) A가 X시장의 처분에 불복하여 소송을 제기하였을 경우, B는 이에 대응하여 행정소송법상 어떤 방법(B가 아무런 조치를 취하지 못하는 사이 A가 제기한 위 소송에서 A가 승소하여 그 판결이 확정된 경우를 포함한다)을 강구할 수 있는가? (15점)

(4) X시장이 B에게 가스충전소 건축허가를 한 후 B가 허위, 기타 부정한 방법으로 건축허가 신청을 하였다는 것을 발견하고 건축허가를 취소하였다. 이에, B는 X시장의 허가를 신뢰하여 가스충전소 신축공사계약 체결을 비롯한 새로운 법률관계를 형성하였기 때문에 취소할 수 없다고 주장한다. B의 주장은 타당성이 있는가? (10점)

---

(1) A는 우선순위자 결정의 하자를 주장하면서 X시장의 B에 대한 건축허가 결정을 다투려고 한다. 이 경우 A는 행정소송법상 원고적격이 있는가? (15점)

Ⅰ. A의 원고적격(설문(1))

1. 문제 상황(원고적격의 의의)

(가) 충전소건축허가결정처분의 상대방은 B인데 이를 처분의 직접상대방이 아닌 A가 B에게 발령된 처분을 다툴 원고적격이 있는지가 문제된다.

(나) 행정소송법 제12조 제1문은 "취소소송은 처분 등의 취소를 구할 법률상 이익이 있는 자가 제기할 수 있다"고 하여 불확정개념으로 규정하고 있어 일반적 견해는 취소소송의 본질(기능)에 대한 논의를 통해 그 범위를 결정하고 있다.

2. 취소소송의 본질과 법률상 이익의 의미

취소소송의 본질(기능)에 관해 ⓐ 권리구제설, ⓑ 법률상 보호이익설, ⓒ 보호가치 있는 이익설, ⓓ 적법성보장설이 있다. 행정소송법 제12조를 고려할 때 항고소송의 목적은 법적 이익의 구제이므로 법률상 보호이익설이 타당하다(통설, 판례).

3. 법률상 이익에서 법률(법규)의 범위

(1) 학설

일반적인 견해는 당해 법률의 규정과 취지, 관련 법률의 규정과 취지 외에도 기본권 규정도 고려해야 한다는 입장이다.

(2) 판례

(가) 판례는 기본적으로 당해 처분의 근거가 되는 법규가 보호하는 이익만을 법률상 이익으로 본다.

(나) 최근에는 폐기물처리시설입지결정사건에서 근거법규 외에 관련 법규까지 고려하여 법률상 이익을 판단하고 있다(대판 2005. 5. 12. 2004두14229).

(다) 하지만 헌법상의 기본권 및 기본원리를 법률상 이익의 해석에서 일반적으로 고려하지는 않는다. 다만, ⓐ 대법원은 접견허가거부처분사건에서 '접견권'을(대판 1992. 5. 8. 91누7552), ⓑ 헌법

재판소는 국세청장의 납세병마개제조자지정처분과 관련된 헌법소원사건에서 '경쟁의 자유'를(헌재 1998. 4. 30. 97헌마141) 기본권인 공권으로 인정(또는 고려)하였다고 해석된다.

(3) 검토

취소소송은 법률상 보호이익의 구제를 목적으로 하는 소송인바 일반적인 견해가 타당하다.

4. 소결

㈎ 개발제한구역의 지정 및 관리에 관한 특별조치법령은 개발제한구역 내의 간선도로 중 특정구간에 고시된 선정 기준에 따라 사업자 1인을 선정하여 가스충전소건축을 허가하기로 하였고, 시장은 A의 신청을 반려한 반면 B에게 이를 허가하였기에 A와 B는 경원자관계이다.

㈏ 경원자관계란 인·허가 등의 수익적행정처분을 신청한 수인이 서로 경쟁관계에 있어서 일방에 대한 허가 등의 처분이 타방에 대한 불허가 등으로 귀결될 수밖에 없는 경우(대판 1992. 5. 8. 91누13274)를 말하는데, 일반적인 견해와 판례는 당해 법령(근거법령 또는 관련법령)이 경원자관계를 예정하고 있다면 그 법령은 허가 등의 처분을 받지 못한 자의 이익을 보호하는 것으로 본다(대판 1992. 5. 8. 91누13274 등). 따라서 A는 시장의 B에 대한 충전소건축허가처분을 다툴 법률상 이익이 인정된다.

㈐ 판례도 「원고와 참가인들은 경원관계에 있다 할 것이므로 원고에게는 이 사건 처분의 취소를 구할 당사자적격이 있다고 하여야 함은 물론 나아가 이 사건 처분이 취소된다면 원고가 허가를 받을 수 있는 지위에 있음에 비추어 처분의 취소를 구할 정당한 이익도 있다(대판 1992. 5. 8. 91누13274)」라고 하여 원고적격을 인정하고 있다.

(2) 만약 A가 X시장의 B에 대한 건축허가처분 취소심판을 제기하여 인용재결이 된 경우, B는 인용재결에 대해 취소소송을 제기할 수 있는가? (10점)

Ⅱ. 인용재결에 대한 제3자의 취소소송 가능성(설문(2))

1. 문제 상황

행정심판법 제43조 제3항은 취소심판의 인용재결을 취소재결, 변경재결, 변경명령재결로 나누고 있으나 설문에서 A는 시장의 B에 대한 건축허가처분 취소심판을 제기하여 인용재결을 받은 경우이기에 취소재결이 특히 문제된다.

건축허가처분을 받지 못한 제3자인 A의 취소심판청구로 건축허가처분의 상대방인 B의 처분이 취소되어 이를 B가 다투는 경우 이 소송이 재결취소소송인지 원처분취소소송인지가 먼저 문제되며, 재결취소소송이라면 행정소송법 제19조 단서의 재결 자체에 고유한 위법이 있는지가 내용상 위법과 관련하여 문제된다.

2. B가 건축허가취소심판의 인용재결을 다투는 경우 취소소송의 성격

(1) 학설

ⓐ 제3자효를 수반하는 행정행위에 있어서 인용재결로 인하여 불이익을 입은 자는 그 인용재결에 대하여 다툴 필요가 있고, 그 인용재결은 원처분과 내용을 달리하는 것이므로 인용재결의 취소를 주장하는 것은 원처분에 없는 재결에 고유한 하자를 주장하는 셈이어서 이 인용재결의 취소를 구하는 소송은 재결취소소송이라는 견해(다수 견해)와 ⓑ 이에 반해 당해 인용재결은 형식상으로는 재결이나 제 3 자에게는 실질적으로 최초처분의 성질을 갖는 것이라고 보아 이에 대한 소송을 처분취소소송으로 보는 견해도 있다.

(2) 판례

판례는 제3자가 인용재결을 다투는 소송을 재결취소소송으로 본다(대판 1997. 12. 23. 96누10911).

(3) 검토

인용재결로 인해 제3자가 비로소 권익을 침해

받았다고 하더라도 원처분은 존재하기에 인용재결에 대한 소송은 재결취소소송으로 보는 것이 타당하다.

(4) 설문

A가 제기한 건축허가취소심판에서의 인용재결을 B가 다투는 경우 해당 취소소송은 재결취소소송이 된다.

3. 재결소송의 가능성

(1) 재결소송의 의의

재결을 분쟁대상으로 하는 항고소송을 재결소송이라 부른다.

(2) 재결소송의 사유

㈎ 재결에 대한 취소소송(재결소송)은 재결 자체에 고유한 위법이 있는 경우에 가능하다. 따라서 원처분의 위법을 이유로 재결의 취소를 구할 수는 없다. 여기서 재결 자체의 고유한 위법이란 재결 자체에 주체·절차·형식 그리고 내용상의 위법이 있는 경우를 의미한다. 다만 내용상의 위법에 대해서는 학설이 대립된다.

㈏ 내용의 위법은 재결 자체의 고유한 위법에 포함되지 않는다는 견해(서원우, 김학세)도 있으나 내용상의 위법도 포함된다고 보아야 한다(다수견해). 판례도 「행정소송법 제19조에서 말하는 재결 자체에 고유한 위법이란 원처분에는 없고 재결에만 있는 재결청(현행법상으로는 위원회)의 권한 또는 구성의 위법, 재결의 절차나 형식의 위법, 내용의 위법 등을 뜻하고, 그 중 내용의 위법에는 위법·부당하게 인용재결을 한 경우가 해당한다(대판 1997. 9. 12, 96누14661)」고 판시하고 있다.

(3) 설문

원처분은 B에 대한 충전소건축허가처분인 반면 재결은 B에 대한 충전소건축허가취소재결이다. 따라서 원처분과 재결은 그 내용을 달리하는 것이므로 B의 인용재결에 대한 취소소송은 원처분에는 없는 재결만의 고유한 위법을 주장하는 것이 된다. 결국 B는 인용재결에 대해 취소소송을 제기할 수 있다.

---

(3) A가 X시장의 처분에 불복하여 소송을 제기하였을 경우, B는 이에 대응하여 행정소송법상 어떤 방법(B가 아무런 조치를 취하지 못하는 사이 A가 제기한 위 소송에서 A가 승소하여 그 판결이 확정된 경우를 포함한다)을 강구할 수 있는가? (15점)

Ⅲ. 제3자인 B의 행정소송법상 구제수단 (설문(3))

1. 문제 상황

A의 소송이 인용된다면 B에게 발령되었던 건축허가처분이 취소된다. 그럼에도 B에게 소송상 구제수단을 부여하지 않는다면 소송법의 원칙에도 어긋나며, 국민의 재판청구권을 침해할 가능성이 있다. 따라서 행정소송법은 취소판결의 제3자효와의 조화를 위하여 제3자의 소송참가(행정소송법 제16조)와 제3자의 재심청구(행정소송법 제31조) 규정을 두고 있다.

2. 확정판결전의 구제수단(제3자의 소송참가)

(1) 소송참가의 의의, 종류

㈎ 소송참가란 타인간의 소송 계속 중에 소송 외의 제3자가 그 소송의 결과에 따라 자기의 법률상 이익에 영향을 받게 되는 경우 자기의 이익을 위해 그 소송절차에 가입하는 것을 말한다. 이는 행정소송의 공정한 해결, 모든 이해관계자의 이익의 보호 및 충분한 소송자료의 확보를 위해 취소소송과 이해관계 있는 제3자나 다른 행정청을 소송에 참여시키는 제도이다.

㈏ 행정소송법상 소송참가에는 제3자의 소송참가(행정소송법 제16조)와 행정청의 소송참가(행정소송법 제17조)가 있는바 설문은 전자의 문제이다.

(2) B의 소송참가여부

1) 제3자의 소송참가의 의의

법원은 소송의 결과에 따라 권리 또는 이익의 침해를 받을 제3자가 있는 경우에는 당사자 또는 제3자의 신청 또는 직권에 의하여 결정으로써 그 제3자를 소송에 참가시킬 수 있다(행정소송법 제16조 제1항). 이를 제3자의 소송참가라고 한다. 이처럼 제3자의 소송참가가 인정되는 것은 취소판결의 효력(형성력)이 제3자에게도 미치기 때문이다

(행정소송법 제29조 제1항).

2) 요건

a. 타인 간에 소송이 계속 중일 것

b. 소송의 결과에 따라 권리 또는 이익을 침해 받을 제3자일 것

㈎ '소송의 결과'에 따라 권리 또는 이익의 침해를 받는다는 것은 취소판결의 결과 판결의 주문에 의하여 직접 자기의 권리 또는 이익을 침해받는 것을 말하므로 그 취소판결의 효력 예컨대, ⅰ) 그 형성력 자체에 의하여 직접 권리 또는 이익을 침해받는 경우뿐만 아니라, ⅱ) 취소판결의 기속력 때문에 이루어지는 행정청의 새로운 처분에 의해서 권리 또는 이익을 침해받는 경우도 역시 여기서 말하는 권리 또는 이익을 침해받는 경우에 해당한다고 해석하여야 한다.

㈏ '권리 또는 이익'이란 단순한 경제상의 이익이 아니라 법률상 이익을 의미한다.

㈐ 권리 또는 이익의 '침해를 받는다'는 것은 소송참가시 소송의 결과가 확정되지 않은 상태이므로 실제로 침해받았을 것을 요하는 것이 아니라 소송의 결과에 따라 침해될 개연성이 있는 것으로 족하다(주석행정소송법).

㈑ '제3자'란 당해 소송당사자 이외의 자를 말하는 것으로서 개인에 한하지 않고 국가 또는 공공단체도 포함되나, 행정청은 당사자능력이 없어 이에 해당되지 아니하므로 행정소송법 제17조의 행정청의 소송참가규정에 의한 참가만이 가능하다.

3) 소송참가인의 지위

제3자는 행정소송법 제16조 제4항에 따라 민사소송법 제67조의 규정이 준용되어 피참가인과의 사이에 필요적 공동소송에서의 공동소송인에 준하는 지위에 서게 되나, 당사자에 대하여 독자적인 청구를 하는 것이 아니므로 강학상 공동소송적 보조참가인의 지위에 있다고 보는 것이 통설이다. 그리고 소송참가인으로의 지위를 취득한 제3자는 실제 소송에 참가하여 소송행위를 하였는지 여부를 불문하고 판결의 효력을 받는다.

4) 설문

B는 A의 소송의 결과(특히 취소판결의 형성력)에 따라 권리나 이익의 침해를 받는 자이기에 A가 제기한 소송에 소송참가를 할 수 있다. 만일 소송참가 결정이 있으면 B는 강학상 공동소송적 보조참가인의 지위에 있어 사후에 판결의 효력을 받게 된다.

3. 확정판결후의 구제수단(제3자의 재심청구)

(1) 취지(의의)

행정소송법 제31조는 제3자의 재심청구를 규정하고 있는데 이는 행정소송법 제29조 제1항(제38조 제1항·제2항)에서 취소판결의 제3자효를 규정하고 있기 때문이다. 소송당사자 외의 제3자는 불측의 손해를 입지 않기 위해 소송참가를 할 수도 있으나 본인에게 귀책사유 없이 소송에 참가하지 못하는 경우도 있을 수 있으므로 그런 경우 제3자의 불이익을 구제하기 위한 방법이 재심청구제도이다.

(2) 재심청구의 요건

1) 재심의 전제조건

재심은 처분 등을 취소하는 종국판결의 확정을 전제로 한다.

2) 당사자

재심청구의 원고는 처분 등을 취소하는 판결에 의해 권리 또는 이익의 침해를 받은 제3자이다. 여기서 '권리 또는 이익의 침해를 받은 제3자'란 행정소송법 제16조 제1항에서 소송참가를 할 수 있는 '소송의 결과에 따라 권리 또는 이익의 침해를 받을 제3자'와 같은 의미라는 것이 다수견해이다(주석행정소송법, 행정구제법(사법연수원)).

3) 재심사유

① 자기에게 책임 없는 사유로 소송에 참가하지 못한 경우이며, ② 판결의 결과에 영향을 미칠 공격 또는 방어방법을 제출하지 못하였을 것을 요한다.

4) 재심청구기간

확정판결이 있음을 안 날로부터 30일 이내, 판결이 확정된 날로부터 1년 이내에 제기하여야 한다.

(3) 설문

B는 행정소송법 제31조 제1항의 '처분 등을

취소하는 판결에 의하여 권리 또는 이익의 침해를 받은 제3자'에도 해당하므로 재심을 청구할 수 있다. 다만, B가 소송에 참가하게 된다면 '책임 없는 사유로 소송에 참가하지 못한 자'가 아니므로 행정소송법 제31조에 의한 재심의 소를 제기할 수 없다.

(4) X시장이 B에게 가스충전소 건축허가를 한 후 B가 허위, 기타 부정한 방법으로 건축허가 신청을 하였다는 것을 발견하고 건축허가를 취소하였다. 이에, B는 X시장의 허가를 신뢰하여 가스충전소 신축공사계약 체결을 비롯한 새로운 법률관계를 형성하였기 때문에 취소할 수 없다고 주장한다. B의 주장은 타당성이 있는가? (10점)

Ⅳ. B주장의 타당성(설문(4))

1. 문제 상황

B가 허위 기타 부정한 방법으로 건축허가를 신청하였지만 시장의 허가를 신뢰하고 새로운 법률관계를 형성하였음을 이유로 신뢰보호원칙을 주장한다면 그러한 주장이 정당한지가 문제된다.

2. 신뢰보호원칙 주장의 타당성

(1) 의의·근거

행정청의 행위를 사인이 신뢰한 경우 보호가치 있는 신뢰라면 보호되어야 한다는 원칙을 말한다. 과거 논리적 근거로 여러 학설이 언급되었지만 현재는 법치국가의 구성부분인 법적 안정성을 근거로 인정한다.

(2) 요건

1) 행정청의 선행조치

㈎ 신뢰의 대상이 되는 행위인 선행조치에는 법령·행정계획·행정행위·행정지도 등이 포함되며, 적극적인 것인가 소극적인 것인가 그리고 명시적인 행위인가 묵시적인 행위인가도 가리지 않는다. 무효가 아니라면 위법한 행위라도 상관없다.

㈏ 판례는 '공적인 견해표명'이라고 하며 이는 행정청의 선행조치를 의미하는 것으로 보여 진다. 공적인 견해표명의 판단기준은 「반드시 행정조직상의 형식적인 권한분장에 구애될 것은 아니고 … 실질에 의하여 판단하여야 한다(대판 1997. 9. 12. 96누18380)」고 한다.

2) 보호가치 있는 사인의 신뢰

사인에게 특별한 귀책사유가 있는 경우에는 보호가치 있는 사인의 신뢰라고 보기 어렵다. 판례는 귀책사유를 「행정청의 견해표명의 하자가 상대방 등 관계자의 사실은폐나 기타 사위의 방법에 의한 신청행위 등 부정행위에 기인한 것이거나 그러한 부정행위가 없다고 하더라도 하자가 있음을 알았거나 중대한 과실로 알지 못한 경우 등을 의미(대판 2002. 11. 8. 2001두1512)」한다고 본다.

3) 사인의 처리

행정청의 선행조치를 믿은 것 외에도 사인의 처리가 있을 것이 요구된다. 그리고 사인의 처리는 적극적인 것 외에 소극적·묵시적인 것도 포함된다.

4) 인과관계

5) 선행조치에 반하는 후행처분

(3) 한계

신뢰보호의 원칙은 법적 안정성을 위한 것이지만, 법치국가원리의 또 하나의 내용인 행정의 법률적합성의 원리와 충돌되는 문제점을 갖는다. 결국 양자의 충돌은 법적안정성(사익보호)과 법률적합성(공익상 요청)의 비교형량에 의해 문제를 해결해야 한다(동위설 또는 비교형량설).

(4) 설문

B는 건축허가를 받았지만 허위 기타 부정한 방법으로 건축허가를 신청하였기에 B의 신뢰는 보호가치가 없다. 따라서 X시장의 허가를 신뢰하여 가스충전소 신축공사계약 체결을 비롯한 새로운 법률관계를 형성하였기 때문에 취소할 수 없다는 B의 주장은 타당하지 않다.

Q 사례

을은 식품위생법에 따른 식품제조업을 하기 위해 관계행정청으로부터 건물증축공사허가를 받아 진행하고 있다.

(1) 을의 증축공사가 완공된 후 을의 건물에 이웃하는 갑은 을의 건축물이 건축법 제61조의 건축물 높이제한규정을 위반하였다는 이유로 행정청의 을에 대한 건축허가에 대해 취소소송을 제기하고자 한다. 갑의 취소소송은 소송요건 중 협의의 소익이 있는가?

(2) 을에 대한 건축물증축공사허가처분에 대해 이웃하는 갑이 취소소송을 제기하여 인용된다면 을은 취소판결에 의해 형성되는 법률관계를 용인해야 하는가 그리고 이 경우 을을 보호하기 위해 인정되는 (판결확정 전·후) 행정소송법상의 수단은 무엇인가?

(3) 건축허가권자인 행정청은 을의 건축공사가 증축공사허가를 받은 범위를 초과한 무허가건축부분이 있음을 인지하고 건축법 제79조 제1항에 따라 조치명령을 내렸다. 그러나 을이 이를 이행하지 않자 건축허가권자는 건축법 제79조 제2, 3항에 따라 식품위생법 제37조의 영업허가권자에게 영업허가를 하지 말 것을 요청하였고 이에 따라 영업허가권자인 행정청은 식품제조업 영업허가를 거부하였다. 을은 건축허가권자가 식품제조업 영업허가권자에게 행한 영업불허가처분 요청행위를 취소소송의 대상으로 할 수 있는가?

(4) 만일 설문(3)에서 을이 요청행위가 아니라 식품제조업 영업허가거부처분을 취소소송의 대상으로 하여 인용판결을 받는다면 건축허가권자인 행정청은 다시 동일한 영업불허가처분 요청행위를 할 수 없는 행정청인가 그리고 확정판결 후에는 건축허가권자인 행정청이 더 이상 동일한 영업불허가처분 요청행위를 할 수 없다면 을의 영업허가거부처분 취소소송 계속 중 건축허가행정청이 취할 수 있는 행정소송법상 수단은?

[참조조문]

건축법

제79조(위반 건축물 등에 대한 조치 등) ① 허가권자는 대지나 건축물이 이 법 또는 이 법에 따른 명령이나 처분에 위반되면 이 법에 따른 허가 또는 승인을 취소하거나 그 건축물의 건축주·공사시공자·현장관리인·소유자·관리자 또는 점유자(이하 "건축주등"이라 한다)에게 공사의 중지를 명하거나 상당한 기간을 정하여 그 건축물의 철거·개축·증축·수선·용도변경·사용금지·사용제한, 그 밖에 필요한 조치를 명할 수 있다.

② 허가권자는 제1항에 따라 허가나 승인이 취소된 건축물 또는 제1항에 따른 시정명령을 받고 이행하지 아니한 건축물에 대하여는 다른 법령에 따른 영업이나 그 밖의 행위를 허가하지 아니하도록 요청할 수 있다.

③ 제2항에 따른 요청을 받은 자는 특별한 이유가 없으면 요청에 따라야 한다.

식품위생법

제37조(영업허가 등) ① 제36조 제1항 각 호에 따른 영업 중 대통령령으로 정하는 영업을 하려는 자는 대통령령으로 정하는 바에 따라 영업 종류별 또는 영업소별로 식품의약품안전청장 또는 특별자치도지사·시장·군수·구청장의 허가를 받아야 한다.

---

(1) 을의 증축공사가 완공된 후 을의 건물에 이웃하는 갑은 을의 건축물이 건축법 제61조의 건축물 높이제한규정을 위반하였다는 이유로 행정청의 을에 대한 건축허가에 대해 취소소송을 제기하고자 한다. 갑의 취소소송은 소송요건 중 협의의 소익이 있는가?

Ⅰ. 협의의 소익의 인정여부(설문(1))

1. 문제 상황

갑은 을의 건축물이 건축법 제61조의 건축물 높이제한규정을 위반하였다는 이유로 을의 건축허가에 대해 취소소송을 제기하고자 한다. 일반적인 경우 협의의 소익은 인정되지만 을의 건축물에 대한 건축공사가 완료된 경우이므로 건축허가를 다툴 협의의 소익이 있는지가 문제된다.

2. 협의의 소익의 의의

협의의 소익(소의 이익)이란 원고의 재판청구에

대하여 법원이 판단을 행할 구체적 실익 내지 필요성을 말하며, '소의 객관적 이익' 또는 '권리보호의 필요'라고도 한다.

3. 협의의 소익의 일반원칙

일반적으로 대상적격과 원고적격이 있으면 행정소송을 제기할 현실적 필요성은 인정됨이 원칙적이다. 다만, 당해 소송이 ⓐ 보다 간이한 방법이 있는 경우, ⓑ 원고가 추구하는 권리보호가 오로지 이론상으로만 의미 있는 경우(소송으로 원고의 법적 지위에 도움이 되지 않는 경우), ⓒ 신의성실의 원칙(소권남용의 금지)에 반하는 경우에는 협의의 소익이 부정된다. 다만, 그 예외가 행정소송법 제12조 제2문이다(협의의 소익에 관한 조항이라는 견해에 따른다는 것을 전제한다).

4. 소결

㈎ 설문의 갑이 추구하는 권리구제의 종국적인 목적은 을의 건축물이 높이제한규정을 위반하여 자신의 일조권 등을 침해하고 있으므로 을의 건축물에 대해 건축물의 철거 등의 조치를 취하는 것이다.

㈏ 그런데 건축법 제79조 제1항은 '허가권자는 대지나 건축물이 이 법 또는 이 법에 따른 명령이나 처분에 위반'되기만 하면 전술한 조치를 취할 수 있기 때문에 갑은 을에 대한 건축허가의 취소 없이도 종국적인 목적을 달성할 수 있으며, 민사소송으로 건축물의 철거를 구하는 경우에도 건축허가처분취소가 요구되는 것이 아니므로 갑의 을에 대한 건축허가의 취소를 구하는 소송은 당해 소송보다 간이한 방법이 있는 경우에 해당하여 협의의 소익이 없다고 해야 한다.

㈐ 판례도 「건축허가를 받은 이 사건 건물이 … 이격거리를 두지 아니하고 건축물을 건축하도록 되어 있어 위법하다 하더라도 그 건축허가에 기하여 건축공사가 완료되었다면 그 건축허가를 받은 대지와 접한 대지의 소유자인 원고가 위 건축허가처분의 취소를 받아 이격거리를 확보할 단계는 지났고, 원고가 민사소송으로 위 소외인을 상대로 위 건축물 등의 철거를 구하는 데 있어서도 위 처분의 취소가 필요한 것이 아니므로 이 사건 처분의 취소를 구할 법률상의 이익이 없다(대판 1992. 4. 24. 91누11131)」고 하여 협의의 소익을 부정하고 있다.

---

(2) 을에 대한 건축물증축공사허가처분에 대해 이웃하는 갑이 취소소송을 제기하여 인용된다면 을은 취소판결에 의해 형성되는 법률관계를 용인해야 하는가 그리고 이 경우 을을 보호하기 위해 인정되는 (판결확정 전·후) 행정소송법상의 수단은 무엇인가?

Ⅱ. 취소판결의 형성력과 제3자의 행정소송상 보호수단(설문(2))

1. 문제 상황

을에 대한 건축물증축공사허가처분에 대한 갑의 취소소송에서 인용판결은 형성판결이다. 따라서 형성력이 발생하는데 설문에서 을이 형성력을 받은 제3자에 해당하는지 그리고 해당한다면 행정소송상의 수단은 무엇인지가 문제된다.

2. 을이 취소판결의 형성력을 받는 제3자인지 여부

(1) 형성력의 의의

형성력이란 취소판결이 확정되면 행정청에 의한 특별한 의사표시 내지 절차 없이 당연히 행정법상 법률관계의 발생·변경·소멸을 가져오는 효력을 말한다. 명시적이진 않지만, 행정소송법 제29조 제1항(처분 등을 취소하는 확정판결은 제3자에게 대해서도 효력이 있다)은 간접적으로 이를 인정한다고 본다(형성력의 주관적 범위를 규정한다).

(2) 형성력의 내용

형성력은 판결 이후 행정처분의 취소등의 별도의 절차를 요하지 않는다는 점에서 형성효, 처분의 발령시점부터 무효가 된다는 소급효, 그리고 제3자효를 내용으로 한다. 설문에서는 형성력의 제3자효가 문제된다.

(3) 형성력의 제3자효

㈎ '제3자'란 당해 판결에 의하여 권리 또는

이익에 영향을 받게 되는 범위에 있는 이해관계인에 한정된다. 즉, 당해 처분에 직접적인 이해관계 있는 제3자(예를 들어 제3자효 있는 법률행위의 경우, 공매처분취소소송에서 경락인 등), 일반처분의 제3자 등이 포함된다.

(나) 그리고 형성력이 '제3자에게도 효력이 있다'는 것은 취소판결의 존재와 그 판결에 의해 형성되는 법률관계를 제3자도 용인하여야 함을 말한다.

(4) 설문

설문의 을은 갑의 취소소송이 인용되면 자신이 받았던 건축물증축허가처분이 취소되는 결과가 되기에 판결에 의하여 권리 또는 이익에 영향을 받게 되는 자에 해당한다. 따라서 을은 형성력이 미치는 제3자이며 취소판결에 의해 형성되는 법률관계를 용인해야 한다.

3. 제3자(을)의 소송법상 수단

(1) 인정근거

을은 형성력이 미치는 제3자에 해당하므로 갑의 소송에 따른 취소판결에 의해 자신의 건축물증축허가처분은 효력을 잃게 되는데, 이 경우 소송에 참가하지도 않아 자기 이익을 방어하거나 주장할 기회를 가지지 않은 제3자에게도 이와 같은 판결의 효력을 미치게 하는 것은 소송법의 원칙에도 어긋나며, 국민의 재판청구권을 침해할 가능성이 있다. 따라서 행정소송법은 취소판결의 제3자효와의 조화를 위하여 제3자의 소송참가(행정소송법 제16조)(판결확정전)와 제3자의 재심청구(행정소송법 제31조)(판결확정후) 규정을 두고 있다.

(2) 제3자의 소송참가

1) 제3자의 소송참가의 의의

법원은 소송의 결과에 따라 권리 또는 이익의 침해를 받을 제3자가 있는 경우에는 당사자 또는 제3자의 신청 또는 직권에 의하여 결정으로써 그 제3자를 소송에 참가시킬 수 있다(행정소송법 제16조 제1항). 이를 제3자의 소송참가라고 한다. 이처럼 제3자의 소송참가가 인정되는 것은 취소판결의 효력(형성력)이 제3자에게도 미치기 때문이다(행정소송법 제29조 제1항).

2) 요건

a. 타인 간에 소송이 계속 중일 것

b. 소송의 결과에 따라 권리 또는 이익을 침해받을 제3자일 것

(가) '소송의 결과'에 따라 권리 또는 이익의 침해를 받는다는 것은 취소판결의 결과 판결의 주문에 의하여 직접 자기의 권리 또는 이익을 침해받는 것을 말하므로 그 취소판결의 효력 예컨대, ⅰ) 그 형성력 자체에 의하여 직접 권리 또는 이익을 침해받는 경우뿐만 아니라, ⅱ) 취소판결의 기속력 때문에 이루어지는 행정청의 새로운 처분에 의해서 권리 또는 이익을 침해받는 경우도 역시 여기서 말하는 권리 또는 이익을 침해받는 경우에 해당한다고 해석하여야 한다.

(나) '권리 또는 이익'이란 단순한 경제상의 이익이 아니라 법률상 이익을 의미한다.

(다) 권리 또는 이익의 '침해를 받는다'는 것은 소송참가시 소송의 결과가 확정되지 않은 상태이므로 실제로 침해받았을 것을 요하는 것이 아니라 소송의 결과에 따라 침해될 개연성이 있는 것으로 족하다(주석행정소송법).

(라) '제3자'란 당해 소송당사자 이외의 자를 말하는 것으로서 개인에 한하지 않고 국가 또는 공공단체도 포함되나, 행정청은 당사자능력이 없어 이에 해당되지 아니하므로 행정소송법 제17조의 행정청의 소송참가규정에 의한 참가만이 가능하다.

3) 소송참가인의 지위

제3자를 소송에 참가시키는 결정이 있으면 그 제3자는 참가인의 지위를 취득한다. 이때 제3자는 행정소송법 제16조 제4항에 따라 민사소송법 제67조의 규정이 준용되어 피참가인과의 사이에 필요적 공동소송에서의 공동소송인에 준하는 지위에 서게 되나, 당사자에 대하여 독자적인 청구를 하는 것이 아니므로 강학상 공동소송적 보조참가인의 지위에 있다고 보는 것이 통설이다. 그리고 소송참가인으로의 지위를 취득한 제3자는 실제 소송에 참가하여 소송행위를 하였는지 여부를 불문하고 판결의 효력을 받는다.

4) 설문

을은 갑의 취소판결로 자신의 건축물증축허가처분을 상실하는 불이익을 받는 자이므로 갑의 취소소송에 행정소송법 제16조의 소송참가를 할 수 있다.

(3) 제3자의 재심청구

1) 취지(의의)

행정소송법 제31조는 제3자의 재심청구를 규정하고 있다. 소송당사자 외의 제3자는 불측의 손해를 입지 않기 위해 소송참가를 할 수도 있으나 본인에게 귀책사유 없이 소송에 참가하지 못하는 경우도 있을 수 있으므로 그런 경우 제3자의 불이익을 구제하기 위한 방법이 재심청구제도이다.

2) 재심청구의 요건

a. 재심의 전제조건

재심은 처분 등을 취소하는 종국판결의 확정을 전제로 한다.

b. 당사자

재심청구의 원고는 처분 등을 취소하는 판결에 의해 권리 또는 이익의 침해를 받은 제3자이다. 여기서 '권리 또는 이익의 침해를 받은 제3자'란 행정소송법 제16조 제1항에서 소송참가를 할 수 있는 '소송의 결과에 따라 권리 또는 이익의 침해를 받을 제3자'와 같은 의미라는 것이 다수견해이다(주석행정소송법, 행정구제법(사법연수원)).

c. 재심사유

① 자기에게 책임 없는 사유로 소송에 참가하지 못한 경우이며, ② 판결의 결과에 영향을 미칠 공격 또는 방어방법을 제출하지 못하였을 것을 요한다.

d. 재심청구기간

확정판결이 있음을 안 날로부터 30일 이내, 판결이 확정된 날로부터 1년 이내에 제기하여야 한다.

3) 설문

을은 행정소송법 제31조 제1항의 '처분 등을 취소하는 판결에 의하여 권리 또는 이익의 침해를 받은 제3자'에도 해당하므로 재심을 청구할 수 있다. 다만, 소송에 참가하게 된다면 '책임 없는 사유로 소송에 참가하지 못한 자'가 아니므로 행정소송법 제31조에 의한 재심의 소를 제기할 수 없다.

---

(3) 건축허가권자인 행정청은 을의 건축공사가 증축공사허가를 받은 범위를 초과한 무허가건축부분이 있음을 인지하고 건축법 제79조 제1항에 따라 조치명령을 내렸다. 그러나 을이 이를 이행하지 않자 건축허가권자는 건축법 제79조 제2, 3항에 따라 식품위생법 제37조의 영업허가권자에게 영업허가를 하지 말 것을 요청하였고 이에 따라 영업허가권자인 행정청은 식품제조업 영업허가를 거부하였다. 을은 건축허가권자가 식품제조업 영업허가권자에게 행한 영업불허가처분 요청행위를 취소소송의 대상으로 할 수 있는가?

Ⅲ. 영업불허가처분 요청행위의 처분성 (설문(3))

1. 문제 상황

영업허가권자의 영업허가거부처분은 항고소송의 대상인 처분임이 명백하지만 건축허가행정청의 영업허가거부 요청행위는 건축허가권자와 영업허가권자간의 내부적인 행위로 볼 수 있어 이것이 취소소송의 대상인 처분인지가 문제된다.

2. 취소소송의 대상적격

(1) 행정소송법상 처분개념

1) 행정소송법 제19조와 제2조 제1항 제1호

㈎ 행정소송법 제19조 본문은 "취소소송은 처분 등을 대상으로 한다"고 하고, 동법 제2조 제1항 제1호는 "'처분 등'이라 함은 행정청이 행하는 구체적 사실에 관한 법집행으로서의 공권력의 행사 또는 그 거부와 그밖에 이에 준하는 행정작용(이하 "처분"이라 한다) 및 행정심판에 대한 재결을 말한다"라고 규정하고 있다. 즉 취소소송의 대상은 처분과 재결이다.

㈏ 설문의 경우 처분(특히 공권력행사 또는 이에 준하는 행정작용)만이 문제되므로 처분개념만을 분석하기로 한다.

2) 처분개념의 분석

ⓐ 행정청(기능적 의미의 행정청을 말하며, 합의제기

관과 행정소송법 제2조 제2항의 행정청(법령에 의하여 행정권한의 위임 또는 위탁을 받은 행정기관, 공공단체 및 그 기관 또는 사인)도 포함된다)이 하는 행위로 ⓑ 구체적 사실에 대한 법집행행위(관련자가 개별적이고 규율대상이 구체적이어야 하며, 법의 집행행위라야 한다)이며 ⓒ 공권력행사(행정청이 공법에 근거하여 우월한 지위에서 일방적으로 행사하여야 한다)이거나 ⓓ 이에 준하는 행정작용(처분적 법규명령, 일반처분, 권력적 사실행위 등이 논의되고 있다)이어야 한다.

(2) 법적 행위

㈎ '법적 행위'는 행정소송법 제2조 제1호에서 명시적으로 표현되고 있는 처분개념의 요소는 아니다. 그러나 판례와 전통적인 견해는 취소소송을 형성소송으로 보아 취소소송의 본질을 법률관계의 위법성의 소급적 제거로 이해함으로 인해 법적 행위를 항고소송의 대상이 되는 처분개념의 요소로 보고 있다.

㈏ 법적 행위란 외부적 행위이며 권리·의무와 관련되는 행위를 말한다. 판례도 항고소송의 대상이 되는 행정처분이라 함은 국민의 구체적인 권리의무에 직접적 변동을 초래하는 행위를 말하는 것(대판 2008. 9. 11. 2006두18362)이라고 한다.

(3) 검토

행정소송법 제29조 제1항을 고려할 때 취소소송은 형성소송이며 따라서 항고소송의 대상을 법적 행위에 한정하는 판례와 전통적인 견해는 타당하다. 결국 항고소송의 대상인 처분은 처분개념에 해당하고 법적인 행위라야 한다.

3. 소결

㈎ 건축허가권자의 요청행위는 행정청이 행하는 구체적 사실에 대한 법집행행위이기는 하지만, 우월한 지위에서 행하는 일방적인 행위가 아니며(일종의 행정지도에 해당함), 건축허가권자와 영업허가권자간의 내부적인 행위이고 국민의 권리의무에 직접 영향을 미치는 행위가 아니므로 취소소송의 대상인 처분에 해당한다고 보기 어렵다는 것이 다수 견해의 입장이다.

㈏ 건축법 제79조 제3항이 '요청을 받은 자는 특별한 이유가 없으면 요청에 따라야 한다'고 규정하고 있으므로 국민의 권리의무에 직접적인 영향을 미친다고 보아 처분성을 긍정하자는 견해(박균성)도 있다. 하지만 영업허가청이 건축허가청의 요청에 따르는 것은 당해 요청행위의 효과에 따른 것이 아니라 건축법규정에서 나오는 효과이므로 처분성을 긍정하는 입장은 타당하지 않다.

㈐ 판례도 관허사업제한의 제한과 관련된 영업허가거부의 요청행위는 아니지만, 행정청의 공급거부 요청과 관련해서 「행정청이 위법 건축물에 대한 시정명령을 하고 나서 위반자가 이를 이행하지 아니하여 전기·전화의 공급자에게 그 위법 건축물에 대한 전기·전화공급을 하지 말아줄 것을 요청한 행위는 권고적 성격의 행위에 불과한 것으로서 전기·전화공급자나 특정인의 법률상 지위에 직접적인 변동을 가져오는 것은 아니므로 이를 항고소송의 대상이 되는 행정처분이라고 볼 수 없다(대판 1996. 3. 22. 96누433)」고 판시하고 있다.

---

(4) 만일 설문(3)에서 을이 요청행위가 아니라 식품제조업 영업허가거부처분을 취소소송의 대상으로 하여 인용판결을 받는다면 건축허가권자인 행정청은 다시 동일한 영업불허가처분 요청행위를 할 수 없는 행정청인가 그리고 확정판결 후에는 건축허가권자인 행정청이 더 이상 동일한 영업불허가처분 요청행위를 할 수 없다면 을의 영업허가거부처분취소소송 계속 중 건축허가행정청이 취할 수 있는 행정소송법상 수단은?

Ⅳ. 기속력의 주관적 범위와 행정청의 소송참가(설문(4))

1. 문제 상황

을이 제기한 영업허가거부처분취소소송이 인용된 후, 건축허가 행정청이 다시 동일한 영업불허가처분 요청행위를 할 수 없는 행정청인지 여부는 건축허가 행정청이 행정소송법 제30조 제1항의 기속력을 받는 행정청인지의 문제이다. 그리고 취소소송 계속 중 건축허가 행정청이 취할 수 있는 행정소송법상 수단은 행정청이 기속력을 받기 때문에 인정되는 행정소송법 제17조의 소송참가의 문제이다.

2. 기속력의 주관적 범위

(1) 기속력의 의의

㈎ 기속력은 처분 등을 취소하는 확정판결이 당사자인 행정청과 관계행정청에 대하여 판결의 취지에 따라야 할 실체법상의 의무를 발생시키는 효력을 말한다(행정소송법 제30조 제1항).

㈏ 행정소송법 제30조 제1항은 "처분 등을 취소하는 확정판결은 그 사건에 관하여 당사자인 행정청과 그 밖의 관계행정청을 기속한다"고 규정하는데 설문과 관련해서는 기속력의 주관적 범위 즉 '관계행정청'의 범위가 문제된다.

(2) 관계행정청의 범위

처분을 취소하는 확정판결은 그 사건(취소된 처분)에 관하여 당사자인 행정청과 그 밖의 관계행정청을 기속한다. 여기서 그 밖의 관계 행정청이란 당해 판결에 의하여 취소된 처분 등에 관계되는 어떠한 처분권한을 가지는 행정청, 즉 취소된 처분 등을 기초로 하여 그와 관련되는 처분이나 부수되는 행위를 할 수 있는 행정청을 총칭하는 것이다.

(3) 설문

건축허가 행정청은 취소되는 영업허가거부처분과 관련하여 영업허가거부 요청행위를 한 행정청이므로 기속력을 받는 관계행정청에 포함된다. 따라서 건축허가청은 동일한 영업불허가처분 요청행위를 할 수 없다.

3. 행정청의 소송참가

(1) 행정청의 소송참가의 의의

행정소송법 제17조는 법원이 다른 행정청을 소송에 참가시킬 필요가 있다고 인정할 때에 신청 또는 직권으로 행정청을 소송에 참가시킬 수 있음을 규정하고 있다. 이를 인정하는 이유는 다른 행정청(관계행정청)도 취소판결이 확정되면 행정소송법 제30조 제1항에 따라 기속력을 받기 때문이다(기속력을 받는 행정청은 반복금지의무 등 판결내용을 준수하여야 할 의무를 부담한다).

(2) 요건

다른 행정청의 소송참가를 위해서는 ① 타인간의 소송이 계속 중이어야 하고, ② 피고 행정청이외의 다른 행정청이 참가해야 하며, ③ 피고 행정청을 위한 참가라야 하고, ④ 법원이 참가시킬 필요가 있다고 인정될 때 당사자나 당해 행정청의 신청 또는 직권에 의한 결정으로써 하게 된다.

(3) 효과

행정청을 소송에 참가시키는 법원의 결정이 있으면, 그 참가하는 행정청에 대하여는 민사소송법 제76조의 규정이 준용되므로, 참가행정청은 소송수행상 보조참가인에 준하는 지위에 있다. 참가인은 보조참가인에 준하는 지위에 있기 때문에 판결의 참가인에 대한 효력은 참가적 효력만 미치게 되고 판결의 효력은 받지 않는다.

(4) 설문

건축허가 행정청은 영업허가청을 위해 참가하는 것이므로 법원의 결정이 있다면 행정소송법 제17조의 소송참가를 할 수 있고, 참가결정이 있은 후에는 보조참가인의 지위(승소보조자)를 가진다.

4. 소결

건축허가 행정청은 기속력을 받는 관계행정청으로 동일한 영업불허가처분 요청행위를 할 수 없고 따라서 행정소송법 제17조에 따라 소송참가를 하면 될 것이다.

|제3항| 기타의 소송요건

판례 — 피고적격(행정권한의 위임)

[1] 대법원 2007. 8. 23. 선고 2005두3776 판결 【입주권확인】

【원고, 피상고인】 원고 1외 1인
【피고, 상고인】 에스에이치공사(변경 전 명칭 서울특별시 도시개발공사)

구 지방자치법(2007. 5. 11. 법률 제8423호로 전문 개정되기 전의 것) **제95조 제2항은 지방자치단체의 장은 조례 또는 규칙이 정하는 바에 의하여 그 권한에 속하는 사무의 일부를 관할지방자치단체나 공공단체 또는 그 기관**(사업소·출장소를 포함한다)**에 위임 또는 위탁할 수 있다고 규정**하고 있고, 택지의 개발과 공급, 주택의 건설·개량·공급·관리 및 시민의 주거생활의 안정과 복지향상을 위하여 피고 에스에이치공사(서울특별시 도시개발공사의 변경 후 명칭임, 이하 '피고 공사'라 한다)를 설립하고 공사의 업무 및 운영에 관한 사항을 규정함을 목적으로 제정된 **서울특별시 도시개발공사 설립 및 운영에 관한 조례**(1999. 7. 26. 조례 제3639호로 개정되기 전의 것, 이하 '조례'라 한다) **제19조 제1항에 의하면 피고 공사는 서울특별시가 시행하는 택지개발촉진법에 의한 택지개발사업을 대행할 수 있고** 이 경우 위탁계약에 의한다고 규정하고 있다.

위와 같은 **지방자치법 및 조례의 관계 규정과 대행계약서의 내용 등을 종합하여 보면, 피고 공사는** 서울특별시장으로부터 서울특별시가 사업시행자가 된 이 사건 택지개발사업지구 내에 거주하다가 사업시행에 필요한 가옥을 제공함으로 인하여 생활의 근거를 상실하게 되는 이주자들에게 택지개발촉진법과 구 공공용지의 취득 및 손실보상에 관한 특례법(2002. 2. 4. 법률 6656호로 폐지되기 전의 것) 및 주택공급에 관한 규칙 등의 법령에 따라서 위 택지개발사업의 시행으로 조성된 토지를 분양하여 주거나 분양아파트 입주권을 부여하는 내용의 이주대책 수립권한을 포함한 택지개발사업에 따른 권한을 위임 또는 위탁받았다고 할 것이므로, 서울특별시가 사업시행자가 된 이 사건 택지개발사업과 관련하여 이주대책 대상자라고 주장하는 자들이 피고 공사 명의로 이루어진 이주대책에 관한 처분에 대한 취소소송을 제기함에 있어 정당한 피고는 피고 공사가 된다고 할 것이다.

[2] 대법원 2009. 7. 9. 선고 2007두16608 판결 【저작권등록무효확인】

구 저작권법(2006. 12. 28. 법률 제8101호로 개정되기 전의 것) 제97조의3 제2호는 '문화관광부장관은 대통령령이 정하는 바에 의하여 법 제53조에 규정한 저작권 등록업무에 관한 권한을 **저작권심의조정위원회에 위탁할 수 있다'고 규정**하고, 동법 시행령 제42조는 '문화관광부장관은 법 제97조의3의 규정에 의하여 저작권 등록업무에 관한 권한을 저작권심의조정위원회에 위탁한다'고 규정하고 있으므로, **'저작권심의조정위원회'가 저작권 등록업무의 처분청**으로서 그 등록처분에 대한 무효확인소송에서 피고적격을 가진다고 할 것이다.

> **tip** 행정권한의 위임 또는 위탁의 경우 피고는 당해 처분을 행한 명의자인 수임청이나 수탁청이 된다(행정소송법 제13조, 제2조 제2항).

판례 — 제소기간

[1] 대법원 2006. 4. 28. 선고 2005두14851 판결
【주민등록직권말소처분무효확인】

행정소송법 제20조 제1항 소정의 제소기간 기산점인 **'처분이 있음을 안 날'이라 함은** 당사자가 통지, 공고 기타의 방법에 의하여 당해 처분이 있었다는 사실을 현실적으로 안 날을 의미하는바, **특정인에 대한 행정처분을 주소불명 등의 이유로 송달할 수 없어 관보·공보·게시판·일간신문 등에 공고한 경우에는, 공고가 효력을 발생하는 날에 상대방이 그 행정처분이 있음을 알았다고 볼 수는 없고**, 상대방이 당해 처분이 있었다는 사실을 현실적으로 안 날에 그 처분이 있음을 알았다고 보아야 한다.

[2] 대법원 2007. 6. 14. 선고 2004두619 판결
【청소년유해매체물결정및고시처분무효확인】

통상 고시 또는 공고에 의하여 행정처분을 하는 경우에는 그 처분의 상대방이 불특정 다수인이고, 그 처분의 효력이 불특정 다수인에게 일률적으로 적용되는 것이므로, 그 행정처분에 이해관계를 갖는 자는 고시 또는 공고가 있었다는 사실을 현실적으로 알았는지 여부에 관계없이 고시가 효력을 발생하는 날에 행정처분이 있음을 알았다고 보아야 하고, 따라서 그에 대한 취소소송은 그 날로부터 90일 이내에 제기하여야 한다. … 이 사건 각 처분은 원고가 고시가 있었음을 현실적으로 알았는지 여부에 관계없이 고시의 효력이 발생한 2000. 9. 27.에 고지된 것으로 보아야 하고, 원고가 피고 정보통신윤리위원회로부터 청소년유해매체물 결정을 통지받지 못하였다는 사정만으로는 제소기간을 준수하지 못한 것에 정당한 사유가 있다고 할 수 없다.

[3] 대법원 2008. 2. 1. 선고 2007두20997 판결
【교원소청심사위원회결정취소】

처분 당시에는 취소소송의 제기가 법제상 허용되지 않아 소송을 제기할 수 없다가 위헌결정으로 인하여 비로소 취소소송을 제기할 수 있게 된 경우에는 객관적으로는 '위헌결정이 있은 날', 주관적으로는 '위헌결정이 있음을 안 날' 비로소 취소소송을 제기할 수 있게 되어 이때를 제소기간의 기산점으로 삼아야 한다.

tip [판례 1]은 원래 송달해야 하는 처분임에도 송달을 할 수 없어 공고한 경우 제소기간의 기산점을 말하고, [판례 2]는 원래 고시 또는 공고에 의해 처분을 하는 경우 제소기간의 기산점을 말하며, [판례 3]은 위헌결정이 있는 경우 제소기간의 기산점을 말한다.

판례 — 정식이사였던 원고가 정식이사선임처분취소 및 (선행) 임시이사선임처분을 다툴 협의의 소익이 있는지 여부

대법원 2007. 7. 19. 선고 2006두19297 전원합의체 판결 【임원취임승인취소처분】(경기학원 임시이사 사건)

[1] **종래 대법원**은, 학교법인의 **임원취임승인취소처분의 취소를 구하는 소송에서 이사의 임기가 만료되고 거기다가 구 사립학교법 제22조 제2호의 임원결격기간까지 경과되었다면** 임원취임승인취소처분의 취소를 구하는 소는 법률상 이익이 없어 부적법하고, 임시이사 선임처분의 취소를 구하는 소 역시 법률상 이익이 없다고 판시하여 왔으며, 또한 학교법인의 이사에 대한 취임승인이 취소되고 임시이사가 선임된 경우 그 임시이사의 재직기간이 지나 다시 임시이사가 선임되었다면 당초의 임시이사 선임처분의 취소를 구하는 것은 법률상 이익이 없어 부적법하다고 판시한 바 있다.

[2] 만약, **임시이사 선임처분에 대하여 취소를 구하는 소송이 적법하게 제기된 후 그 소송의 계속중 임기만료 등의 사유로 새로운 임시이사들로 교체된 경우**(이하 교체된 임시이사들을 '후행 임시이사'라고 하고, 그 이전의 임시이사들을 '선행 임시이사'라고 함) **선행 임시이사 선임처분의 효과가 소멸하였다는 이유로 그 취소를 구할 법률상 이익이 없다고 보게 되면**, 원래의 정식이사들로서는 계속중인 소를 취하하고 후행 임시이사 선임처분을 별개의 소로 다툴 수밖에 없게 되며, 또한 그 별소 진행 도중 관할청이 다시 임시이사를 교체, 선임하게 되면 그 소송 역시 소의 이익을 잃게 되어 또 새로운 별소를 제기하여야 하는 등 무익한 처분과 소송이 반복될 가능성이 있으므로, 이러한 경우 법원이 선행 임시이사 선임처분의 취소를 구할 법률상 이익을 긍정하여 그 위법성 내지 하자의 존재를 판결로 명확히 해명하고 확인하여 준다면 위와 같은 구체적인 침해의 반복 위험을 방지할 수 있을 뿐 아니라, 후행 임시이사 선임처분의 효력을 다투는 소송에서 기판력에 의하여 최초 내지 선행 임시이사 선임처분의 위법성을 다투지 못하게 함으로써 그 선임처분을 전제로 이루어진 후행 임시이사 선임처분의 효력을 쉽게 배제할 수 있어 국민의 권리구제에 도움이 된다.

그러므로 취임승인이 취소된 학교법인의 정식이사들로서는 그 취임승인취소처분 및 임시이사 선임처분에 대한 각 취소를 구할 법률상 이익이 있고, 나아가 선행 임시이사 선임처분의 취소를 구하는 소송 도중에 선행 임시이사가 후행 임시이사로 교체되었다고 하더라도 여전히 선행 임시이사 선임처분의 취소를 구할 법률상 이익이 있다고 봄이 상당하다.

tip 정식이사였던 원고가 정식이사선임처분취소의 취소(①) 및 선행임시이사선임처분의 취소(②)를 구한 사건에서

종래 대법원은 ①소송은 원고의 임기가 만료되었다는 이유로 ②소송은 선행임시이사선임처분 후 후행임시이사선임처분이 있었다면 후행임시이사선임처분을 다툴 수 있다는 이유로 협의의 소익을 부정하였다.

그러나 대상 판결에서 ①취소소송은 처분의 위법이 확인된다면 하자의 승계를 주장할 수 있어 실익이 있고, ②취소소송은 무익한 소송의 반복을 방지할 수 있고(후행임시이사선임을 다투고 있는데 다시 제2의 후행임시이사선임처분이 발령되면 다시 협의의 소익이 없으므로), 판결이 확정되면 기판력이 발생하여 권리구제에 도움이 된다는 이유로 협의의 소익을 인정하였다.

판례 — 협의의 소익(임기만료된 지방의회 의원이 지방의회의 제명의결을 다툴 수 있는지 여부)

대법원 2009. 1. 30. 선고 2007두13487 판결
【본회의개의및본회의제명의결처분취소】

지방의회 의원에게 지급되는 비용 중 적어도 월정수당(제3호)**은 지방의회 의원의 직무활동에 대한 대가로 지급되는 보수의 일종으로 봄이 상당**하다. 따라서 원고가 이 사건 제명의결 취소소송 계속 중 임기가 만료되어 제명의결의 취소로 지방의회 의원으로서의 지위를 회복할 수는 없다할지라도, 그 취소로 인하여 최소한 제명의결시부터 임기만료일까지의 기간에 대해 월정수당의 지급을 구할 수 있는 등 여전히 그 제명의결의 취소를 구할 법률상 이익은 남아 있다.

tip 당사자는 제명의결을 다투고 있어 대상판결은 ① 제명의결의 처분성을 인정하였고, ② 피고는 지방의회가 되며, ③ 문제는 제명의결 취소소송 계속 중 임기가 만료되었기에 협의의 소익이 있는지가 문제되는데 제명의결처분이 취소된다면 제명의결시부터 임기만료일까지의 기간에 대해 월정수당의 지급을 구할 수 있기에 원고의 권리구제가 이론상으로만 존재하는 것이 아니라 현실적으로 회복되는 이익이 있기에 협의의 소익을 인정하였다.

● 제53회 행정고시(재경등직렬)(2009년)
〈제3문〉

Y구 의회의원 甲은 평소 의원간담회나 각종 회의 때 동료의원의 의견을 무시한 채 자기만의 독단적인 발언과 주장으로 회의분위기를 망치고, 'Y구 의회는 탄압의회'라고 적힌 현수막을 Y구 청사현관에 부착하고 홀로 철야농성을 하였으며, 만취한 상태에서 공무원의 멱살을 잡는 등 추태를 부려 의원으로서의 품위를 현저히 손상하였다. 이에 Y구 의회는 甲을 의원직에서 제명하는 의결을 하였다. (총 20점)

(1) 甲은 위 제명의결에 대하여 행정소송을 제기할 수 있는가? (10점)

(2) 만일 법원이 甲의 행정소송을 받아들여 소송의 계속 중 甲의 임기가 만료되었다면, 수소법원은 어떠한 판결을 하여야 하는가? (10점)

판례 ― 법규명령형식의 행정규칙과 권리보호필요성

대법원 2006. 6. 22. 선고 2003두1684 전원합의체 판결 【영업정지처분취소】

【판시사항】 [1] 제재적 행정처분의 가중사유나 전제요건에 관한 규정이 법령이 아니라 규칙의 형식으로 되어 있다고 하더라도, 그러한 규칙이 법령에 근거를 두고 있는 이상 그 법적 성질이 대외적·일반적 구속력을 갖는 법규명령인지 여부와는 상관없이, 관할 행정청이나 담당공무원은 이를 준수할 의무가 있으므로 이들이 그 규칙에 정해진 바에 따라 행정작용을 할 것이 당연히 예견되고, … 따라서 그러한 규칙이 정한 바에 따라 선행처분을 받은 상대방이 그 처분의 존재로 인하여 장래에 받을 불이익, 즉 후행처분의 위험은 구체적이고 현실적인 것이므로, 상대방에게는 선행처분의 취소소송을 통하여 그 불이익을 제거할 필요가 있다.

[2] **'환경·교통·재해 등에 관한 영향평가법 시행규칙' 제10조 [별표 2] 2. 개별기준 (11)에서** 환경영향평가대행업자가 업무정지처분기간 중 신규계약에 의하여 **환경영향평가대행업무를 한 경우 1차 위반시 업무정지 6월을, 2차 위반시 등록취소를 각 명하는 것으로 규정하고 있으므로,** 업무정지처분기간 경과 후에도 위 시행규칙의 규정에 따른 후행처분을 받지 않기 위하여 위 업무정지처분의 취소를 구할 법률상 이익이 있다.

【대법관 이강국의 별개의견】 상위법령의 위임에 따라 제재적 처분기준을 정한 부령인 시행규칙은 헌법 제95조에서 규정하고 있는 위임명령에 해당하고, 그 내용도 실질적으로 국민의 권리의무에 직접 영향을 미치는 사항에 관한 것이므로, 단순히 행정기관 내부의 사무처리준칙에 지나지 않는 것이 아니라 대외적으로 국민이나 법원을 구속하는 법규명령에 해당한다고 보아야 한다.

tip 판례는 과거 법규명령인지 행정규칙인지로 구별하는 견해에 따라 시행령에 규정된 처분기준은 법규명령으로 보고 협의의 소익을 긍정한 반면, 시행규칙에 규정된 처분기준은 행정규칙으로 보고 협의의 소익을 부정하였다. 그러나 대상판결을 통해 현실적 불이익을 받을 가능성을 기준으로 하는 견해를 취하고 있다. 그러나 여전히 시행규칙에 있는 제재적 처분기준의 법적 성격을 행정규칙이라고 판단해왔던 태도를 변경한 것은 아니다. 다만 대법원 별개의견으로 이를 법규명령으로 보아야 한다는 입장이 제시된 바 있다.

● 제23회 입법고시(2007년)
〈제1문〉

환경영향평가업무를 수행하는 사업자 갑은 관할 행정청 을로부터 환경영향평가서를 부실하게 작성하였다는 이유로 1개월의 대행업무정지처분을 받았다. 그럼에도 불구하고 甲은 대행업무정지처분기간 중 제3자와 환경영향평가대행계약을 신규로 체결하고 그 대행업무를 수행하였다.
갑에 대한 1개월의 업무정지처분기간은 도과하였으나, 갑은 업무정지기간 중 신규계약에 의하여 환경영향평가대행업무를 수행하였다는 이유로 「환경·교통·재해 등에 관한 영향평가법 시행규칙」에 따른 등록취소의 후행처분을 받을 우려가 있다고 판단하고 1개월의 업무정지처분에 대한 취소를 구하는 소를 제기하였다. 이러한 소의 제기는 적법한가?(제소기간은 준수한 것으로 본다) (50점)

[참조조문]
환경·교통·재해 등에 관한 영향평가법
제12조(평가대행자의 등록취소등) ① 관계중앙행정기관의 장은 평가대행자가 다음 각호의 1에 해당하는 경우에는 그 등록을 취소하거나 6월이내의 기간을 정하여 업무의 전부 또는 일부의 정지를 명할 수 있다. 다만, 제1호 내지 제3호의 1에 해당하는 경우에는 그 등록을 취소하여야 한다.
8. 기타 이 법 또는 이 법에 의한 명령에 위반한 경우
② 제1항의 규정에 의한 행정처분의 기준 기타 필요한 사항은 공동부령으로 정한다.
환경·교통·재해 등에 관한 영향평가법 시행규칙
제10조(행정처분기준) 법 제12조 제2항의 규정에 의한 행정처분의 기준은 별표2와 같다.

[별표 2] 평가대행자에 대한 행정처분의 기준(제10조 관련)

2. 개별기준

위반사항: (11) 업무정지처분기간 중 신규계약에 의하여 영향평가대행업무를 한 경우

관련조항: 법 제12조 제1항 제8호

행정처분기준: 1차 위반: 등록취소

기출 — 제50회 행정고시(일반행정)(2006년)

〈제1문〉

「식품위생법」 제58조는 유해식품을 판매한 자에 대해서는 영업허가를 취소하거나 6월 이내의 기간을 정하여 그 영업의 전부 또는 일부를 정지하거나, 영업소의 폐쇄를 명할 수 있다고 규정하고 있다. 그런데 각 지역간 제재처분의 불균형이 문제되자, 보건복지부는 보건복지부령으로 제재처분의 기준을 정하였다. 보건복지부령이 정하고 있는 제재처분기준에는 유해식품 판매금지 1회 위반에 대해서는 1월의 영업정지로 규정되어 있다. 그런데 A시의 시장 갑은 유해식품을 판매하다 처음 적발된 을에 대하여 3월의 영업정지처분을 내렸다. (40점)

(1) 위 보건복지부령에 대한 사법적 통제에 대하여 설명하시오. (20점)

(2) 그런데 을에 대한 영업정지처분에 대한 제소기간이 종료되고 영업정지기간도 지난 후 을이 판매한 식품이 유해하지 않다고 판명되었다. 이에 을은 영업정지 처분의 취소소송과 위법한 영업정지처분으로 인한 손해배상청구소송을 제기하고자 한다. 양자의 인용가능성을 논하시오. (20점)

(1) 위 보건복지부령에 대한 사법적 통제에 대하여 설명하시오. (20점)

Ⅰ. 논점의 정리

Ⅱ. 보건복지부령의 사법적 통제(설문(1))

1. 보건복지부령으로 정한 제재적 처분기준의 법적 성질

(1) 학설

1) 법규명령설

법규명령설도 ⓐ 처분기준을 기속적(한정적)으로 보는 견해(엄격한 대외적 구속력을 인정하는 견해)(제1설)와 ⓑ 처분기준을 최고한도로 보는 견해(최고한도로서의 구속력을 인정하는 견해)(제2설)로 나눌 수 있다.

2) 행정규칙설

3) 수권여부기준설

(2) 판례

① 법령의 위임을 받아 부령으로 정한 제재적 처분기준(도로교통법시행규칙상의 운전면허행정처분기준)은 행정규칙으로 보나(대판(전원) 1995. 10. 17. 94누14148), ② ⓐ 대통령령으로 정한 제재적 처분기준(주택건설촉진법시행령상의 영업정지처분기준)은 법규명령으로 본다(대판 1997. 12. 26. 97누15418). ⓑ 최근에는 대통령령으로 정한 제재적 처분의 기준을 법규명령으로 보면서도 그 기준을 처분의 최고한도로 보아야한다고 판시(구 청소년보호법시행령상의 과징금처분기준)하고 있다(대판 2001. 3. 9. 99두5207)하고 있다.

(3) 검토

위임의 근거가 있는 한 행정규칙으로 규율하지 않고 법규명령으로 규율하는 것도 가능하므로 법규명령설, 그 중 제1설이 타당하다.

2. 사법적 통제

(1) 법원에 의한 통제

1) 보건복지부령에 대한 항고소송

㈎ ⓐ 규율대상의 구체·추상성은 상대적인 것이며(행정입법도 규율대상이 구체적이라고 한다), 행정입법도 법률의 시행을 위한 것이기에 '법집행'에 해당하기에 항고소송의 대상이 된다고 보는 견해(박정훈)도 있으나, ⓑ 구체적 사실에 대한 법집행행위가 아닌 추상적인 법령은 항고소송의 대상인 처분이 아니라는 것이 일반적인 견해와 판례의 입장이다(대판 1987. 3. 24. 86누656).

㈏ 따라서 보건복지부령에 대해 직접 항고소송을 제기할 수는 없다.

2) 구체적 규범통제(영업정지처분을 항고소송으로 다투는 경우)

a. 구체적 규범통제의 의의

헌법 제107조 제2항은 "명령·규칙 또는 처분이 헌법이나 법률에 위반되는 여부가 재판의 전제가 된 경우에는 대법원은 이를 최종적으로 심사할 권한을 가진다"고 하여 각급 법원이 위헌·위법한 법규명령 등을 심사할 권한 있음을 규정하고 있다.

b. 구체적 규범통제의 주체

구체적 규범통제의 주체는 각급법원이다. 대법원은 최종적으로 심사할 권한을 갖는다.

c. 재판의 전제성

여기서 '재판의 전제가 된 경우'란 처분의 위법성이 법규명령 등에 기한 것일 때 법규명령 등의 위헌·위법성을 선결문제로 다투는 것을 말한다.

d. 대상

대상은 명령과 규칙이다. '명령'이란 행정입법으로서 법규명령을 말하며, '규칙'이란 국회규칙·대법원규칙·헌법재판소규칙 등을 말한다. 그리고 지방자치단체의 조례나 규칙도 포함된다.

e. 구체적 규범통제의 효력

i. 학설

① 개별적 효력설(다수 견해)과 ② 일반적 효력설이 대립된다.

ii. 판례

대법원의 입장은 분명하지 않다.

iii. 검토

법원은 구체적 사건의 심사를 목적으로 하고 법령의 심사를 목적으로 하지는 아니하며, 모든 법원 특히 하급심법원에 의해 위헌·위법으로 판시된 명령·규칙의 일반적 무효를 인정하기 어렵다는 점을 고려할 때 개별적 효력설이 타당하다.

f. 설문

영업정지처분을 다투며 그 근거법령인 보건복지부령의 위법성을 주장할 수 있다.

(2) 헌재에 의한 통제(법규명령에 대한 헌법소원)

㈎ ⓐ 헌법 제107조 제2항이 명령·규칙의 최종적인 심사권을 대법원에 부여하므로 명령과 규칙의 헌법소원은 부정함이 타당하다는 견해와 ⓑ 헌법 제107조 제2항은 재판의 전제가 된 경우 명령과 규칙에 대한 한 법원의 심사권을 규정한 것이고 재판의 전제가 되지 않은 법규명령이 별도의 집행행위를 기다리지 않고 직접 기본권을 침해하는 경우 헌법소원이 가능하다고 보아야 한다는 견해(다수 견해)가 대립된다.

㈏ 헌법재판소는 법무사법시행규칙에 대한 헌법소원(헌재 1990. 10. 15. 89헌마178)에서 긍정한다.

㈐ 기본권을 침해하는 법규명령 등을 직접 다투는 것을 소송물로 하는 구제방법이 인정되지 않기에 헌법소원의 보충성에도 문제가 없고, 법규명령이 기본권을 직접 침해하는 것이라면 직접성 요건도 문제되지 않는다. 따라서 긍정설이 타당하다.

㈑ 긍정설에 따른다면 법규명령도 헌법소원의 대상이 될 수 있다. 그러나 ⓐ 헌법소원이 인정되는 법규명령이 되려면 구체적인 집행행위를 기다리지 않고 법규명령 자체에 의해 국민의 권리제한이나 의무부과, 자유권 제한의 효과가 발생하여야(직접성 요건) 함에도 불구하고 설문의 보건복지부령은 그 자체로 법적 효과가 발생하는 것이 아니라 다른 집행행위(영업정지처분)가 실현되어야 기본권의 침해가 발생하는 경우이므로 직접성이 인정되지 않는다. ⓑ 또한 시장의 영업정지처분이 있다면 영업정지처분을 다투며 부령의 위법성을 주장할 수 있기에 보충성요건도 충족하지 못한다.

---

(2) 그런데 을에 대한 영업정지처분에 대한 제소기간이 종료되고 영업정지기간도 지난 후 을이 판매한 식품이 유해하지 않다고 판명되었다. 이에 을은 영업정지 처분의 취소소송과 위법한 영업정지처분으로 인한 손해배상청구소송을 제기하고자 한다. 양자의 인용가능성을 논하시오. (20점)

Ⅲ. 취소소송과 손해배상청구소송의 인용가능성(설문(2))

1. 취소소송의 인용가능성

(1) 취소소송의 적법요건

취소소송은 관할권 있는 법원에(행정소송법 제9조), 원고적격(동법 제12조)과 피고적격을 갖추어(동법 제13조), 처분 등을 대상으로(동법 제19조), 제소기간 내에(동법 제20조) 제기하고, 그 밖에 권리보호필요성 요건을 갖추고 있어야 한다.

(2) 제소기간의 문제(행정소송법 제20조)

제소기간이 도과되어 취소소송은 각하될 것이다.

(3) 협의의 소익의 문제

1) 의의

원고의 재판청구에 대하여 법원이 판단을 행할 구체적 실익 내지 필요성을 말하며, '소의 객관적 이익' 또는 '권리보호의 필요'라고도 한다.

2) 소의 이익이 부인되는 경우

소송에서 협의의 소익은 일반적으로 긍정된다. 그러나 ⓐ 보다 간이한 방법이 있는 경우 ⓑ 원고가 추구하는 권리보호가 오로지 이론상으로만 의미 있는 경우 ⓒ 신의성실의 원칙에 반하는 경우에는 협의의 소익은 부정된다.

3) 행정소송법 제12조 제2문

a. 행정소송법 제12조 제2문에 따른 소송의 성격

i. 취소소송으로 보는 견해

ii. 계속적(사후적) 확인소송으로 보는 견해(타당)

b. 제12조 제2문의 소송요건으로서의 지위(제12조 제2문의 성격)

i. 협의의 소익에 관한 조항이라는 견해(타당)

ii. 원고적격 조항이라는 견해

c. "회복되는 법률상 이익"의 의미(범위)

㈎ 제1문과 제2문의 범위가 일치한다는 견해와 제2문의 회복되는 법률상 이익의 범위가 넓다는 견해(타당)가 대립된다.

㈏ 판례는 간접적 사실상이나 경제적 이익, 명예, 신용 등의 인격적 이익을 가지는데 불과한 경우는 이에 해당하지 않는다고 본다(제1문=제2문).

4) 영업정지기간 경과후의 소의 이익

a. 학설

i. 법규명령인지 행정규칙인지로 구별하는 견해

법규명령설(제재적처분기준을 법규명령으로 보는 경우 가중된 제재처분을 받을 불이익이 구체적 현실적으로 존재하므로 협의의 소익을 긍정한다)과 행정규칙설(제재적처분기준을 행정규칙으로 본다면 가중된 제재처분을 받을 불이익이 구체적 현실적으로 존재하지 않으므로 협의의 소익을 부정하는 입장이다)이 대립된다.

ii. (법규명령인지 행정규칙인지가 아니라) 현실적 불이익을 받을 가능성을 기준으로 하는 견해

제재적 처분기준을 규정한 규범의 성질(법규명령인지 행정규칙인지)이나 규정형식(대통령령인지 부령인지)이 아니라 현실적으로 불이익을 받을 가능성이 있는지를 기준으로 하는 견해이다.

b. 판례

판례는 과거 i설에 따라 시행령은 법규명령으로 보고 협의의 소익을 긍정한 반면, 시행규칙은 행정규칙으로 보고 협의의 소익을 부정하였다가 최근 환경영향평가대행영업정지처분취소와 관련한 전원합의체판결(대판(전원) 2006. 6. 22. 2003두1684)을 통해 ii설을 취하고 있다.

c. 검토

㈎ 규범의 성질이나 규정형식이 아니라 현실적으로 불이익을 받을 가능성이 있는지를 기준으로 협의의 소익을 판단하는 견해인 ii설이 타당하다.

㈏ 영업정지기간이 도과하였지만 을에게 현실적 불이익을 받을 가능성이 있다면 을은 협의의 소익이 인정된다.

2. 국가배상청구소송의 인용가능성

(1) 국가배상청구의 가능성

1) 문제점

판례에 따르면 국가배상청구소송은 민사법원 관할사항이다. 따라서 민사법원은 을의 국가배상청구를 심리함에 있어 시장의 영업정지처분의 위법성을 판단하여야 하는데 이것이 가능한지가 문제된다.

2) 선결문제

a. 의의

이처럼 민사·형사법원의 본안판단에서 행정행위의 효력유무·존재여부 또는 위법여부가 선결될 문제인 경우 그 효력유무·존재여부나 위법여부를 선결문제라 한다.

b. 형태

선결문제는 민사사건의 경우와 형사사건의 경우로 나눌 수 있고, 각각 행정행위의 위법여부가 선결문제로 되는 경우와 행정행위의 효력여부가

선결문제로 되는 경우가 있다. 설문은 민사사건의 경우이고 영업정지처분의 위법여부가 문제되는 경우이다.

3) 민사법원이 영업정지처분의 위법성을 심리할 수 있는지 여부

a. 학설

소극설과 적극설(일반적인 견해)이 대립된다.

b. 판례

판례는 일반적인 견해와 같이 적극설을 취한다(대판 1972. 4. 28. 72다337).

c. 검토

민사법원이 국가배상청구소송을 심리함은 그 처분의 효력을 부정하는 것이 아니므로 선결문제로서 행정행위의 위법성을 판단할 수 있다는 긍정설이 타당하다.

(2) 국가배상청구의 인용여부

갑 시장의 영업정치처분은 위법하고 갑 시장의 과실 등이 인정된다면 국가배상청구는 인용될 수 있을 것이다.

|제4항| 소의 변경, 가구제, 소송의 심리, 판결 등

판례 — 관련청구소송의 병합

대법원 2009. 4. 9. 선고 2008두23153 판결
【보험료납부고지처분취소】

행정소송법 제10조 제1항, 제2항은 처분의 취소를 구하는 취소소송에 당해 처분과 관련되는 부당이득반환소송을 관련 청구로서 병합할 수 있다고 규정하고 있는바, 이 조항을 둔 취지에 비추어 보면, 취소소송에 병합할 수 있는 **당해 처분과 관련되는 부당이득반환소송에는** 당해 처분의 취소를 선결문제로 하는 부당이득반환청구가 포함되고, 이러한 부당이득반환청구가 인용되기 위해서는 그 소송절차에서 판결에 의해 당해 처분이 취소되면 충분하고 그 처분의 취소가 확정되어야 하는 것은 아니라고 보아야 한다.

원심은 그 판시와 같은 이유로 피고가 2004. 8. 18.부터 2005. 4. 18.까지 8회에 걸쳐 부과한 이 사건 합계 90,946,000원의 보험료부과처분 중 원고 개인의 보험료 및 직원들로 인한 보험료 합계 23,751,020원을 초과한 67,194,980원 부분의 **보험료부과처분을 취소하면서도**, 이 부분을 포함하여 원고가 반환을 구하는 합계 148,046,832원의 보험료 전부에 대한 **이 사건 부당이득반환청구를 기각**하였다.

그러나 이 사건 취소소송에서 90,946,000원의 보험료부과처분 중 67,194,980원의 **보험료부과처분을 취소하고 있으므로**, 앞서 본 법리에 의하면 **부당이득반환소송에서는** 67,194,980원의 **보험료부과처분이 취소되었음을 전제로 그 인용여부를 판단하였어야 할 것**임에도, 원심은 그 처분의 취소가 확정되지 않았다는 이유로 나머지 판단에 나아가지 않은 채 이를 기각하고 말았으니, 이러한 원심의 판단에는 관련 청구병합에 관한 법리를 오해하여 판결 결과에 영향을 미친 위법이 있다.

tip (보험료부과처분취소소송과 부당이득반환청구소송이 병합된 경우) 보험료부과처분이 별도의 소송에서 취소되지 않더라도 당해 소송절차에서 취소되면 충분하기에 부당이득반환청구소송이 인용될 수 있다는 판결이다.

● 제26회 입법고시(2010년)
〈제1문〉

국민건강보험공단은 갑이 국민건강보험법 규정에 따라 건강보험의 직장가입자로서의 요건을 갖추고 있음에도 그 자격이 누락되어 있음을 확인하고 갑에게 보험료부과처분을 하였다. 이에 갑은 이를 전액 납부하였으나, 나중에 위 보험료부과처분에 하자가 있다는 사실을 알게 되었다. 이러한 사실관계를 바탕으로 다음의 물음에 답하시오. (50점)

(1) 보험료부과처분에 취소사유에 해당하는 하자가 있는 경우, 갑이 이미 납부한 보험료를 돌려받기 위하여 제기할 수 있는 소송에 대하여 검토하시오(제소기간은 준수한 것으로 본다). (35점)

판례 — 행정소송법 제26조의 성질

[1] 대법원 2010. 2. 11. 선고 2009두18035 판결
【복구설계승인신청불승인처분취소】

행정소송에서 기록상 자료가 나타나 있다면 당사자가 주장하지 않았더라도 판단할 수 있고, **당사자가 제출한 소송자료에 의하여 법원이 처분의 적법 여부에 관한 합리적인 의심을 품을 수 있음에도** 단지 구체적 사실에 관한 **주장을 하지 아니하였다는 이유만으로 당사자에게 석명을 하거나 직권으로 심리·판단하지 아니함으로써 구체적 타당성이 없는 판결을 하는 것은** 행정소송법 제26조의 규정과 행정소송의 특수성에 반하므로 허용될 수 없다. 따라서, 원심이 기록에 나타난 자료에 의하여 위와 같이 산지전용기간의 만료와 함께 원고들이 복구설계승인을 신청한 사실을 인정하고서도 산지전용기간의 만료로 복구설계승인의 요건을 갖추게 되었는지 여부에 대하여 심리·판단을 하지 아니한 결과 이 사건 처분을 적법하다고 본 데에는 필요한 직권심리를 다하지 아니함으로써 판결에 영향을 미친 잘못이 있다.

[2] 대법원 2011. 2. 1. 선고 2010두20980 판결
【여객자동차운송사업계획변경인가처분취소】

행정소송에서 기록상 자료가 나타나 있다면 당사자가 주장하지 않았더라도 판단할 수 있고, 당사자가 제출한 소송자료에 의하여 법원이 처분의 적법여부에 관한 합리적인 의심을 품을 수 있음에도 단지 구체적 사실에 관한 주장을 하지 아니하였다는 이유만으로 당사자에게 석명을 하거나 직권으로 심리·판단하지 아니함으로써 구체적 타당성이 없는 판결을 하는 것은 행정소송법 제26조의 규정과 행정소송의 특수성에 반하므로 허용될 수 없다.

tip 행정소송법 제26조의 성질에 관해 변론주의 보충설과 직권탐지주의설이 대립되는데 판례는 '기록상 자료가 나타나 있다면 당사자가 주장하지 않았더라도 판단할 수 있다'고 하고 있어 변론주의 보충설을 취하는 것으로 평가된다. 즉 행정소송법 제26조 규정의 의미를 축소 해석한다.

판례 — 입증책임

[1] 대법원 2010. 2. 11. 선고 2008두16407 판결 【시정명령취소】

독점규제 및 공정거래에 관한 법률 제3조의2 제1항 제5호 후단은 '부당하게 소비자의 이익을 현저히 저해할 우려가 있는 행위'를 시장지배적 사업자의 지위남용행위의 한 유형으로 규정하고 있는바, 그 요건으로서는 시장지배적 사업자의 소비자이익을 저해할 우려가 있는 행위의 존재, 소비자이익 저해 정도의 현저성 및 그 행위의 부당성이 증명되어야 하고, 그러한 요건에 대한 증명책임은 시정명령 등 처분의 적법성을 주장하는 공정거래위원회에 있다.

[2] 대법원 2010. 5. 13. 선고 2009두3460 판결 【양도소득세부과처분무효확인】

행정처분의 당연무효를 주장하여 그 무효확인을 구하는 행정소송에 있어서는 원고에게 그 행정처분이 무효인 사유를 주장·입증할 책임이 있고 … 원고가 이 사건 청구원인으로 주장하는 바는, 이 사건 과세처분 당시 원고 자신은 구치소에 구속되어 있었고 그 가족들은 주소지였던 '서울 양천구 목동 912 목동신시가지아파트 (이하 생략)'를 떠나 다른 곳에 거주하고 있었던 탓에, 그 무렵 위 주소지로 배달된 것으로 보이는 이 사건 납세고지서를 송달받지 못하였으므로, 위 납세고지서의 송달은 부적법한 것으로서 그 효력이 발생하지 아니하였고, 따라서 이 사건 과세처분은 무효라는 것임을 알 수 있는바, 앞서 본 법리에 비추어 이러한 경우 원심으로서는 과연 원고의 주장과 같이 이 사건 과세처분 당시 원고나 그 가족들이 위 주소지에 실제로 거주하고 있지 아니하였는지 여부 등에 관하여 좀 더 면밀하게 살펴본 연후에 이 사건 송달의 적법 여부를 판단하였어야 할 것이다.

tip 판례는 취소소송은 법률요건분류설에 따라 권한행사규정("…한 때에는 …의 처분을 한다")의 요건사실의 존재는 그 권한행사의 적법성(필요성)을 주장하는 자가 입증해야 한다고 보지만([판례 1의 행정청]), 무효확인소송은 원고에게 그 행정처분이 무효인 사유를 주장·입증할 책임이 있다고 본다([판례 2의 원고]).

판례 — 처분사유(이유)의 사후변경(추가·변경)

[1] 대법원 2008. 2. 28. 선고 2007두13791,13807 판결 【부정당업자제재처분취소】

폐기물협회 회원사들은 2005. 4. 7.자 폐기물협회 회원사 대표회의에서 위 공동주택 음식물류 폐기물 수집·운반 단가계약이 수의계약이 되도록 **원주시가 발주하는 이 사건 입찰에 참가하지 않거나 참가하여 낙찰되더라도 계약체결을 하지 않기로 합의하고, 위 합의에 따라 피고가 2005. 4. 2. 및 2005. 4. 13. 실시한 이 사건 입찰에 참가하지 않거나 소외 2 합자회사만 단독으로 응찰하여 이 사건 입찰이 모두 유찰된 사실** 등 그 판시와 같은 사실을 인정한 다음, 피고가 원심 심리 중에 당초의 처분사유인 국가를 당사자로 하는 계약에 관한 법률(2005. 12. 14. 법률 제7722호로 개정되기 전의 것, 이하 '국가계약법'이라 한다) 시행령 제76조 제1항 제12호 소정의 '담합을 주도하거나 담합하여 입찰을 방해하였다'는 것으로부터 같은 항 제7호 소정의 '특정인의 낙찰을 위하여 담합한 자'로 이 사건 처분의 사유를 변경한 것은, 그 변경 전후에 있어서 **같은 행위에 대한 법률적 평가만 달리하는 것일 뿐 기본적 사실관계를 같이 하는 것이므로 허용된다고 판단**하였다.

[2] 대법원 2009. 11. 26. 선고 2009두15586 판결 【수의사국가시험합격무효취소】

피고가 이 사건 처분의 근거로 삼은 사유는 원고가 2001. 12. 31. 당시 치의학과에 재학한 이상 그 시점에 수의학을 전공으로 재학 중에 있을 것을 요건으로 하는 이 사건 부칙조항에 해당하지 않는다는 것임에 반해, 원심이 이 사건 처분의 정당성을 인정한 근거로 삼은 사유는 원고가 당초 수의학을 전공한 대학과 그 학사학위를 취득한 대학이 같지 아니하여 개정 전 법 제9조 제2호의 요건에 해당하지 않는다는 것으로 양자의 기본적 사실관계가 동일하다고 보기는 어렵다.

tip 처분사유의 추가변경이 인정되려면 (처분의 위법성판단기준시에 대해 처분시기준설에 따르면) 두 처분사유는 처분시에 존재하는 사유라야 하며(시간적 범위), 기본적 사실관계의 동일성이 인정되어야 한다.

[판례 1]은 당초사유인 국가를 당사자로 하는 계약에 관한 법시행령 제76조 제1항 제12호의 '담합을 주도하거나 담합하여 입찰을 방해하였다'는 것과 같은 항 제7호의 '특정인의 낙찰을 위하여 담합하였다'는 것은 '원주시가 발주하는 이 사건 입찰에 참가하지 않거나 참가하여 낙찰되더라도 계약체결을 하지 않기로 합의하고, 그 합의에 따라 피고가 실시한 입찰에 참가하지 않거나 소외회사만 단독으로 응찰하여 이 사건 입찰이 모두 유찰'된 동일한 사회적 사실관계를 기초로 한 것이기에 처분사유의 변경을 인정한 것이다.

그러나 [판례 2]의 '수의학 전공으로 재학 중에 있을 것이라는 요건을 미비하였다는 것'과 '수의학을 전공한 대학과 그 학사학위를 취득한 대학이 같지 아니하다는 것'은 내용이 유사하거나 취지가 공통하지 않아 기본적 사실관계 동일성을 부정한 판결이다.

제25회 법원행정고시(2007년)
〈제1문〉

갑은 신고를 하고 일반음식점 영업을 하던 중 미성년자 A에게 주류를 제공하였다는 이유로 구청장으로부터 식품위생법 제58조 제1항 제1호, 제31조 제2항 제4호, 법 시행규칙 제53조 별표 15를 근거법령으로 하는 영업소의 폐쇄처분을 받았다. 이에 갑은 A가 사실은 미성년자가 아니고, 식품위생법 제64조 소정의 청문절차를 거치지 않았음을 이유로 구청장을 상대로 영업정지처분(영업정지처분취소소송이 아니라 영업소폐쇄처분 취소소송의 오기(誤記)로 보인다)의 취소소송을 제기하였다.

(1) 제1심 재판 도중 A가 미성년자인 사실은 입증되자 피고는 제1심 재판 도중 갑에 대한 청문절차를 실시하고, 갑은 A와 함께 온 미성년자 B에게도 주류를 제공하였으므로 처분이 적법하다고 주장하고 있다. 피고의 주장의 당부에 대하여 논하시오.

제50회 사법시험(2008년)
〈제2문의 1〉

주택사업과 건설업 등을 영위하는 주식회사 갑은 60필지의 단독주택단지를 재개발하여 아파트 4개동 300세대를 건축하기로 하고 위 60필지의 토지를 매수하는 작업을 하였으나, 매매대금의 차이로 60필지 중 10필지만을 매수하는 데 그쳤다. 갑은 위 10필지의 토지에 12층 규모 72세대의 아파트를 건축하기로 하고 주택법 제16조 제1항 및 주택법시행령 제15조 제1항의 규정에 의하여 관할 행정청인 을에게 주택건설사업계획승인신청을 하였다. 위 60필지 토지는 직사각형 모양의 단독주택단지이고 그 중 위 10필지는 전체 60필지 중 남서쪽 모퉁이에 위치하고 있으며, 위 10필지 외 다른 토지의 소유자들은 '60필지의 토지소유자 중 80% 이상의 동의로 아파트재개발사업을 추진하고 있는 상황에서 위 10필지에만 따로 아파트를 건설하는 것은 주위 환경과 여건에 맞지 않으므로 반대한다'는 취지의 의견서를 을에게 제출하였다. 이에 을은 갑에게 위 10필지 외 다른 토지의 소유자들과 충분히 협의할 것을 요청하였으나, 갑은 일부 토지소유자들의 과도한 요구로 협의가 결렬되었다면서 전체의 개발은 하지 않고 위 10필지만을 개발하겠다고 하였다. 그러나 법령에 명시적인 근거규정이 없음에도 을은 "60필지 중 위 10필지만을 개발하는 것은 도시 미관과 지역 여건을 고려하지 않은 불합리한 계획으로서 지역의 균형개발을 저해한다."라는 이유로 갑의 주택건설 사업계획승인신청을 반려하는 처분을 하였다.

갑은 이 반려처분의 취소를 구하는 행정소송을 제기하였고, 이 행정소송에서 을은 "① 위 반려처분에는 아무런 하자가 없을 뿐만 아니라, ② 더욱이 위 60필지의 지역은 관계법령에 의하여 5층 이상의 건축이 불가능한 제1종일반주거지역으로 지정되어 있으므로 이 점에서도 위 반려처분은 적법하다."라고 주장하였다. 을의 위와 같은 주장에 관하여 논평하시오.

제53회 행정고시(일반행정)(2009년)
〈제2문〉

A고등학교 교장인 갑은 소속 교사인 을의 행실이 못마땅하고, 그 소속 단체인 교사 연구회에 대하여도 반감을 가지고 있던 중에 을이 신청한 A학교시설의 개방 및 그 이용을 거부하였다. 그러자 평소 갑의 학교운영에 불만을 품고 있던 을은 학교장 갑의 업무추진비 세부항목별 집행내역 및 그에 관한 증빙서류에 대하여 정보공개를 청구하였다. 이에 갑은 청구된 정보의 내용 중에는 개인의 사생활의 비밀 또는 자유를 침해할 우려가 있는 정보가 포함되어 있다는 것을 이유로 을의 청구에 대하여 비공개 결정하였다.

(2) 갑의 비공개결정에 대하여 을이 취소소송을 제기하여 다투고 있던 중, 갑은 위 사유 이외에 학교장의 업무추진비에 관한 정보 중에는 법인·단체의 경영상의 비밀이 포함되어 있다는 것을 비공개결정 사유로 추가하려고 한다. 그 허용여부에 대하여 검토하시오.

판례 — 처분의 위법성판단 기준시(처분시기준설)

[1] 대법원 2008. 7. 24. 선고 2007두3930 판결
【난민인정불허가결정취소】

행정소송에서 행정처분의 위법 여부는 행정처분이 행하여졌을 때의 법령과 사실 상태를 기준으로 하여 판단하여야 하고, 처분 후 법령의 개폐나 사실상태의 변동에 의하여 영향을 받지는 않으므로, **난민 인정 거부처분의 취소를 구하는 취소소송에 있어서도 그 거부처분을 한 후 국적국의 정치적 상황이 변화하였다고 하여 처분의 적법 여부가 달라지는 것은 아니다.** 따라서 … 피고가 원고에 대해 난민 인정을 불허하는 이 사건 처분을 한 이후 원고의 국적국인 콩고의 정치적 상황이 변화하였음을 이유로 이 사건 처분이 적법하다는 피고의 상고이유 주장은 받아들일 수 없다.

[2] 대법원 2009. 2. 12. 선고 2005다65500 판결
【약정금】

행정처분의 위법 여부는 행정처분이 있을 때의 법령과 사실상태를 기준으로 하여 판단하여야 하고, 처분 후 법령의 개폐나 사실상태의 변동에 의하여 영향을 받지 않으므로, **행정청이 수익적 행정처분을 하면서 부가한 부담 역시** 처분 당시 법령을 기준으로 위법여부를 판단하여야 하고, 부담이 처분 당시 법령을 기준으로 적법하다면 **처분 후 부담의 전제가 된 주된 행정처분의 근거법령이 개정**됨으로써 행정청이 **더 이상 부관을 붙일 수 없게 되었다 하더라도** 곧바로 위법하게 되거나 그 효력이 소멸하게 되는 것은 아니라고 할 것이다.

tip [판례 1]은 처분의 위법성판단 기준시점이 처분시라는 종래의 입장을 확인한 판결이며, 부관인 부담의 위법성판단 기준시점 역시 처분시의 법령과 사실상태를 기준으로 한다고 봅니다([판례 2]).

판례 — 일부취소판결

대법원 2009. 6. 23. 선고 2007두18062 판결
【시정명령등취소】

처분을 할 것인지 여부와 처분의 정도에 관하여 **재량이 인정되는 과징금 납부명령에 대하여** 그 명령이 재량권을 일탈하였을 경우 **법원으로서는 재량권의 일탈 여부만 판단할 수 있을 뿐**이지 재량권의 범위 내에서 어느 정도가 적정한 것인지에 관하여는 판단할 수 없어 그 전부를 취소할 수밖에 없고, **법원이 적정하다고 인정되는 부분을 초과한 부분만 취소할 수는 없는 것**이므로, 피고의 이 사건 과징금납부명령이 재량권 일탈·남용에 해당한다면서 적정하다고 인정되는 과징금을 산정한 후 이를 초과한 부분만 취소한 원심판결은 이 점에서도 파기를 면할 수 없다.

tip 재량행위에서는 권력분립의 원칙과 행정의 1차적 처분권을 보장한다는 면에서 일부취소판결을 부정하는 것이 일반적인 견해와 판례의 입장이다. 다만 일부취소판결이 인정되는 경우(ⓐ 일부 취소되는 부분이 가분성(특정성)이 있고, ⓑ 적법하게 부과될 정당한 부과금액이나 기간을 소송상 산정할 수 있는 가능성이 있어야 함)가 있다.

판례 — 사정판결

대법원 2009. 12. 10. 선고 2009두8359 판결
【예비인가처분취소】

법학전문대학원이 장기간의 논의 끝에 사법개혁의 일환으로 출범하여 2009년 3월초 일제히 **개원한 점**, 전남대 법학전문대학원도 **120명의 입학생을 받아들여 교육을 하고 있는데 인가처분이 취소되면 그 입학생들이 피해를 입을 수 있는 점**, 법학전문대학원의 인가 취소가 이어지면 우수한 법조인의 양성을 목적으로 하는 **법학전문대학원 제도 자체의 운영에 큰 차질을 빚을 수 있는 점**, 법학전문대학원의 설치인가 심사기준의 설정과 각 평가에 있어 법 제13조에 저촉되지 않는 점, **교수위원이 제15차 회의에 관여하지 않았다고 하더라도** 그 소속대학의 평가점수에 비추어 **동일한 결론에 이르렀을 것**으로 보여, 전남대에 대한 이 사건 인가처분을 취소하고 **다시 심의하는 것은 무익한 절차의 반복**에 그칠 것으로 보이는 점 등을 종합하여, 전남대에 대한 이 사건 인가처분이 법 제13조에 위배되었음을 이유로 취소하는 것은 현저히 공공복리에 적합하지 아니하다.

tip 교육과학기술부장관의 전남대학교에 대한 법학전문대학원 예비인가처분이 법학전문대학원 설치·운영에 관한 법률에 위반되어 취소사유에 해당함에도 불구하고 전남대 법학전문대학원이 이미 120명의 입학생을 받아들여 교육을 하고 있음 등을 이유로 경원자관계에 있는 조선대학교의 청구를 기각한 판결이다.

판례 — 교원소청심사위원회의 소청심사결정 중 임용기간이 만료된 교원에 대한 재임용 거부처분을 취소하는 결정의 효력

대법원 2010. 9. 9. 선고 2008다6953 판결
【임금등】

'교원지위 향상을 위한 특별법' 제7조 제1항, 제10조 제2항에 의하면, 교원소청심사위원회(이하 '심사위원회'라고 한다)는 각급학교 교원에 대한 징계처분과 그 밖에 그 의사에 반하는 불리한 처분(임용기간이 만료된 교원에 대한 재임용거부처분을 포함한다)에 대한 소청을 심사하고 그 소청심사결정은 처분권자를 기속한다.

이와 같은 **심사위원회의 소청심사결정 중 임용기간이 만료된 교원에 대한 재임용거부처분을 취소하는 결정은** 재임용거부처분을 취소함으로써 학교법인 등에게 해당 교원에 대한 재임용심사를 다시 하도록 하는 절차적 의무를 부과하는데 그칠 뿐 학교법인 등에게 반드시 해당 교원을 재임용하여야 하는 의무를 부과하거나 혹은 그 교원이 바로 재임용되는 것과 같은 법적 효과까지 인정되는 것은 아니라고 할 것이다.

tip 교원의 재임용여부는 일반적으로 임용권자의 재량이므로 교원소청심사위원회의 재임용거부처분 취소결정이 있다고 하더라도 이는 임용권자에게 특정처분을 할 의무가 부과되는 것이 아니라 재결정하여 재량권 일탈·남용이 없는 처분을 하라는 의무(…재임용심사를 다시 하도록 하는 절차적 의무를 부과하는 데 그칠 뿐 학교법인 등에게 반드시 해당 교원을 재임용하여야 하는 의무를 부과하거나 혹은 그 교원이 바로 재임용되는 것과 같은 법적 효과까지 인정되는 것은 아니라…)가 부과되는 것이다.

[관련판례 1]도 같은 취지의 판결이다. 그리고 [관련판례 2]는 간접강제는 심리적 강제수단에 불과하기에 의무이행기간경과 후에도 판결의 취지에 따른 재처분이 있다면 배상금 추심이 불가능하다는 종래 입장을 확인한 판결이다.

[관련판례 1] 대법원 2009. 3. 26. 선고 2009두416 판결 【재직기간합산불승인처분취소】

기간을 정하여 임용된 국·공립대학의 교원은 특별한 사정이 없는 한 그 임용기간의 만료로 교원으로서의 신분관계가 종료되는 것이고, **임용기간이 만료된 교원의 재임용이 거부되었다가 그 재임용거부처분이 법원의 판결에 의하여 취소되었다고 하더라도** 임용권자는 다시 재임용 심의를 하여 재임용여부를 결정할 의무를 부담할 뿐, 위와 같은 취소 판결로 인하여 당연히 그 교원이 재임용거부처분 당시로 소급하여 신분관계를 회복한다고 볼 수는 없는 것이다.

[관련판례 2] 대법원 2010. 12. 23. 선고 2009다37725 판결 【부당이득반환】

행정소송법 제34조 소정의 간접강제결정에 기한 배상금은 확정판결의 취지에 따른 재처분의 지연에 대한 제재나 손해배상이 아니고 재처분의 이행에 관한 심리적 강제수단에 불과한 것으로 보아야 하므로, 간접강제결정에서 정한 **의무이행기한이 경과한 후에라도** 확정판결의 취지에 따른 **재처분이 행하여지면** 배상금을 추심함으로써 심리적 강제를 꾀한다는 당초의 목적이 소멸하여 처분상대방이 더 이상 배상금을 추심하는 것이 허용되지 않는다.

기출 — 제25회 법원행정고시(2007년)

〈제1문〉

갑은 신고를 하고 일반음식점 영업을 하던 중 미성년자 A에게 주류를 제공하였다는 이유로 구청장으로부터 식품위생법 제58조 제1항 제1호, 제31조 제2항 제4호, 법 시행규칙 제53조 별표 15를 근거법령으로 하는 영업소의 폐쇄처분을 받았다. 이에 갑은 A가 사실은 미성년자가 아니고, 식품위생법 제64조 소정의 청문절차를 거치지 않았음을 이유로 구청장을 상대로 영업정지처분[25]의 취소소송을 제기하였다.

(1) 제1심 재판 도중 A가 미성년자인 사실은 입증되자 피고는 제1심 재판 도중 갑에 대한 청문절차를 실시하고, 갑은 A와 함께 온 미성년자 B에게도 주류를 제공하였으므로 처분이 적법하다고 주장하고 있다. 피고의 주장의 당부에 대하여 논하시오. (10점)

(2) 제1심 재판 도중 A가 미성년자인 사실은 입증되자 피고는 영업소 폐쇄처분을 취소하고, 갑에 대하여 영업정지 2월의 새로운 처분을 하였으나 판결이 선고되기 전에 영업정지기간이 만료되었다. 이 사건 소가 적법한지 여부를 논하시오. (20점)

(3) 재판에서 A가 성인임이 밝혀지자 법원은 처분사유가 존재하지 않고, 청문절차도 거치지 않았으므로 영업소 폐쇄처분은 위법하므로 취소한다는 판결을 선고하였고, 위 판결은 그대로 확정되었다. 그 후 갑은 을에게 음식점을 양도하였는데 피고는 갑이 A에게 주류를 판매하였다는 위 사유로 을에 대하여 다시 2개월 영업정지처분을 하였다. 위 처분의 효력에 대해 논하시오. (20점)

25) 영업정지처분취소소송이 아니라 영업소폐쇄처분취소소송의 오기(誤記)로 보인다. 식품위생법(현행 제81조)도 영업정지처분이 아니라 영업소폐쇄명령에 대해서만 청문을 실시하도록 규정하고 있다.

(1) 제1심 재판 도중 A가 미성년자인 사실은 입증되자 피고는 제1심 재판 도중 갑에 대한 청문절차를 실시하고, 갑은 A와 함께 온 미성년자 B에게도 주류를 제공하였으므로 처분이 적법하다고 주장하고 있다. 피고의 주장의 당부에 대하여 논하시오. (10점)

Ⅰ. 하자의 치유, 처분사유의 추가·변경 (설문(1))

1. 재판 중 청문실시로 하자가 치유되는지 여부

(1) 행정행위의 하자의 치유의 의의

발령당시 위법한 행정행위의 흠결된 요건을 사후에 보완함으로써 그 행위의 효력을 유지하도록 하는 것을 말한다.

(2) 인정여부

① 긍정설, 제한적 긍정설, 부정설이 있다. ② 판례는 제한적 긍정설의 입장이다. ③ 개인의 권리구제와 행정의 효율성을 고려할 때 제한적 긍정설이 통설이며, 타당하다.

(3) 하자 치유의 요건(사유)

하자의 치유를 인정하기 위해서는 흠결된 요건의 사후 보완이 있어야 한다.

(4) 하자 치유의 적용범위

㈎ 전통적 견해와 판례는 하자의 치유는 취소할 수 있는 행위에만 인정된다고 본다.

㈏ 절차와 형식상의 하자 외에 내용상의 하자도 치유가 가능하다는 견해도 있으나 행정의 법률적합성의 원칙을 고려할 때 내용상 하자의 치유를 인정하지 않는 판례의 태도가 타당하다.

(5) 하자 치유의 한계

1) 실체적 한계

하자의 치유는 법치주의의 관점에서 보아 원칙적으로는 허용될 수 없지만, 국민의 권리와 이익을 침해하지 않는 범위에서 예외적으로 인정되어야 한다(제한적 긍정설, 통설·판례).

2) 시간적 한계

치유의 시점과 관련하여 ① 쟁송제기이전시설(판례)과 ② 쟁송이후가능설이 대립한다. 당사자의 불복신청에 편의를 줄 수 있도록 쟁송제기이전에 치유가 있어야 한다는 판례가 타당하다.

(6) 소결

사후에 청문을 실시하였기에 흠결된 요건의 사후보완이 있었고, 청문절차를 실시하지 않은 것은 명백한 하자이지만 중대한 하자는 아니기에 취소사유이며, 절차상 하자이지만 재판도중 청문을 실시하였기에 시간적 한계를 넘었으므로 치유는 인정되지 않는다.

2. B에게 주류를 제공한 사정으로 처분사유를 추가·변경할 수 있는지 여부

(1) 의의

당초 처분시에는 존재하였지만 처분사유로 제시되지 아니하였던 사실 및 법적 근거를 소송계속 중에 추가하거나 변경하는 것을 말한다.

(2) 허용여부

1) 학설

① 부정설, ② 긍정설, ③ 제한적인 범위 내에서 처분이유의 사후변경은 인정되어야 한다는 제한적 긍정설이 있다. 제한적 긍정설이 통설이다.

2) 판례

처분청은 당초 처분의 근거로 삼은 사유와 기본적 사실관계가 동일성이 있다고 인정되는 한도 내에서만 다른 사유를 추가하거나 변경할 수 있다고 본다(대판 1983. 10. 25. 83누396).

3) 검토

분쟁의 일회적 해결이라는 요청 및 원고의 방어권보장과 신뢰보호의 요청의 조화라는 관점에서 제한적 긍정설이 타당하다.

(3) 인정범위

1) 객관적 범위

a. 기본적 사실관계의 동일성

기본적 사실관계동일성 유무는 처분사유를 법률적으로 평가하기 이전의 구체적인 사실관계에 착안하여 그 기초가 되는 사회적 사실관계의 동일성을 기준으로 하며(대판 2004. 11. 26. 2004두4482), 판단은 시간적·장소적 근접성, 행위 태양·결과 등의 제반사정을 종합적으로 고려한다.

b. 소송물의 동일성

소송물의 동일성을 해하지 않는 범위에서 처분사유의 추가·변경은 인정될 수 있다.

2) 시간적 범위

a. 추가·변경의 가능시점

변론종결시까지만 허용된다.

b. 처분사유의 추가·변경과 위법성판단기준시

처분시기준설에 따르면 처분시의 사유만이 고려대상이므로 처분시의 사유 중 기본적 사실관계 동일성 있는 사유만 추가·변경이 가능하고, 판결시기준설에 따르면 처분시 이후 판결시까지의 사유도 추가·변경이 가능하지만 제한적 긍정설에 따라 기본적 사실관계 동일성 있는 사유만 가능하다고 할 것이다.

(4) 소결

청소년 A에게 주류를 제공하였다는 사정과 청소년 B에게 주류를 제공한 사정은 기본적 사실관계를 달리하는 것이므로 처분사유로 추가하거나 변경할 수 없다.

---

(2) 제1심 재판 도중 A가 미성년자인 사실은 입증되자 피고는 영업소 폐쇄처분을 취소하고, 갑에 대하여 영업정지 2월의 새로운 처분을 하였으나 판결이 선고되기 전에 영업정지기간이 만료되었다. 이 사건 소가 적법한지 여부를 논하시오. (20점)

Ⅱ. 소의 적법성(설문(2))

1. 영업소폐쇄처분취소소송의 적법성

구청장이 영업소폐쇄처분을 영업정지처분으로 변경하였기에 원칙상 종전의 영업소폐쇄명령취소소송은 협의의 소익이 없어 각하되고 갑은 2월의 영업정지처분에 대해 취소소송을 제기해야 한다.

2. 영업정지처분취소소송으로 소의 변경의 가능성

(1) 의의

행정청이 소송의 대상인 처분을 소가 제기된 후 변경한 때에는 원고의 신청에 의하여 법원은 결정으로써 청구의 취지 또는 원인의 변경을 허가할 수 있다(행정소송법 제22조 제1항).

(2) 요건

ⓐ 처분에 대한 소제기 후 행정청에 의한 처분의 변경이 있을 것, ⓑ 처분의 변경이 있음을 안 날로부터 60일 이내에 원고가 신청을 할 것(동법 제22조 제2항), ⓒ 법원이 변경을 허가하는 결정을 하여야 한다(동법 제22조 제1항). 그리고 ⓓ 소변경의 일반적 요건으로 변경될 소가 계속되고, 사실심변론종결전이어야 한다.

(3) 효과

소의 변경을 허가하는 결정이 있으면 당초의 소가 처음에 제기된 때에 변경한 내용의 신소가 제기되고, 구소는 취하된 것으로 간주된다.

(4) 설문

처분의 변경이 있음을 안 날로부터 60일 이내에 신청을 하고 법원의 허가 결정이 있으면 갑은 영업정지처분 취소소송으로 소를 변경하여 소송을 계속 유지할 수 있을 것이다.

3. 영업정지기간 만료 후 영업정지처분취소소송의 적법성

(1) 문제점

일반적으로 영업정지기간이 만료한 후에는 영업정지처분의 효력이 소멸하였으므로 영업정지처분의 취소를 구할 소의 이익이 없다. 그러나 행정소송법 제12조 제2문은 그 예외를 인정하고 있다.

(2) 협의의 소익의 의의

원고의 재판청구에 대하여 법원이 판단을 행할 구체적 실익 내지 필요성을 말하며, '소의 객관적 이익' 또는 '권리보호의 필요'라고도 한다.

(3) 협의의 소익이 부인되는 경우

소송에서 협의의 소익은 일반적으로 긍정된다. 그러나 ⓐ 보다 간이한 방법이 있는 경우 ⓑ 원고가 추구하는 권리보호가 오로지 이론상으로만 의미 있는 경우 ⓒ 신의성실의 원칙에 반하는 경우에는 협의의 소익은 부정된다.

(4) 행정소송법 제12조 제2문

1) 행정소송법 제12조 제2문에 따른 소송의 성격

a. 취소소송으로 보는 견해

b. 계속적(사후적) 확인소송으로 보는 견해(타당)

2) 제12조 제2문의 소송요건으로서의 지위(제12조 제2문의 성격)

a. 협의의 소익에 관한 조항이라는 견해(타당)

b. 원고적격 조항이라는 견해

3) "회복되는 법률상 이익"의 의미(범위)

㈎ 제1문과 제2문의 범위가 일치한다는 견해와 제2문의 회복되는 법률상 이익의 범위가 넓다는 견해(타당)가 대립된다.

㈏ 판례는 간접적 사실상이나 경제적 이익·명예, 신용 등의 인격적 이익을 가지는데 불과한 경우는 이에 해당하지 않는다고 본다(제1문=제2문).

(5) 영업정지기간 경과후의 소의 이익

1) 학설

a. 법규명령인지 행정규칙인지로 구별하는 견해

법규명령설(제재적처분기준을 법규명령으로 보는 경우 가중된 제재처분을 받을 불이익이 구체적 현실적으로 존재함으로 협의의 소익을 긍정한다)과 행정규칙설(제재적처분기준을 행정규칙으로 본다면 가중된 제재처분을 받을 불이익이 구체적 현실적으로 존재하지 않으므로 협의의 소익을 부정하는 입장이다)이 대립된다.

b. (법규명령인지 행정규칙인지가 아니라) 현실적 불이익을 받을 가능성을 기준으로 하는 견해

제재적 처분기준을 규정한 규범의 성질(법규명령인지 행정규칙인지)이나 규정형식(대통령령인지 부령인지)이 아니라 현실적으로 불이익을 받을 가능성이 있는지를 기준으로 하는 견해이다.

2) 판례

판례는 과거 a설에 따라 시행령은 법규명령으로 보고 협의의 소익을 긍정한 반면, 시행규칙은 행정규칙으로 보고 협의의 소익을 부정하였다가 최근 환경영향평가대행영업정지처분취소와 관련한 전원합의체판결(대판(전원) 2006. 6. 22. 2003두1684)을 통해 b설을 취하고 있다.

3) 검토

규범의 성질이나 규정형식이 아니라 현실적으로 불이익을 받을 가능성이 있는지를 기준으로 협의의 소익을 판단하는 견해인 b설이 타당하다.

(6) 설문

영업정지기간이 도과하였지만 갑에게 현실적 불이익을 받을 가능성(예를 들어 가중된 제재처분을

받을 위험)이 있다면 갑은 협의의 소익이 인정된다. 따라서 영업정지기간 만료 후에도 영업정지처분취소소송은 적법하다.

---

(3) 재판에서 A가 성인임이 밝혀지자 법원은 처분사유가 존재하지 않고, 청문절차도 거치지 않았으므로 영업소 폐쇄처분은 위법하므로 취소한다는 판결을 선고하였고, 위 판결은 그대로 확정되었다. 그 후 갑은 을에게 음식점을 양도하였는데 피고는 갑이 A에게 주류를 판매하였다는 위 사유로 을에 대하여 다시 2개월 영업정지처분을 하였다. 위 처분의 효력에 대해 논하시오. (20점)

Ⅲ. 확정판결 후 이루어진 재처분의 효력 (설문(3))

1. 기속력의 의의

기속력은 처분 등을 취소하는 확정판결이 당사자인 행정청과 관계행정청에 대하여 판결의 취지에 따라야 할 실체법상의 의무를 발생시키는 효력을 말한다(행정소송법 제30조 제1항).

2. 기속력의 법적 성질

ⓐ 기속력은 기판력과 동일하다는 기판력설과 행정소송법이 특별히 인정한 효력이라는 특수효력설이 대립된다. ⓑ 판례의 입장은 불분명하다. ⓒ 특수효력설이 타당하다.

3. 기속력의 내용

㈎ 기속력은 ⓐ 반복금지의무와 ⓑ 재처분의무(행정소송법 제30조 제2항·제3항) 그리고 ⓒ 결과제거의무를 그 내용으로 한다.

㈏ 설문에서는 반복금지의무위반여부만이 문제된다.

4. 기속력의 범위

(1) 주관적 범위

기속력은 그 사건(취소된 처분)에 관하여 당사자인 행정청과 그 밖의 관계 행정청을 기속한다.

(2) 객관적 범위

기속력은 기판력과 달리 '판결로 적시된 개개의 위법사유'에 관해서만 발생한다. 구체적으로 보면, 판결에 적시된 개개의 위법사유는 처분사유의 추가·변경과의 관계로 인해 판결에 적시된 기본적 사실관계가 동일한 위법사유를 말한다.

(3) 시간적 범위

기속력은 처분시까지의 법관계·사실관계를 판단의 대상으로 한다.

5. 반복금지의무위반의 효과

취소판결이 확정된 후 그 기속력(구체적으로 반복금지의무)에 위반하여 동일한 내용의 처분을 하였다면 그 처분은 위법한 행위로서 하자가 중대하고 명백하다고 볼 수 있어 무효이다(통설, 판례).

6. 소결

기속력이 미치는 범위는 A가 미성년자가 아니어서 행정청의 영업소폐쇄처분이 위법하다는 것이므로, A가 미성년자임을 이유로 2월의 영업정지처분을 함은 취소판결의 기속력에 위반되는 위법한 처분이다. 또한 기속력에 반하는 처분은 중대명백한 하자로 무효이다.

기출 — 제49회 사법시험(2007년)

〈제2문의 1〉

유흥주점 영업허가를 받아 주점을 경영하는 갑은 청소년인 을을 유흥접객원으로 고용하여 유흥행위를 하게 하였다는 이유로 관할 행정청인 A로부터 위 유흥주점 영업허가를 취소하는 처분을 받았다. 갑은 이에 불복하여 행정소송을 제기하여 위 취소처분을 취소하는 판결을 선고받아 그 판결이 확정되었다. 다음의 경우 A의 처분의 위법 여부와 그 논거를 검토하시오. (30점)

1) 위 확정판결은 A가 청문절차를 거치지 않았다는 점을 이유로 위 영업허가취소처분을 취소하는 것이었다. A는 위 판결 확정 후 청문절차를 거친 다음 다시 위 영업허가를 취소하는 처분을 하였다.

2) 위 확정판결은 을이 청소년임을 인정할 증거가 없다는 이유로 위 영업허가취소처분을 취소하는 것이었다. A는 위 판결 확정 후 을이 청소년임을 인정할 만한 증거가 새로이 발견되었다는 이유로 다시 위 영업허가를 취소하는 처분을 하였다.

3) 위 확정판결은 을을 유흥접객원으로 고용하였다는 점을 인정할 증거가 없다는 이유로 위 영업허가취소처분을 취소하는 것이었다. A는 갑이 청소년 병을 유흥접객원으로 고용하여 유흥행위를 하게 한 사실이 있었다는 이유로 다시 위 영업허가를 취소하는 처분을 하였다.

4) 위 확정판결은 영업허가취소처분이 갑에게는 지나치게 가혹하여 재량권을 일탈·남용하였다는 이유로 취소하는 것이었다. A는 위 판결 확정 후 새로이 갑에게 영업정지 3개월의 처분을 하였다.

Ⅰ. 논점의 정리

Ⅱ. 영업허가취소처분에 대한 취소판결의 기속력

1. 기속력의 의의

기속력은 처분 등을 취소하는 확정판결이 당사자인 행정청과 관계행정청에 대하여 판결의 취지에 따라야 할 실체법상의 의무를 발생시키는 효력을 말한다(행정소송법 제30조 제1항).

2. 기속력의 법적 성질

ⓐ 기속력은 기판력과 동일하다는 기판력설과 행정소송법이 특별히 인정한 효력이라는 특수효력설이 대립된다. ⓑ 판례의 입장은 불분명하다. ⓒ 특수효력설이 타당하다.

3. 기속력의 내용

㈎ 기속력은 ⓐ 반복금지의무와 ⓑ 재처분의무(행정소송법 제30조 제2항·제3항) 그리고 ⓒ 결과제거의무를 그 내용으로 한다.

㈏ 설문에서는 반복금지의무위반여부만이 문제된다.

4. 기속력의 범위

(1) 주관적 범위

기속력은 그 사건(취소된 처분)에 관하여 당사자인 행정청과 그 밖의 관계 행정청을 기속한다.

(2) 객관적 범위

기속력은 기판력과 달리 '판결로 적시된 개개의 위법사유'에 관해서만 발생한다. 구체적으로 보면, 판결에 적시된 개개의 위법사유는 처분사유의 추가·변경과의 관계로 인해 판결에 적시된 기본적 사실관계가 동일한 위법사유를 말한다.

(3) 시간적 범위

기속력은 처분시까지의 법관계·사실관계를 판단의 대상으로 한다.

5. 반복금지의무위반의 효과

취소판결이 확정된 후 그 기속력(구체적으로 반

복금지의무)에 위반하여 동일한 내용의 처분을 하였다면 그 처분은 위법한 행위로서 하자가 중대하고 명백하다고 볼 수 있어 무효이다(통설, 판례).

Ⅲ. 설문

1) 위 확정판결은 A가 청문절차를 거치지 않았다는 점을 이유로 위 영업허가취소처분을 취소하는 것이었다. A는 위 판결 확정 후 청문절차를 거친 다음 다시 위 영업허가를 취소하는 처분을 하였다.

1. 질문1)

㈎ 취소판결의 사유가 절차나 형식상의 하자인 경우 판결의 기속력은 취소사유로 된 절차나 형식의 위법에 한하여 미치는 것이므로, 행정청이 적법한 절차나 형식을 갖추어 다시 동일한 내용의 처분을 하는 것은 기속력에 위반되지 않는다.

㈏ 설문의 경우 청문절차를 거친 후 행정청이 동일한 내용의 처분(영업허가취소처분)을 하는 것은 기속력에 반하는 처분이 아니다.

2) 위 확정판결은 을이 청소년임을 인정할 증거가 없다는 이유로 위 영업허가취소처분을 취소하는 것이었다. A는 위 판결 확정 후 을이 청소년임을 인정할 만한 증거가 새로이 발견되었다는 이유로 다시 위 영업허가를 취소하는 처분을 하였다.

2. 질문2)

을이 청소년임을 인정할 만한 증거가 영업허가취소처분취소의 확정판결 후 발견되었지만, 이는 처분시에 존재하였던 사정이므로 처분시 이후의 새로운 사정이라고 볼 수 없다. 따라서 을이 청소년임을 인정할 만한 증거가 발견되었다는 이유로 동일한 내용의 영업허가취소처분을 발령하는 것은 기속력에 반하는 위법한 처분이며, 중대·명백한 하자로 무효이다.

3) 위 확정판결은 을을 유흥접객원으로 고용하였다는 점을 인정할 증거가 없다는 이유로 위 영업허가취소처분을 취소하는 것이었다. A는 갑이 청소년 병을 유흥접객원으로 고용하여 유흥행위를 하게 한 사실이 있었다는 이유로 다시 위 영업허가를 취소하는 처분을 하였다.

3. 질문3)

청소년 을을 유흥접객원으로 고용하였다는 점과 청소년 병을 유흥접객원으로 고용하여 유흥행위를 하게 한 사실은 기본적 사실관계를 달리하는 것이므로 행정청 A의 영업허가취소처분은 반복금지의무에 위반되지 않아 적법하다.

4) 위 확정판결은 영업허가취소처분이 갑에게는 지나치게 가혹하여 재량권을 일탈·남용하였다는 이유로 취소하는 것이었다. A는 위 판결 확정 후 새로이 갑에게 영업정지 3개월의 처분을 하였다.

4. 질문4)

영업허가취소처분이 을이 청소년이 아니라는 이유로 취소판결을 받았다면 그 확정판결 후 을이 청소년임을 이유로 한 3개월의 영업정지처분은 반복금지의무에 위반되는 처분으로 볼 수 있지만, 설문의 경우 영업허가취소처분이 갑에게 지나치게 가혹하여 재량권을 일탈·남용하였다는 이유로 영업허가취소처분이 취소되었다면 그 확정판결 후 갑에 대한 3월의 영업정지처분은 반복금지의무에 위반되는 처분으로 볼 수 없다. 따라서 영업정지처분은 적법하다. 다만 3월의 영업정지처분이 다시 비례원칙 등에 위반되는지 여부는 별개의 문제이다.

Ⅳ. 결론

기출 — 제53회 행정고시(재경등직렬)(2009년)

〈제1문〉

A시와 B시 구간의 시외버스 운송사업을 하고 있는 갑은 최근 자가용 이용의 급증 등으로 시외버스 운송사업을 하는데 상당한 어려움에 처해 있다. 그런데 관할행정청 X는 갑이 운영하는 노선에 대해 인근에서 대규모 운송사업을 하고 있던 을에게 새로이 시외버스 운송사업면허를 하였다. (40점)

(1) 갑은 X의 을에 대한 시외버스 운송사업면허에 대하여 행정소송을 제기할 수 있는가? (15점)

(2) 법원은 X의 을에 대한 시외버스 운송사업면허처분에 위법사유가 발견되어 갑의 행정소송을 인용하고 을에 대한 시외버스 운송사업면허처분을 취소하고자 한다. 그러나 이미 많은 시민들이 을이 운영하는 버스를 이용하고 있다는 이유로 면허취소판결을 하지 아니할 수 있는가? (10점)

(3) 위 사안에서 갑이 을에 대한 시외버스 운송사업면허의 취소를 구하는 행정심판을 제기하여 인용재결을 받았다면, 을은 무엇을 대상으로 어떠한 쟁송수단을 강구할 수 있는가? (15점)

[참조조문]

여객자동차운수사업법

제1조(목적) 이 법은 여객자동차 운수사업에 관한 질서를 확립하고 여객의 원활한 운송과 여객자동차 운수사업의 종합적인 발달을 도모하여 공공복리를 증진하는 것을 목적으로 한다.

(1) 갑은 X의 을에 대한 시외버스 운송사업면허에 대하여 행정소송을 제기할 수 있는가? (15점)

Ⅰ. 갑의 행정소송 가능성(설문(1))

1. 소송요건 일반(취소소송임을 전제)

㈎ 갑의 취소소송은 관할권 있는 법원에(행정소송법 제9조), 원고적격(동법 제12조)과 피고적격을 갖추어(동법 제13조), 처분 등을 대상으로(동법 제19조), 제소기간 내에(동법 제20조) 제기하고, 그 밖에 권리보호필요성 요건을 갖추고 있어야 한다.

㈏ 운송사업면허가 항고소송의 대상임이 명백하므로 대상적격은 문제되지 않고, 갑은 처분의 직접 상대방이 아니기에 원고적격과 제소기간이 문제된다.

2. 갑의 원고적격

(1) 문제점(원고적격의 의의)

갑은 을에 대한 사업면허처분의 직접 상대방이 아님에도 취소소송을 제기할 수 있는지 문제된다. 이는 경쟁자소송에 있어서 원고적격 문제로 갑에게 법률상 이익이 있는지의 문제이다.

(2) 취소소송의 본질과 법률상 이익의 의미

취소소송의 본질(기능)에 관해 권리구제설, 법률상 보호이익설, 보호가치 있는 이익설, 적법성보장설이 대립한다. 행정소송법 제12조를 고려할 때 항고소송의 목적은 법적 이익의 구제이므로 법률상 보호이익설이 타당하다(통설, 판례).

(3) 법률상 이익에서 법률(법규)의 범위

㈎ 일반적인 견해는 당해 법률의 규정과 취지, 관련 법률의 규정과 취지 외에 기본권 규정도 고려해야 한다는 입장이다.

㈏ 판례는 기본적으로 당해 처분의 근거가 되는 법규가 보호하는 이익만을 법률상 이익으로 본다. 그러나 최근에는 근거법규 외에 관련 법규까지 고려하여 법률상 이익을 판단하고 있다. 다만, 헌법상의 기본권 및 기본원리를 법률상 이익의 해석에서 일반적으로 고려하지는 않는다.

(4) 소결

1) 기존업자인 갑의 영업처분(운송사업면허)의 성질에 따른 판단

㈎ 시외버스 운송사업면허는 특정인에게 일정한 권리를 설정해주는 특허의 성질을 가진다.

㈏ 전통적 견해와 판례는 특허는 상대방에게 일정한 권리나 능력 등의 법률상 힘을 발생시키기 때문에 특허 받은 자의 이익은 법률상 이익으로 본다. 따라서 갑은 을에게 발령된 운송사업면허처분을 다툴 수 있다.

2) 관련규정의 사익보호성에 따른 판단

여객자동차운수사업법은 공공복리증진 외에도 노선 또는 사업구역의 수요·공급 등을 고려하여 영업자 간의 과당경쟁을 방지하는 취지도 포함하고 있다고 보아야 하기에 갑은 동법을 근거로 원고적격이 인정된다.

3. 제소기간의 문제

행정소송법 제20조는 취소소송은 처분 등이 있음을 안 날부터 90일 이내에, 있은 날로부터 1년 이내에 제기하도록 하는데, 전자는 불변기간이지만 후자는 정당한 사유가 있는 경우 예외를 인정하고 있다. 특히 제3자효 있는 행정행위의 경우가 여기에 해당할 것이다(행정처분의 상대방이 아닌 제3자는 일반적으로 처분이 있는 것을 바로 알 수 있는 처지에 있지 아니하므로 처분이 있은 날로부터 180일이 경과하더라도 특별한 사유가 없는 한 구 행정심판법 제18조 제3항 단서 소정의 정당한 사유가 있는 것으로 보아 심판청구가 가능하다고 할 것이다(대판 1997. 9. 12. 96누14661)).

(2) 법원은 X의 을에 대한 시외버스 운송사업면허처분에 위법사유가 발견되어 갑의 행정소송을 인용하고 을에 대한 시외버스 운송사업면허처분을 취소하고자 한다. 그러나 이미 많은 시민들이 을이 운영하는 버스를 이용하고 있다는 이유로 면허취소판결을 하지 아니할 수 있는가? (10점)

Ⅱ. 사정판결의 가능성(설문(2))

1. 사정판결의 의의

원고의 청구가 이유있다고 인정하는 경우에도 처분 등을 취소하는 것이 현저히 공공복리에 적합하지 아니하다고 인정하는 때에는 법원이 원고의 청구를 기각할 수 있는 판결제도를 의미한다(행정소송법 제28조).

2. 요건

① 처분 등이 위법하여야 하고, ② 처분 등을 취소하는 것이 현저히 공공복리에 적합하지 아니하여야 한다.

3. 법원의 직권에 의한 사정판결의 인정여부

(1) 학설

ⓐ 긍정설(행정소송법 제26조를 근거로 한다)과 ⓑ 부정설(변론주의가 원칙임을 근거로 한다)(다수설)이 대립된다.

(2) 판례

판례는 「사정판결은 당사자의 명백한 주장이 없는 경우에도 기록에 나타난 여러 사정을 기초로 직권으로 할 수 있는 것(대판 2006. 9. 22. 2005두2506)」이라고 하여 긍정적인 입장이다.

(3) 검토

행정소송법 제26조의 직권심리주의는 실체적 적법성보장(입증책임·주장책임)을 위해 인정되는 것이므로 제26조를 근거로 직권으로 사정판결을 할 수 있다는 견해는 부당하며, 부정하는 견해가 타당하다.

4. 설문

을에 대한 운송사업면허처분이 위법하지만, 이미 많은 시민들이 을이 운영하는 버스를 이용하

고 있다는 사정이 있어 을의 운송사업면허를 취소함이 현저히 공공복리에 적합하지 않으며, 행정청이 사정판결할 것을 주장한다면 법원은 사정판결을 할 수 있다(면허취소판결을 아니할 수 있다).

---

(3) 위 사안에서 갑이 을에 대한 시외버스 운송사업면허의 취소를 구하는 행정심판을 제기하여 인용재결을 받았다면, 을은 무엇을 대상으로 어떠한 쟁송수단을 강구할 수 있는가? (15점)

Ⅲ. 취소심판의 인용재결이 있는 경우 소송의 대상(설문(3))

1. 문제 상황

행정심판법 제43조 제3항은 취소심판을 제기하여 인용된 경우 재결의 종류에 대해 형성재결인 취소·변경재결과 명령(이행)재결인 변경명령재결로 구별하고 있다. 따라서 인용재결은 원처분인 운송사업면허와는 내용을 달리하는 것이기에 각 재결에 따른 소송의 대상을 검토한다.

2. 형성재결인 경우

(1) 형성재결을 을이 다투는 경우 해당 소송의 성질(취소소송이라고 전제)

1) 학설

ⓐ 재결취소소송이라는 견해(다수 견해)와 ⓑ 처분취소소송으로 보는 견해가 있다.

2) 판례

판례는 제3자가 인용재결을 다투는 소송을 재결취소소송으로 본다(대판 1997. 12. 23. 96누10911).

3) 검토

인용재결로 인해 제3자가 비로소 권익을 침해받았다고 하더라도 원처분은 존재하기에 허가(인용)재결에 대한 소송은 재결취소소송으로 보는 것이 타당하다.

(2) 형성재결에 따른 행정청의 재결결과의 통보의 대상적격

형성재결의 경우 만일 행정심판위원회의 재결결과를 행정청이 다시 통보하는 행위를 하였다면 이는 항고소송의 대상인 처분이 아니다. 형성재결은 형성력을 갖기 때문에 을의 사업면허는 위원회의 재결로 소멸되며 별도의 행위가 필요하지 않기 때문이다.

3. 명령재결인 경우

(1) 학설

ⓐ 명령재결과 그에 다른 처분이 각각 소송의 대상이 된다는 견해, ⓑ 명령재결취소가 선행되어야 한다는 견해, ⓒ 명령재결에 따른 행정청의 처분만이 소송의 대상이 될 수 있다는 견해로 나누어진다.

(2) 판례

판례는 인용재결과 그에 따른 처분 모두 항고소송의 대상이 될 수 있다는 입장이다(대판 1993. 9. 28. 92누15093).

(3) 검토

당사자의 효과적인 권리구제를 위해 명령재결과 그에 따른 처분 모두 소의 대상이 된다는 견해(ⓐ견해)가 타당하다.

(4) 설문

을은 변경명령재결과 그에 따른 변경처분 모두 소의 대상으로 할 수 있다. 다만, 변경명령재결 자체에 고유한 위법이 있어야 한다.

Q 사례

시민단체인 갑은 새로 임명된 국가의 정무직 공무원 100명에 대해 공직자윤리법상의 공직자 본인과 배우자 및 본인의 직계존속·직계비속의 재산에 관한 등록사항, 등록거부자와 배우자 및 직계존비속의 인적사항, 재산신고 고지거부자의 인적사항과 거부사유의 일체의 사본을 청구하였다.

그러자 정부공직자윤리위원회는 공개대상 정보가 너무나 포괄적이고 막연하여 특정되었다고 볼 수 없으며, 공개대상정보의 양의 과다하여 위원회의 정상적인 업무수행에 현저한 지장을 초래할 우려가 있다는 이유로 정보공개를 거부하였다.

(1) 위원회의 정보공개거부사유는 적법한가?

(2) 설문(1)의 결과에 따라 갑이 정보공개거부처분취소소송을 제기하였다. 그런데 취소소송 계속 중 새로 임명된 정무직공무원의 일부 직계존비속이 법인을 설립하였고 그들의 재산 내용이 공개된다면 당해 법인의 정당한 이익을 해할 사정(공공기관의 정보공개에 관한 법률(이하 '정보공개법') 제9조 제1항 제7호·본문에 해당하는 사정)이 발생하였다. 그렇다면 법원은 거부처분취소소송의 본안판단에서 이러한 사정을 이유로 정보공개거부처분이 적법하다고 판단할 수 있는가?

(3) 설문(1)의 결과에 따라 갑이 정보공개거부처분취소소송을 제기하자 위원회는 거부사유를 정보공개법 제9조 제1항 제6호 본문으로 변경하려 한다면 이는 가능한가?

(4) 설문(1)의 결과에 따라 갑은 정보공개거부처분취소소송을 제기하였고 승소의 확정판결을 받았다. 이 경우 위원회는 정보공개법 제9조 제1항 제2호를 이유로 다시 정보공개를 거부할 수 있는가?

(1) 위원회의 정보공개거부사유는 적법한가?

Ⅰ. 정보공개사유의 적법성(설문(1))

1. 문제 상황

정보공개법 제3조는 정보의 공개를 원칙으로 하고 있고, 동법은 제9조 제1항에서 비공개대상 정보를 규정하고 있다. 따라서 정보공개법 제9조 제1항에 해당하지 않는다면 공개함이 원칙이지만, 위원회가 제시한 공개대상정보가 특정되어 있지 않다는 사정과 공개대상정보의 양이 과다하다는 사정이 또 다른 비공개사유가 될 수 있는지가 문제된다.

2. 공개대상정보의 특정성 문제

(1) 공개대상정보의 특정성 필요여부

㈎ 정보공개청구대상정보를 기재함에 있어서는 일반인의 관점에서 청구대상정보의 내용과 범위를 확정할 수 있을 정도로 특정함을 요한다(대판 2007. 6. 1. 2007두2555).

㈏ 그러나 공개를 청구한 내용 중 너무 포괄적이거나 막연하여서 사회일반의 관점에서 그 내용과 범위를 확정할 수 없을 정도라면 정보공개를 청구 받은 기관은 이를 이유로 정보공개를 거부할 것이 아니고, 특정할 수 있는 정보의 경우에는 청구인에게 공개정보의 내용을 특정할 것을 요청한 다음 특정한 내용에 대하여 공개하여야 한다.

㈐ 판례도 「공개를 청구한 정보의 내용 중 … 특정되었다고 볼 수 없는 부분이 포함되어 있다면, … 법원으로서는 … 공개청구정보의 내용과 범위를 특정시켜야 할 것(대판 2007. 6. 1. 2007두2555)」이라고 하여 특정되지 않는 정보라고 할지라도 이를 공개거부사유로 보지는 않는다.

(2) 설문

설문에서 갑이 사본공개를 요구한 내용은 포괄적이거나 막연하여 불특정되었다고 볼 수 없다. 설사 불특정이라고 할지라도 위원회는 바로 거부할 것은 아니고 먼저 특정할 것을 요청하여야 한다. 따라서 갑의 공개대상정보가 특정되어 있지 않다는 이유로 위원회가 공개를 거부를 한 것은 위법하다.

3. 공개대상정보의 양의 과다 문제

㈎ 정보공개법 제9조 제1항(비공개대상정보)에는 공개정보의 양이 과다하여 행정청의 업무수행에 지장을 초래할 수 있는 사정이 규정되어 있지 않고, 정보공개법 제13조 제2항은 공개대상정보의 양이 과다하여 정상적인 업무수행에 현저한 지장을 초래할 우려가 있는 사정을 정보비공개사유로 규정한 것이 아니라 기간별로 나누어 교부하거나 열람과 병행하여 교부할 수 있는 경우를 규정한 것임을 고려할 때, 정보공개의 양은 비공개사유가 될 수 없다.

㈏ 따라서 정보공개의 양이 과다하여 위원회의 업무수행에 현저한 지장을 초래할 수 있다는 사유는 정보공개거부사유가 될 수 없다.

4. 소결

결국 정부공직자윤리위원회의 거부처분은 위법하다.

---

(2) 설문(1)의 결과에 따라 갑이 정보공개거부처분취소소송을 제기하였다. 그런데 취소소송 계속 중 새로 임명된 정무직공무원의 일부 직계존비속이 법인을 설립하였고 그들의 재산내용이 공개된다면 당해 법인의 정당한 이익을 해할 사정(공공기관의 정보공개에 관한 법률(이하 '정보공개법') 제9조 제1항 제7호 본문에 해당하는 사정)이 발생하였다. 그렇다면 법원은 거부처분취소소송의 본안판단에서 이러한 사정을 이유로 정보공개거부처분이 적법하다고 판단할 수 있는가?

Ⅱ. 거부처분취소소송의 위법성 판단 기준시점(설문(2))

1. 문제 상황

갑이 제기한 정보공개거부처분취소소송 중 발생한 정보공개법 제9조 제1항 제7호 본문의 사정을 법원이 판단할 수 있는지는 처분의 위법성 판단 기준시점과 관련되는 것이다.

2. 처분의 위법성판단의 기준시점

(1) 학설

1) 처분시기준설(다수 견해)

행정처분의 위법여부는 처분 당시를 기준으로 판단하여야 한다는 견해이다. 처분시 이후의 사정고려는 법원에 의한 행정권의 권한침해를 의미하며, 법원은 행정청의 처분에 대해 사후적인 판단을 하는 역할에 그친다고 보기 때문이라고 한다. 따라서 처분 후의 사정변경이 있더라도 처분의 적법여부는 처분 당시의 법령 및 사실상태에 의하여 판단하여야 하고 그 이후에 새로이 발생한 사실관계의 변경이나 법령의 개정 등은 처분의 적법여부를 가리는 자료로 삼을 수 없다고 한다.

2) 판결시기준설

취소소송의 목적이 현행법규에 처분이 위법한가 판단하는 것이며, 법원은 판결당시에 처분의 효력을 계속 유지시킬 것인가 여부까지 결정해야 한다고 보는 입장이다.

3) 절충설

원칙적으로 처분시기준설을 취하면서, 예외적으로 영업허가취소나 교통표지판설치 등과 같이 계속효 있는 행정행위에 대하여는 판결시설을 취한다.

(2) 판례

판례도 「항고소송에 있어서 행정처분의 위법여부를 판단하는 기준 시점에 … 처분시라고 하는 의미는 행정처분이 있을 때의 법령과 사실상태를 기준으로 하여 위법여부를 판단할 것(대판 1993. 5. 27. 92누19033)」이라고 하여 처분시를 기준으로 위법성을 판단한다.

(3) 검토

㈎ 위법성 판단의 기준을 판결시로 할 경우, 처분시에 위법하였던 행위가 그 후의 법령개정에 의하여 적법한 행위가 될 수도 있어 법치주의에 반할 우려가 있고, 반대로 처분시에는 적법하였던 행위가 후에 위법한 것으로 되는 이론적 불합치를 초래할 수 있는 점 등에 비추어 처분시설이 타당하다 할 수 있다.

㈏ 다만, 여기서 처분의 위법여부를 판단하는 기준시점이 처분시라는 의미는 처분발령 당시의 법령과 사실상태를 기준으로 하여 적법 여부를 판단할 것이며 처분이 있은 뒤에 생긴 법령의 개폐나 사실상태의 변동에 영향을 받지 않는다는 뜻이지, 처분 당시 존재하였던 자료나 행정청에 제출되었던 자료만으로 위법여부를 판단한다는 것은 아니다.

3. 소결

다수설과 판례입장인 처분시기준설에 따른다면 수소법원은 정보공개거부처분시의 사정만으로 거부처분의 위법성을 심리해야 하며 거부처분시 이후의 사정인 정보공개법 제9조 제1항 제7호 본문의 사정은 판단해서는 아니 된다.

(3) 설문(1)의 결과에 따라 갑이 정보공개거부처분취소소송을 제기하자 위원회는 거부사유를 정보공개법 제9조 제1항 제6호 본문으로 변경하려 한다면 이는 가능한가?

Ⅲ. 처분사유의 변경의 가능성(설문(3))

1. 문제 상황

갑의 정보공개거부처분 계속 중 위원회가 거부사유를 정보공개법 제9조 제1항 제6호 본문으로 변경할 수 있는지는 소송상 처분사유의 변경의 문제이다.

2. 처분사유의 추가·변경의 의의

처분사유의 추가·변경이란 당초 처분시에는 존재하였지만 처분사유로 제시되지 아니하였던 사실 및 법적 근거를 소송계속 중에 추가하거나 변경하는 것을 말한다.

3. 처분사유의 추가·변경의 허용여부

(1) 학설

① 긍정설(일회적인 분쟁해결이라는 소송경제적 측면을 강조하며 양당사자는 모든 사실상·법률상의 근거(사유)를 주장할 수 있다는 입장이다), ② 부정설(상대방의 신뢰보호를 강조하여 처분사유의 추가·변경을 부인하는 견해이다), ③ 제한적 긍정설(당초의 처분사유와 기본적 사실관계의 동일성이 인정되는 범위 내에서 제한적으로 인정된다는 견해이다)이 대립된다.

(2) 판례

대법원은 처분청은 당초 처분의 근거로 삼은 사유와 기본적 사실관계가 동일성이 있다고 인정되는 한도 내에서만 다른 사유를 추가하거나 변경할 수 있다고 본다(대판 1983. 10. 25. 83누396).

(3) 검토

분쟁의 일회적 해결이라는 요청 및 원고의 방어권보장과 신뢰보호의 요청의 조화라는 관점에서 제한적 긍정설이 타당하다.

4. 처분사유의 추가·변경의 인정범위

(1) 객관적 범위

1) 기본적 사실관계의 동일성

㈎ 판례는 기본적 사실관계의 동일성 유무는 처분사유를 법률적으로 평가하기 이전의 구체적인 사실에 착안하여 그 기초인 사회적 사실관계가 기본적인 점에서 동일한지 여부에 따라 결정된다고 한다(대판 2004. 11. 26. 2004두4482). 구체적으로 보면 그 판단은 시간적·장소적 근접성, 행위 태양·결과 등의 제반사정을 종합적으로 고려해야 한다(법원실무제요, 석호철).

㈏ 판례는 처분의 근거법령만을 추가·변경한다거나(대판 1987. 12. 8. 87누632), 당초의 처분사유를 구체화하는 경우(대판 1989. 7. 25. 88누11926)에는 기본적 사실관계 동일성을 인정하고 있다.

2) 소송물의 동일성

다수 견해에 따르면 취소소송의 소송물이 위법성 일반임을 고려할 때, 소송물의 동일성을 해하지 않는 범위에서 처분사유의 추가·변경은 인정될 수 있다. 만일 분쟁대상이 변경된다면 이는 처분사유의 추가·변경이 아니라 분쟁대상의 변경이기 때문이다.

(2) 시간적 범위

1) 추가·변경의 가능시점

변론종결시까지만 허용된다.

2) 처분사유의 추가·변경과 위법성판단기준시

취소소송의 대상이 되는 처분의 기준시점과 관련하여 처분시기준설(통설, 판례)과 판결시기준설이 대립된다. ⓐ 처분시기준설에 따르면 처분시의 사유만이 고려 대상이므로 처분시의 사유 중 기본적 사실관계 동일성 있는 사유만 추가·변경이 가능하고, ⓑ 판결시기준설에 따르면 처분시 이후 판결시까지의 사유도 추가·변경이 가능하지만 기본적 사실관계 동일성 있는 사유만 가능하다고 할 것이다.

5. 한계

처분사유의 추가·변경은 분쟁대상이 변경되지 않는 범위에서 재량행위의 경우도 가능하다(부정하는 견해도 있다).

6. 소결

ⓐ 위원회가 변경하려는 정보공개법 제9조 제1항 제6호 본문의 개인식별정보에 해당한다는 사정이 처분시에도 존재하였다면 시간적 범위는 문제없다. ⓑ 그러나 당초 위원회가 제시하였던 공개대상정보의 특정성이나 양의 과다라는 사정과 동법 제9조 제1항 제6호 본문의 개인식별정보에 해당한다는 사정은 사유의 내용이 공통되거나 취지가 유사하지 않아 기본적 사실관계의 동일성을 인정할 수 없다. 따라서 처분사유의 변경은 허용되지 않는다.

---

(4) 설문(1)의 결과에 따라 갑은 정보공개거부처분취소소송을 제기하였고 승소의 확정판결을 받았다. 이 경우 위원회는 정보공개법 제9조 제1항 제2호를 이유로 다시 정보공개를 거부할 수 있는가?

Ⅳ. 확정판결 후 재거부처분의 가능여부 (설문(4))

1. 문제 상황

갑이 제기한 정보공개거부처분취소소송에서 법원이 공개정보의 불특정성이나 양의 과다라는 사정으로 위원회가 정보공개를 거부함은 위법하다는 판결을 하였음에도, 다시 위원회가 정보공개법 제9조 제1항 제2호를 이유로 거부하는 것이 확정판결의 기속력에 반하는 것이 아닌지가 문제된다.

2. 기속력의 의의

기속력은 처분 등을 취소하는 확정판결이 당사자인 행정청과 관계행정청에 대하여 판결의 취지에 따라야 할 실체법상의 의무를 발생시키는 효력을 말한다(행정소송법 제30조 제1항).

3. 기속력의 법적 성질

① 기속력은 기판력과 동일하다는 기판력설과 기속력은 판결 그 자체의 효력이 아니라 취소판결의 효과의 실질적인 보장을 위해 행정소송법이 특별히 인정한 효력이라는 특수효력설이 대립된다. ② 판례는 기판력과 기속력이라는 용어를 구분하지 않은 채 혼용하고 있어 그 입장이 불분명하다. ③ 기속력은 취소판결에서의 효력이지만 기판력은 모든 본안판결에서의 효력이라는 점, 기속력은 당사자인 행정청과 그 밖의 관계행정청에 미치지만 기판력은 당사자와 후소법원에 미친다는 점, 기속력은 일종의 실체법적 효력이지만 기판력은 소송법상 효력이라는 점에서 양자는 상이하므로, 특수효력설이 타당하다.

4. 기속력의 내용

(가) 기속력은 ⓐ 당사자인 행정청과 그 밖의 관계 행정청이 확정판결에 저촉되는 처분을 할 수 없는 반복금지의무와 ⓑ 행정청에 대하여 판결의 취지에 따라 신청에 대한 새로운 처분을 하여야 할 의무를 부과하는 재처분의무(행정소송법 제30조 제2항·제3항) 그리고 ⓒ 취소소송의 경우 인용판결이 있게 되면, 행정청이 위법처분으로 인해 야기된 상태를 제거하여야 할 의무인 결과제거의무를 그 내용으로 한다.

(나) 설문의 경우 재처분의무 위반여부가 문제된다.

5. 기속력의 범위

(1) 주관적 범위

처분 등을 취소하는 확정판결은 그 사건(취소된 처분)에 관하여 당사자인 행정청과 그 밖의 관계 행정청을 기속한다. 여기서 그 밖의 관계 행정청이란 당해 판결에 의하여 취소된 처분 등에 관계되는 어떠한 처분권한을 가지는 행정청, 즉 취소된 처분 등을 기초로 하여 그와 관련되는 처분이나 부수되는 행위를 할 수 있는 행정청을 총칭하는 것이다.

(2) 객관적 범위

기속력은 판결주문 및 그 전제가 된 요건사실의 인정과 효력의 판단에만 미치고, 판결의 결론과는 직접 관련 없는 방론이나 간접사실의 판단에는 미치지 않는다. 기속력은 기판력과 달리 '판결로 적시된 개개의 위법사유'에 관해서만 발생하므로 법원이 위법이라고 판단한 것과 동일한 이유나 자료를 바탕으로 동일인에 대하여 동일행위를 하는 것을 금할 뿐이다. 구체적으로 보면, 판결에 적시된 개개의 위법사유란 처분사유의 추가·변경과의 관계로 인해 판결에 적시된 기본적 사실관계가 동일한 위법사유를 말한다. 따라서 기본적 사실관계가 동일하지 아니한 별도의 사유에 기하여 동일한 내용의 처분을 하는 것은 기속력에 위반되지 않는다.

(3) 시간적 범위

기속력은 처분시까지의 법관계·사실관계를 판단의 대상으로 한다. 따라서 처분시까지 존재하던 위법한 사유로 동일한 처분이나 거부처분을 할 수는 없다.

(4) 검토

설문의 경우 주관적 범위와 (정보공개법 제9조 제1항 제2호의 사유가 당초 거부처분시에 존재하던 사정이라면) 시간적 범위는 문제되지 않고, 객관적 범위만이 문제될 수 있다.

6. 소결

당초 위원회가 제시하였던 공개대상정보의 특정성이나 양의 과다라는 사정과 동법 제9조 제1항 제2호의 국가안전보장 등에 관한 사항으로서 공개될 경우 국가의 중대한 이익을 현저히 해할 우려가 있다고 인정되는 정보에 해당한다는 사정은 내용이 공통되거나 취지가 유사하지 않아 기본적 사실관계의 동일성을 인정할 수 없다. 따라서 동법 제9조 제1항 제2호의 사정은 최초 공개거부처분취소소송 확정판결의 기속력(객관적 범위에 포함되지 않아서)이 미치지 않으므로, 위원회는 동 사유를 이유로 정보공개를 거부함에 있어 기속력 제한을 받지 않고 거부할 수 있다.

‖ 제2-4절 ‖ 무효등확인소송, 부작위위법확인 소송

▌제3장▐ 당사자소송 **▌제4장▐** 객관적 소송

판례 — 무효확인소송의 보충성

대법원 2008. 3. 20. 선고 2007두6342 전원합의체 판결 【하수도원인자부담금부과처분취소】

[1] **종래 대법원은, 행정소송법 제35조에 규정된 '무효확인을 구할 법률상 이익', 즉 무효확인소송의 확인의 이익이 인정되려면**, 판결로써 분쟁이 있는 법률관계의 유·무효를 확정하는 것이 **원고의 권리 또는 법률상의 지위에 관한 불안·위험을 제거하는데 필요하고도 적절한 경우라야 한다고 제한적으로 해석**하였다. 이에 따라 **행정처분의 무효를 전제로 한 이행소송 등과 같은 구제수단이 있는 경우에는 원칙적으로 소의 이익을 부정**하고, 다른 구제수단에 의하여 분쟁이 해결되지 않는 경우에 한하여 **무효확인소송이 보충적으로 인정된다고 하는 이른바 '무효확인소송의 보충성**(補充性)**'을 요구하여 왔다**. 그 결과 무효인 행정처분의 집행이 종료된 경우에 **부당이득반환청구의 소 등을 청구하여 직접 이러한 위법상태를 제거한 길이 열려 있는 이상** 그 행정처분에 대하여 무효확인을 구하는 것은 종국적인 분쟁해결을 위한 필요하고도 적절한 수단이라고 할 수 없어 소의 이익이 없다고 판시하여 왔다.

[2] **종래의 대법원 판례가 무효확인소송에 대하여 보충성이 필요하다고 해석한 것은, 무효확인소송이 확인소송으로서의 성질**을 가지고 있으므로 민사소송에서의 확인의 이 소와 마찬가지로 위와 같은 확인의 이익을 갖추어야 한다는 데에 근거를 둔 것이다.

[3] ① **행정소송은** 행정청의 위법한 처분 등을 취소·변경하거나 그 효력 유무 또는 존재 여부를 확인함으로써 국민의 권리 또는 이익의 침해를 구제하고, 공법상의 권리관계 또는 법적용에 관한 다툼을 적정하게 해결함을 목적으로 하는 것이므로, **대등한 주체 사이의 사법상 생활관계에 관한 분쟁을 심판대상으로 하는 민사소송과는 그 목적, 취지 및 기능 등을 달리한다.**

② 또한 **행정소송법 제4조에서는 무효확인소송을 항고소송의 일종으로 규정**하고 있고, 행정소송법 제38조 제1항에서는 처분 등을 취소하는 **확정판결의 기속력 및 행정청의 재처분 의무에 관한 행정소송법 제30조를 무효확인소송에도 준용**하고 있으므로 **무효확인판결 자체만으로도 실효성을 확보**할 수 있다.

③ 그리고 무효확인소송이 보충성을 규정하고 있는 외국의 일부 입법례와는 달리 **우리나라 행정소송법에는 명문의 규정이 없어 이로 인한 명시적 제한이 존재하지 않는다.**

[4] **행정처분의 근거 법률에 의하여 보호되는 직접적이고 구체적인 이익이 있는 경우에는 행정소송법 제35조에 규정된 '무효확인을 구할 법률상 이익'이 있다고 보아야 하고**, 이와 별도로 무효확인소송의 보충성이 요구되는 것은 아니므로 행정처분의 무효를 전제로 한 이행소송 등과 같은 직접적인 구제수단이 있는지 여부를 따질 필요가 없다.

tip 무효확인소송에서 '확인소송의 보충성'을 요구하지 않는다고 하여도 무효확인소송에서는 여전히 일반적인 협의의 소익은 필요하다. 따라서 ⓐ 보다 간이한 방법이 있는 경우, ⓑ 원고가 추구하는 권리보호가 오로지 이론상으로만 의미 있는 경우, ⓒ 소의 제기가 신의성실의 원칙(소권남용의 금지)에 반하는 경우에는 여전히 협의의 소익이 부정된다.

● 제26회 입법고시(2010년)
〈제1문〉

국민건강보험공단은 갑이 국민건강보험법 규정에 따라 건강보험의 직장가입자로서의 요건을 갖추고 있음에도 그 자격이 누락되어 있음을 확인하고 갑에게 보험료부과처분을 하였다. 이에 갑은 이를 전액 납부하였으나, 나중에 위 보험료부과처분에 하자가 있다는 사실을 알게 되었다. 이러한 사실관계를 바탕으로 다음의 물음에 답하시오.

2) 보험료부과처분에 무효사유에 해당하는 하

자가 있는 경우, 갑이 이미 납부한 보험료를 돌려받기 위하여 무효확인소송을 제기하였다면 수소법원은 어떠한 판단을 하여야 하는가?

판례 — 부작위위법확인소송의 위법성, 제소기간, 소의 변경

대법원 2009. 7. 23. 선고 2008두10560 판결
【부작위위법확인의소】

[1. 부작위위법확인소송의 심리범위] **4급 공무원이 당해 지방자치단체 인사위원회의 심의를 거쳐 3급 승진대상자로 결정되고 임용권자가 그 사실을 대내외에 공표까지 하였다면**, 그 공무원은 승진임용에 관한 법률상 이익을 가진 자로서 임용권자에 대하여 3급 **승진임용을 신청할 조리상의 권리가 있고**, 이러한 공무원으로부터 소청심사청구를 통해 승진임용신청을 받은 **행정청으로서는** 상당한 기간 내에 그 신청을 인용하는 적극적 처분을 하거나 각하 또는 기각하는 등의 소극적 처분을 하여야 할 **법률상의 응답의무가 있다**. 그럼에도, 행정청이 위와 같은 권리자의 신청에 대해 아무런 적극적 또는 소극적 처분을 하지 않고 있다면 그러한 행정청의 부작위는 그 자체로서 위법하다.

[2. 부작위위법확인소송의 제소기간] **부작위위법확인의 소는 부작위상태가 계속되는 한 그 위법의 확인을 구할 이익이 있다고 보아야** 하므로 원칙적으로 제소기간의 제한을 받지 않으나, 행정소송법 제38조 제2항이 제소기간을 규정한 같은 법 제20조를 부작위위법확인소송에 준용하고 있는 점에 비추어 보면, 행정심판 등 전심절차를 거친 경우에는 행정소송법 제20조가 정한 제소기간 내에 부작위위법확인의 소를 제기하여야 할 것이다.

[3. 적법한 제소기간 내에 부작위위법확인의 소를 제기한 후, 교환적 변경과 추가적 변경을 거친 경우 제소기간의 준수 여부] 당사자가 동일한 신청에 대하여 부작위위법확인의 소를 제기하였으나 그 후 소극적 처분이 있다고 보아 처분취소소송으로 소를 교환적으로 변경한 후 여기에 부작위위법확인의 소를 추가적으로 병합한 경우 최초의 부작위위법확인의 소가 적법한 제소기간 내에 제기된 이상 그 후 처분취소소송으로의 교환적 변경과 처분취소소송에의 추가적 변경 등의

과정을 거쳤다고 하더라도 여전히 제소기간을 준수한 것으로 봄이 상당하다.

tip 부작위위법확인소송의 심리범위에 대해 절차적 심리설과 실체적 심리설이 대립하는데 판례는 절차적 심리설을 취하고 있으며[1], 부작위위법확인소송은 원칙상 제소기간의 제한을 받지 않는다[2].

[관련판례]는 법원이 부작위위법확인소송을 인용하였다고 하더라도 행정청은 승진임용처분을 할 수도 승진임용을 거부할 수도 있으며(절차적 심리설에 따른 기속력의 범위를 말한다), 확정판결 후 승진임용을 거부하더라도 판결의 취지에 따른 재처분(기속력에 반하지 않는 재처분)이기에 신청인의 간접강제신청은 요건(행정소송법 제34조 제1항의 '행정청이 제30조 제2항의 규정에 의한 처분을 하지 아니하는 때')을 충족하지 못한다는 판시이다.

[관련판례] 대법원 2010. 2. 5. 자 2009무153 결정 【간접강제신청】

신청인이 피신청인을 상대로 제기한 **부작위위법확인소송에서 신청인의 제2 예비적 청구를 받아들이는 내용의 확정판결을 받았다. 그 판결의 취지는** 피신청인이 신청인의 광주광역시 지방부이사관 승진임용신청에 대하여 아무런 조치를 취하지 아니하는 것 자체가 위법함을 확인하는 것일 뿐이다. 따라서 피신청인이 신청인을 승진임용하는 처분을 하는 경우는 물론이고, 승진임용을 거부하는 처분을 하는 경우에도 위 확정판결의 취지에 따른 처분을 하였다고 볼 것이다. 그런데 위 확정판결이 있은 후에 피신청인은 신청인의 승진임용을 거부하는 처분을 하였다. 따라서 결국 신청인의 이 사건 간접강제신청은 그에 필요한 요건을 갖추지 못하였다는 것이다.

tip 판례는 절차적 심리설을 취하고 있기에 부작위위법확인소송의 인용판결이 있더라도 행정청은 판결의 취지에 따라 거부처분을 할 수 있고, 이러한 거부처분은 판결의 취지에 따른 것으로 행소법 제34조 제1항의 '행정청이 제30조 제2항의 규정에 의한 처분을 하지 아니하는 때'에 해당하지 않기에 신청인의 간접강제를 부정한 결정이다.

판례 — 재건축조합의 관리처분계획안에 대한 총회결의를 다투는 소송의 종류

대법원 2009. 9. 17. 선고 2007다2428 전원합의체 판결 【총회결의무효확인】

관리처분계획은 재건축조합이 조합원의 분양신청 현황을 기초로 관리처분계획안을 마련하여 그에 대한 조합 총회결의와 토지 등 소유자의 공람절차를 거친 후 관할 행정청의 인가·고시를 통해 **비로소 그 효력이 발생**하게 되므로, **관리처분계획안에 대한 조합 총회결의는** 관리처분계획이라는 행정처분에 이르는 절차적 요건 중 하나로, 그것이 위법하여 효력이 없다면 관리처분계획은 하자가 있는 것으로 된다. 따라서 행정주체인 재건축조합을 상대로 **관리처분계획안에 대한 조합 총회결의의 효력 등을 다투는 소송은** 행정처분에 이르는 절차적 요건의 존부나 효력 유무에 관한 소송으로서 그 소송결과에 따라 행정처분의 위법여부에 직접 영향을 미치는 공법상 법률관계에 관한 것이므로, 이는 행정소송법상의 당사자소송에 해당한다.

그러나 나아가 **관리처분계획에 대한 관할 행정청의 인가·고시까지 있게 되면** 관리처분계획은 행정처분으로서 효력이 발생하게 되므로, 총회결의의 하자를 이유로 하여 행정처분의 효력을 다투는 항고소송의 방법으로 관리처분계획의 취소 또는 무효확인을 구하여야 하고, 그와 별도로 행정처분에 이르는 절차적 요건 중 하나에 불과한 **총회결의 부분만을 따로 떼어내어 효력 유무를 다투는 확인의 소를 제기하는 것**은 특별한 사정이 없는 한 허용되지 않는다고 보아야 한다.

tip 관리처분계획안에 대한 재건축조합총회결의는 민사소송이 아니라 당사자소송으로 다투어야 한다고 입장을 변경한 판례이다. 그리고 총회결의 후 관리처분계획에 대한 관할 행정청의 인가(고시)가 있은 이후(以後)에는 총회결의가 아니라 관리처분계획을 다투어야 한다고 본다. 결국 관리처분계획안에 대한 재건축조합총회결의를 다투는 경우는 관리처분계획에 대한 인가처분이 있기 이전(以前)이 된다.

기출 — 제26회 입법고시(2010년)

〈제1문〉

국민건강보험공단은 갑이 국민건강보험법 규정에 따라 건강보험의 직장가입자로서의 요건을 갖추고 있음에도 그 자격이 누락되어 있음을 확인하고 갑에게 보험료부과처분을 하였다. 이에 갑은 이를 전액 납부하였으나, 나중에 위 보험료부과처분에 하자가 있다는 사실을 알게 되었다. 이러한 사실관계를 바탕으로 다음의 물음에 답하시오. (50점)

(1) 보험료부과처분에 취소사유에 해당하는 하자가 있는 경우, 갑이 이미 납부한 보험료를 돌려받기 위하여 제기할 수 있는 소송에 대하여 검토하시오(제소기간은 준수한 것으로 본다). (35점)

(2) 보험료부과처분에 무효사유에 해당하는 하자가 있는 경우, 갑이 이미 납부한 보험료를 돌려받기 위하여 무효확인소송을 제기하였다면 수소법원은 어떠한 판단을 하여야 하는가? (15점)

(1) 보험료부과처분에 취소사유에 해당하는 하자가 있는 경우, 갑이 이미 납부한 보험료를 돌려받기 위하여 제기할 수 있는 소송에 대하여 검토하시오(제소기간은 준수한 것으로 본다). (35점)

Ⅰ. 납부한 보험료를 돌려받기 위한 소송 (설문(1))[26]

1. 취소소송을 제기하지 않고 부당이득반환청구소송을 제기한 경우

(1) 부당이득반환청구권의 성질

1) 학설

사권설(부당이득제도는 순수하게 경제적 견지에서 인정되는 이해조절적 제도이므로 부당이득반환청구권은 사권이고 그에 관한 소송은 민사소송에 의하여야 한다는 견해이다)과 공권설(공법상의 원인에 의한 부당이득반환청구권은 공권이며 그에 관한 소송은 공법상 당사자소송에 의하여야 한다는 견해이다)이 대립된다.

2) 판례

판례는 민사소송절차에 따라야 한다고 보고 있다(대판 1995. 12. 22. 94다51253).

3) 검토

판례에 따라 민사소송으로 본다.

(2) 선결문제

1) 의의

선결문제란 민사·형사법원의 본안판단에서 행정행위의 효력유무·존재여부 또는 위법여부가 선결될 문제인 경우 그 효력유무·존재여부나 위법여부를 말한다.

2) 형태

㈎ 선결문제는 민사사건의 경우와 형사사건의 경우로 나눌 수 있고, 각각 행정행위의 위법여부가 선결문제로 되는 경우와 행정행위의 효력여부가 선결문제로 되는 경우가 있다.

26) 부당이득반환청구는 특정 재화와 그 이용을 정당한 권리자에게 귀속시킴을 규율하는 것이고, 손해배상청구는 국가 등의 귀책사유로 손해가 발생한 경우 가해행위 전의 피해자의 이익상태와 가해행위 후 이익상태의 차이를 전보하는 제도(국가배상청구는 적극적·소극적·정신적 손해를 포함한다)이므로 설문은 "이미 납부한 보험료를 돌려받기 위하여 제기할 수 있는 소송"을 묻고 있어 국가배상청구는 직접적인 논점이 아니다.

㈏ 설문은 민사사건의 경우이고 보험료부과처분의 효력유무가 문제되는 경우이다.

3) 해결

행정행위의 효력을 민사법원이 부정할 수는 없지만, 행정행위의 효력유무를 판단하거나 위법여부를 판단하는 것은 가능하다는 것이 일반적인 견해이자 판례의 입장이다(과세처분의 하자가 단지 취소할 수 있는 정도에 불과할 때에는 과세관청이 이를 스스로 취소하거나 항고소송절차에 의하여 취소되지 않는 한 그로 인한 조세의 납부가 부당이득이 된다고 할 수 없다(대판 1994. 11. 11. 94다28000)).

(3) 설문

보험료부과처분은 취소사유이기에 행정청이 스스로 직권취소하거나 갑이 쟁송취소를 받기 전 민사법원은 보험료부과처분의 효력을 부정(취소)할 수 없다. 따라서 갑은 보험료를 돌려받은 수 없다.

2. 취소소송제기 후 부당이득반환청구소송을 제기한 경우

㈎ 갑이 보험료부과처분취소소송을 제기하여 승소의 확정판결을 받는다면 보험료부과처분은 소급하여 무효가 되며, 국민건강보험공단은 행정소송법 제30조에 따라 기속력을 받게 된다(특히 결과제거의무(설문에서는 갑의 보험료를 반환할 의무)가 발생한다).

㈏ 따라서 갑은 납부한 보험료에 대해 민법 제741조를 유추적용하여 국민건강보험공단을 상대로 부당이득반환을 청구한다면 납부한 보험료를 돌려받을 수 있다.

3. 취소소송과 부당이득반환청구소송을 행정소송법 제10조에 따라 병합한 경우

(1) 청구의 병합의 의의

청구의 병합이란 하나의 소로써 수 개의 청구를 하거나(소의 객관적 병합), 수인이 공동으로 원고가 되거나 수인을 공동피고(소의 주관적 병합)로 하여 소를 제기하는 것을 말한다. 행정소송법은 제10조 제2항과 15조에서 관련청구의 객관적·주관적 병합에 관한 특별규정을 두고 있어 민사소송에서는 인정되지 않는 서로 다른 소송절차에 의한 청구의 병합을 인정하고 있다.

(2) 관련청구소송의 병합의 요건

㈎ ⓐ 관련청구를 병합할 취소소송은 소송요건을 갖춘 적법한 것이어야 한다(취소소송의 적법성). ⓑ 행정소송법 제10조 제1항 제1호·제2호의 관련청구소송이어야 한다(관련청구소송). 제1호(당해 처분등과 관련되는 손해배상·부당이득반환·원상회복 등 청구소송)는 청구의 내용 또는 발생 원인이 법률상 또는 사실상 공통되어 있는 소송을 말하며, 제2호(당해 처분등과 관련되는 취소소송)는 개방적·보충적 규정으로 증거관계, 쟁점, 공격·방어방법 등의 상당부분이 공통되어 함께 심리함이 타당한 사건을 말한다. ⓒ 관련청구의 병합은 사실심변론종결 전에 하여야 한다(행정소송법 제10조 제2항)(병합의 시기). ⓓ 행정사건에 관련 민사사건이나 행정사건을 병합하는 방식이어야 한다. 행정소송 상호간에는 어느 쪽을 병합하여도 상관없다(행정사건에의 병합). ⓔ 행정청을 피고로 하는 취소소송에 국가를 피고로 하는 손해배상청구를 병합하는 경우처럼 관련청구소송의 피고는 원래 소송의 피고와 동일할 필요가 없다(피고의 동일성 불요).

㈏ 설문의 보험료부과처분취소소송은 적법하며, 부당이득반환청구는 행정소송법 제10조 제1항 제1호의 관련청구소송이며, 사실심변론종결전이며, 보험료부과처분취소소송에 병합한다면 문제는 없다. 따라서 관련청구소송의 병합은 가능하다.

(3) 설문

㈎ 갑은 원시적 또는 후발적으로 보험료부과처분취소소송에 부당이득반환청구소송을 이송·병합할 수 있다.

㈏ 다만, 미리 보험료부과처분의 취소가 확정되어야 법원은 부당이득반환청구를 인용할 수 있는지가 문제되는데, 대법원은 「행정소송법 제10조 제1항, 제2항…을 둔 취지에 비추어 보면, 취소소송에 병합할 수 있는 당해 처분과 관련되는 부당이득반환소송에는 당해 처분의 취소를 선결문제로 하는 부당이득반환청구가 포함되고, 이러한 부당이득반환청구가 인용되기 위해서는 그 소

송절차에서 판결에 의해 당해 처분이 취소되면 충분하고 그 처분의 취소가 확정되어야 하는 것은 아니라고 보아야 한다(대판 2009. 4. 9. 2008두23153)」고 하여 당해 법원이 보험료부과처분을 취소하면서 바로 갑의 부당이득반환청구를 인용할 수 있다는 입장이다.

(2) 보험료부과처분에 무효사유에 해당하는 하자가 있는 경우, 갑이 이미 납부한 보험료를 돌려받기 위하여 무효확인소송을 제기하였다면 수소법원은 어떠한 판단을 하여야 하는가? (15점)

Ⅱ. 보험료부과처분무효확인소송에 대한 수소법원의 판단(설문(2))

1. 문제 상황

설문에서 갑은 보험료를 납부하였기에 보험료부과처분이 무효라면 부당이득반환을 청구하면서 보험료부과처분의 무효를 선결문제로 주장하면 되기 때문에, 갑이 별도로 무효확인소송을 제기할 협의의 소의 이익이 있는지가 문제된다(다른 소송요건이나 본안은 문제되지 않는다).

2. 무효등확인소송에서 즉시확정의 이익

(1) 문제점

행정소송인 무효등확인소송의 경우 즉시확정의 이익이 요구되는지(=확인소송의 보충성이 요구되는지)가 문제된다.

(2) 학설

1) 긍정설(즉시확정이익설)

취소소송의 경우와 달리 행정소송법 제35조는 원고적격에 관한 규정일 뿐만 아니라 권리보호필요성(협의의 소익)에 관한 의미도 가지고 있는 것이며, 따라서 민사소송에서의 확인의 소와 같이 무효등확인소송의 경우에도 '즉시확정의 이익'이 필요하다고 보는 견해이다.

2) 부정설(법적 보호이익설)

ⓐ 행정소송법 제35조의 '법률상 이익'은 원고적격의 범위에 대한 것이어서 즉시확정의 이익으로 해석될 수 없고, ⓑ 무효등확인소송에서는 취소판결의 기속력을 준용하므로 민사소송과 달리 무효판결 자체로도 판결의 실효성 확보가 가능하므로 민사소송에서와 같이 분쟁의 궁극적 해결의 위한 확인의 이익여부를 논할 이유가 없다는 점을 들고 있다(다수 견해).

(3) 판례

최근 수원시장의 하수도원인자부담금부과처분의 무효확인을 구한 사건에서 「ⓐ 행정소송은 … 민사소송과는 그 목적, 취지 및 기능 등을 달리한다. ⓑ 또한 행정소송법 제4조에서는 무효확인소송을 항고소송의 일종으로 규정하고 있고, 행정소송법 제38조 제1항에서는 처분 등을 취소하는 확정판결의 기속력 및 행정청의 재처분 의무에 관한 행정소송법 제30조를 무효확인소송에도 준용하고 있으므로 무효확인판결 자체만으로도 실효성을 확보할 수 있다. ⓒ 그리고 우리나라 행정소송법에는 명문의 규정이 없어 이로 인한 명시적 제한이 존재하지 않는다. … 무효확인소송의 보충성이 요구되는 것은 아니므로 행정처분의 무효를 전제로 한 이행소송 등과 같은 직접적인 구제수단이 있는지 여부를 따질 필요가 없다(대판(전원) 2008. 3. 20. 2007두6342)」고 하여 행정처분의 무효를 전제로 한 이행소송 즉 부당이득반환청구소송이나 소유권이전등기말소청구소송과 같은 직접적인 구제수단이 있다고 하더라도 무효등확인소송을 제기할 수 있다고 보고 있다.

(4) 검토

행정행위의 하자가 무효사유인지 아니면 취소사유인지의 구분이 용이한 것도 아니기에 즉시확정의 이익의 필요성은 부정함이 타당하다.

3. 소결

다수견해와 판례인 부정설에 의하면 갑은 보험료를 이미 납부한 경우에도 부담금부과처분의 무효확인을 구할 협의의 소의 이익이 있다. 따라서 수소법원은 갑의 청구를 인용하여야 한다.

Q 사례

A광역시 시장은 2004년 3월 국가서기관으로서 A광역시 기획관으로 근무하던 갑을 포함한 8명을 지방부이사관 승진후보자로 하여 A광역시 인사위원회에 심의를 요구하였고, 2004. 3. 31. 인사위원회는 갑을 지방부이사관 임용대상자로 의결하였다. 그에 따라 갑은 행정자치부장관에게 국가공무원에서 A광역시 지방공무원으로의 전출에 동의한다는 동의서를 제출하였고, 시장은 2004. 4. 1. 행정자치부장관에게 갑에 대한 A광역시 지방공무원 전출명령을 제청하였으며, 그 후 2004. 4. 14. 대통령권한대행인 국무총리가 갑에게 A광역시 지방공무원 전출을 명하였다. 그러나 갑이 업무능력이 부족하다는 이유로 시장은 2004. 7. 20. 승진임용발령대기를 명하였다.

갑은 2004. 8. 1. 이후의 인사발령에서도 승진발령을 받지 못하게 되자, 2005. 9. 30. A광역시 소청심사위원회에 자신의 의사에 반하는 불리한 부작위를 이유로 자신을 지방부이사관으로 승진임용하라는 소청심사를 청구하였으나 2006. 2. 20. 기각결정을 통보받았다.

이에 갑은 2006. 3. 8. 시장을 상대로 시장이 갑을 A광역시 지방부이사관으로 승진임용하지 아니한 것은 위법하다는 취지의 소송을 제기하였다.

(1) 갑이 제기한 부작위위법확인소송에서 ① 피고인 시장은 갑이 자신에게 승진임용신청을 하지 않았기에 부작위의 성립요건 중 적법한 처분의 '신청'이 없었다고 주장한다. ② 시장은 관련법령에서 승진임용발령에 필요한 처리기간을 설정·공포하고 있지만 그 처리기간이 도과되었다는 것만으로 상당한 기간이 경과하였다고 볼 수는 없다고 주장한다. 시장의 각 주장은 정당한가?

(2) (소청심사청구를 거칠 필요가 없어 소청심사청구를 거치지 않고 부작위위법확인소송을 제기한 것을 전제로 한다) 갑은 2005. 9. 30. 광역시장에게 승진임용신청을 하였고 2006. 11. 1. 부작위위법확인소송 제기는 제소기간과 관련해 적법한가?

(3) (소청심사를 경유한 것을 전제로 한다) 갑이 2006. 2. 20. 소청심사위원회의 기각결정을 통보받은 후, 시장은 2006. 3. 1. 갑의 지방부이사관승진임용신청을 거부하는 처분을 하였다. 그러나 이를 과실 없이 알지 못한 갑은 2006. 3. 8. 시장을 상대로 부작위위법확인소송을 제기하였다가 2007. 7. 1.에 시장의 거부처분이 있었다는 사실을 알고 2007. 7. 26.에 거부처분취소소송으로의 소변경서를 제출하였다(행정소송법 제21조). 갑의 거부처분취소소송제기는 제소기간과 관련해 적법한가?

(4) 갑은 2006. 3. 8.에 부작위위법확인소송을 제기하였는데 소송계속 중인 2006. 4. 1.에 시장이 거부처분을 하였다면 갑은 거부처분취소소송으로 행정소송법상의 소의 변경을 할 수 있는가?

(5) 갑이 2005. 9. 30. 광역시장에게 승진임용신청하였고, 시장이 거부처분을 하자 갑이 거부처분취소소송을 제기하였다면 갑의 소송은 대상적격과 관련해 적법한가(판례에 따른 신청권이 갑에게 있는지도 포함한다)?

(1) 갑이 제기한 부작위위법확인소송에서 ① 피고인 시장은 갑이 자신에게 승진임용신청을 하지 않았기에 부작위의 성립요건 중 적법한 처분의 '신청'이 없었다고 주장한다. ② 시장은 관련법령에서 승진임용발령에 필요한 처리기간을 설정·공포하고 있지만 그 처리기간이 도과되었다는 것만으로 상당한 기간이 경과하였다고 볼 수는 없다고 주장한다. 시장의 각 주장은 정당한가?

Ⅰ. 부작위의 성립요건으로서 '신청'과 '상당한 기간'(설문(1))

1. 문제 상황

행정소송법 제2조 제1항 제2호는 "'부작위'라 함은 행정청이 당사자의 신청에 대하여 상당한 기간 내에 일정한 처분을 하여야 할 법률상 의무가 있음에도 불구하고 이를 하지 아니하는 것을 말한다"고 규정하고 있다. 따라서 부작위위법확인소송의 대상인 부작위는 ① 당사자의 신청이 있을 것, ② 상당한 기간이 경과할 것, ③ 행정청에게 일정한 처분을 할 법률상의 의무가 있을 것, ④ 행정청이 아무런 처분도 하지 않을 것을 필요로 한다. 설문의 경우에는 당사자의 적법한 신청이 있는지 그리고 상당한 기간이 경과하였는지가 문제된다.

2. 적법한 신청이 있었는지 여부

(1) 문제점

부작위위법확인소송에서 부작위를 성립시키기 위해서는 행정소송법 제2조 제1항 제1호의 '처분등'을 신청하는 것이 필요하다. 그 신청은 적법할 필요는 없으나 신청이 존재해야 한다. 그러나 설문에서는 승진임용권자인 시장에 대한 명시적인 신청이 없다. 그러나 갑은 A광역시 시장은 아니지만 A광역시 소청심사위원회에 소청심사를 청구하였기에 이를 승진임용신청으로 볼 수 있는지가 문제된다.

(2) 소청심사 청구를 승진임용신청으로 볼 수 있는지 여부(설문)

판례는 「광주광역시 소청심사위원회는 … 피고(광주광역시)에게 설치된 것이므로, 원고가 위와 같은 소청을 한 이상 피고에 대하여 3급 승진임용 신청을 하였다고 보아야 할 것이다(대판 2008. 4. 10. 2007두18611)」라고 하여 소청심사 청구를 행정청에 대한 승진임용 신청으로 보았다. 따라서 이러한 판례의 입장에서 보면 갑은 부작위의 성립요건으로서 당사자의 신청이 있을 것이라는 요건을 갖추고 있다. 따라서 시장의 주장을 정당하지 않다.

3. 처리기간 경과와 상당한 기간

(1) 문제점

행정소송법 제2조 제1항 제2호의 '상당한 기간'이란 어떠한 처분을 함에 있어 통상 요구되는 기간을 말한다. 그런데 관련법령에서 처분의 처리기간을 두고 있는 경우 처리기간의 경과만으로 상당한 기간이 경과한 것으로 볼 수 있는지가 문제된다.

(2) 학설

학설은 ⓐ 법정기간은 당연히 상당한 기간이 되는 것은 아니고 하나의 판단기준을 나타내는 것이라는 견해와 ⓑ 법정기간이 경과한 후에는 특단의 사정이 없는 한 원칙적으로 상당한 기간이 경과한 것으로 보아야 한다는 견해가 대립된다.

(3) 검토 및 설문

㈎ 법정기간은 법에서 정해진 취지가 다양하기 때문에 상당한 기간의 경과에 관해서는 여러 가지 기준을 종합해서 판단해야 하기에 ⓐ설이 타당하다. 행정절차법 제19조(① 행정청은 신청인의 편의를 위하여 처분의 처리기간을 종류별로 미리 정하여 공표하여야 한다)에 따라 공표된 처리기간의 경우도 처리기간의 경과로 바로 상당한 기간이 경과하였다고 볼 수는 없다.

㈏ 따라서 설문의 경우 처리기간의 경과만으로 판단할 것이 아니라 처분의 성질, 내용 등을 고려하여 개별적으로 판단하여야 한다. 따라서 시장의 주장은 정당하다.

(2) (소청심사청구를 거칠 필요가 없어 소청심사청구를 거치지 않고 부작위위법확인소송을 제기한 것을 전제로 한다) 갑은 2005. 9. 30. 광역시장에게 승진임용신청을 하였고 2006. 11. 1. 부작위위법확인소송 제기는 제소기간과 관련해 적법한가?

Ⅱ. 행정심판을 경유하지 않아도 되는 경우 부작위위법확인소송의 제소기간(설문(2))

1. 문제 상황

행정심판을 거쳐 부작위위법확인소송을 제기하는 경우에는 행정소송법 제20조가 적용되어 문제가 없지만, 행정심판을 거치지 않고 부작위위법확인소송을 제기하는 경우 행정소송법 제20조가 적용될 수 있는지 문제된다. 왜냐하면 이 경우에는 외관상 아무런 명시적인 처분 등이 없기 때문에 처분 등을 기준으로 제소기간을 정하고 있는 행정소송법 제20조를 그대로 적용할 수 없기 때문이다.

2. 학설

ⓐ 부작위개념의 성립요소의 하나인 신청 후 상당기간이 경과하면 그때에 처분이 있는 것으로 보고 행정소송법 제20조 제2항에 따라 그때부터 1년 내에 제소할 수 있다는 견해와 ⓑ 행정소송법상 명문의 규정이 없기 때문에 제소기간에 제한이 없다는 견해가 대립된다.

3. 판례

판례도 「부작위위법확인의 소는 부작위상태가 계속되는 한 그 위법의 확인을 구할 이익이 있다고 보아야 하므로 원칙적으로 제소기간의 제한을 받지 않는다(대판 2009. 7. 23. 2008두10560)」고 하여 제소기간의 제한을 받지 않는다고 한다(ⓑ설).

4. 검토 및 소결

㈎ 행정소송법 제20조는 '처분 등이 있음을 안 날(제1항)' 또는 '처분 등이 있은 날부터(제2항)'로 규정하고 있어 부작위위법확인소송에서는 준용되기 어렵고, 부작위상태가 계속되는 한 위법임을 확인할 부작위의 종료시점을 정하기도 어려우며, ⓐ설이 말하는 상당한 기간이라는 개념 자체가 불확정적인 것이라는 점, 행정심판법상 부작위에 대한 의무이행심판의 경우에는 심판청구기간에 제한이 없다는 점(행심법 제27조 제7항) 등을 고려하면 제소기간 제한이 없다는 견해(ⓑ설)가 타당하다(홍정선, 홍준형).

㈏ 따라서 갑이 2006. 11. 1.에 제기한 부작위위법확인소송제기는 제소기간과 관련해 적법하다.

---

(3) (소청심사를 경유한 것을 전제로 한다) 갑이 2006. 2. 20. 소청심사위원회의 기각결정을 통보받은 후, 시장은 2006. 3. 1. 갑의 지방부이사관승진임용신청을 거부하는 처분을 하였다. 그러나 이를 과실 없이 알지 못한 갑은 2006. 3. 8. 시장을 상대로 부작위위법확인소송을 제기하였다가 2007. 7. 1.에 시장의 거부처분이 있었다는 사실을 알고 2007. 7. 26.에 거부처분취소소송으로의 소변경서를 제출하였다(행정소송법 제21조). 갑의 거부처분취소소송제기는 제소기간과 관련해 적법한가?

Ⅲ. 소의 변경이 있는 경우 제소기간 (설문(3))

1. 문제 상황

2007. 7. 26.의 소 종류를 변경한 거부처분취소소송의 제소기간은 행정소송법 제20조에 따른다. 제1항의 '안 날'(2007. 7. 1.)은 문제없으나 제2항의 '있은 날로부터 1년'을 경과하였기에 소 변경서 제출시(거부처분취소소송 제기시)를 기준으로 한다면 제소기간은 도과되었다. 그러나 거부처분취소소송은 부작위위법확인소송에서 소송의 종류를 변경한 것이므로 거부처분취소소송 제기의 적법성을 검토하기 위해서는 2006. 3. 8.의 부작위위법확인소송 제기의 적법성을 먼저 검토해야 한다.

2. 2006. 3. 8. 부작위위법확인소송 제기의 적법성

㈎ 부작위위법확인소송에서 행정심판을 경유하지 않아도 되는 경우는 제소기간의 제한이 없다는 것이 판례의 입장이다. 그런데 설문처럼 행정심판을 경유한 경우는 처분 등이 존재하기에 제소기간에 대한 행정소송법 제20조가 적용된다.

㈏ 판례도 「행정소송법 제38조 제2항이 제소기간을 규정한 같은 법 제20조를 부작위위법확인소송에 준용하고 있는 점에 비추어 보면, 행정심판 등 전심절차를 거친 경우에는 행정소송법 제20조가 정한 제소기간 내에 부작위위법확인의 소를 제기하여야 할 것(대판 2009. 7. 23. 2008두10560)」이라고 하여 같은 입장이다.

㈐ 따라서 행정소송법 제20조 제1항 단서(제18조 제1항 단서에 규정한 경우와 그 밖에 행정심판청구를

할 수 있는 경우 또는 행정청이 행정심판청구를 할 수 있다고 잘못 알린 경우에 행정심판청구가 있은 때의 기간은 재결서의 정본을 송달받은 날부터 기산한다)에 따라 갑은 A광역시 소청심사위원회로부터 기각결정을 받은 날(2006. 2. 20.)로부터 90일 이내인 2006. 3. 8.에 부작위위법확인소송을 제기하였기에 이 소송은 적법한 소송이다.

3. 2007. 7. 26. 거부처분취소소송의 적법성

(1) 소의 변경이 있는 경우 제소기간

1) 원칙

소의 변경이 있는 경우에도 제소기간의 준수는 원칙적으로 소의 변경이 있는 때를 기준으로 한다(청구취지를 변경하여 구소가 취하되고 새로운 소가 제기된 것으로 변경되었을 때에 새로운 소에 대한 제소기간의 준수 등은 원칙적으로 소의 변경이 있은 때를 기준으로 하여야 한다(대판 2004. 11. 25. 2004두7023)).

2) 예외(제소시점의 소급효가 인정되는 경우)

행정처분 등으로 불이익을 받는 자가 불복하는 소를 제기하였음에도 적절한 종류의 소를 잘못 선택하여 청구취지를 늦게 변경하여 제소기간을 도과하였다는 이유로 소를 각하한다면 당사자에게 가혹한 경우가 많을 것이다. 따라서 행정소송법은 제소시점의 소급효를 인정하고 있다(동법 제37조, 제42조, 제21조 제4항, 제14조 제4항).

(2) 설문

거부처분취소소송은 소 변경서 제출시인 2007. 7. 26.을 기준으로 보면, 있은 날로부터 1년을 도과하였지만, 행정소송법 제37조(제21조 제4항, 제14조 4항)에 따라 제소시점의 소급효가 인정되기에 변경 전 소제기 당시(2006. 3. 8.의 부작위위법확인소송 제기 당시)에 제소기간을 준수하였는지로 판단한다. 전술한 바처럼 부작위위법확인소송은 제소기간을 준수하였기에 갑의 거부처분취소소송제기는 제소기간과 관련해 적법하다.[27]

(4) 갑은 2006. 3. 8.에 부작위위법확인소송을 제기하였는데 소송계속 중인 2006. 4. 1.에 시장이 거부처분을 하였다면 갑은 거부처분취소소송으로 행정소송법상의 소의 변경을 할 수 있는가?

Ⅳ. 거부처분취소소송으로의 소의 변경 (설문(4))

1. 소의 변경의 의의

소의 변경이란 소송의 계속 후 당사자, 청구의 취지, 청구의 변경 등 전부 또는 일부를 변경하는 것을 말한다. 현행 행정소송법상 소의 변경에는 소의 종류의 변경(행정소송법 제21조), 처분변경으로 인한 소의 변경(행정소송법 제22조), 그리고 기타의 소의 변경(행정소송법 제8조 제2항에서 준용하는 민사소송법 제262조)이 있다.

2. 문제 상황

㈎ 부작위위법확인소송 계속 중 행정청이 거부처분을 한 경우 부작위위법확인소송은 각하된다(소제기의 전후를 통하여 판결시까지 행정청이 그 신청에 대하여 적극 또는 소극의 처분을 함으로써 부작위상태가 해소된 때에는 소의 이익을 상실하게 되어 당해 소는 각하를 면할 수가 없는 것이다(대판 1990. 9. 25. 89누4758)). 따라서 이 경우 부작위위법확인소송을 거부처분취소소송으로 소종류의 변경을 할 수 있는지가 문제된다.

㈏ 행정소송법은 부작위위법확인소송의 경우 제37조에서 소 종류의 변경규정인 제21조는 준용하고 있으나, 처분변경으로 인한 소의 변경규정인 제22조를 준용하고 있지는 않다.

㈐ 따라서 거부처분이 있었음에도 소의 종류 선택을 잘못하여 부작위위법확인소송을 제기한 경우에는 행정소송법 제37조(제21조)에 따라 거부처분취소소송으로의 소의 변경이 가능하다. 그러

27) 판례는 교환 및 추가적 변경이 있었던 사안에서 「부작위위법확인의 소는 … 소청심사결정이 있은 2006. 2. 20. 부터 적법한 제소기간 내인 2006. 3. 8. 제기되었음은 역수상 명백 … 부작위위법확인의 소를 제기하였으나 … 처분취소소송으로 소를 교환적으로 변경한 후 여기에 부작위위법확인의 소를 추가적으로 병합한 경우 최초의 부작위위법확인의 소가 적법한 제소기간 내에 제기된 이상 그 후 처분취소소송으로의 교환적 변경과 처분취소소송에의 추가적 변경 등의 과정을 거쳤다고 하더라도 여전히 제소기간을 준수한 것으로 봄이 상당하다(대판 2009. 7. 23. 2008두10560)」고 하여 행정소송법상 소의 변경이 아닌 경우(행정소송이나 행정소송법 제8조 제2항에 따라 민사소송법상의 소의 변경인 경우)에도 이를 확대적용하고 있다.

나 부작위에 대하여 부작위위법확인소송을 제기한 후 행정청이 거부처분을 한 경우 논리적으로 보면 행정소송법 제22조의 처분변경으로 인한 소의 변경이 적용되어야 하지만 준용규정이 없어 문제가 된다.

3. 학설

ⓐ 부정설(행정소송법 제37조(제21조)의 취지는 행정소송의 다양성으로 인해 행정소송 간에 소송의 종류를 잘못 선택할 가능성 때문에 인정한 것이므로 부작위위법확인소송 계속 중에 거부처분이 발령된 경우에는 적용되지 않으며, 행정소송법 제22조는 부작위위법확인소송에 준용되지 않음을 근거로 한다)과 ⓑ 긍정설(행정소송법이 제22조를 부작위위법확인소송에 준용하지 않는 것은 입법의 불비이므로 부작위위법확인소송 계속 중에 거부처분이 발령된 경우에도 행정소송법 제37조(제21조)를 적용하여 소종류의 변경이 가능하다고 보아야 하며, 만일 소변경을 부정하면 당사자는 별도로 거부처분취소소송을 제기해야 하기에 이를 긍정함이 타당하다고 한다)(다수견해)이 대립된다.

4. 검토 및 소결

㈎ 부작위위법확인소송과 거부처분취소소송은 양 청구가 모두 일정한 처분을 얻으려는 것을 목적으로 하고 있어 청구의 기초에 변경이 없으므로 행정소송법 제37조(제21조)를 적용하여 소의 변경이 가능하다고 보아야 한다(긍정설).

㈏ 따라서 갑은 부작위위법확인소송을 거부처분에 대한 취소소송으로 소종류의 변경 신청을 한 후 일정한 절차를 거쳐 법원의 허가가 있다면 소의 변경이 가능할 것이다.

(5) 갑이 2005. 9. 30. 광역시장에게 승진임용신청하였고, 시장이 거부처분을 하자 갑이 거부처분취소소송을 제기하였다면 갑의 소송은 대상적격과 관련해 적법한가(판례에 따른 신청권이 갑에게 있는지도 포함한다)?

Ⅴ. 거부처분취소소송의 대상적격(설문(5))

1. 문제 상황

㈎ 갑의 거부처분취소소송은 관할권 있는 법원에(행정소송법 제9조), 원고적격(동법 제12조)과 피고적격을 갖추어(동법 제13조), 처분 등을 대상으로(동법 제19조), 제소기간 내에(동법 제20조) 제기하고, 그 밖에 권리보호필요성 요건을 갖추고 있어야 한다.

㈏ 설문에서는 대상적격만이 문제되는데, 행정소송법 제19조는 취소소송의 대상을 처분 등으로 하면서, 동법 제2조 제1항 제1호는 '처분등'의 정의에 '공권력행사의 거부'를 포함하고 있어 행정청의 거부가 공권력행사의 신청에 대한 것이라면 취소소송의 대상이 되는 처분임은 의문이 없으나, 대법원 판례는 거부처분의 성립요건으로 행정소송법 제2조 제1항 제1호의 요건 외에 법규상·조리상의 신청권이 필요하다고 하여 문제가 되며, 과연 설문의 갑이 그러한 신청권이 있는지도 문제된다.

2. 거부처분취소소송의 대상적격

(1) 거부처분의 의의

거부처분이라 함은 국민의 공권력 행사의 신청에 대하여 형식적 요건의 흠결을 이유로 각하하거나 이유 없음을 이유로 기각하는 것을 말한다. 아무런 의사표시를 하지 않는 부작위와 구별되며, 간주거부나 묵시적 거부도 거부처분에 해당한다. 그리고 판례는 거부의 의사표시를 하지 않았어도 본인이 이를 알았거나 알 수 있었던 경우에는 거부처분으로 본다(대판 1991. 2. 12. 90누5825).

(2) 거부처분의 성립요건

1) 신청의 내용이 공권력 행사일 것

행정청의 거부행위가 항고소송의 대상인 거부처분이 되기 위해서는 사인이 신청한 행위가 공권력의 행사(이에 준하는 행정작용)이어야 한다. 즉 사인의 공권력행사 또는 이에 준하는 행정작용(처분(행정소송법 제2조 제1항 제1호))의 신청에 대한 발령의 거부이어야 한다.

2) 거부로 인하여 국민의 권리나 법적 이익에 직접 영향을 미치는 것일 것

행정청의 거부로 인해 국민의 권리·법적 이익에 직접적인 변동을 가져오는 행위이어야 한다. 즉, 법적 행위이어야 한다.

3) 신청권의 문제

a. 문제점

대법원은 거부처분이 항고소송의 대상이 되기 위해서는 국민이 행정청에 대하여 그 신청에 따른 행정행위를 해줄 것을 요구할 수 있는 법규상·조리상의 권리가 있어야 한다는 입장이다(신청권을 대상적격의 문제로 본다). 이에 대해 찬성하는 견해와 반대하는 견해가 대립된다.

b. 학설

학설은 ① 판례가 말하는 신청권을 '원고의 신청에 대한 형식상의 단순한 응답요구권'이라고 이해하면서 신청권을 항고소송의 대상적격의 문제로 보는 견해,[28] ② 취소소송의 소송물을 '처분의 위법성과 당사자의 권리침해'로 이해하면서 판례의 신청권을 소송요건의 문제가 아니라 본안의 문제로 보는 견해, ③ 어떠한 거부행위가 행정소송의 대상이 되는 처분에 해당하는가의 여부는 '그 거부된 행위가 행정소송법 제2조 제1항 제1호의 처분에 해당하는가'의 여부에 따라 판단하는 것이 타당하다는 이유로 판례의 신청권을 원고적격의 문제로 보아야 한다는 견해가 대립된다.

c. 판례

판례는 거부처분의 대상적격을 인정하기 위한 전제요건으로 신청권이 필요하다고 하면서, 그 신청권의 존부는 구체적 사건에서 신청인이 누구인가를 고려하지 않고 관계 법규의 해석에 의하여 일반 국민에게 그러한 신청권을 인정하고 있는가를 살펴 추상적으로 결정되는 것이라고 본다(대판 1996. 6. 11. 95누12460). 그러나 ⓐ "국민"에게 법규상·조리상의 신청권이 있다면 국민의 신청에 대한 거부가 항고소송의 대상이 된다고 보면서도, ⓑ "원고"에게 법규상·조리상의 권리가 없기 때문에 항고소송의 대상인 거부처분이 될 수 없다고 보고 있다(대판 2005. 4. 15. 2004두11626).[29] (학설의 비판이 집중되는 것은 ⓑ의 경우이다)

d. 검토

대상적격은 객관적·외형적으로 판단해야 하고, 신청권의 판단은 객관적·외형적 판단을 넘어서 사인의 개별·구체적인 상황을 고려해야만 가능하며(박정훈), 판례의 입장은 대상적격과 원고적격의 구분을 무시한 것으로 거부처분의 개념을 부당하게 축소한 것(홍준형)이며, 처분성 판단을 주관적 권리의 존부와 결부시키면 행정청의 동일한 행위가 주관적 권리를 가진 자에게는 처분이 되고 주관적 권리를 가지지 못한 자에게는 처분이 아닌 것이 되어 부당한 결론이 된다는 비판(김유환)도 있다. 따라서 신청권은 원고적격의 문제로 보아야 한다.[30]

28) 이 견해는 부작위위법확인소송의 부작위의 성립에 행정청의 처분의무(행정청의 응답의무 → 상대방에게 응답신청권)가 요구되듯이 거부처분취소(무효확인)소송에서도 행정청의 처분(응답)의무가 필요하며 그에 상응하여 거부처분의 성립에도 상대방의 응답을 요구할 권리(응답신청권)가 요구된다고 본다.

29) 행정청이 국민의 신청에 대하여 한 거부행위가 항고소송의 대상이 되는 행정처분에 해당하려면, 행정청의 행위를 요구할 법규상 또는 조리상의 신청권이 그 국민에게 있어야 하고, 이러한 신청권의 근거 없이 한 국민의 신청을 행정청이 받아들이지 아니한 경우에는 그 거부로 인하여 신청인의 권리나 법적 이익에 어떤 영향을 주는 것이 아니므로 이를 항고소송의 대상이 되는 행정처분이라고 할 수 없다. … 임용지원자에 불과한 원고 등에게 피고에 대하여 교사로의 특별채용을 요구할 법규상 또는 조리상의 권리가 있다고 할 수는 없으므로, 피고가 원고 등의 특별채용 신청을 거부하였다고 하여도 그 거부로 인하여 원고 등의 권리나 법적 이익에 어떤 영향을 주는 것이 아니어서 그 거부행위가 항고소송의 대상이 되는 행정처분에 해당한다고 할 수 없다(대판 2005. 4. 15. 2004두11626).

30) 신청권을 원고적격 문제로 본다는 의미는, 위법한 거부 또는 부작위의 상대방인 사인에게 거부처분취소소송의 경우 행정소송법 제12조의 거부처분의 취소를 구할 법률상 이익이 있는지, 부작위위법확인소송의 경우 부작위의 위법의 확인을 구할 법률상 이익이 있는지에 대한 판단을 원고적격(행소법 제35조)에서 한다는 의미이며, 판례가 말하는 신청권 유무를 기준으로 원고적격 유무를 판단한다는 것은 아니다. 판례가 말하는 신청권 판단은 원고적격설(신청권을 원고적격문

(3) 설문

갑은 승진임용을 받고자 임용을 신청하였기에 신청의 내용은 승진임용이며, 승진임용은 강학상 행정행위이고 공권력행사에 해당한다. 그리고 시장의 승진임용의 거부는 갑의 권리·의무에 영향을 미치는 행위이기에 법적 행위이다. 따라서 거부처분취소소송의 대상적격은 인정된다.

3. 갑에게 신청권이 있는지 여부

(가) 원심(광주고판 2007. 8. 30. 2006누2557)은 인사위원회의 심의는 행정기관에 전문적인 의견을 제공하거나, 행정청의 의사결정에 도움을 주는 행위를 말하며 행정청이 반드시 심의결과에 따라야 하는 법률상 의무가 발생하는 것은 아니며, 시장이 갑은 지방부이사관으로 승진임용하겠다는 자기구속적 약속 내지 확약을 한 적이 없기에 갑에게 부이사관 승진임용에 관한 조리상의 신청권이 인정된다고 보기 어렵다고 하였다.

(나) 그러나 대법원은 ⓐ 지방공무원법상 지방공무원이 그 임용권자에 대하여 승진 등에 관하여 어떠한 신청을 할 수 있다는 규정이 없어, 갑에게 법규상 승진임용 신청권이 발생한다고 볼 수 없지만, ⓑ 시장은 광주광역시 인사위원회의 심의를 거쳐 갑을 승진임용대상자로 선정한 다음 이를 대내외에 공표하였고, 갑의 지방부이사관 승진임용을 위해 국가직 4급이던 갑으로부터 지방공무원으로의 전출동의서를 받은 후 행정자치부장관에게 전출명령을 제청하였다면, 갑은 승진임용에 관하여 법률상 이익을 가지게 되어 시장에 대하여 3급 승진임용 신청을 할 조리상의 권리가 있다고 보았다(대판 2008. 4. 10. 2007두18611).

(다) 대상적격 판단에 신청권을 필요로 하는 판례의 입장은 문제가 있으나, 갑에게 조리상의 신청권을 인정하여 소송요건을 충족한 것으로 본 태도는 정당하다.

제로 보는 견해)에서 말하는 거부처분취소소송(부작위위법확인소송)의 원고적격 판단과 일치하지 않기 때문이다.

제3부 행정법각론

▮제1편▮ 행정조직법 ▮제2편▮ 지방자치법

판례 — 조례(안)의 적법요건

1. 수익적 조례

[1] 대법원 2008. 6. 12. 선고 2007추42 판결
【조례안재의결무효확인】

[1] 인천광역시의회가 의결한 '인천광역시 공항고속도로 통행료지원 조례안'이 규정하고 있는 **인천국제공항고속도로를 이용하는 지역주민에게 통행료를 지원하는 내용의 사무는, 구 지방자치법**(2007. 5. 11. 법률 제8423호로 전문 개정되기 전의 것) **제9조 제2항 제2호** (가)**목에 정한 주민복지에 관한 사업으로서 지방자치사무**이다.

[2] 이 사건 조례안은 영종도 등 **주민에게 혜택을 부여하는 것으로서, 주민의 권리를 제한하거나 새로운 의무를 부과하는 조례안과는 달리 조례입안자에게 보다 광범위한 입법형성의 자유가 인정되는 것**이므로 조례입안자는 그 조례제정의 목적, 수혜자의 상황, 예산 등 여러 사항을 고려하여 그에 합당하다고 스스로 판단하는 내용의 조례를 제정할 권한이 있다고 할 것이고, **그렇게 하여 제정된 조례의 내용이 현저하게 합리성이 결여되어 있는 것이 아닌 한 헌법에 위반된다고 할 수는 없다.**

[3] 지방자치법 제13조 제1항은 주민이 지방자치단체로부터 행정적 혜택을 균등하게 받을 수 있다는 권리를 추상적이고 선언적으로 규정한 것으로서, 위 규정에 의하여 주민이 지방자치단체에 대하여 구체적이고 특정한 권리가 발생하는 것이 아닐 뿐만 아니라, 지방자치단체가 주민에 대하여 **균등한 행정적 혜택을 부여할 구체적인 법적 의무가 발생하는 것도 아니므로,** 이 사건 조례안으로 인하여 주민들 가운데 일정한 조건에 해당하는 일부 주민이 지원을 받게 되는 혜택이 발생하였다고 하여 위 조례안이 지방자치법 제13조 제1항에 위반한 것이라고 볼 수는 없으므로, 원고의 위 주장은 이유 없다.

[4] 지방자치단체는 이론상 재정고권의 범위 내에서 예산을 집행할 수 있고, 이 사건 조례안의 내용에 의하더라도, 원고는 영종도 등 지역에 거주하는 주민에 대하여 예산의 범위 안에서 통행료를 지원하는 것이어서 어느 정도 자의적인 예산집행이 방지된다고 보이기 때문에 이 사건 조례안이 시행되더라도 원고가 우려하는 바와 같이 지방재정에 압박을 받을 것으로 보이지도 않으며….

[2] 대법원 2009. 10. 15. 선고 2008추32 판결
【조례안재의결무효확인】

[1] 이 사건 조례안('원주 혁신도시 및 기업도시 편입지역 주민지원 조례안') 제2조 등은 **원주 혁신 및 기업도시 주민들에 대해서만** 지원 대책을 수립, 시행하도록 규정하고 있으므로 **원주시 내 다른 공익사업에 따른 주민**들을 합리적 이유 없이 차별하고 있다고 주장한다. 그러나 … 이 사건 조례안이 원주시내에 건설되는 혁신도시, 기업도시의 주민 등에게만 일정한 지원을 하도록 하고 있더라도 그것만으로 이 사건 조례안이 평등원칙을 위반하고 있다고 보기는 어렵다.

[2] 원고는 이 사건 조례안 제6조 제2호가 **혁신·기업도시 주민에게 임대아파트의 임대 보증금을 2천만 원의 한도에서 지원하도록 하고 있는 것**은 지방자치법 제13조 제1항에 위반된다고 주장한다. …**지방자치법 제13조 제1항은** 주민은 지방자치단체로부터 균등하게 행정의 혜택을 받을 권리를 가진다고 규정하고 있는데, 이 규정은 주민이 지방자치단체로부터 행정적 혜택을 균등하게 받을 수 있다는 권리를 추상적이고 선언적으로 규정한 것으로서 위 규정에 의하여 주민에게 구체적이고 특정한 권리가 발생하는 것이 아닐 뿐만 아니라, 지방자치단체가 주민에 대하여 균등한 행정적 혜택을 부여할 구체적인 법적 의무가 발생하는 것도 아니므로(대판 2008. 6. 12. 2007추42 참조) 이 사건 조례안규정으로 인하여 주민들 가운데 일정 조건에 해당하는 일부 주민이 지

원을 받는 일이 발생하였다 하더라도 이것이 지방자치법 제13조 제1항을 위반한 것이라고 볼 수 없다.

2. 침익적 조례

[1] 대법원 2007. 12. 13. 선고 2006추52 판결
【조례안의결무효확인청구】

제주특별자치도에서 자동차대여사업을 하고자 하는 사람의 영업활동을 제한하는 내용의 '제주특별자치도 여객자동차 운수사업에 관한 조례안' 제37조 제3항과 제4항은 그 수권규정인 '제주특별자치도 설치 및 국제자유도시 조성을 위한 특별법' 제324조 제2항이 조례로 정할 수 있도록 한 사항에 해당하지 아니하여 법률의 위임 없이 국민의 권리제한 또는 의무부과에 관한 사항을 규정한 것으로 무효이다.

조례안재의결 무효확인소송에서의 심리대상은 지방의회에 재의를 요구할 당시 이의사항으로 지적되어 재의결에서 심의의 대상이 된 것에 국한된다.

[2] 대법원 2009. 5. 28. 선고 2007추134 판결
【조례안재의결무효확인청구】

이 사건 **조례안 중 제17조 제3항은 "보육시설종사자의 정년은 시설장은 62세, 보육교사는 57세로 한다."고 규정하여** 서울특별시 중구가 설립한 구립보육시설에서 시설장은 62세, 보육교사는 57세를 초과해서는 근무할 수 없도록 함으로써 … **영유아보육법이 보육시설종사자에 대하여 결격사유**(제20조), **자격**(제21조)**에 대해서는 규정하고 있지만, 정년 등 연령에 관한 조항을 두고 있지 않으며 이를 지방자치단체의 조례에 위임하는 규정을 두고 있지 않다.**

결국 이 사건 조례안 제17조 제3항은 법률의 위임 없이 권리 제한에 관한 사항을 규정하였다고 할 것이어서 그 효력을 인정할 수 없다.

3. 수익도 침익도 아닌 조례

대법원 2009. 9. 24. 선고 2009추53 판결
【조례안재의결무효확인】

지방자치법상 지방자치단체의 집행기관과 지방의회는 서로 분립되어 각기 그 고유권한을 행사하되 상호 견제의 범위 내에서 상대방의 권한 행사에 대한 관여가 허용되나, **지방의회는** 집행기관의 고유권한에 속하는 사항의 행사에 관하여는 견제의 범위 내에서 소극적·사후적으로 개입할 수 있을 뿐 사전에 적극적으로 개입하는 것은 허용되지 않는다.

이에 더하여, **지방자치법 제116조**(① 지방자치단체는 그 소관 사무의 일부를 독립하여 수행할 필요가 있으면 법령이나 그 지방자치단체의 조례로 정하는 바에 따라 합의제행정기관을 설치할 수 있다. ② 제1항의 합의제행정기관의 설치·운영에 관하여 필요한 사항은 대통령령이나 그 지방자치단체의 조례로 정한다)**에** 그 설치의 근거가 마련된 **합의제 행정기관은 지방자치단체의 장이 통할하여 관리·집행하는 지방자치단체의 사무를 일부 분담하여 수행하는 기관**으로서 그 사무를 독립하여 수행한다 할지라도 이는 어디까지나 집행기관에 속하는 것이지 지방의회에 속한다거나 집행기관이나 지방의회 어디에도 속하지 않는 독립된 제3의 기관에 해당하지 않는 점, **지방자치단체의 행정기구와 정원기준 등에 관한 규정 제3조 제1항**의 규정에 비추어 **지방자치단체의 장은 집행기관에 속하는 행정기관 전반에 대하여 조직편성권을 가진다**고 해석되는 점을 종합해 보면, 지방자치단체의 장은 합의제 행정기관을 설치할 고유의 권한을 가지며 이러한 고유권한에는 그 설치를 위한 조례안의 제안권이 포함된다고 봄이 상당하므로, 지방의회가 합의제 행정기관의 설치에 관한 조례안을 발의하여 이를 그대로 의결, 재의결하는 것은 지방자치단체장의 고유권한에 속하는 사항의 행사에 관하여 지방의회가 사전에 적극적으로 개입하는 것으로서 관련 법령에 위반되어 허용되지 않는다.

tip 적법한 조례인지는 조례제정대상인 사무인지, 법률유보의 원칙 및 법률우위의 원칙에 위반되는지 여부로 결정된다.

조례제정대상인 사무(자치사무와 단체위임사무)는 어느 경우나 적용되지만, 법령에 규정이 있는 경우에는 기관위임사무를 조례로 정하더라도 문제없다.

비침익적 조례는 주민의 권리를 제한하거나 의무를 부과하거나 벌칙을 규정하는 것이 아니므로 법률유보원칙 위반에 대한 검토가 필요하지 않다. 다만 법률우위원칙과 관련해 ① 성문의 법령에 위반되는지 여부 ② 국가법령의 취지가 지방자치단체의 실정에 맞도록 별도 규율을 용인하려는 것인지 여부 ③ '재정법규정위반' 및 '행정법의 일반원칙 위반여부'를 검토해야 한다.

그러나 침익적 조례는 법률유보원칙 및 법률우위원칙 위반여부를 모두 검토해야 하는데 법률유보원칙의 경우 포괄적인 위임으로도 족함을 주의해야 한다.

● 제50회 행정고시(재경등직렬)(2006년)
〈제1문〉

사업자 A는 울산광역시와 경기도에 각각 염색공장을 건설하여 현재 조업 중에 있다. 그러던 중 울산광역시에서는 기존 시 조례에서 정한 지역환경기준을 유지하기 어렵다고 판단하여, 환경관련 법령상의 기준보다 엄격한 배출허용기준을 내용으로 하는 조례를 새로 제정하였다. 한편, 사업자 A는 제품생산을 확대하기 위하여 경기도지사와 울산광역시장에 대하여 폐수배출시설을 포함한 공장증설 허가를 각각 신청하였다. A의 공장증설허가신청에 대해 경기도지사로부터는 허가가 내려졌으나, 울산광역시장으로부터는 A가 신청한 폐수배출시설이 시 조례가 정한 지역환경기준을 달성하기 어렵고 조례에서 정한 배출허용기준을 충족하지 못한다는 이유로 공장증설허가가 거부되었다.

이에 대하여 A는 울산광역시 조례가 법령보다 엄격한 규정을 두고 있으며 또한 경기도의 배출허용기준에 관한 조례와 비교하더라도 형평에 어긋나므로, 울산광역시 조례에 근거한 공장증설허가거부처분이 위법하다고 주장하고 있다. A가 취할 수 있는 권리구제수단 및 그 인용가능성을 논하시오. 단, 환경관련 법령에서 정한 기준보다 조례에 의해 엄격한 배출허용기준을 설정할 수 있다는 법규정이 없음을 전제로 한다.

● 제51회 행정고시(일반행정)(2007년)
〈제3문〉

C도는 지방세수의 적정한 확보와 지방세의 성실납부를 독려하기 위하여 법률과는 별도로, 지방세성실납부기업에 대해서는 지방세의 일부를 경감하고, 지방세 불성실납부기업에 대해서는 C도 및 C도 내의 개별 기초지방자치단체가 발주하는 일체의 공공사업 입찰에 참여할 수 없도록 하는 것을 내용으로 하는 조례를 제정하였다. 이 조례는 적법한가?

● 제25회 입법고시(2009년)
〈제1문〉

경기도의회는 경제위기를 극복하기 위하여 해외자본과 중국에서 철수하는 국내 자본을 적극적으로 유치하고 고용을 증진시킬 목적으로 「수도권정비계획법」 제7조에 반하여 대규모의 공업지역을 안성시에 신설함을 내용으로 하는 "안성국제산업단지조례"(이하 'A조례'라 한다)를 제정하였다. 경기도지사는 A조례에 근거하여 "안성국제산업단지" 개발사업자를 공모하였다. 그 결과 H건설이 사업자로 선정되었다. 경기도지사는 H건설에 대하여 "안성공업단지 개발사업"을 허가하였다.

(1) 경기도의회는 기존 경기도 공업지역 총면적을 증가시킴에도 불구하고 "지방자치단체로서의 자치입법권"이 있음을 이유로 A조례의 제정을 강행하였다. A조례의 효력에 관하여 논술하시오.

● 제53회 행정고시(재경등직렬)(2009년)
〈제4문〉

정부가 이산화질소(NO_2)를 규제하는 법령을 제정하자, A시는 환경보전과 지방자치 단체의 실정을 고려하여 법령의 위임이 없음에도 불구하고 조례에 이산화탄소(CO_2)를 규제하는 조항을 새로이 규정하였다. 위 조례는 적법한가?

제52회 사법시험(2010년)
〈제2문의 1〉

B군에서는 정부의 자유무역협정체결에 대응하여 지역특산물인 녹차산업을 진흥하고 이를 통해 지역 경제를 육성하고자 「녹차산업 육성 및 지원에 관한 조례」를 제정, 공포하였다. 이 조례에는 녹차산업 지원을 위한 기술지도 및 보조금 지급에 관한 내용이 포함되어 있다. 이에 주민 갑은 이 조례에 근거하여 녹차 원료 생산을 위한 보조금을 신청하여 지원받았다. 그러나 주민 을은 위 보조금 지급행위가 갑과 군수의 인척관계에 기인했을 뿐만 아니라 위 보조금지급제도가 군수의 인기영합 정책에 의한 부당한 재정지출의 원인이 된다고 생각하고 있다.

(1) 위 조례의 제정가능성에 대하여 논하시오.

판례 — 자치사무에 대한 감독청의 통제

대법원 2007. 3. 22. 선고 2005추62 전원합의체 판결
【승진임용직권취소처분취소청구】

[참조조문]
지방자치법 제157조 제1항, 지방공무원법 제69조 제1항
【원 고】 울산광역시 북구청장
【피 고】 울산광역시장
【주 문】
원고의 청구를 기각한다. 소송비용은 원고가 부담한다.

【판시사항】

[1. 지방자치법 제157조 제1항에서 정한 지방자치단체장의 명령·처분의 취소 요건인 '법령위반'에 '재량권의 일탈·남용'이 포함되는지 여부(적극)]

【다수의견】 지방자치법 제157조 제1항 … 규정하고 있는바, **지방자치법 제157조 제1항 전문 및 후문에서 규정하고 있는 지방자치단체의 사무에 관한 그 장의 명령이나 처분이** 법령에 위반되는 경우라 함은 명령이나 처분이 현저히 부당하여 공익을 해하는 경우, 즉 합목적성을 현저히 결하는 경우와 대비되는 개념으로, 시·군·구의 장의 사무의 집행이 명시적인 법령의 규정을 구체적으로 위반한 경우뿐만 아니라 그러한 사무의 집행이 재량권을 일탈·남용하여 위법하게 되는 경우를 포함한다고 할 것이므로, **시·군·구의 장의 자치사무의 일종인 당해 지방자치단체 소속 공무원에 대한 승진처분이 재량권을 일탈·남용하여 위법하게 된 경우** 시도지사는 지방자치법 제157조 제1항 후문에 따라 그에 대한 시정명령이나 취소 또는 정지를 할 수 있다.

【반대의견】 **일반적으로 '법령위반'의 개념에 '재량권의 일탈·남용'도 포함된다고 보고 있기는 하나,** 지방자치법 제157조 제1항에서 정한 취소권의 행사요건은 위임사무에 관하여는 '법령에 위반되거나 현저히 부당하여 공익을 해한다고 인정될 때', 자치사무에 관하여는 '법령에 위반하는 때'라고 규정되어 있어, 여기에서의 **'법령위반'이라는 문구는 '현저히 부당하여 공익을 해한다고 인정될 때'와 대비적으로 쓰이고 있고,** 재량권의

한계 위반 여부를 판단할 때에 통상적으로는 '현저히 부당하여 공익을 해하는' 경우를 바로 '재량권이 일탈·남용된 경우'로 보는 견해가 일반적이므로, 위 **법조항에서 '현저히 부당하여 공익을 해하는 경우'와 대비되어 규정된 '법령에 위반하는 때'의 개념 속에는 일반적인 '법령위반'의 개념과는 다르게 '재량권의 일탈·남용'은 포함되지 않는 것으로 해석하여야 한다.** 가사 이론적으로는 합목적성과 합법성의 심사가 명확히 구분된다고 하더라도 **'현저히 부당하여 공익을 해한다는 것'과 '재량권의 한계를 일탈하였다는 것'을 실무적으로 구별하기 매우 어렵다는 점까지 보태어 보면,** 지방자치법 제157조 제1항 후문의 '법령위반'에 '재량권의 일탈·남용'이 포함된다고 보는 다수의견의 해석은 잘못된 것이다.

[2. 하급 지방자치단체장이 전국공무원노동조합의 불법 총파업에 참가한 소속 지방공무원들에 대하여 징계의결을 요구하지 않은 채 승진임용하는 처분을 한 것이 재량권의 범위를 현저히 일탈한 것으로서 위법한 처분인지 여부(적극) 및 상급 지방자치단체장이 지방자치법 제157조 제1항에 따라 위 승진임용처분을 취소한 것이 적법한지 여부(적극)]

【다수의견】 지방공무원법에서 정한 공무원의 집단행위금지의무 등에 위반하여 **전국공무원노동조합의 불법 총파업에 참가한 지방자치단체 소속 공무원들의 행위는 임용권자의 징계의결요구 의무가 인정될 정도의 징계사유에 해당함이 명백하므로,** 임용권자인 하급 지방자치단체장으로서는 **위 공무원들에 대하여 지체 없이 관할 인사위원회에 징계의결의 요구를 하여야 함에도 불구**하고 상급 지방자치단체장의 여러 차례에 걸친 징계의결요구 지시를 이행하지 않고 오히려 **그들을 승진임용시키기에 이른 경우,** 하급 지방자치단체장의 위 승진처분은 법률이 임용권자에게 부여한 승진임용에 관한 재량권의 범위를 현저하게 일탈한 것으로서 위법한 처분이라 할 것이다. 따라서 상급 지방자치단체장이 하급 지방자치단체장에게 기간을 정하여 그 **시정을 명하였음에도 이를 이행하지 아니하자 지방자치법 제157조 제1항에 따라 위 승진처분을 취소한 것은 적법**하고, 그 **취소권 행사에 재량권 일탈·남용의 위법이 있다고 할 수 없다.**

【반대의견】 **하급 지방자치단체장이 전국공무원노동조합의 불법 총파업에 참가한 소속 공무원들에 대하여 징계의결 요구를 하지 아니하고 오히려 그들을 승진임용시킨 경우**에 있어서, … 단지 그 **임용권자인 하급 지방자치단체장이 그들에 대한 징계의결요구를 하였어야 하나 하지 않았다는 이유 하나만으로 위 승진처분이 지방자치법 제157조 제1항에 따라 상급 지방자치단체장에 의하여 취소되어야 할 정도로 재량권을 일탈·남용한 것이라고 단정할 수는 없는 것**이다.

tip 지방자치법 제157조 제1항(현행 제169조 제1항)에서 정한 '법령위반'에 '재량권의 일탈·남용'이 포함되는지에 관해 반대의견은 포함되지 않는다고 본 반면, 다수의견은 '사무집행의 재량권 일탈·남용'도 법령위반에 포한된다고 보았다.

또한 다수의견은 징계사유가 명백한 공무원들에 대해 징계의결의 요구를 하여야 함에도 불구하고 승진임용시켰다면 임용권자에게 부여한 승진임용에 관한 재량권의 범위를 현저하게 일탈한 것으로서 위법한 처분이라고 보았다.

● 제51회 행정고시(재경등직렬)(2007년)
〈제1문〉

A광역시 B구의 을구청장은 구립체육관의 수영장이용규칙을 제정하면서, 주말과 공휴일 그리고 수용능력을 초과하는 경우에는 B구의 주민이 우선적으로 해당 수영장을 이용할 수 있도록 규정하였다. 또 B구 주민은 해당 수영장을 무료로 이용할 수 있도록 규정하고, B구 이외의 시민은 이용이 가능한 경우에도 B구 을구청장이 정하는 바에 의하여 실비의 입장료를 내고 해당 수영장을 이용하도록 하였다.

(1) 이에 A광역시 갑시장은 B구 을구청장이 제정한 규칙의 내용이 법령에 위반되는 것으로 판단하여 시정명령을 내렸다. 이와 관련된 법적인 쟁점을 검토하시오.

● 제52회 행정고시(일반행정)(2008년)
〈제2문〉

A시의 의회는 시민들의 문화예술공간을 확보한다는 명분으로 과도한 예산을 들어 대규모 문화예술회관을 건립하기로 의결하였다. 그러나 이 사업의 실상은 차기 지방선거와 국회의원 총선거를 대비한 선심성 사업에 지나지 않는 것이었다. 이에 감독기관인 B는 의회의 의결이 현저히 공익에 반한다는 이유로 A시의 시장으로 하여금 의회에 재의결을 요구하도록 지시하였다. 그러나 A시의 시장은 위와 같은 감독기관의 재의요구지시를 묵살한 채 이 사업을 시행하려고 한다.

(1) 감독기관인 B가 이 사업을 제지할 방안에 대해서 검토하시오.

● 제54회 행정고시(재경등직렬)(2010년)
〈제2문〉

K도지사 갑은 공무원의 근무기강 확립차원에서 K도 내의 시장·군수에게 '근무지 이탈자에 대한 징계업무처리지침'을 시달하여 소속 공무원이 업무시간에 개인업무를 처리하기 위하여 자리를 비우는 일이 없도록 복무관리를 철저히 할 것을 당부하였다. 그런데 K도 Y시의 공무원 A가 근무시간 중에 자리를 비운 것이 사회적 문제가 되자 갑은 Y시 시장 을에게 A에 대하여 징계의결을 요구할 것을 지시하였다. 그러나 을은 오히려 근무성적평정이 양호한 것을 이유로 A에 대한 승진임용처분을 행하였는바, 이와 관련하여 다음의 질문에 답하시오.

(1) 을의 승진임용처분에 대한 갑의 취소가능 여부를 논하시오.

(2) 만일 A에 대한 승진임용처분이 갑에 의하여 취소된 경우 을이 다툴 수 있는 방법에 대해 논하시오.

기출 — 제50회 행정고시(재경등직렬)(2006년)

〈제1문〉

사업자 A는 울산광역시와 경기도에 각각 염색공장을 건설하여 현재 조업 중에 있다. 그러던 중 울산광역시에서는 기존 시 조례에서 정한 지역환경기준을 유지하기 어렵다고 판단하여, 환경관련 법령상의 기준보다 엄격한 배출허용기준을 내용으로 하는 조례를 새로 제정하였다. 한편, 사업자 A는 제품생산을 확대하기 위하여 경기도지사와 울산광역시장에 대하여 폐수배출시설을 포함한 공장증설 허가를 각각 신청하였다. A의 공장증설허가신청에 대해 경기도지사로부터는 허가가 내려졌으나, 울산광역시장으로부터는 A가 신청한 폐수배출시설이 시 조례가 정한 지역환경기준을 달성하기 어렵고 조례에서 정한 배출허용기준을 충족하지 못한다는 이유로 공장증설허가가 거부되었다.

이에 대하여 A는 울산광역시 조례가 법령보다 엄격한 규정을 두고 있으며 또한 경기도의 배출 허용기준에 관한 조례와 비교하더라도 형평에 어긋나므로, 울산광역시 조례에 근거한 공장증설허가거부처분이 위법하다고 주장하고 있다. A가 취할 수 있는 권리구제수단 및 그 인용가능성을 논하시오. 단, 환경관련 법령에서 정한 기준보다 조례에 의해 엄격한 배출허용기준을 설정할 수 있다는 법규정이 없음을 전제로 한다. (40점)

Ⅰ. 논점의 정리

Ⅱ. 울산광역시조례에 대한 직접적 구제수단

조례도 구체적인 집행행위의 개입 없이 그 자체로서 직접 국민에 대해 구체적 효과를 발생하여 특정한 권리·의무를 형성하는 경우(처분적 조례)에는 항고소송의 대상이 되지만, 울산광역시 조례는 처분적 조례가 아니므로 조례를 직접 다툴 수는 없다. 따라서 구체적 규범통제에 의하여야 한다.

Ⅲ. 공장증설허가거부처분에 대한 취소소송

1. 소송요건

㈎ 공장증설허가는 처분이며 법적 행위이므로 이에 대한 거부는 항고소송의 대상인 거부처분이며, 환경관련법령 및 동 조례는 공익뿐만 아니라 사업자 A의 이익도 보호하는 것이므로 A는 원고적격이 인정된다.

㈏ 판례는 거부처분의 성립요건으로 신청권을 요한다고 보며, 학설은 대상적격설·본안요건설·원고적격설(타당함)이 대립된다. 관련법령이 공장증설허가를 규정하고 있다면 이는 판례에 따른다고 하더라도 법규상의 신청권이 인정되는 경우이기에 소송요건을 충족하고 있다.

2. 위법성

시장의 공장증설허가거부처분은 배출허용기준에 관한 울산광역시조례에 근거한 것이므로 조례의 위법성을 먼저 검토해야 한다.

(1) 울산광역시조례의 위법성

1) 조례제정사항

a. 지방자치법 제22조와 제9조 제1항

지방자치법 제22조와 제9조 제1항에 따라 조례로 제정할 수 있는 사무는 자치사무와 단체위임사무이며 기관위임사무는 제외된다.

b. 자치사무와 (기관)위임사무의 구별

ⓐ 먼저 입법자의 의사에 따라 법률(권한의 배분조항)에서 정한 바로 판단하고, ⓑ 불분명하다면 전국적·통일적 처리가 요구되는 사무인지 여부, 경비부담, 책임귀속주체 등도 고려하며, ⓒ 보충적으로 지방자치법 제9조 제2항(지방자치단체사무의 예시)과 제11조(국가사무의 예시)를 고려한다. 만일 그래도 불분명하다면 ⓓ 지방자치단체사무의 포괄성의 원칙에 따라 자치단체사무로 추정한다.

c. 설문

해당 조례는 지역의 환경보존을 위한 것이므로 지방자치법 제9조 제2항 제4호(지역개발과 주민의 생활환경시설의 설치·관리에 관한 사무)에 해당하여 자치사무이며, 따라서 조례제정이 가능한 사무이다.

2) 법률유보의 원칙

a. 지방자치법 제22조 단서의 위헌논의

㈎ 학설은 합헌설(다수)과 위헌설이 대립하며, 대법원 판례는 합헌으로 본다(대판 1995. 5. 12. 94추28).

㈏ 지방자치법 제22조 단서는 헌법 제37조 제2항을 단지 확인하고 선언한 것에 불과하기에 합헌이라는 입장이 타당하다.

b. 지방자치법 제22조 단서의 적용

i. 법률유보가 필요한 경우

지방자치법 제22조 단서는 조례가 ⓐ 주민의 권리제한 또는 ⓑ 의무부과에 관한 사항이나 ⓒ 벌칙을 정할 때에만 법률의 위임이 필요하다고 한다.

ii. 법률유보의 정도(포괄적 위임의 가능성)

㈎ 조례는 지방의회가 지역적 민주적 정당성을 가지고 있고 헌법이 포괄적인 자치권을 보장하고 있는 점에 비추어 포괄적인 위임으로 족하다는 견해(다수견해)가 타당하다.

㈏ 대법원(대판 1991. 8. 27. 90누6613) 및 헌법재판소도 다수견해와 같은 입장이다(헌재 1995. 4. 20. 92헌마264, 279).

c. 설문

설문의 배출허용기준조례는 주민의 권리제한에 관한 사항이므로 법률의 근거가 필요한 경우이다. 따라서 법률의 근거가 없는 경우 위법하겠지만, 만일 법률에 근거가 포괄적으로도 있다면 법률우위원칙 위반여부를 검토해야 할 것이다.

3) 법률우위의 원칙

a. 법률우위원칙 위반여부 판단

i. 조례규정사항과 관련된 법령의 규정이 없는 경우(양자의 입법목적이 다른 경우도 포함)

지방자치법 제22조 단서의 법률유보의 원칙에 반하지 않는 한 조례로서 규정할 수 있다.

ii. 조례규정사항과 관련된 법령의 규정이 있는 경우

가. 조례내용이 법령의 규정보다 더 침익적인 경우

헌법 제117조 제1항과 지방자치법 제22조 본문에 비추어 법령의 규정보다 더욱 침익적인 조례는 법률우위원칙에 위반되어 위법하며 무효이다.

나. 조례내용이 법령의 규정보다 더 수익적인 경우(수익도 침익도 아닌 경우도 포함)

조례의 내용이 수익적(또는 수익도 침익도 아닌 경우)이라고 할지라도 ⓐ 성문의 법령에 위반되어서는 아니 된다는 것이 일반적인 입장이다. 다만, ⓑ 국가법령의 취지가 지방자치단체의 실정에 맞도록 별도 규율을 용인하려는 것이라면 국가법령보다 더 수익적인 조례 또는 법령과 다른 별도 규율내용을 담은 조례(수익도 침익도 아닌 경우)의 적법성을 인정하고 있다. ⓒ 또한 재정법규정 및 행정법의 일반원칙에 위반되어서도 아니 된다.

b. 소결

법령상 기준보다 엄격한 기준을 정하는 울산광역시조례는 법률우위의 원칙상 위법하다.

그리고 울산광역시의 조례가 경기도의 배출허용기준조례와 비교하여 보다 엄격한 기준을 정하고 있다고 하더라도 지방자치제도의 본질상 평등의 원칙에 반하지 않는다.

(2) 무효인 조례에 근거한 처분의 효력

1) 학설(중대명백설)

2) 판례

무효인 조례에 근거한 처분은 적법한 위임 없이 권한 없는 자에 의하여 행하여진 것과 마찬가지가 되어 그 하자가 중대하나, 하자가 객관적으로 명백한 것이라고 할 수 없으므로 취소사유로 본다(영등포구청장의 난지도펜스공사와 관련된 건설업영업정지처분무효확인(대판(전원) 1995. 7. 11. 94누4615)사건).

(3) 소결

무효인 조례에 근거한 처분은 위법하며, 취소사유에 해당한다. 그러나 조례의 내용이 적법한 경우라고 하더라도 거부처분이 항상 적법한 것은 아니며, 허가거부처분은 비례원칙이나 평등원칙 위반도 없어야 한다.

Ⅳ. 기타

1. 집행정지

판례는 거부처분의 집행정지를 부정한다(허가신청에 대한 거부처분은 그 효력이 정지되더라도 그 처분이 없었던 것과 같은 상태를 만드는 것에 지나지 아니하는 것이고 그 이상으로 행정청에 대하여 어떠한 처분을 명하는 등 적극적인 상태를 만들어 내는 경우를 포함하지 아니한다(대결 1991. 5. 2. 91두15)).

2. 의무이행심판

학설의 대립은 있으나 행정심판위원회는 조례에 대한 위법 여부 심사권이 없다고 보아야 하기에 행정심판으로 구제받기는 어렵다(그러나 중앙행정심판위원회는 행정심판법 제59조에 따라 불합리한 법령 등의 개선명령권을 행사할 수는 있다).

3. 국가배상청구

공무원은 법령심사권이 없으므로 과실인정이 어려울 것이다.

기출 — 제51회 행정고시(재경등직렬)(2007년)

〈제1문〉

A광역시 B구의 을구청장은 구립체육관의 수영장이용규칙을 제정하면서, 주말과 공휴일 그리고 수용능력을 초과하는 경우에는 B구의 주민이 우선적으로 해당 수영장을 이용할 수 있도록 규정하였다. 또 B구 주민은 해당 수영장을 무료로 이용할 수 있도록 규정하고, B구 이외의 시민은 이용이 가능한 경우에도 B구 을구청장이 정하는 바에 의하여 실비의 입장료를 내고 해당 수영장을 이용하도록 하였다. (50점)

(1) 이에 A광역시 갑시장은 B구 을구청장이 제정한 규칙의 내용이 법령에 위반되는 것으로 판단하여 시정명령을 내렸다. 이와 관련된 법적인 쟁점을 검토하시오. (25점)

(2) A광역시 C구 주민 병은 자신도 B구 주민과 동등한 조건으로 해당 수영장을 이용할 수 있도록 권리구제 수단을 강구하려고 한다. 이와 관련된 권리구제제도를 검토하시오. (25점)

(1) 이에 A광역시 갑시장은 B구 을구청장이 제정한 규칙의 내용이 법령에 위반되는 것으로 판단하여 시정명령을 내렸다. 이와 관련된 법적인 쟁점을 검토하시오. (25점)

Ⅰ. 시정명령과 관련된 법적 쟁점(설문(1))

1. 시장의 시정명령의 적법성

(1) 시정명령의 의의

시정명령(취소·정지)권이란 지방자치단체의 사무에 관한 단체장의 명령이나 처분이 위법하거나 부당한 경우 감독청이 시정을 명하고, 정해진 기간 내에 이행하지 않는 경우 취소·정지하는 사후적인 감독수단이다(지방자치법 제169조 제1항).

(2) 시장의 시정명령의 적법성

1) 시정명령의 행사요건

ⓐ 자치사무 또는 단체위임사무일 것, ⓑ 단체장의 명령(단체장이 제정한 규칙이 포함된다)이나 처분이 위법(단체위임사무의 경우 부당도 포함된다)한 경우, ⓒ 감독청은 적합한 이행기간을 정해야 하며, ⓓ 서면으로 시정명령한다. 그럼에도 감독청의 시정명령을 정해진 기간 내에 이행하지 않는 경우에는 이를 취소·정지할 수 있다.

설문에서는 시정명령의 대상인 사무인지 그리고 구청장의 수영장이용규칙이 위법한지가 문제된다.

2) 시정명령의 대상

㈎ 시정명령의 대상은 동법 제169조 제1항에 따라 자치사무와 단체위임사무에 대한 장의 명령이나 처분이다.

㈏ 자치사무인지 위임사무인지는 ⓐ 입법자의 의사에 따라 법률의 규정형식과 취지를 먼저 고려하여 판단하고(예를 들어 '중앙행정기관의 장이 행한다'고 규정한 경우는 국가의 사무이고, '지방자치단체의 장이 행한다'고 규정하는 경우 일반적으로는 자치사무이지만 권한의 배분규정이 따로 존재하는 경우 기관위임사무가 될 수 있다(다수, 판례)), ⓑ 불분명하다면 전국적·통일적 처리가 요구되는 사무인지 여부, 경비부담, 책임귀속주체 등도 고려하며, ⓒ 보충적으로 지방자치법 제9조 제2항(지방자치단체사무의 예시)과 제11조(국가사무의 예시)를 고려한다. 만일 그래도 불분명하다면 ⓓ 지방자치단체사무의 포괄성의 원칙에 따라 자치단체사무로 추정한다.

㈐ 설문의 수영장이용관련 사무는 지방자치법 제9조 제2항 제5호 나목에 해당하기에 자치사무에 해당한다. 따라서 시장은 시정명령을 발할 수 있다.

3) 수영장이용규칙의 위법성

㈎ 수영장이용관련 사무는 자치사무에 해당하기에 규칙제정대상인 사무에 해당한다.

㈏ 법률유보에 대한 것은 설문에서 주어져 있지 않다.

㈐ 지방자치법 제13조 제1항의 공공시설이용권은 주민의 권리이기에 합리적인 범위라면 비주민과의 차별도 가능하다. 따라서 B구의 수영장설

치시에 B구 주민의 재정적 부담(주민세의 납부 등)이 수반되었음을 고려할 때 주말과 공휴일 그리고 수용능력이 초과하는 경우 B구의 주민이 수영장을 우선 이용하도록 하는 것은 평등원칙에 반하지 않는다. 또한 비주민은 실비의 입장료를 부담하는바 비례원칙에도 반하지 않는다고 보아야 한다.

㈑ 따라서 구청장의 수영장이용규칙은 적법하다.

4) 설문

구청장의 수영장이용규칙이 적법함에도 갑시장은 시정명령을 발하였는바 동 시정명령은 위법하다.

2. 위법한 시정명령에 대한 구청장의 불복

㈎ 구청장은 지방자치법 제169조 제2항에 따라 취소 또는 정지에 대하여 이의가 있으면 취소처분 또는 정지처분을 통보받은 날부터 15일 이내에 대법원에 소를 제기할 수 있다(소의 대상은 시정명령이 아니라 취소·정지이다).

㈏ ⓐ 지방자치법 제169조 제2항의 불복소송을 기관소송으로 보는 견해(한견우)와 ⓑ 기관소송을 동일한 법주체 내부의 기관 상호간의 쟁송으로 제한적으로 이해한다면 지방자치법 제169조 제2항의 불복소송은 기관소송이 아니라 항고소송이라는 견해가 대립된다. ⓒ 기관소송은 기본적으로 동일한 법주체의 문제이고, 지방자치단체도 자치사무와 관련해서는 주관적 이익이 있으며(원고적격), 감독청의 자치사무에 대한 시정명령은 항고소송의 대상인 처분이므로 항고소송이라는 견해가 타당하다.

---

(2) A광역시 C구 주민 병은 자신도 B구 주민과 동등한 조건으로 해당 수영장을 이용할 수 있도록 권리구제 수단을 강구하려고 한다. 이와 관련된 권리구제제도를 검토하시오. (25점)

Ⅱ. 병의 권리구제수단

1. 수영장 이용규칙에 대한 항고소송

㈎ 구체적 사실에 대한 법집행행위가 아닌 추상적인 법령은 항고소송의 대상인 처분이 아니라는 것이 일반적인 견해와 판례의 입장이다(대판 1987. 3. 24. 86누656)이다.

㈏ 또한 동 이용규칙은 그 자체로 주민의 권리제한이나 의무부과의 효과가 발생하지 않으며(직접성), 개별·구체적인 규율이 아니기에 처분적 규칙도 아니다.

2. 수영장 이용규칙에 근거하여 수영장이용을 거부당한 경우 행정쟁송

(1) 의무이행심판

행정심판위원회는 규칙에 대한 위법여부심사권이 없어 행정심판으로 구제받기는 어렵다(그러나 중앙행정심판위원회는 행정심판법 제59조에 따라 불합리한 법령 등의 개선명령권을 행사할 수는 있다).

(2) 거부처분에 대한 항고소송

1) 구체적 규범통제

헌법 제107조 제2항은 "명령·규칙 또는 처분이 헌법이나 법률에 위반되는 여부가 재판의 전제가 된 경우에는 대법원은 이를 최종적으로 심사할 권한을 가진다"고 하여 각급 법원이 위헌·위법한 법규명령 등을 심사할 권한 있음을 규정하고 있다. 따라서 병은 항고소송을 제기하여 위법한 이용규칙을 다툼으로서 해당 수영장을 이용하는 방법을 생각할 수 있다. 다만 항고소송을 제기하려면 항고소송의 대상인 거부처분이어야 한다.

2) 소송요건

a. 항고소송의 대상인 거부처분의 성립요건

i. 신청의 내용이 공권력행사일 것

행정청의 거부가 항고소송의 대상인 거부처분이 되기 위해서는 신청한 행위가 공권력의 행사

(이에 준하는 행정작용)이어야 한다.

ii. 거부로 인하여 국민의 권리나 법적 이익에 직접 영향을 미치는 것일 것

행정청의 거부로 인해 국민의 권리·법적 이익에 직접적인 변동을 가져오는 행위이어야 한다. 즉, 법적 행위이어야 한다.

iii. 신청권의 문제

대법원은 거부처분이 항고소송의 대상이 되기 위해서는 국민이 행정청에 대하여 그 신청에 따른 행정행위를 해줄 것을 요구할 수 있는 법규상 조리상의 권리가 있어야 한다는 입장이다(대판 1984. 10. 23. 84누227). 이에 대해 찬성하는 견해와 반대하는 견해가 대립된다. 원고적격으로 보는 견해가 타당하다.

iv. 설문

병의 수영장이용은 일종의 공물의 특별사용(특허 허가사용)이다. 따라서 거부는 공권력행사의 거부이고 병의 권리·의무에 영향을 주는 행위로 거부처분이 된다.

b. 원고적격

병은 주민이 아니어서 지방자치법 제13조 제1항의 공공시설이용권을 주장할 수는 없으나, 헌법 제10조의 행복추구권에 포함된 일반적 행동자유권에 근거하여 원고적격을 인정할 수 있다.

c. 본안

수영장이용규칙은 적법하기에 병은 승소하기 어렵다.

3. 수영장이용규칙에 대한 헌법소원

견해의 대립은 있으나 자치법규로서 규칙도 헌법소원의 대상이 될 수 있다. 그러나 ⓐ 헌법소원이 인정되는 규칙이 되려면 구체적인 집행행위를 기다리지 않고 규칙 자체에 의해 국민의 권리제한이나 의무부과, 자유권 제한의 효과가 발생하여야(직접성 요건) 함에도 불구하고 설문의 수영장이용규칙은 그 자체로 법적 효과가 발생하는 것이 아니라 다른 집행행위(수영장이용거부처분)가 실현되어야 병의 기본권의 침해가 발생하는 경우이므로 직접성이 인정되지 않는다. ⓑ 또한 구청장이 병의 수영장이용을 거부한다면 병은 거부처분을 다투며 규칙의 위법성을 주장할 수 있기에 보충성요건도 충족하지 못한다.

4. 기타

청원권(지방자치법 제73조)도 가능하다.

기출 — 제51회 행정고시(일반행정)(2007년)

〈제3문〉

C도는 지방세수의 적정한 확보와 지방세의 성실납부를 독려하기 위하여 법률과는 별도로, 지방세성실납부기업에 대해서는 지방세의 일부를 경감하고, 지방세 불성실납부기업에 대해서는 C도 및 C도 내의 개별 기초지방자치단체가 발주하는 일체의 공공사업 입찰에 참여할 수 없도록 하는 것을 내용으로 하는 조례를 제정하였다. 이 조례는 적법한가? (20점)

Ⅰ. 논점의 정리

Ⅱ. 조례제정대상인 사무

1. 지방자치법 제22조와 제9조 제1항

지방자치법 제22조와 제9조 제1항에 따라 자치사무와 단체위임사무는 조례제정이 가능하다.

2. 자치사무와 (기관)위임사무의 구별

ⓐ 먼저 입법자의 의사에 따라 법률(권한의 배분조항)에서 정한 바로 판단하고, ⓑ 불분명하다면 전국적·통일적 처리가 요구되는 사무인지 여부, 경비부담, 책임귀속주체 등도 고려하며, ⓒ 보충적으로 지방자치법 제9조 제2항(지방자치단체사무의 예시)과 제11조(국가사무의 예시)를 고려한다. 만일 그래도 불분명하다면 ⓓ 지방자치단체사무의 포괄성의 원칙에 따라 자치단체사무로 추정한다.

3. 소결

지방세는 지방자치단체에 귀속되며, 지방자치법 제9조 제2항 제1호 바목(지방세 및 지방세 외 수입의 부과 및 징수)에 따라 '지방세수경감과 입찰참여제한' 모두 자치사무에 해당한다. 따라서 조례제정이 가능하다.

Ⅲ. 법률유보원칙

1. 지방자치법 제22조 단서의 위헌논의

㈎ 학설은 합헌설(다수)과 위헌설이 대립하며, 대법원 판례는 합헌으로 본다(대판 1995. 5. 12. 94추28).

㈏ 지방자치법 제22조 단서는 헌법 제37조 제2항을 단지 확인하고 선언한 것에 불과하기에 합헌이라는 입장이 타당하다.

2. 지방자치법 제22조 단서의 적용

(1) 법률유보가 필요한 경우

지방자치법 제22조 단서는 조례가 ⓐ 주민의 권리제한 또는 ⓑ 의무부과에 관한 사항이나 ⓒ 벌칙을 정할 때에만 법률의 위임이 필요하다고 한다.

(2) 법률유보의 정도(포괄적 위임의 가능성)

㈎ 조례는 지방의회가 지역적 민주적 정당성을 가지고 있고 헌법이 포괄적인 자치권을 보장하고 있는 점에 비추어 포괄적인 위임으로 족하다는 견해(다수 견해)가 타당하다.

㈏ 대법원(대판 1991. 8. 27. 90누6613) 및 헌법재판소도 다수 견해와 같은 입장이다(헌재 1995. 4. 20. 92헌마264, 279).

3. 소결

(1) 지방세 일부감면규정

수익적 규정이므로 지방자치법 제22조 단서에 따라 법률의 근거는 요하지 않는다.

(2) 입찰참여제한규정

권리제한, 의무부과규정이나 법률의 근거가 없어 동 조례는 위법하다.

Ⅳ. 법률우위원칙

1. 법률우위원칙 위반여부 판단

(1) 조례규정사항과 관련된 법령의 규정이 없는 경우(양자의 입법목적이 다른 경우도 포함)

지방자치법 제22조 단서의 법률유보의 원칙에 반하지 않는 한 조례로서 규정할 수 있다.

(2) 조례규정사항과 관련된 법령의 규정이 있는 경우

1) 조례내용이 법령의 규정보다 더 침익적인 경우

헌법 제117조 제1항과 지방자치법 제22조 본문에 비추어 법령의 규정보다 더욱 침익적인 조례는 법률우위원칙에 위반되어 위법하며 무효이다.

2) 조례내용이 법령의 규정보다 더 수익적인 경우(수익도 침익도 아닌 경우도 포함)

조례의 내용이 수익적(또는 수익도 침익도 아닌 경우)이라고 할지라도 ⓐ 성문의 법령에 위반되어서는 아니 된다는 것이 일반적인 입장이다. 다만, ⓑ 국가법령의 취지가 지방자치단체의 실정에 맞도록 별도 규율을 용인하려는 것이라면 국가법령보다 더 수익적인 조례 또는 법령과 다른 별도 규율내용을 담은 조례(수익도 침익도 아닌 경우)의 적법성을 인정하고 있다. ⓒ 또한 재정법규정 및 행정법의 일반원칙에 위반되어서도 아니 된다.

2. 소결

(1) 지방세 일부감면규정

㈎ 조례의 내용이 수익적이라 하더라도 성문의 법령에 위반되어서는 아니 된다(국가법령의 취지가 지방자치단체의 실정에 맞도록 별도 규율을 용인하려는 것도 아니다). 따라서 법률이 정하는 범위를 초과하여 지방세를 감면하는 규정은 위법하다.

㈏ 지방세법 제3조 제1항도 "지방자치단체는 지방세의 세목, 과세객체, 과세표준, 세율 기타 부과·징수에 관하여 필요한 사항을 정함에 있어서는 이 법이 정하는 범위 안에서 조례로써 하여야 한다"고 규정한다.

㈐ 대법원도 인천광역시세 감면조례안 재의결 무효확인소송에서 「이 사건 조례안에 있어서 이 조항은 등록세·취득세의 감면대상세액이 축소될 수 있는 과세면제에 관한 사항을 법이 정하는 범위를 벗어나 새로이 정한 것이므로, 지방세법 제9조, 지방자치법 제22조 등 상위 법령에 위배되어 위법하다(대판 2009. 12. 24. 2007추172)」고 보았다.

(2) 입찰참여제한규정

법률보다 더 침익적인 사항을 정한 경우 위법하다. 또한 부당결부금지원칙과 비례원칙에도 위반될 여지가 크다.

Ⅴ. 결론

기출 — 제52회 행정고시(일반행정)(2008년)

〈제2문〉

A시의 의회는 시민들의 문화예술공간을 확보한다는 명분으로 과도한 예산을 들여 대규모 문화예술회관을 건립하기로 의결하였다. 그러나 이 사업의 실상은 차기 지방선거와 국회의원 총선거를 대비한 선심성 사업에 지나지 않는 것이었다. 이에 감독기관인 B는 의회의 의결이 현저히 공익에 반한다는 이유로 A시의 시장으로 하여금 의회에 재의결을 요구하도록 지시하였다. 그러나 A시의 시장은 위와 같은 감독기관의 재의요구지시를 묵살한 채 이 사업을 시행하려고 한다.

1) 감독기관인 B가 이 사업을 제지할 방안에 대해서 검토하시오.

2) 만약 A시의 시장이 B의 지시를 수용하여 재의를 요구하였으나 의회가 동일한 내용으로 재의결한 경우 이 사업을 제지할 방안에 대해서 검토하시오.

1) 감독기관인 B가 이 사업을 제지할 방안에 대해서 검토하시오.

Ⅰ. 감독기관의 사업 제지 방안(설문(1))

1. 대법원에 직접 제소 및 집행정지신청 (문화예술회관건립에 대한 의회의 의결만 있는 경우)

(가) ⓐ 지방의회의 의결이 법령에 위반된다고 판단되어 감독청이 재의요구지시를 하였음에도 당해 지방자치단체의 장이 재의를 요구하지 않거나 ⓑ 법령에 위반되는 지방의회의 의결사항이 조례안인 경우로서 재의요구지시를 받기 전에 그 조례안을 공포한 경우에는, 감독청은 대법원에 직접 제소 및 집행정지결정을 신청할 수 있다(지방자치법 제172조 제7항). 이 규정에 따른 소송은 통상의 기관소송이 아니라 특수한 규범소송으로 볼 것이다. 이 소송에서 원고는 감독청이며 피고는 ⓐ의 경우에는 지방자치법 제172조 제6항과의 관계상 지방의회이고, ⓑ의 경우에는 지방자치단체의 대표자인 지방자치단체의 장이 된다(홍정선).

(나) 시장이 감독기관의 재의요구지시에 불응하는 경우 지방자치법 제172조 제7항에 따라 감독기관은 지방의회를 상대로 대법원에 직접 제소하거나 집행정지결정을 신청할 수 있다.

2. 시정명령(취소 · 정지)(문화예술회관건립에 대한 시장의 구체적인 명령이나 처분이 있는 경우)

(1) 시정명령의 의의

시정명령(취소 · 정지)권이란 지방자치단체의 사무에 관한 단체장의 명령이나 처분이 위법하거나 부당한 경우 감독청이 시정을 명하고, 정해진 기간 내에 이행하지 않는 경우 취소 · 정지하는 사후적인 감독수단이다(지방자치법 제169조 제1항).

(2) 시정명령의 행사요건

ⓐ 자치사무 또는 단체위임사무일 것, ⓑ 단체장의 명령(단체장이 제정한 규칙이 포함된다)이나 처분이 위법(단체위임사무의 경우 부당도 포함된다)한 경우, ⓒ 감독청은 적합한 이행기간을 정해야 하며, ⓓ 서면으로 시정명령한다. 그럼에도 감독청의 시정명령을 정해진 기간 내에 이행하지 않는 경우에는 이를 취소 · 정지할 수 있다.

(3) 설문

지방자치법 제9조 제2항 제5호(교육 · 체육 · 문화 · 예술의 진흥에 관한 사무)를 고려할 때 시민들의 문화예술공간을 확보하기 위한 문화예술회관을 건립은 자치사무에 해당한다. 그러나 자치사무에 대한 시정명령은 위법한 시장의 행위에 대한 것이어야 하는데 해당행위는 현저히 공익에 반하는 행위(부당한 행위)이므로 감독기관은 시정명령을 발령할 수 없다.

2) 만약 A시의 시장이 B의 지시를 수용하여 재의를 요구하였으나 의회가 동일한 내용으로 재의결한 경우 이 사업을 제지할 방안에 대해서 검토하시오.

Ⅱ. 재의결이 있는 경우 사업의 제지 방안 (설문(2))

1. 시장(단체장)의 통제(지방자치법 제172조 제3항의 단체장의 제소·집행정지신청)

㈎ 시장은 재의결된 사항이 법령에 위반된다고 판단되면 재의결된 날부터 20일 이내에 대법원에 소를 제기할 수 있고, 이 경우 필요하다고 인정되면 그 의결의 집행을 정지하게 하는 집행정지결정을 신청할 수 있다.

㈏ 지방자치법 제172조 제3항에 따라 단체장이 위법한 재의결된 사항에 대해 대법원에 제기하는 소는 지방자치법 제172조 제3항의 제소요건과 동법 제107조 제3항의 요건이 동일함을 근거로 기관소송이라는 견해가 다수설이다.

2. 감독기관의 통제

(1) 감독기관의 제소지시·단체장의 제소

㈎ 감독청은 재의결된 사항(조례안에 대한 재의결을 포함)이 법령에 위반된다고 판단됨에도 불구하고 해당 지방자치단체의 장이 소송을 제기하지 아니하면 그 지방자치단체의 장에게 지방자치법 제172조 제3항의 기간(재의결된 날로부터 20일)이 지난날로부터 7일 이내에 제소를 지시할 수 있고, 제소지시를 받은 지방자치단체장은 제소지시를 받은 날부터 7일 이내에 제소하여야 한다(지방자치법 제172조 제4항·제5항).

㈏ 이 소송의 성질에 대해 ⓐ 감독청의 제소를 지방자치단체장이 대신하는 것이라 하여 특수한 소송으로 이해하는 견해가 있으나 ⓑ 감독청의 제소지시는 후견적인 것에 불과하며 제소의 대상인 조례는 여전히 지방자치단체의 사무를 대상으로 한 것이고, 동 소송의 원고는 지방자치단체장이며, 동 소송은 지방자치법 제107조 제3항 및 제172조 제3항의 소송과 제소요건이 동일하므로 제107조 제3항의 소송을 기관소송으로 보는 한 제172조 제3항 및 제4항·제5항 소송도 기관소송으로 보는 견해가 타당하다(기관소송설, 다수견해).

(2) 감독기관의 직접제소·집행정지 신청

㈎ 감독청은 지방의회가 재의결한 사항이 법령에 위반된다고 판단됨에도 불구하고 감독청의 제소지시를 받은 날로부터 7일이 지나도록 해당 지방자치단체의 장이 소송을 제기하지 아니하면 7일 이내에 직접 제소 및 집행정지결정을 신청할 수 있다(지방자치법 제172조 제4항·제6항).

㈏ 이러한 소송을 ⓐ 기관소송으로 보는 견해(감독청이 제소하는 경우든 단체장이 제소하는 경우든 행정주체 내부의 분쟁을 해결하기 위한 것이라면 소송의 당사자가 바뀐다고 하더라도 소송의 성질은 동일하며, 지방자치법 제172조 제3항과 제4항에 의한 소송의 성질을 별개로 보는 것은 소송당사자에게 혼란을 가중시킬 우려가 있다는 점을 근거로 한다)와 ⓑ 항고소송으로 보는 견해(기관소송은 동일한 법주체 내부의 기관간의 소송이므로 감독관청이 지방의회를 상대로 제기하는 소송은 일종의 항고소송이라고 본다), ⓒ 특수한 규범통제소송으로 보는 견해(감독청의 조례에 대한 대법원 제소제도의 본질을 조례에 대한 추상적 규범통제로 본다)가 있으나 ⓓ 지방자치법이 인정한 특수한 소송으로 보는 견해가 타당하다(홍정선, 류지태).

(3) 설문

감독기관은 시장에게 재의결이 위법함을 이유로 제소지시를 할 수 있고 이 경우 시장은 제소지시를 받은 날로부터 7일 이내에 제소하여야 한다. 만일 제소지시를 받고서도 시장이 7일 이내에 제소를 하지 않은 경우 감독기관은 그로부터 7일 이내에 직접 제소 및 집행정지결정을 신청할 수 있다.

기출 — 제25회 입법고시(2009년)

〈제1문〉

경기도의회는 경제위기를 극복하기 위하여 해외자본과 중국에서 철수하는 국내 자본을 적극적으로 유치하고 고용을 증진시킬 목적으로 「수도권정비계획법」 제7조에 반하여 대규모의 공업지역을 안성시에 신설함을 내용으로 하는 "안성국제산업단지조례"(이하 'A조례'라 한다)를 제정하였다. 경기도지사는 A조례에 근거하여 "안성국제산업단지" 개발사업자를 공모하였다. 그 결과 H건설이 사업자로 선정되었다. 경기도지사는 H건설에 대하여 "안성공업단지 개발사업"을 허가하였다. (50점)

(1) 경기도의회는 기존 경기도 공업지역 총면적을 증가시킴에도 불구하고 "지방자치단체로서의 자치입법권"이 있음을 이유로 A조례의 제정을 강행하였다. A조례의 효력에 관하여 논술하시오. (15점)

(2) 주무부장관은 A조례가 위법하다고 판단하였다. 주무장관이 A조례에 대하여 취할 수 있는 조치를 설명하시오. (10점)

(3) 주무부장관은 경기도지사가 H건설에 대하여 행한 "안성국제산업단지 개발사업허가"를 취소할 것을 요구하였으나 불응하자, 청문을 실시하지 아니하고 직접 이를 취소하였다. 주무부장관이 행한 이 허가취소처분에 대하여 경기도지사와 H건설이 취할 수 있는 쟁송수단을 설명하고 그 승소가능성을 논하시오. (25점)

(1) 경기도의회는 기존 경기도 공업지역 총면적을 증가시킴에도 불구하고 "지방자치단체로서의 자치입법권"이 있음을 이유로 A조례의 제정을 강행하였다. A조례의 효력에 관하여 논술하시오. (15점)

Ⅰ. A조례의 효력(설문(1))

1. 조례제정대상인 사무

(1) 지방자치법 제22조와 제9조 제1항

지방자치법 제22조와 제9조 제1항에 따라 자치사무와 단체위임사무는 조례제정이 가능하다.

(2) 자치사무와 (기관)위임사무의 구별

ⓐ 먼저 입법자의 의사에 따라 법률(권한의 배분조항)에서 정한 바로 판단하고, ⓑ 불분명하다면 전국적·통일적 처리가 요구되는 사무인지 여부, 경비부담, 책임귀속주체 등도 고려하며, ⓒ 보충적으로 지방자치법 제9조 제2항(지방자치단체사무의 예시)과 제11조(국가사무의 예시)를 고려한다. 만일 그래도 불분명하다면 ⓓ 지방자치단체사무의 포괄성의 원칙에 따라 자치단체사무로 추정한다.

(3) 소결

설문에서는 명문의 법률규정이 제시되어 있지 않다. 그러나 국내 자본 유치와 고용증진을 위한 공업지역신설이 전국적·통일적 처리가 요구되는 사무는 아니며 지방자치법 제9조 제2항 제3호(농림·상공업 등 산업 진흥에 관한 사무)와 제4호(지역개발과 주민의 생활환경시설의 설치·관리에 관한 사무)를 고려할 때 경기도의 자치사무에 해당한다. 따라서 조례제정이 가능한 사무이다.

2. 법률유보원칙

(1) 지방자치법 제22조 단서의 위헌논의

㈎ 학설은 합헌설(다수)과 위헌설이 대립하며, 대법원 판례는 합헌으로 본다(대판 1995. 5. 12. 94추28).

㈏ 지방자치법 제22조 단서는 헌법 제37조 제2항을 단지 확인하고 선언한 것에 불과하기에 합헌이라는 입장이 타당하다.

(2) 지방자치법 제22조 단서의 적용

1) 법률유보가 필요한 경우

지방자치법 제22조 단서는 조례가 ⓐ 주민의 권리제한 또는 ⓑ 의무부과에 관한 사항이나 ⓒ 벌칙을 정할 때에만 법률의 위임이 필요하다고 한다.

2) 법률유보의 정도(포괄적 위임의 가능성)

㈎ 조례는 지방의회가 지역적 민주적 정당성을 가지고 있고 헌법이 포괄적인 자치권을 보장하고 있는 점에 비추어 포괄적인 위임으로 족하다는 견해(다수 견해)가 타당하다.

㈏ 대법원(대판 1991. 8. 27. 90누6613) 및 헌법재판소도 다수 견해와 같은 입장이다(헌재 1995. 4. 20. 92헌마264, 279).

(3) 소결

A조례는 주민의 권리제한, 의무부과, 벌칙과는 관련이 없기에 법률에 근거가 없어도 조례제정이 가능하다.

3. 법률우위원칙

(1) 법률우위원칙 위반여부 판단

1) 조례규정사항과 관련된 법령의 규정이 없는 경우(양자의 입법목적이 다른 경우도 포함)

지방자치법 제22조 단서의 법률유보의 원칙에 반하지 않는 한 조례로서 규정할 수 있다.

2) 조례규정사항과 관련된 법령의 규정이 있는 경우

a. 조례내용이 법령의 규정보다 더 침익적인 경우

헌법 제117조 제1항과 지방자치법 제22조 본문에 비추어 법령의 규정보다 더욱 침익적인 조례는 법률우위원칙에 위반되어 위법하며 무효이다.

b. 조례내용이 법령의 규정보다 더 수익적인 경우(수익도 침익도 아닌 경우도 포함)

조례의 내용이 수익적(또는 수익도 침익도 아닌 경우)이라고 할지라도 ⓐ 성문의 법령에 위반되어서는 아니 된다는 것이 일반적인 입장이다. 다만, ⓑ 국가법령의 취지가 지방자치단체의 실정에 맞도록 별도 규율을 용인하려는 것이라면 국가법령보다 더 수익적인 조례 또는 법령과 다른 별도 규율내용을 담은 조례(수익도 침익도 아닌 경우)의 적법성을 인정하고 있다. ⓒ 또한 재정법규정 및 행정법의 일반원칙에 위반되어서도 아니 된다.

(2) 소결

A조례의 내용이 기존 경기도 공업지역 총면적을 증가시킨다는 것을 포함하는데 이러한 사정이 수도권정비계획법에 비해 더 수익적인지(수익도 침익도 아닌 경우도 포함하여) 침익적인지는 불분명하다.

그러나 동법 제7조에 위반되는 A조례는 법률우위원칙에 위반되어 위법하다. 그리고 수도권정비계획법의 목적(수도권 정비에 관한 종합적인 계획의 수립과 시행에 필요한 사항을 정함으로써 수도권에 과도하게 집중된 인구와 산업을 적정하게 배치하도록 유도하여 수도권을 질서 있게 정비하고 균형 있게 발전시키는 것)에 비추어 볼 때 동법의 취지를 각 지방자치단체의 실정에 맞도록 별도 규율을 용인하려는 것으로는 보기 어렵다.

---

(2) 주무부장관은 A조례가 위법하다고 판단하였다. 주무장관이 A조례에 대하여 취할 수 있는 조치를 설명하시오. (10점)

Ⅱ. 주무부장관의 위법한 A조례(안)에 대해 취할 수 있는 조치(설문(2))

1. 문제 상황

설문의 주무부장관은 경기도의 감독청이므로 감독청에 의한 행정적 방법과 사법적 방법으로서의 조례의 통제를 검토한다.

2. 행정적 방법

(1) 재의요구명령(지방자치법 제172조 제1항 제1문)

(2) 재의요구와 불응

1) 재의요구[31]

31) 당해 지방자치단체장이 재의요구하는 것이므로 감독청의 통제가 아니라고 볼 수 있으나 지방자치단체장

제172조 제1항의 경우는 다른 유형들과는 달리 자율적인 지방의회에 대한 통제수단이 아니라 감독청의 재의요구명령에 따라 재의요구를 한다는 점에서 국가 등(감독청)의 지방의회에 대한 통제수단으로 기능한다.

2) 재의요구에 불응하는 경우(지방자치법 제172조 제7항)

(3) 설문

㈎ 주무부장관은 경기도지사를 상대로 재의요구할 것을 명할 수 있고, 재의요구명령이 있다면 경기도지사는 재의를 요구하여야 한다.

㈏ 경기도지사가 주무부장관의 재의요구에 불응하거나 재의요구지시를 받기 전에 조례안을 공포한 경우는 지방자치법 제172조 제7항에 따라 주무부장관은 대법원에 직접 제소하거나 집행정지결정을 신청할 수 있다.

3. 사법적 방법

(1) 감독청의 제소지시·단체장의 제소(지방자치법 제172조 제4항·제5항)

이 소송의 성질에 대해 ⓐ 특수한 소송으로 이해하는 견해가 있으나 ⓑ 기관소송으로 보는 견해가 타당하다(기관소송설, 다수 견해).

(2) 감독청의 직접제소·집행정지 신청(지방자치법 제172조 제4항·제6항)

이러한 소송을 ⓐ 기관소송으로 보는 견해와 ⓑ 항고소송으로 보는 견해, ⓒ 특수한 규범통제소송으로 보는 견해가 있으나 ⓓ 지방자치법이 인정한 특수한 소송으로 보는 견해가 타당하다.

(3) 설문

주무부장관은 경기도지사에게 조례안이 위법함을 이유로 제소지시를 할 수 있고 이 경우 도지사는 제소지시를 받은 날로부터 7일 이내에 제소하여야 한다. 만일 제소지시를 받고서도 도지사가 7일 이내에 제소를 하지 않은 경우 주무부장관은 그로부터 7일 이내에 직접 제소 및 집행정지결정을 신청할 수 있다.

의 재의요구가 감독청의 재의요구명령에 따른 것이기에 넓은 의미에서 감독청의 통제수단으로 볼 수 있다.

(3) 주무부장관은 경기도지사가 H건설에 대하여 행한 "안성국제산업단지 개발사업허가"를 취소할 것을 요구하였으나 불응하자, 청문을 실시하지 아니하고 직접 이를 취소하였다. 주무부장관이 행한 이 허가취소처분에 대하여 경기도지사와 H건설이 취할 수 있는 쟁송수단을 설명하고 그 승소가능성을 논하시오. (25점)

Ⅲ. 주무부장관의 허가취소에 대한 경기도지사와 H건설의 쟁송수단과 승소가능성(설문(3))

1. 문제 상황

㈎ 주무부장관의 H건설에 대한 개발사업허가 취소는 지방자치법 제169조 제1항에 근거한 것이다. 따라서 경기도지사가 취할 수 있는 쟁송수단은 동법 제169조 제2항이 된다. 설문의 공업지역신설을 위한 사무는 자치사무이므로 사무영역의 문제는 없지만, 경기도지사의 명령이나 처분(설문에서는 개발사업허가)이 위법한지가 문제된다. 개발사업허가처분이 위법하다면 동법 제169조 제1항에 따른 주무부장관의 취소가 적법하기 때문이다. 결국 설문의 개발사업허가는 A조례에 근거한 처분이므로 위법·무효인 조례에 근거한 처분의 효력논의가 선행되어야 한다.

㈏ H건설이 취할 수 있는 쟁송수단과 승소가능성 역시 위법한 A조례에 근거한 개발사업허가처분의 위법성(개발사업허가처분이 취소사유라면 개발사업허가취소처분이 정당할 수 있기 때문이다)과 청문을 실시하지 않은 절차상 하자가 문제될 수 있다.

2. 위법한 A조례에 근거한 개발사업허가의 효력

(1) 학설(중대명백설)

(2) 판례

무효인 조례에 근거한 처분은 적법한 위임 없이 권한 없는 자에 의하여 행하여진 것과 마찬가지가 되어 그 하자가 중대하나, 하자가 객관적으로 명백한 것이라고 할 수 없으므로 취소사유로 본다(대판(전원) 1995. 7. 11. 94누4615).

(3) 소결

무효인 A조례에 근거한 개발사업허가처분은

위법하며, 취소사유에 해당한다.

3. 주무부장관의 허가취소에 대한 경기도지사의 쟁송수단과 승소가능성

(1) 지방자치법 제169조 제2항

㈎ 지방자치단체의 장은 자치사무에 관한 자신의 명령이나 처분을 감독청이 취소 또는 정지한 경우 그에 대해 이의가 있으면 감독청의 취소처분 또는 정지처분을 통보받은 날부터 15일 이내에 대법원에 소를 제기할 수 있다.

㈏ 감독청의 지방자치단체장의 자치사무에 대한 취소·정지는 외부적 행위로 법적 성질이 행정행위이므로 동 소송은 항고소송이다.

(2) 설문

경기도지사의 개발사업허가는 무효인 A조례에 근거한 것으로 위법하기에 주무부장관의 개발사업허가취소는 다른 행사요건(적합한 이행기간, 서면)에 미비가 없는 한 적법하다. 따라서 경기도지사는 지방자치법 제169조 제2항의 항고소송을 제기하더라도 승소하기는 어렵다.

4. 주무부장관의 허가취소에 대한 H건설의 쟁송수단과 승소가능성

(1) 개발사업허가취소의 위법성과 그 정도

1) 내용상 위법

경기도지사의 개발사업허가처분이 취소사유라면 주무부장관의 개발사업허가취소처분은 내용상 적법하다.

2) 절차상 위법

a. 문제점

주무부장관은 H건설의 개발사업허가를 취소할 당시 청문을 실시하지 않았는데 이에 절차상의 위법이 있는지가 문제된다.

b. 청문을 실시해야 하는 경우

행정절차법 제22조 제1항은 "1. 다른 법령등에서 청문을 실시하도록 규정하고 있는 경우 2. 행정청이 필요하다고 인정하는 경우" 청문을 실시하도록 규정하고 있다. 설문에서는 실시해야 하는 경우인지 분명하지 않다.

c. 청문의 예외 사유

동법 제22조 제1항 각호에 해당하더라도 제21조 제4항 각 호에 해당하거나, 당사자가 포기의사를 명백히 표시한 경우는 예외 사유에 해당한다. 예외사유 역시 분명하지 않다.

d. 절차상 하자의 독자적 위법사유여부

설문이 청문을 실시해야 하는 경우이며, 예외사유에 해당하지 않는다고 하더라도 단지 청문을 실시하지 않은 절차상의 위법이 독자적인 위법사유가 되는지가 문제된다.

i. 학설

소극설(법원이 절차상 하자를 이유로 취소하더라도 행정청은 절차의 하자를 보완하여 동일한 내용의 처분을 할 수 있음을 근거로 한다)과 적극설(기속행위의 경우에도 처분의 발령에 이르기까지의 사실판단이나 포섭, 부관 등 관련사항의 판단에 있어서 다른 결정에 이를 수 있고 반드시 동일한 내용의 처분을 반복한다고 말할 수 없다는 점을 근거로 한다)(다수설)이 대립한다.

ii. 판례

판례는 당해 행위가 기속행위인지 재량행위인지를 불문하고 적극적인 입장이다.

iii. 검토

행정소송법 제30조 제3항은 '절차의 위법'을 인정하고 있기에 적극설이 타당하다.

3) 위법성의 정도

청문절차를 위반한 하자는 명백하지만, 적법요건에 대한 중대한 위반으로 보기는 어려워 취소사유라고 봄이 타당하다.

(2) 취소소송의 승소가능성(설문)

개발사업허가가 처분이듯 개발사업허가취소도 항고소송의 대상인 처분이며, H건설은 침익적 처분의 상대방이어서 원고적격도 인정된다. 따라서 제소기간의 준수 등 기타의 소송요건을 충족한다면 H건설은 취소소송을 제기하여 승소할 수 있을 것이다.

기출 — 제53회 행정고시(재경등직렬)(2009년)

〈제4문〉

정부가 이산화질소(NO_2)를 규제하는 법령을 제정하자, A시는 환경보전과 지방자치단체의 실정을 고려하여 법령의 위임이 없음에도 불구하고 조례에 이산화탄소(CO_2)를 규제하는 조항을 새로이 규정하였다. 위 조례는 적법한가?

Ⅰ. 조례제정대상인 사무

1. 지방자치법 제22조와 제9조 제1항

지방자치법 제22조와 제9조 제1항에 따라 자치사무와 단체위임사무는 조례제정이 가능하다.

2. 자치사무와 (기관)위임사무의 구별

ⓐ 먼저 입법자의 의사에 따라 법률(권한의 배분조항)에서 정한 바로 판단하고, ⓑ 불분명하다면 전국적·통일적 처리가 요구되는 사무인지 여부, 경비부담, 책임귀속주체 등도 고려하며, ⓒ 보충적으로 지방자치법 제9조 제2항(지방자치단체사무의 예시)과 제11조(국가사무의 예시)를 고려한다. 만일 그래도 불분명하다면 ⓓ 지방자치단체사무의 포괄성의 원칙에 따라 자치단체사무로 추정한다.

3. 설문

환경보전과 지방자치단체의 실정을 고려하여 이산화질소(NO_2)를 규제하는 조례는 지방자치법 제9조 제2항 제4호에 해당하는 사무로 자치사무이다.

Ⅱ. 법률유보원칙

1. 지방자치법 제22조 단서의 위헌논의

㈎ 학설은 합헌설(다수)과 위헌설이 대립하며, 대법원 판례는 합헌으로 본다(대판 1995. 5. 12. 94추28).

㈏ 지방자치법 제22조 단서는 헌법 제37조 제2항을 단지 확인하고 선언한 것에 불과하기에 합헌이라는 입장이 타당하다.

2. 지방자치법 제22조 단서의 적용

(1) 법률유보가 필요한 경우

지방자치법 제22조 단서는 조례가 ⓐ 주민의 권리제한 또는 ⓑ 의무부과에 관한 사항이나 ⓒ 벌칙을 정할 때에만 법률의 위임이 필요하다고 한다.

(2) 법률유보의 정도(포괄적 위임의 가능성)

㈎ 조례는 지방의회가 지역적 민주적 정당성을 가지고 있고 헌법이 포괄적인 자치권을 보장하고 있는 점에 비추어 포괄적인 위임으로 족하다는 견해(다수견해)가 타당하다.

㈏ 대법원(대판 1991. 8. 27. 90누6613) 및 헌법재판소도 다수견해와 같은 입장이다(헌재 1995. 4. 20. 92헌마264, 279).

3. 설문

이산화탄소를 규제하는 조례는 권리제한, 의무부과에 해당하여 법령에 근거가 필요한데 법령의 위임이 없음에도 이를 제정한바 법률유보원칙에 위반되는 위법한 조례이다.

기출 — 제52회 사법시험(2010년)

〈제2문의 1〉

B군에서는 정부의 자유무역협정체결에 대응하여 지역특산물인 녹차산업을 진흥하고 이를 통해 지역 경제를 육성하고자 「녹차산업 육성 및 지원에 관한 조례」를 제정, 공포하였다. 이 조례에는 녹차산업 지원을 위한 기술지도 및 보조금 지급에 관한 내용이 포함되어 있다. 이에 주민 갑은 이 조례에 근거하여 녹차 원료 생산을 위한 보조금을 신청하여 지원받았다. 그러나 주민 을은 위 보조금 지급행위가 갑과 군수의 인척관계에 기인했을 뿐만 아니라 위 보조금지급제도가 군수의 인기영합 정책에 의한 부당한 재정지출의 원인이 된다고 생각하고 있다.

(1) 위 조례의 제정가능성에 대하여 논하시오. (15점)

(2) 주민 을이 취할 수 있는 「지방자치법」에 의한 쟁송수단에 관하여 설명하시오. (15점)

(1) 위 조례의 제정가능성에 대하여 논하시오. (15점)

Ⅰ. '녹차산업 육성 및 지원에 관한 조례'의 제정가능성(설문(1))

1. 문제 상황

조례는 조례제정 대상인 사무에 대하여만 제정할 수 있다는 사항적 한계를 준수하여야 하고, 법률유보의 원칙과 법률우위의 원칙에 반하여서는 아니 된다.

2. 조례제정사항인 사무

(1) 지방자치법 제22조와 제9조 제1항

지방자치법 제22조 본문은 "지방자치단체는 법령의 범위 안에서 '그 사무'에 관하여 조례를 제정할 수 있다"고 규정하고 있으며, 동법 제9조 제1항은 "지방자치단체는 관할 구역의 '자치사무와 법령에 따라 지방자치단체에 속하는 사무'를 처리한다"고 하므로 조례로 제정할 수 있는 사무는 자치사무와 단체위임사무이며 기관위임사무는 제외된다.

(2) 자치사무와 (기관)위임사무의 구별

ⓐ 먼저 입법자의 의사에 따라 법률의 규정형식과 취지를 먼저 고려하여 판단하고(예를 들어 '중앙행정기관의 장이 행한다'고 규정한 경우는 국가의 사무이고, '지방자치단체의 장이 행한다'고 규정하는 경우 일반적으로는 자치사무이지만 권한의 배분규정이 따로 존재하는 경우 기관위임사무가 될 수 있다(다수, 판례)), ⓑ 불분명하다면 전국적·통일적 처리가 요구되는 사무인지 여부, 경비부담, 책임귀속주체 등도 고려하며, ⓒ 보충적으로 지방자치법 제9조 제2항(지방자치단체사무의 예시)과 제11조(국가사무의 예시)를 고려한다. 만일 그래도 불분명하다면 ⓓ 지방자치단체사무의 포괄성의 원칙에 따라 자치단체사무로 추정한다.

(3) 설문

조례제정의 목적이 '지역특산물인 녹차산업을 진흥하고 이를 통해 지역 경제를 육성'하는 것이고, 지방자치법 제9조 제2항 제3호(농림·상공업 등 산업 진흥에 관한 사무)와 제4호(지역개발과 주민의 생활환경시설의 설치·관리에 관한 사무)를 고려할 때 해당 조례는 자치사무에 대한 조례이다. 따라서 조례제정이 가능한 사무이다.

3. 법률유보의 원칙

(1) 지방자치법 제22조 단서의 위헌여부

1) 문제점

헌법 제117조 제1항은 형식적으로만 본다면 법률우위원칙만을 규정하고 있다. 그러나 지방자치법 제22조는 본문에서 조례는 법률우위원칙을, 단서에서 법률유보원칙을 준수해야 함을 규정하고 있다. 따라서 지방자치법 제22조 단서가 헌법상 인정된 지방의회의 포괄적 자치권을 제한하는 위헌적인 규정이 아닌지에 대해 학설의 대립이 있다.

2) 학설

ⓐ 합헌설과 ⓑ 위헌설이 대립한다.

3) 판례

대법원은 합헌으로 본다(대판 1995. 5. 12. 94추28).

4) 검토

조례의 내용이 침익적인 경우 법률유보는 당연히 적용되므로 지방자치법 제22조 단서는 확인적인 규정에 불과하므로 합헌설(다수 견해)이 타당하다.

(2) 지방자치법 제22조 단서의 적용

1) 법률유보가 필요한 경우

지방자치법 제22조 단서는 조례가 ⓐ 주민의 권리제한 또는 ⓑ 의무부과에 관한 사항이나 ⓒ 벌칙을 정할 때에만 법률의 위임이 필요하다고 한다.

2) 법률유보의 정도(포괄적 위임의 가능성)

조례는 포괄적인 위임으로 족하다는 견해(다수 견해)가 타당하다.

(3) 설문

해당 조례는 녹차산업 지원을 위한 기술지도 및 보조금 지급에 관한 내용이 포함되어 있어 수익적인 조례이기에 법률의 위임이 없더라도 그 사무에 대해 조례를 제정할 수 있다.[32]

4. 법률우위의 원칙

(1) 헌법과 법률규정

헌법 제117조 제1항, 지방자치법 제22조 본문 그리고 동법 제24조에 따라 조례에도 법률우위 원칙은 적용된다.

(2) 법률우위원칙 위반여부 판단

1) 조례규정사항과 관련된 법령의 규정이 없는 경우(양자의 입법목적이 다른 경우도 포함)

법률유보의 원칙에 반하지 않는 한 조례로서 규정할 수 있다.

2) 조례규정사항과 관련된 법령의 규정이 있는 경우

a. 조례내용이 법령의 규정보다 더 침익적인 경우

법령의 규정보다 더욱 침익적인 조례는 위법하며 무효이다.

b. 조례내용이 법령의 규정보다 더 수익적인 경우(수익도 침익도 아닌 경우도 포함)

조례의 내용이 수익적(또는 수익도 침익도 아닌 경우)이라고 할지라도 ⓐ 성문의 법령에 위반되어서는 아니 된다는 것이 일반적인 입장이다. 다만, ⓑ 국가법령의 취지가 지방자치단체의 실정에 맞도록 별도 규율을 용인하려는 것이라면 국가법령보다 더 수익적인 조례 또는 법령과 다른 별도 규율내용을 담은 조례(수익도 침익도 아닌 경우)의 적법성을 인정하고 있다. ⓒ 또한 재정법규정 및 행정법의 일반원칙에 위반되어서도 아니 된다.

(3) 설문

1) 개별법령에 위반여부

설문상 개별법령이 제시되지 않아 판단하기 어렵다.

2) 지방자치법 위반여부

a. 동법 제13조 제1항 위반여부

동법 제13조 제1항은 주민이 지방자치단체로부터 행정적 혜택을 균등하게 받을 수 있다는 권리를 추상적이고 선언적으로 규정한 것으로서 위 규정에 의하여 주민에게 구체적이고 특정한 권리가 발생하는 것이 아닐 뿐만 아니라, 지방자치단체가 주민에 대하여 균등한 행정적 혜택을 부여할 구체적인 법적 의무가 발생하는 것도 아니므로 해당 조례안은 지방자치법 제13조 제1항에 위반되지 않는다(대판 2009. 10. 15. 2008추32).

b. 동법 제107조 제1항 및 제108조 제1항 위반여부

지방자치법 제107조 제1항 및 108조 제1항에 정한 사유는 조례안 재의요구 사유에 불과할 뿐, 그에 해당한다고 하여 동 조례안이 위법하다고 볼 수 없다(대판 2009. 10. 15. 2008추32).

32) 설문의 조례는 녹차산업지원을 위한 것이므로 녹차산업이 아닌 산업에 종사하는 주민들은 혜택을 받을 수 없지만 이는 상대적 불평등에서 오는 것이지 혜택을 받지 못하는 주민에게 침익적인 효과를 가져 오는 조례는 아니므로 법률유보원칙이 적용되는 경우가 아니다.

c. 동법 제122조 위반여부

지방자치법 제122조는 건전재정운영의 원칙을 규정하고 있는데 해당 조례가 이러한 원칙에 위반되는지는 분명하지 않다.

3) 헌법상 평등원칙에 위반되는지 여부

헌법상 평등의 원칙은 국가(지방자치단체도 마찬가지이다)가 언제 어디에서 어떤 계층을 대상으로 하여 기본권에 관한 사항이나 제도의 개선을 시작할 것인지를 선택하는 것을 방해하지 않는다(헌재 2005. 9. 29. 2004헌바53). 따라서 해당 조례안이 B군의 녹차산업지원에 대한 내용만을 포함하고 있다고 하더라도 평등원칙에 위반되지 않는다.

5. 소결

해당 조례는 적법하며, 조례제정이 가능하다.

---

(2) 주민 을이 취할 수 있는 「지방자치법」에 의한 쟁송수단에 관하여 설명하시오. (15점)

Ⅱ. 주민 을의 '지방자치법'에 의한 쟁송수단(설문(2))33)

1. 주민감사청구전치주의

㈎ 지방자치법은 주민소송이 적법하게 제기되기 위해서는 먼저 일정한 주민 수 이상 주민의 연서로 감독청에 주민감사를 청구하여야 하며 감사결과에 불복이 있는 경우 주민감사청구에 참여한 주민에 한해 주민소송을 제기할 수 있도록 규정하고 있다(지방자치법 제17조 제1항 참조).

㈏ 지방자치단체의 19세 이상의 주민들은 일정한 주민 수 이상의 연서로 해당 지방자치단체의 감독청에게 그 지방자치단체와 그 장의 권한에 속하는 사무(자치사무, 단체위임사무, 기관위임사무)의 처리가 법령에 위반되거나 공익을 현저히 해친다고 인정되면 감사를 청구할 수 있다(지방자치법 제16조 참조).

33) '지방자치법에 의한 쟁송수단'을 묻고 있으므로 구체적 규범통제나 헌법소원 등은 문제되지 않는다.

2. 주민소송

(1) 주민소송의 대상

㈎ 주민소송은 재무회계행위를 대상으로 하는 바, ⓐ 공금의 지출, ⓑ 재산의 취득·관리·처분, ⓒ 계약의 체결·이행, ⓓ 공금의 부과·징수를 게을리 한 사실 등의 네 종류로 유형화되어 있다(지방자치법 제17조 제1항).

㈏ 보조금의 지급행위는 공금의 지출에 관한 사항으로서 주민소송의 대상이 된다.

(2) 당사자

1) 원고

감사청구한 주민이면 1인이라도 가능하다(지방자치법 제17조 제1항).

2) 피고

해당 지방자치단체의 장(해당 사항의 사무처리에 관한 권한을 소속 기관의 장에게 위임한 경우에는 그 소속 기관의 장을 말한다)이 피고가 된다(지방자치법 제17조 제1항).

(3) 을이 제기할 수 있는 주민소송

1) 문제점

㈎ 지방자치법 제17조 제2항은 제1호 소송(손해발생행위의 중지소송), 제2호 소송(처분의 취소·무효확인소송), 제3호 소송(해태사실의 위법확인소송), 제4호 소송(손해배상등 요구소송)으로 주민소송을 네 종류로 나누고 있다.

㈏ 설문의 경우 제1호, 제2호 소송과 제4호 소송(제4호 소송은 본문소송과 단서소송으로 나누어지며 설문에서는 본문소송만이 문제된다)이 문제된다.

2) 제1호 소송

a. 의의

제1호 소송은 부작위를 구하는 소극적 이행소송으로서 행정기관에 대하여 일종의 소극적인 직무집행을 명할 것을 목적으로 하는 소송이다.

b. 대상

제1호 소송의 대상이 되는 행위는 공권력 행사 외에도 비권력적인 행위나 사실행위도 포함된다.

c. 요건

요건은 ⓐ 당해 행위가 행해지기 이전이거나 현재 행해지고 있을 것, ⓑ 당해 행위를 계속할 경우 지방자치단체에 회복하기 곤란한 손해를 발생시킬 우려가 있을 것, ⓒ 당해 행위를 중지할 경우에도 생명이나 신체에 중대한 위해가 생길 우려나 그 밖에 공공복리를 현저하게 저해할 우려가 없을 것(동법 제17조 제3항)이다.

d. 효과

이 소송에서 원고승소판결이 확정되면 지방자치단체는 중지소송의 대상이 된 재무회계행위를 해서는 안 되는 부작위의무가 확정된다.

e. 설문

설문의 보조금지급행위를 계속할 경우 지방자치단체에 회복하기 곤란한 손해를 발생시킬 우려가 있고, 해당 행위를 중지하여도 생명이나 신체에 중대한 위해가 생길 우려가 없으며 그 밖에 공공복리를 현저하게 저해할 우려가 없다면, 갑은 군수를 상대로 제1호 소송을 제기하여 승소할 수 있다.

3) 제2호 소송

a. 의의

재무회계행위 중 행정처분의 성질을 갖는 행위를 취소하거나 무효 등임을 확인하는 소송이다.

b. 제소기간

취소소송 외에 무효등확인소송도 제소기간의 제한이 있다(동법 제17조 제4항).

c. 설문

보조금지급행위 이전에 군수의 보조금지급결정(법적 성질에 대해 학설의 대립이 있지만 처분으로 보는 것이 타당하다)이 있었다면 을은 취소소송 또는 무효확인소송을 제기하여 보조금지급행위를 막을 수 있을 것이다.

4) 제4호 본문 소송

a. 제4호 본문 소송의 종류

제4호 본문 소송의 ㉠ 전단소송은 예컨대 지방자치단체의 장, 직원 등이 위법한 급여의 지급이나 보조금의 교부, 공유지의 매각 등을 통해 지방자치단체에 손해를 발생시킨 경우 해당 자치단체의 장, 직원 등에게 손해배상을 요구하는 소송을 말한다. 그리고 ㉡ 후단소송이란 예컨대 위법하게 보조금을 수령한 자에게 손해배상청구 또는 부당이득반환청구할 것을 요구하는 소송을 말한다(제1단계 소송).

b. 효과

㈎ 주민 을의 승소의 판결이 있으면 판결이 확정된 날부터 60일 이내를 기한으로 하여 군수는 상대방인 갑에게, 지방의회 의장은 군수에게(동법 제18조 제1항 단서) 판결에 따라 결정된 손해배상금이나 부당이득반환금의 지불을 청구하여야 한다(동법 제18조 제1항).

㈏ 만일 지불청구를 받은 자가 손해배상금이나 부당이득반환금을 지불하지 아니하면 전자의 경우 군수가, 후자의 경우 지방의회 의장이 손해배상·부당이득반환의 청구를 목적으로 하는 소송(제2단계 소송)을 제기하여야 한다(지방자치법 제18조 제2항).

(4) 소결

을은 일정한 주민수의 연서로 감독청에게 보조금의 집행행위가 위법 또는 부당함을 이유로 감사를 청구할 수 있다. 그리고 이를 통제하기 위해 주민소송 중 지방자치법 제17조 제2항의 제1호, 제2호 소송과 제4호 본문소송을 제기할 수 있다.

기출 — 제54회 행정고시(재경등직렬)(2010년)

〈제2문〉

K도지사 갑은 공무원의 근무기강 확립차원에서 K도 내의 시장·군수에게 '근무지 이탈자에 대한 징계업무처리지침'을 시달하여 소속 공무원이 업무시간에 개인업무를 처리하기 위하여 자리를 비우는 일이 없도록 복무관리를 철저히 할 것을 당부하였다. 그런데 K도 Y시의 공무원 A가 근무시간 중에 자리를 비운 것이 사회적 문제가 되자 갑은 Y시 시장 을에게 A에 대하여 징계의결을 요구할 것을 지시하였다. 그러나 을은 오히려 근무성적평정이 양호한 것을 이유로 A에 대한 승진임용처분을 행하였는바, 이와 관련하여 다음의 질문에 답하시오. (총 30점)

(1) 을의 승진임용처분에 대한 갑의 취소가능여부를 논하시오. (20점)

(2) 만일 A에 대한 승진임용처분이 갑에 의하여 취소된 경우 을이 다툴 수 있는 방법에 대해 논하시오. (10점)

(1) 을의 승진임용처분에 대한 갑의 취소가능여부를 논하시오. (20점)

Ⅰ. 승진임용처분에 대한 감독청의 취소가능성(설문(1))

1. 문제 상황

Y시 시장의 갑에 대한 인사에 관한 행위의 성질이 무엇인지에 따라 K도 도지사(감독청)의 통제수단이 달라지기에 공무원 A에 대한 승진임용이 어떤 사무에 속하는지가 문제되고, 그에 따라 지방자치법 제169조의 시정명령, 취소·정지 등이 논의될 것이다.

2. 시장의 공무원 A에 재한 승진임용의 성질

지방자치법 제9조 제2항 제1호 마목은 '소속공무원의 인사·후생복지 및 교육'을 지방자치단체사무의 예시로 규정하고 있고, 지방공무원법 제6조 제1항은 "지방자치단체의 장(특별시·광역시·도의 교육감을 포함한다. 이하 같다)은 이 법이 정하는 바에 따라 그 소속공무원의 임명·휴직·면직과 징계를 행하는 권한(이하 "임용권"이라 한다)을 가진다"라고 규정하며, 지방자치단체사무의 포괄성의 원칙에 비추어 보면, 결국 시장이 공무원 A를 승진임용하는 것은 Y시의 자치사무로 보아야 한다.

3. 승진임용에 대한 도지사의 취소가능성

(1) 문제점

지방자치법 제169조 제1항은 자치사무 및 단체위임사무에 대한 단체장의 명령이나 처분에 대해 일정한 경우 감독청이 취소할 수 있음을 규정하고 있다. 각 요건을 검토한다.

(2) 행사요건

1) 지방자치단체의 사무일 것

소속공무원의 인사에 관한 것은 자치사무이기에 문제없다.

2) 단체장의 명령이나 처분이 위법(단체위임사무의 경우 부당도 포함된다)할 것

㈎ 지방공무원법 제69조 제1항은 "공무원이 다음 각호의 1에 해당하는 때(1. 이 법 또는 이 법에 따른 명령이나 지방자치단체의 조례 또는 규칙을 위반하였을 때 2. 직무상의 의무(다른 법령에서 공무원의 신분으로 인하여 부과된 의무를 포함한다)를 위반하거나 직무를 태만히 하였을 때)에는 징계의결의 요구를 하여야 하고 동 징계의결의 결과에 따라 징계처분하여야 한다"고 규정하고, 동법 제48조는 성실의무를, 제49조는 복종의무를, 제50조는 직장이탈금지의무를 규정하고 있다.

㈏ 따라서 설문의 공무원 A는 근무시간 중 자리를 비운 것이 사회적 문제가 되어 명백히 징계사유에 해당함에도 불구하고 근무성적평정이 양

호하다는 이유로 시장이 승진임용을 하였기에 이 처분은 법률이 임용권자에게 부여한 승진임용에 관한 재량권의 범위를 현저하게 일탈한 것으로서 위법한 처분이다.

㈐ 판례도 전공노의 불법파업에 참가하여 징계사유에 해당함에도 울산광역시 북구청장이 공무원을 승진임용을 한 사건에서 「임용권자인 하급 지방자치단체장으로서는 위 공무원들에 대하여 지체 없이 관할 인사위원회에 징계의결의 요구를 하여야 함에도 불구하고 상급 지방자치단체장의 여러 차례에 걸친 징계의결요구 지시를 이행하지 않고 오히려 그들을 승진임용시키기에 이른 경우, 하급 지방자치단체장의 위 승진처분은 법률이 임용권자에게 부여한 승진임용에 관한 재량권의 범위를 현저하게 일탈한 것으로서 위법한 처분이라 할 것이다. 따라서 상급 지방자치단체장이 하급 지방자치단체장에게 기간을 정하여 그 시정을 명하였음에도 이를 이행하지 아니하자 지방자치법 제157조 제1항에 따라 위 승진처분을 취소한 것은 적법(대판(전원) 2007. 3. 22. 2005추62)」이라고 보았다.

3) 적합한 이행 기간을 정하여 서면으로 시정을 명할 것

도지사는 적합한 이행 기간을 정해 서면으로 시장에게 시정을 명한 후 그 기간 내에 이를 이행하지 않아야 한다.

(3) 설문

승진임용에 대한 사무는 자치사무이고, 위법하기에 도지사는 이행 기간을 정해 시장에게 시정명령한 후 이를 이행하지 않으면 공무원 A에 대한 승진임용처분을 취소할 수 있다.

---

(2) 만일 A에 대한 승진임용처분이 갑에 의하여 취소된 경우 을이 다툴 수 있는 방법에 대해 논하시오. (10점)

Ⅱ. 시장의 불복방법(설문(2))

1. 지방자치법 제169조 제2항의 불복소송

(1) 소송의 성질

1) 학설

기관소송의 본질을 기관의 독립성이 보장되어 있어 각 기관에게 공통된 상급기관이 없는 상태에서 발생한 권한쟁의를 해결하기 위해 법률이 특히 인정한 소송으로 보면서 지방자치법 제169조 제2항의 불복소송을 기관소송으로 보는 견해(항고소송의 성격을 가진 기관소송)와 기관소송을 동일한 법주체 내부의 기관 상호간의 쟁송으로 제한적으로 이해하면 지방자치법 제169조 제2항의 불복소송은 기관소송이 아니라 항고소송이라는 견해가 대립된다.

2) 검토

기관소송은 기본적으로 동일한 법주체의 문제이고, 지방자치단체도 자치사무와 관련해서는 주관적 이익이 있으며(원고적격), 감독청의 자치사무에 대한 시정명령은 항고소송의 대상인 처분이므로 항고소송이라는 견해가 타당하다.

(2) 제소요건

ⓐ 제소권자는 지방자치단체의 장인 Y시의 시장인 을이 제기한다. ⓑ 승진임용처분은 자치사무에 대한 처분이며, 감독청(도지사)의 승진임용처분취소에 이의가 있어야 한다. ⓒ 소송의 대상은 감독청의 취소(정지)이다. ⓓ 대법원에 제기해야 한다. ⓔ 제소기간은 15일이다.

2. 권한쟁의심판의 청구

(1) 문제점

감독청의 감독처분이 지방자치단체의 자치권을 침해하는 경우 행정소송 외에 헌법재판소에 권한쟁의심판을 청구할 수 있는지가 문제된다(헌법재판소법 제61조(청구사유) ① 국가기관 상호간, 국가기관과 지방자치단체간 및 지방자치단체 상호간에 권한의 존부 또는 범위에 관하여 다툼이 있을 때에는 당해 국가기관

또는 지방자치단체는 헌법재판소에 권한쟁의심판을 청구할 수 있다. ② 제1항의 심판청구는 피청구인의 처분 또는 부작위가 헌법 또는 법률에 의하여 부여받은 청구인의 권한을 침해하였거나 침해할 현저한 위험이 있는 때에 한하여 이를 할 수 있다).

(2) 학설

(가) ⓐ 지방자치단체와 국가 및 다른 지방자치단체간의 법적 분쟁은 모두 권한쟁의심판의 대상이며 행정소송은 불가능하다는 견해, ⓑ 권한쟁의심판제기에도 보충성원칙이 적용되어 행정소송으로 권리구제가 불가능한 경우 권한쟁의심판청구가 가능하다는 견해, ⓒ '헌재우월성의 원칙'을 근거로 권한쟁의심판에 의한 우선 해결을 주장하는 견해가 있으나, ⓓ 행정소송과 권한쟁의는 경합할 수 있다는 견해가 타당하다.

(나) 즉 국가 또는 다른 지방자치단체가 어떤 지방자치단체의 권한과 모순되는 권한을 행사한 때에 그 지방자치단체는 권한쟁의심판을 청구할 수 있고, 국가 또는 다른 지방자치단체가 위법하게 권한을 행사한 경우에 그 지방자치단체는 행정소송을 제기할 수도 있다.

(3) 설문

시장은 지방자치법 제169조 제2항의 불복소송(항고소송) 외에도 헌법재판소법 제61조의 요건(① 당사자능력과 당사자적격을 갖출 것, ② 피청구인의 처분 또는 부작위가 있을 것, ③ 헌법 또는 법률에 의하여 부여받은 권한의 침해 또는 침해위험이 있을 것, ④ 청구기간을 준수할 것)을 충족한다면 권한쟁의심판을 청구할 수 있다.

▌제3편▐ 공무원법 ▌제4편▐ 경찰법 ▌제5편▐ 공적시설법 ▌제6편▐ 기타

판례 — 공물의 소멸

[1] 대법원 2007. 6. 1. 선고 2005도7523 판결
【국유재산법위반】

국유 하천부지는 자연의 상태 그대로 공공용에 제공될 수 있는 실체를 갖추고 있는 이른바 **자연공물로서** 별도의 공용개시행위가 없더라도 행정재산이 되고 그 후 본래의 용도에 공여되지 않는 상태에 놓여 있더라도 국유재산법령에 의한 용도폐지를 하지 않은 이상 당연히 잡종재산으로 된다고는 할 수 없…다.

[2] 대법원 2009. 12. 10. 선고 2006다87538 판결
【소유권이전등기】

[1. 자연공물의 형태적 소멸은 공용폐지의 사유인지] 공유수면으로서 자연공물인 바다의 일부가 매립에 의하여 토지로 변경된 경우에 다른 공물과 마찬가지로 공용폐지가 가능하다고 할 것이며, 이 경우 공용폐지의 의사표시는 명시적 의사표시뿐만 아니라 묵시적 의사표시도 무방하다.

[2. 공물의 공용폐지에 관하여 국가의 묵시적 의사표시가 있는지 여부의 판단 기준] 공물의 공용폐지에 관하여 **국가의 묵시적인 의사표시가 있다고 인정되려면** 공물이 사실상 본래의 용도에 사용되고 있지 않다거나 행정주체가 점유를 상실하였다는 정도의 사정만으로는 부족하고, 주위의 사정을 종합하여 객관적으로 공용폐지 의사의 존재가 추단될 수 있어야 할 것이다.

이 사건 각 토지는 1920년경 해면에 포락됨으로써 사권이 소멸되고 해면 아래의 지반이 되었다가 1973년 매립면허를 받은 소외 1이 제방을 축조함에 따라 매립면허 대상이었던 다른 매립지 부분과 유사한 형상을 가지게 되었음을 알 수 있는바, … 제방 축조에 의하여 매립면허 대상이었던 다른 매립지 부분과 함께 유사한 형상을 가지게 되었다고 하더라도 그러한 사정만으로 원상회복의무의 대상이 되지 않아 자연공물인 바다로서의 성질을 영구·확정적으로 상실하였다고 볼 수 없고, …피고 대한민국이 이 사건 토지에 대하여 자연공물임을 전제로 하는 어떠한 조치도 취하지 아니하였다거나 새로 형성된 지형이 기재된 지적도에 이 사건 각 토지를 포함시켜 지목을 답 또는 잡종지로 기재하고 토지대장상 지목을 답으로 변경하였다고 하더라도, 그러한 사정만으로는 공용폐지에 관한 피고 대한민국의 의사가 객관적으로 추단된다고 보기에 부족하다.

[3] 대법원 2009. 12. 10. 선고 2006다19528 판결
【소유권이전등기말소등기등】

공용폐지의 의사표시는 명시적이든 묵시적이든 상관이 없으나 적법한 의사표시가 있어야 하고, **행정재산이나 보존재산이 사실상 본래의 용도에 사용되고 있지 않다거나 행정주체가 점유를 상실하였다는 정도의 사정이나 무효인 매도행위를 가지고** 묵시적 공용폐지가 있었다고 볼 수 없다. …

이 사건 임야의 매각 당시 그 처분권한이 없었던 해남세무서장이 이 사건 임야를 잡종재산으로서 입찰공고를 거쳐 매각하였다고 하더라도 위와 같은 국유임야 처분행위를 보존재산에 대한 묵시적 공용폐지의 의사표시라고 볼 수는 없다고 할 것이고, 그 밖에 피고가 이 사건 임야를 점유하여 온 사실상태가 장기간 이 사건 임야의 관리주체에 의하여 방치되었다는 사정만으로 이 사건 임야에 대하여 묵시적 공용폐지가 있었다고 볼 수도 없다.

tip 판례는 자연공물은 공용지정이 없어도 공물이 될 수 있으나 공용폐지가 없이는 공물성을 상실하지 않는다고 보았다.

그리고 국가의 묵시적 공용폐지가 인정되려면 공물이 사실상 본래의 용도에 사용되고 있지 않다거나, 행정주체가 점유를 상실하였다는 사정, 처분권한이 없는 행정청의 무효인 매각행위, 또는 관리주체에 의한 공물의 방치만으로는 부족하고 객관적으로 공용폐지 의사의 존재가 추단될 수 있는 사정이 있어야 할 것이라고 한다.

● **제52회 행정고시(재경등직렬)(2008년)**
〈제3문〉

갑은 자신의 선조 때부터 소유해 오던 가옥을 문화재적 가치가 있다고 판단하여 문화재청에 유형문화재로 지정해 줄 것을 신청하였다. 이 경우 위의 가옥이 지정문화재로 성립되기 위한 요건은 무엇인가? 또한 위의 가옥이 문화재로 지정된 후 화재로 인하여 상당부분이 소실된 경우에도 여전히 지정문화재로서의 성격을 가지는가?

기출 — 제50회 행정고시(재경등직렬)(2006년)

〈제2문〉

갑은 이웃집 주민 을이 심야에 악기 연습을 하거나 친구들을 불러 악기를 연주하는 등 과도한 소음을 발생케 하는 일이 잦아 밤잠을 설치기 일쑤이다. 이에 갑은 수차례 을에게 자제를 요청하였으나 묵살되었고, 결국 신경쇠약으로 정신과 치료를 받기에 이르렀다. 갑은 여러 차례 인근 경찰관서에 신고하고 단속을 요청하였으나 경찰관서에서는 사생활 및 사주소(私住所)에 대하여는 개입할 수 없다는 이유로 출동조차 하지 않고 있다. 이에 대하여 갑은 어떠한 권리구제수단을 갖는가? 단, 환경분쟁조정법에 의한 권리구제는 논외로 한다. (40점)

[참조조문]

경찰법

제3조(경찰의 임무) 경찰은 국민의 생명·신체 및 재산의 보호와 범죄의 예방·진압 및 수사, 치안정보의 수집, 교통의 단속 기타 공공의 안녕과 질서유지를 그 임무로 한다.

Ⅰ. 논점의 정리

Ⅱ. 경찰권 불행사의 위법성

1. 경찰권 발동의 요건(근거)

(1) 문제점

특별경찰법상의 수권도 없고, 일반경찰법상의 특별수권조항도 적용되지 않는다면(설문에서는 경직법 제5조가 문제될 여지는 있으나 설문은 제5조의 요건을 충족하지 못한다) 경찰법 제3조(경직법 제2조 제5호)를 근거로 경찰권을 발동할 수 있는지 여부가 문제된다.

(2) 일반조항의 인정여부

㈎ 학설은 일반조항의 허용성을 부정하는 견해, 허용성은 긍정하나 현재 존재하지 않는다는 견해(입법필요설), 허용성과 존재를 모두 긍정하는 견해(경찰관직무집행법 제2조 제5호가 근거라는 견해, 경찰관직무집행법 제2조·제5조·제6조를 결합하여 인정하는 견해)가 대립된다.

㈏ 학설은 청원경찰의 직무집행과 관련된 사건(대판 1986. 1. 28. 85도2448, 85감도356)에서 판례가 경찰관직무집행법 제2조 제5호를 일반조항으로 보았다고 평가한다.

㈐ 경찰관직무집행법 제2조 제5호(경찰법 제3조)가 일반조항으로서 경찰권발동의 근거가 된다는 견해가 타당하다.

(3) 설문

설문의 경우 주로 심야에 악기연습으로 인하여 과도한 소음을 발생시킨 점이 인정되고 그로 인해 갑이 신경쇠약으로 정신과 치료를 받은 정도라면 공공의 안녕과 질서에 위해를 초래하는 것이므로 경찰권 발동의 요건을 충족한다.

2. 경찰권의 행사

경찰권의 행사는 편의주의가 원칙이다. 다만 재량이 0으로 수축되어 경찰행정청이 개입의무를 지는지가 문제된다.

3. 경찰행정청이 개입의무를 지는지 여부

(1) 경찰권행사의 법적 성질

경찰권 발동의 요건을 갖추었다고 하더라도 경찰권의 행사는 재량행위임이 일반적이다.

(2) 재량 0으로의 수축여부

㈎ 재량행위의 경우에는 행정청의 개입의무를 당연히 인정할 수 없고 재량이 0으로 수축되는 경우에 예외적으로 인정될 수 있다. 재량이 0으로 수축되었느냐의 여부는 ⓐ 사람의 생명·신체·재산 등에 중대하고 급박한 위험이 존재하고(중대한 법익침해), ⓑ 행정권의 발동만이 위험을 제거하기 위한 가장 적절한 수단에 해당되는가를 기준으로 판단한다(보충성의 원칙).

㈏ 심야에 악기연습을 하여 과도한 소음을 발생시킨 점이 인정되고 그로 인해 갑이 신경쇠약으로 정신과 치료를 받은 정도라면 사람의 신체에 대한 위험이 인정되고, 경찰권의 발동으로 소

음의 방지가 가능할 것이고 피해자인 갑이 여러 번 요청하였으나 소음이 계속되는바 다른 민사소송상의 권리구제 수단을 찾기 어려워 재량권이 0으로 수축되는 경우라 할 것이다.

(3) 소결

재량이 0으로 수축되는 경우임에도 경찰권을 행사하지 않았기에 경찰권의 불행사는 위법하다.

4. 경찰공공의 원칙문제

(1) 문제점

경찰권 발동의 한계로 ① 경찰소극의 원칙, ② 경찰공공의 원칙, ③ 경찰책임의 원칙, ④ 경찰비례의 원칙 등이 있는데, 설문의 경우에 문제되는 것은 경찰공공의 원칙과 관련하여 문제된다.

(2) 경찰공공의 원칙

사생활불간섭의 원칙, 사주소불가침의 원칙, 민사관계불관여의 원칙을 내용으로 한다.

(3) 설문의 경우

사생활을 방치하는 것이 공적안전이나 질서에 중대한 위험을 가져올 수 있다면 경찰의 개입이 경찰공공의 원칙에 반하는 것이 아니라 할 것이다. 따라서 설문에서 경찰권의 발동은 사생활불간섭, 사주소불개입원칙에 반하지 않는다.

5. 소결

경찰권 발동의 요건을 충족하여 경찰권행사는 가능하지만, 행사여부는 재량이 아니라 기속행위이며 경찰공공의 원칙과도 문제되지 않으므로 경찰권의 불행사는 위법하다.

Ⅲ. 갑의 권리구제수단

1. 의무이행심판

2. 행정소송

(1) 경찰권불행사의 성질

권력적 사실행위의 불행사이다.

(2) 경찰권불행사를 거부로 보는 경우

1) 거부처분취소소송(취소사유임을 전제로)

㈎ 소송요건과 관련해 판례의 신청권이 문제되지만 경찰법, 경직법에서 법규상 신청권이 인정될 뿐 아니라 조리상의 신청권도 인정할 수 있기에 소송요건은 충족된다.

㈏ 만일 소송을 제기하여 인용판결을 받았음에도 경찰이 출동을 거절하는 경우 갑은 행정소송법 제34조에 따라 간접강제를 신청할 수 있다.

2) 집행정지

판례는 거부처분의 집행정지를 부정한다(허가신청에 대한 거부처분은 그 효력이 정지되더라도 그 처분이 없었던 것과 같은 상태를 만드는 것에 지나지 아니하는 것이고 그 이상으로 행정청에 대하여 어떠한 처분을 명하는 등 적극적인 상태를 만들어 내는 경우를 포함하지 아니한다(대결 1991. 5. 2. 91두15)).

(3) 경찰권불행사를 부작위로 보는 경우

갑은 부작위위법확인소송을 제기할 수 있다. 그리고 소송을 제기하여 인용판결을 받았음에도 경찰이 출동을 거절하는 경우 갑은 행정소송법 제34조에 따라 간접강제를 신청할 수 있다.

3. 국가배상청구소송

재량이 0으로 수축되어 기속행위임에도 출동하지 않았으므로 위법하고, 고의·과실도 인정되며, 직무의 사익보호성도 문제없다. 따라서 갑은 국가배상청구소송을 제기하면 손해를 전보 받을 수 있을 것이다.

4. 의무이행소송의 인정여부

(1) 학설

긍정설, 부정설, 제한적 긍정설이 대립한다.

(2) 판례

부정한다(대판 1995. 3. 10. 94누14018).

Ⅳ. 결론

기출 — 제52회 행정고시(일반행정)(2008년)

> 〈제3문〉
>
> 자신의 차량을 이용하여 외판업을 하는 갑은 호프집 주인이 국도에 진입하기 위하여 사비를 들여서 개설한 사설도로 위에 자신의 차를 주차시켜 놓고 친구들과 함께 술을 마시고 있었다. 그러던 중 다른 손님의 차를 빼기 위하여 갑은 음주상태에서 위 사설도로상에서 약 10m 정도 운전을 하다가 때마침 순찰 중인 교통경찰관이 음주측정을 요구하자 이를 거부하였다. 갑은 위 사설도로상에서 경찰관이 음주측정을 할 수 없고, 다른 손님의 차를 빼기 위하여 운전한 경우까지 음주측정을 요구한 것은 과도한 것이며, 더구나 경찰의 운전면허취소는 가족의 생계를 책임지고 있는 자신의 입장에서 너무 가혹하다고 주장한다. (총 30점)
>
> (1) 위 사안의 경우 경찰권의 한계에 대해서 설명하시오. (15점)
>
> (2) 갑 주장의 타당성을 검토하시오. (15점)

(1) 위 사안의 경우 경찰권의 한계에 대해서 설명하시오. (15점)

Ⅰ. 경찰권의 한계(설문(1))

1. 법규상의 한계

경찰권은 법률이 정하는 범위내에서 발동되어야 한다.

2. 경찰법의 일반원칙상의 한계

(1) 문제점

㈎ 경찰법규의 구성요건에 불확정개념에 대한 판단여지가 인정될 수 있고, 특히 요건판단에서 많은 행위들이 경찰행정청에 재량을 부여하고 있기에 경찰작용은 경찰법의 일반원칙에 따라 행사되어야 한다.

㈏ 경찰법의 일반원칙으로 ① 경찰소극의 원칙(경찰권은 소극적인 질서유지를 위해서만 발동될 수 있다는 원칙을 말한다), ② 경찰공공의 원칙, ③ 경찰책임의 원칙(경찰권은 경찰상 위험의 발생 또는 위험의 제거에 책임이 있는 자에게 발동되어야 한다는 원칙을 말한다), ④ 경찰비례원칙이 있다. 설문과 관련해서는 경찰공공의 원칙과 경찰비례원칙이 문제된다.

(2) 경찰공공의 원칙

㈎ 경찰공공의 원칙은 사생활불간섭의 원칙(경찰권은 공공의 안녕과 질서에 관계가 없는 개인의 사생활 영역에는 개입할 수 없다는 원칙을 말한다), 사주소불가침의 원칙(경찰이 사인의 주소 내에서 일어나는 행위에 대해서는 관여할 수 없다는 원칙을 말한다), 민사관계불관여의 원칙(민사상의 법률관계 내지 권리관계에 경찰은 개입할 수 없다는 원칙을 말한다)을 내용으로 한다.

㈏ 설문은 설문의 도로는 호프집 주인이 사비로 개설한 사설도로이므로 사주소불가침의 원칙과 관련된다. 사주소(연구실, 사무실도 포함된다)에서 일어나는 행위는 경찰이 관여할 수 없음이 원칙이다. 그러나 사주소라도 불특정 다수인이 출입하는 공개된 사주소의 경우(여관, 음식점)는 사주소로 보기 어려우며, 사주소 내의 행위라도 공공의 안녕이나 질서에 직접 중대한 장해를 가져오는 경우에는 경찰의 개입이 가능하다.

(3) 경찰비례의 원칙

㈎ 행정목적을 실현하기 위한 구체적인 수단과 목적간에 적정한 비례관계가 있어야 한다는 원칙이다.

㈏ 경직법 제1조 제2항(이 법에 규정된 경찰관의 직권은 그 직무수행에 필요한 최소한도 내에서 행사되어야 하며 이를 남용하여서는 아니된다)은 명시적으로 규정한다.

㈐ 비례원칙은 행정목적과 목적달성을 위해 동원되는 수단간에 객관적 관련성이 있어야 한다는 적합성의 원칙, 여러 적합한 수단 가운데 최소 침해를 가져오는 것이 선택되어야 한다는 필요성의 원칙(최소침해의 원칙), 행정목적달성을 위한 적합하고 필요한 수단이라고 하더라도 이러한 수단을 통해 달성하려는 공익과 수단으로 인한 사익침해가 합리적인 비례관계를 이루어야 한다

는 상당성의 원칙(협의의 비례원칙)으로 이루어져 있으며, 이 3가지 원칙은 단계구조를 이룬다.

---

(2) 갑 주장의 타당성을 검토하시오. (15점)

Ⅱ. 갑 주장의 타당성(설문(2))

1. 「사설도로상에서 경찰관이 음주측정을 할 수 없다」는 주장의 타당성

(1) 설문의 도로가 도로교통법이 적용되는 도로인지 여부

㈎ 판례는 해당 도로가 사비를 들어 개설한 사설도로인지 여부에 관계없이 「법 제2조 제1호에서 도로의 개념으로 정한 "일반교통에 사용되는 모든 곳"이라 함은 현실적으로 불특정 다수의 사람 또는 차량의 통행을 위하여 공개된 장소로서 교통질서유지 등을 목적으로 하는 일반 교통경찰권이 미치는 공공성이 있는 곳을 의미하는 것이므로 특정인들 또는 그들과 관련된 특정한 용건이 있는 자들만이 사용할 수 있고 자주적으로 관리되는 장소는 이에 포함된다고 볼 수 없다(대판 1998. 3. 27. 97누20755)」고 본다.

㈏ 따라서 설문의 사설도로가 특정인들 또는 그들과 관련된 특정한 용건이 있는 자들만이 사용할 수 있는 도로인지에 따라 결정될 것이다.

(2) 사주소불가침의 원칙 위반여부

설문의 사설도로가 오직 국도와 호프집을 연결하기 위해 설치되었고 그 이용자가 호프집의 손님으로 한정되어 있다면 음주측정과 같은 경찰권의 발동은 사주소불가침의 원칙에 위반된다. 그러나 해당 사설도로가 불특정 다수인이 출입하는 공개된 도로라면 사주소가 아니어서 사주소불가침의 원칙에 위반되지 않는다.

2. 「다른 손님의 차를 빼기 위하여 운전한 경우까지 음주측정을 요구한 것은 과도한 것이며, 운전면허취소는 너무 가혹하다」는 주장의 정당성

㈎ ① 음주운전으로 인한 도로교통상의 위험방지의 목적과 음주측정요구 및 운전면허의 취소라는 수단은 객관적 관련성이 인정된다.

② 음주운전이 의심되는 자에게 음주측정을 요구한 것은 정당하지만, 음주측정거부만으로 가장 중한 제재인 운전면허를 취소하는 것은 도로교통상의 위험방지의 목적에 비추어 최소침해를 가져오는 수단이라고 보기 어렵다.

③ 그리고 가족의 생계를 책임지고 있는 자에게 호프집진입 사설도로를 다른 자동차의 통행을 위해 단지 10m정도 운전하였다는 사정만으로 운전면허를 취소하는 것은 달성하고자 하는 공익상의 목적에 비해 갑의 불이익이 너무 커 상당성의 원칙에도 위반된다.

㈏ 유사한 사건에서 판례도 같은 입장이다(원고는 자신의 차량 뒤에 주차한 다른 차량의 진로를 열어주기 위하여 부득이 이 사건 음주운전을 하게 되었고 그 운전 거리도 약 25m에 불과한 점, 원고는 당초 음주운전이 아닌 다른 혐의로 파출소로 갔다가 원고와 시비를 벌인 참고인의 진술이 계기가 되어 갑자기 경찰관으로부터 음주측정요구를 받게 되었던 점, … 원고의 운전면허를 취소함으로써 달성하려는 공익에 비하여 그로 인하여 원고가 입게 될 불이익이 막대하여 원고에게 지나치게 가혹하다 할 것이므로 이 사건 처분은 운전면허취소에 관한 재량권을 남용한 위법이 있다(대판 1998. 3. 27. 97누20755)).

기출 — 제54회 행정고시(일반행정)(2010년)

〈제3문〉

A 공연기획사는 연휴를 맞이하여 유명 가수 B를 초청하여 음악회를 열고자 계획하였다. 그런데 가수 B는 갑작스런 질병을 이유로 공연장에 나타나지 않았다. 공연장에 갔던 관람객들은 환불조치를 요구하였고, A사가 환불을 약속했음에도 분을 이기지 못해 거리를 점거하고 소동을 피웠으며 인근 상가의 간판을 떼어내어 도로에 바리케이트를 쳤다. 이 경우 경찰상 책임에 대하여 설명하시오. (25점)

Ⅰ. 경찰책임의 원칙

1. 의의

경찰책임의 원칙이란 경찰권은 경찰상 위험의 발생 또는 위험의 제거에 책임이 있는 자에게 발동되어야 한다는 원칙을 말한다. 즉, 경찰권 발동의 상대방이 누구인가에 관한 문제이다.

2. 경찰책임의 종류

(1) 행위책임

1) 의의

자연인이나 법인이 자신의 행위(자신을 위해 행위하는 타인의 행위)를 통해서 공공의 안녕이나 질서에 대한 위험을 야기시킴으로써 발생되는 경찰책임을 말한다.

2) 인과관계

지배적인 입장은 원칙적으로 위험에 대하여 직접적으로 원인을 야기하는 행위만이 원인제공적이고, 그러한 행위를 한 자만이 경찰상 책임을 부담한다는 견해(직접원인제공이론)이다.

3) 행위책임의 주체

행위책임은 원칙적으로 행위자가 진다. 다만, 타인에 대한 감독의무가 있는 경우에는 피감독자의 행위에 대해서 감독자도 행위책임을 진다. 다만, 피감독자가 감독자의 지시에 종속하는 경우라야 한다.

(2) 상태책임

1) 의의

상태책임이란 물건으로 인해 위험이나 장해를 야기시킴으로써 발생되는 경찰책임을 말한다.

2) 인과관계

행위책임과 마찬가지로 원칙적으로 위험에 대하여 직접적으로 원인을 야기하는 물건의 상태만이 원인제공적이고, 그러한 물건의 소유자 등만이 경찰상 책임을 부담한다는 견해(직접원인제공이론)가 지배적이다.

3) 상태책임의 주체

상태책임의 주체는 우선적으로 사실의 지배권을 행사하는 자이며, 이차적으로는 소유자도 포함된다.

Ⅱ. 설문에서 경찰책임

1. A공연기획사의 경찰책임

행위책임이 문제되는데, 공연이 무산된 것은 가수 B가 공연장에 나타나지 않았기 때문이고 A사는 환불약속을 하였기에 관람객이 거리에서 소동을 피운 것과 도로에 바리케이트를 설치한 것에 대해 A사의 행위자로서의 책임을 인정할 수는 없다. 다만 감독자로서 행위책임이 문제될 수 있지만, A사의 감독행위와 관람객의 난동행위간에는 인과관계가 없다고 봐야 한다.

2. 가수 B의 경찰책임

가수 B의 경우도 행위책임이 문제될 수는 있으나 B가 공연장에 나타나지 않은 것이 관람객의 난동행위에 간접적인 원인은 될 수 있으나 직접원인은 될 수 없어 B에게 행위책임이 인정되지 않는다.

3. 관람객들의 경찰책임

관람객들은 거리에서 소동을 피운 것과 도로에 바리케이트를 설치한 것에 대해 관람객들은 행위책임 및 (점유자로서) 상태책임을 진다.

4. 상가간판 소유권자의 경찰책임

상가간판 소유권자는 바리케이트가 된 상가간판으로 인한 경찰책임을 부담하는지가 문제되는데 물건의 소유권자는 원인에 상관없이 물건의 상태로 인한 위험에 대한 책임을 부담하기에 상가간판 소유권자는 상태책임을 부담한다. 만일 상가간판소유자의 경찰책임을 부정한다면 경우에 따라서 제3자의 경찰책임이 문제될 수 있다.

기출 — 제49회 사법시험(2007년)

〈제2문의 2〉

갑은 A시 청사의 지하층 일부에 대한 사용허가를 받아 식당을 운영하고 있다. A시의 시장은 청사의 사용허가에 관한 권한을 B국장에게 내부적으로 위임(위임전결)하였고, 이에 따라 B국장은 자신의 명의로 갑에 대한 청사의 사용허가를 취소하였다. 갑은 이러한 사용허가의 취소가 위법하다고 생각하여 이를 다투려고 한다. 갑은 어떠한 소송유형을 선택하여 이를 다툴 수 있는가? (20점)

[참조조문]

공유재산 및 물품 관리법

제5조(공유재산의 구분과 종류) ① 공유재산은 그 용도에 따라 행정재산과 일반재산으로 구분한다.

② "행정재산"이란 다음 각 호의 재산을 말한다.

1. 공용재산 지방자치단체가 직접 사무용·사업용 또는 공무원의 거주용으로 사용하거나 사용하기로 결정한 재산과 사용을 목적으로 건설 중인 재산
2. 공공용재산 지방자치단체가 직접 공공용으로 사용하거나 사용하기로 결정한 재산과 사용을 목적으로 건설 중인 재산
3. 기업용재산 지방자치단체가 경영하는 기업용 또는 그 기업에 종사하는 직원의 거주용으로 사용하거나 사용하기로 결정한 재산과 사용을 목적으로 건설 중인 재산
4. 보존용재산 법령·조례·규칙에 따라 또는 필요에 의하여 지방자치단체가 보존하고 있거나 보존하기로 결정한 재산

③ "일반재산"이란 행정재산 외의 모든 공유재산을 말한다.

제20조(사용·수익허가) ① 지방자치단체의 장은 행정재산에 대하여 그 목적 또는 용도에 장애가 되지 아니하는 범위에서 사용 또는 수익을 허가할 수 있다.

제22조(사용료) ④ 행정재산의 사용·수익허가를 받은 자가 제1항에 따른 사용료를 기한까지 내지 아니하면 지방세 체납처분의 예에 따라 징수한다.

제25조(사용·수익허가의 취소) ① 지방자치단체의 장은 제20조 제1항에 따라 행정재산의 사용·수익허가를 받은 자가 다음 각 호의 어느 하나에 해당하면 그 허가를 취소할 수 있다.

1. 사용·수익의 허가를 받은 행정재산을 제20조 제3항을 위반하여 다른 사람에게 사용·수익하게 한 경우
2. 해당 행정재산의 관리를 게을리하였거나 그 사용 목적에 위배되게 사용한 경우
3. 지방자치단체의 장의 승인 없이 사용·수익의 허가를 받은 행정재산의 원상을 변경한 경우
4. 거짓 진술, 거짓 증명서류의 제출, 그 밖의 부정한 방법으로 그 허가를 받은 사실이 발견된 경우
5. 제22조 제2항에 따른 납부기한까지 사용료를 내지 아니한 경우

Ⅰ. 논점의 정리

A시 청사 사용허가의 법적 성질이 행정처분인지 사법상 계약인지에 따라 소송유형이 결정된다.

Ⅱ. A시 청사 사용허가의 법적 성질

1. A시 청사 지하층의 법적 성질

A시 청사는 공유재산 및 물품관리법 제5조 제2항의 행정재산이며, 제1호의 공용재산에 해당한다.

2. 사용허가의 법적 성질

(1) 문제점

공유재산 및 물품 관리법 제20조 제1항에 따른 청사일부에 대한 사용허가의 법적 성질이 문제된다.

(2) 학설

1) 행정처분설(다수견해)

이 견해는 공유재산 및 물품관리법이 사용료의 징수를 조세체납절차에 의하도록 규정하고 있다는 점(동법 제22조 제4항), 사용허가에 관한 규정(동법 제20조)과 사용허가의 취소·철회에 관한 규정(동법 제25조)을 각각 독립시켜 놓고 있어서 공법적 규율이 강화되고 있다는 점을 근거로 사용허가를 행정처분으로 본다.

2) 사법상 계약설

관리청과 사인 사이에 우열관계 내지 상하관

계가 존재한다고 보기 어렵다는 점, 국유재산법상 사용허가는 승낙으로, 사용허가의 취소·철회는 계약의 해제 등으로 볼 수 있다는 점을 근거로 한다.

3) 이원적 법률관계설

원칙적으로 행정재산의 사용·수익관계의 발생·소멸, 사용료의 징수관계는 공법관계이지만, 특수한 공법적 규율이 있는 사항을 제외하고는 행정재산의 목적외 사용의 법률관계는 사법관계라고 보는 견해이다.

(3) 판례

판례는 「공유재산의 관리청이 행정재산의 사용·수익에 대한 허가는 순전히 사경제주체로서 행하는 사법상의 행위가 아니라 관리청이 공권력을 가진 우월적 지위에서 행하는 행정처분으로서 특정인에게 행정재산을 사용할 수 있는 권리를 설정하여 주는 강학상 특허에 해당한다(대판 1998. 2. 27. 97누1105)」고 하여 행정처분설을 취하고 있으며, 그 법적 성격은 강학상 특허로 본다.

(4) 검토

공유재산 및 물품 관리법은 행정재산의 사용·수익은 단체장의 허가에 의하도록 규정하고 있고, 관리청은 상대방의 귀책사유가 있는 경우(동법 제25조 제1항) 그 허가를 일방적으로 취소할 수 있다는 점을 고려할 때 행정처분설이 타당하다.

3. 소결

행정처분설에 따르면 항고소송, 특히 취소소송 또는 무효확인소송을 제기하면 될 것이다.

Ⅲ. 갑이 선택할 수 있는 소송유형

1. 취소소송 또는 무효확인소송의 가능성

(1) 문제점

(2) 무효와 취소의 구별기준

1) 학설

2) 판례

3) 검토(중대명백설)

(3) 설문

B국장은 자신의 명의로 사용허가를 취소하였기에 무권한자의 행위로 적법요건의 중대한 위반이며 동시에 외관상으로도 명백한 하자이다(대판 1993. 5. 27. 93누6621). 따라서 사용허가취소처분은 무효사유에 해당하며 갑은 무효확인소송을 제기해야 한다.

만일 갑이 취소소송을 제기하더라도 취소만을 다투는 것이 명백한 것이 아니라면 무효선언을 구하는 의미의 취소소송을 인정할 수 있다. 다만, 취소소송의 소송요건 특히 제소기간을 갖추어야 한다.

2. 당사자소송의 가능성

갑은 사용허가취소로 인해 발생한 법률관계(예를 들어 위법한 사용허가취소로 인한 손해배상)에 관한 것을 당사자소송(행정청의 처분 등을 원인으로 하는 법률관계에 관한 소송 그 밖에 공법상의 법률관계에 관한 소송으로서 그 법률관계의 한쪽 당사자를 피고로 하는 소송)으로 다툴 수 있다. 그러나 사용허가취소의 취소를 당사자소송으로 다툴 수는 없다.

Ⅳ. 결론

Q 사례[1]

A광역시 시장은 내년에 개최될 전국체전을 자신의 광역시에서 유치하기 위해 문화체육과 공무원 갑에게 모정당의 전당대회에 적극 참여하여 국회의원들과 정부당직자에게 이러한 사실을 홍보하고 지원약속을 받아올 것을 명령하였다.

(1) 공무원 갑은 시장의 명령은 지방공무원법에 반한다는 이유로 취소소송을 제기하고자 한다. 시장의 직무명령은 대상적격이 있는가?

(2) 공무원 갑은 시장의 직무명령을 거부할 수 있는가?

[참조조문]

지방공무원법

제49조(복종의 의무) 공무원은 직무를 수행할 때 소속 상사의 직무상 명령에 복종하여야 한다. 다만, 이에 대한 의견을 진술할 수 있다.

제57조(정치운동의 금지) ① 공무원은 정당이나 그 밖의 정치단체의 결성에 관여하거나 가입할 수·없다.

(1) 공무원 갑은 시장의 명령은 지방공무원법에 반한다는 이유로 취소소송을 제기하고자 한다. 시장의 직무명령은 대상적격이 있는가?

Ⅰ. 시장의 직무명령에 대한 취소소송 (설문(1))

1. 문제 상황

광역시장의 갑에 대한 직무명령은 전통적인 의미의 특별권력관계에서의 행위이다. 따라서 소위 특별권력관계에서의 행위가 사법심사의 대상이 되는지가 전통적으로 논의되며, 사법심사의 대상이 된다고 하더라도 행정소송법 제19조 본문은 처분 등을 취소소송의 대상으로 하고 있는바 설문의 직무명령이 취소소송의 대상인 처분인지가 문제된다.

2. 전통적 특별권력관계에서의 사법심사 가능성

(1) 특별권력관계의 의의

특별한 공법상 원인에 근거하여 성립되는 관계로서 특별권력주체가 구체적인 법률의 근거 없이도 상대방을 포괄적으로 지배하는 권한을 가지고, 특별한 신분이 있는 자는 이에 복종하는 관계를 말한다.

(2) 전통적인 특별권력관계론의 인정여부

1) 학설

a. 형식적 부정설

실질적 법치국가에서 법치주의의 적용을 받지 않는 권력인 특별권력은 인정될 수 없다고 하여 특별권력관계의 존재를 부정하고 일반권력관계로 보는 견해이다.

b. 실질적 부정설

종래에 특별권력관계로 이해되어 온 여러 법관계가 결코 일반권력관계나 비권력관계와 상이한 고유한 법관계가 아니라는 전제하에, 종래의 각종 특별권력관계를 개별적으로 분석하여 그 관계를 일반권력관계나 비권력관계로 분해·해체하자는 견해이다.

c. 기본관계·경영관계론

기본관계(특별권력관계의 자체의 성립·변경·종료 또는 구성원의 법적 지위의 본질적 사항에 관한 법관계를 말한다)의 경우에는 사법심사가 일반권력관계와 다름없이 적용되지만, 경영관계(특별행정법관계의 목표를 실현하는 데 필요한 기타의 관계(예를 들어 공무원에 대한 직무명령, 국·공립학교에서 과제물의 부과, 시험평가)) 중 방위근무관계(군복무관계)와 폐쇄적 영조물이용관계(예를 들어 제소자관계)를 제외한 일반공무원관계와 개방적 영조물이용관계(예를 들어 학교·도서관이용관계)는 사법심사의 대상에서 제외된다는 견해이다.

2) 판례

서울교육대학장이 교육대 학생을 퇴학처분한 사건에서 전통적인 특별권력관계에서 사법심사가 가능하다고 보았다(대판 1991. 11. 22. 91누2144). 즉, 판례도 전통적인 특별권력관계를 인정하지 아니한다.

3) 검토 및 설문

㈎ 실질적 법치주의를 지향하는 헌법하에서 법으로부터 자유로운 영역인 전통적 의미의 특별권력관계를 인정할 수는 없다. 따라서 법치주의와 사법심사가 전통적 특별권력관계에도 그대로 적용된다(형식적 부정설). 그렇다고 일반적인 행정법관계와 구별되는 특수성이나 특수한 법적 규율의 필요성을 부정하는 것은 아니다.

㈏ 따라서 광역시장의 갑에 대한 전당대회참석명령은 사법심사의 대상이 된다. 다만, 취소소송을 제기하려면 대상적격을 갖추어야 하는바 직무명령이 항고소송의 대상인 처분이 되는지가 문제된다.

3. 직무명령이 취소소송의 대상인지 여부

(1) 문제점

취소소송의 대상은 행정소송법 제19조에서 '처분 등'으로 규정하고 있다. 그러나 판례와 전통적 견해는 취소소송의 대상은 처분 등에 해당하여야 하는 것 외에도 당사자의 권리·의무에 영향을 미치는 행위라야 한다고 본다.

(2) 행정소송법상 처분개념

1) 행정소송법 제19조와 제2조 제1항 제1호

㈎ 행정소송법 제19조 본문은 "취소소송은 처분 등을 대상으로 한다"고 하고, 동법 제2조 제1항 제1호는 "'처분 등'이라 함은 행정청이 행하는 구체적 사실에 관한 법집행으로서의 공권력의 행사 또는 그 거부와 그밖에 이에 준하는 행정작용(이하 "처분"이라 한다) 및 행정심판에 대한 재결을 말한다"라고 규정하고 있다. 즉, 취소소송의 대상은 처분과 재결이다.

㈏ 설문의 경우 처분만이 문제되므로 처분개념만을 분석하기로 한다.

2) 처분개념의 분석

ⓐ 행정청(기능적 의미의 행정청을 말하며, 합의제기관과 행정소송법 제2조 제2항의 행정청(법령에 의하여 행정권한의 위임 또는 위탁을 받은 행정기관, 공공단체 및 그 기관 또는 사인)도 포함된다)이 하는 행위로 ⓑ 구체적 사실에 대한 법집행행위(관련자가 개별적이고 규율대상이 구체적이어야 하며, 법의 집행행위라야 한다)이며 ⓒ 공권력행사(행정청이 공법에 근거하여 우월한 지위에서 일방적으로 행사하여야 한다)이거나 이에 준하는 행정작용(처분적 법규명령, 일반처분, 권력적 사실행위 등이 논의되고 있다)이어야 한다.

(3) 법적 행위

㈎ '법적 행위'는 행정소송법 제2조 제1호에서 명시적으로 표현되고 있는 처분개념의 요소는 아니다. 그러나 판례와 전통적인 견해는 취소소송을 형성소송으로 보아 취소소송의 본질을 법률관계의 위법성의 소급적 제거로 이해함으로 인해 법적 행위를 항고소송의 대상이 되는 처분개념의 요소로 보고 있다.

㈏ 법적 행위란 외부적 행위이며 권리·의무와 관련되는 행위를 말한다. 판례도 항고소송의 대상이 되는 행정처분이라 함은 국민의 구체적인 권리의무에 직접적 변동을 초래하는 행위를 말하는 것(대판 2008. 9. 11. 2006두18362)이라고 한다.

(4) 검토

행정소송법 제29조 제1항을 고려할 때 취소소송은 형성소송이며 따라서 항고소송의 대상을 법적 행위에 한정하는 판례와 전통적인 견해는 타당하다. 결국 항고소송의 대상인 처분은 처분개념에 해당하고 법적인 행위라야 한다.

(5) 설문

㈎ 설문의 직무명령은 광역시장이 행하는 구체적인 사실에 대한 법집행행위(예를 들어 지방자치법 제9조 제2항은 제4호(지역개발과 주민의 생활환경시설의 설치·관리에 관한 사무)와 제5호(교육·체육·문화·예술의 진흥에 관한 사무)를 지방자치단체의 사무로 예시하고 있고, 제103조는 "지방자치단체의 장은 그 지방자치단체의 사무와 법령에 따라 그 지방자치단체의 장에게 위임된 사무를 관리하고 집행한다"라고, 제101조는 "지방자치단체의 장은 지방자치단체를 대표하고 그 사무를 총괄한다고 규정하고 있다"고 규정하고 있다)로서 우월한 지위에서 일방적으로 행사하는 공권력 행사에 해당한다.

㈏ 그러나 직무명령은 공무원의 신분적인 지위에 관련되는 명령이 아니라 기관담당자인 공무원에 대하여 직무수행의 종류와 방식에 관련하여 발하여진 명령에 불과하여 상대방의 권리·의무와 관련되는 행위가 아니기에(특별행정법관계의 행

위 중 경영관계에 해당하기에) 항고소송의 대상인 처분이 아니다(박윤흔). 따라서 갑은 직무명령에 대해 취소소송을 제기할 수 없다.

(2) 공무원 갑은 시장의 직무명령을 거부할 수 있는가?

Ⅱ. 위법한 직무명령에 대해 공무원이 복종을 거부할 수 있는지 여부(설문(2))

1. 문제 상황

공무원인 갑은 지방공무원법 제49조에 따라 소속 상사의 직무상 명령에 복종하여야 한다. 그런데 설문의 전당대회참석명령은 지방공무원법 제57조의 정치운동금지에 위반되는 위법한 직무명령이기에 공무원의 복종의무가 하자 있는(위법 또는 부당) 직무명령에도 인정되는지가 문제된다.

2. 직무상 명령(직무명령)의 의의·요건

(가) 상급공무원이 부하공무원에 대해 직무상 발하는 명령 즉, 직무명령은 상·하급 공무원간의 규율이라는 점에서 상·하급관청간의 규율인 훈령과 구별된다.

(나) 형식적 요건으로 ⓐ 직무명령은 권한 있는 상급공무원이 발한 것이어야 하고, ⓑ 하급공무원의 직무범위 내에 속하는 것이어야 하며, ⓒ 하급공무원에게 직무상 독립이 인정되는 사항이 아니어야 하며, 실질적 요건으로 ⓓ 법령과 공익에 적합하여야 한다.

3. 복종의무의 한계

(1) 형식적 요건과 한계

직무명령의 형식적 요건은 그 구비 여부가 외관상 명백하므로 부하공무원은 이를 심사할 수 있고 그 요건이 결여된 경우 복종을 거부할 수 있다.

(2) 실질적 요건과 한계

1) 학설

(가) ⓐ 실질적 요건 심사 부정설(부하공무원에게 실질적심사권과 복종여부결정권을 인정하면 법령해석의 불통일을 초래하고, 계층적 조직체계에 따른 행정목적의 통일적 수행을 저해한다는 점을 근거로 한다)과 ⓑ 실질적 요건 심사 긍정설(공무원은 복종의무 외에도 법령준수의무를 지고 있어 직무명령이 위법한 경우에는 법령준수의무가 보다 중요한 의미를 가진다는 점을 근거로 한다)이 대립한다.

(나) 실질적 요건 심사 긍정설은 전면적으로 긍정하는 견해와 제한적으로 긍정하는 견해(절충설)가 대립하나, 후자가 다수견해의 입장이다. 즉, 이 견해는 행정의 법률적합성원칙도 중요하지만 행정조직체의 통일적 운영도 중요한바 (ㄱ) 직무명령의 내용이 범죄를 구성하거나 위법성이 중대명백한 경우 그리고 중대명백한 경우에 이르지 않더라도 위법성이 명백한 경우에는 공무원은 복종을 거부할 수 있고, (ㄴ) 위법성이 그 정도에 이르지 않은 경우, 법령해석상의 견해 차이에 불과한 경우, 부당한 경우에는 복종을 거부할 수 없다고 본다.

2) 판례

판례는 「하관은 소속상관의 적법한 명령에 복종할 의무는 있으나 그 명령이 참고인으로 소환된 사람에게 가혹행위를 가하라는 등과 같이 명백한 위법 내지 불법한 명령인 때에는 이는 벌써 직무상의 지시명령이라 할 수 없으므로 이에 따라야 할 의무는 없다(대판 1988. 2. 23. 87도2358)」고 하여 실질적 요건 심사 긍정설 중 절충설의 입장을 취한 것으로 평가된다.

3) 검토

위법한 직무명령에 대해 복종을 거부하여 행정의 법률적합성(법령준수의무)을 준수한 공무원에게 징계책임을 지운다는 것은 인정하기 어렵다. 따라서 실질적 요건도 심사가 가능하다고 보아야 한다. 다만, 행정조직의 계층적 질서유지와의 조화를 위해 일정한 제한을 두는 절충적인 입장이 타당하다.

4. 소결

(가) 광역시장은 지방자치법 제9조(지방자치단체의 사무범위) 제2항과 제101조(지방자치단체의 장은 지방자치단체를 대표하고 그 사무를 총괄한다고 규정하고 있다), 제103조(지방자치단체의 장은 그 지방자치단체의 사무와 법령에 따라 그 지방자치단체의 장에게 위임된 사무를 관리하고 집행한다)를 고려할 때 권한 있는 상관이고, 형식적으로 전국체전의 홍보와 지원약속은 문화체육과 공무원 갑의 직무범위이며, 갑에게 직무독립이 인정되는 경우가 아니므로 형식적 요건구비는 문제가 없다(논자에 따라서 전당대회참석명령은 갑의 직무범위 밖이라고 볼 여지는 있다).

(나) 그러나 실질적 요건은 문제가 있다. 광역시장의 전당대회참석명령은 지방공무원법 제57조에 반하는 행위를 명하는 것이므로 위법한 직무명령이다. 그러나 해당 직무명령의 위법이 명백하다고 보기는 어려워 절충설에 따르면 갑은 시장의 직무명령을 거부할 수 없고 복종해야 한다(논자에 따라 달라질 수 있다).

Q 사례[2]

> 서울시내 차량과 보행자의 통행이 빈번한 왕복 6차선 도로변에 위치한 한 극장에서 우리나라의 경제위기가 노동운동에서 비롯되었음을 시사하는 영화를 상영하고 있는데, 약 1000명 가량의 군중이 위 극장 앞 보도와 차도일부를 점거하고 위 영화상영에 반대하는 시위를 벌이고 있다.
>
> 이로 인해 차량과 보행자의 통행이 막히고, 시위대가 위 영화의 광고간판과 포스터를 철거하는 등 과격한 행동으로 나아갈 조짐을 보이자, 관할 경찰서장은 평화적으로 위 시위를 해산시킬 수 있는 유일한 방법은 위 극장의 경영주 갑이 위 영화의 상영을 그만두는 것이라고 판단하고 갑에게 위 영화상영을 무기한 중지할 것을 명하였다. 그러자 시위대는 즉시 전부 자진해산하였는데, 시위 도중 철거된 광고간판과 포스터가 다수 차도에 그대로 방치되어 있어, 관할 경찰서장은 갑에 대하여 그 제거를 명하였으나, 갑은 이미 그 물건들에 대한 자신의 소유권을 포기하였다는 이유로 이에 불응하고 있다. 관할 경찰서장의 갑에 대한 조치들은 적법한 것인가?

[참조조문]
도로교통법
제7조(혼잡완화를 위한 조치) 경찰공무원은 보행자나 차마의 통행이 밀리어서 교통상의 혼잡이 뚜렷하게 염려되는 때에는 그 혼잡을 덜기 위하여 필요한 조치를 할 수 있다.
제67조(연도공작물등의 위험방지조치) ① 경찰서장은 길가의 지상공작물이나 그 밖의 시설 또는 물건이 교통에 위험을 일으키게 하거나 교통에 뚜렷이 방해될 염려가 있는 때에는 그 공작물 등의 소유자나 점유자 또는 관리자에게 그것을 제거하도록 하거나 그 밖의 교통안전에 필요한 조치를 명할 수 있다.
경찰관직무집행법
제2조(직무의 범위) 경찰관은 다음 각호의 직무를 행한다.
5. 기타 공공의 안녕과 질서유지
제5조(위험발생의 방지) ① 경찰관은 인명 또는 신체에 위해를 미치거나 재산에 중대한 손해를 끼칠 우려가 있는 천재, 사변, 공작물의 손괴, 교통사고, 위험물의 폭발, 광견 · 분마류등의 출현, 극단한 혼잡 기타 위험한 사태가 있을 때에는 다음의 조치를 할 수 있다.
1. 그 장소에 집합한 자, 사물의 관리자 기타 관계인에게 필요한 경고를 발하는 것
2. 특히 긴급을 요할 때에는 위해를 받을 우려가 있는 자를 필요한 한도 내에서 억류하거나 피난시키는 것
3. 그 장소에 있는 자, 사물의 관리자 기타 관계인에게 위해방지상 필요하다고 인정되는 조치를 하게 하거나 스스로 그 조치를 하는 것

Ⅰ. 논점의 정리

경찰서장의 영화상영중지명령과 광고간판 및 포스터 제거명령은 그 법적 성질이 경찰하명으로서 침익적 행정행위이다. 이러한 침익적 행정행위의 적법성을 심사하기 위해서는 우선 이러한 행위를 할 수 있는 개별적 법적 근거가 있는지를 살펴보아야 하고, 근거규정이 없는 경우에 경찰법상 일반조항을 경찰권 발동의 법적 근거로 삼을 수 있는지가 문제된다. 다음으로 경찰권 발동의 한계로서 경찰책임원칙 위반여부를 검토하여야 하는데, 갑에게 경찰책임(행위책임 또는 상태책임)이 있는지, 그리고 경찰책임이 인정되는 경우라 하더라도 이러한 경찰하명이 비례원칙을 위반한 것인지 여부를 검토해 볼 수 있다.

Ⅱ. 경찰작용의 근거(법률유보)

1. 영화상영중지명령의 법적 근거

(1) 문제점

도로교통법 제7조는 "경찰공무원은 보행자나 차마의 통행이 밀리어서 교통상의 혼잡이 뚜렷하게 염려되는 때에는 그 혼잡을 덜기 위하여 필요한 조치를 할 수 있다"고 규정하는데 설문의 영화상영중지명령의 법적 근거로 이 조항이 적용될 것인지가 문제되나, 동 조항은 영화상영중지명령의 법적 근거로 보긴 문제가 있다. 따라서 경직

법상의 일반조항이 경찰권발동의 근거가 될 수 있는지가 문제된다.

(2) 일반조항의 인정여부

1) 일반조항(개괄조항)의 의의

위험의 예방·진압을 위한 법적 근거가 특별경찰법에도 없을 뿐만 아니라 일반경찰법에도 특별한 규정으로 존재하지 않는 경우에 최종적으로 그 위험의 예방·진압을 위한 법적 근거로서 적용되는 조항을 말한다.

2) 일반조항 인정여부에 관한 학설

a. 일반조항의 허용성을 부정하는 견해

경찰권의 발동 근거로서의 법률은 법치주의 원칙상 개별적인 규정이어야 하고 포괄적·일반적 수권법은 허용되지 않기 때문에 우리 실정법상 일반조항은 인정할 수 없다고 본다.

b. 일반조항의 허용성을 긍정하는 견해

i. 허용성은 긍정하나 현재 존재하지 않는다는 견해(입법필요설)

현행법상 일반조항은 인정되고 있지 아니하지만, 경찰법의 개정을 통해 일반조항이 규정되어야 한다는 입장이다. 말하자면 현행 헌법하에서 일반조항은 인정될 수 있고 또한 인정되어야 하지만, 아직까지 우리 입법은 이를 수용하고 있지 않다는 것이다. 따라서 경찰법이나 경찰관직무집행법의 규정(예를 들어 경찰법 제3조(국가경찰은 국민의 생명·신체 및 재산의 보호와 범죄의 예방·진압 및 수사, 치안정보의 수집, 교통의 단속 기타 공공의 안녕과 질서유지를 그 임무로 한다)나 경찰관직무집행법 제2조 제5호(기타 공공의 안녕과 질서유지))은 권한규정이 아니고 임무규정이라고 본다.

ii. 허용성과 존재를 모두 긍정하는 견해

이 견해는 ⓐ 경찰관직무집행법 제2조 제5호가 근거라는 견해(일반조항은 개별적인 규정이 없는 때에 한하여 보충적으로 적용되는 것으로서 부단히 변화하는 사회사정과 관념 때문에 경찰권 발동의 요건이나 효과를 상세히 정하기는 어렵고, 일반조항으로 인한 경찰권 발동의 남용은 조리상의 한계 내지 법원칙에 의하여 충분히 통제될 수 있으므로, 경찰권 발동의 근거로서 일반조항이 가능하다고 보고, 우리 경찰법 및 경찰관직무집행법상의 "공공의 안녕과 질서유지"에 관한 규정(경찰관직무집행법 제2조 제5호)을 이러한 일반적 수권조항으로 본다)(다수 견해)와 ⓑ 경찰관직무집행법 제2조·제5조·제6조를 결합하여 인정하는 견해(제2조 제5호가 일반조항임을 인정하고, 제5조를 제2의 일반조항(개인적 법익보호 관련), 제6조를 제3의 일반적 수권조항(국가적·사회적 법익보호)으로 보는 견해이다)가 대립한다(박정훈).

3) 판례

학설은 청원경찰의 직무집행과 관련된 사건(청원경찰관법 제3조, 경찰관직무집행법 제2조 규정에 비추어 보면 군 도시과 단속계 요원으로 근무하고 있는 청원경찰관이 허가 없이 창고를 주택으로 개축하는 것을 단속하는 것은 그의 정당한 공무집행에 속한다고 할 것이므로 이를 폭력으로 방해하는 소위는 공무집행방해죄에 해당된다(대판 1986. 1. 28. 85도2448, 85감도356))에서 판례가 경찰관직무집행법 제2조 제5호를 일반조항으로 보았다고 평가한다.

4) 검토

경찰권남용의 가능성은 경찰법의 일반원칙(특히 비례원칙)으로 통제하면 되기에 경찰관직무집행법 제2조 제5호가 일반조항으로서 경찰권발동의 근거가 된다는 견해가 타당하다. 다만 일반조항은 일반조항의 성질상 특별조항이 없는 경우에 보충적으로 적용되어야 한다.

5) 소결

설문의 경우 긍정설에 따른다면 경직법 제2조 제5호도 도로교통법 제7조에 대해 보충적으로 경찰권 발동의 근거가 된다.

2. 광고간판 및 포스터 제거 명령의 법적 근거

도로교통법 제67조 제1항은 "… 길가의 지상 공작물이나 그 밖의 시설 또는 물건이 교통에 위험을 일으키게 하거나 교통에 뚜렷이 방해될 염려가 있을 때에는 … 그것을 제거하도록 … 할 수 있다"라고 규정하고 있다. 따라서 설문의 경우 이러한 규정이 광고간판 및 포스터 제거명령의 법적 근거가 될 수 있을 것이다.

3. 소결

영화상영중지명령은 도로교통법 제7조 또는 경찰관직무집행법 제2조 제5호(경찰법상 일반조항을 인정한다면)가, 광고간판 및 포스터 제거명령은 도로교통법 제67조 제1항이 그 법률적 근거가 된다고 볼 수 있다. 그런데 이러한 경찰권 발동의 법적 근거가 인정된다고 하더라도 경찰권을 갑에게 발동한 것이 적법한가(경찰책임원칙), 그 경찰권 발동의 정도가 적정한가(비례원칙)가 다시 문제가 된다.

Ⅲ. 경찰작용의 한계

1. 문제 상황

경찰작용의 한계는 성문법상의 한계와 경찰법의 일반원칙상의 한계가 있다. 성문법상의 한계는 크게 문제되지 않으므로 일반원칙상의 한계가 문제되는데, 경찰소극의 원칙과 경찰공공의 원칙은 문제되지 않으므로 설문과 관련해서는 경찰책임의 원칙과 경찰비례원칙을 살펴본다.

2. 경찰책임 원칙 위반여부

(1) 경찰책임 원칙의 의의

경찰책임의 원칙이란 경찰권은 경찰상 위험의 발생 또는 위험의 제거에 책임이 있는 자에게 발동되어야 한다는 원칙을 말한다. 즉, 경찰권발동의 상대방이 누구인가에 관한 문제이다.

(2) 경찰책임의 종류

a. 행위책임

i. 행위책임의 의의

자연인이나 법인이 자신의 행위(자신을 위해 행위 하는 타인의 행위)를 통해서 공공의 안녕이나 질서에 대한 위험을 야기시킴으로써 발생되는 경찰책임을 말한다.

ii. 인과관계

지배적인 입장은 원칙적으로 위험에 대하여 직접적으로 원인을 야기하는 행위만이 원인제공적이고, 그러한 행위를 한 자만이 경찰상 책임을 부담한다는 견해(직접원인제공이론)이다.

iii. 행위책임의 주체

행위책임은 원칙적으로 행위자가 진다. 다만, 타인에 대한 감독의무가 있는 경우에는 피감독자의 행위에 대해서 감독자도 행위책임을 진다. 다만, 피감독자가 감독자의 지시에 종속하는 경우라야 한다.

b. 상태책임

i. 상태책임의 의의

상태책임이란 물건으로 인해 위험이나 장해를 야기시킴으로써 발생되는 경찰책임을 말한다.

ii. 인과관계

행위책임과 마찬가지로 원칙적으로 위험에 대하여 직접적으로 원인을 야기하는 물건의 상태만이 원인제공적이고, 그러한 물건의 소유자 등만이 경찰상 책임을 부담한다는 견해(직접원인제공이론)가 지배적이다.

iii. 상태책임의 주체, 인정 범위

㈎ 상태책임의 주체는 우선적으로 사실의 지배권을 행사하는 자이며, 이차적으로는 소유자도 포함된다.

㈏ 원칙적으로 소유자의 상태책임이 인정되는 범위에는 제한이 없다. 따라서 원칙적으로는 원인에 상관없이 당해 물건의 상태로부터 발생한 위해에 대해 경찰책임의 주체는 그에 대한 전적인 책임이 있게 된다.

(3) 영화상영중지명령의 경우

㈎ 차량과 보행자의 통행이 막히고 교통이 혼잡해진 것은 갑의 행위로 인한 것이 아니고, 이에 대해 갑이 영화상영을 하였다고 해서 직접적인 원인제공을 하였다고 볼 수도 없으므로 행위책임이 인정된다고 볼 수 없다.

㈏ 또한 시위자에 대한 해산명령을 통해서 혼잡을 막는 것이 불가능하다고 보기도 힘든 이상 경찰책임의 예외를 인정하기도 힘들다고 본다.

(4) 광고간판 및 포스터 제거 명령의 경우

갑은 광고간판 및 포스터의 소유자이고, 경찰책임을 면하기 위한 목적에서의 소유권의 포기는 상태책임 인정에 영향을 미치지 않으므로, 갑은 상태책임을 진다.

3. 경찰비례원칙 위반여부

(1) 문제점

갑에 대한 영화상영중지명령에 대하여 행위책임의 원칙의 예외를 인정하여 경찰책임원칙에 위반되지 않는다고 본다 하더라도, 시위로 인한 교통상의 혼잡을 막기 위하여 영화의 무기한 상영 중지를 명령한 것이 비례원칙에 위반되는 것인지도 문제된다.

(2) 의의·내용

㈎ 행정목적을 실현하기 위한 구체적인 수단과 목적간에 적정한 비례관계가 있어야 한다는 원칙이다.

㈏ 비례원칙은 행정목적과 목적달성을 위해 동원되는 수단간에 객관적 관련성이 있어야 한다는 적합성의 원칙(전혀 부적합한 수단은 현실적으로 인정되기 어려워 통상 이 원칙은 충족된다), 여러 적합한 수단 가운데 최소 침해를 가져오는 것이 선택되어야 한다는 필요성의 원칙(최소침해의 원칙), 행정목적달성을 위한 적합하고 필요한 수단이라고 하더라도 이러한 수단을 통해 달성하려는 공익과 수단으로 인한 사익침해가 합리적인 비례관계를 이루어야 한다는 상당성의 원칙(협의의 비례원칙)으로 이루어져 있으며, 이 3가지 원칙은 단계구조를 이룬다.

(3) 설문

㈎ 영화의 상영중지가 시위군중의 해산을 위해 적절한 조치였다고 하더라도(적합성 원칙), 직접 교통상의 혼잡을 야기한 시위군중에 대하여 해산명령을 할 수도 있었다는 점(필요성의 원칙), 갑의 영화상영의 이익은 직업의 자유, 예술의 자유 등의 헌법상 기본권과 관련되는 중요한 사익이라는 점(협의의 비례원칙)에 있어서 이러한 영화상영중지명령은 비례원칙에 위반되는 위법한 행위라고 본다.

㈏ 갑의 사익을 고려하더라도 광고간판 및 포스터 제거 명령이 비례원칙에 위반되는 명령이라고 보기 어렵다.

Ⅳ. 결론

㈎ 영화상영중지명령에 대해서는 도로교통법 제7조 또는 경찰관직무집행법 제2조 제5호가 그 법률적 근거가 되지만, 행위책임이 없는 갑에게 영화상영중지를 명령한 것은 경찰책임원칙 내지는 경찰비례원칙에 위반되는 위법한 행위라고 본다.

㈏ 광고간판 및 포스터 제거 명령에 대해서는 도로교통법 제67조가 법률적 근거가 되고 광고간판 및 포스터의 소유자인 갑에게 상태책임이 인정되므로 적법한 행위임을 인정할 수 있다고 본다.

사항색인

ㄱ

간접강제 214
간접보상 182
감독청의 조례의 통제 313
거부처분의 사전통지 114, 119, 129, 133
거부처분의 성립요건 216, 290
거부처분의 집행정지 115
거부처분취소심판 210, 213
건축물대장작성신청거부 76
건축물용도변경신청거부 76
건축신고의 법적 성질 8
결과불법설 157
결과제거청구권 148
경원자소송 225
경쟁자소송 224
경찰공공의 원칙 329, 330
경찰법상 일반조항 인정여부 328, 341
경찰비례의 원칙 330, 342
경찰책임의 원칙 332, 342
계획변경신청권 55
계획재량의 통제 54, 60
공공의 필요 185
공매의 적법요건 138
공무원의 대외적 배상책임 173
공물의 소멸 326
공법인의 형식적 경찰책임 168
공적장부에의 등재행위의 성질 65
공증 75
과징금 32
관련청구소송의 병합 254, 283
구속력설 99, 141, 191
구체적 가치형량설 91
구체적 규범통제 38, 42, 48, 250, 305
국가배상법 제2조 제1항과 제5조 제1항의 경합 171
국가배상법 제6조 제1항 166, 172
권력적 사실행위 126, 140
권한쟁의 323
기관위임사무에 대한 의회의 통제수단 167
기관위임에서 원고적격 226
기본적 사실관계의 동일성 72, 78, 123
기속력 61, 120, 135, 243, 265, 266, 275
기판력 157

ㄷ

당사자 간의 협약에 따른 청문배제의 가능성 134
대상적격 241
대집행실행에서 실력행사의 가능성 147
도시관리계획결정 58
동의 204

ㅁ

명령재결 270
명백성보충요건설 91
무자하재량행사청구권 4
무효인 고시에 근거한 처분의 위법성 42
무효인 법규명령에 근거한 처분 49
무효인 조례에 근거한 처분 91
무효확인소송에서의 입증책임 146

ㅂ

법규명령에 대한 항고소송 38
법규명령에 대한 헌법소원 251
법규명령의 통제 37
법규명령형식의 행정규칙 24, 33, 47, 250
법적 행위 242

병합설 173
보상금증감청구소송 155, 187
복종의무 338
부관의 독립쟁송가능성 85, 130
부관의 위법성 130
부당이득반환청구권의 성질 282
부작위위법확인소송의 제소기간 287
부작위의 성립요건 286
부진정일부취소소송 85, 130
비례원칙 2, 41, 80

ㅅ

사실상 양수인의 원고적격 16
사인의 공법행위의 하자와 행정행위의 위법성 94
사정판결 260, 269
상대적 위법성설 157
상태책임 332
선결문제 43, 67, 156, 252, 282
소의 변경 53, 263, 288, 289
소청심사위원회 206
수리를 요하는 신고 7
수리를 요하지 않는 신고 6
수용유사침해보상 194, 197
수용재결 176, 187
수용적 침해보상 182
시정명령 304, 310, 323
신뢰보호원칙 3, 79, 236
신청권 217, 291
실질적 비용부담자설 173

ㅇ

영업자지위승계신고 12
영업자지위승계신고수리 12
원고적격 13, 59, 86, 180, 228, 232, 268
의무이행심판 210
이웃소송 220
이의신청 154, 187
이의재결 176, 187
이행강제금 145
인용재결에 대한 제3자의 취소소송 233
일부취소판결 33, 259
입증책임 256

ㅈ

자치사무에 대한 감독청의 통제 297
재건축조합설립인가의 법적 성질 64
재결소송 234
재결의 종류 186
재량행위 70
재임용탈락통지 113
절차상 하자의 독자적 위법사유 인정여부 59, 114, 120, 129, 134, 179, 315
정보공개법 제9조 제1항 110, 181
제3자의 소송참가 234, 240
제3자의 재심청구 235, 241
제소기간 207, 245, 269
제재사유의 승계 14
조례(안)의 적법요건 294
조례의 적법요건 300, 308, 312, 316, 318
조례제정 대상인 사무 91
조리상의 작위의무의 인정여부 160
주민감사청구전치주의 320
주민소송 320
중대명백설 91
즉시확정의 이익 284
지방자치법 제169조 제2항 323
직무상 명령(직무명령) 338
직무의무위반설 157
직무의 사익보호성 150, 161
진정일부취소소송 85, 130
집행정지 43, 218

ㅊ

처분변경으로 인한 소의 변경 53
처분사유의 추가·변경 71, 77, 123, 257, 263
처분시기준설 273
처분의 사전통지 19
처분의 위법성 42
처분의 위법성판단 기준시 259, 273

처분적 고시 28
철거명령과 계고처분의 결합가능성 146
취소소송에서의 입증책임 146
취소소송의 대상인 처분 207

ㅌ

토지인도의무가 대체적 작위의무인지 여부 156
특별권력관계 336

ㅍ

판결시기준설 273
판결의 형성력 239
판단여지 118
평등원칙 41
피고적격 244

ㅎ

하자의 승계론 99, 141, 191
하자의 치유 179
하천범람에서 영조물의 설치·관리에 하자판단 152
항고소송의 대상인 거부처분 75, 86
항고소송의 대상인 처분 126, 140
행위위법설 157, 160
행위책임 332, 342
행정개입청구권 5, 23
행정권한의 위임 90, 165, 244
행정권한의 위임 및 위탁에 관한 규정 91
행정규칙의 내부적 구속력 31
행정규칙형식의 법규명령 30, 36, 40, 113
행정대집행법 제2조 145
행정소송법 제12조 제2문 51, 252, 264
행정소송법 제26조 255
행정소송법상 처분개념 337
행정심판 재결의 종류 212
행정의 자기구속원칙 2
행정재산의 목적외 사용 334
행정조사의 위법 96
행정청의 소송참가 243
행정행위의 철회 78
행정행위의 하자의 승계 82, 99, 141, 191
행정행위의 하자의 치유 229, 262
헌법소원 44
협의의 소익 13, 50, 229, 238, 246, 247, 248, 252, 264
형량명령 60
형성재결 270
형식적 당사자소송 155
형식적 비용부담자설 173
확인 200
확인소송의 보충성 278, 284
환경영향평가의 내용상 하자 97
효과재량설 70
희생보상청구 198
희생유사침해보상청구 198

저자 소개

김기홍

- 연세대학교 법과대학 졸업
- 연세대학교 법과대학 대학원(석사)졸업(행정법)
- 연세대학교 법과대학 대학원 박사과정(행정법)
- 연세대학교 등 대학특강 강사
- 한림법학원 행정법 전임강사

행정법 Study Book

2011년 7월 20일 초판인쇄
2011년 7월 30일 초판발행

저 자 김 기 홍
발행인 안 종 만
발행처 (주) 박영사
서울특별시 종로구 평동 13-31번지
전화 (733) 6771 FAX (736) 4818
등록 1959. 3. 11. 제300-1959-1호(倫)

www.pakyoungsa.co.kr e-mail: pys@pakyoungsa.co.kr

저자와 협의하여 인지첩부를 생략함

파본은 바꿔 드립니다. 본서의 무단복제행위를 금합니다.

정 가 23,000원 ISBN 978-89-6454-738-0